江苏省“十四五”首批职业教育规划教材
高等职业教育财务会计类富媒体智能型 · 精品系列教材

税法

（第五版）

TAXATION LAWS

张卫平　主编

东北财经大学出版社
Dongbei University of Finance & Economics Press
大连

图书在版编目（CIP）数据

税法 / 张卫平主编．—5版．—大连：东北财经大学出版社，2023.8（2025.8重印）
（高等职业教育财务会计类富媒体智能型·精品系列教材）
ISBN 978-7-5654-4944-4

Ⅰ.税… Ⅱ.张… Ⅲ.税法-中国-高等职业教育-教材 Ⅳ.D922.22

中国国家版本馆CIP数据核字（2023）第155961号

东北财经大学出版社出版
（大连市黑石礁尖山街217号 邮政编码 116025）
网 址：http://www.dufep.cn
读者信箱：dufep@dufe.edu.cn
大连天骄彩色印刷有限公司印刷 东北财经大学出版社发行

幅面尺寸：185mm×260mm 字数：703千字 印张：29
2023年8月第5版 2025年8月第5次印刷

责任编辑：王天华 周 慧 责任校对：刘贤恩
封面设计：原 皓 版式设计：原 皓

定价：65.00元

教学支持 售后服务 联系电话：（0411）84710309

如有印装质量问题，请联系营销部：（0411）84710711

第五版前言

“税法”是高等职业院校财务会计类专业的核心课程，也是经管类专业的必修课程，它是在整合多门专业基础课程及核心课程的基础上形成的融理论知识与实践技能为一体，课程与工作相结合，体现教、学、做一体的工学结合课程。

随着我国经济体制的不断变革，近年来我国的税收体系也发生了翻天覆地的变化。从2008年国务院决定全面实施增值税改革，到2012年1月1日在上海率先开展交通运输业和部分现代服务业“营改增”试点，再到2016年5月1日在全国范围全面推行“营改增”改革，交通运输业、邮政业、电信业、现代服务业、建筑业、房地产业、金融业、生活服务业等营业税纳税人被纳入试点范围，由缴纳营业税改为缴纳增值税，营业税全面退出税法的历史舞台。与此同时，2016年《财政部 国家税务总局关于调整化妆品消费税政策的通知》将消费税征收范围中的“化妆品”改为“高档化妆品”，税率也由原来的30%调整为15%。2016年12月25日，第十二届全国人民代表大会常务委员会第二十五次会议通过了《中华人民共和国环境保护税法》，开征环境保护税。2017年以来，财政部、国家税务总局又制定、发布了一系列政策，税法的内容发生了重大变化，比如增值税小规模纳税人的认定标准统一提高至500万元，增值税税率有所调整；企业所得税中的职工教育经费扣除标准提高至工资总额的8%；小型微利企业“减半征税政策”，年应纳税所得额放宽至300万元；除一些特殊行业外，大多数企业研发费用加计扣除比例提至100%。

本次再版，依据最新税收政策法规，及时对增值税、企业所得税、个人所得税、车船税、船舶吨税、车辆购置税、资源税、城市维护建设税、契税和印花税等项目和任务进行了全面更新和完善。主要依据的法律、法规包括：2018年8月31日第十三届全国人民代表大会常务委员会第五次会议通过的《关于修改〈中华人民共和国个人所得税法〉的决定》；2018年12月18日中华人民共和国国务院令第707号发布的《中华人民共和国个人所得税法实施条例》，以及一系列的配套法规；2018年12月29日第十三届全国人民代表大会常务委员会第七次会议通过的《中华人民共和国车辆购置税法》（自2019年7月1日起施行）、《中华人民共和国耕地占用税法》（自2019年9月1日起施行）；2019年3月20日发布的《财政部 税务总局 海关总署关于深化增值税改革有关政策的公告》；2020年9月1日正式实施的《中华人民共和国资源税法》；2021年9月1日起施行的《中华人民共和国契税法》和《中华人民共和国城市维护建设税法》；2022年7月1日起施行的《中华人民共和国印花税法》。

本书围绕税收基本知识、办税业务、税费计算的基本训练和课程思政教育四大领域，并把党的二十大精神融入课程思政，帮助学生在学习情境中运用税法的基本方法理论联系实践，掌握各类税费计算、税务处理的基本知识和基本技能，解决税务登记、纳税申报、税款缴纳过程中的实际问题，以达到基本具备办税员的工作能力的目的，同时发挥课程思政育人润物细无声的特点，把育人与育才统一起来。

本书具有以下几个特点：

（1）项目驱动，实践导向。本书以企业办税员业务岗位工作所必需的税款计算、纳税申报、税款缴纳等相关的税收知识和技能为主线，以理论知识为载体，以操作技术为核心，培养学生的综合职业能力，满足学生就业与发展的需要。

（2）体系完整，结构合理。本书共分10个项目、39项任务，每项任务均包括引入案例、知识结构图、知识解析、知识点梳理、案例解析、知识翻转、知识考核等7个部分，充分考虑学生特点和认知规律，将典型案例讨论引入课程，使其由浅入深、举一反三、拓展思路。

（3）资源丰富，方便教学。本书为每项任务编纂了相应的电子课件、文件法规和知识考核答案等配套资源，扫描书中对应的二维码即可直接观看，运用信息化教学手段配合教学需求，实现教、学、做一体的教学。本书是江苏省在线开放课程“税法”的配套教材，读者可以登录课程链接（https://www.icourse163.org/course/JSCJXY-1001754086）获得丰富的课程资源，包括教学视频、随堂测试、单元练习、试卷等。

（4）本次修订增加了“学思践悟”栏目，结合专业教学内容，围绕坚定学生理想信念，以爱党、爱国、爱社会主义、爱人民、爱集体为主线，围绕党的二十大精神、国家法律、道德修养、中华优秀传统文化等开展政治教育，寓价值观引导于知识传授和能力培养之中。

本书适合高等职业院校会计、财政、税务、投资理财等财经类专业学生使用，也可作为成人高校、本科院校举办的二级职业学院财经类专业的教材和社会从业人员的业务学习用书。

本书由江苏财经职业技术学院张卫平教授担任主编，鲁靖文担任副主编，张淼、钱怀安、李永丽、邱娟参与编写。具体分工如下：张卫平编写项目二和项目三，鲁靖文编写项目一和项目五，李永丽和张淼编写项目四、项目六和项目九，邱娟和钱怀安编写项目七、项目八和项目十。江苏省会计领军人才、江苏省产业教授、江苏中烟工业有限公司高级会计师胡权担任主审。本书是江苏高校“青蓝工程”资助项目，是江苏省会计品牌专业建设成果之一。

由于编者水平有限，书中难免存在不妥之处，恳请专家学者、使用教材的老师和同学们提出宝贵意见。

编 者

2023年7月

目　录

项目一

增值税

任务一 增值税的纳税人及征收范围

引入案例

南华客运公司是一家民营客运公司，组织50名优秀员工赴深圳、香港特别行政区5日游，公司用自有客车将他们送至深圳某口岸，然后委托可从事跨境业务的深圳欣达旅游公司承接后面的旅游业务，按每人9 000元共支付给深圳欣达旅游公司旅游费450 000元。

请问：该案例中南华客运公司是否需要缴纳增值税？

工作任务

1. 了解增值税的概念、特点及作用
2. 能够判定增值税纳税人的类别
3. 掌握增值税的征收范围

电子课件

文件法规

知识结构图

本任务知识结构图如图1-1所示。

增值税的纳税人及征收范围
- 增值税的类型、特点
- 增值税的纳税人和扣缴义务人
- 增值税的征收范围

图1-1 本任务知识结构图

知识解析

增值税是对我国境内销售货物或者提供加工、修理修配劳务和销售服务、无形资产、不动产，以及进口货物的单位和个人就其取得的增值额为课税对象征收的一种流转税。对于增值额，有理论增值额和法定增值额之分。理论增值额是指生产者或经营者于一定时期内，在商品生产经营过程中创造的那部分增值额，包括工资、奖金、利息、利润和其他增值项目。法定增值额是指各国根据各自的国情和政策需要，在其增值税法律中明确规定的增值额。由于各国在确定法定增值额时，允许纳税人扣除的项目或范围有所不同，理论增值额与法定增值额可能不一致。目前，各国实行的增值税一般都是以法定增值额为计税依据的。

一、增值税的类型、特点

（一）增值税的类型

增值税按对外购固定资产处理方式的不同，可划分为生产型增值税、收入型增值税和消费型增值税。

1.生产型增值税

生产型增值税是指计算增值税时，只允许从当期销项税额中扣除原材料等劳动对象的已纳税款，不允许扣除任何外购固定资产的价款。作为课税基数的法定增值额，其除包括纳税人新创造的价值外，还包括当期计入成本的外购固定资产价款部分，即法定增值额相当于当期工资、利息、租金、利润等理论增值额和固定资产折旧之和。从整个国民经济来看，它相当于国民生产总值的统计口径，故称为生产型增值税。此种类型的增值税的法定增值额大于理论增值额。

2.收入型增值税

收入型增值税是指计算增值税时，对外购固定资产价款只允许扣除当期计入产品价值的折旧费部分，作为课税基数的法定增值额相当于当期工资、利息、租金和利润等各增值项目之和。从整个国民经济来看，它相当于国民收入部分，故称为收入型增值税。此种类型的增值税从理论上讲是一种标准的增值税，其法定增值额等于理论增值额。但由于外购固定资产价款是以计提折旧的方式分期转入产品价值的，不同企业折旧方式不一定一致且转入部分没有逐笔对应的结转凭证，因此凭发票扣税有一定困难，从而影响了这种类型的广泛采用。

3.消费型增值税

消费型增值税是指计算增值税时，允许将当期购入的固定资产价款一次性全部扣除，作为课税基数的法定增值额相当于纳税人当期全部销售额扣除外购的全部生产资料价款后的余额。从整个国民经济来看，这一课税基数仅限于消费资料价值的部分，故称为消费型增值税。此种类型的增值税在购进固定资产的当期因扣除额大大增加，会减少财政收入。但这种类型最宜规范凭发票扣税，因为凭固定资产的外购发票可以一次性将其已纳税款全部扣除，既便于操作，也便于管理，所以是三种类型中最简便、最能体现增值税优越性的一种类型。

学思践悟

生产型增值税、收入型增值税和消费型增值税三种类型增值税的根本区别在于课征增值税时，对企业当年购入的固定资产价值扣除的不同处理方法，使三种不同类型增值税税基所包括的范围大不一样。收入型增值税由于计算复杂，征管难度大，从而在实际税务管理工作中受到了限制而无法广泛使用。1994年1月1日至2008年12月31日我国实行的是生产型增值税。之所以在这一时期采用生产型增值税，是由于企业对购进的固定资产价值完全不允许扣除，其税基最大，有利于增加财政收入。但随着国民经济的全面发展，生产型增值税的弊端（不利于扩大投资）逐渐大于其优势。而消费型增值税由于税基最小，减轻了企业税负，可以起到刺激投资，加速企业设备更新和提高资本有机构成的作用。因此，2009年1月1日我国开始实行增值税转型，全面实施消费型增值税。由此可见，国富则民强，民强则国盛。国家的发展离不开财政资金的支持，税收作为财政资金的主要来源，对于国家的发展起着重要的作用。作为公民，在享受国家提供的服务的同时，应自觉履行纳税义务，为国家的强盛贡献自己的力量。

党的二十大报告强调，“高质量发展是全面建设社会主义现代化国家的首要任务。发展是党执政兴国的第一要务。没有坚实的物质技术基础，就不可能全面建成社会主义现代化强国。”我国经济已转向高质量发展阶段，经济社会发展必须以推动高质量发展为主题。推动供给侧结构性改革是实现高质量发展的治本之策。把实施扩大内需战略同深化供给侧结构性改革有机结合起来，是全面建设社会主义现代化国家的实践要求。实施好扩大内需战略，深化供给侧结构性改革，推动经济实现质的有效提升和量的合理增长，更好实现人民日益增长的美好生活需要，不断推进和拓展中国式现代化。

（二）增值税的特点

1.不重复征税，具有中性税收的特征

增值税只对货物或劳务销售额中没有征过税的那部分增值额征税，对销售额中属于转移过来的、以前环节已征过税的部分则不再征税，从而有效地排除了重复征税因素。此外，增值税税率档次少，绝大部分货物按一个统一的基本税率征税。这不仅使绝大部分货物的税负是一样的，而且同一货物在经历的生产和流通等各环节的整体税负也是一样的。这种情况使增值税对生产经营活动以及消费行为基本不产生影响，从而使增值税具有了中性税收的特征。

2.逐环节征税，逐环节扣税，具有转嫁性

增值税各环节的经营者作为纳税人只是把从买方收取的税款抵扣自己支付给卖方的税款后的余额缴纳给政府，而经营者本身并没有实际承担增值税税款。这样，随着各环节交易活动的进行，经营者在出售货物的同时，也转嫁了该货物所承担的增值税税款，直到货物被卖给最终消费者时，将以前环节已纳的税款连同本环节的税款一起转嫁给了最终消费者。因此，它是逐环节征税，逐环节扣税，具有转嫁性，最终消费者才是全部税款的负担者。

3.税基广阔，具有征收的普遍性和连续性

它的征收范围涉及工业、商业或者劳务服务活动，只要有增值收入就要纳税。同时，货物无论经过多少生产经营环节，都要按各环节上发生的增值额逐次征税。

二、增值税的纳税人和扣缴义务人

（一）纳税人

凡在中华人民共和国境内销售货物或者提供加工、修理修配劳务，销售服务、无形资产或者不动产，以及进口货物的单位和个人，为增值税的纳税人。

单位，是指企业、行政单位、事业单位、军事单位、社会团体及其他组织。

微课

增值税的纳税人

个人，是指个体工商户和其他个人。

单位租赁或者承包给其他单位或者个人经营的，以承租人或者承包人为纳税人。报关进口的货物，以进口货物的收货人或办理报关手续的单位和个人为进口货物的纳税人；代理进口的货物，以海关开具的完税凭证上的纳税人为增值税纳税人。

资管产品运营中发生的增值税应税行为，以资管产品管理人为增值税纳税人。

（二）扣缴义务人

在中华人民共和国境外的单位或者个人在境内发生应税行为，在境内未设有经营机构的，以购买方为增值税的扣缴义务人。财政部和国家税务总局另有规定的除外。

（三）纳税人的分类

根据纳税人的经营规模以及会计核算健全程度的不同，增值税的纳税人可划分为小规模纳税人和一般纳税人。

1.小规模纳税人

（1）一般规定。年应征增值税销售额（以下简称年应税销售额）在500万元（含本数）以下的。年应税销售额，是指纳税人在连续12个月或4个季度的经营期内累计应征增值税销售额，包括纳税申报销售额、稽查查补销售额、纳税评估调整销售额。销售服务、无形资产或者不动产有扣除项目的纳税人，其应税行为年应税销售额按未扣除之前的销售额计算。纳税人偶尔销售无形资产、转让不动产的销售额，不计入应税行为的年应税销售额。

（2）特殊规定。

① 年应税销售额超过小规模纳税人标准的其他个人按小规模纳税人纳税。

② 年应税销售额超过规定标准但不经常发生应税行为的单位和个体工商户，以及非企业性单位、不经常发生应税行为的企业，可选择按照小规模纳税人纳税。

③ 年应税销售额未超过规定标准的纳税人，会计核算健全，能够提供准确税务资料的，可以向主管税务机关申请办理一般纳税人资格登记，成为一般纳税人。会计核算健全，是指能够按照国家统一的会计制度规定设置账簿，根据合法、有效凭证核算。

小规模纳税人实行简易征税办法，不得抵扣进项税额，并且一般不使用增值税专用发票。小规模纳税人（其他个人除外）发生增值税应税行为，需要开具增值税专用发票的，可以自愿使用增值税发票管理系统自行开具，销售其取得的不动产，需要开具增值税专用发票的，应当按照有关规定向税务机关申请代开。

2.一般纳税人

一般纳税人，是指年应税销售额超过规定的小规模纳税人标准的企业和企业性单位（以下简称企业）。

增值税一般纳税人资格实行登记制，登记事项由增值税纳税人向其主管税务机关办理。纳税人年应税销售额超过财政部、国家税务总局规定的标准，且符合有关政策规定，选择按小规模纳税人纳税的，应当向主管税务机关提交书面说明。

个体工商户以外的其他个人年应税销售额超过规定标准的，不需要向主管税务机关提交书面说明。

【做中学1-1】（单项选择题）下列纳税人中，不得登记为增值税一般纳税人的是（　　）。

A.年应税销售额未超过500万元，但会计核算健全的纳税人

B.年应税销售额超过500万元的其他个人

C.不经常发生应税行为的企业

D.非企业性单位

答案：B。按照规定，年应税销售额超过小规模纳税人标准（500万元）的其他个人

按小规模纳税人纳税。

三、增值税的征收范围

（一）一般规定

增值税征收范围包括在中国境内销售货物，提供加工、修理修配劳务，进口货物，销售服务、无形资产或不动产。

1.销售货物

在中国境内销售货物，是指货物的起运地或者所在地在境内。“货物”是指有形动产，包括电力、热力和气体。销售货物是指有偿转让货物的所有权。“有偿”不仅是指从购买方取得货币，还包括取得货物或其他经济利益。

2.提供加工、修理修配劳务

提供加工、修理修配劳务（以下简称应税劳务），是指有偿提供加工、修理修配劳务。单位或者个体工商户聘用的员工为本单位或者雇主提供加工、修理修配劳务不包括在内。

加工，是指受托加工货物，即委托方提供原料及主要材料，受托方按照委托方的要求，制造货物并收取加工费的业务；修理修配，是指受托对损伤和丧失功能的货物进行修复，使其恢复原状和功能的业务。

3.进口货物

进口货物，是指申报进入中国海关境内的货物。我国增值税法律制度规定，只要是报关进口的应税货物，无论进口后是自用还是销售，均应在进口环节征收增值税（享受免税政策的货物除外）。

【做中学1-2】（多项选择题）下列各项中，属于增值税征税范围的有（ ）。

A.销售电力　　B.汽车维修　　C.粮食加工　　D.手机修配

答案：ABCD。根据税法的规定，销售电力，提供加工、修理修配劳务均属于增值税征税范围。

4.销售服务

销售服务，是指提供交通运输服务、邮政服务、电信服务、建筑服务、金融服务、现代服务和生活服务。

（1）交通运输服务，是指使用运输工具将货物或者旅客送达目的地，使其空间位置得到转移的业务活动，包括陆路运输服务、水路运输服务、航空运输服务和管道运输服务。

①陆路运输服务，是指通过陆路（地上或者地下）运送货物或者旅客的运输业务活动，包括铁路运输服务和其他陆路运输服务。铁路运输服务，是指通过铁路运送货物或者旅客的运输业务活动。其他陆路运输服务，是指铁路运输以外的陆路运输业务活动，包括公路运输、缆车运输、索道运输、地铁运输、城市轻轨运输等。出租车公司向使用本公司自有出租车的出租车司机收取的管理费用，按陆路运输服务征收增值税。

②水路运输服务，是指通过江、河、湖、川等天然、人工水道或者海洋航道运送货物或者旅客的运输业务活动。水路运输的程租、期租业务，属于水路运输服务。程租业务，是指运输企业为租船人完成某一特定航次的运输任务并收取租赁费的业务。期租业

务，是指运输企业将配有操作人员的船舶承租给他人使用一定期限，承租期内听候承租方调遣，不论是否经营，均按天向承租方收取租赁费，发生的固定费用均由船东负担的业务。

③ 航空运输服务，是指通过空中航线运送货物或者旅客的运输业务活动。航空运输的湿租业务，是指航空运输企业将配有机组人员的飞机承租给他人使用一定期限，承租期内听候承租方调遣，无论是否经营，均按一定标准向承租方收取租赁费，发生的固定费用均由承租方承担的业务。航天运输服务，按照航空运输服务征收增值税。航天运输服务，是指利用火箭等载体将卫星、空间探测器等空间飞行器发射到空间轨道的业务活动。

④ 管道运输服务，是指通过管道设施输送气体、液体、固体物质的运输业务活动。

【提示】无运输工具承运业务，按照交通运输服务缴纳增值税。无运输工具承运业务，是指经营者以承运人身份与托运人签订运输服务合同，收取运费并承担承运人责任，然后委托实际承运人完成运输服务的经营活动。

(2) 邮政服务，是指中国邮政集团公司及其所属邮政企业提供邮件寄递、邮政汇兑和机要通信等邮政基本服务的业务活动，包括邮政普遍服务、邮政特殊服务和其他邮政服务。

① 邮政普遍服务，是指函件、包裹等邮件寄递，以及邮票发行、报刊发行和邮政汇兑等业务活动。

② 邮政特殊服务，是指义务兵平常信函、机要通信、盲人读物和革命烈士遗物的寄递等业务活动。

③ 其他邮政服务，是指邮册等邮品销售、邮政代理等业务活动。

【提示】中国邮政速递物流股份有限公司及其子公司（含各级分支机构）不属于中国邮政集团公司。

(3) 电信服务，是指利用有线、无线的电磁系统或者光电系统等各种通信网络资源，提供语音通话服务，传送、发射、接收或者应用图像、短信等电子数据和信息的业务活动，包括基础电信服务和增值电信服务。

① 基础电信服务，是指利用固网、移动网、卫星、互联网，提供语音通话服务的业务活动，以及出租或者出售带宽、波长等网络元素的业务活动。

② 增值电信服务，是指利用固网、移动网、卫星、互联网、有线电视网络，提供短信和彩信服务、电子数据和信息的传输及应用服务、互联网接入服务等的业务活动。

【提示】卫星电视信号落地转接服务，按照增值电信服务计算缴纳增值税。

(4) 建筑服务，是指各类建筑物、构筑物及其附属设施的建造、修缮、装饰，线路、管道、设备、设施等的安装以及其他工程作业的业务活动，包括工程服务、安装服务、修缮服务、装饰服务和其他建筑服务。

【提示】物业服务企业为业主提供的装修服务，按照建筑服务缴纳增值税。纳税人将建筑施工设备出租给他人使用并配备操作人员的，按照建筑服务缴纳增值税。

①工程服务，是指新建、改建各种建筑物、构筑物的工程作业，包括与建筑物相连的各种设备或者支柱、操作平台的安装或装设工程作业，以及各种窑炉和金属结构的工程作业。

②安装服务，是指生产设备、动力设备、起重设备、运输设备、传动设备、医疗实验设备以及其他各种设备、设施的装配、安置工程作业，包括与被安装设备相连的工作台、梯子、栏杆的装设工程作业，以及被安装设备的绝缘、防腐、保温、油漆等工程作业。

【提示】固定电话、有线电视、宽带、水、电、燃气、暖气等经营者向用户收取的安装费、初装费、开户费、扩容费，以及类似收费，按照安装服务缴纳增值税。

③修缮服务，是指对建筑物、构筑物进行修补、加固、养护、改善，使之恢复原来的使用价值或者延长其使用期限的工程作业。

④装饰服务，是指对建筑物、构筑物进行修饰装修，使之美观或者具有特定用途的工程作业。

⑤其他建筑服务，是指上列工程作业之外的各种工程作业服务，如钻井（打井）、拆除建筑物或者构筑物、平整土地、园林绿化、疏浚（不包括航道疏浚）、建筑物平移、搭脚手架、爆破、矿山穿孔、表面附着物（包括岩层、土层、沙层等）剥离和清理等工程作业。

（5）金融服务，是指经营金融保险的业务活动，包括贷款服务、直接收费金融服务、保险服务和金融商品转让。

①贷款服务，是指将资金贷予他人使用而取得利息收入的业务活动。各种占用、拆借资金取得的收入，包括金融商品持有期间（含到期）利息（保本收益、报酬、资金占用费、补偿金等）收入、信用卡透支利息收入、买入返售金融商品利息收入、融资融券收取的利息收入，以及融资性售后回租、押汇、罚息、票据贴现、转贷等业务取得的利息及具有利息性质的收入，按照贷款服务缴纳增值税。

以货币资金投资收取的固定利润或者保底利润，按照“贷款服务”缴纳增值税。

【提示】融资性售后回租，是指承租方以融资为目的，将资产出售给从事融资性售后回租业务的企业后，从事融资性售后回租业务的企业将该资产出租给承租方的业务活动。

②直接收费金融服务，是指为货币资金融通及其他金融业务提供相关服务并且收取费用的业务活动，包括提供货币兑换、账户管理、电子银行、信用卡、信用证、财务担保、资产管理、信托管理、基金管理、金融交易场所（平台）管理、资金结算、资金清算、金融支付等服务。

③保险服务包括人身保险服务和财产保险服务。

④金融商品转让，是指转让外汇、有价证券、非货物期货和其他金融商品所有权的业务活动。其他金融商品转让包括基金、信托、理财产品等各类资产管理产品和各种金融衍生品的转让。

（6）现代服务包括研发和技术服务、信息技术服务、文化创意服务、物流辅助服务、租赁服务、鉴证咨询服务、广播影视服务、商务辅助服务和其他现代服务。

①研发和技术服务，包括研发服务、合同能源管理服务、工程勘察勘探服务、专业技术服务。

②信息技术服务，是指利用计算机、通信网络等技术对信息进行生产、收集、处理、加工、存储、运输、检索和利用，并提供信息服务的业务活动，包括软件服务、电路设计

及测试服务、信息系统服务、业务流程管理服务和信息系统增值服务。

③文化创意服务，包括设计服务、知识产权服务、广告服务和会议展览服务。文化创意服务中的广告服务包括广告代理和广告的发布、播映、宣传、展示等。

【提示】宾馆、旅馆、旅社、度假村和其他经营性住宿场所提供会议场地及配套服务的活动，按照文化创意服务中的“会议展览服务”缴纳增值税。

④物流辅助服务，包括航空服务、港口码头服务、货运客运场站服务、打捞救助服务、装卸搬运服务、仓储服务和收派服务。

⑤租赁服务，包括融资性租赁服务和经营性租赁服务。

【提示】融资性售后回租不按照本税目缴纳增值税。

将建筑物、构筑物等不动产或者飞机、车辆等有形动产的广告位出租给其他单位或者个人用于发布广告，按照经营性租赁服务缴纳增值税。

车辆停放服务、道路通行服务（包括过路费、过桥费和过闸费等）按照不动产经营性租赁服务缴纳增值税。

【提示】水路运输的光租业务、航空运输的干租业务，属于经营性租赁。

光租业务，是指运输企业将船舶在约定的时间内出租给他人使用，不配备操作人员，不承担运输过程中发生的各项费用，只收取固定租赁费的业务活动。

干租业务，是指航空运输企业将飞机在约定的时间内出租给他人使用，不配备机组人员，不承担运输过程中发生的各项费用，只收取固定租赁费的业务活动。

⑥鉴证咨询服务，包括认证服务、鉴证服务和咨询服务。

【提示】翻译服务和市场调查服务按照咨询服务缴纳增值税。

⑦广播影视服务，包括广播影视节目（作品）的制作服务、发行服务和播映（含放映，下同）服务。

⑧商务辅助服务，包括企业管理服务、经纪代理服务、人力资源服务、安全保护服务。

a. 拍卖行受托拍卖取得的手续费或佣金收入，按照“经纪代理服务”缴纳增值税。

b. 纳税人提供的安全保护服务，属于人力资源服务，比照劳务派遣服务政策执行。

c. 纳税人提供武装守护押运服务，按照“安全保护服务”缴纳增值税。

⑨其他现代服务，是指除研发和技术服务、信息技术服务、文化创意服务、物流辅助服务、租赁服务、鉴证咨询服务、广播影视服务和商务辅助服务以外的现代服务。

a. 纳税人为客户办理退票而向客户收取的退票费、手续费等收入，按照“其他现代服务业”缴纳增值税。

b. 纳税人对安装运行后的机器设备提供的维护保养服务，按照“其他现代服务业”缴纳增值税。

（7）生活服务，是指为满足城乡居民日常生活需求提供的各类服务活动，包括文化体育服务、教育医疗服务、旅游娱乐服务、餐饮住宿服务、居民日常服务和其他生活服务。

①文化体育服务，包括文化服务和体育服务。

【提示】纳税人在游览场所经营索道、摆渡车、电瓶车、游船等取得的收入，按照文化体育服务缴纳增值税。

②教育医疗服务，包括教育服务和医疗服务。

③旅游娱乐服务，包括旅游服务和娱乐服务。

④餐饮住宿服务，包括餐饮服务和住宿服务。

⑤居民日常服务，是指主要为满足居民个人及其家庭日常生活需求提供的服务，包括市容市政管理、家政、婚庆、养老、殡葬、照料和护理、救助救济、美容美发、按摩、桑拿、氧吧、足疗、沐浴、洗染、摄影扩印等服务。

⑥其他生活服务，是指除文化体育服务、教育医疗服务、旅游娱乐服务、餐饮住宿服务和居民日常服务之外的生活服务。

a. 提供餐饮服务的纳税人销售的外卖食品，按照“餐饮服务”缴纳增值税。

b. 纳税人在游览场所经营索道、摆渡车、电瓶车、游船等取得的收入，按照“文化体育服务”缴纳增值税。

c. 纳税人现场制作食品并直接销售给消费者、按照“餐饮服务”缴纳增值税。

d. 纳税人提供植物养护服务，按照“其他生活服务”缴纳增值税。

5. 销售无形资产

销售无形资产，是指有偿转让无形资产，是转让无形资产所有权或者使用权的活动。无形资产包括技术、商标、著作权、商誉、自然资源使用权和其他权益性无形资产。技术，包括专利技术和非专利技术。自然资源使用权，包括土地使用权、海域使用权、探矿权、采矿权、取水权和资源使用权。其他权益性无形资产，包括基础设施资产经营权、公共事业特许权、配额、经营权（包括特许经营权、连锁经营权、其他经营权）、经销权、分销权、代理权、会员权、席位权、网络游戏虚拟道具、域名、名称权、肖像权、冠名权、转会费等。

6. 销售不动产

销售不动产，是指有偿转让不动产，是转让不动产所有权的业务活动。不动产，是指不能移动或者移动后会引起性质、形状改变的财产，包括建筑物、构筑物等。

【做中学1-3】（多项选择题）下列各项中，属于增值税征税范围的有（　　）。

A. 广播电视服务　　B. 增值电信服务

C. 邮政服务　　D. 汽车租赁服务

答案：ABCD。

【做中学1-4】（单项选择题）下列各项中，不属于生活服务的是（　　）。

A. 文化体育服务　　B. 教育医疗服务

C. 餐饮住宿服务　　D. 贷款服务

答案：D。贷款服务属于金融服务。

（二）征收范围的特殊行为

1. 视同销售货物行为

单位或个体工商户的下列行为，视同销售货物、服务、无形资产或不动产行为，征收增值税：

（1）将货物交付其他单位或者个人代销；

（2）销售代销货物；

（3）设有两个以上机构并实行统一核算的纳税人，将货物从一个机构移送其他机构用于销售，但相关机构设在同一县（市）的除外；

（4）将自产或委托加工的货物用于非应税项目；

（5）将自产、委托加工的货物用于集体福利或个人消费；

（6）将自产、委托加工或购进的货物作为投资，提供给其他单位或个体工商户；

（7）将自产、委托加工或购进的货物分配给股东或投资者；

（8）将自产、委托加工或购进的货物无偿赠送给其他单位或者个人。

【做中学1-5】（单项选择题）根据《中华人民共和国增值税暂行条例》的规定，下列各项不需要缴纳增值税的是（　　）。

A.将自产的货物用于抵偿债务　　B.将购买的货物用于无偿赠送

C.将购进的货物用于集体福利　　D.将委托加工的货物用于投资

答案：C。选项A属于特殊的销售；选项B、D属于视同销售行为，应缴纳增值税。选项C不属于视同销售行为，不缴纳增值税。

【做中学1-6】（多项选择题）下列各项应视同销售行为征收增值税的有（　　）。

A.将自产的货物作为投资，提供给个体经营者

B.将购买的货物用于个人消费

C.无偿为关系单位提供建筑服务

D.以物易物

答案：AC。选项B，外购的货物用于个人消费不属于视同销售行为，其购进的货物进项税额不能抵扣；选项D，以物易物属于特殊销售行为，不属于视同销售行为。

2.视同销售服务、无形资产或者不动产行为

下列情形视同销售服务、无形资产或者不动产：

（1）单位或者个体工商户向其他单位或者个人无偿提供服务，但用于公益事业或者以社会公众为对象的除外。

（2）单位或者个人向其他单位或者个人无偿转让无形资产或者不动产，但用于公益事业或者以社会公众为对象的除外。

（3）财政部和国家税务总局规定的其他情形。

3.混合销售行为

一项销售行为如果既涉及货物又涉及服务，为混合销售行为。从事货物的生产、批发或零售的单位和个体工商户的混合销售行为，按照销售货物缴纳增值税；其他单位和个体工商户的混合销售行为，按照销售服务缴纳增值税。

上述从事货物的生产、批发或者零售的单位和个体工商户，包括以从事货物的生产、批发或者零售为主，并兼营销售服务的单位和个体工商户。

4.兼营行为

兼营，是指纳税人的经营中既包括销售货物和提供加工修理修配劳务，又包括销售服务、无形资产或者不动产。但是，销售货物，提供加工修理修配劳务，销售服务、无形资产或者不动产不同时发生在同一项销售行为中。

纳税人销售货物，提供加工修理修配劳务，销售服务、无形资产或者不动产适用不同税率或者征收率的，应当分别核算适用不同税率或者征收率的销售额；未分别核算的，按照以下方法确定适用税率或者征收率：

（1）兼有不同税率的销售货物，提供加工修理修配劳务，销售服务、无形资产或者不动产，从高适用税率。

（2）兼有不同征收率的销售货物，提供加工修理修配劳务，销售服务、无形资产或者不动产，从高适用征收率。

（3）兼有不同税率和征收率的销售货物，提供加工修理修配劳务，销售服务、无形资产或者不动产，从高适用税率。

（三）非经营活动的界定

在境内销售服务、无形资产或者不动产，是指有偿提供服务、有偿转让无形资产或者不动产，但属于下列非经营性活动的情形除外：

（1）行政单位收取的同时满足以下条件的政府性基金或者行政事业性收费：

① 由国务院或者财政部批准设立的政府性基金，由国务院或者省级人民政府及其财政、价格主管部门批准设立的行政事业性收费；

② 收取时开具省级以上（含省级）财政部门监（印）制的财政票据；

③ 所收款项全额上缴财政。

（2）单位或者个体工商户聘用的员工为本单位或者雇主提供取得工资的服务。

（3）单位或者个体工商户为聘用的员工提供服务。

（4）财政部和国家税务总局规定的其他情形。

（四）在境内销售服务、无形资产或者不动产的界定

（1）在境内销售服务、无形资产或者不动产，具体是指：

① 服务（租赁不动产除外）或者无形资产（自然资源使用权除外）的销售方或者购买方在境内；

② 所销售或者租赁的不动产在境内；

③ 所销售自然资源使用权的自然资源在境内；

④ 财政部和国家税务总局规定的其他情形。

（2）下列情形不属于在境内销售服务或者无形资产：

① 境外单位或者个人向境内单位或者个人销售完全在境外发生的服务。

② 境外单位或者个人向境内单位或者个人销售完全在境外使用的无形资产。

③ 境外单位或者个人向境内单位或者个人出租完全在境外使用的有形动产。

④ 财政部和国家税务总局规定的其他情形。a.为出境的函件、包裹在境外提供的邮政服务、收派服务；b.向境内单位或者个人提供的工程施工地点在境外的建筑服务、工程监理服务；c.向境内单位或者个人提供的工程、矿产资源在境外的工程勘察勘探服务；d.向境内单位或者个人提供的会议展览地点在境外的会议展览服务。

（五）不征收增值税项目

（1）根据国家指令无偿提供的铁路运输服务、航空运输服务，属于《营业税改征增值税试点实施办法》中公益事业的服务。

（2）存款利息。

（3）被保险人获得的保险赔偿。

（4）房地产主管部门或者指定机构、公积金管理中心、开发企业以及物业管理单位代收的住宅专项维修基金。

（5）纳税人在资产重组过程中，通过合并、分立、出售、置换等方式，将全部或者部分实物资产以及与其相关联的债权、负债和劳动力一并转让给其他单位和个人，其中涉及货物不动产、土地使用权转让行为。

（6）对增值税纳税人收取的会员费收入不征收增值税。

（7）各燃油电厂从政府财政专户取得的发电补贴不属于增值税规定的价外费用，不征收增值税。

（8）纳税人取得的中央财政补贴。自2020年1月1日起，纳税人取得的财政补贴收入，与其销售货物、劳务、服务、无形资产、不动产的收入或者数量直接挂钩的，应按规定计算缴纳增值税。纳税人取得的其他情形的财政补贴收入，不属于增值税应税收入，不征收增值税。

（9）融资性售后回租业务中，承租方出售资产的行为。

（10）药品生产企业销售自产创新药的销售额，为向购买方收取的全部价款和价外费用，其提供给患者后续免费使用的相同创新药不按视同销售处理。

【做中学1-7】（多项选择题）依据增值税的有关规定，下列各项属于混合销售的有（　　）。

A.销售洗衣机并送货上门　　B.饭店提供餐饮服务同时销售烟酒

C.销售地板并免费安装　　D.歌舞厅提供娱乐服务同时销售食品

答案：ABCD。根据税法有关规定，选项A、B、C、D都属于混合销售。

知识点梳理

本任务知识点梳理见表1-1。

表1-1　本任务知识点梳理

<table>
<tr><th>知识点</th><th colspan="4">具体内容</th></tr>
<tr><td rowspan="5">1.增值税的纳税人与扣缴义务人的基本规定</td><td rowspan="4">增值税的纳税人</td><td>一般规定</td><td colspan="2">凡在中华人民共和国境内销售货物或者提供加工、修理修配劳务，销售服务、无形资产或者不动产，以及进口货物的单位和个人，为增值税的纳税人</td></tr>
<tr><td rowspan="3">特定情况</td><td>单位租赁或承包给其他单位或个人</td><td>以承租人或承包人为纳税人</td></tr>
<tr><td>报关进口的货物</td><td>以进口货物的收货人或办理报关手续的单位和个人为进口货物的纳税人</td></tr>
<tr><td>代理进口的货物</td><td>以海关开具的完税凭证上的纳税人为增值税纳税人</td></tr>
<tr><td colspan="2">扣缴义务人</td><td>境外的单位或个人在境内发生应税行为的</td><td>在境内未设有经营机构的，以购买方为增值税的扣缴义务人</td></tr>
</table>

续表

<table>
<tr><th>知识点</th><th colspan="3">具体内容</th></tr>
<tr><td rowspan="5">2. 增值税纳税人的划分</td><td>小规模纳税人</td><td colspan="2">增值税小规模纳税人标准为年应征增值税销售额500万元及以下</td></tr>
<tr><td>一般纳税人</td><td colspan="2">会计核算健全，年应税销售额超过财政部、国家税务总局规定的小规模纳税人标准的企业或企业性单位</td></tr>
<tr><td rowspan="3">特殊规定</td><td>年应税销售额超过小规模纳税人标准的其他个人</td><td>按小规模纳税人纳税</td></tr>
<tr><td>年应税销售额超过规定标准但不经常发生应税行为的单位和个体工商户，以及非企业性单位、不经常发生应税行为的企业</td><td>可选择按照小规模纳税人纳税</td></tr>
<tr><td>年应税销售额未超过规定标准的纳税人，会计核算健全，能够提供准确税务资料</td><td>可申请登记为一般纳税人</td></tr>
<tr><td rowspan="4">3. 增值税征收范围的特殊行为</td><td>视同销售</td><td colspan="2">（1）将货物交付其他单位或者个人代销
（2）销售代销货物
（3）设有两个以上机构并实行统一核算的纳税人，将货物从一个机构移送至其他机构用于销售但相关机构设在同一县（市）的除外
（4）将自产或委托加工的货物用于非应税项目
（5）将自产、委托加工的货物用于集体福利或个人消费
（6）将自产、委托加工或购进的货物作为投资，提供给其他单位或个体工商户
（7）将自产、委托加工或购进的货物分配给股东或投资者
（8）将自产、委托加工或购进的货物无偿赠送给其他单位或者个人
（9）单位或者个体工商户向其他单位或者个人无偿提供服务、无偿转让无形资产或者不动产，但用于公益事业或者以社会公众为对象的除外</td></tr>
<tr><td rowspan="2">混合销售行为</td><td rowspan="2">一项销售行为如果既涉及货物又涉及服务，为混合销售行为</td><td>从事货物的生产、批发或零售的单位和个体工商户的混合销售行为，按照销售货物缴纳增值税</td></tr>
<tr><td>其他单位和个体工商户的混合销售行为，按照销售服务缴纳增值税</td></tr>
<tr><td>兼营行为</td><td>纳税人的经营范围既包括销售货物和加工修理修配劳务，又包括销售服务、无形资产或者不动产</td><td>适用不同税率或者征收率的，应当分别核算适用不同税率或者征收率的销售额；未分别核算的，从高适用税率或者征收率</td></tr>
</table>

案例解析

本任务“引入案例”解析如下：

南华客运公司不缴纳增值税。单位或者个体工商户为聘用的员工提供服务为非经营性活动，不征收增值税。

案例中涉及的相关知识点回顾：

增值税征税范围的条件见表1-2。

表1-2　增值税征税范围的条件

发生应税行为	应税行为发生在中华人民共和国境内
	应税行为是属于《销售服务、无形资产、不动产注释》范围内的业务活动，下列情形不属于在境内销售服务或者无形资产： （1）境外单位或者个人向境内单位或者个人销售完全在境外发生的服务 （2）境外单位或者个人向境内单位或者个人销售完全在境外使用的无形资产 （3）境外单位或者个人向境内单位或者个人出租完全在境外使用的有形动产 （4）财政部和国家税务总局规定的其他情形
	应税服务是为他人提供的经营性活动，下列情形属于非经营性行为： （1）行政单位收取的同时满足规定条件的政府性基金或者行政事业性收费 （2）单位或者个体工商户聘用的员工为本单位或者雇主提供取得工资的服务 （3）单位或者个体工商户为聘用的员工提供服务 （4）财政部和国家税务总局规定的其他情形
	应税行为是有偿的
视同发生应税行为	视同销售行为、混合销售行为、兼营行为

知识翻转

南华客运公司向中国香港的华兴车行租赁了两辆拥有香港运营牌照的大巴用于在香港的运输业务，均由华兴车行配备司机，共支付8万元人民币。

请问：

（1）华兴车行是否需要缴纳增值税？请说明原因。

（2）在实际工作中，不征增值税与零税率有什么区别？

知识考核

一、单项选择题

1.下列各项不属于现代服务的是（　　）。

A.租赁服务　　B.鉴证咨询服务　　C.建筑服务　　D.文化创意服务

2.根据增值税法律制度的规定，下列各项中，不应视同销售货物缴纳增值税的是（　　）。

A.将购进货物分配给股东　　B.将购进货物用于集体福利

C.将购进货物无偿赠送给其他单位　　D.将购进货物投资给其他单位

3.下列各项不属于交通运输业征收增值税范围的是（　　）。

A.光租　　B.地铁运输　　C.城市轻轨运输　　D.索道运输

4.下列各项不应计入年应税销售额的是（　　）。

A.预售销售额　　B.免税销售额

C.稽查查补销售额　　D.纳税评估调整销售额

5.下列各项视同销售货物缴纳增值税的是（　　）。

A.将购进的货物用于集体福利

B.将购进的货物用于个人消费

C.将购进的货物用于简易计税方法的计税项目

D.将购进的货物用于对外投资

6.依据"营改增"的政策规定，下列各项不属于商务辅助服务的是（　　）。

A.广告代理服务　　B.代理报关服务

C.场所住宅保安服务　　D.货物运输代理服务

7.下列各项关于"营改增"相关服务的表述，不正确的是（　　）。

A.将有形动产的广告位出租给其他单位用于发布广告，按照经营租赁服务缴纳增值税

B.出租车公司向使用本公司自有出租车的出租车司机收取的管理费用，按陆路运输服务征收增值税

C.纳税人在游览场所经营索道、摆渡车、电瓶车、游船等取得的收入，按照文化体育服务缴纳增值税

D.车辆停放服务，按物流辅助服务缴纳增值税

二、多项选择题

1.根据增值税法律制度的规定，下列各项属于在我国境内提供增值税应税劳务的有（　　）。

A.境外单位向境内单位提供完全在境外消费的应税服务

B.美国某公司为中国境内企业设计服装

C.境外个人向境外单位提供完全在境外消费的应税服务

D.俄罗斯某公司出租设备给中国境内某企业使用

2.下列各项属于增值税征收范围的有（　　）。

A.华宇公司将房屋与美晨公司的土地进行交换

B.某银行将房屋出租给味美饭店，而味美饭店长期不付租金，后经双方协商，由银行有关人员在饭店就餐抵账

C.华城房地产开发企业委托安城建筑工程公司建造房屋，双方在结算价款时，华城房地产开发企业将若干套房屋给予安城建筑工程公司以冲抵工程款

D. 诚信运输公司与通化汽车修理公司商定，诚信运输公司为通化汽车修理公司免费提供运输服务，通化汽车修理公司为其免费提供汽车维修作为回报

3. 下列各项应视同销售征收增值税的有（　　）。

A. 商场将购买的座椅用于职工食堂　　B. 饭店将购进的啤酒用于餐饮服务

C. 个体商店代销鲜奶　　D. 食品厂将购买的食品原料赠送他人

4. 下列各项属于增值税现代服务业征税范围的有（　　）。

A. 出租车公司收取司机管理费用业务　　B. 航空运输干租业务

C. 房地产评估业务　　D. 广告代理业务

5. 依据“营改增”的政策规定，下列各项属于物流辅助服务的有（　　）。

A. 无运输工具承运业务　　B. 打捞救助服务

C. 装卸搬运服务　　D. 收派服务

6. 下列各项关于增值税一般纳税人和小规模纳税人划分的表述，正确的有（　　）。

A. 个体工商户不需要办理增值税一般纳税人资格登记

B. 年应税销售额超过小规模纳税人标准的其他个人不属于一般纳税人

C. 年应税销售额超过小规模纳税人标准的其他个人按一般纳税人纳税

D. 年应税销售额未超过小规模纳税人标准的企业，也可能办理一般纳税人资格登记

7. 下列各项关于增值税小规模纳税人的表述，正确的有（　　）。

A. 实行简易征收办法

B. 不得自行开具或向税务机关申请代开增值税专用发票

C. 不得抵扣进项税额

D. 个体工商户只能认定为小规模纳税人

8. 下列各项属于视同提供应税服务的有（　　）。

A. 向客户无偿提供信息咨询服务　　B. 销售货物同时无偿提供运输服务

C. 为客户无偿提供服装设计服务　　D. 为本单位员工无偿提供搬家服务

三、判断题

1. 翻译服务和市场调查服务属于商务辅助服务，按照“商务辅助服务”缴纳增值税。（　　）

2. 宾馆、旅馆、旅社、度假村和其他经营性住宿场所提供会议场地及配套服务的活动，按照“生活服务”缴纳增值税。（　　）

3. 纳税人在游览场所经营索道、摆渡车、电瓶车、游船等取得的收入，按照“文化体育服务”缴纳增值税。（　　）

4. 物业服务企业为业主提供的装修服务，按照“建筑服务”缴纳增值税。（　　）

5. 年应税销售额未超过规定标准的小规模纳税人一律不得办理一般纳税人资格登记。（　　）

参考答案

任务二　增值税的税率、征收率及优惠政策

引入案例

江苏华英运输公司2019年4月申请为增值税一般纳税人。2023年6月，出售使用过的A型和B型两辆运输车辆，其中A型车辆于2008年8月购入，假设原价为150 000元，已提折旧90 250元，出售时价税合计为51 500元；B型车辆于2020年1月购入，进项税额已经抵扣，已提折旧63 000元，出售时价税合计为58 000元。

请问：江苏华英运输公司出售A型和B型两辆运输车辆适用的税率或征收率应为多少？

工作任务

1.掌握增值税的税率及其适用范围

2.掌握增值税的征收率及其适用范围

3.了解增值税的优惠政策

电子课件

文件法规

知识结构图

本任务知识结构图如图1–2所示。

增值税的税率、征收率及优惠政策
- 增值税的税率
- 增值税的征收率
- 增值税的优惠政策

图1–2　本任务知识结构图

知识解析

一、增值税的税率

现行的增值税税率如下：

（一）基本税率

增值税的基本税率为13%，适用的具体范围包括：

（1）一般纳税人销售或者进口货物，另有规定的除外；

（2）一般纳税人提供加工、修理修配劳务；

（3）提供有形动产租赁服务。

（二）低税率

增值税的低税率有9%和6%两个档次。

1.适用9%低税率的具体范围

一般纳税人提供交通运输服务、邮政服务、基础电信服务、建筑服务、不动产租赁服务，销售不动产，转让土地使用权，税率为9%。

一般纳税人销售或者进口下列货物，按9%的低税率计征增值税。

（1）粮食等农产品、食用植物油、食用盐。

①农产品。农产品是指种植业、养殖业、林业、牧业、水产业生产的各种植物、动物的初级产品。具体征税范围暂继续按照《农业产品征税范围注释》及现行相关规定执行。包括挂面、干姜、姜黄、玉米胚芽、动物骨粒等。其中：鲜奶，挂面，《按照食品安全国家标准》生产的巴氏杀菌乳、灭菌乳，以及经过晾晒、冷藏、冷冻、包装、脱水等工序加工的蔬菜、腌菜、咸菜、酱菜和盐渍蔬菜等属于初级农产品；玉米浆、玉米皮、玉米纤维（又称喷浆玉米皮）、玉米蛋白粉、各种蔬菜罐头及各种水果罐头、果脯、蜜饯、炒制的果仁、坚果、胡椒、花椒粉等不属于初级农产品，不属于该税率的征收范围；此外，用鲜奶加工的各种奶制品，如酸奶、奶酪、奶油、调制乳及淀粉也不属于农产品的范围。

以粮食为原料加工的速冻食品、方便面、副食品和各种熟食品不属于本货物税率的征收范围。

②食用植物油，包括花椒油、橄榄油、核桃油、杏仁油、葡萄籽油和牡丹籽油；不包括环氧大豆油、氢化植物油、肉桂油、桉油、香茅油。

③食用盐，是指符合《食用盐》（GB/T5461-2016）和《食用盐卫生标准》（GB2721—2003）两项国家标准的食用盐。

（2）自来水、暖气、冷气、热水、煤气、石油液化气、天然气、沼气、居民用煤炭制品。

（3）图书、报纸、杂志。

（4）饲料、化肥、农药、农机、农膜。

（5）音像制品、电子出版物。音像制品，是指正式出版的录有内容的录音带、录像带、唱片、激光唱盘和激光视盘。电子出版物，是指以数字代码方式，使用计算机应用程序，将图文声像等内容信息编辑加工后存储在具有确定的物理形态的磁、光、电等介质上，通过内嵌在计算机、手机、电子阅读设备、电子显示设备、数字音/视频播放设备、电子游戏机、导航仪以及其他具有类似功能的设备上读取使用，具有交互功能，用以表达思想、普及知识和积累文化的大众传播媒体。

（6）二甲醚。二甲醚，是一种常温常压下具有轻微醚香味，易燃、无毒、无腐蚀性的气体。

【做中学1-8】（单项选择题）从2019年4月1日起，下列各项适用9%增值税税率的是（　　）。

A.淀粉　　B.调制乳　　C.鲜奶　　D.农机零部件

答案：C。选项A、B、D均适用13%的增值税税率。

【做中学1-9】（单项选择题）根据增值税法律制度的规定，下列各项适用的增值税税率为9%的是（ ）。

A. 出租车公司向使用本公司自有出租车的出租车司机收取的管理费用

B. 港口设施经营人收取的港口设施保安费

C. 代理记账

D. 放映服务

答案：A。选项A，出租车公司向使用本公司自有出租车的出租车司机收取的管理费用，按“陆路运输服务”征收增值税，适用的增值税税率为9%；选项B、C、D适用的增值税税率为6%。

2. 适用6%低税率的具体范围

一般纳税人提供现代服务业服务（有形动产及不动产租赁除外）、增值电信服务、金融服务、生活服务、销售无形资产（转让土地使用权除外），税率为6%。

学思践悟

随着市场经济快速发展，国际竞争日益激烈，我国制造业、商业、服务业等实体经济面临严峻挑战，“稳增长”成为我国宏观调控的重要内容。为帮助企业应对经济下行压力，更好地生存发展，2017年我国对增值税税率进行了调整，取消了13%的税率，将四档税率变为17%、11%和6%三档税率。2018年5月1日将17%税率调整为16%，2019年4月1日将16%税率调整为13%。经过连续3年降低税率和调整税率结构，使增值税税负大幅下降，减少了企业税费成本，在助力供给侧结构性改革、拉动消费需求和激发市场活力方面产生了深远影响。

党的二十大报告提出：“把实施扩大内需战略同深化供给侧结构性改革有机结合起来”。这是党中央基于国内外发展环境变化和新时代新征程中国共产党的使命任务提出的重大战略举措，对于今后一个时期有效发挥大国经济优势、加快构建新发展格局、推动高质量发展、全面建设社会主义现代化国家，具有重要意义。

（三）零税率

1. 纳税人出口货物，适用零税率

纳税人出口货物，适用零税率，但是国务院另有规定的除外。零税率不同于免税。出口货物免税仅指在出口环节不征收增值税，而零税率是指对出口货物除了在出口环节不征收增值税外，还要对该产品在出口前已经缴纳的增值税进行退税，使该出口产品在出口时完全不含增值税税款，从而作为无税产品进入国际市场。

2. 其他适用零税率的情形

根据“营改增”的有关规定，中华人民共和国境内（以下简称境内）的单位和个人销售的下列服务和无形资产，适用增值税零税率：

（1）国际运输服务。国际运输服务，是指在境内载运旅客或者货物出境、在境外载运旅客或者货物入境以及在境外载运旅客或者货物。

（2）航天运输服务。

（3）向境外单位提供的完全在境外消费的下列服务：①研发服务；②合同能源管理服务；③设计服务；④广播影视节目（作品）的制作和发行服务；⑤软件服务；⑥电路设计及测试服务；⑦信息系统服务；⑧业务流程管理服务；⑨离岸服务外包业务；⑩转让

技术。

（4）财政部和国家税务总局规定的其他服务。

境内单位和个人发生的与中国香港、澳门、台湾有关的应税行为，除另有规定外，参照上述规定执行。

【提示】境内单位和个人以无运输工具承运方式提供的国际运输服务，由境内实际承运人适用增值税零税率；无运输工具承运业务的经营者适用增值税免税政策。

【做中学1-10】（多项选择题）下列各项适用增值税零税率的有（　　）。

A.境内单位向境外单位提供的完全在境外消费的软件服务

B.航天运输服务

C.国际运输服务

D.境内单位向境外单位提供的完全在境外消费的业务流程管理服务

答案：ABCD。

（四）纳税人受托对垃圾等废弃物进行专业化处理税率的确定

纳税人受托对垃圾、污泥、污水、废气等废弃物进行专业化处理，即运用填埋、焚烧、净化、制肥等方式，对废弃物进行减量化、资源化和无害化处理处置，按照以下规定适用增值税税率：

（1）采取填埋、焚烧等方式进行专业化处理后未产生货物的，受托方属于提供《销售服务、无形资产、不动产注释》"现代服务"中的"专业技术服务"，其收取的处理费用适用6%的增值税税率。

（2）专业化处理后产生货物，且货物归属委托方的，受托方属于提供"加工劳务"，其收取的处理费用适用13%的增值税税率。

（3）专业化处理后产生货物，且货物归属受托方的，受托方属于提供"专业技术服务"，其收取的处理费用适用6%的增值税税率。受托方将产生的货物用于销售时，适用货物的增值税税率。

二、增值税的征收率

（一）小规模纳税人

小规模纳税人采用简易办法征收增值税，征收率为3%。

（1）小规模纳税人销售自己使用过的固定资产，减按2%的征收率征收增值税；小规模纳税人销售自己使用过的除固定资产以外的物品，按3%的征收率征收增值税。

（2）小规模纳税人销售旧货，减按2%的征收率征收增值税。

（3）小规模纳税人销售不动产（不含个体工商户销售购买的住房和其他个人销售不动产）、出租不动产（不含个人出租住房），按5%的征收率征收增值税。

（4）房地产开发企业中的小规模纳税人，销售自行开发的房地产项目，按5%的征收率征收增值税。

（5）小规模纳税人提供劳务派遣服务选择差额纳税的，按以下情形确定征收率：

① 小规模纳税人可按取得的全部价款和价外费用为销售额，依3%的征收率计算缴纳增值税。

② 小规模纳税人也可以选择差额纳税，以取得的全部价款和价外费用，扣除代用工单位

支付给劳务派遣员工的工资、福利和为其办理社会保险及住房公积金后的余额为销售额，按5%的征收率计算缴纳增值税。向用工单位不得开具增值税专用发票，可以开具普通发票。

（二）一般纳税人

1.一般纳税人销售自产的下列货物，可选择按照或暂时适用简易办法依3%的征收率计算缴纳增值税：

（1）县级及县级以下小型水力发电单位生产的电力。小型水力发电单位，是指各类投资主体建设的装机容量为5万千瓦以下（含5万千瓦）的小型水力发电单位。

（2）建筑用和生产建筑材料所用的砂、土、石料。

（3）以自己采掘的砂、土、石料或其他矿物连续生产的砖、瓦、石灰（不含粘土实心砖、瓦）。

（4）用微生物、微生物代谢产物、动物毒素、人或动物的血液或组织制成的生物制品。

（5）自产自来水。

（6）自产商品混凝土（仅限于以水泥为原料生产的水泥混凝土）。

（7）增值税一般纳税人生产销售和批发、零售抗癌药品、罕见病药品。对进口的抗癌药品、罕见病药品，减按3%征收进口环节增值税。

【提示】对属于一般纳税人的自来水公司销售自来水按简易办法依照3%的征收率征收增值税，不得抵扣其购进自来水取得增值税扣税凭证上注明的增值税税款。

（8）寄售商店代销寄售物品（包括居民个人寄售的物品）。

（9）典当业销售死当物品。

（10）公共交通运输服务，包括轮客渡、公交客运、地铁、城市轻轨、出租车、长途客运和班车。

【提示】“营改增”纳税人中的一般纳税人提供的铁路旅客运输服务，不得选择按照简易计税方法计算缴纳增值税。

（11）经认定的动漫企业为开发动漫产品提供的动漫脚本编撰、形象设计、背景设计、动画设计、分镜、动画制作、摄制、描线、上色、画面合成、配音、配乐、音效合成、剪辑、字幕制作、压缩转码（面向网络动漫、手机动漫格式适配）服务，以及在境内转让动漫版权（包括动漫品牌、形象或者内容的授权及再授权）。

（12）电影放映服务、仓储服务、装卸搬运服务、收派服务和文化体育服务。

（13）资管产品管理人运营资管产品过程中发生的应税行为。

（14）提供非学历教育服务、教育辅助服务。

（15）以清包工方式提供建筑劳务。

（16）提供物业管理服务的纳税人，向服务接收方收取的自来水水费，以扣除其对外支付的自来水水费后的余额为销售额。

（17）销售自产或外购的机器设备的同时提供安装服务，应分别核算机器设备和安装服务的销售额，安装服务可以选择简易计税方法计税。对安装运行后的机器设备提供维护保养服务的，按照“现代服务业”缴纳增值税。

2.“营改增”后按5%征收率缴纳增值税的行为

“营改增”后一般纳税人发生下列特定应税行为，可以选择按照简易办法依5%的征收率计算缴纳增值税：

（1）销售不动产。

① 一般纳税人销售其2016年4月30日前取得或者自建的不动产，可以选择适用简易计税方法，按照5%的征收率计算应纳税额。

② 房地产开发企业中的一般纳税人，销售自行开发的房地产老项目，可以选择适用简易计税方法按照5%的征收率计税。

③ 房地产开发企业采取预收款方式销售所开发的房地产项目，在收到预收款时按照3%的预征率预缴增值税。

（2）不动产经营租赁服务。

① 一般纳税人出租其2016年4月30日前取得的不动产，可以选择适用简易计税方法，按照5%的征收率计算应纳税额。

② 公路经营企业中的一般纳税人收取“营改增”试点前开工的高速公路的车辆通行费，可以选择适用简易计税方法，减按3%的征收率计算应纳税额。

③ 一般纳税人收取“营改增”试点前开工的一级公路、二级公路、桥、闸通行费，选择适用简易计税方法的，按5%的征收率计算应纳税额。

（3）住房租赁企业中的增值税一般纳税人向个人出租住房取得的全部出租收入，可以选择适用简易计税方法，按照5%的征收率减按1.5%计算缴纳增值税，或适用一般计税方法计算缴纳增值税。对利用非居住存量土地和非居住存量房屋（含商业办公用房、工业厂房改造后出租用于居住的房屋）建设的保障性租赁住房，取得保障性租赁住房项目认定书后，住房租赁企业向个人出租上述保障性租赁住房，比照执行。

3.3%的征收率减按2%、0.5%征收的行为

（1）一般纳税人销售旧货，按照简易办法依照3%的征收率减按2%征收增值税。

$$销售额=含税销售额\div(1+3\%)$$

$$应纳税额=销售额\times 2\%$$

（2）自2020年5月1日至2023年年底，对二手车经销企业（包括一般纳税人和小规模纳税人）销售旧车，减按销售额的0.5%征收增值税。

$$销售额=含税销售额\div(1+0.5\%)$$

$$应纳税额=销售额\times 0.5\%$$

（3）一般纳税人销售自己使用过的、按照《中华人民共和国增值税暂行条例》第十条的规定不得抵扣且未抵扣进项税额的固定资产，按简易办法依3%的征收率减按2%征收增值税。例如，按照税法规定，2008年12月31日以前未纳入扩大增值税抵扣范围试点的纳税人，销售自己使用过的2008年12月31日以前购进或者自制的固定资产，按照简易办法依照3%的征收率减按2%征收增值税。

一般纳税人销售自己使用过的2009年1月1日或在纳税人“营改增”试点之日后购进或自制的固定资产，按照适用税率征收增值税。

【做中学1-11】（案例题）兴化工厂为一般纳税人，2023年10月出售使用过的食堂专用的蒸饭车2辆（黄色和白色），其中黄色的蒸饭车购进时未抵扣进项税额（2008年8月购进），出售价格为10 300元，白色的蒸饭车是2009年1月1日后购进的，出售价格为14 500元。

请问：销售这两台使用过的蒸饭车应选取哪种税率或征收率计算缴纳增值税？

答案：按照一般纳税人销售自己使用过的固定资产的相关规定，出售黄色蒸饭车按照简易办法，依3%的征收率减按2%征收增值税，而当月出售白色蒸饭车应按照一般计税方法适用的增值税税率计算缴纳增值税。

【做中学1-12】（单项选择题）下列各项关于纳税人销售自己使用过的物品的说法，表述正确的是（　　）。

A. 增值税一般纳税人销售自己使用过的抵扣进项税额的固定资产按简易计税办法依3%的征收率减半征收增值税

B. 小规模纳税人销售自己使用过的固定资产，应按3%的征收率征收增值税

C. 增值税一般纳税人销售自己使用过的除固定资产以外的物品，应按照适用税率征收增值税

D. 自然人个人销售自己使用过的物品按照适用税率征收增值税

答案：C。选项A，增值税一般纳税人销售自己使用过的已抵扣进项税额的固定资产，应当按照适用税率征收增值税；销售不得抵扣且未抵扣进项税额的固定资产按简易办法依3%的征收率减按2%征收增值税。选项B，小规模纳税人销售自己使用过的固定资产，减按2%征收增值税。选项D，自然人个人销售自己使用过的物品免征增值税。

自2016年2月1日起，纳税人销售自己使用过的固定资产，适用简易办法依照3%的征收率减按2%征收增值税政策的，可以放弃减税，按照简易办法依照3%的征收率缴纳增值税，并可以开具增值税专用发票。

在上述情况下，一般纳税人选择简易办法计算缴纳增值税后，36个月内不得变更。

三、增值税的优惠政策

（一）《中华人民共和国增值税暂行条例》规定的免税项目

（1）农业生产者销售的自产农产品。

（2）避孕药品和用具。

（3）古旧图书。古旧图书是指向社会收购的古书和旧书。

（4）直接用于科学研究、科学试验和教学的进口仪器、设备。

（5）外国政府、国际组织无偿援助的进口物资和设备。

（6）由残疾人组织直接进口供残疾人专用的物品。

（7）销售的自己使用过的物品。自己使用过的物品是指其他个人自己使用过的物品。

【做中学1-13】（多项选择题）下列各项免征增值税的有（　　）。

A. 林场销售树苗

B. 张兰销售自家轿车

C. 英国某公司无偿援助某山区的进口物资和设备

D. 残疾人组织直接进口供残疾人专用的物品

答案：ABD。选项A，林场属于生产者，生产者销售的农产品免税；选项B，其他个人销售自己使用过的动产免税；选项D，残疾人组织直接进口供残疾人专用的物品免税。

（二）“营改增”试点过渡优惠政策

1. 免征增值税

下列项目免征增值税：

（1）托儿所、幼儿园提供的保育和教育服务。

（2）养老机构提供的养老服务。

（3）残疾人福利机构提供的育养服务。

（4）婚姻介绍服务。

（5）殡葬服务。

（6）残疾人员本人为社会提供的服务。

（7）医疗机构提供的医疗服务。

（8）从事学历教育的学校提供的教育服务。

【提示】提供教育服务免征增值税的收入，是指对列入规定招生计划的在籍学生提供学历教育服务取得的收入，具体包括：经有关部门审核批准并按规定标准收取的学费、住宿费、课本费、作业本费、考试报名费收入，以及学校食堂提供餐饮服务取得的伙食费收入。除此之外的收入，包括学校以各种名义收取的赞助费、择校费等，不属于免征增值税的范围。

（9）学生勤工俭学提供的服务。

（10）农业机耕、排灌、病虫害防治、植物保护、农牧保险以及相关技术培训业务，家禽、牲畜、水生动物的配种和疾病防治。

动物诊疗机构提供的动物疾病预防、诊断、治疗和动物绝育手术等动物诊疗服务，属于“家禽、牲畜、水生动物的配种和疾病防治”，免征增值税。动物诊疗机构销售动物食品和用品，提供动物清洁、美容、代理看护等服务，应按照规定缴纳增值税。

（11）纪念馆、博物馆、文化馆、文物保护单位管理机构、美术馆、展览馆、书画院、图书馆在自己的场所提供文化体育服务取得的第一道门票收入。

（12）寺院、宫观、清真寺和教堂举办文化、宗教活动的门票收入。

（13）行政单位之外的其他单位进行的符合《关于全面推开营业税改征增值税试点的通知》附件2《营业税改征增值税试点实施办法》第十条规定条件的政府性基金和行政事业性收费。

（14）个人转让著作权。

（15）个人销售自建自用住房。

（16）2023年12月31日前，公共租赁住房经营管理单位出租公共租赁住房。

【提示】公共租赁住房，是指纳入省、自治区、直辖市、计划单列市人民政府及新疆生产建设兵团批准的公共租赁住房发展规划和年度计划，并按照《关于加快发展公共租赁住房的指导意见》（建保〔2010〕87号）和市、县人民政府制定的具体管理办法进行管理的公共租赁住房。

（17）中国台湾航运公司、航空公司从事海峡两岸海上直航、空中直航业务在大陆取得的运输收入。

（18）纳税人提供的直接或者间接国际货物运输代理服务。

（19）下列利息收入均免征增值税：

①自2018年9月1日至2023年12月31日，对金融机构向小型企业、微利企业和个体

工商户发放的小额贷款取得的利息，免征增值税。

②国家助学贷款。

③国债、地方政府债。

④中国人民银行对金融机构的贷款。

⑤住房公积金管理中心用住房公积金在指定的委托银行发放的个人住房贷款。

⑥外汇管理部门在从事国家外汇储备经营过程中，委托金融机构发放的外汇贷款。

⑦统借统还业务中，企业集团或企业集团中的核心企业以及集团所属财务公司按不高于支付给金融机构的借款利率水平或者支付的债券票面利率水平，向企业集团或者集团内下属单位收取的利息。

【提示】统借方向资金使用单位收取的利息，高于支付给金融机构借款利率水平或者支付的债券票面利率水平的，应全额缴纳增值税。

自2019年2月1日至2023年12月31日，对企业集团内部单位（含企业集团）之间的资金无偿借贷行为，免征收增值税。

⑧自2018年11月7日至2025年12月31日，对境外机构投资境内债券市场取得的债券利息收入暂免征收增值税。

（20）被撤销金融机构以货物、不动产、无形资产、有价证券、票据等财产清偿债务。

（21）保险公司开办的1年期以上人身保险产品取得的保费收入。

（22）再保险业务。

① 境内保险公司向境外保险公司提供的完全在境外消费的再保险服务，免征增值税。

② 试点纳税人提供再保险服务（境内保险公司向境外保险公司提供的再保险服务除外），实行与原保险服务一致的增值税政策。再保险合同对应多个原保险合同的，所有原保险合同均适用免征增值税政策时，该再保险合同适用免征增值税政策；否则，该保险合同应按照规定缴纳增值税。

（23）金融商品转让收入。

① 合格境外投资者（QFII）委托境内公司在我国从事证券买卖业务。

② 我国香港市场投资者（包括单位和个人）通过沪港通买卖上海证券交易所上市A股。

③ 我国香港市场投资者（包括单位和个人）通过基金互认买卖内地基金份额。

④ 证券投资基金（封闭式证券投资基金、开放式证券投资基金）管理人运用基金买卖股票、债券。

⑤ 个人从事金融商品转让业务。

（24）金融同业往来利息收入。

（25）符合条件的担保机构从事中小企业信用担保或者再担保业务取得的收入（不含信用评级、咨询、培训等收入）3年内免征增值税。

（26）国家商品储备管理单位及其直属企业承担商品储备任务，从中央或者地方财政取得的利息补贴收入和价差补贴收入。

（27）纳税人提供技术转让、技术开发和与之相关的技术咨询、技术服务。

（28）符合规定条件的合同能源管理服务。

（29）自2021年1月1日至2023年12月31日，科普单位的门票收入，以及县级及以上党政部门和科协开展科普活动的门票收入。

（30）政府举办的从事学历教育的高等、中等和初等学校（不含下属单位），举办进修班、培训班取得的全部归该学校所有的收入。

【提示】举办进修班、培训班取得的收入进入该学校下属部门自行开设账户的，不予免征增值税。

（31）政府举办的职业学校设立的主要为在校学生提供实习场所，并由学校出资自办、由学校负责经营管理、经营收入归学校所有的企业，从事《销售服务、无形资产或者不动产注释》中的“现代服务”（不含融资租赁服务、广告服务和其他现代服务）、“生活服务”（不含文化体育服务、其他生活服务和桑拿、氧吧服务）等业务活动取得的收入。

（32）家政服务企业由员工制家政服务员提供家政服务取得的收入。

（33）福利彩票、体育彩票的发行收入。

（34）军队空余房产租赁收入。

（35）为了配合国家住房制度改革，企业、行政事业单位按房改成本价、标准价出售住房取得的收入。

（36）将土地使用权转让给农业生产者用于农业生产。

（37）涉及家庭财产分割的个人无偿转让不动产、土地使用权。

（38）土地所有者出让土地使用权和土地使用者将土地使用权归还给土地所有者。

（39）县级以上地方人民政府或自然资源行政主管部门出让、转让或收回自然资源使用权（不含土地使用权）。

（40）随军家属就业。

（41）军队转业干部就业。

（42）自2019年1月1日至2025年12月31日，对单位或者个体工商户将自产、委托加工或购买的货物通过公益性社会组织、县级及以上人民政府及其组成部门和直属机构，或直接无偿捐赠给目标脱贫地区的单位和个人，免征增值税。

（43）提供社区养老、抚育、家政等服务取得的收入。

（44）纳税人将国有农用地出租给农业生产者用于农业生产，免征增值税。

（45）自2018年11月30日至2023年11月29日，对经国务院批准对外开放的货物期货品种保税交割业务，暂免征收增值税。

（46）单位和个体工商户将自产、委托加工或购买的货物，通过公益性社会组织和县级以上人民政府及其部门等国家机关，或者直接向承担疫情防治任务的医院，无偿捐赠用于应对新型冠状病毒感染的肺炎疫情的，免征增值税。

（47）自2019年1月1日至2023年12月31日，对国产抗艾滋病病毒药品免征生产环节和流通环节增值税。

（48）自2021年1月1日至2025年12月31日，对公众开放的科技馆、自然博物馆、天文馆（站、台）、气象台（站）、地震台（站），以及高校和科研机构所属对外开放的科普基地，进口以下商品免征进口关税和进口环节增值税：

① 为从境外购买自用科普影视作品播映权而进口的拷贝、工作带、硬盘，以及以其他形式进口自用的承载科普影视作品的拷贝、工作带、硬盘。

② 国内不能生产或性能不能满足需求的自用科普仪器设备、科普展品、科普专用软件等科普用品。

（49）自2019年1月1日至2023年12月31日，对国家级、省级科技企业孵化器、大学科技园和国家备案众创空间向在孵对象提供孵化服务取得的收入，免征增值税。

【做中学1-14】（多项选择题）下列各项可以免征增值税的有（　　）。

A.金融同业往来利息收入

B.从事学历教育的学校提供的教育服务

C.涉及家庭财产分割的个人转让不动产、土地使用权

D.个人销售自建自用住房

答案：ABD。选项C，涉及家庭财产分割的个人转让不动产、土地使用权分为有偿转让和无偿转让，只有无偿转让才属于免征增值税的范围。

2.增值税即征即退

（1）一般纳税人提供管道运输服务，对其增值税实际税负超过3%的部分实行增值税即征即退政策。增值税实际税负是指纳税人当期提供应税服务实际缴纳的增值税税额占纳税人当期提供应税服务取得的全部价款和价外费用的比重。

（2）经中国人民银行、中国银行保险监督管理委员会（以下简称银保监会）或者商务部批准从事融资租赁业务的试点纳税人中的一般纳税人，提供有形动产融资租赁服务和有形动产融资性售后回租服务，对其增值税实际税负超过3%的部分实行增值税即征即退政策。商务部授权的省级商务主管部门和国家经济技术开发区批准的从事融资租赁业务和融资性售后回租业务的试点纳税人中的一般纳税人，2016年5月1日后实收资本达到1.7亿元的，从达到标准的当月起按照上述规定执行；2016年5月1日后实收资本未达到1.7亿元但注册资本达到1.7亿元的，在2016年7月31日前仍可按照上述规定执行；2016年8月1日后开展的有形动产融资租赁业务和有形动产融资性售后回租业务不得按照上述规定执行。

（3）增值税一般纳税人销售自行开发生产的软件产品，按13%的税率征收增值税后，对其增值税实际税负超过3%的部分实行即征即退政策。

（4）纳税人安置残疾人应享受增值税即征即退优惠政策。

纳税人本期应退增值税额 = 本期所含月份每月应退增值税额之和

月应退增值税额 = 纳税人本月安置残疾人员人数 × 本月月最低工资标准的4倍

月最低工资标准是指纳税人所在区县（含县级市、旗）适用的经省（含自治区、直辖市、计划单列市）人民政府批准的月最低工资标准。

纳税人新安置的残疾人从签订劳动合同并缴纳社会保险的次月起计算，其他职工从录用的次月起计算；安置的残疾人和其他职工减少的，从减少当月计算。

3.扣减增值税规定

（1）退役士兵创业就业。

①自主就业退役士兵从事个体经营的，自办理个体工商户登记当月起，在3年（36个月，下同）内按每户每年12 000元为限额依次扣减其当年实际应缴纳的增值税、城市维护建设税、教育费附加、地方教育附加和个人所得税。限额标准最高可上浮20%，各省、自治区、直辖市人民政府可根据本地区实际情况在此幅度内确定具体限额标准。

纳税人年度应缴纳税款小于上述扣减限额的，减免税额以其实际缴纳的税款为限；大于上述扣减限额的，以上述扣减限额为限。纳税人的实际经营期不足1年的，应当按月换算其减免税限额。其换算公式为：

$$减免税限额 = 年度减免税限额 \div 12 \times 实际经营月数$$

②企业招用自主就业退役士兵，与其签订1年以上期限劳动合同并依法缴纳社会保险费的，自签订劳动合同并缴纳社会保险当月起，在3年内按实际招用人数予以定额依次扣减增值税、城市维护建设税、教育费附加、地方教育附加和企业所得税优惠。定额标准为每人每年6 000元，最高可上浮50%，各省、自治区、直辖市人民政府可根据本地区实际情况在此幅度内确定具体定额标准。

企业按招用人数和签订的劳动合同时间核算企业减免税总额，在核算减免税总额内每月依次扣减增值税、城市维护建设税、教育费附加和地方教育附加。企业实际应缴纳的增值税、城市维护建设税、教育费附加和地方教育附加小于核算减免税总额的，以实际应缴纳的增值税、城市维护建设税、教育费附加和地方教育附加为限；实际应缴纳的增值税、城市维护建设税、教育费附加和地方教育附加大于核算减免税总额的，以核算减免税总额为限。

自主就业退役士兵在企业工作不满1年的，应当按月换算减免税限额。其计算公式为：

$$企业核算减免税总额 = \sum \frac{每名自主就业退役士兵}{本年度在本单位工作月份} \div 12 \times 具体定额标准$$

（2）重点群体创业就业。

①建档立卡贫困人口、持《就业创业证》（注明“自主创业税收政策”或“毕业年度内自主创业税收政策”）或《就业失业登记证》（注明“自主创业税收政策”）的人员，从事个体经营的，自办理个体工商户登记当月起，在3年内按每户每年12 000元为限额依次扣减其当年实际应缴纳的增值税、城市维护建设税、教育费附加、地方教育附加和个人所得税。限额标准最高可上浮20%，各省、自治区、直辖市人民政府可根据本地区实际情况在此幅度内确定具体限额标准。

上述人员具体包括：纳入全国扶贫开发信息系统的建档立卡贫困人口；在人力资源社会保障部门公共就业服务机构登记失业半年以上的人员；零就业家庭、享受城市居民最低生活保障家庭劳动年龄内的登记失业人员；毕业年度内高校毕业生。高校毕业生是指实施高等学历教育的普通高等学校、成人高等学校应届毕业的学生；毕业年度是指毕业所在自然年，即1月1日至12月31日。

②企业招用建档立卡贫困人口，以及在人力资源和社会保障部门公共就业服务机构登记失业半年以上且持《就业创业证》或《就业失业登记证》（注明“企业吸纳税收政策”）的人员，与其签订1年以上期限劳动合同并依法缴纳社会保险费的，自签订劳动合同并缴纳社会保险当月起，在3年内按实际招用人数予以定额依次扣减增值税、城市维护建设税、教育费附加、地方教育附加和企业所得税优惠。定额标准为每人每年6 000元，最高可上浮30%，各省、自治区、直辖市人民政府可根据本地区实际情况在此幅度内确定具体定额标准。

【提示】纳税人年度应缴纳税款小于上述扣减限额的，以其实际缴纳的税款为限；大于上述扣减限额的，应以上述扣减限额为限。

按上述标准计算的税收扣减额应在企业当年实际应缴纳的增值税、城市维护建设税、教育费附加、地方教育附加和企业所得税税额中扣减；当年扣减不足的，不得结转下年使用。

上述税收优惠政策的执行期限为2019年1月1日至2025年12月31日。纳税人在2025年12月31日享受本项税收优惠政策未满3年的，可继续享受至3年期满为止。

4.其他减免项目

（1）金融企业发放贷款后，自结息日起90天内发生的应收未收利息按现行规定缴纳增值税，自结息日起90天后发生的应收未收利息暂不缴纳增值税，待实际收到利息时按规定缴纳增值税。

【提示】上述所称金融企业，是指银行（包括国有、集体、股份制、合资、外资银行及其他所有制形式的银行）、城市信用社、农村信用社、信托投资公司和财务公司。

（2）个人将购买不足2年的住房对外销售的，按照5%的征收率全额缴纳增值税；个人将购买2年以上（含2年）的住房对外销售的，免征增值税。上述政策适用于北京市、上海市、广州市和深圳市之外的地区。

北京市、上海市、广州市和深圳市个人将购买不足2年的住房对外销售的，按照5%的征收率全额缴纳增值税；个人将购买2年以上（含2年）的非普通住房对外销售的，以销售收入减去购买住房价款后的差额按照5%的征收率缴纳增值税；个人将购买2年以上（含2年）的普通住房对外销售的，免征增值税。

【做中学1-15】（多项选择题）下列各项免征增值税的有（　　）。

A.个人出售购买2年以上的住房　　B.个人转让金融商品

C.医疗机构提供医疗服务　　D.残疾人企业为社会提供应税服务

答案：BC。选项A，北京市、上海市、广州市和深圳市四地个人出售购买2年以上的普通住房，免税；非普通住房差额纳税；选项D，残疾人个人为社会提供应税服务免征增值税。

（三）起征点

个人（包括属于小规模纳税人的个体工商户和其他个人）发生应税行为的销售额未达到规定起征点的，免征增值税。

【提示】增值税起征点的适用范围限于个人，不包括认定为一般纳税人的个体工商户。

增值税起征点的幅度规定如下：

（1）按期纳税的，为月销售额5 000~20 000元（含本数）；

（2）按次纳税的，每次（日）销售额300~500元（含本数）。

起征点的调整由财政部和国家税务总局规定。各省、自治区、直辖市财政厅（局）和税务局应当在规定的幅度内，根据实际情况确定本地区适用的起征点，并报财政部和国家税务总局备案。

（四）小微企业减免规定

（1）小规模纳税人发生增值税应税销售行为，合计月销售额未超过10万元（以1个季度为1个纳税期的，季度销售额未超过30万元，下同）的，免征增值税。小规模纳税人发生增值税应税销售行为，合计月销售额超过10万元，但扣除本期发生的销售不动产的销售额后未超过10万元的，其销售货物、劳务、服务、无形资产取得的销售额免征增值税。

（2）适用增值税差额征税政策的小规模纳税人，以差额后的销售额确定是否可以享受免征增值税政策。

（3）按固定期限纳税的小规模纳税人可以选择以1个月或1个季度为纳税期限，一经选择，一个会计年度内不得变更。

（4）其他个人，采取一次性收取租金形式出租不动产取得的租金收入，可在对应的租赁期内平均分摊，分摊后的月租金收入未超过10万元的，免征增值税。

（5）按照现行规定应当预缴增值税税款的小规模纳税人，凡在预缴地实现的月销售额未超过10万元的，当期无须预缴税款。

知识点梳理

本任务知识点梳理见表1-3。

表1-3　　本任务知识点梳理

知识点	具体内容		
1.增值税的税率	基本税率	13%	一般纳税人销售或者进口货物，除低税率适用范围和销售个别旧货适用征收率外
			一般纳税人提供加工、修理修配劳务
			提供有形动产租赁服务
	低税率	9%	粮食等农产品、食用植物油、食用盐
			自来水、暖气、冷气、热水、煤气、石油液化气、天然气、沼气、居民用煤炭制品
			图书、报纸、杂志
			饲料、化肥、农药、农机、农膜
			音像制品、电子出版物
			二甲醚
			一般纳税人提供交通运输服务、邮政服务、基础电信服务、建筑服务、不动产租赁服务，销售不动产，转让土地使用权
		6%	一般纳税人提供现代服务业服务（有形动产及不动产租赁除外）、增值电信服务、金融服务、生活服务、销售无形资产（转让土地使用权除外）
	零税率		（1）除国务院另有规定外，纳税人出口货物，税率为零 （2）财政部和国家税务总局规定的跨境应税行为，税率为零。主要包括： ①国际运输服务 ②航天运输服务 ③向境外单位提供的完全在境外消费的下列服务：研发服务、合同能源管理服务、设计服务、广播影视节目（作品）制作和发行服务、软件服务、电路设计及测试服务、信息系统服务、业务流程管理服务、离岸服务外包业务、转让技术 ④财政部和国家税务总局规定的其他服务 ⑤境内单位和个人发生的与中国香港、澳门、台湾有关的应税行为，除另有规定外，参照上述规定执行 ⑥程租业务、期租业务和湿租业务零税率的适用情况（略）

续表

知识点	具体内容	
2.增值税的征收率	法定征收率3%	(1) 增值税小规模纳税人 (2) 简易计税方法。除全面“营改增”适用5%的征收率以外的纳税人选择简易计税方法销售货物、提供应税劳务、发生应税行为，征收率均为3% ①小规模纳税人（除其他个人外）销售自己使用过的除固定资产以外的物品，按3%的征收率征收增值税 ②小规模纳税人销售自己使用过的固定资产，适用简易计税方法依照3%的征收率减按2%征收增值税政策的，可以放弃减税，按照简易计税方法依照3%的征收率缴纳增值税，并可由主管税务机关代开增值税专用发票 ③一般纳税人销售自己使用过的不得抵扣且未抵扣进项税额的固定资产，适用简易计税方法依照3%的征收率减按2%征收增值税政策的，可以放弃减税，按照简易计税方法依照3%的征收率缴纳增值税，并可以开具增值税专用发票 ④纳税人（含一般纳税人和小规模纳税人）销售旧货，按照简易计税方法依照3%的征收率减按2%征收增值税
	特殊征收率5%	全面“营改增”过程中的特殊项目： (1) 小规模纳税人销售自建或者取得的不动产 (2) 一般纳税人选择简易计税方法计税的不动产销售 (3) 房地产开发企业中的小规模纳税人，销售自行开发的房地产项目 (4) 其他个人销售其取得（不含自建）的不动产（不含其购买的住房） (5) 一般纳税人选择简易计税方法计税的不动产经营租赁 (6) 小规模纳税人出租（经营租赁）其取得的不动产（不含个人出租住房） (7) 其他个人出租（经营租赁）其取得的不动产（不含住房） (8) 个人出租住房，应按照5%的征收率减按1.5%计算应纳税额 (9) 一般纳税人和小规模纳税人提供劳务派遣服务选择差额纳税的 (10) 一般纳税人2016年4月30日前签订的不动产融资租赁合同，或以2016年4月30日前取得的不动产提供的融资租赁服务，选择适用简易计税方法的 (11) 一般纳税人收取试点前开工的一级公路、二级公路、桥、闸通行费，选择适用简易计税方法的 (12) 一般纳税人提供人力资源外包服务，选择适用简易计税方法的 (13) 纳税人转让2016年4月30日前取得的土地使用权，选择适用简易计税方法的
3.增值税法定免税项目及起征点	法定免税项目	(1) 农业生产者销售的自产农产品 (2) 避孕药品和用具 (3) 古旧图书 (4) 直接用于科学研究、科学试验和教学的进口仪器、设备 (5) 外国政府、国际组织无偿援助的进口物资和设备 (6) 由残疾人组织直接进口供残疾人专用的物品 (7) 销售的自己使用过的物品，自己使用过的物品是指其他个人自己使用过的物品
	起征点	增值税起征点的幅度规定如下： (1) 按期纳税的，为月销售额5 000~20 000元（含本数） (2) 按次纳税的，每次（日）销售额300~500元（含本数）

案例解析

本任务“引入案例”解析如下：

当月出售A型运输车按简易办法依3%的征收率减按2%征收增值税，应纳增值税 = 51 500 ÷（1 + 3%）× 2% = 1 000（元）；当月出售B型运输车按一般计税方法依适用税率计算增值税，销项税额 = 58 000 ÷（1 + 13%）× 13% = 6 672.57（元）。

案例中涉及的相关知识点回顾：

一般纳税人销售自己使用过的2009年1月1日以后购入或者自制的固定资产按照适用税率征收增值税；2008年12月31日以前未纳入扩大增值税抵扣范围试点的一般纳税人销售自己使用过的购入或者自制的固定资产，按照简易办法依照3%的征收率减按2%征收增值税。

知识翻转

华旭公司2014年5月被认定为一般纳税人，2023年3月出售2006年2月购入的使用过的生产应税产品的设备一套，售价为100 000元，并放弃“3%的征收率减按2%征收增值税”的计税办法。

请问：

（1）华旭公司该项业务应按照哪种税率或征收率缴纳增值税？

（2）华旭公司能否开具增值税专用发票？

（3）在实际工作中，应如何区分增值税的各类税率及征收率？

知识考核

一、单项选择题

1.华源公司为增值税一般纳税人，于2014年12月将一辆自己使用过8年的小轿车（未抵扣增值税）以6万元的价格售出，下列各项税务处理方法正确的是（　　）。

A.按2%简易办法计算应纳增值税

B.按4%简易办法计算应纳增值税

C.按简易办法依照3%的征收率减按2%计算应纳增值税

D.不缴纳增值税

2.下列各项应当征收增值税的是（　　）。

A.电力公司向发电企业收取的过网费收入

B.存款利息收入

C.燃油电厂从政府专户取得的发电补贴收入

D.根据国家指令无偿提供的铁路运输服务、航空运输服务，属于规定的用于公益事业的服务

3.下列各项应当征收增值税的是（　　）。

A.增值税纳税人收取的会员费收入

B.融资性售后回租业务中承租方出售资产取得的收入

C.对供电企业进行电力调压并按电量向电厂收取的并网服务费收入

D.被保险人获得的保险赔偿

4.增值税一般纳税人销售外购的下列货物，按低税率9%计征增值税的是（　　）。

A.饲料　　B.淀粉　　C.酸奶　　D.花椒粉

5.下列各项中，一般纳税人可以选择简易计税方法计算缴纳增值税的是（　　）。

A.销售自产的自来水　　B.寄售商店代销寄售物品

C.典当业销售死当物品　　D.自来水公司销售自来水

6.下列各项中，纳税人适用零税率的是（　　）。

A.一般纳税人提供的公共交通运输服务

B.一般纳税人提供的境外交通运输服务

C.一般纳税人提供的有形动产融资租赁服务

D.一般纳税人无偿提供的公益性航空运输服务

7.下列关于纳税人销售自己使用过的物品的表述，正确的是（　　）。

A.增值税一般纳税人销售自己使用过的不得抵扣且未抵扣进项税额的固定资产按简易计税方法依3%的征收率征收增值税

B.小规模纳税人销售自己使用过的除固定资产以外的物品，应减按2%的征收率征收增值税

C.一般纳税人销售旧货，按照简易办法依照3%的征收率减按2%征收增值税

D.小规模纳税人销售旧货，按照简易办法依照3%的征收率征收增值税

8.根据增值税法律制度的规定，下列各种增值税应税服务中，增值税税率为13%的是（　　）。

A.邮政服务　　B.交通运输服务

C.有形动产租赁服务　　D.不动产租赁服务

9.下列各项不适用5%征收率的是（　　）。

A.房地产开发企业中的小规模纳税人，销售自行开发的房地产项目

B.一般纳税人选择简易计税方法计税的不动产经营租赁

C.一般纳税人收取试点前开工的一级公路、二级公路、桥、闸通行费，选择适用简易计税方法的

D.一般纳税人跨县（市）提供建筑服务，选择适用简易计税方法计税的

10.下列各项可以免征增值税的是（　　）。

A.外国企业无偿援助的进口设备　　B.商场销售的农产品

C.张玉销售自己使用过的旧餐桌　　D.超市进口供残疾人专用的物品

二、多项选择题

1.丽日超市为增值税一般纳税人，销售的下列货物中适用9%税率的有（　　）。

A.大米　　B.鲜奶　　C.罐头食品　　D.食用盐

2.下列各项可以免征增值税的有（　　）。

A. 托儿所、幼儿园提供的保育和教育服务

B. 从事学历教育的学校提供的教育服务

C. 残疾人企业为社会提供的应税服务

D. 个人转让著作权

3. 根据增值税法律制度的规定，下列各项增值税服务中，增值税税率为9%的有（　　）。

A. 不动产租赁服务　　　　B. 基础电信服务

C. 境内单位发生跨境应税行为　　　　D. 金融服务

4. 根据增值税法律制度的规定，下列各项适用零税率的有（　　）。

A. 境内单位向境外单位提供的完全在境外消费的设计服务

B. 跨境航天运输服务

C. 提供国际运输服务

D. 境内单位向境外单位提供的完全在境外消费的信息系统服务

5. 下列关于航空运输业增值税的表述，正确的有（　　）。

A. 航空运输企业提供的旅客利用里程积分兑换的航空运输服务，照章征收增值税

B. 航空运输企业根据国家指令无偿提供的航空运输服务，不征收增值税

C. 航空地面服务属于航空运输服务的范围

D. 航空运输的湿租业务，属于航空运输服务

6. 下列各项属于适用零税率的国际运输劳务的有（　　）。

A. 在境内载运旅客或货物出境　　　　B. 在境外载运旅客或货物入境

C. 在境内载运旅客或者货物　　　　D. 在境外载运旅客或者货物

7. 下列各项属于增值税征收范围的有（　　）。

A. 航空运输企业提供的湿租业务

B. 广告公司提供的广告代理业务

C. 单位聘用的员工为本单位提供的运输业务

D. 会计咨询公司提供的会计、审计咨询服务

8. 下列各项适用于5%的征收率的有（　　）。

A. 小规模纳税人销售自建或者取得的不动产

B. 一般纳税人选择简易计税方法计税的不动产销售

C. 其他个人销售其取得（不含自建）的不动产（不含其购买的住房）

D. 其他个人出租（经营租赁）其取得的不动产（不含住房）

三、判断题

1. 一般纳税人销售自己2007年购进的使用过的机器一台，现行规定应按照简易计税方法依照3%的征收率减按2%征收增值税。（　　）

2. 纳税人提供技术转让、技术开发和与之相关的技术咨询、技术服务，免征增值税。（　　）

3. 一般纳税人的个体工商户销售额未达到起征点的，免征增值税；达到起征点的，全额计算缴纳增值税。（　　）

4. 北京市的王兰将已购买3年的非普通住房对外销售，按照5%的征收率全额缴纳增

值税。（ ）

参考答案

5. 一般纳税人销售自产建筑用和生产建筑材料所用的砂、土、石料适用的税率为9%。（ ）

6. 房地产开发企业中的一般纳税人，销售自行开发的房地产老项目，可以选择适用简易计税方法按照5%的征收率计税。（ ）

7. 个人出租住房，按照5%的征收率征收增值税。（ ）

任务三　增值税应纳税额的计算

引入案例

源鑫有限公司是一家食品生产企业，为增值税一般纳税人。2023年6月，公司发生如下经济业务：

（1）1日，购进食品原料一批，取得的增值税专用发票上注明金额500 000元、增值税税额65 000元；向农民收购玉米用于生产糕点，开具的农产品收购凭证上注明的价款为40 000元，玉米已经验收入库，食品原料还未收到，款项已支付。

（2）3日，1日购进的食品原料运到并验收入库，向运输公司（一般纳税人）支付运费，价税合计3 270元，取得增值税专用发票。

（3）8日，销售一批食品给华强超市，取得不含税销售收入800 000元，同时收取包装物押金50 000元并单独记账核算，另收取优质费5 000元。

（4）20日，将自产的食品作为福利发给职工，未开具发票，该产品市场售价为500 000元（不含税），生产成本为350 000元。

（5）22日，研发一种新产品，为了进行市场推广和宣传，无偿赠送200份给消费者品尝，该食品无同类产品市场价，生产成本为600元/份，成本利润率为10%。

（6）23日，支付水电费取得增值税专用发票，注明的增值税税额为10 400元。

（7）30日，盘点存货时发现上月购进的一批白糖短缺20%，该批白糖购进时取得的增值税专用发票上注明的价款为100 000元，向运输企业（一般纳税人）支付不含税运输费3 000元，已抵扣进项税额，经查该批白糖的15%属于管理不善导致丢失，5%属于储存过程中发生的合理损耗。假定月初留抵税额为5 300元。

请问：该企业当月应缴纳的增值税为多少？

工作任务

1. 掌握一般纳税人应纳税额的计算
2. 掌握小规模纳税人应纳税额的计算
3. 掌握进口货物应纳税额的计算

知识结构图

电子课件

文件法规

本任务知识结构图如图1-3所示。

增值税应纳税额的计算
- 一般纳税人应纳税额的计算
- 简易计税方法应纳税额的计算
- 进口货物应纳税额的计算

图1-3　本任务知识结构图

知识解析

一、一般纳税人应纳税额的计算

增值税一般纳税人实行进项抵扣法，其计算公式为：

当期应纳税额 = 当期销项税额 - 当期进项税额

当期销项税额小于当期进项税额不足抵扣时，其不足部分可以结转下期继续抵扣。

微课

增值税销项税额的计算

（一）销项税额的确定

销项税额，是指纳税人发生应税行为，按照销售额和增值税税率计算的增值税税额。其计算公式为：

销项税额 = 销售额 × 增值税税率

1.一般情况下销售额的确定

（1）销售额的一般规定。销售额是指纳税人发生应税销售行为时向购买方收取的全部价款和价外费用，但是不包括收取的销项税额。价外费用，包括价外向购买方收取的手续费、补贴、基金、集资费、返还利润、奖励费、违约金、滞纳金、延期付款利息、赔偿金、代收款项、代垫款项、包装费、包装物租金、储备费、优质费、运输装卸费以及其他各种性质的价外收费。上述价外费用无论其会计制度如何核算，均应并入销售额计算销项税额，但下列项目不包括在销售额内：

① 受托加工应征消费税的消费品所代收代缴的消费税。

② 同时符合以下条件代为收取的政府性基金或者行政事业性收费：由国务院或者财政部批准设立的政府性基金，由国务院或者省级人民政府及其财政、价格主管部门批准设立的行政事业性收费；收取时开具省级以上财政部门印制的财政票据；所收款项全额上缴财政。

③ 销售货物的同时代办保险等而向购买方收取的保险费，以及向购买方收取的代购买方缴纳的车辆购置税、车辆牌照费。

④ 以委托方名义开具发票代委托方收取的款项。

（2）包装物押金是否计入销售额的有关规定。包装物是指纳税人包装本单位货物的各种物品。根据税法的规定，纳税人为销售货物而出租、出借包装物收取的押金，单独记账的、时间在1年内且未过期的，不并入销售额征税；但对逾期未收回不再退还的包装物押金，应按所包装货物的适用税率计算纳税。“逾期”是指按合同约定实际逾期或以1年（12个月）为期限，对收取1年以上的押金，无论是否退还均并入销售额征税。逾期的包装物押金是含税销售额，须换算为不含税销售额，按照所包装货物的税率征税。

【提示】包装物押金与包装物租金不能混淆，包装物租金属于价外费用，在收取时便并入销售额征税。对销售除啤酒、黄酒以外的其他酒类产品收取的包装物押金，无论是否返还以及会计上如何核算，均应并入当期销售额征税。包装物押金是否计入销售额见表1-4。

表1-4 包装物押金是否计入销售额

包装物押金分类		收取时	逾期时
非酒类一般货物的包装物押金		×	✓
酒类产品包装物押金	啤酒、黄酒包装物押金	×	✓
	除啤酒、黄酒以外的其他酒类产品包装物押金	✓	×

（3）含税销售额的换算。增值税实行价外税，计算销项税额时，销售额中不应包括销项税额，若纳税人采用销售额和销项税额合并定价的方法（销售额为含税销售额），按照下列公式计算销售额：

$$销售额 = 含税销售额 \div （1 + 增值税税率）$$

在通常情况下，判断销售价款是否含税可以遵循以下规则：①普通发票上注明的价款是含税价格，如商场或超市向消费者销售的“零售价格”；②价外费用是含税收入；③符合计入增值税销售额条件的包装物押金一般为含税收入。

【做中学1-16】（单项选择题）下列各项属于增值税销售额的是（　　）。

A.向购买方收取的违约金

B.代收代缴的消费税

C.向购货方收取的代其办理保险的保险费

D.销项税额

答案：A。向购买方收取的违约金属于价外费用，应并入销售额征税。选项B、C、D是符合条件的代收税费，不属于价外费用。

【做中学1-17】（计算题）金园酒业为一家酒类生产企业，该企业为增值税一般纳税人。2023年8月销售一批粮食白酒给润鑫商场，开具的增值税专用发票上注明的价款为60万元（不含税），收取的包装物租金为2.03万元，收取的包装物押金为5.88万元，约定6个月后返还包装物。同时，销售一批黄酒给小规模纳税人，开具的增值税普通发票上注明的价款为50万元、增值税税额为6.5万元，另收取的包装物押金为3万元，约定3个月后返还包装物。

请问：2023年8月，该企业销项税额为多少？

答案：包装物的租金属于价外费用，应计入销售额一并计算缴纳增值税。此外，销售白酒收取的包装物押金，收取时即应并入销售额征税；销售黄酒收取的包装物押金，收取时不并入销售额征税，待逾期时征税。具体计算如下：

销售白酒的销售额 = 60 + （2.03 + 5.88）÷（1 + 13%）= 67（万元）

销售黄酒的销售额 = 50万元

合计不含税销售额 = 67 + 50 = 117（万元）

8月份销项税额 = 117 × 13% = 15.21（万元）

2.视同销售货物行为销售额的确定

视同销售行为是增值税法律制度规定的特殊销售行为。由于视同销售行为一般不以资金的形式反映，因而会出现视同销售而无销售额的情况。另外，有时纳税人销售货物或提供应税劳务的价格明显偏低且无正当理由。在上述情况下，主管税务机关有权按照下列顺序核定其计税销售额：

（1）按纳税人最近时期同类货物、劳务、服务、无形资产或者不动产的平均销售价格确定。

（2）按其他纳税人最近时期同类货物、劳务、服务、无形资产或者不动产的平均销售价格确定。

（3）在用以上两种方法均不能确定其销售额的情况下，可按组成计税价格确定销售额。组成计税价格的公式为：

组成计税价格 = 成本 ×（1 + 成本利润率）

属于应征消费税的货物，其组成计税价格应加计消费税税额。其计算公式为：

组成计税价格 = 成本 ×（1 + 成本利润率）+ 消费税税额

或：　组成计税价格 = 成本 ×（1 + 成本利润率）÷（1 – 消费税税率）

销售货物的"成本利润率"一般为10%，但属于应从价定率征收消费税的货物，其组成计税价格公式中的成本利润率为《消费税若干具体问题的规定》中规定的成本利润率（关于消费税组成计税价格的计算详见项目二"消费税"里的详细讲解）。

纳税人发生应税行为价格明显偏低或者偏高且不具有合理商业目的的，或者无销售额的，主管税务机关有权按照上述顺序确定销售额。成本利润率由国家税务总局确定。

纳税人发生固定资产视同销售行为，对已使用过的固定资产无法确定销售额的，以固定资产净值为销售额。

【做中学1-18】（单项选择题）源鑫有限公司为一般纳税人，2023年7月，该企业将一台自己使用过的设备捐赠给本市一家福利机构，该设备于2013年2月购进，取得增值税专用发票，注明的价款为160万元、增值税税额为20.8万元（进项税额已抵扣），该设备已计提折旧76万元，该公司捐赠此设备应缴纳的增值税为（　　）万元。

A.0　　B.2.14　　C.10.92　　D.16.16

答案：C。该企业捐赠设备应视同销售缴纳增值税，以固定资产净值为销售额，应缴纳增值税10.92万元（（160 – 76）× 13%）。

3.特殊销售方式销售额的确定

（1）折扣销售（商业折扣）。折扣销售是指销售方在销售货物，提供应税劳务，销售服务、无形资产或者不动产时，因购买方需求量大等原因给予的价格方面的优惠。按照现行税法的规定：纳税人采取折扣方式销售货物，提供应税劳务，销售服务、无形资产或不动产的，如果销售额和折扣额在同一张发票上分别注明，可以按折扣后的销售额征收增值税；未在同一张发票"金额"栏注明折扣额，而仅在发票的"备注"栏注明折扣额的，折扣额不得从销售额中减除。如果对折扣额另开发票，不论其在财务上如何处理，均不得从销售额中减除折扣额。

【提示】折扣销售仅限于货物、劳务、服务、无形资产或不动产价格的折扣，如果销售方将自产、委托加工或购买的货物用于实物折扣（例如“买三送一”），则该实物款额不能从原销售额中减除，应按照“无偿赠送”的相关规定处理。

（2）销售折扣（现金折扣）。销售折扣通常是为了鼓励购买方及时偿还货款而给予的一种折扣优待。销售折扣不同于折扣销售。销售折扣发生在销货之后，而折扣销售是与实现销售同时发生的，销售折扣不得从销售额中减除。

（3）销售折让。销售折让通常是指由于货物的品种或质量等原因引起销售额的减少，即销售方给予购货方未予退货状况下的价格折让。销售折让可以通过开具红字增值税专用发票从销售额中减除；未按规定开具红字增值税专用发票的，不得扣减销项税额或销售额。

【做中学1-19】（计算题）华源公司为一家设备生产企业，2023年7月销售一批设备给雨欣公司，假设该批设备不含税价款为600万元。考虑到与购买方的长期合作，华源公司给予其5%的价格优惠（开具一张发票，分别注明折扣额和销售额）；由于购买方及时付款，给予其2%的销售折扣，实收558.6万元。

要求：计算华源公司应纳增值税销项税额。

答案：本题中涉及折扣销售（商业折扣）和销售折扣（现金折扣）。由于5%价格优惠的折扣销售的销售额和折扣额在同一张发票上开具，因此，可以按折扣后的销售额570万元（600×（1–5%））征收增值税。而销售折扣不得从销售额中减除，因此销项税额为74.1万元（600×（1–5%）×13%）。

（4）以旧换新。以旧换新销售，是纳税人在销售过程中折价收回同类旧货物，并以折价款部分冲减新货物价款的一种销售方式。对于其销售额的确定，具体规定如下：

① 纳税人采取以旧换新方式销售货物的（金银首饰除外），应按新货物的同期销售价格确定销售额，不得扣减旧货物的收购价格。

② 纳税人采取以旧换新方式销售金银首饰的，按销售方实际收取的不含增值税的全部价款征收增值税。

【做中学1-20】（计算题）乐家润商场（假定为中国人民银行批准的金银首饰经营单位）为增值税一般纳税人，2023年6月采用以旧换新方式销售金项链50条，每条金项链的零售价格为12 500元，每条旧项链作价8 500元，每条金项链取得差价款4 000元，取得首饰修理费合计16 570元（含税）。

请问：该商场上述业务应缴纳的增值税税额为多少？

答案：按税法的规定，对金银首饰以旧换新业务可以按销售方实际收取的不含增值税的全部价款征收增值税，因此，该商场上述业务应缴纳增值税税额计算如下：

该商场该业务的计税销售额 = 50 × 4 000 ÷（1 + 13%）+ 16 570 ÷（1 + 13%）

≈ 191 654.87（元）

应缴纳的销项税额 = 191 654.87 × 13% ≈ 24 915.13（元）

（5）还本销售。还本销售是指销售方将货物出售之后，按约定的时间，一次或分次将购货款部分或全部退还给购买方，退还的货款即为还本支出。纳税人采取还本销售货物的，不得从销售额中减除还本支出。

（6）以物易物。以物易物是一种较为特殊的购销活动，是指购销双方不是以货币结算，而是以同等价款的货物相互结算，从而实现货物购销的一种方式。采用以物易物方式销售货物的，以物易物双方都应作购销处理，以各自发出的货物核算销售额并计算销项税额，以各自收到的货物核算购货额及进项税额。需要强调的是，在以物易物活动中，双方应各自开具合法的票据，必须计算销项税额，但如果收到的货物不能取得相应的增值税专用发票或者其他增值税扣税凭证，不得抵扣进项税额。

（7）直销企业增值税销售额的确定。直销企业的经营模式主要有两种：一是直销员按照批发价向直销企业购买货物，再按照售价向消费者销售货物；二是直销员仅起到中介作用，直销企业按照零售价向直销员介绍的消费者销售货物，并另外向直销员支付报酬。根据直销企业的经营模式，直销企业增值税销售额的确定分为以下两种：

① 直销企业先将货物销售给直销员，直销员再将货物销售给消费者的，直销企业的销售额为其向直销员收取的全部价款和价外费用。直销员将货物销售给消费者时，应按照现行规定缴纳增值税。

② 直销企业通过直销员向消费者销售货物，直接向消费者收取货款的，直销企业的销售额为其向消费者收取的全部价款和价外费用。

4. 外币销售额的计算

纳税人按人民币以外的货币结算销售额的，其销售额的人民币折合率可以选择销售额发生的当天或者当月1日的人民币外汇中间价。纳税人应事先确定采用何种折合率，确定后1年内不得变更。

5. “营改增”行业销售服务、无形资产和不动产的销售额

（1）贷款服务，以提供贷款服务取得的全部利息及利息性质的收入为销售额。

（2）直接收费金融服务，以提供直接收费金融服务收取的手续费、佣金、酬金、管理费、服务费、经手费、开户费、过户费、结算费、转托管费等各类费用为销售额。

（3）金融商品转让，按照卖出价扣除买入价后的余额为销售额。转让金融商品出现的正负差，按盈亏相抵后的余额为销售额。若相抵后出现负差，可结转下一纳税期，与下期转让金融商品销售额相抵，但年末仍出现负差的，不得转入下一个会计年度。金融商品的买入价，可以选择按照加权平均法或者移动加权平均法进行核算，选择后36个月内不得变更。

【提示】金融商品转让不得开具增值税专用发票。

【做中学1-21】（计算题）中汇金融公司为一般纳税人，2023年第三季度转让债券，卖出价为50 000元（含增值税，下同），该债券是2022年7月购入的，买入价为30 000元，2023年1月取得利息3 000元，缴纳了增值税。该公司2023年第三季度之前转让金融商品亏损7 500元。

请问：中汇金融公司应缴纳的增值税税额为多少？

答案：转让债券的销售额 =（50 000 − 30 000）− 7 500 = 12 500（元）

应纳增值税税额 = 12 500 ÷（1 + 6%）× 6% ≈ 707.55（元）

（4）经纪代理服务，以取得的全部价款和价外费用，扣除向委托方收取并代为支付的政府性基金或者行政事业性收费后的余额为销售额。向委托方收取的政府性基金或者行政

事业性收费，不得开具增值税专用发票。

（5）融资租赁和融资性售后回租业务。

① 经中国人民银行、银保监会或者商务部批准从事融资租赁业务的纳税人，提供融资租赁服务，以取得的全部价款和价外费用，扣除支付的借款利息（包括外汇借款和人民币借款利息）、发行债券利息和车辆购置税后的余额为销售额。

② 经中国人民银行、银保监会或者商务部批准从事融资租赁业务的纳税人，提供融资性售后回租服务，以取得的全部价款和价外费用（不含本金），扣除对外支付的借款利息（包括外汇借款和人民币借款利息）、发行债券利息后的余额作为销售额。

（6）航空运输企业。航空运输企业的销售额不包括代收的机场建设费和代售其他航空运输企业客票而代收转付的价款。

（7）客运场站服务。一般纳税人提供客运场站服务以其取得的全部价款和价外费用，扣除支付给承运方运费后的余额为销售额。

（8）旅游服务。纳税人提供旅游服务可以选择以取得的全部价款和价外费用，扣除向旅游服务购买方收取并支付给其他单位或者个人的住宿费、餐饮费、交通费、签证费、门票费和支付给其他接团旅游企业的旅游费用后的余额为销售额。但选择该办法计算销售额的纳税人，向旅游服务购买方收取并支付的上述费用，不得开具增值税专用发票，可以开具普通发票。

（9）建筑服务。提供建筑服务适用简易计税方法的，以取得的全部价款和价外费用扣除支付的分包款后的余额为销售额。

（10）销售自行开发的不动产或企业转让的不动产。

①房地产开发企业中的一般纳税人销售其开发的房地产项目（选择简易计税方法的房地产老项目除外），以取得的全部价款和价外费用，扣除受让土地时向政府部门支付的土地价款后的余额为销售额。

【提示】房地产老项目，是指“建筑工程施工许可证”注明的合同开工日期在2016年4月30日前的房地产项目。

②销售其2016年4月30日前取得（不含自建）的不动产选择简易计税方法的，以取得的全部价款和价外费用减去该项不动产购置原价或取得不动产时作价后的余额为销售额；自建的不动产，以取得的全部价款和价外费用为销售额。

③一般纳税人销售其2016年5月1日之后取得的不动产或2016年4月30日前取得的不动产适用一般计税方法的，均以取得的全部价款和价外费用作为销售额。

按上述（4）至（9）项的规定从全部价款和价外费用中扣除的价款，应当取得符合法律、行政法规和国家税务总局规定的有效凭证，否则不得扣除。纳税人取得的上述凭证属于增值税扣税凭证的，其进项税额不得从销项税额中抵扣。

【做中学1-22】（计算题）达康房地产企业为增值税一般纳税人，购买一块地用于开发房地产项目，支付土地价款1 600万元，2023年6月项目完工，当期销售其中的90%，取得含税销售收入4 000万元。

请问：当期应纳增值税税额为多少？

答案：房地产开发企业中的一般纳税人销售其开发的房地产项目（选择简易计税方法的房地产老项目除外）的销售额 =（全部价款和价外费用 − 当期允许扣除的土地价款）÷

$(1+9\%)$。因此，具体计算如下：

销售额 $=(4\,000-1\,600\times90\%)\div(1+9\%)\approx2\,348.6239$（万元）

应纳增值税 $=2\,348.6239\times9\%\approx211.3762$（万元）

（二）进项税额的计算

微课

增值税进项税额的计算

进项税额，是指纳税人购进货物，接受加工修理修配劳务、服务，购进无形资产或者不动产，支付或者负担的增值税税额。

1. 准予从销项税额中抵扣的进项税额

（1）从销售方或提供方取得的增值税专用发票上注明的增值税税额（含税控机动车销售统一发票，下同）。

（2）从海关取得的海关进口增值税专用缴款书上注明的增值税税额。

（3）从境外单位或者个人购进服务、无形资产或者不动产，自税务机关或者扣缴义务人取得的解缴税款的完税凭证上注明的增值税税额。

（4）购进农产品，取得一般纳税人开具的增值税专用发票或者海关进口增值税专用缴款书的，以增值税专用发票或者海关进口增值税专用缴款书上注明的增值税额为进项税额；从按照简易计税方法依照3%征收率计算缴纳增值税的小规模纳税人取得增值税专用发票的，以增值税专用发票上注明的金额和9%的扣除率计算进项税额；取得（开具）农产品销售发票或收购发票的，以农产品收购发票或销售发票上注明的农产品买价和9%的扣除率计算进项税额。其计算公式为：

$$进项税额=买价\times扣除率$$

纳税人购进用于生产销售或委托加工13%税率货物的农产品，按照10%的扣除率计算进项税额。纳税人购进农产品用于其他方面的，扣除率为9%。

购进农产品，按照《农产品增值税进项税额核定扣除试点实施办法》抵扣进项税额的除外。

【做中学1-23】（计算题）伊美公司为增值税一般纳税人，2023年6月从乐云玉米生产基地（小规模纳税人）购进玉米，取得其由税务机关代开的增值税专用发票，注明价款100万元、税额3万元。深度加工成玉米罐头后对外销售。

请问：企业实际抵扣的进项税额是多少？

答案：纳税人购进用于生产13%税率货物的农产品可抵扣的进项税额 $=100\times10\%=10$（万元）

【提示】烟叶收购单位收购烟叶时，按照国家有关规定以现金形式直接补贴烟农的生产投入补贴（以下简称价外补贴），属于农产品买价，为“价款”的一部分。烟叶收购单位应将价外补贴与烟叶收购价格在同一张农产品收购发票或者销售发票上分别注明，否则价外补贴不得作为进项税额进行抵扣。

【做中学1-24】（计算题）玉珠公司为苏州的一家饰品加工企业，该企业是增值税一般纳税人，2023年7月有关的生产经营业务如下：

（1）从外国进口一批生产用的原料，取得的海关进口增值税专用缴款书上注明的货款为300万元，增值税税额为39万元。

（2）从美珠饰品加工厂（小规模纳税人）收回委托加工的饰品，支付加工费11.6万元，并取得美珠饰品加工厂开具的增值税普通发票。

（3）从农业生产者手中购进免税农产品，用于生产家具，收购凭证上注明的价款为30万元，并委托运输公司进行运输，取得的专用发票上注明的运费为2万元，增值税为0.18万元。

请问：该企业当月可以抵扣的进项税额为多少？

答案：（1）进口原料取得了海关进口增值税专用缴款书，可以凭票抵扣进项税额。进项税额为39万元。

（2）由于委托加工取得的是增值税普通发票，其进项税额不得抵扣。

（3）购进免税农产品，可以按收购凭证上注明的收购价款计算抵扣；同时，支付运输费取得了货物运输增值税专用发票，可以凭票抵扣进项税额。

进项税额 = 30 × 10% + 0.18 = 3.18（万元）

当月可以抵扣的进项税额 = 39 + 3.18 = 42.18（万元）

不得抵扣且未抵扣进项税额的固定资产、无形资产、不动产，发生用途改变，用于允许抵扣进项税额的应税项目，可在用途改变的次月按照下列公式计算可以抵扣的进项税额：

$$\text{可以抵扣的进项税额} = \text{固定资产、无形资产、不动产净值} \div (1 + \text{适用税率}) \times \text{适用税率}$$

（5）纳税人购进国内旅客运输服务，其进项税额允许从销项税额中抵扣。纳税人未取得增值税专用发票的，暂按照下列规定确定进项税额：

①取得增值税电子普通发票的，为发票上注明的税额；

②取得注明旅客身份信息的航空运输电子客票行程单的，为按照下列公式计算的进项税额：

$$\text{航空旅客运输进项税额} = (\text{票价} + \text{燃油附加费}) \div (1 + 9\%) \times 9\%$$

③取得注明旅客身份信息的铁路车票的，为按照下列公式计算的进项税额：

$$\text{铁路旅客运输进项税额} = \text{票面金额} \div (1 + 9\%) \times 9\%$$

④取得注明旅客身份信息的公路、水路等其他客票的，为按照下列公式计算的进项税额：

$$\text{公路、水路等其他旅客运输进项税额} = \text{票面金额} \div (1 + 3\%) \times 3\%$$

上述可以抵扣的进项税额应取得合法有效的增值税扣税凭证。

（6）加计抵减政策。

自2023年1月1日至2023年12月31日，允许生产性服务业纳税人按照当期可抵扣进项税额加计5%抵减应纳税额；允许生活性服务业纳税人按照当期可抵扣进项税额加计10%，抵减应纳税额。生产、生活性服务业纳税人，是指提供邮政服务、电信服务、现代服务、生活服务四项服务取得的销售额占全部销售额的比重超过50%的纳税人。按照现行规定不得从销项税额中抵扣的进项税额，不得计提加计抵减额；已计提加计抵减额的进项税额，按规定作进项税额转出的，应在进项税额转出当期，相应调减加计抵减额。其计算公式为：

$$\text{当期计提加计抵减额} = \text{当期可抵扣进项税额} \times 10\%$$

$$\text{当期可抵减加计抵减额} = \text{上期末加计抵减额余额} + \text{当期计提加计抵减额} - \text{当期调减加计抵减额}$$

纳税人应按照现行规定计算一般计税方法下的应纳税额（以下简称抵减前的应纳税额）后，区分以下情形加计抵减：

① 抵减前的应纳税额等于零的，当期可抵减加计抵减额全部结转下期抵减。

② 抵减前的应纳税额大于零且大于当期可抵减加计抵减额的，当期可抵减加计抵减额全额从抵减前的应纳税额中抵减。

③ 抵减前的应纳税额大于零且小于或等于当期可抵减加计抵减额的，以当期可抵减加计抵减额抵减应纳税额至零。未抵减完的当期可抵减加计抵减额，结转下期继续抵减。

④ 纳税人出口货物劳务、发生跨境应税行为不适用加计抵减政策，其对应的进项税额不得计提加计抵减额。

纳税人兼营出口货物劳务、发生跨境应税行为且无法划分不得计提加计抵减额的进项税额，按照以下公式计算：

$$\text{不得计提加计抵减额的进项税额}=\text{当期无法划分的全部进项税额}\times\text{当期出口货物劳务和发生跨境应税行为的销售额}\div\text{当期全部销售额}$$

加计抵减政策执行到期后，纳税人不再计提加计抵减额，结余的加计抵减额停止抵减。

2.不得从销项税额中抵扣的进项税额

（1）用于简易计税方法计税项目、免征增值税项目、集体福利或者个人消费的购进货物，接受加工修理修配劳务、服务，购进无形资产和不动产。其中，涉及的固定资产、无形资产、不动产，仅指专用于上述项目的固定资产、无形资产（不包括其他权益性无形资产）、不动产。纳税人的交际应酬消费属于个人消费。

（2）非正常损失的购进货物及接受相关加工、修理修配劳务和交通运输服务。非正常损失（下同），是指因管理不善造成被盗、丢失、霉烂变质，以及因违反法律法规造成货物或者不动产被依法没收、销毁、拆除的情形。

（3）非正常损失的在产品、产成品所耗用的购进货物（不包括固定资产）、加工、修理修配劳务和交通运输服务。

（4）非正常损失的不动产，以及该不动产所耗用的购进货物、设计服务和建筑服务。

（5）非正常损失的不动产在建工程所耗用的购进货物、设计服务和建筑服务。纳税人新建、改建、扩建、修缮、装饰不动产，均属于不动产在建工程。

（6）购进的贷款服务、餐饮服务、居民日常服务和娱乐服务。

（7）纳税人接受贷款服务向贷款方支付的与该笔贷款直接相关的投资顾问费、手续费和咨询费等。

（8）财政部和国家税务总局规定的其他情形。

【提示】上述第（4）项、第（5）项所称货物，是指构成不动产实体的材料和设备，包括建筑装饰材料和给排水、采暖、卫生、通风、照明、通信、煤气、消防、中央空调、电梯、电气、智能化楼宇设备及配套设施。

固定资产，是指使用期限超过12个月的机器、机械、运输工具以及其他与生产经营有关的设备、工具、器具等有形动产。

（9）一般纳税人按照简易办法征收增值税的，不得抵扣进项税额。

（10）适用一般计税方法的纳税人，兼营简易计税方法计税项目、免征增值税项目而无法划分不得抵扣的进项税额，按照下列公式计算不得抵扣的进项税额：

$$\text{不得抵扣的进项税额}=\frac{\text{当期无法划分的}}{\text{全部进项税额}}\times\left(\frac{\text{当期简易计税方法}}{\text{计税项目销售额}}+\frac{\text{免征增值税}}{\text{项目销售额}}\right)\div\frac{\text{当期全部}}{\text{销售额}}$$

主管税务机关可以按照上述公式依据年度数据对不得抵扣的进项税额进行清算。

【做中学1-25】（多项选择题）下列购进服务的进项税额不得从销项税额中抵扣的有（　　）。

A.贷款服务　　B.餐饮服务　　C.居民日常服务　　D.娱乐服务

答案：ABCD。

（11）有下列情形之一者，应按销售额依照增值税税率计算应纳税额，不得抵扣进项税额，也不得使用增值税专用发票：①一般纳税人会计核算不健全，或者不能够提供准确税务资料的；②除另有规定外，纳税人销售额超过小规模纳税人标准，未申请办理一般纳税人认定手续的。

【做中学1-26】（单项选择题）2023年9月，里美贸易有限公司（一般纳税人）上月外购了一批棉衣，增值税专用发票上注明的价款为300 000元，因管理不善导致棉衣损毁发霉。上述产品已抵扣进项税额，则本期应转出的进项税额是（　　）元。

A.39 000　　B.0　　C.41 379.31　　D.30 000

答案：A。非正常损失的购进货物对应的应转出进项税额 = 300 000 × 13% = 39 000（元）。

【做中学1-27】（计算题）泰康器械公司（增值税一般纳税人）2023年8月生产一批器材用于销售，取得不含税销售收入500 000元，当月外购原材料取得的增值税专用发票上注明的增值税为13 000元。当月将两个月前购入的一批原材料改变用途，用于生产免征增值税的项目。已知该批原材料的账面成本为50 000元（含运费3 000元）。

请问：该企业当期应纳增值税税额为多少？

答案：已经抵扣过进项税额的外购货物用于免征增值税应税项目时，进项税额需要转出。其具体计算如下：

应转出的进项税额 =（50 000 − 3 000）× 13% + 3 000 × 9% = 6 380（元）

该企业当期应纳增值税 = 500 000 × 13% −（13 000 − 6 380）= 58 380（元）

3.扣减进项税额

（1）已抵扣进项税额的购进货物（不含固定资产）、劳务发生不得从销项税额中抵扣进项税额情形（简易计税方法计税项目、免征增值税项目除外）的，应当将该进项税额从当期进项税额中扣减；无法确定该进项税额的，按照当期实际成本计算应扣减的进项税额。

（2）已抵扣进项税额的购进服务发生不得从销项税额中抵扣进项税额情形（简易计税方法计税项目、免征增值税项目除外）的，应当将该进项税额从当期进项税额中扣减；无法确定该进项税额的，按照当期实际成本计算应扣减的进项税额。

（3）已抵扣进项税额的固定资产、无形资产或者不动产，发生不得抵扣进项税额情形的，按照下列公式计算不得抵扣的进项税额：

不得抵扣的进项税额 = 固定资产、无形资产或者不动产净值 × 适用税率

固定资产、无形资产或者不动产净值是指纳税人根据财务会计制度计提折旧或摊销后

的余额。

（4）因销售折让、中止或者退回而退还给购买方的增值税税额，应当从当期的销项税额中扣减；因销售折让、中止或者退回而收回的增值税税额，应当从当期的进项税额中扣减。

【做中学1-28】（多项选择题）根据增值税法律制度的有关规定，下列各项可以作为进项税额从销项税额中抵扣的有（　　）。

A.外购小规模纳税人销售的货物，取得的普通发票上注明的销售额换算的增值税

B.外购免税农产品，收购凭证上注明的价款乘以法定扣除率

C.进口机器设备一台，取得的海关进口增值税缴款书上注明的增值税

D.外购用于生产免税货物的原材料，增值税专用发票上注明的增值税

答案：BC。本题考核的是进项税额可以抵扣的情形。选项A，取得普通发票，不得抵扣进项税额。选项D，外购货物用于免征增值税项目，进项税额不得抵扣。

（三）应纳税额的计算

增值税销项税额与进项税额确定后就可以得到实际应纳的增值税税额，增值税一般纳税人应纳税额的计算公式为：

应纳税额 = 当期销项税额 − 当期进项税额

上式计算结果若为正数，则为当期的应纳税额；若为负数，则形成留抵税额，待下期抵扣，则下期应纳税额的计算公式为：

应纳税额 = 当期销项税额 − 当期进项税额 − 上期留抵税额

【做中学1-29】（计算题）兴源船运公司为增值税一般纳税人，2023年7月购进船舶配件取得的增值税专用发票上注明的价款为300万元，税额为39万元；开具普通发票取得的含税收入包括国内运输收入1 351.6万元、期租业务收入313.4万元、打捞收入116.6万元。

请问：该公司7月应缴纳的增值税税额为多少？

答案：国内运输收入和期租业务收入应按“交通运输服务”计算缴纳增值税；取得的打捞收入应按“现代服务业——物流辅助服务”计算缴纳增值税。

应纳税额 = （1 351.6 + 313.4）÷（1 + 9%）× 9% + 116.6 ÷（1 + 6%）× 6% − 39

≈ 105.0771（万元）

（四）建筑服务及不动产预缴税款的计算

（1）一般纳税人跨县（市）提供建筑服务，适用一般计税方法计税的，应以取得的全部价款和价外费用为销售额计算应纳税额。纳税人应以取得的全部价款和价外费用扣除支付的分包款后的余额，按照2%的预征率在建筑服务发生地预缴税款后，向机构所在地主管税务机关进行申报纳税。

（2）一般纳税人销售其2016年5月1日后取得（不含自建）的不动产，应适用一般计税方法，以取得的全部价款和价外费用为销售额计算应纳税额。纳税人应以取得的全部价款和价外费用减去该项不动产购置原价或者取得不动产时的作价后的余额，按照5%的预征率在不动产所在地预缴税款。

（3）一般纳税人销售其2016年5月1日后自建的不动产，应适用一般计税方法，以取得的全部价款和价外费用为销售额计算应纳税额。纳税人应以取得的全部价款和价外费

用，按照5%的预征率在不动产所在地预缴税款。

（4）一般纳税人出租其2016年5月1日后取得的与机构所在地不在同一县（市）的不动产，应按照3%的预征率在不动产所在地预缴税款。

（5）一般纳税人销售其2016年4月30日前取得的不动产（不含自建），适用一般计税方法计税的，以取得的全部价款和价外费用为销售额计算应纳税额。上述纳税人应以取得的全部价款和价外费用减去该项不动产购置原价或者取得不动产时的作价后的余额，按照5%的预征率在不动产所在地预缴税款。

（6）房地产开发企业中的一般纳税人销售房地产老项目，以及一般纳税人出租其2016年4月30日前取得的不动产，适用一般计税方法计税的，应以取得的全部价款和价外费用，按照3%的预征率在不动产所在地预缴税款。

（7）一般纳税人销售其2016年4月30日前自建的不动产，适用一般计税方法计税的，应以取得的全部价款和价外费用为销售额计算应纳税额。纳税人应以取得的全部价款和价外费用，按照5%的预征率在不动产所在地预缴税款。

二、简易计税方法应纳税额的计算

（一）小规模纳税人应纳税额的计算

小规模纳税人销售货物，提供加工、修理修配劳务，销售服务、无形资产、不动产，实行按销售额和征收率计算应纳税额的简易办法，并不得抵扣进项税额。其应纳税额计算公式为：

$$应纳税额 = 销售额 \times 征收率$$

小规模纳税人取得的销售额与一般纳税人的销售额所包含的内容是一致的，都是销售货物或提供应税劳务向购买方收取的全部价款和价外费用，但是不包括从买方收取的增值税税额。

按照税法的规定，小规模纳税人购进货物（除购进税控机外）不论是否取得增值税专用发票，都不能抵扣进项税额。

【提示】自2012年12月1日起，增值税纳税人初次购买增值税税控系统专用设备（包括分开票机）支付的费用，可凭购买增值税税控系统专用设备取得的增值税专用发票，在增值税应纳税额中全额抵减（抵减额为价税合计额），不足抵减的可结转下期继续抵减。增值税纳税人非初次购买增值税税控系统专用设备支付的费用，由其自行负担，不得在增值税应纳税额中抵减。

【做中学1-30】（计算题）力源超市为增值税小规模纳税人，2023年7月购进货物取得的增值税专用发票上注明的不含税金额为50 000元；初次购进增值税税控系统专用设备1台，价税合计为3 510元，经主管税务机关审核批准；本月销售货物的零售收入共计185 400元。

请问：该超市本月应缴纳的增值税为多少？

答案：小规模纳税人不得抵扣进项税额，经主管税务机关审核批准后，按购进税控收款机取得的普通发票上注明的价款计算抵扣，具体计算如下：

应纳增值税 = 185 400 ÷（1 + 3%）× 3% − 3 510 = 1 890（元）

1.含税销售额的换算

对小规模纳税人销售货物，提供应税劳务，销售服务、无形资产、不动产采取销售额和增值税款合并定价的，必须将取得的含税销售额换算为不含税销售额，其计算公式为：

不含税销售额 = 含税销售额 ÷（1 + 征收率）

2.小规模纳税人销售或者出租不动产应纳税额计算的相关政策

（1）小规模纳税人跨县（市）提供建筑服务，应以取得的全部价款和价外费用扣除支付的分包款后的余额为销售额，按照3%的征收率计算应纳税额。

（2）小规模纳税人销售其取得（不含自建）的不动产（不含个体工商户销售购买的住房和其他个人销售不动产），应以取得的全部价款和价外费用减去该项不动产购置原价或者取得不动产时的作价后的余额为销售额，按照5%的征收率计算应纳税额。

（3）小规模纳税人销售其自建的不动产，应以取得的全部价款和价外费用为销售额，按照5%的征收率计算应纳税额。

（4）房地产开发企业中的小规模纳税人，销售自行开发的房地产项目，按照5%的征收率计税。

（5）其他个人销售其取得（不含自建）的不动产（不含其购买的住房），应以取得的全部价款和价外费用减去该项不动产购置原价或者取得不动产时的作价后的余额为销售额，按照5%的征收率计算应纳税额。

（6）小规模纳税人出租其取得的不动产（不含个人出租住房），应按照5%的征收率计算应纳税额。

（7）个人出租住房，应按照5%的征收率减按1.5%计算应纳税额。

【做中学1-31】（计算题）金园酒业为增值税小规模纳税人，2023年7月销售自己使用过5年的固定资产，取得含税销售额60 000元，销售自己使用过的包装物，取得含税销售额30 000元。

请问：2022年7月该企业上述业务应缴纳增值税为多少？

答案：小规模纳税人销售自己使用过的固定资产减按2%的征收率征收增值税，销售自己使用过的除固定资产以外的物品按3%的征收率征收增值税。其计算如下：

应纳增值税税额 = 60 000 ÷（1 + 3%）× 2% + 30 000 ÷（1 + 3%）× 3%

≈ 2 038.83（元）

（二）一般纳税人适用简易计税方法应纳税额的计算

一般纳税人适用简易计税方法的，按照小规模纳税人的计算公式计算增值税税额，即：

应纳税额 = 销售额（不含税）× 征收率

对于“营改增”销售不动产选择适用简易计税方法计税的销售额的确定规定如下：

（1）一般纳税人销售其2016年4月30日前取得（不含自建）的不动产，可以选择适用简易计税方法，以取得的全部价款和价外费用减去该项不动产购置原价或者取得不动产时的作价后的余额为销售额，按照5%的征收率计算应纳税额。

（2）一般纳税人销售其2016年4月30日前自建的不动产，可以选择适用简易计税方法，以取得的全部价款和价外费用为销售额，按照5%的征收率计算应纳税额。纳税人应按照上述计税方法在不动产所在地预缴税款后，向机构所在地主管税务机关进行纳税申报。

三、进口货物应纳税额的计算

纳税人进口货物，无论是一般纳税人还是小规模纳税人，均应按照组成计税价格和规定的税率计算应纳税额，不允许抵扣发生在境外的任何税金。其计算公式为：

应纳税额 = 组成计税价格 × 税率

进口环节的增值税税率与销售环节相同，但进口抗癌药品和罕见药品减按3%征收进口环节增值税。

如果进口货物不征收消费税，则上述公式中组成计税价格的计算公式为：

组成计税价格 = 关税完税价格 + 关税

如果进口货物征收消费税，则上述公式中组成计税价格的计算公式为：

组成计税价格 = 关税完税价格 + 关税 + 消费税

= 关税完税价格 ×（1 + 关税税率）÷（1 − 消费税税率）

根据《中华人民共和国海关法》和《中华人民共和国进出口关税条例》的规定，一般贸易项下进口货物的关税完税价格以海关审定的成交价格为基础的到岸价格作为完税价格。所谓成交价格是一般贸易项下进口货物的买方为购买该项货物向卖方实际支付或应当支付的价格；到岸价格，包括货价，加上货物运抵我国关境内输入地点起卸前的包装费、运费、保险费和其他劳务费等费用。

特殊贸易项下进口的货物，由于进口时没有“成交价格”可作依据，《中华人民共和国进出口关税条例》对这些进口货物制定了确定其完税价格的具体办法。

关于消费税和关税的计算方法详见项目二“消费税”和项目三“关税”里的详细讲解。

【做中学1-32】（单项选择题）2023年7月，环宇电子生产企业进口电子仪器配件一批，境外成交价格为34万美元，运抵中国境内输入地点起卸前的运输费为2.5万美元，保险费为0.5万美元。该电子仪器配件进口关税税率为25%，人民币汇率中间价为1美元兑换人民币6.85元。该电子生产企业进口电子仪器配件应缴纳的增值税为（ ）万元。

A.40.552　　B.50.005　　C.41.19　　D.55.825

答案：C。该电子生产企业进口电子仪器配件应缴纳增值税 =（34 + 2.5 + 0.5）× 6.85 ×（1 + 25%）× 13% = 41.19（万元）。

【做中学1-33】（计算题）华达汽车销售公司为增值税一般纳税人，2023年6月进口5辆小汽车，其中1辆自用，另外4辆用于对外销售。进口这5辆小汽车共支付买价20万元，另支付小汽车运抵我国境内输入地点起卸前发生的运费、保险费共计7.5万元。货物报关后，该企业按规定缴纳了进口环节的增值税，并取得海关进口增值税专用缴款书。当月销售小汽车取得不含税销售收入125万元。已知小汽车关税税率为20%，消费税税率为9%。

请问：该企业2023年6月应缴纳的增值税为多少？

答案：本题进口货物应纳税额的具体计算如下：

关税完税价格 = 20 + 7.5 = 27.5（万元）

应纳关税 = 27.5 × 20% = 5.5（万元）

进口环节应纳增值税 =（27.5 + 5.5）÷（1 − 9%）× 13% ≈ 4.71（万元）

该企业2023年6月应缴纳增值税 = 125 × 13% − 4.71 = 11.54（万元）

【做中学1-34】（计算题）蓝天企业为增值税一般纳税人，2023年7月发生如下生产经营业务：

（1）为生产免税产品，购入一批原材料，取得的增值税专用发票上注明的价款为20 000元，增值税为2 600元，支付运输企业（增值税小规模纳税人）不含税运输费10 000元，取得税务机关代开的增值税专用发票。

（2）组织优秀员工外出旅游，取得注明旅客身份信息的铁路车票，票面金额为50 000元。

（3）对外出租自己的一项生产设备，租赁合同中约定租赁期限为6个月，2022年7月一次性收取全部不含税租金收入36 000元。

（4）采取直接收款方式销售3台X型号自产机器设备，取得的价税合计金额为50 850元，该设备当月尚未发出。

（5）将2台X型号自产机器设备投资于黄河股份有限公司，取得黄河股份有限公司12%的股权；另将一台Y型号自产机器设备赠送给本市一家食品厂，该型号机器设备无同类市场销售价格，生产成本为13 000元，成本利润率为10%。

（6）因管理不善丢失一批5月份购入的食用植物油（已抵扣进项税额），账面成本为8 000元。

其他相关资料：上期留抵税额为5 000元。

要求：

（1）计算该企业当月应确认的增值税销项税额。

（2）计算该企业当月应缴纳的增值税。

答案：（1）计算当月的销项税额。

业务3：纳税人采取预收款方式提供有形动产租赁服务的，增值税纳税义务发生时间为收到预收款的当天。

应确认的增值税销项税额 = 36 000 × 13% = 4 680（元）

业务4：纳税人采取直接收款方式销售货物的，不论货物是否发出，增值税纳税义务发生时间均为收到销售款或者取得索取销售款凭据的当天。

应确认的增值税销项税额 = 50 850 ÷（1 + 13%）× 13% = 5 850（元）

业务5：X、Y型号机器设备增值税销项税额计算如下：

应确认的X型号机器设备增值税销项税额 = 50 850 ÷ 3 × 2 ÷（1 + 13%）× 13% = 3 900（元）

应确认的Y型号机器设备增值税销项税额 = 13 000 ×（1 + 10%）× 13% = 1 859（元）

该企业当月应确认的增值税销项税额 = 4 680 + 5 850 + 3 900 + 1 859 = 16 289（元）

（2）计算该企业当月应缴纳的增值税。

业务1：外购货物用于免征增值税项目的，不得抵扣货物的进项税额和相关运费的进项税额。

业务2：接受的国内旅客运输服务，取得注明旅客身份信息的铁路车票，可抵扣的进项税额 = 50 000 ÷（1 + 9%）× 9% ≈ 4 128.44（元）。

业务6：食用植物油适用的增值税税率为9%，应转出的进项税额 = 8 000 × 9% = 720（元）。

该企业当月应缴纳的增值税 = 16 289 − 4 128.44 − 5 000 + 720 = 7 880.56（元）

知识点梳理

本任务知识点梳理见表1-5。

表1-5 本任务知识点梳理

知识点	具体内容			
1.一般纳税人销项税额的确定	销售额的确定	一般销售方式		向购买方收取的全部价款和价外费用 注意：价外收入的确认、包装物押金的处理
		特定销售方式	折扣销售	销售额和折扣额在同一张发票上注明，按折扣后的销售额征收增值税；将折扣额另开发票，不论其在财务上如何处理，均不得从销售额中减除折扣额
			销售折扣	全额计税
			销售折让	以折让后的金额为销售额
			以旧换新	（1）一般货物按新货物的同期销售价格确定销售额 （2）对于金银首饰以旧换新业务，应按销售方实际收取的不含税全部价款征收增值税
			还本销售	销售额为货物的销售价格，不得扣减还本支出
			以物易物	双方都应作正常的购销处理，以各自发出的货物核算销售额并计算销项税额，以各自收到的货物购货额计算进项税额
			直销	（1）直销企业先将货物销售给直销员，直销员再将货物销售给消费者的，直销企业的销售额为其向直销员收取的全部价款和价外费用 （2）直销企业通过直销员向消费者销售货物，直接向消费者收取货款，直销企业的销售额为其向消费者收取的全部价款和价外费用
		其他销售情形	视同销售	按下列顺序确定其销售额： （1）按纳税人最近时期同类的平均销售价格确定 （2）按其他纳税人最近时期同类的平均销售价格确定 （3）按组成计税价格确定
			销售额明显偏低，且无正当理由	
		“营改增”行业销售服务、无形资产和不动产的销售额	融资租赁	销售额 = 取得的全部价款和价外费用 - 支付的借款利息（包括外汇借款和人民币借款利息）- 发行债券利息 - 车辆购置税
			融资性售后回租	销售额 = 取得的全部价款和价外费用（不含本金）- 扣除对外支付的借款利息（包括外汇借款和人民币借款利息）- 发行债券利息
			金融商品转让服务	销售额 = 卖出价 - 买入价 若相抵后出现负差，可结转下一纳税期与下期转让金融商品销售额相抵，但年末仍出现负差的，不得转入下一个会计年度
			经纪代理服务	销售额 = 取得的全部价款和价外费用 - 向委托方收取并代为支付的政府性基金或者行政事业性收费
			航空运输企业	销售额 = 取得的全部价款和价外费用 - 代收的机场建设费 - 代售其他航空运输企业客票而代收转付的价款

续表

<table>
<tr><th>知识点</th><th colspan="4">具体内容</th></tr>
<tr><td rowspan="4">1.一般纳税人销项税额的确定</td><td rowspan="4">销售额的确定</td><td rowspan="4">“营改增”行业销售服务、无形资产和不动产的销售额</td><td>客运场站服务</td><td>销售额 = 取得的全部价款和价外费用 − 支付给承运方的运费</td></tr>
<tr><td>旅游服务</td><td>可以选择以取得的全部价款和价外费用扣除向旅游服务购买方收取并支付给其他单位或者个人的住宿费、餐饮费、交通费、签证费、门票费，以及支付给其他接团旅游企业的旅游费用的余额为销售额</td></tr>
<tr><td>建筑服务</td><td>适用一般计税方法的，以收取的全部价款和价外费用为销售额；适用简易计税方法的（3%）销售额 = 取得的全部价款和价外费用 − 支付的分包款</td></tr>
<tr><td>销售自行开发的不动产或企业转让的不动产</td><td>（1）房地产开发企业中的一般纳税人销售其开发的房地产项目（选择简易计税方法的房地产老项目除外，即开工日期在2016年4月30日前的房地产项目）：
销售额 = 取得的全部价款和价外费用 − 受让土地时向政府部门支付的土地价款
（2）销售其2016年4月30日前取得（不含自建）的不动产选择简易计税方法的：
销售额 = 全部价款和价外费用 − 该项不动产购置原价或取得不动产时的作价
自建的不动产：
销售额 = 全部价款 + 价外费用
（3）一般纳税人销售其2016年5月1日之后取得的不动产或2016年4月30日前取得的不动产适用一般计税方法的：
销售额 = 全部价款 + 价外费用</td></tr>
<tr><td rowspan="6">2.进项税额的确定</td><td rowspan="4">准予抵扣</td><td rowspan="3">凭票抵扣</td><td colspan="2">从销售方或提供方取得的增值税专用发票上注明的增值税税额（含税控机动车销售统一发票）</td></tr>
<tr><td colspan="2">从海关取得的海关进口增值税专用缴款书上注明的增值税税额</td></tr>
<tr><td colspan="2">从税务机关或者扣缴义务人取得的解缴税款的完税凭证上注明的增值税税额</td></tr>
<tr><td>计算抵扣</td><td colspan="2">购进农产品的进项税额 = 买价 × 扣除率
国内旅客运输进项税额的计算（见教材相关部分）</td></tr>
<tr><td rowspan="2">不予抵扣</td><td>形式要件</td><td colspan="2">纳税人取得的增值税扣税凭证不符合相关规定的</td></tr>
<tr><td>实质要件</td><td colspan="2">11条（见教材相关部分）</td></tr>
<tr><td>3.小规模纳税人应纳税额的计算（简易计税方法）</td><td colspan="2">应纳税额</td><td colspan="2">应纳税额 =（不含税）销售额 × 征收率
（不含税）销售额 = 含税销售额 ÷（1 + 征收率）</td></tr>
<tr><td>4.进口货物应纳税额的计算</td><td colspan="4">应纳税额 = 组成计税价格 × 税率
（1）进口货物不征收消费税，组成计税价格的计算公式为：
组成计税价格 = 关税完税价格 + 关税
（2）进口货物征收消费税，组成计税价格的计算公式为：
组成计税价格 = 关税完税价格 + 关税 + 消费税
= 关税完税价格 ×（1 + 关税税率）÷（1 − 消费税税率）</td></tr>
</table>

案例解析

本任务“引入案例”解析如下：

（1）计算当月销项税额。

①8日，销售一般货物收取的包装物押金单独记账核算，时间在1年以内，又未逾期的，不并入销售额征税，因此，收取的该笔包装物押金50 000元不应计入销售额征税。而优质费5 000元属于价外费用，应计入销售额计算销项税额。

销售食品销项税额＝［800 000＋5 000÷（1＋13%）］×13%

≈104 575.22（元）

②20日，将自产的食品用于职工福利，属于视同销售行为。其销售额的确定看有无同类产品价格，有则按同类产品价格确定，无则按组成计税价格确定。本题中有同类产品价格。

该项目销项税额＝500 000×13%＝65 000（元）

③22日，研发的一种新产品无偿赠送200份给消费者品尝，属于视同销售行为，该食品无同类产品市场价，因此，应按照组成计税价格计算。

该项目销项税额＝200×600×（1＋10%）×13%＝17 160（元）

当月销项税额＝104 575.22＋65 000＋17 160＝186 735.22（元）

（2）计算当月进项税额。

① 1日，购进食品原料，取得增值税专用发票，可以凭票抵扣进项税额，进项税额为65 000元。向农民收购玉米，可以直接计算抵扣，进项税额为4 000元（40 000×10%）。

② 3日，支付运费取得了增值税专用发票，可以凭票抵扣进项税额，进项税额为270元（3 270÷（1＋9%）×9%）。

③ 23日，支付水电费并取得增值税专用发票，可以凭票抵扣进项税额，进项税额为10 400元。

④ 30日，存货盘点发现白糖短缺20%，已抵扣进项税额，经查15%属于管理不善导致丢失，这一部分属于非正常损失，非正常损失的材料所对应的进项税额不能抵扣；5%属于储存过程中发生的合理损耗，该部分损耗可以正常抵扣。因此，该批白糖15%部分的进项税额应作转出处理。

进项税额转出＝100 000×15%×13%＋3 000×15%×9%＝1 990.50（元）

当月进项税额＝65 000＋4 000＋270＋10 400－1 990.50＝77 679.50（元）

（3）当月的应纳税额。

当月应纳税额＝当月销项税额－当月进项税额－月初留抵税额

＝186 735.22－77 679.50－5 300

＝103 755.72（元）

案例中涉及的相关知识点回顾见表1-6。

表1-6　　一般纳税人应纳税额的计算步骤

判定业务类型	判定每项业务属于销项还是进项
计算销项税额	确认销售额： (1) 注意价外费用的判定 (2) 注意包装物押金的税务处理 (3) 注意折合为不含税的销售额 (4) 注意特定销售方式、其他销售情形，以及“营改增”行业销售服务、无形资产和不动产的销售额的确定
	选定按照税法规定的相关行业适用的税率或征收率
计算进项税额	(1) 可抵扣的进项税额（凭票抵扣3种；计算抵扣：农产品、旅客运输） (2) 不可抵扣的进项税额（11条，见教材相关部分）
计算应纳税额	应纳税额 = 当期销项税额 − 当期进项税额 − 上期留抵税额

知识翻转

新美商场为增值税一般纳税人，与其供货的服装厂达成协议，按销售量的一定比例进行平销返利。2023年7月，从服装厂购进商品取得增值税专用发票，注明的价款为400万元，增值税税额为52万元，当月按平价全部销售，月末服装厂按照协议给商场返利12万元。

请问：

(1) 该商场应计税销售额为多少？

(2) 该商场的销项税额为多少？

(3) 该商场当月可抵扣的进项税额为多少？

知识考核

一、单项选择题

1. 星华服装厂（一般纳税人）销售2 000套服装给华强贸易公司，每套不含税的价格为800元。由于华强贸易公司购买数量多，星华服装厂按照原价的8折优惠销售（为销售业务开具了一张发票），并提供“1/10，N/20”的销售折扣。华强贸易公司于10日内付款，则此项业务的销项税额为（　　）元。

A.208 000　　B.230 400　　C.166 400　　D.149 760

2. 白远酒厂为小规模纳税人，本月向卢梅贸易公司销售一批白酒，开具的普通发票上注明的金额为46 400元，同时收取包装物押金1 000元，此酒厂应计算的应纳税额为（　　）元。

A.6 400　　B.1 380.58　　C.1 351.46　　D.6 537.93

3. 自然人张华2023年4月将境内一套别墅转让，取得转让收入300万元，该别墅于2021年6月购进，购进时支付的价款为200万元。张华转让该别墅的行为应缴纳的增值税为（　　）万元。

A.0　　B.14.29　　C.4.76　　D.8.74

4. 润鑫商场采用以旧换新方式销售新电视机100台，每台含税的销售价格为3 500元，收购的旧电视每台含税价作价232元，增值税税率为13%，则该商场该笔业务应纳增值税税额的下列计算中，正确的是（　　）。

A.3 500 × 100 ÷（1 + 13%）× 13% ≈ 40 265.49（元）

B.3 500 × 100 × 13% = 45 500（元）

C.（3 500 − 232）× 100 ÷（1 + 13%）× 13% = 37 596.46（元）

D.（3 500 − 232）× 100 × 13% = 42 484（元）

5. 润鑫商场是增值税一般纳税人，采取以旧换新方式销售纯金手镯10副，每副金手镯的不含税销售价格为8 000元，收购旧手镯的不含税金额为每副4 000元。该笔业务的销项税额为（　　）元。

A.10 400　　B.8 000　　C.5 200　　D.4 000

6. 路远公司为增值税一般纳税人，从国外进口一批材料（不属于消费税纳税范围），海关核定的关税完税价格为400万元。已知海关进口该批材料的关税税率为10%，增值税税率为13%。该公司进口环节应纳增值税税额的下列计算中，正确的是（　　）。

A.400 × 10% × 13% = 5.2（万元）

B.400 ×（1 + 10%）× 13% = 57.2（万元）

C.400 × 10% ÷（1 + 13%）× 13% = 4.60（万元）

D.400 ×（1 + 10%）÷（1 + 13%）× 13% = 50.62（万元）

7. 千钰副食品加工厂为增值税一般纳税人，月从当地一家一般纳税人粮食购销企业购进面粉10吨，取得增值税专用发票，注明价款11 500元；从农民手中收购小麦125千克，农产品收购发票上注明价款1 250元。面粉、小麦均已入库，用于生产糕点，则该加工厂该月可抵扣的进项税额为（　　）元。

A.1 150　　B.1 160　　C.1 965　　D.1 147.5

8. 南华管道运输公司（一般纳税人）7月取得管道运输不含税收入200万元，当月购进材料，取得增值税专用发票上注明的增值税税额为10.4万元，当月抵扣进项税额，该企业当月实际缴纳的增值税为（　　）万元。

A.19.2　　B.12　　C.13.2　　D.6

9. 沁园食品加工厂为增值税小规模纳税人。销售一批蛋糕，取得含税销售额40 000元（发票上征收率为3%），经主管税务机关核准初次购买增值税防伪税控系统的专用设备一套，共支付设备费用及缴纳技术维护费1 080元。该食品加工厂应纳增值税为（　　）元。

A.85.05　　B.2 556.36　　C.1 133.59　　D.1 165.05

10. 上海一家二手车交易公司（一般纳税人）9月收购旧机动车800辆，支付收购款5 600万元。同期销售旧机动车300辆，取得销售收入2 400万元，同时协助客户办理车辆过户手续，取得收入50万元。该二手车交易公司应纳增值税为（　　）万元。

A.94.27　　B.47.57　　C.85.58　　D.46.24

11. 下列各项表述符合税法规定的是（　　）。

A. 纳税人以折扣方式（商业折扣）销售货物，若将折扣额另开增值税专用发票，可以从销售额中减除折扣额

B. 自2013年8月1日起，增值税一般纳税人购进自用的应征消费税的汽车，其进项税额准予抵扣

C. 采用以物易物方式销售货物的，双方都不得抵扣换进货物的进项税额

D. 纳税人采用以旧换新方式销售货物的，应以新货物的同期销售价格减去旧货物作价后的余额作为计税依据

12. 按《中华人民共和国增值税暂行条例》的规定，下列收入应计入应税销售额计算缴纳增值税的是（　　）。

A. 纳税人销售货物的同时向购买方收取的集资费

B. 纳税人销售货物向购买方收取的销项税额

C. 从事汽车销售的纳税人向购买方收取的代购买方缴纳的车辆牌照费

D. 受托加工消费税应税消费品，受托方代收代缴的消费税

13. 怀宇公司为增值税一般纳税人，2022年8月对外转让一栋闲置厂房，取得收入1 800万元。该厂房为企业2014年自建，入账成本为1 200万元，该企业选择按简易计税方法计算纳税，则该企业应纳的增值税为（　　）万元。

A.28.57　　B.59.46　　C.85.71　　D.178.38

14. 华泰旅行社为增值税一般纳税人，2023年8月组织境内旅游取得收入300万元，向旅游者收取并替旅游者支付给其他单位的住宿费、门票费共计160万元，均取得相应的增值税专用发票，则当月需要缴纳的增值税为（　　）万元（以上价格均为含税价格）。

A.4.08　　B.7.92　　C.8.74　　D.16.98

15. 2016年5月1日后，一般纳税人销售其试点前自建的不动产，适用的增值税政策是（　　）。

A. 可以选择适用简易计税方法，以取得的全部价款和价外费用减去取得成本为销售额，按照5%的征收率计算应纳税额

B. 可以选择适用简易计税方法，以取得的全部价款和价外费用，按照5%的征收率计算应纳税额

C. 应适用一般计税方法，以取得的全部价款和价外费用为销售额计算应纳税额

D. 应适用一般计税方法，以取得的全部价款和价外费用减去取得成本后的余额为销售额计算应纳税额

16. 泰达建筑安装公司为增值税一般纳税人，2023年7月承包本市一项建筑劳务，该建筑安装公司收取不含税工程价款2 700万元。另外，该建筑安装公司购入建筑劳务所需的材料、设备支付不含税价款1 000万元，取得对方开具的增值税专用发票，则该建筑安装公司当月应缴纳的增值税为（　　）万元。

A.85.45　　B.113　　C.102　　D.170

17. 海元冰箱生产企业为增值税一般纳税人，2023年5月2日向某商场销售电冰箱100台，开具的增值税专用发票上注明价款170 000元，因商场在10日内付款，所以享受含税价款2%的折扣，该冰箱生产企业实际收到货款188 258元；本月购进原材料取得的增值

税专用发票上注明的增值税税额为8 190元。该冰箱生产企业5月份应缴纳的增值税为（ ）元。

A.18 466　　B.22 730.96　　C.13 910　　D.27 200

二、多项选择题

1.根据增值税法律制度的规定，企业下列各项的进项税额不得从销项税额中抵扣的有（ ）。

A.外购货物用于个人消费

B.生产应税产品而购进的原材料

C.因管理不善变质的库存购进商品

D.因管理不善被盗的产成品所耗用的购进原材料

2.下列各项属于法定的增值税扣税凭证的有（ ）。

A.从一般纳税人处取得的普通发票　　B.从销售方取得的增值税专用发票

C.税控机动车销售统一发票　　D.从海关处取得的增值税专用缴款书

3.一般纳税人将原购的已抵扣进项税额的货物用于下列用途时，应作进项税额转出处理的有（ ）。

A.用于简易计税方法计税项目

B.用于个人消费

C.非正常损失的在产品所耗用的购进货物

D.用于生产专门销售给小规模纳税人的货物

4.下列各项所包含的进项税额，不得从销项税额中抵扣的有（ ）。

A.外购用于集体福利的车辆

B.因自然灾害发生损失的原材料

C.生产企业用于经营管理的办公用品

D.为生产有机肥（免税产品）购入的原材料

5.下列各项关于包装物押金的增值税处理，表述不正确的有（ ）。

A.化妆品生产企业销售化妆品时收取的包装物押金，单独记账核算的，时间在1年以内，又未过期的，不并入销售额征税

B.食品生产企业销售食品时收取的包装物押金，应在收取时并入销售额征税

C.黄酒生产企业销售黄酒时收取的包装物押金，应在收取时并入销售额征税

D.白酒生产企业销售白酒时收取的包装物押金，单独记账核算，时间在1年以内，又未过期的，不并入销售额征税

6.下列各项关于增值税的表述符合税法有关规定的有（ ）。

A.对金银首饰以旧换新业务，可以按照销售方实际收取的不含增值税价格计征增值税

B.纳税人销售啤酒收取的包装物押金，应于包装物押金逾期时并入销售额征收增值税

C.纳税人采用以旧换新方式销售货物的，应以新货物的同期销售价格减去旧货物作价后的余额作为计税依据

D.采取以物易物方式销售货物的，双方都不得抵扣换进货物的进项税额

7.下列各项关于计税销售额的表述，正确的有（　　）。

A.金融商品转让，以卖出价扣除买入价后的余额为销售额

B.贷款服务，以全部利息收入扣除利息支出后的余额为销售额

C.建筑企业提供建筑服务采用一般计税方法的，以收取的全部价款和价外费用扣除支付分包款的余额为销售额

D.房地产开发企业销售其开发的房地产适用一般计税方法的，以取得的全部价款和价外费用，扣除受让土地向政府部门支付的土地价款后的余额为销售额

8.增值税纳税人取得的下列经营收入，在并入销售额计算销项税额时需换算为不含税销售额的有（　　）。

A.小规模纳税人开具的普通发票　　B.商业企业零售收入

C.逾期包装物押金收入　　D.向购买方收取的各项价外收入

9.下列各项中，涉及的进项税额不得从销项税额中抵扣的有（　　）。

A.将购进的一批货物用于本单位集体福利

B.将上年委托加工收回的材料用于偿还债务

C.将外购的货物用于交换生产所需材料

D.外购货物因管理不善发生损失

三、计算题

1.云华进出口公司7月进口办公设备100台，每台进口完税价格为2万元，委托运输公司将进口办公设备从海关运回本单位，支付运输公司不含税运输费用4万元，取得运输公司开具的增值税专用发票。当月以每台办公设备3.6万元的含税价格售出60台，向当地一家小企业捐赠2台，对外投资20台，留下4台自用。另支付销货运输费1万元，取得运输公司开具的增值税专用发票。

要求：计算该企业当月应纳增值税。（假设进口关税税率为15%）

2.山峰汽车集团为增值税一般纳税人，8月发生下列经济业务：

（1）购进纪念品，取得的增值税专用发票上注明增值税税额5 100元，将其全部用于集体福利。

（2）从环美公司（小规模纳税人）购进原材料，取得普通发票，支付运输企业（增值税一般纳税人）不含税运输费10 000元，取得增值税专用发票。

（3）销售汽车装饰物品，取得不含税收入40 000元；提供汽车修理劳务，取得不含税收入24 000元；提供出租汽车服务，取得不含税租金收入10 000元。

（4）当月销售本企业使用过的2008年购入的1台机器设备，该机器设备购入时不得抵扣且未抵扣进项税额，取得含税销售收入30 900元，山峰汽车集团未放弃减税。

（5）因管理不善丢失一批5月份购入的原材料（已抵扣进项税额），账面成本为6 000元。

要求：

（1）计算该企业当月准予抵扣的进项税额。

（2）计算该企业当月的增值税销项税额。

（3）计算该企业当月应缴纳的增值税。

3.百达购物中心为增值税一般纳税人，9月发生下列经济业务：

（1）从小规模纳税人处购入内衣一批，取得的普通发票上注明的价税合计金额为50 000元。

（2）从某增值税一般纳税人处购进货物，取得普通发票，支付价税合计金额60 800元，支付运输企业（增值税小规模纳税人）不含税运输费20 000元，取得税务机关代开的增值税专用发票。

（3）采用预收款方式销售电脑5台，合同中约定本月20日收取全部货款，电脑于下月发出，每台电脑不含税售价为8 000元。

（4）销售调制乳、鲜奶，分别取得含税销售收入14 040元、10 848元；销售蔬菜，取得销售收入20 000元。

（5）销售空调并负责安装，取得不含税空调销售收入3 000元、安装劳务收入226元。

参考答案

要求：

（1）计算该商场当月可以抵扣的增值税进项税额。

（2）计算该商场当月应缴纳的增值税。

任务四　增值税出口退税的处理

引入案例

华兰多为一家自营出口的生产企业（增值税一般纳税人），出口货物的征税率为13%，退税率为10%。2023年8月，其发生如下经营业务：购进原材料一批，取得的增值税专用发票注明价款500万元，外购货物准予抵扣的进项税额为65万元。上月末留抵税款8万元。本月内销货物不含税销售额为300万元，收款339万元存入银行，本月出口货物的销售额折合人民币为500万元。

请问：该企业当期的“免、抵、退”税额是多少？

工作任务

电子课件

1. 了解增值税出口退税管理规定
2. 掌握增值税出口退税额的计算

知识结构图

文件法规

本任务知识结构图如图1-4所示。

增值税出口退税的处理
- 适用增值税退（免）税政策的出口货物、劳务
- 适用增值税免税政策的出口货物、劳务
- 不适用增值税退（免）税和免税政策的出口货物、劳务

图1-4　本任务知识结构图

知识解析

出口货物、劳务退（免）税是指在国际贸易业务中，对报关出口的货物或者劳务和服务退还在国内各生产环节和流转环节按税法规定已缴纳的增值税，或免征应缴纳的增值税。其常被用于国际贸易中，并被世界各国所普遍接受，目的在于鼓励各国的出口货物、劳务公平竞争。

各国的出口货物、劳务退（免）税制度是基于国际贸易规则体系和本国税收法律、法规的框架建立的。有的国家采取对出口的货物在出口前即予以免税的政策；有的国家采取对该货物出口前所包含的税金在出口后予以退还的政策（出口退税）。我国增值税对出口产品实行零税率，不但在出口环节不必纳税（免税），而且还可退还以前环节已缴纳的税款（退税），即采用出口退税与免税相结合的政策。目前，我国的出口货物、劳务和跨境应税行为的增值税税收政策分为以下三种形式：

（1）出口免税并退税（《财政部 国家税务总局关于出口货物劳务增值税和消费税政策的通知》（以下简称《通知》）中所指“适用增值税退（免）税政策的出口货物劳务”）。出口免税是指对货物、劳务和跨境应税行为在出口环节免征增值税，这是把货物、劳务和跨境应税行为的出口环节和出口前的销售环节同样视为征税环节；出口退税是指对货物、劳务和跨境应税行为在出口前实际承担的税收负担，按照规定的退税率计算后予以退还。

（2）出口免税不退税（《通知》中所指“适用增值税免税政策的出口货物劳务”）。出口免税不退税是指适用这个政策的出口货物、劳务和跨境应税行为因在前一道生产、销售环节或进口环节是免税的，因而，出口时该货物、劳务和跨境应税行为的价格中本就不含税，也无须退税。

（3）出口不免税也不退税（《通知》中所指“适用增值税征税政策的出口货物劳务”）。出口不免税是指对国家限制或禁止出口的某些货物、劳务和跨境应税行为的出口环节视同内销环节，照常征税；出口不退税是指对这些出口货物、劳务和跨境应税行为不退还出口前其所负担的税款。

一、适用增值税退（免）税政策的出口货物、劳务

（一）适用增值税退（免）税政策的范围

所谓适用增值税退（免）税政策的出口货物、劳务，是指下列企业出口的货物、劳务，除另有规定外，给予免税并退税：

1. 出口企业出口货物

出口企业，是指依法办理工商登记、税务登记、对外贸易经营者备案登记，自营或委

托出口货物的单位或个体工商户，以及依法办理工商登记、税务登记但未办理对外贸易经营者备案登记，委托出口货物的生产企业。出口企业类型见表1-7。

表1-7　出口企业类型

登记条件			企业类型	出口的货物	退（免）税政策
工商登记	税务登记	对外贸易经营者备案登记			
有	有	有	各类单位或个体户	自营或委托出口货物	免税并退税
有	有	无	生产企业	委托出口货物	免税并退税
有	有	无	非生产企业	委托出口货物	免税

出口货物，是指企业向海关报关后实际离境并销售给境外单位或个人的货物，分为自营出口货物和委托出口货物两类。

2. 出口企业或其他单位视同出口货物

在下列特殊情况下，出口企业可按视同出口货物处理，适用增值税退（免）税政策：

（1）出口企业对外援助、对外承包、境外投资的出口货物。

（2）出口企业经海关报关进入国家批准的出口加工区、保税物流园区、保税港区、综合保税区等并销售给境外单位、个人的货物。

（3）免税品经营企业销售的货物（国家规定不允许经营和限制出口的货物、卷烟和超出免税品经营企业《企业法人营业执照》规定经营范围的货物除外）。例如，中国免税品（集团）有限责任公司向海关报关运入海关监管仓库，专供其经国家批准设立的统一经营、统一组织进货、统一制定零售价格、统一管理的免税店销售的货物。

（4）出口企业或其他单位销售的用于国际金融组织或外国政府贷款国际招标建设项目的中标机电产品。

（5）生产企业向海上石油天然气开采企业销售的自产海洋工程结构物。

（6）出口企业或其他单位销售给国际运输企业用于国际运输工具的货物。

【提示】上述规定暂适用于外轮供应公司、远洋运输供应公司销售给外轮、远洋国轮的货物，以及国内航空供应公司生产销售给国内和国外航空公司国际航班的航空食品。

（7）出口企业或其他单位销售给特殊区域内生产企业生产耗用且不向海关报关而输入特殊区域的水、电力、燃气。

3. 出口企业对外提供加工、修理修配劳务

出口企业对外提供加工、修理修配劳务，是指进境复出口货物或从事国际运输的运输工具进行的加工、修理修配劳务，适用增值税退（免）税政策。

【提示】一般纳税人转登记为小规模纳税人（以下简称转登记纳税人）的，其在一般纳税人期间出口适用增值税退（免）税政策的货物劳务、发生适用增值税零税率的跨境应税行为（以下简称出口货物劳务、服务），继续按照现行规定申报和办理出口退（免）税相关事项。

自转登记日下期起，转登记纳税人出口货物劳务、服务，适用增值税免税规定，按照现行小规模纳税人的有关规定办理增值税纳税申报。

(二) 增值税退 (免) 税办法

增值税退（免）税办法主要包括“免、抵、退”税办法以及免退税办法。

1.适用“免、抵、退”税办法的情形

下列情形适用“免、抵、退”税办法：

(1) 生产企业出口自产货物和视同自产货物。

(2) 对外提供加工、修理修配劳务。

(3) 列名生产企业（税法对具体范围有规定）出口非自产货物。

实行“免、抵、退”税办法的“免”税，是指对生产企业出口的自产货物，免征本企业生产销售环节增值税；“抵”税，是指生产企业出口自产货物所耗用的原材料、零部件、燃料、动力等所含应予退还的进项税额，抵顶内销货物的应纳税额；“退”税，是指生产企业出口的自产货物在当月内应抵顶的进项税额大于应纳税额时，对未抵顶完的部分予以退税。

境内的单位和个人提供适用增值税零税率政策的服务和无形资产，如果属于适用增值税一般计税方法的，生产企业实行“免、抵、退”税办法，外贸企业直接将服务或自行研发的无形资产出口，视同生产企业连同其出口货物统一实行“免、抵、退”税办法。

实行退（免）税办法的研发服务和设计服务，如果主管税务机关认定其出口价格偏高，有权按照核定的出口价格计算退（免）税，核定的出口价格低于外贸企业购进价格的，低于部分对应的进项税额不予退税，转入成本。

境内的单位和个人提供适用增值税零税率应税服务的，可以放弃适用增值税零税率，选择免税或按规定缴纳增值税。放弃适用增值税零税率后，36个月内不得再申请适用增值税零税率。

生产企业出口货物“免、抵、退”税的计算，是正确执行生产企业“免、抵、退”税政策的重要环节。“免、抵、退”税计算较为复杂，其计算的复杂性具体表现如下：

(1)“免、抵、退”税的计税依据是出口货物离岸价。“免、抵、退”税办法的计算原理是从“先征后退”办法的计算原理演变而来的，“先征后退”办法是先按出口货物的离岸价征税，在征税时对出口货物进项税额给予抵扣，然后再按出口货物的离岸价计算退税。因此，“免、抵、退”税是以出口货物离岸价作为计税依据来计算免抵退税额。

(2) 在征、退税率不一致的情况下，需要计算“免、抵、退”税不得免征和抵扣税额，并将其从当期进项税额中转出。

(3) 当期应退税额、免抵税额的计算过程比较复杂，需先计算当期期末留抵税额，通过比较当期“免、抵、退”税额与当期期末留抵税额的大小，来确定当期应退税额及免抵税额。

(4) 有进料加工复出口业务的出口企业在计算“免、抵、退”税额时，先要计算“免、抵、退”税不得免征和抵扣税额。

2.适用免退税办法的情形

不具有生产能力的出口企业（外贸企业）或其他单位出口货物、劳务，适用免退税办法。

所谓的免退税办法是指免征出口销售环节增值税，并退还已出口货物购进时所发生的进项税额。

外贸企业外购研发服务和设计服务免征增值税，其对应的外购应税服务的进项税额予以退还。

【做中学1-35】（单项选择题）下列各项适用免退税办法的是（　　）。

A.生产企业出口自产货物　　B.外贸企业出口货物

C.对外提供加工劳务　　D.生产企业出口视同自产货物

答案：B。根据规定，不具有生产能力的出口企业（外贸企业）或其他单位出口货物、劳务，适用免退税办法。

（三）出口退税率

出口货物的退税率，是出口货物的实际退税额与退税计税依据的比例。财政部、国家税务总局专门对不同的出口货物的增值税退税率做了规定，并不定期进行调整。目前我国增值税出口退税率分为13%、10%、9%、6%和零税率五档。

适用不同退税率的货物、劳务，应分开报关、核算并申报退（免）税；未分开报关、核算或划分不清的，从低适用退税率。

（四）增值税退（免）税的计税依据

出口货物、劳务的增值税退（免）税的计税依据，按出口货物、劳务的出口发票（外销发票），其他普通发票，或购进出口货物、劳务的增值税专用发票，海关进口增值税专用缴款书确定。

1.生产企业出口货物、劳务

生产企业出口货物、劳务（进料加工复出口货物除外）增值税退（免）税的计税依据，为出口货物、劳务的实际离岸价（FOB）。实际离岸价应以出口发票上的离岸价为准，但如果出口发票不能反映实际离岸价，主管税务机关有权予以核定。

2.进料加工出口货物

对进料加工出口货物，企业应以出口货物人民币离岸价扣除出口货物耗用的保税进口料件金额的余额为增值税退（免）税的计税依据。保税进口料件，是指海关以进料加工贸易方式监管的出口企业从境外和特殊区域等进口的料件，包括出口企业从境外单位或个人处购买并从海关保税仓库提取且办理海关进料加工手续的料件，以及保税区外的出口企业从保税区内的企业处购进并办理海关进料加工手续的进口料件。

3.生产企业国内购进无进项税额且不计提进项税额的免税原材料加工后出口的货物

生产企业国内购进无进项税额且不计提进项税额的免税原材料加工后出口的货物的计税依据，按出口货物的离岸价扣除出口货物所含的国内购进免税原材料的金额后确定。

4.外贸企业出口货物

外贸企业出口货物（委托加工修理修配货物除外）增值税退（免）税的计税依据，为购进出口货物的增值税专用发票注明的金额或海关进口增值税专用缴款书注明的完税价格。

5.外贸企业出口委托加工、修理修配货物

外贸企业出口委托加工、修理修配货物增值税退（免）税的计税依据，为加工、修理修配费用增值税专用发票注明的金额。外贸企业应将加工、修理修配使用的原材料（进料加工海关保税进口料件除外）作价销售给受托加工、修理修配的生产企业，受托提供加工、修理修配的生产企业应将原材料成本并入加工、修理修配费用开具发票。

6. 出口进项税额未计算抵扣的已使用过的设备

出口进项税额未计算抵扣的已使用过的设备增值税退（免）税的计税依据，按下列公式确定：

$$\text{退(免)税计税依据}=\text{增值税专用发票上的金额或海关进口增值税专用缴款书注明的完税价格}\times\text{已使用过的设备净值}\div\text{已使用过的设备原值}$$

$$\text{已使用过的设备净值}=\text{已使用过的设备原值}-\text{已使用过的设备已提累计折旧}$$

式中：已使用过的设备，是指出口企业根据财务会计制度已经计提折旧的固定资产。

7. 免税品经营企业销售的货物

免税品经营企业销售的货物增值税退（免）税的计税依据，为购进货物的增值税专用发票注明的金额或海关进口增值税专用缴款书注明的完税价格。

8. 中标机电产品

中标机电产品增值税退（免）税的计税依据：生产企业为销售机电产品的普通发票注明的金额；外贸企业为购进货物的增值税专用发票注明的金额或海关进口增值税专用缴款书注明的完税价格。

9. 输入特殊区域的水、电、气

输入特殊区域的水、电、气增值税退（免）税的计税依据，为作为购买方的特殊区域生产企业购进水（包括蒸汽）、电力、燃气的增值税专用发票注明的金额。

10. 跨境应税行为

跨境应税行为的退（免）税按下列规定执行：

（1）实行“免、抵、退”税办法的退（免）税计税依据。

① 以铁路运输方式载运旅客的，为按照铁路合作组织清算规则清算后的实际运输收入。

② 以铁路运输方式载运货物的，为按照铁路运输进款清算办法，“发站”或“到站（局）”名称包含“境”字的货票上注明的运输费用以及与其直接相关的国际联运杂费清算后的实际运输收入。

③ 以航空运输方式载运货物或旅客的，如果国际运输或国内港、澳、台地区运输各航段由多个承运人承运，为中国航空结算有限责任公司清算后的实际收入；如果国际运输或国内港、澳、台地区运输各航段由一个承运人承运，为提供航空运输服务取得的收入。

④ 其他实行“免、抵、退”税办法的增值税零税率应税行为，为提供增值税零税率应税行为取得的收入。

（2）实行免退税办法的退（免）税计税依据为购进应税服务的增值税专用发票或解缴税款的中华人民共和国税收缴款凭证上注明的金额。

实行退（免）税办法的服务和无形资产，如果主管税务机关认定出口价格偏高，其有权按照核定的出口价格计算退（免）税，核定的出口价格低于外贸企业购进价格的，低于部分对应的进项税额不予退税，转入成本。

【做中学 1-36】（多项选择题）根据有关增值税法律的规定，下列各项关于出口退（免）税政策的表述，正确的有（　　）。

A.生产企业出口自产货物适用“免、抵、退”税办法

B.适用增值税免税政策的出口货物，其进项税额不得抵扣和退税

C.出口企业应将不同税率的货物分开核算和申报，凡划分不清的，不予退（免）税

D.在征、退税率不一致的情况下，需要计算“免、抵、退”税不得免征和抵扣税额，并将其从当期进项税额中转出

答案：ABD。选项C表述不正确，适用不同退税率的货物、劳务，应分开报关、核算并申报退（免）税；未分开报关、核算或划分不清的，从低适用退税率。

【做中学1-37】（单项选择题）生产企业的进料加工复出口货物，其增值税的退（免）税计税依据是（　　）。

A.出口货物的实际离岸价

B.按出口货物的离岸价扣除出口货物所耗用的海关保税进口料件的金额后确定

C.按出口货物的离岸价扣除出口货物所购进的海关保税进口料件的金额后确定

D.出口货物的到岸价

答案：B。生产企业进料加工复出口货物，其增值税的退（免）税计税依据按出口货物的离岸价扣除出口货物所耗用的海关保税进口料件的金额后确定。

（五）增值税“免、抵、退”税和免退税的计算

1.生产企业出口货物、劳务、服务和无形资产

生产企业出口货物、劳务、服务和无形资产的增值税“免、抵、退”税，依下列公式计算：

（1）当期应纳税额的计算。

当期应纳税额 = 当期销项税额 -（当期进项税额 - 当期不得免征和抵扣税额）

当期不得免征和抵扣税额 = 当期出口货物离岸价 × 外汇人民币折合率 ×（出口货物适用税率 - 出口货物退税率）- 当期不得免征和抵扣税额抵减额

当期不得免征和抵扣税额抵减额 = 当期免税购进原材料价格 ×（出口货物适用税率 - 出口货物退税率）

出口货物离岸价以出口发票计算的离岸价为准。实际离岸价应以出口发票上的离岸价为准，但如果出口发票不能反映实际离岸价，主管税务机关有权予以核定。

（2）当期“免、抵、退”税额的计算。

当期“免、抵、退”税额 = 当期出口货物离岸价 × 外汇人民币折合率 × 出口货物退税率 - 当期“免、抵、退”税额抵减额

当期“免、抵、退”税额抵减额 = 当期免税购进原材料价格 × 出口货物退税率

（3）当期应退税额和免抵税额的计算。

①当期期末留抵税额 ≤ 当期“免、抵、退”税额，则：

当期应退税额 = 当期期末留抵税额

当期免抵税额 = 当期“免、抵、退”税额 - 当期应退税额

②当期期末留抵税额 > 当期“免、抵、退”税额，则：

当期应退税额 = 当期“免、抵、退”税额

当期免抵税额 = 0

当期期末留抵税额为当期增值税纳税申报表中的“期末留抵税额”。

（4）当期免税购进原材料的价格包括当期国内购进的无进项税额且不计提进项税额的免税原材料的价格和当期进料加工保税进口料件的价格，其中当期进料加工保税进口料件的价格为进料加工出口货物耗用的保税进口料件金额。

$$\text{进料加工出口货物耗用的保税进口料件金额}=\text{进料加工出口货物人民币离岸价}\times\text{进料加工计划分配率}$$

$$\text{进料加工计划分配率}=\text{计划进口总值}\div\text{计划出口总值}\times 100\%$$

计算不得免征和抵扣税额时，应按当期全部出口货物的销售额扣除当期全部进料加工出口货物耗用的保税进口料件金额后的余额乘以征、退税率之差计算。

进料加工出口货物收齐有关凭证申报免抵退税时，以收齐凭证的进料加工出口货物人民币离岸价扣除其耗用的保税进口料件金额后的余额计算“免、抵、退”税额。

【做中学1-38】（计算题）华兰多为一家自营出口的生产企业（增值税一般纳税人），出口货物的征税率为13%，退税率为10%，2023年8月该公司有关经营业务为：购原材料一批，取得的增值税专用发票注明的价款为600万元，外购货物准予抵扣的进项税额为78万元。当月进料加工出口货物耗用的保税进口料件金额为300万元。上期期末留抵税款为18万元。本月内销货物不含税销售额为300万元，收款339万元存入银行。本月出口货物销售额折合人民币600万元。

要求：计算该企业当期的“免、抵、退”税额。

答案：①“免、抵、退”税不得免征和抵扣税额抵减额＝进料加工出口货物耗用的保税进口料件金额×（出口货物征税率－出口货物退税率）＝300×（13%－10%）＝9（万元）

②“免、抵、退”税不得免征和抵扣税额＝当期出口货物离岸价×外汇人民币牌价×（出口货物征税率－出口货物退税率）－“免、抵、退”税不得免征和抵扣税额抵减额＝600×（13%－10%）－9＝9（万元）

③当期应纳税额＝300×13%－（78－9）－18＝－48（万元）

④“免、抵、退”税额抵减额＝免税购进原材料×材料出口货物退税率＝300×10%＝30（万元）

⑤出口货物“免、抵、退”税额＝600×10%－30＝30（万元）

⑥按规定，如当期期末留抵税额＞当期“免、抵、退”税额：

当期应退税额＝当期“免、抵、退”税额

该企业应退税额＝30（万元）

⑦当期免抵税额＝当期“免、抵、退”税额－当期应退税额

当期该企业免抵税额＝30－30＝0

⑧期末留抵结转下期继续抵扣税额为18万元（48－30）。

（5）零税率应税行为增值税退（免）税的计算。

①当期“免、抵、退”税额的计算。

$$\text{当期零税率应税行为“免、抵、退”税额}=\text{当期零税率应税行为“免、抵、退”税计税依据}\times\text{外汇人民币折合率}\times\text{零税率应税行为增值税退税率}$$

②当期应退税额和当期免抵税额的计算。

当期期末留抵税额≤当期“免、抵、退”税额时：

当期应退税额 = 当期期末留抵税额

当期免抵税额 = 当期“免、抵、退”税额 − 当期应退税额

当期期末留抵税额 > 当期“免、抵、退”税额时：

当期应退税额 = 当期“免、抵、退”税额

当期免抵税额 = 0

“当期期末留抵税额”为当期增值税纳税申报表中的“期末留抵税额”。

【做中学1-39】（计算题）康远国际运输公司（增值税一般纳税人）实行“免、抵、退”税管理办法，2023年8月实际发生如下业务：

（1）该企业当月承接了3个国际运输业务，取得经确认的收入240万元人民币。

（2）该企业进行增值税纳税申报时，期末留抵税额为60万元人民币。

要求：计算该企业当月的退税额。

答案：当期零税率应税行为“免、抵、退”税额 = 当期零税率应税行为“免、抵、退”税计税依据 × 外汇人民币折合率 × 零税率应税行为增值税退税率 = 240 × 10% = 24（万元）

因为当期期末留抵税额60万元 > 当期“免、抵、退”税额24万元，所以当期应退税额 = 当期“免、抵、退”税额 = 24万元。

进行退税申报后，结转下期留抵的税额为36万元。

2.外贸企业出口货物、劳务和应税行为

外贸企业出口货物、劳务和应税行为增值税退（免）税，依下列公式计算：

（1）外贸企业出口委托加工、修理修配货物以外的货物。

增值税应退税额 = 增值税退（免）税计税依据 × 出口货物退税率

【做中学1-40】（计算题）云达进出口公司2023年7月出口意大利平纹布4 000平方米，进货增值税专用发票列明单价为30元/平方米，计税金额为120 000元，增值税出口退税率为10%。

要求：计算当期应退增值税税额。

答案：应退增值税税额 = 120 000 × 10% = 12 000（元）。

（2）外贸企业出口委托加工修理修配货物。

$$\text{出口委托加工修理修配货物的增值税应退税额} = \text{委托加工修理修配的增值税退税计税依据} \times \text{出口货物退税率}$$

【做中学1-41】（计算题）云达进出口公司2023年8月购进牛仔布，并接受委托将其加工成服装出口，取得增值税发票一张，注明计税金额为50 000元；取得的服装加工费的计税金额为3 000元，受托方将原材料成本并入加工、修理修配费用并开具了增值税专用发票。假设增值税出口退税率为13%。

要求：计算当期应退的增值税税额。

答案：应退增值税税额 =（50 000 + 3 000）× 13% = 6 890（元）。

（3）外贸企业兼营的零税率应税行为增值税免退税的计算。

$$\text{外贸企业兼营的零税率应税行为应退税额} = \text{外贸企业兼营的零税率应税行为免退税计税依据} \times \text{零税率应税行为增值税退税率}$$

3.退税率低于适用税率

退税率低于适用税率的，相应计算出的差额部分的税款计入出口货物劳务成本。

4.出口企业既有适用增值税“免、抵、退”的项目，也有适用增值税即征即退、先征后退的项目

出口企业既有适用增值税“免、抵、退”项目，也有适用增值税即征即退、先征后退项目的，增值税即征即退、先征后退项目不参与出口项目“免、抵、退”税计算。出口企业应分别核算增值税“免、抵、退”项目和增值税即征即退、先征后退项目，并分别申请享受增值税“免、抵、退”税和即征即退、先征后退政策。

用于增值税即征即退或者先征后退项目的进项税额无法划分的，按照下列公式计算：

$$\text{无法划分的进项税额中用于增值税即征即退或者先征后退项目的部分}=\text{当月无法划分的全部进项税额}\times\text{当月增值税即征即退或者先征后退项目销售额}\div\text{当月全部销售额、营业额合计}$$

5.实行“免、抵、退”税办法的零税率应税行为

实行“免、抵、退”税办法的零税率应税行为提供者如同时有货物、劳务（劳务指对外加工、修理修配劳务，下同）出口且未分别计算的，可一并计算“免、抵、退”税额。税务机关在审批时，按照出口货物、劳务、零税率应税行为“免、抵、退”税额比例划分出口货物劳务、零税率应税行为的退税额和免抵税额。

二、适用增值税免税政策的出口货物、劳务

（一）适用增值税免税政策的范围

所谓的适用增值税免税政策的出口货物、劳务，是指下列企业出口的货物、劳务，除另有规定外，给予免税，但不予退税：

1.出口企业或其他单位出口下列货物免征增值税

（1）增值税小规模纳税人出口的货物。

（2）避孕药品和用具、古旧图书。

（3）软件产品。

（4）含黄金、铂金成分的货物，钻石及其饰品。

（5）国家计划内出口的卷烟。

（6）已使用过的设备。其具体范围是指购进时未取得增值税专用发票、海关进口增值税专用缴款书，但其他相关单证齐全的已使用过的设备。

（7）非出口企业委托出口的货物。

（8）非列名生产企业出口的非视同自产货物。

（9）农业生产者自产农产品。农产品的具体范围按照《农业产品征税范围注释》的规定执行。

（10）油画、花生果仁、黑大豆等财政部和国家税务总局规定的出口免税的货物。

（11）外贸企业取得普通发票、废旧物资收购凭证、农产品收购发票、政府非税收入票据的货物。

（12）来料加工复出口的货物。

（13）特殊区域内的企业出口的特殊区域内的货物。

（14）以人民币现金作为结算方式的边境地区出口企业从所在省（自治区）的边境口岸出口到接壤国家的一般贸易和边境小额贸易出口货物。

（15）以旅游购物贸易方式报关出口的货物。

2. 出口企业或其他单位视同出口下列货物、劳务免征增值税

（1）国家批准设立的免税店销售的免税货物。

（2）特殊区域内的企业为境外的单位或个人提供加工、修理修配劳务。

（3）同一特殊区域、不同特殊区域内的企业之间销售特殊区域内的货物。

3. 出口企业或其他单位未按规定申报或未补齐增值税退（免）税凭证的下列出口货物、劳务免征增值税

（1）未在国家税务总局规定的期限内申报增值税退（免）税的出口货物、劳务。

（2）未在规定期限内申报开具“代理出口货物证明”的出口货物、劳务。

（3）已申报增值税退（免）税，却未在国家税务总局规定的期限内向税务机关补齐增值税退（免）税凭证的出口货物、劳务。

适用增值税免税政策的出口货物、劳务，其进项税额不得抵扣和退税，应当转入成本。

对于适用增值税免税政策的出口货物和劳务，出口企业或其他单位可以依照现行增值税有关规定放弃免税，并按规定缴纳增值税。

4. 境内的单位和个人销售的下列服务和无形资产免征增值税

（1）境内的单位和个人销售的下列服务免征增值税，财政部和国家税务总局规定适用增值税零税率的除外：

① 工程项目在境外的建筑服务；

② 工程项目在境外的工程监理服务；

③ 工程、矿产资源在境外的工程勘察勘探服务；

④ 会议展览地点在境外的会议展览服务；

⑤ 存储地点在境外的仓储服务；

⑥ 标的物在境外使用的有形动产租赁服务；

⑦ 在境外提供的广播影视节目（作品）的播映服务；

⑧ 在境外提供的文化体育服务、教育医疗服务、旅游服务。

（2）为出口货物提供的邮政服务、收派服务、保险服务。为出口货物提供的保险服务包括出口货物保险和出口信用保险。

（3）向境外单位提供的完全在境外消费的下列服务和无形资产：

① 电信服务；

② 知识产权服务；

③ 物流辅助服务（仓储服务、收派服务除外）；

④ 鉴证咨询服务；

⑤ 专业技术服务；

⑥ 商务辅助服务；

⑦ 广告投放地在境外的广告服务；

⑧ 无形资产。

(4) 为境外单位之间的货币资金融通及其他金融业务提供的直接收费金融服务，且该服务与境内的货物、无形资产和不动产无关。

(5) 按照国家有关规定应取得相关资质的国际运输服务项目，纳税人未取得相关资质的，适用增值税免税政策。

(6) 境内单位和个人以无运输工具承运方式提供的国际运输服务，无运输工具承运业务的经营者适用增值税免税政策。

(7) 境内的单位和个人提供适用增值税零税率的服务或者无形资产，如果适用简易计税方法，则实行免征增值税办法。

(8) 财政部和国家税务总局规定的其他服务。

【提示】完全在境外消费，是指：

(1) 服务的实际接受方在境外，且与境内的货物和不动产无关。

(2) 无形资产完全在境外使用，且与境内的货物和不动产无关。

(3) 财政部和国家税务总局规定的其他情形。

5. 市场经营户自营或委托市场采购贸易经营者以市场采购贸易方式出口的货物免征增值税

市场采购贸易方式出口的货物，是指经国家批准的专业市场集聚区内的市场经营户自营或委托从事市场采购贸易经营的单位，按照海关总署规定的市场采购贸易监管办法办理通关手续，并纳入涵盖市场采购贸易各方经营主体和贸易全流程的市场采购贸易综合管理系统管理的货物（国家规定不适用市场采购贸易方式出口的商品除外）。

【做中学1-42】(多项选择题) 下列各项中，适用增值税出口免退税办法的有（　　）。

A. 收购货物出口的外贸企业

B. 受托代理出口货物的外贸企业

C. 购买研发服务出口的外贸企业

D. 委托出口自产货物的生产企业

答案：AC。外贸企业外购货物、劳务、服务和无形资产出口的，适用免退税的方式计算退税。选项B，要视委托方的情况适用免退税或“免、抵、退”税等政策。选项D，采用“免、抵、退”税政策。

【做中学1-43】(多项选择题) 下列出口的货物中，享受增值税免税不退税政策的有（　　）。

A. 来料加工复出口的货物

B. 属于小规模纳税人的生产企业出口的自产货物

C. 外贸企业出口的避孕药品

D. 非出口企业委托出口的货物

答案：ABCD。选项A，来料加工复出口的货物进口时免税，出口时免税不退税；选项B，无法准确核算生产环节进项税额，出口免税不退税；选项C，避孕药品销售时免税，故出口时免税不退税；选项D，非出口企业委托出口的货物，在出口时免税但不办理退税。

（二）进项税额的处理和计算

1.适用增值税免税政策的出口货物和劳务

适用增值税免税政策的出口货物和劳务，其进项税额不得抵扣和退税，应当转入成本。

2.出口卷烟不得抵扣的进项税额

出口卷烟不得抵扣的进项税额，依下列公式计算：

$$\text{出口卷烟不得抵扣的进项税额}=\text{出口卷烟含消费税金额}\div(\text{出口卷烟含消费税金额}+\text{内销卷烟销售额})\times\text{当期全部进项税额}$$

（1）当生产企业销售的出口卷烟在国内有同类产品销售价格时：

$$\text{出口卷烟含消费税金额}=\text{出口销售数量}\times\text{销售价格}$$

【提示】销售价格为同类产品生产企业国内实际调拨价格。实际调拨价格低于税务机关公示的计税价格的，销售价格为税务机关公示的计税价格；高于公示计税价格的，销售价格为实际调拨价格。

（2）当生产企业销售的出口卷烟在国内没有同类产品销售价格时：

$$\text{出口卷烟含税金额}=(\text{出口销售额}+\text{出口销售数量}\times\text{消费税定额税率})\div(1-\text{消费税比例税率})$$

【提示】出口销售额以出口发票上的离岸价为准。若出口发票不能如实反映离岸价，生产企业应按实际离岸价计算；否则，税务机关有权按照有关规定予以核定调整。

3.其他出口货物、劳务和应税行为

除出口卷烟外，适用增值税免税政策的其他出口货物、劳务和应税行为的计算，按照增值税免税政策的统一规定执行。其中，如果涉及销售额，除来料加工复出口货物为其加工费收入外，其他均为出口离岸价或销售额。

三、不适用增值税退（免）税和免税政策的出口货物、劳务

（一）适用增值税征税政策的范围

所谓的不适用增值税退（免）税和免税政策的出口货物、劳务，是指下列出口货物、劳务既不免税，也不退税：

（1）出口企业出口或视同出口财政部和国家税务总局根据国务院决定明确取消出口退（免）税的货物，但不包括来料加工复出口货物，中标机电产品，列明原材料、输入特殊区域的水电气、海洋工程结构物。

（2）出口企业或其他单位销售给特殊区域的生活消费用品和交通运输工具。

（3）出口企业或其他单位因骗取出口退税被税务机关停止办理增值税退（免）税期间出口的货物。

（4）出口企业或其他单位提供虚假备案单证的货物。

（5）出口企业或其他单位增值税退（免）税凭证系伪造或内容不实的货物。

（6）出口企业或其他单位未在国家税务总局规定期限内申报免税核销以及经主管税务机关审核不予免税核销的出口卷烟。

（7）出口企业或其他单位具有其他特殊情形的出口货物、劳务。

（二）应纳增值税的计算

适用增值税征税政策的出口货物、劳务和应税行为，其应纳增值税按下列办法计算：

1.一般纳税人出口货物、劳务和应税行为

$$\text{销项税额}=(\text{出口货物、劳务和应税行为离岸价}-\text{出口货物耗用的进料加工保税进口料件金额})\div(1+\text{适用税率})\times\text{适用税率}$$

（1）出口货物、劳务和应税行为若已按征税率、退税率之差计算不得免征和抵扣税额并已转入成本，相应的税额应转回进项税额。

$$\text{出口货物耗用的进料加工保税进口料件金额}=\text{主营业务成本}\times(\text{投入的保税进口料件金额}\div\text{生产成本})$$

主营业务成本、生产成本均为不予退（免）税的进料加工出口货物的主营业务成本、生产成本。当耗用的保税进口料件金额大于不予退（免）税的进料加工出口货物金额时，耗用的保税进口料件金额为不予退（免）税的进料加工出口货物金额。

（2）出口企业应分别核算内销货物、劳务、应税行为和增值税征税的出口货物的生产成本、主营业务成本；未分别核算的，其相应的生产成本、主营业务成本由主管税务机关核定。

进料加工手册经海关核销后，出口企业应对出口货物耗用的保税进口料件金额进行清算，清算公式为：

$$\text{清算耗用的保税进口料件总额}=\text{实际保税进口料件总额}-\text{退(免)税出口货物耗用的保税进口料件总额}-\text{进料加工副产品耗用的保税进口料件总额}$$

若耗用的保税进口料件总额与各纳税期扣减的保税进口料件金额之和存在差额，应在清算的当期相应调整销项税额。当耗用的保税进口料件总额大于出口货物离岸金额，其差额部分不得扣减其他出口货物金额。

2.纳税人出口货物、劳务和应税行为

$$\text{应纳税额}=\text{出口货物、劳务和应税行为离岸价}\div(1+\text{征收率})\times\text{征收率}$$

知识点梳理

本任务知识点梳理见表1-8。

表1-8　本任务知识点梳理

知识点	具体内容	
1.增值税出口退税政策类别	我国的出口货物、劳务和跨境应税行为的增值税的出口退税相关政策包括三种：出口免税并退税、出口免税不退税、出口不免税也不退税	
2.出口企业增值税政策的不同处理	增值税处理	适用情况
	免税	规定免税货物的出口；增值税小规模纳税人出口的货物；来料加工复出口的货物；非出口企业委托出口的货物；以旅游购物贸易方式报关出口的货物等
	免退税	不具有生产能力的外贸企业或其他单位出口货物、劳务等
	“免、抵、退”税	生产企业出口自产货物、视同自产货物和对外提供加工、修理修配劳务；列名生产企业出口非自产货物等
	征税	取消出口退税的货物、劳务；特殊销售对象；有出口违规行为的企业；未从事实质性出口经营活动等

续表

知识点	具体内容			
3. 增值税退（免）税办法	退（免）税办法	适用企业	具体情况	基本政策规定
	“免、抵、退”税办法	生产企业	（1）出口自产货物和视同自产货物及对外提供加工、修理修配劳务 （2）列名生产企业出口非自产货物 （3）适用一般计税方法的生产企业提供适用零税率的服务和无形资产	免征增值税，相应的进项税额抵减应纳增值税税额（不包括适用增值税即征即退、先征后退政策的应纳增值税税额），未抵减完的部分予以退还
		外贸企业	适用一般计税方法的外贸企业直接将服务或自行研发的无形资产出口	
		特殊行业企业	（1）境内单位和个人提供的国际运输服务 （2）境内单位和个人向境外单位提供的完全在境外消费的规定服务 （3）航天运输服务参照国际运输服务，适用零税率	
	免、退税办法	外贸企业或其他单位	（1）不具有生产能力的出口企业（以下简称外贸企业）或其他单位出口货物、劳务 （2）适用一般计税方法的外贸企业外购服务或出口无形资产	免征增值税，相应的进项税额予以退还
	出口行为	出口企业	退（免）税计税依据	
	出口货物、劳务（进料加工复出口货物除外）	生产企业	出口货物、劳务的实际离岸价。实际离岸价应以出口发票上的离岸价为准，但如果出口发票不能反映实际离岸价，主管税务机关有权予以核定	
	进料加工复出口货物	生产企业	按出口货物的离岸价扣除出口货物所耗用的海关保税进口料件的金额后确定	
	国内购进无进项税额且不计提进项税额的免税原材料加工后出口的货物	生产企业	按出口货物的离岸价扣除出口货物所含的国内购进免税原材料的金额后确定	
	出口货物（委托加工、修理修配货物除外）	外贸企业	购进出口货物的增值税专用发票注明的金额或海关进口增值税专用缴款书注明的完税价格	
	出口委托加工、修理修配货物	外贸企业	加工、修理修配费用增值税专用发票注明的金额。外贸企业应将加工修理修配使用的原材料（进料加工海关保税进口料件除外）作价销售给受托加工、修理修配的生产企业，受托加工、修理修配的生产企业应将原材料成本并入加工、修理修配费用并开具发票	
	出口进项税额未计算抵扣的已使用过的设备	出口企业	退（免）税计税依据 = 增值税专用发票上的金额或海关进口增值税专用缴款书注明的完税价格 × 已使用过的设备固定资产净值 ÷ 已使用过的设备原值 已使用过的设备固定资产净值 = 已使用过的设备原值 − 已使用过的设备已提累计折旧	
	销售的货物	免税品经营企业	购进货物的增值税专用发票注明的金额或海关进口增值税专用缴款书注明的完税价格	
	中标机电产品	生产企业	销售机电产品的普通发票注明的金额	
		外贸企业	购进货物的增值税专用发票注明的金额或海关进口增值税专用缴款书注明的完税价格	
	输入特殊区域的水电气	出口企业或其他单位	作为购买方的特殊区域内生产企业购进水（包括蒸汽）、电力、燃气的增值税专用发票注明的金额	

案例解析

本任务“引入案例”解析如下：

（1）当期“免、抵、退”税不得免征和抵扣税额 = 500 ×（13% − 10%）= 15（万元）

（2）当期应纳税额 = 300 × 13% −（65 − 15）− 8 = −19（万元）

（3）出口货物“免、抵、退”税额 = 500 × 10% = 50（万元）

（4）按规定，如当期期末留抵税额 ≤ 当期“免、抵、退”税额：

当期应退税额 = 当期期末留抵税额

该企业当期应退税额 = 19万元

（5）当期免抵税额 = 当期“免、抵、退”税额 − 当期应退税额

当期免抵税额 = 50 − 19 = 31（万元）

案例中涉及的相关知识点回顾见表1-9。

表1-9 相关知识点回顾

步　骤	公　式
第一步：免	免征出口环节增值税（出口货物不计销项税额）
第二步：剔	当期不得免征和抵扣税额 = 当期出口货物离岸价格 × 外汇人民币折合率 ×（出口货物适用税率 − 出口货物退税率）− 当期不得免征和抵扣税额抵减额 当期不得免征和抵扣税额抵减额 = 当期免税购进原材料价格 ×（出口货物适用税率 − 出口货物退税率） 简化公式： 当期不得免征和抵扣税额 =（当期出口货物离岸价格 × 外汇人民币折合率 − 当期免税购进原材料价格）×（出口货物适用税率 − 出口货物退税率）
第三步：抵	当期应纳税额 = 当期内销货物的销项税额 −（当期全部进项税额 − 当期不得免征和抵扣税额）− 上期留抵税额
第四步：退	（1）计算免抵退税总额： 当期“免、抵、退”税额 = 当期出口货物离岸价格 × 外汇人民币折合率 × 出口货物退税率 − 当期“免、抵、退”税额抵减额 当期“免、抵、退”税额抵减额 = 当期免税购进原材料价格 × 出口货物退税率 简化公式： 当期“免、抵、退”税额 =（当期出口货物离岸价格 × 外汇人民币折合率 − 当期免税购进原材料价格）× 出口货物退税率 （2）确认出口退税，并确认退税之外的免抵税额： ①当期期末留抵税额 ≤ 当期“免、抵、退”税额时： 当期应退税额 = 当期期末留抵税额 当期免抵税额 = 当期“免、抵、退”税额 − 当期应退税额 ②当期期末留抵税额 > 当期“免、抵、退”税额时： 当期应退税额 = 当期“免、抵、退”税额 当期免抵税额 = 0

知识翻转

境内一家“营改增”的大型运输公司为增值税一般纳税人，该公司实行“免、抵、退”税管理办法。该公司2023年8月实际发生如下业务：

（1）当月承接了8个国际运输业务，取得经确认的收入60万元人民币。

（2）进行增值税纳税申报时，期末留抵税额为15万元人民币。

请问：

（1）当期零税率应税服务“免、抵、退”税额为多少？

（2）在实际工作中，该类型企业开展增值税出口退税工作时需要注意哪些事项？

知识考核

一、单项选择题

1.美联达公司为一家生产企业，有进出口货物经营权，既向国内销售自产货物，又向国外出口适用不同退税率的货物。2023年9月，美联达公司当月出口货物未分别核算和申报，不能划分清楚不同退税率的货物出口销售额。下列各项关于美联达公司出口退税的说法，正确的是（　　）。

A. 由税务机关核定不同出口货物的数量，分别确定各自的退税率

B. 从高适用退税率

C. 从低适用退税率

D. 美联达公司当月所有货物均不得办理退税

2.根据增值税法律制度的规定，下列出口货物中，不免税也不退税的是（　　）。

A.国家计划内出口的石油　　B.避孕药品

C.来料加工复出口的货物　　D.古旧图书

3.下列涉及增值税出口退税的项目中，适用免退税办法的是（　　）。

A. 工业企业自产货物出口

B. 外贸企业收购货物后委托其他外贸企业代理出口

C. 工业企业进料加工复出口货物

D. 工业企业委托外贸企业代理出口自产货物

4.益达电器公司是一家具有出口经营权的电器生产企业（增值税一般纳税人），自营出口自产货物，10月末未退税前计算的期末留抵税额为19万元，当期免抵退税为15万元，则当期免抵税额为（　　）万元。

A.0　　B.6　　C.9　　D.15

5.某服装厂为增值税一般纳税人，适用的增值税税率为13%，出口退税率为10%。2023年9月，外购棉布一批，取得的增值税专用发票上注明的价款为200万元人民币、增值税税额为26万元人民币，货已入库。当月进口保税料件一批，到岸价格为25万美元，已按实耗法向税务机关办理了“生产企业进料加工贸易免税证明”。当月出口服装的离岸

价格为75万美元，内销服装不含税销售额为80万元人民币。该服装厂上期期末留抵税额为5万元人民币。假定美元与人民币的汇率为1：6.4，服装厂进料加工复出口业务符合相关规定。该服装厂当期应退增值税税额为（ ）万元人民币。

A.0 B.11 C.29 D.72.8

6.本市一家自营出口的生产企业为增值税一般纳税人，出口货物的征税率为13%，出口退税率为10%。2023年6月购进原材料一批，取得的增值税专用发票上注明的金额为500万元人民币、增值税税额为65万元人民币。6月内销货物取得不含税销售额150万元人民币，出口货物取得销售额折合人民币200万元，上月增值税留抵税额为10万元人民币，该企业当期“免、抵、退”税不得免征和抵扣税额为（ ）万元人民币。

A.6 B.30 C.9 D.20

7.华美元外贸公司2023年6月份购进八音盒10 000只，单价为80元人民币/只，已取得增值税专用发票。该公司将外购的八音盒全部报关出口，离岸单价为15美元/只，此笔出口已收汇并作销售处理（美元与人民币汇率为1：6.2，退税率为10%）。该笔出口业务应退增值税为（ ）元人民币。

A.80 000 B.136 000 C.139 500 D.145 690

二、多项选择题

1.根据出口退（免）税制度的相关规定，下列各项关于出口退（免）税的表述，正确的有（ ）。

A. 不具有生产能力的出口企业或其他单位出口货物、劳务适用免退税办法

B. 出口退（免）税的税种主要为增值税和消费税

C. 除另有规定外，生产企业自营出口的自产货物给予免税并退税

D. 农业生产者出口的自产农产品给予免税但不退税

2.下列各项属于跨境服务享受免征增值税优惠政策的有（ ）。

A. 存储地点在境外的仓储服务

B. 向境外单位提供的完全在境外消费的研发服务

C. 在境外提供的广播影视节目（作品）播映服务

D. 工程、矿产资源在境外的工程勘察勘探服务

3.下列增值税一般纳税人的出口业务中，适用增值税“免、抵、退”税办法的有（ ）。

A. 工业企业自产货物出口

B. 工业企业来料加工复出口货物

C. 工业企业进料加工复出口货物

D. 工业企业委托外贸企业代理出口自产货物

4.下列出口的货物中，享受增值税出口免税不退税政策的有（ ）。

A. 来料加工复出口的货物

B. 属于小规模纳税人的生产企业委托外贸企业代理出口的自产货物

C. 外贸企业出口的避孕药品

D. 外贸企业从农业生产者直接购进免税农产品用于出口

5.在我国境内的增值税一般纳税人提供的下列应税服务中，可享受免税不退税政策的

有（ ）。

A. 会议展览地点在境外的会议展览服务

B. 存储地点在境外的仓储服务

C. 为出口货物提供的邮政服务和收派服务

D. 向境外单位提供的完全在境外消费的研发服务

6. 下列货物的出口，适用增值税征税政策的有（ ）。

A. 以旅游购物贸易方式报关出口的货物

B. 出口企业由于违规被停止出口退税权期间出口的货物

C. 出口企业或其他单位销售给特殊区域的生活消费用品和交通运输工具

D. 出口企业以自营名义出口，但不承担出口货物的质量、收款或退税风险之一的

7. 下列出口货物，可享受增值税免税并退税政策的有（ ）。

A. 属于小规模纳税人的生产企业自营出口的自产货物

B. 对外承接修理修配业务的企业用于对外修理修配的货物

C. 加工企业来料加工复出口的货物

D. 生产企业向海上石油天然气开采企业销售的自产的海洋工程结构物

8. 下列各项表述符合税法有关规定的有（ ）。

A. 小规模纳税人销售货物或提供应税劳务，可以申请由主管税务机关代开发票

B. 增值税小规模纳税人出口货物适用出口免税不退税政策

C. 出口企业既有适用增值税免抵退项目，也有适用即征即退、先征后退项目的，增值税即征即退、先征后退项目可参与出口项目免抵退税计算

D. 纳税人自税务机关受理纳税人放弃免税权声明的当月起36个月内不得申请免税

9. 境内的单位和个人提供的下列应税服务免征增值税的有（ ）。

A. 工程、矿产资源在境外的工程勘察勘探服务

B. 标的物在境外使用的有形动产租赁服务

C. 在境外提供的广播影视节目（作品）的发行、播映服务

D. 会议展览地点在境内的会议展览服务

三、计算题

1. 贸达通有限公司是一家生产企业（增值税一般纳税人），2023年9月进口货物，海关审定的关税完税价格为1 500万元，关税税率为10%，海关代征了进口环节的增值税，取得海关进口增值税专用缴款书。从国内市场购进原材料支付的价款为2 400万元，取得的增值税专用发票上注明的增值税税额为384万元。外销货物的出口离岸价为3 000万元人民币；内销货物的不含税销售额为3 600万元。该企业出口货物适用“免、抵、退”税的税收政策，上期留抵税额为150万元。

要求：计算当期应缴纳或应退的增值税税额及免抵税额。（假定上述货物内销时均适用13%的增值税税率，出口退税率为10%）

2. 贸达通有限公司是一家生产企业（增值税一般纳税人），2023年8月进口货物，海关审定的关税完税价格为1 500万元，关税税率为10%，海关代征了进口环节的增值税，取得海关进口增值税专用缴款书。进料加工复出口业务保税进口料件一批，到岸价格为1 200万元，海关暂免征税予以放行，从国内市场购进原材料支付的价款为4 200万元，取

得的增值税专用发票上注明的增值税税额为672万元。进料加工复出口货物的出口离岸价为3 000万元。内销货物的销售额为3 600万元（不含税）。该企业出口货物适用“免、抵、退”税的税收政策，上期留抵税额为150万元。该企业进料加工计划分配率为23%。假定上述货物内销时均适用13%的增值税税率，出口退税率为10%。

要求：计算当期应缴纳或应退的增值税税额、免抵税额及实际留到下期抵扣的税额。

参考答案

任务五　增值税的申报与缴纳

引入案例

黄河酒业为增值税一般纳税人，其总部在江苏省淮安市，出于业务拓展的需要，其在江苏省南通市、扬州市等地都开设了分支机构。2023年，黄河酒业根据业务的发展，需要开具单张销售额为1 000万元以上的增值税专用发票。

请问：

（1）黄河酒业可以直接开具单张销售额为1 000万元以上的增值税专用发票吗？若不行，需要如何办理？

（2）黄河酒业在南通、淮安、扬州均发生了销售业务，应当如何进行纳税申报？是否可以合并缴纳税款？

工作任务

1. 明确增值税纳税义务发生时间、纳税期限和纳税地点等征收管理规定
2. 掌握增值税的纳税申报流程

电子课件

知识结构图

本任务知识结构图如图1-5所示。

文件法规

增值税的申报与缴纳
- 增值税专用发票的使用和管理
- 增值税的征收管理规定
- 增值税的纳税申报

图1-5　本任务知识结构图

知识解析

一、增值税专用发票的使用和管理

增值税纳税人发生应税销售行为，应使用增值税发票管理新系统分别开具增值税专用发票、增值税普通发票、增值税电子普通发票、机动车销售统一发票。

（一）增值税专用发票的联次及用途

增值税专用发票由基本联次或者基本联次附加其他联次构成。基本联次为三联：发票联、抵扣联和记账联。

发票联，是购买方核算采购成本和增值税进项税额的记账凭证；抵扣联，是购买方报送主管税务机关认证和留存备查的凭证；记账联，是销售方核算销售收入和增值税销项税额的记账凭证。其他联次用途，由一般纳税人自行确定。

（二）增值税专用发票的领购

一般纳税人领购专用设备后，凭“最高开票限额申请表”“发票领购簿”到主管税务机关办理初始发行。所谓初始发行，是指主管税务机关将一般纳税人的企业名称、税务登记代码、开票限额、购票限量、购票人员姓名、密码、开票机数量及国家税务总局规定的其他信息等载入空白金税卡（或税盘）和IC卡的行为。一般纳税人凭“发票领购簿”、IC卡和经办人身份证明领购增值税专用发票。

一般纳税人有下列情形之一者，不得领购、使用增值税专用发票：

（1）会计核算不健全，是指不能按会计制度和税务机关的要求准确核算增值税的销项税额、进项税额和应纳税额数据及其他有关增值税税务资料。其中，有关增值税税务资料的内容，由省、自治区、直辖市和计划单列市税务局确定。

（2）有《中华人民共和国税收征收管理法》规定的税收违法行为，拒不接受税务机关处理的。

（3）有下列行为之一，经税务机关责令限期改正而仍未改正的：①虚开增值税专用发票；②私自印制增值税专用发票；③向税务机关以外的单位和个人买取增值税专用发票；④借用他人增值税专用发票；⑤未按规定开具增值税专用发票；⑥未按规定保管增值税专用发票和专用设备；⑦未按规定申请办理防伪税控系统的变更发行；⑧未按规定接受税务机关的检查。有以上情形的，如已领购增值税专用发票，主管税务机关应暂扣其结存的增值税专用发票和IC卡。

（三）增值税专用发票的使用管理

1. 增值税专用发票的开具要求

（1）项目齐全，与实际交易相符。

（2）字迹清楚，不得压线、错格。

（3）发票联和抵扣联加盖发票专用章。

（4）按照增值税纳税义务的发生时间开具。

对不符合上列要求的增值税专用发票，购买方有权拒收。

2.增值税专用发票的开具范围

一般纳税人销售货物、劳务、服务、无形资产或者不动产，应向购买方开具增值税专用发票，但属于下列情形之一的，不得开具增值税专用发票：

（1）商业企业一般纳税人零售的烟、酒、食品、服装、鞋帽（不包括劳保专用部分）、化妆品等消费品不得开具增值税专用发票。

（2）增值税小规模纳税人发生应税行为，不得开具增值税专用发票。但购买方索取增值税专用发票的，可向主管税务机关申请代开。

（3）销售货物、劳务、无形资产或者不动产适用于免税规定的，不得开具增值税专用发票，法律、法规及国家税务总局另有规定的除外。

（4）向消费者个人销售货物、劳务、服务、无形资产或不动产，不得开具增值税专用发票。

学思践悟

2021年8月国家税务总局曝光了5起通过设立“空壳公司”、签订虚假合同、虚设交易环节等方式虚开增值税发票的骗税案件，涉案总金额超过132亿元，涉案人员最高被判无期徒刑。依法从严查处曝光相关典型案件，有效遏制虚开发票骗税势头，是税务部门的责任。诚实守信、依法纳税是我们每个公民应尽义务。知法是安康基石，守法是和谐根本。只有人人守法，营造和维护公平的税收营商环境，才能使涉税违法行为无所遁形，才能做到人人守法。

3.增值税专用发票的开具限额

增值税专用发票实行最高开票限额管理。最高开票限额，是指单份增值税专用发票开具的销售额合计数不得达到的上限额度。

最高开票限额由一般纳税人申请，税务机关依法审批。最高开票限额为10万元及以下的，由区县级税务机关审批；最高开票限额为100万元的，由地市级税务机关审批；最高开票限额为1 000万元及以上的，由省级税务机关审批。防伪税控系统的具体发行工作由区县级税务机关负责。

一般纳税人申请最高开票限额时，须填报“最高开票限额申请表”。

【做中学1-44】（单项选择题）下列各项可以开具增值税专用发票的是（　　）。

A.商业企业增值税一般纳税人零售烟、酒

B.销售免税货物

C.华强公司为增值税一般纳税人，将其一项不动产销售给美源公司（增值税一般纳税人）

D.向消费者个人提供加工服务

答案：C。选项C属于开具增值税专用发票的范围。

二、增值税的征收管理规定

（一）增值税纳税义务发生时间

1.基本规定

（1）纳税人销售货物、提供应税劳务或者发生应税行为，为收讫销售款项或者取得索取销售款项凭据的当天；先开具发票的，为开具发票的当天。

（2）纳税人进口货物，为报关进口的当天。

（3）增值税扣缴义务发生时间为纳税人增值税纳税义务发生的当天。

2.具体规定

销售货物或者提供应税劳务的纳税义务发生时间，按销售结算方式的不同，具体为：

（1）采取直接收款方式销售货物，不论货物是否发出，均为收到销售款或取得索取销售款凭据的当天。

纳税人在生产经营活动中采取直接收款方式销售货物，已将货物移送对方并暂估销售收入入账，但既未取得销售款或取得索取销售款凭据也未开具销售发票的，其增值税纳税义务发生时间为取得销售款或取得索取销售款凭据的当天；先开具发票的，为开具发票的当天。

（2）采取托收承付和委托银行收款方式销售货物，为发出货物并办妥托收手续的当天。

（3）采取赊销和分期收款方式销售货物，为书面合同约定收款日期的当天；无书面合同或者书面合同没有约定收款日期的，为货物发出的当天。

（4）采取预收货款方式销售货物，为货物发出的当天；但生产销售其生产工期超过12个月的大型机械设备、船舶、飞机等货物，为收到预收款或者书面合同约定的收款日期的当天。

（5）委托其他纳税人代销货物，为收到代销单位的代销清单或者收到全部或者部分货款的当天；未收到代销清单及货款的，其纳税义务发生时间为发出代销货物满180日的当天。

（6）销售应税劳务，为提供劳务同时收讫销售款或取得索取销售款凭据的当天。

（7）纳税人发生视同销售货物行为，为货物移送的当天。

3.“营改增”行业增值税纳税义务、扣缴义务发生时间

（1）增值税纳税义务发生时间为纳税人发生应税行为并收讫销售款项或者取得销售款项凭据的当天；先开具发票的，为开具发票的当天。

取得销售款项凭据的当天，是指书面合同确定的付款日期；未签订书面合同或者书面合同未确定付款日期的，为服务、无形资产转让完成的当天或者不动产权属变更的当天。

（2）纳税人提供建筑服务、租赁服务采取预收款方式的，其纳税义务发生时间为收到预收款的当天。

（3）纳税人从事金融商品转让的，其纳税义务发生时间为金融商品所有权转移的当天。

（4）纳税人发生视同销售服务、无形资产或者不动产情形的，其纳税义务发生时间为服务、无形资产转让完成的当天或者不动产权属变更的当天。

（5）增值税扣缴义务发生时间为纳税人增值税纳税义务发生的当天。

【做中学1-45】（单项选择题）根据《中华人民共和国增值税暂行条例》及其实施细则的规定，采取预收货款方式销售货物，增值税纳税义务的发生时间为（　　）。

A.销售方收到第一笔货款的当天　　B.销售方收到剩余货款的当天

C.销售方发出货物的当天　　D.购买方收到货物的当天

答案：C。采取预收货款方式销售货物，增值税纳税义务的发生时间为货物发出的当天。

（二）纳税期限

1.增值税纳税期限的规定

增值税的纳税期限规定为1日、3日、5日、10日、15日、1个月或者1个季度。纳税人的具体纳税期限，由主管税务机关根据纳税人应纳税额的大小分别核定；不能按照固定期限纳税的，可以按次纳税。

【提示】以1个季度为纳税期限的规定适用于小规模纳税人、银行、财务公司、信托投资公司、信用社，以及财政部和国家税务总局规定的其他纳税人。

2.增值税报缴税款期限的规定

（1）纳税人以1个月或者1个季度为1个纳税期的，自期满之日起15日内申报纳税；以1日、3日、5日、10日或者15日为1个纳税期的，自期满之日起5日内预缴税款，于次月1日起15日内申报纳税并结清上月应纳税款。

扣缴义务人解缴税款的期限，参照上述规定执行。

（2）纳税人进口货物，应当自海关填发海关进口增值税专用缴款书之日起15日内缴纳税款。

（三）纳税地点

一般情况下，增值税实行“就地纳税”原则，其具体规定如下：

1.固定业户的纳税地点

（1）固定业户应当向其机构所在地主管税务机关申报纳税。总机构和分支机构不在同一县（市）的，应当分别向各自所在地主管税务机关申报纳税；经国务院财政、税务主管部门或者其授权的财政、税务机关批准，可以由总机构汇总向总机构所在地主管税务机关申报纳税。

（2）固定业户到外县（市）销售货物或者提供应税劳务的，应当向其机构所在地主管税务机关申请开具外出经营活动税收管理证明，向其机构所在地主管税务机关申报纳税。未开具证明的，应当向销售地或者劳务发生地主管税务机关申报纳税；未向销售地或者劳务发生地主管税务机关申报纳税的，由其机构所在地主管税务机关补征税款。

【提示】固定业户（指增值税一般纳税人）临时到外省、市销售货物的，必须向经营地税务机关出示外出经营活动税收管理证明，回原地纳税；需要向购买方开具增值税专用发票的，也回原地补开。

2.非固定业户的纳税地点

非固定业户销售货物或者提供应税劳务和应税行为，应当向销售地或者劳务和应税行为发生地主管税务机关申报纳税；未向销售地或者劳务和应税行为发生地主管税务机关申报纳税的，由其机构所在地或居住地主管税务机关补征税款。

3.进口货物的纳税地点

进口货物，应当由进口人或其代理人向报关地海关申报纳税。扣缴义务人应当向其机构所在地或者居住地的主管税务机关申报缴纳其扣缴的税款。

4.其他情况

（1）其他个人提供建筑服务、销售或者租赁不动产、转让自然资源使用权，应分别向建筑服务发生地、不动产所在地、自然资源所在地主管税务机关申报纳税。

（2）纳税人跨县（市）提供建筑服务，在建筑服务发生地预缴税款后，向机构所在地主管税务机关申报纳税。

（3）纳税人销售不动产，在不动产所在地预缴税款后，向机构所在地主管税务机关申报纳税。

（4）纳税人租赁不动产，在不动产所在地预缴税款后，向机构所在地主管税务机关申报纳税。

一般纳税人跨省（自治区、直辖市或者计划单列市）提供建筑服务或者销售与机构所在地不在同一省（自治区、直辖市或者计划单列市）的不动产，在机构所在地申报纳税时，计算的应纳税额小于已预缴税额，且差额较大的，由国家税务总局通知建筑服务发生地或者不动产所在地省级税务机关，在一定时期内暂停预缴增值税。

【做中学1-46】（单项选择题）根据增值税有关法律的规定，下列各项关于增值税纳税地点的表述，不正确的是（　　）。

A.进口货物，应当由进口人或其代理人向报关地海关申报纳税

B.纳税人销售不动产应在不动产所在地预缴税款后，向机构所在地主管税务机关申报纳税

C.总机构和分支机构不在同一县（市）的，应当向总机构所在地主管税务机关申报纳税

D.扣缴义务人应当向其机构所在地或者居住地主管税务机关申报缴纳其扣缴的税款

答案：C。总机构和分支机构不在同一县（市）的，应当分别向各自所在地主管税务机关申报纳税；经国务院财政、税务主管部门或者其授权的财政、税务机关批准的，可以由总机构汇总向总机构所在地主管税务机关申报纳税。

三、增值税的纳税申报

（一）一般纳税人的纳税申报流程

一般纳税人纳税申报资料包括纳税申报表及其附列资料和纳税申报其他资料，具体包括：

自2021年8月1日起，增值税与城市维护建设税、教育费附加、地方教育附加申报表整合，需提供下列申报表及附列资料：

（1）纳税申报表及其附列资料。

①“增值税及附加税费申报表（一般纳税人适用）”（主表）。

②“增值税及附加税费申报表附列资料（一）”（本期销售情况明细）。

③“增值税及附加税费申报表附列资料（二）”（本期进项税额明细）。

④“增值税及附加税费申报表附列资料（三）”（服务、不动产和无形资产扣除项目明细）。

【提示】一般纳税人销售服务、不动产和无形资产，在确定服务、不动产和无形资产销售额时，按照有关规定可以从取得的全部价款和价外费用中扣除价款的，需填报“增值税纳税申报表附列资料（三）”，其他情况不填写该附列资料。

⑤“增值税及附加税费申报表附列资料（四）”（税额抵减情况表）。

⑥“增值税及附加税费申报表附列资料（五）”（附加税费情况表）。

⑦“增值税减免税申报明细表”。

预交增值税的需要填报“增值税及附加税费预缴表”及其附列资料。

（2）纳税申报其他资料。

①已开具的税控机动车销售统一发票和普通发票的存根联。

②符合抵扣条件且在本期申报抵扣的增值税专用发票（含税控机动车销售统一发票）的抵扣联。

③符合抵扣条件且在本期申报抵扣的海关进口增值税专用缴款书、购进农产品取得的普通发票的复印件。

④符合抵扣条件且在本期申报抵扣的税收完税凭证及其清单、书面合同、付款证明和境外单位的对账单或者发票。

⑤已开具的农产品收购凭证的存根联或报查联。

⑥纳税人销售服务、不动产和无形资产，在确定服务、不动产和无形资产销售额时，按照有关规定从取得的全部价款和价外费用中扣除价款的合法凭证及其清单。

⑦主管税务机关规定的其他资料。

（二）小规模纳税人的纳税申报流程

（1）提供纳税申报资料。增值税小规模纳税人纳税申报表及其附列资料包括：“增值税及附加税费申报表（小规模纳税人适用）”、“增值税及附加税费申报表（小规模纳税人适用）附列资料（一）（服务、不动产和无形资产扣除项目明细）”和“增值税及附加税费申报表（小规模纳税人适用）附列资料（二）（附加税费情况表）”。

（2）填报小规模纳税人纳税申报表及其附列资料。

（3）办理税款缴纳手续。

知识点梳理

本任务知识点梳理见表1-10。

表1-10　本任务知识点梳理

<table>
<tr><th>知识点</th><th colspan="2">具体内容</th></tr>
<tr><td rowspan="5">1.增值税专用发票开具范围</td><td>应开具和可开具增值税专用发票</td><td>一般纳税人销售货物、劳务、服务、无形资产或者不动产，应向购买方开具增值税专用发票</td></tr>
<tr><td rowspan="4">不得开具增值税专用发票</td><td>商业企业一般纳税人零售的烟、酒、食品、服装、鞋帽（不包括劳保专用部分）、化妆品等消费品</td></tr>
<tr><td>小规模纳税人发生应税行为</td></tr>
<tr><td>销售货物、劳务、无形资产或者不动产适用于免税规定的（法律、法规及国家税务总局另有规定的除外）</td></tr>
<tr><td>向消费者个人销售货物、劳务、服务、无形资产或不动产</td></tr>
</table>

续表

知识点	具体内容	
2. 增值税专用发票的开票限额	专用发票实行最高开票限额管理	
	最高开票限额为10万元及以下的	由区县级税务机关审批
	最高开票限额为100万元的	由地市级税务机关审批
	最高开票限额为1 000万元及以上的	由省级税务机关审批
3. 纳税义务发生时间	销售方式	纳税义务发生时间
	采取直接收款方式销售货物	为收到销售款或取得索取销售款凭据的当天
	采取托收承付和委托银行收款方式销售货物	为发出货物并办妥托收手续的当天
	采取赊销和分期收款方式销售货物	为书面合同约定收款日期的当天；无书面合同或者书面合同没有约定收款日期的，为货物发出的当天
	采取预收货款方式销售货物	为货物发出的当天。生产销售、生产工期超过12个月的大型机械设备、船舶、飞机等货物，为收到预收款或者书面合同约定的收款日期的当天
	委托其他纳税人代销货物	为收到代销单位的代销清单或者收到全部或者部分货款的当天；未收到代销清单及货款的，为发出代销货物满180日的当天
	销售应税劳务	为提供劳务同时收讫销售款或取得索取销售款凭据的当天
	纳税人发生视同销售货物行为	为货物移送的当天
	进口货物	为报关进口的当天
	纳税人从事金融商品转让	为金融商品所有权转移的当天
	视同销售服务、无形资产或者不动产	为服务、无形资产转让完成的当天或者不动产权属变更的当天
4. 纳税地点	一般规定	固定业户在机构所在地缴纳增值税
		非固定业户在销售地或者劳务发生地缴纳增值税
	总机构和分支机构不在同一县（市）的	应当分别向各自所在地主管税务机关申报纳税；经国务院财政、税务主管部门或者其授权的财政、税务机关批准，可以由总机构汇总向总机构所在地主管税务机关申报纳税
	进口货物	应当向报关地海关申报纳税
	扣缴义务人	应当向其机构所在地或者居住地的主管税务机关申报纳税
5. 纳税期限	增值税的纳税期限规定为1日、3日、5日、10日、15日、1个月或者1个季度。纳税人的具体纳税期限，由主管税务机关根据纳税人应纳税额的大小分别核定；不能按照固定期限纳税的，可以按次纳税。纳税人以1个月或者1个季度为1个纳税期的，自期满之日起15日内申报纳税。纳税人进口货物，应当自海关填发海关进口增值税专用缴款书之日起15日内缴纳税款	

案例解析

本任务“引入案例”解析如下：

（1）黄河酒业不可以直接开具单张销售额为1 000万元以上的增值税专用发票。增值税专用发票实行最高开票限额管理。最高开票限额须由增值税一般纳税人（即黄河酒业）提出申请，再由淮安地市级税务机关派人实地核查后将核查资料报江苏省税务机关审批。

（2）应该分开向各自所在地（南通、淮安、扬州）主管税务机关申报纳税。若想合并缴纳税款，需要经国务院财政、税务主管部门或者其授权的财政、税务机关批准，可以由淮安总机构汇总向总机构所在地主管税务机关申报纳税。

案例中涉及的相关知识点回顾：

（1）增值税专用发票实行最高开票限额管理。

（2）固定业户和非固定业户增值税纳税地点的一般规定（见表1-11）。

表1-11　固定业户和非固定业户增值税纳税地点的一般规定

具体情形		纳税地点
销售货物，提供加工、修理修配劳务	固定业户	固定业户应当向其机构所在地主管税务机关申报纳税
		总机构和分支机构不在同一县（市）的，应当分别向各自所在地主管税务机关申报纳税；经国务院财政、税务主管部门或者其授权的财政、税务机关批准，可以由总机构汇总向总机构所在地主管税务机关申报纳税
	非固定业户	非固定业户在销售地或者劳务发生地缴纳增值税

知识翻转

为什么增值税的纳税申报流程中有“抄税”和“报税”两个流程？这两个流程的意义何在？

知识考核

一、单项选择题

1. 增值税纳税人发生的下列业务中，应当开具增值税专用发票的是（　　）。
   A. 超市（增值税一般纳税人）零售食品
   B. 批发企业（增值税一般纳税人）销售烟酒
   C. 小规模纳税人销售货物
   D. 农民销售自产的农产品

2. 根据增值税法律制度的规定，下列各项关于增值税纳税义务发生时间的表述，不正确的是（　　）。

A. 委托其他纳税人代销货物，为代销货物移送给受托方的当天

B. 采取预收货款方式销售货物，为货物发出的当天

C. 采取赊销方式销售货物，为书面合同约定收款日期的当天

D. 采取直接收款方式销售货物，为收到销售款或取得索取销售款凭据的当天

3. 下列各项关于增值税专用发票的使用和管理的表述，正确的是（　　）。

A. 最高开票限额由一般纳税人申报，纳税机关根据企业生产经营和产品销售的实际情况进行审批

B. 纳税人销售旧货，可以自行开具或由税务机关代开增值税专用发票

C. 采用简易办法计算征收增值税的一般纳税人，不得领购并开具增值税专用发票

D. 商场（增值税一般纳税人）零售服装、化妆品，可以开具增值税专用发票

4. 下列各项关于增值税的表述，正确的是（　　）。

A. 固定业户临时到外省、市销售货物的，不可开具增值税专用发票

B. 轮胎厂将自产的轮胎销售给汽车厂（增值税一般纳税人）不得开具增值税专用发票

C. 国有粮食购销企业销售给其他单位的粮食不得开具增值税专用发票

D. 药厂销售免税药品不得开具增值税专用发票

5. 纳税人进口货物，应当自海关填发海关进口增值税专用缴款书之日起（　　）内缴纳税款。

A.5日　　B.10日　　C.15日　　D.1个月

二、多项选择题

1. 下列各项关于增值税纳税义务发生时间的表述，正确的有（　　）。

A. 采取直接收款方式销售货物，为货物发出的当天

B. 采取托收承付和委托银行收款方式销售货物，为发出货物并办妥托收手续的当天

C. 委托商场代销货物，为商场售出货物的当天

D. 将委托加工货物无偿赠与他人的，为货物移送的当天

2. 下列各项关于增值税应税行为申报与缴纳的表述，正确的有（　　）。

A. 固定业户应当向应税行为发生地主管税务机关申报纳税

B. 非固定业户应当向应税行为发生地主管税务机关申报纳税

C. 其他个人提供转让自然资源使用权，应当向居住地主管税务机关申报纳税

D. 扣缴义务人应当向其机构所在地或者居住地主管税务机关申报缴纳扣缴的税款

3. 下列各项不可以开具增值税专用发票的有（　　）。

A. 在境外提供工程勘察勘探服务　　B. 向消费者个人转让不动产

C. 小规模纳税人销售旧货　　D. 将货物赠送给增值税一般纳税人

4. 下列各项符合增值税纳税义务发生时间规定的有（　　）。

A. 对于发出代销商品超过180天仍未收到代销清单及货款的，其纳税义务发生时间为发出代销商品满180天的当天

B. 采用预收货款结算方式的，为收到货款的当天

C. 先开发票的，增值税纳税义务发生时间为开具发票的当天

D. 将自产货物对外捐赠的，为货物使用的当天

三、判断题

1. 增值税一般纳税人向消费者个人销售货物，不得开具增值税专用发票。（　）

2. 小规模纳税人销售货物或者提供应税劳务需要开具增值税专用发票的，可向主管税务机关申请代开。（　）

3. 商业企业增值税一般纳税人零售的烟、酒、食品、服装、鞋帽（不含劳保用品）、化妆品等消费品可以开具增值税专用发票。（　）

4. 固定业户（增值税一般纳税人）临时到外省、市销售货物的，需要向购买方开具增值税专用发票的，应在销售地或劳务发生地开具增值税专用发票。（　）

5. 非固定业户销售货物或者提供应税劳务和应税行为，未向销售地或者劳务和应税行为发生地主管税务机关申报纳税的，应向销售地或者劳务和应税行为发生地主管税务机关补征税款。（　）

参考答案

项目二

消费税

任务一　消费税的纳税人及征收范围

引入案例

美华公司为一家珠宝首饰有限公司，星云公司为一家铂金、钻石饰品生产厂。星云公司销售一批价值1 000万元的铂金、钻石饰品给美华公司，美华公司又将其中的30%对外以零售方式销售给顾客。

请问：

（1）美华公司和星云公司是否需要缴纳消费税？

（2）已知铂金、钻石饰品的消费税税率为5%，其应缴纳的消费税金额为多少？

工作任务

1. 确定消费税的纳税人
2. 掌握消费税的征收范围及税目

电子课件

知识结构图

文件法规

本任务知识结构图如图2-1所示。

消费税的纳税人及征收范围
- 消费税纳税人
- 消费税的征收范围

图2-1　本任务知识结构图

知识解析

消费税是指对消费品和特定的消费行为按流转额征收的一种商品税。是以税法规定的特定产品为征税对象，即国家可以根据宏观产业政策和消费政策的要求，有目的、有重点地选择一些消费品征收消费税，以适当地限制某些特殊消费品的消费需求。因此，消费税的征收范围有别于其他税种，其具有税收调节的特殊性，征收范围具有明显的选择性。此外，消费税还具有征收环节的单一性（卷烟和超豪华小汽车除外）、征收方法的灵活性等特点。

一、消费税纳税人

在中华人民共和国境内生产、委托加工和进口《中华人民共和国消费税暂行条例》

（以下简称《消费税暂行条例》）规定的消费品的单位和个人，以及国务院确定的销售《消费税暂行条例》规定的消费品的其他单位和个人，均为消费税的纳税人。

在中华人民共和国境内，是指生产、委托加工和进口属于应当缴纳消费税的消费品的起运地或者所在地在境内。

单位，是指企业、行政单位、事业单位、军事单位、社会团体及其他单位。

个人，是指个体工商户及其他个人。

二、消费税的征收范围

（一）消费税的税目

根据《消费税暂行条例》及其实施细则的规定，消费税的税目共有15个。具体包括：烟、酒、高档化妆品、贵重首饰及珠宝玉石、鞭炮焰火、成品油、摩托车、小汽车、高尔夫球及球具、高档手表、游艇、木制一次性筷子、实木地板、电池和涂料。

1. 烟

凡是以烟叶为原料加工生产的产品，不论使用何种辅料，均属于本税目的征收范围。其具体包括4个子目：卷烟、雪茄烟、烟丝和电子烟。

（1）卷烟，包括甲类卷烟和乙类卷烟。甲类卷烟，是指每标准条（200支）调拨价格在70元（含70元，不含增值税）以上的卷烟；乙类卷烟，是指每标准条（200支）调拨价格在70元（不含增值税）以下的卷烟。

（2）雪茄烟。雪茄烟的消费税征收范围包括各种规格、型号的雪茄烟。

（3）烟丝。烟丝的消费税征收范围包括以烟叶为原料加工生产的不经卷制的散装烟。

（4）电子烟。

2. 酒

酒，包括白酒、黄酒、啤酒和其他酒。其具体消费税征收范围包括：

（1）白酒，包括粮食白酒和薯类白酒。粮食白酒是指以高粱、玉米、大米、糯米、大麦、小麦、青稞等各种粮食为原料，经过糖化、发酵后，采用蒸馏方法酿制的白酒。薯类白酒是指以白薯（红薯、地瓜）、木薯、马铃薯、芋头、山药等各种干鲜薯类为原料，经过糖化、发酵后，采用蒸馏方法酿制的白酒。

【提示】用甜菜酿制的白酒，比照薯类白酒征税。

（2）黄酒，是指以糯米、粳米、籼米、大米、黄米、玉米、小麦、薯类等为原料，经加温、糖化、发酵、压榨酿制的酒，包括以各种原料酿制的黄酒和酒度超过12度（含12度）的土甜酒。

（3）啤酒，是指以大麦或其他粮食为原料，加入啤酒花，经糖化、发酵、过滤酿制的含有二氧化碳的酒。啤酒分为甲类啤酒和乙类啤酒，每吨出厂价（含包装物和包装物押金）在3 000元（含3 000元，不含增值税）以上的为甲类啤酒；每吨出厂价（含包装物和包装物押金）在3 000元（不含增值税）以下的为乙类啤酒。包装物押金不包括重复使用的塑料周转箱的押金。

【提示】对餐饮业、商业、娱乐业举办的啤酒屋（啤酒坊）利用啤酒生产设备生产的啤酒，应当征收消费税。

（4）其他酒，是指除粮食白酒、薯类白酒、黄酒、啤酒以外的各种酒，包括糠麸白酒、其他原料白酒、土甜酒、复制酒、果木酒、汽酒、药酒、葡萄酒等。

【提示】对以黄酒为酒基生产的配制或泡制酒，按其他酒征收消费税。调味料酒不征消费税。

3.高档化妆品

本税目征收范围包括高档美容、修饰类化妆品，高档护肤类化妆品和成套化妆品。高档美容、修饰类化妆品和高档护肤类化妆品是指生产（进口）环节（完税）价格（不含增值税）在10元/毫升（克）或15元/片（张）及以上的美容、修饰类化妆品和护肤类化妆品。

【提示】影视演员化妆用的上妆油、卸妆油、油彩，不属于本税目的征收范围。

4.贵重首饰及珠宝玉石

本税目的征收范围包括金银珠宝首饰和经采掘、打磨、加工的各类珠宝玉石。

（1）金银首饰、铂金首饰和钻石及钻石饰品，包括凡以金、银、白金、宝石、珍珠、钻石、翡翠、珊瑚、玛瑙等高贵稀有物质以及其他金属、人造宝石等制作的各种纯金银首饰及镶嵌首饰（含人造金银、合成金银首饰）等。

（2）其他贵重首饰和珠宝玉石，包括钻石、珍珠、松石、青金石、欧泊石、橄榄石、长石、玉、石英、玉髓、石榴石、锆石、尖晶石、黄玉、碧玺、金禄玉、绿柱石、刚玉、琥珀、珊瑚、煤玉、龟甲、合成刚玉、合成玉石、双合石以及玻璃仿制品等。

（3）宝石坯，其是经采掘、打磨、初级加工的珠宝玉石半成品，对宝石坯应按规定征收消费税。

5.鞭炮、焰火

本税目征收范围包括各种鞭炮、焰火，但体育上用的发令纸、鞭炮药引线，不按本税目征收。

6.成品油

本税目征收范围包括汽油、柴油、石脑油、溶剂油、航空煤油、润滑油和燃料油7个子税目。

（1）汽油。汽油是指用原油或其他原料加工生产的辛烷值不低于66的可用作汽油发动机燃料的各种轻质油。以汽油、汽油组分调和生产的甲醇汽油、乙醇汽油也属于本税目征收范围。

（2）柴油。柴油是指用原油或其他原料加工生产的凝点或倾点介于-50℃～30℃之间的，可用作柴油发动机燃料的各种轻质油和以柴油组分为主、经调和精制可用作柴油发动机燃料的非标油。以柴油、柴油组分调和生产的生物柴油也属于本税目征收范围。

（3）石脑油。石脑油又叫化工轻油，是以石油加工生产的或二次加工汽油经加氢精制而成的用于化工原料的轻质油。石脑油的征收范围包括除汽油、柴油、航空煤油、溶剂油以外的各种轻质油。

（4）溶剂油。溶剂油是以石油加工生产的用于涂料、油漆生产，食用油加工，印刷油墨、皮革、农药、橡胶、化妆品生产的轻质油。

（5）航空煤油。航空煤油也叫喷气燃料，是以石油加工生产的用于喷气发动机和喷气推进系统作为能源的石油燃料。

（6）润滑油。润滑油是用于内燃机、机械加工过程的润滑产品。润滑油分为矿物性润滑油、植物性润滑油、动物性润滑油和化工原料合成润滑油。润滑油的征收范围包括以石油为原料加工的矿物性润滑油、矿物性润滑油基础油、植物性润滑油、动物性润滑油和化工原料合成润滑油。

（7）燃料油。燃料油也称重油、渣油。燃料油征收范围包括用于电厂发电、船舶锅炉燃料、加热炉燃料、冶金和其他工业炉燃料的各类燃料油。自2012年11月1日起，催化料、焦化料属于燃料油的征收范围，应当征收消费税。

7. 摩托车

本税目征收范围包括气缸容量为250毫升的摩托车和气缸容量在250毫升（不含）以上的摩托车两种。对最大设计车速不超过50千米/小时、发动机气缸总工作容量不超过50毫升的三轮摩托车不征收消费税。

8. 小汽车

小汽车是指由动力驱动、具有4个或4个以上车轮的非轨道承载的车辆。本税目征收范围包括含驾驶员座位在内最多不超过9个座位（含）的、在设计和技术特性上用于载运乘客和货物的各类乘用车，含驾驶员座位在内的座位数在10～23座（含23座）的，在设计和技术特性上用于载运乘客和货物的各类中轻型商用客车以及超豪华小汽车。

【提示】每辆零售价格130万元（不含增值税）及以上的乘用车和中轻型商用客车，即为乘用车和中轻型商用客车子税目中的超豪华小汽车。

用排气量小于1.5升（含）的乘用车底盘（车架）改装、改制的车辆，属于乘用车征收范围。用排气量大于1.5升的乘用车底盘（车架）或用中轻型商用客车底盘（车架）改装、改制的车辆，属于中轻型商用客车征收范围。

含驾驶员人数（额定载客）为区间值（如8~10人、17~26人）的小汽车，按其区间值下限人数确定征收范围。

对于购进乘用车和中轻型商用客车整车改装生产的汽车，应按规定征收消费税。

车身长度大于7米（含），并且座位在10~23座（含23座）以下的商用客车，不属于中轻型商用客车征收范围，不征收消费税。

电动汽车、沙滩车、雪地车、卡丁车、高尔夫车不属于消费税征收范围，不征收消费税。

对于企业购进的货车或由厢式货车改装生产的商务车、卫星通信车等专用汽车不属于消费税征收范围，不征收消费税。

9. 高尔夫球及球具

本税目征收范围包括高尔夫球、高尔夫球杆（含高尔夫球杆的杆头、杆身和握把）及高尔夫球包（袋）。

10. 高档手表

高档手表是指销售价格（不含增值税）每只在10 000元（含）以上的各类手表。本税目征收范围包括符合以上标准的各类手表。

11. 游艇

游艇是指长度大于8米小于90米，船体由玻璃钢、钢、铝合金、塑料等多种材料制作，可以在水上移动的水上浮载体。按照动力划分，游艇分为无动力艇、帆艇和机动艇。本税目征收范围包括艇身长度大于8米（含）小于90米（含），内置发动机，可以在水上移动，一般为私人或团体购置，主要用于水上运动和休闲娱乐等非营利活动的各类机动艇。

12. 木制一次性筷子

木制一次性筷子，又称卫生筷子，是指以木材为原料经过锯段、浸泡、旋切、刨切、烘干、筛选、打磨、倒角、包装等环节加工而成的各类一次性使用的筷子。本税目征收范围包括各种规格的木制一次性筷子和未经打磨、倒角的木制一次性筷子。

13. 实木地板

实木地板是指以木材为原料，经锯割、干燥、刨光、截断、开榫、涂漆等工序加工而成的块状或条状的地面装饰材料。实木地板按生产工艺不同，可分为独板（块）实木地板、实木指接地板和实木复合地板三类；按表面处理状态不同，可分为未涂饰地板（白坯板、素板）和漆饰地板两类。本税目征收范围包括各种规格的实木地板、实木指接地板、实木复合地板及用于装饰墙壁、天棚的侧端面为榫、槽的实木装饰板以及未经涂饰的素板。

14. 电池

电池是一种将化学能、光能等直接转换为电能的装置，一般由电极、电解质、容器、极端组成，通常还有由隔离层组成的基本功能单元，还包括用一个或多个基本功能单元装配而成的电池组。其征收范围包括原电池、蓄电池、燃料电池、太阳能电池和其他电池。对无汞原电池、金属氢化物镍蓄电池（又称“氢镍蓄电池”或“镍氢蓄电池”）、锂原电池、锂离子蓄电池、太阳能电池、燃料电池和全钒液流电池，免征消费税。2015年12月31日前，对铅蓄电池缓征消费税；自2016年1月1日起，对铅蓄电池按4%的税率征收消费税。

15. 涂料

涂料是指涂于物体表面能形成具有保护、装饰或特殊性能的固态涂膜的一类液体或固体材料之总称。涂料由主要成膜物质、次要成膜物质等构成。按主要成膜物质的不同，涂料可分为油脂类、天然树脂类、酚醛树脂类、沥青类、醇酸树脂类、氨基树脂类、硝基类、过滤乙烯树脂类、烯类树脂类、丙烯酸酯类树脂类、聚酯树脂类、环氧树脂类、聚氨酯树脂类、元素有机类、橡胶类、纤维素类、其他成膜物类等。对施工状态下挥发性有机物（volatile organic compounds，VOC）含量低于420克/升（含）的涂料，免征消费税。

学思践悟

消费税作为我国流转税体系中三大主体税种之一，具有稳定国家财政收入、优化产品结构、引导消费方向、均衡收入分配，以及促进节能环保的功能。我国1994年正式对11种需要限制或调节的消费品开征消费税。随着我国经济的快速发展，居民收入水平的稳步提高，为与国内产业结构、消费水平和消费结构的变化相适应，充分发挥消费税的调节作用，我国在2006—2015年对消费税进行了多次调整。2006年为进一步突出消费税促进环境保护、节约资源以及合理引导消费的作用，新增木制一次性筷子、实木地板、高尔夫球及球具、高档手表和游艇税目，增列成品油税目，取消了“护肤护发品”税目，还调整了白酒、小汽车等税目的税负水平。2008年和2009年，为抑制汽油、柴油等燃料的消耗，促进节能减排、规范交通税费制度，首先提高大排量乘用车的税率，降低小排量乘用车的税率。随后又在取消一部分交通规费的同时大幅度提高了成品油的税率。2015年为减少对生态环境的破坏，将电池、涂料列入征收消费税范围。这一系列对高能耗、高污染加税，对必需品或奢侈品转为必需品的消费品取消或降低税率的调整无不体现了国家倡导绿色环保、节能减排的健康生产生活方式，引导正确消费需求和企业的投资取向。因此，理性消费，杜绝浪费，绿色低碳出行，减少高能耗、高污染的商品的消耗是身为中国公民应有的思想觉悟。

党的二十大报告指出："推动经济社会发展绿色化、低碳化是实现高质量发展的关键环节。"这是基于加快发展方式绿色转型的战略部署以及建设人与自然和谐共生的中国式现代化本质要求作出的重大判断。无论是人与自然和谐共生，还是持续推进发展方式的绿色转型，从发展的战略高度到生活方面的细枝末节，都必须坚持不懈地推动绿色低碳发展，加快形成绿色低碳的生产生活方式。要统筹好经济社会发展与生态环境保护的关系，不断推动企业高质量发展，加快推进新旧动能转换，全面打造绿色、低碳、环保的产业链条。让低碳生活成为一种生活方式，让绿色环保理念深入人心，让大众从"要绿色发展"转变为"想绿色发展"，通过多种方式弘扬勤俭节约传统美德，践行"低碳生活"理念。无论从自然角度，还是人类生产生活角度，绿色发展已经成为全球认可的科学发展理念，实现区域之间的互促共进、协同发展，人与自然和谐相处，让绿色发展成果惠及更多群众。

【提示】酒精、含铅汽油、小排量摩托车（排气量小于250毫升）、汽车轮胎的消费税已经取消。

【做中学2-1】（单项选择题）根据消费税法律制度的规定，下列各项应征收消费税的是（　）。

A.电动汽车　　B.实木地板　　C.调味料酒　　D.农用拖拉机

答案：B。电动汽车、调味料酒和农用拖拉机都不属于消费税征税范围。

【做中学2-2】（多项选择题）根据消费税法律制度的规定，下列各项属于消费税征税范围的有（　）。

A.电池　　B.摩托车　　C.石脑油　　D.涂料

答案：ABCD。

【做中学2-3】（多项选择题）根据消费税法律制度的规定，下列各项属于消费税征税范围的有（　）。

A.体育上用的发令纸　　B.爆竹

C.礼花弹　　D.组合烟花

答案：BCD。选项B、C、D均属于鞭炮、焰火，属于消费税征税范围，但体育上用的发令纸、鞭炮药引线，不按本税目征收。

（二）消费税的征收环节

根据《消费税暂行条例》及其实施细则的规定，消费税的征收包括以下5个环节：

1.生产环节

（1）一般情况下，纳税人生产的应税消费品应于纳税人销售时纳税。

微课

消费税纳税环节和税率

（2）纳税人自产自用的应税消费品，用于连续生产应税消费品的，不纳税；用于其他方面的（例如，用于生产非应税消费品、在建工程、管理部门、非生产机构、提供劳务、馈赠、赞助、集资、广告、样品、职工福利、奖励等方面），应于移送使用时纳税。

（3）工业企业以外的单位和个人的下列行为视为应税消费品的生产行为，按规定征收消费税：①将外购的消费税非应税产品以消费税应税产品对外销售的；②将外购的消费税低税率应税产品以高税率应税产品对外销售的。

根据《财政部 国家税务总局关于消费税若干具体政策的通知》（财税〔2006〕125号）第四条“关于对外购润滑油大包装改小包装、贴标等简单加工的征税”的规定，单位和个人外购润滑油大包装经简单加工改成小包装或者外购润滑油不经加工只贴商标的行为，视同应税消费品的生产行为。单位和个人发生的以上行为应当申报缴纳消费税，准予扣除外购润滑油已纳的消费税税款。

2.委托加工环节

（1）委托加工的应税消费品，除受托方为个人外，由受托方在向委托方交货时代收代缴消费税。委托个人加工的应税消费品，由委托方收回后缴纳消费税。

（2）委托方将收回的应税消费品以不高于受托方的计税价格出售的，为直接出售，不再缴纳消费税；委托方以高于受托方的计税价格出售的，不属于直接出售，须按照规定申报缴纳消费税，在计税时准予扣除受托方已代收代缴的消费税。

（3）委托加工的应税消费品，委托方用于连续生产应税消费品的，所纳税款准予按规定抵扣。

【提示】委托加工的应税消费品，是指由委托方提供原料和主要材料，受托方只收取加工费和代垫部分辅助材料加工的应税消费品。对于由受托方提供原材料生产的应税消费品，或者受托方先将原材料卖给委托方，然后再接受加工的应税消费品，以及由受托方以委托方名义购进原材料生产的应税消费品，不论在财务上是否作为销售处理，都不得作为委托加工应税消费品，而应当按照销售自制应税消费品缴纳消费税。

3.进口环节

单位和个人进口应税消费品，于报关进口时缴纳消费税。为了减少征税成本，进口环节缴纳的消费税由海关代征。

4.零售环节

零售环节征收消费税的包括金银首饰（仅限于金基、银基合金首饰以及金、银和金基、银基合金的镶嵌首饰）、钻石及钻石饰品、铂金首饰和超豪华小汽车。

【提示】自2016年12月1日起，对超豪华小汽车，在生产（进口）环节按现行税率征收消费税的基础上，在零售环节加征消费税，税率为10%。将超豪华小汽车销售给消费者的单位和个人为超豪华小汽车零售环节纳税人。

下列业务视同零售，在零售环节缴纳消费税：

（1）为经营单位以外的单位和个人加工金银首饰。加工包括带料加工、翻新改制、以旧换新等业务，不包括修理和清洗。

（2）经营单位将金银首饰用于馈赠、赞助、集资、广告样品、职工福利、奖励等方面。

(3) 未经中国人民银行总行批准，经营金银首饰批发业务的单位将金银首饰销售给经营单位。

【提示】自1995年1月1日起，金银首饰消费税由在生产销售环节征收改为在零售环节征收。改在零售环节征收消费税的金银首饰仅限于金基、银基合金首饰以及金、银和金基、银基合金的镶嵌首饰。自2002年1月1日起，对钻石及钻石饰品消费税的征收由生产环节、进口环节后移至零售环节。自2003年5月1日起，铂金首饰消费税改为在零售环节征税。

在零售环节征收消费税的仅限于“金银首饰、铂金首饰和钻石及钻石饰品”，其他贵重首饰（如珠宝首饰）和珠宝玉石，仍在生产环节（或者进口环节、委托加工环节）征收消费税，在零售环节不征收消费税。

5.批发环节

只有“卷烟”在批发环节加征一道消费税。自2015年5月10日起，将卷烟批发环节由原来的从价计征改为采用复合计税办法征税。从价税率由5%提高至11%，并按0.005元/支加征从量税。

【提示】烟草批发企业将卷烟销售给其他烟草批发企业的，不缴纳消费税。

卷烟消费税改为在生产和批发两个环节征收后，批发企业在计算应纳税额时不得扣除已含的生产环节的消费税税款。

纳税人兼营卷烟批发和零售业务的，应当分别核算批发和零售环节的销售额、销售数量；未分别核算批发和零售环节销售额、销售数量的，按照全部销售额、销售数量计征批发环节消费税。

【做中学2-4】（单项选择题）下列各项中，应缴纳消费税的是（　　）。

A.零售卷烟　　　　B.进口金银首饰

C.生产、销售白酒　　　　D.生产、销售雪地车

答案：C。选项A，卷烟在零售环节不缴纳消费税；选项B，金银首饰在零售环节缴纳消费税，在进口环节不缴纳消费税；选项D，雪地车并不属于消费税征税范围。

【做中学2-5】（多项选择题）下列各项中，应同时征收增值税和消费税的有（　　）。

A.地板厂销售自产实木地板　　　　B.汽车厂销售自产电动汽车

C.百货商场销售高档化妆品　　　　D.进出口公司进口高尔夫球具

答案：AD。选项B，电动汽车不属于消费税范围；选项C，高档化妆品在生产、销售环节征收消费税，批发、零售环节不征收消费税。

【做中学2-6】（多项选择题）根据现行税法的规定，下列各项既缴纳增值税又缴纳消费税的有（　　）。

A.化妆品生产厂销售自产的高档化妆品

B.将委托加工收回后的白酒重新贴标以高于受托方的计税价格对外销售

C.将自产的低度粮食白酒用于勾兑高度粮食白酒

D.金银首饰经营单位进口金银首饰

答案：AB。选项C，应税消费品用于连续生产应税消费品，不征收增值税和消费税；选项D，金银首饰是在零售环节征收消费税，进口环节只征收增值税，不征收消费税。

【做中学2-7】（案例题）甲卷烟厂将自产的卷烟销售给乙烟草批发公司，乙烟草批发

公司将该批卷烟的60%转售给丙烟草批发公司，40%销售给A、B两家烟草零售商店。丙烟草批发公司得到这批烟草后暂时未作任何处理。A、B两家烟草零售商店迅速将该批从乙烟草批发公司购进的烟草全部零售给消费者，其消费税的征收环节如图2-2所示。

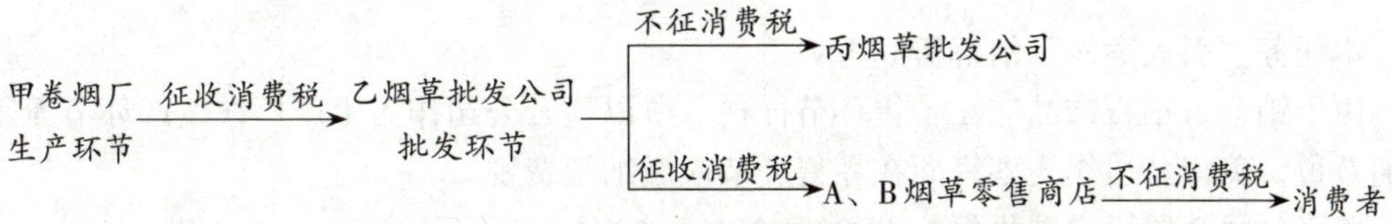

图2-2 消费税的征收环节

【提示】批发环节征收消费税是指烟草批发公司向烟草零售商店销售时征收消费税，即从批发环节向零售环节流转时征收消费税。对于烟草批发公司将卷烟销售给烟草批发公司的行为，由于卷烟仍未流转出批发环节，所以不征收消费税。

单位和个体工商户将自产、委托加工或购买的货物，通过公益性社会组织和县级以上人民政府及其部门等国家机关，或者直接向承担疫情防治任务的医院，无偿捐赠用于应对新型冠状病毒感染的肺炎疫情的，免征增值税、消费税、城市维护建设税、教育费附加和地方教育附加。

知识点梳理

本任务知识点梳理见表2-1。

表2-1 本任务知识点梳理

知识点	具体内容
1. 消费税纳税人	在中华人民共和国境内生产、委托加工和进口《消费税暂行条例》规定的消费品的单位和个人，以及国务院确定的销售《消费税暂行条例》规定的消费品的其他单位和个人，为消费税的纳税人
2. 消费税的税目	共计15个税目，包括烟、酒、高档化妆品、贵重首饰及珠宝玉石、鞭炮焰火、高尔夫球及球具、高档手表、游艇、木制一次性筷子、实木地板、成品油、摩托车、小汽车、电池和涂料
3. 消费税的征收环节	包括生产环节、进口环节、委托加工环节、零售环节、批发环节5个环节
	在零售环节征收消费税的仅限于“金银首饰、铂金首饰、钻石及钻石饰品和超豪华小汽车（零售环节加征）”，其他贵重首饰（如珠宝首饰）和珠宝玉石，仍在生产环节（或者进口环节、委托加工环节）征收消费税，在零售环节不征收消费税
	只有“卷烟”在批发环节加征一道消费税。批发环节征收消费税仅指从批发环节向零售环节流转时征收消费税。对于烟草批发公司将卷烟销售给烟草批发公司的行为，由于卷烟仍未流转出批发环节，所以不征收消费税

案例解析

本任务“引入案例”的解析如下：

由于铂金、钻石饰品应在零售环节征税，所以星云公司作为生产厂在生产环节无须缴纳消费税，美华公司作为零售商在零售环节应缴纳消费税。

美华公司消费税应纳税额 = 1 000 × 30% × 5% = 15（万元）

案例中涉及的相关知识点回顾见表2-2。

表2-2　相关知识点回顾

征税环节		适用范围
基本环节	生产环节	除按照规定在零售环节纳税的应税消费品以外的其他应税消费品
	进口环节	
	委托加工环节	
特殊环节	零售环节	金银首饰、钻石及钻石饰品、铂金首饰
		超豪华小汽车（零售环节加征一道消费税）
	批发环节	卷烟在批发环节加征一道消费税

知识翻转

甲公司为一家化妆品贸易公司，外购了一批一般护肤品后，该公司又将这批护肤品以高档护肤类化妆品对外销售。

请问：

（1）甲公司是否需要缴纳消费税？

（2）甲公司应该在哪个环节缴纳消费税？

（3）在实际工作中，销售各类商品时应如何确认是否需要缴纳消费税？

知识考核

一、单项选择题

1. 根据消费税法律制度的规定，下列各项不需要征收消费税的是（　　）。

A. 生产实木地板　　B. 零售铂金首饰

C. 批发白酒　　D. 进口木制一次性筷子

2. 根据消费税法律制度的规定，下列各项需要计算缴纳消费税的是（　　）。

A. 汽车专卖店销售价格为50万元的小汽车

B. 珠宝店进口钻石饰品

C. 烟草专卖店零售卷烟

D. 酒厂委托加工白酒

3. 根据消费税法律制度的规定，下列各项不属于消费税纳税义务人的是（　　）。

A. 高档化妆品进口商　　B. 鞭炮批发商

C. 钻石零售商　　D. 卷烟生产商

4. 根据消费税法律制度的规定，下列各项应缴纳消费税的是（　　）。

A. 商场销售高档手表　　B. 商场销售白酒

C. 商场销售金银首饰　　D. 商场销售卷烟

5. 根据消费税法律制度的规定，下列各项应缴纳消费税的是（　　）。

A. 汽车厂销售雪地车　　B. 手表厂生产、销售高档手表

C. 珠宝店销售珍珠项链　　D. 商场销售高档化妆品

6. 下列各项属于消费税应税消费品的是（　　）。

A. 高档西服　　B. 超大液晶电视

C. 高档进口双开门冰箱　　D. 汽油

7. 根据消费税法律制度的规定，下列各项不征收消费税的是（　　）。

A. 高档口红　　B. 高档香水

C. 沐浴液　　D. 高档护肤类化妆品

8. 下列各项属于消费税征税范围的是（　　）。

A. 调味料酒　　B. 鞭炮药引线

C. 卫星通信车　　D. 宝石坯

9. 依据消费税的有关规定，下列各项应缴纳消费税的是（　　）。

A. 进口卷烟　　B. 进口服装　　C. 零售高档手表　　D. 零售白酒

10. 下列各项中，既缴纳增值税又缴纳消费税的是（　　）。

A. 卷烟厂将自产烟丝用于连续生产卷烟

B. 化妆品生产企业将自产的高档香粉移送用于生产高档护肤类化妆品

C. 汽车制造厂将一辆自制的小汽车用于赠送客户

D. 卷烟厂将委托加工收回的已税卷烟以不高于受托方的计税价格直接销售

二、多项选择题

1. 根据消费税法律制度的规定，下列各项属于消费税征税范围的有（　　）。

A. 电动汽车　　B. 柴油　　C. 烟丝　　D. 黄酒

2. 根据消费税法律制度的规定，下列各项需要缴纳消费税的有（　　）。

A. 自产的电池用于赠与　　B. 自产的鞭炮用于赞助

C. 钻石用于零售　　D. 自产的一次性筷子用于赠送单位

3. 下列各项属于消费税征收范围的有（　　）。

A. 涂料　　B. 礼花弹　　C. 电动汽车　　D. 调味料酒

4. 根据增值税和消费税法律制度的规定，下列各项既征收增值税又征收消费税的有（　　）。

A. 从国外进口数码相机　　B. 从国外进口小汽车

C. 批发环节销售的卷烟　　D. 批发环节销售的白酒

5. 根据增值税和消费税法律制度的规定，下列各项中，应同时征收增值税和消费税的

有（　　）。

A.甲公司生产、销售高档化妆品　　B.乙公司批发卷烟

C.丙公司进口钻石饰品　　D.丁商场销售高档手表

6.下列各项关于消费税纳税人的说法，正确的有（　　）。

A. 零售金银首饰的纳税人是消费者

B. 委托加工化妆品的纳税人是受托加工企业

C. 携带卷烟入境的应税消费品纳税人是携带者

D. 批发卷烟的纳税人是卷烟批发企业

7.企业发生的下列行为，不需要缴纳消费税的有（　　）。

A. 自产粮食白酒发给职工作为福利

B. 将外购的润滑油简单加工成小包装对外销售

C. 自产高档化妆品用于连续生产高档化妆品

D. 委托加工收回的粮食白酒收回后以不高于受托方的计税价格直接对外出售

8.企业发生的下列行为，需要缴纳消费税的有（　　）。

A. 用自产的应税消费品换取生产资料

B. 将自产的应税消费品用于抵债

C. 用自产的应税消费品继续生产消费税应税消费品

D. 在销售数量之外另付给购货方自产的应税消费品作为赠品

9.根据现行税法的规定，下列消费品的生产经营环节中，既缴纳增值税又缴纳消费税的有（　　）。

A.卷烟的批发环节　　B.金银首饰的生产环节

C.珍珠饰品的零售环节　　D.高档手表的生产环节

10.根据消费税的有关规定，下列货物应按“小汽车”税目征收消费税的有（　　）。

A. 含驾驶员座位在内的座位数在10~23座内（含23座）的中轻型商务客车

B. 高尔夫车

C. 购进乘用车或中轻型商务客车改装生产的汽车

D. 购进货车或厢式货车改装生产的商务车

三、判断题

1. 纳税人将自产应税消费品用于连续生产应税消费品的，应缴纳消费税。（　　）

2. 征收增值税的货物均应征收消费税。（　　）

3. 消费税的征收环节与增值税一样，实行从生产到流通的所有环节逐层征收。（　　）

4. 委托加工的应税消费品，委托方用于连续生产应税消费品的，所纳税款不准予抵扣。（　　）

5. 委托加工的应税消费品，均必须由受托方在向委托方交货时代收代缴消费税。（　　）

参考答案

任务二 消费税的税率及应纳税额的计算

引入案例

2023年9月，始源酒厂将自产的薯类白酒5吨作为职工过节福利发放给该厂的2 000名职工，该白酒的市场销售价格为每吨9 800元，生产成本为每吨5 600元，成本利润率为5%。

请问：

(1) 该酒厂本月应缴纳的消费税金额为多少？

(2) 如果该薯类白酒没有同类消费品的销售价格，这时该厂应缴纳的消费税又应该为多少呢？

工作任务

1. 确认消费税的税率
2. 掌握消费税应纳税额的计算

电子课件

文件法规

知识结构图

本任务知识结构图如图2-3所示。

消费税的税率及应纳税额的计算
- 消费税的税率
- 消费税应纳税额的计算

图2-3 本任务知识结构图

知识解析

一、消费税的税率

消费税税率采取比例税率、定额税率、从量定额（定额税率）与从价定率（比例税率）相结合的复合征收三种形式，以适应不同应税消费品的实际情况。多数消费品采用的是比例税率，如雪茄烟、烟丝、高档化妆品、贵重首饰及珠宝玉石、摩托车、小汽车、高档手表等；成品油、黄酒和啤酒等实行定额税率；卷烟和白酒采取比例税率和定额税率相结合的复合计税方法征收消费税。消费税税目税率表见表2-3。

表2-3　　消费税税目税率表

税　目	税　率
一、烟	
1.卷烟	
（1）甲类卷烟（生产或批发环节）	56%加0.003元/支
（2）乙类卷烟（生产或批发环节）	36%加0.003元/支
（3）批发环节	11%加0.005元/支 36%
2.雪茄	30%
3.烟丝	
4.电子烟	
生产（进口）环节	36%
批发环节	11%
二、酒	
1.白酒	20%加0.5元/500克（或者500毫升）
2.黄酒	240元/吨
3.啤酒	
（1）甲类啤酒	250元/吨
（2）乙类啤酒	220元/吨
4.其他酒	10%
三、高档化妆品	15%
四、贵重首饰及珠宝玉石	
1.金银首饰、铂金首饰和钻石及钻石饰品	5%
2.其他贵重首饰和珠宝玉石	10%
五、鞭炮、焰火	15%
六、成品油	
1.汽油	1.52元/升
2.柴油	1.20元/升
3.航空煤油	1.20元/升
4.石脑油	1.52元/升
5.溶剂油	1.52元/升
6.润滑油	1.52元/升
7.燃料油	1.20元/升
七、摩托车	
1.气缸容量（排气量，下同）250毫升的	3%
2.气缸容量在250毫升（不含）以上的	10%
八、小汽车	
1.乘用车	
（1）气缸容量（排气量，下同）在1.0升（含1.0升）以下的	1%
（2）气缸容量在1.0升以上至1.5升（含1.5升）的	3%
（3）气缸容量在1.5升以上至2.0升（含2.0升）的	5%
（4）气缸容量在2.0升以上至2.5升（含2.5升）的	9%
（5）气缸容量在2.5升以上至3.0升（含3.0升）的	12%
（6）气缸容量在3.0升以上至4.0升（含4.0升）的	25%
（7）气缸容量在4.0升以上的	40%
2.中轻型商用客车	5%
3.超豪华小汽车	10%（零售环节）

续表

税目	税率
九、高尔夫球及球具	10%
十、高档手表	20%
十一、游艇	10%
十二、木制一次性筷子	5%
十三、实木地板	5%
十四、电池	4%
十五、涂料	4%

（一）兼营不同税率的应税消费品的规定

纳税人兼营不同税率的应税消费品，应当分别核算不同税率应税消费品的销售额、销售数量。未分别核算销售额、销售数量，或者将不同税率的应税消费品组成成套消费品销售的，从高适用税率。

（二）对卷烟适用税目税率的特殊规定

（1）纳税人自产自用的卷烟应当按照纳税人生产的同牌号规格的卷烟销售价格确定征税类别和适用税率。

（2）卷烟由于接装过滤嘴、改变包装或其他原因提高销售价格后，应按照新的销售价格确定征税类别和适用税率。

（3）委托加工的卷烟按照受托方同牌号规格卷烟的征税类别和适用税率征税。没有同牌号规格卷烟的，一律按卷烟最高税率征税。

（4）下列卷烟不分征税类别一律按照56%的卷烟税率征税，并按照定额每标准箱150元计算征税：①白包卷烟；②手工卷烟；③未经国务院批准纳入计划的企业和个人生产的卷烟。

（5）残次品卷烟应当按照同牌号规格正品卷烟的征税类别确定适用税率。

（三）配制酒适用税率的规定

（1）以蒸馏酒或食用酒精为酒基，同时符合以下条件的配制酒，按其他酒税率征收消费税：①具有国家相关部门批准的国食健字或卫食健字文号；②酒精度低于38度（含）。

（2）以发酵酒为酒基，酒精度低于20度（含）的配制酒，按其他酒税率征收消费税。

（3）其他配制酒，按白酒税率征收消费税。

上述以蒸馏酒或食用酒精为酒基是指酒基中蒸馏酒或食用酒精的比重超过80%（含）；以发酵酒为酒基是指酒基中发酵酒的比重超过80%（含）。

【提示】配制酒（露酒）是指以发酵酒、蒸馏酒或食用酒精为酒基，加入可食用或药食两用的辅料或食品添加剂，进行调配、混合或再加工制成并改变其原酒基风格的饮料酒。

【做中学2-8】（单项选择题）根据消费税法律制度的规定，下列各项采取从价定率和从量定额相结合的复合计征办法征收消费税的是（　　）。

A.黄酒　　B.啤酒　　C.果木酒　　D.白酒

答案：D。

【做中学2-9】（单项选择题）根据消费税法律制度的规定，下列各项实行从量计征消费税的是（　　）。

A.高档手表　　B.雪茄烟　　C.石脑油　　D.涂料

答案：C。

【做中学2-10】（多项选择题）根据消费税法律制度的规定，下列各项实行从价计征消费税的有（　　）。

A.高档西服　　B.木制一次性筷子　　C.高尔夫球　　D.黄酒

答案：BC。

二、消费税应纳税额的计算

（一）生产、销售应税消费品应纳税额的计算

根据《消费税暂行条例》的规定，消费税应纳税额的计算分为从价定率、从量定额，以及从价定率和从量定额复合计税（以下简称复合计税）三种方法。

1.从价定率应纳税额的计算

在从价定率计算方法下，应纳税额的计算取决于应税消费品的销售额和适用税率两个因素。其基本计算公式为：

从价定率的应纳税额 = 销售额 × 比例税率

（1）销售额确认的一般规定。纳税人对外销售其生产的应税消费品，应当以其销售额为依据计算纳税。这里的销售额是指为纳税人销售应税消费品向购买方收取的全部价款和价外费用。由于消费税和增值税实行交叉征收，消费税属于价内税，增值税属于价外税，因此实行从价定率征收的应税消费品，一般情况下，消费税和增值税的计税依据是一致的，即都为含消费税而不含增值税的销售额。如果销售额为含增值税的销售额，必须换算成不含增值税的销售额。所以在本书“项目一”中关于增值税确认销售额的规定（例如价外费用等）同样适用于消费税，在此不再重复。

（2）销售额确认的特殊规定。

①包装物押金。实行从价计征办法征收消费税的应税消费品连同包装销售的，无论包装物是否单独计价以及在会计上如何核算，均应并入应税消费品的销售额中缴纳消费税。

a. 非酒类产品。如果包装物不作价随同产品销售，而是收取押金，则此项押金不应并入应税消费品的销售额中征税；但对因逾期未收回包装物、不再退还的或者已收取的时间超过12个月的押金，应并入应税消费品的销售额，缴纳消费税。对包装物既作价随同应税消费品销售，又另外收取的包装物的押金，凡纳税人在规定期限内没有退还的，均应并入应税消费品的销售额，按应税消费品的适用税率缴纳消费税。

b. 啤酒、黄酒以外的其他酒类产品。对酒类生产企业销售酒类产品（啤酒、黄酒除外）而收取的包装物押金，无论押金是否返还及会计上如何核算，均应并入酒类产品销售额，依照酒类产品适用的税率征收消费税。

【请注意】啤酒、黄酒从量定额征收消费税，其包装物押金不征收消费税。

包装物押金的税务处理见表2-4。

表2-4 包装物押金的税务处理

包装物押金分类		收取时	逾期时
非酒类一般应税消费品包装物押金（成品油除外）		不缴纳增值税和消费税	缴纳消费税和增值税
酒类产品包装物押金	啤酒、黄酒（成品油）包装物押金	不缴纳增值税和消费税	只缴纳增值税
	除啤酒、黄酒以外的其他酒类产品包装物押金	缴纳增值税和消费税	不再缴纳增值税和消费税

【请注意】包装物押金是含税价，在计算缴纳消费税和增值税时须先换算为不含税价。

②纳税人用于换取生产资料和消费资料，投资入股和抵偿债务等方面（“换投抵”）的应税消费品应当以纳税人同类应税消费品的“最高销售价格”作为计税依据计算消费税。

微课

直接对外销售应税消费品的应纳税额计算

③白酒生产企业向商业销售单位收取的“品牌使用费”是随着应税白酒的销售而向购买方收取的，属于应税白酒销售价款的组成部分，因此，不论企业采取何种方式或以何种名义收取价款，其均应并入白酒的销售额中缴纳消费税。

④纳税人通过自设非独立核算门市部销售的自产应税消费品，应当按照门市部对外销售额或者销售数量征收消费税。

⑤纳税人销售的应税消费品，以外汇结算销售额的，其销售额可以选择销售额发生的当天或者当月1日的人民币汇率中间价进行折算。纳税人应事先确定采取何种折合率，确定后1年内不得变更。

【做中学2-11】（多项选择题）根据消费税法律制度的规定，酒厂生产、销售白酒收取的下列款项中，应并入销售额缴纳消费税的有（　　）。

A.品牌使用费　　B.优质费　　C.包装物租金　　D.储备费

答案：ABCD。纳税人对外销售其生产的应税消费品，应当以销售额为依据计算纳税，而销售额就是从购买方收取的全部价款和价外费用。选项B、C、D均属于价外费用，应计入销售额。白酒生产企业向商业销售单位收取的“品牌使用费”不论企业采取何种方式或以何种名义收取，均应计入销售额。

【做中学2-12】（单项选择题）星宇酒厂为增值税一般纳税人，2023年8月销售果木酒，取得不含增值税销售额20万元，同时收取包装费1.16万元、优质费2.32万元。已知果木酒消费税税率为10%，增值税税率为13%，星宇酒厂当月销售果木酒应缴纳消费税税额的下列计算中，正确的是（　　）。

A.（20＋1.16＋2.32）×10%

B.（20＋1.16）×10%

C.［20＋（1.16＋2.32）÷（1＋13%）］×10%

D.［20＋1.16÷（1＋13%）］×10%

答案：C。包装费、优质费属于价外费用，应一并计入销售额计算缴纳消费税。然而，价外费用是含税的，因此，在计算时应先折合成不含税的销售额，故C选项正确。

【做中学2-13】（单项选择题）华泰手表厂2023年8月销售高档手表取得含税收入

58.5万元，收取手续费3万元；另取得逾期包装物押金收入2万元。已知增值税税率为13%，消费税税率为20%。根据消费税法律制度的规定，下列各项关于该手表厂本月应缴纳消费税的算式，正确的是（ ）。

A.58.5 × 30%

B.58.5 ÷（1 + 13%）× 30%

C.（58.5 + 3）÷（1 + 13%）× 30%

D.（58.5 + 3 + 2）÷（1 + 13%）× 30%

答案：D。手续费属于价外费用，应一并计入销售额计算消费税；对于非酒类一般应税消费品包装物押金应该在逾期的时候并入应税消费品的销售额计算消费税。此外，价外费用和包装物押金均为含税收入，因此，在计算消费税的时候，应先将含税的销售额折合成不含增值税的销售额再计算。故本题应该选D。

2. 从量定额应纳税额的计算

在从量定额计算方法下，应纳税额的计算取决于应税消费品的销售数量和定额税率两个因素。其基本计算公式为：

从量定额的应纳税额 = 销售数量 × 定额税率

（1）应税消费品销售数量的确定。销售数量，是指纳税人生产、加工和进口应税消费品的数量。具体规定为：

① 销售应税消费品的，为应税消费品的销售数量；

② 自产自用应税消费品的，为应税消费品的移送使用数量；

③ 委托加工应税消费品的，为纳税人收回的应税消费品数量；

④ 进口应税消费品的，为海关核定的应税消费品进口征税数量。

（2）计算单位的换算标准。为了规范不同产品的计量单位，以准确计算应纳税额，《中华人民共和国消费税暂行条例实施细则》规定了吨与升两个计量单位的换算标准。具体标准见表2-5。

表2-5 计量单位换算表

序号	货物名称	单位换算
1	黄酒	1吨 = 962升
2	啤酒	1吨 = 988升
3	汽油	1吨 = 1 388升
4	柴油	1吨 = 1 176升
5	航空煤油	1吨 = 1 246升
6	石脑油	1吨 = 1 385升
7	溶剂油	1吨 = 1 282升
8	润滑油	1吨 = 1 126升
9	燃料油	1吨 = 1 015升

3. 从价定率和从量定额复合计税应纳税额的计算

根据消费税法的规定，只有卷烟和白酒实行从价定率和从量定额相结合的复合计征办法征收消费税。

复合计税的应纳税额 = 销售数量 × 定额税率 + 销售额 × 比例税率

销售额为纳税人生产、销售卷烟、白酒向购买方收取的全部价款和价外费用。销售数量为纳税人生产、销售、进口、委托加工、自产自用卷烟、白酒的销售数量、海关核定数量、委托方收回数量和移送使用数量。

【做中学2-14】（计算题）白鹤卷烟生产企业为增值税一般纳税人，2023年6月销售乙类卷烟2 000标准条，取得含增值税销售额101 700元。已知乙类卷烟消费税比例税率为36%，定额税率为0.003元/支，每标准条有200支，增值税税率为13%。

要求：计算该企业当月应纳消费税税额。

答案：根据消费税法律制度的规定，卷烟实行从价定率和从量定额复合计税方法计征消费税。计算过程如下：

（1）不含增值税销售额 = 101 700 ÷（1 + 13%）= 90 000（元）

（2）从价定率应纳税额 = 90 000 × 36% = 32 400（元）

（3）从量定额应纳税额 = 2 000 × 200 × 0.003 = 1 200（元）

（4）应纳消费税税额合计 = 32 400 + 1 200 = 33 600（元）

（二）自产自用应税消费品应纳消费税的计算

微课

自产自用应税消费品的应纳税额计算

根据《消费税暂行条例》的规定，纳税人自产自用的应税消费品，用于连续生产应税消费品的，不缴纳消费税；凡用于其他方面的（用于生产非应税消费品、在建工程、管理部门、馈赠、赞助、集资、广告、样品、职工福利、奖励等），视同销售，于移送使用时，按照纳税人生产的同类消费品的销售价格计算纳税；没有同类消费品销售价格的，按照组成计税价格计算纳税。

1. 自产自用应纳消费税的计税依据

（1）纳税人用于“换取生产资料和消费资料、投资入股和抵偿债务”等方面的应税消费品，应当以纳税人同类应税消费品的“最高”销售价格作为计税依据计算征收消费税。

（2）纳税人将自己生产的应税消费品用于其他方面的，于移送使用时，按照纳税人最近时期同类货物的“平均”销售价格作为计税依据计算征收消费税。

（3）如果当月无销售或者当月未完结，应按照同类消费品上月或最近月份的销售价格计算纳税。

（4）如果当月同类消费品各期销售价格高低不同，应按销售数量加权平均计算。但销售的应税消费品有下列情况之一的，不得列入加权平均计算：①销售价格明显偏低且无正当理由的；②无销售价格的。

（5）没有同类消费品销售价格的，按照组成计税价格计算缴纳消费税。

2. 组成计税价格及应纳税额的计算

（1）实行从价定率办法计征消费税的，其计算公式为：

组成计税价格 =（成本+利润）÷（1 − 比例税率）

应纳税额 = 组成计税价格 × 比例税率

（2）实行复合计税办法计征消费税的，其计算公式为：

组成计税价格 =（成本 + 利润 + 自产自用数量 × 定额税率）÷（1 – 比例税率）

应纳税额 = 组成计税价格 × 比例税率 + 自产自用数量 × 定额税率

式中：成本是指应税消费品的产品生产成本；利润是指根据应税消费品的全国平均成本利润率计算的利润。具体规定见表2–6。

表2–6 平均利润率

货物名称	利润率	货物名称	利润率
1.甲类卷烟	10%	10.贵重首饰及珠宝玉石	6%
2.乙类卷烟	5%	11.摩托车	6%
3.雪茄烟	5%	12.高尔夫球及球具	10%
4.烟丝	5%	13.高档手表	20%
5.粮食白酒	10%	14.游艇	10%
6.薯类白酒	5%	15.木制一次性筷子	5%
7.其他酒	5%	16.实木地板	5%
8.高档化妆品	5%	17.乘用车	8%
9.鞭炮、焰火	5%	18.中轻型商务车	5%

【做中学2–15】（多项选择题）根据消费税法律制度的规定，下列各项中，应当以纳税人同类摩托车的最高销售价格作为计税依据计算缴纳消费税的有（ ）。

A.将自产摩托车用于赞助　　B.将自产摩托车用于抵偿债务

C.将自产摩托车用于换取生产资料　　D.将自产摩托车用于职工奖励

答案：BC。选项A和D，应将纳税人最近时期同类货物的“平均”销售价格作为计税依据计算征收消费税。

【做中学2–16】（计算题）某白酒厂2023年9月将新研制的白酒3吨作为中秋福利发放给企业职工，该白酒无同类产品市场销售价格。已知该批白酒生产成本为35 000元，成本利润率为5%，白酒消费税比例税率为20%，定额税率为0.5元/500克。

要求：计算该批白酒应纳消费税税额。

答案：没有同类消费品销售价格的，按照组成计税价格计算消费税税额。计算过程如下：

（1）组成计税价格 =［35 000 ×（1+5%）+ 3 × 2 000 × 0.5］÷（1 – 20%）= 49 687.5（元）

（2）应纳消费税税额 = 49 687.5 × 20% + 3 × 2 000 × 0.5 = 12 937.5（元）

3.外购应税消费品已纳税款的扣除计算

为了避免重复征税，现行消费税法律制度规定，将外购应税消费品继续生产应税消费品销售的，可以将外购应税消费品已缴纳的消费税扣除。

（1）扣除范围。涉及抵扣的税目包括：

① 以外购已税烟丝为原料生产的卷烟；

② 以外购已税高档化妆品为原料生产的高档化妆品；

③ 以外购已税珠宝玉石为原料生产的贵重首饰及珠宝玉石；

④ 以外购已税鞭炮、焰火为原料生产的鞭炮、焰火；

⑤ 以外购已税杆头、杆身和握把为原料生产的高尔夫球杆；

⑥ 以外购已税木制一次性筷子为原料生产的木制一次性筷子；

⑦ 以外购已税实木地板为原料生产的实木地板；

⑧ 以外购已税汽油、柴油、石脑油、润滑油、燃料油为原料生产的成品油；

⑨ 以外购已税摩托车连续生产应税摩托车（如用外购的两轮摩托车改装三轮摩托车）；

⑩ 从葡萄酒生产企业购进、进口葡萄酒连续生产应税葡萄酒。

（2）扣除计算方法。上述当期准予扣除外购应税消费品已纳消费税税款的，应按照如下计算公式计算准予扣除的税额。

①从价定率。其准予扣除税额的计算公式为：

$$\frac{当期准予扣除的外购}{应税消费品已纳税款}=\frac{当期准予扣除的外购}{应税消费品买价}\times\frac{外购应税消费品}{适用税率}$$

$$\frac{当期准予扣除的外购}{应税消费品买价}=\frac{期初库存的外购应税}{消费品的买价}+\frac{当期购进的应税}{消费品的买价}-\frac{期末库存的外购应税}{消费品的买价}$$

【提示】外购已税消费品的买价是指购货发票上注明的销售额（不包括增值税税款）。

纳税人用外购的已税珠宝玉石原料生产的改在零售环节征收消费税的金银首饰（镶嵌首饰），在计税时一律不得扣除外购珠宝玉石的已纳税款。

对自己不生产应税消费品，只是购进后再销售应税消费品的工业企业，其销售的化妆品、鞭炮、焰火和珠宝玉石，凡不能构成最终消费品直接进入消费品市场、需进一步生产加工的，应当征收消费税，同时允许扣除上述外购应税消费品的已纳税款。

②从量定额。其准予扣除税额的计算公式为：

$$\frac{当期准予扣除的外购}{应税消费品已纳税款}=\frac{当期准予扣除的外购}{应税消费品数量}\times\frac{外购应税消费品}{定额税率}$$

$$\frac{当期准予扣除的外购}{应税消费品数量}=\frac{期初库存的外购}{应税消费品的数量}+\frac{当期购进的应税}{消费品的数量}-\frac{期末库存的外购}{应税消费品的数量}$$

【请注意】当期准予扣除的外购应税消费品的已纳消费税税款，应按当期“生产领用数量”计算。

【做中学2-17】（计算题）丽人公司为增值税一般纳税人，外购高档香水精生产高档香水，8月份生产、销售高档香水取得不含税销售收入200万元。该公司8月初库存高档香水精20万元，8月购进高档香水精200万元，8月底库存高档香水精40万元。已知高档化妆品适用的消费税税率为15%。

要求：计算该公司当月应缴纳的消费税税额。

答案：8月份当期准予扣除的外购应税消费品的买价 = 20 + 200 − 40 = 180（万元），该公司当月应缴纳消费税 = 200 × 15% − 180 × 15% = 3（万元）。

（三）委托加工应税消费品应纳消费税的计算

1.委托加工应税消费品的计税依据

（1）委托加工的应税消费品，按照受托方的同类消费品的销售价格计算纳税；没有同类消费品销售价格的，按照组成计税价格计算纳税。

（2）如果当月同类消费品各期销售价格高低不同，应按销售数量加权平均计算。但销售的应税消费品有下列情况之一的，不得列入加权平均计算：①销售价格明显偏低且无正当理由的；②无销售价格的。

（3）如果当月无销售或者当月未完结，则按照同类消费品上月或最近月份的销售价格计算纳税。

2.组成计税价格及应纳税额的计算

（1）实行从价定率办法计征消费税的，其计算公式为：

组成计税价格 =（材料成本 + 加工费）÷（1 - 比例税率）

应纳税额 = 组成计税价格 × 比例税率

（2）实行复合计税办法计征消费税的，其计算公式为：

组成计税价格 =（材料成本 + 加工费 + 委托加工数量 × 定额税率）÷（1 - 比例税率）

应纳税额 = 组成计税价格 × 比例税率 + 委托加工数量 × 定额税率

式中：材料成本，是指委托方所提供加工材料的实际成本。委托加工应税消费品的纳税人必须在委托加工合同上如实注明（或以其他方式提供）材料成本；凡未提供材料成本的，受托方主管税务机关有权核定其材料成本。加工费，是指受托方加工应税消费品向委托方所收取的全部费用（包括代垫辅助材料的实际成本，不包括增值税税款）。

3.委托加工收回的应税消费品已税款项的扣除计算

委托加工的应税消费品因为已由受托方代收代缴消费税，因此，委托方收回货物后用于连续生产应税消费品的，其已纳税款准予按照规定从连续生产的应税消费品应纳消费税税额中抵扣。按照消费税法律制度的规定，下列连续生产的应税消费品准予从应纳消费税税额中按当期生产领用数量计算扣除委托加工收回的应税消费品已纳消费税税款。

（1）扣除范围。涉及抵扣的税目包括：

① 以委托加工收回的已税烟丝为原料生产的卷烟；

② 以委托加工收回的已税高档化妆品为原料生产的高档化妆品；

③ 以委托加工收回的已税珠宝玉石为原料生产的贵重首饰及珠宝玉石；

④ 以委托加工收回的已税鞭炮、焰火为原料生产的鞭炮、焰火；

⑤ 以委托加工收回的已税杆头、杆身和握把为原料生产的高尔夫球杆；

⑥ 以委托加工收回的已税木制一次性筷子为原料生产的木制一次性筷子；

⑦ 以委托加工收回的已税实木地板为原料生产的实木地板；

⑧ 以委托加工收回的已税汽油、柴油、石脑油、润滑油、燃料油为原料生产的成品油；

⑨ 以委托加工收回的已税摩托车连续生产应税摩托车（如用外购的两轮摩托车改装三轮摩托车）。

（2）扣除计算方法。上述当期准予扣除委托加工收回的应税消费品已纳消费税税款的计算公式为：

$$\text{当期准予扣除的委托加工应税消费品已纳税款}=\text{期初库存的委托加工应税消费品已纳税款}+\text{当期收回的委托加工应税消费品已纳税款}-\text{期末库存的委托加工应税消费品已纳税款}$$

纳税人以委托加工收回的已税珠宝玉石为原料生产的改在零售环节征收消费税的金银首饰，在计税时一律不得扣除委托加工收回的珠宝玉石原料的已纳消费税税款。

【做中学2-18】（单项选择题）根据消费税法律制度的规定，下列各项中，委托加工收回的应税消费品的已纳税款可以扣除的是（ ）。

A.以委托加工收回的已税涂料为原料生产的涂料

B.以委托加工收回的已税高档化妆品为原料生产的高档化妆品

C.以委托加工收回的已税珠宝玉石为原料生产的金银首饰

D.以委托加工收回的已税白酒为原料生产的白酒

答案：B。

【做中学2-19】（计算题）飞亚达手表加工厂2023年8月受托为米欧公司（米欧公司为高档手表公司）加工一款高档手表，收取不含增值税的加工费30万元，米欧公司提供的原材料金额为120万元。已知该手表加工厂无同类产品销售价格，消费税税率为20%。

要求：计算该手表加工厂应代收代缴的消费税。

答案：根据消费税法律制度的规定，委托加工的应税消费品，应按照受托方的同类消费品的销售价格计算缴纳消费税；没有同类消费品销售价格的，按照组成计税价格计算纳税。计算过程如下：

（1）组成计税价格 =（120 + 30）÷（1 - 20%）= 187.5（万元）

（2）应代收代缴的消费税 = 187.5 × 20% = 37.5（万元）

【做中学2-20】（计算题）涛乐烟丝加工厂为增值税一般纳税人，2023年9月接受白鹤烟厂委托加工烟丝，烟丝加工厂自行提供烟叶的成本为64 000元，代垫辅助材料费为4 000元，加工费为10 000元；涛乐烟丝加工厂上月留抵增值税税额为6 800元。烟丝消费税税率为30%，成本利润率为5%，上述价格均为不含税价格，加工费专用发票已经过认证。

要求：计算该加工厂应缴纳的增值税和消费税。

答案：受托方自行提供原材料，不符合委托加工的定义，因此，本题目应按照自制应税消费品计算征收增值税和消费税。又由于本题中没有同类消费品的销售价格，故按照组成计税价格计算纳税。计算过程如下：

组成计税价格 =（64 000 + 4 000 + 10 000）×（1 + 5%）÷（1 - 30%）= 117 000（元）

增值税销项税额 = 117 000 × 13% = 15 210（元）

该烟丝加工厂应缴纳的增值税 = 15 210 - 6 800 = 8 410（元）

该烟丝加工厂应缴纳的消费税 = 117 000 × 30% = 35 100（元）

（四）进口应税消费品应纳税额的计算

纳税人进口应税消费品，实行从价定率征税和复合计税征税的，按照组成计税价格和规定的税率计算应纳税额。

1. 实行从价定率征税的应纳税额的计算

实行从价定率办法计征消费税的，其计算公式为：

组成计税价格 =（关税完税价格 + 关税）÷（1 – 消费税比例税率）

应纳税额 = 组成计税价格 × 消费税比例税率

式中：关税完税价格是指海关核定的关税计税价格。

2. 实行从量定额征税的应纳税额的计算

应纳税额 = 海关核定应税消费品数量 × 消费税单位税额

适用范围：啤酒、黄酒和成品油等税目。

3. 实行复合计税征税的应纳税额的计算

实行复合计税办法计征消费税的，其计算公式为：

$$组成计税价格 = \left(关税完税价格 + 关税 + 进口数量 \times 消费税定额税率\right) \div \left(1 - 消费税比例税率\right)$$

应纳税额 = 组成计税价格 × 消费税比例税率 + 进口数量 × 定额税率

适用范围：白酒、卷烟。

【请注意】进口环节消费税除国务院另有规定外，一律不得给予减税、免税。

（五）批发、零售应税消费品应纳税额的计算

1. 批发环节应纳税额的计算

批发环节的应税消费品只有卷烟。自2015年5月10日起，全国卷烟批发环节从价税税率为11%，并按0.005元/支加征从量税。此外，在批发环节卷烟应纳税额的计算还应注意以下问题：

（1）卷烟批发企业之间销售的卷烟不缴纳消费税。只有将卷烟从批发商销售给零售商等其他单位和个人时才缴纳消费税。

（2）卷烟批发企业在计算缴纳消费税时，不得扣除该批卷烟在生产环节已纳的消费税税款。

【做中学2-21】（计算题）美禄烟草销售公司为增值税一般纳税人，持有烟草批发许可证，2023年6月从卷烟厂批发乙类卷烟300条，每标准条200支。美禄烟草销售公司将其中的200条转手销售给烟草批发商乙，取得含税销售收入12.87万元。另外100条销售给烟草零售商丙专卖店，取得不含税的销售收入6万元。

要求：计算美禄烟草销售公司当月应缴纳的消费税。

答案：由于乙为烟草批发商，烟草批发商之间销售卷烟不征消费税。因此，美禄烟草销售公司当月应缴纳的消费税 = 60 000 × 11% + 100 × 200 × 0.005 = 6 700（元）。

2. 零售环节应纳税额的计算

零售环节应纳税额的计算仅对应于“金银首饰、铂金首饰和钻石及钻石饰品”。超豪华小汽车在现行税率的基础上，在零售环节加征一道消费税。

超豪华小汽车零售环节消费税应纳税额计算公式：

应纳税额 = 零售环节销售额（不含增值税，下同）× 零售环节税率

国内汽车生产企业直接销售给消费者的超豪华小汽车，消费税税率按照生产环节税率和零售环节税率加总计算。消费税应纳税额计算公式：

应纳税额 = 销售额 ×（生产环节税率 + 零售环节税率）

纳税人采用以旧换新（含翻新改制）方式销售的金银首饰，应按实际收取的不含增值

税的全部价款确定计税依据征收消费税。

对既销售金银首饰又销售非金银首饰的生产经营单位，应将两类商品划分清楚，分别核算销售额。凡划分不清楚或不能分别核算并在生产环节销售的，一律从高适用税率征收消费税；在零售环节销售的，一律按金银首饰征收消费税。

金银首饰与其他产品组成成套消费品销售的，应按销售额全额征收消费税。

金银首饰连同包装物销售的，无论包装是否单独计价，也无论会计上如何核算，均应并入金银首饰的销售额计征消费税。

带料加工的金银首饰，应按受托方销售同类金银首饰的销售价格确定计税依据征收消费税。没有同类金银首饰销售价格的，按照组成计税价格计算纳税。

【做中学2-22】（计算题）银熙金店2023年6月采用“以旧换新”方式零售纯金手镯一副，新手镯对外售价为12 000元，旧手镯作价4 500元，从消费者手中收取新旧差价款7 500元；清洗金银首饰取得含税收入5 265元；为个人提供带料加工金银首饰业务，销售同类商品的含税收入6 000元。

要求：计算该金店上述业务应缴纳的消费税。

答案：根据税法的规定，纳税人采用以旧换新（含翻新改制）方式销售的金银首饰，应按实际收取的不含增值税的全部价款确定计税依据征收消费税；修理、清洗金银首饰不征收消费税；为个人提供带料加工金银首饰业务，视同零售，征收消费税，故计算过程如下：

应缴纳的消费税 = （7 500 + 6 000）÷（1+13%）× 5% ≈ 597.35（元）

【做中学2-23】（综合计算题）南锦卷烟厂为增值税一般纳税人，2023年8月发生下列经济业务：

（1）向农业生产者收购烟叶20吨，实际成本（已含烟叶税和价外补贴）为57.42万元。将上述烟叶委托白河烟丝加工厂加工成烟丝，支付加工费8万元（不含增值税），并代收代缴消费税（已知无同类产品的销售价格）。

（2）本月进口甲类卷烟60个标准箱，关税完税价格为60万元，缴纳关税12万元。

（3）本月将收回烟丝的30%对外销售给一家小规模的贸易公司，开具的普通发票上注明的金额为27.12万元。其余部分全部当月生产领用。

（4）本月生产领用以前外购烟丝140万元（不含增值税），继续加工卷烟。

（5）本月出售1 000个标准箱的蓝牌卷烟（每箱250条，每条200支），开具的增值税专用发票上注明的金额为900万元。

（6）本月厂庆发给职工白包卷烟5个标准箱（每箱250条，每条200支），每箱不含增值税价格为3万元。

烟丝消费税税率为30%，卷烟消费税定额税率为每支0.003元，甲类卷烟比例税率为56%，乙类卷烟比例税率为36%。

要求：根据上述资料计算南锦卷烟厂本月应缴纳的消费税。

答案：业务（1）委托加工环节的应税消费品，没有同类消费品销售价格的应按照组成计税价格计算纳税。具体计算如下：

组成计税价格 = （57.42 + 8）÷（1 − 30%）= 93.46（万元）

白河烟丝加工厂（受托方）代收代缴的消费税 = 93.46 × 30% = 28.04（万元）

业务（2）中涉及进口卷烟，其应缴纳的消费税计算如下：

南锦卷烟厂进口环节应缴纳的消费税 =（60 + 12 + 0.003 × 50 000 × 60 ÷ 10 000）÷（1 − 56%）× 56% + 0.003 × 50 000 × 60 ÷ 10 000 ≈ 93.68（万元）

业务（3）至业务（6）涉及计算本月销售环节应缴纳的消费税。

根据业务（3），收回后对外出售部分烟丝的组成计税价格 = 93.46 × 30% = 28.04（万元）。出售价格 = 27.12 ÷（1 + 13%）= 24（万元）。28.04 > 24，因此，其属于委托加工收回后直接对外出售，不需要缴纳消费税。

业务（5）中未明确销售卷烟的类别，因此，要按如下步骤计算：

①确认出售卷烟的类别和税率。每条蓝牌卷烟的单价 = 9 000 000 ÷（1 000 × 250）= 36（元）< 70元，属于乙类卷烟。

②计算生产、销售该类卷烟的应纳税额。

应纳税额 = 1 000 × 0.003 × 50 000 ÷ 10 000 + 900 × 36% = 339（万元）

业务（6）中未明确销售卷烟的类别，因此，应先确认白包卷烟的类别，再进行计算。

由于30 000 ÷ 250 = 120（元）> 70元，属于甲类卷烟。

应纳税额 = 5 × 0.003 × 50 000 ÷ 10 000 + 3 × 5 × 56% = 8.475（万元）

根据业务（1）和业务（4），计算委托加工和外购烟丝已纳税款的扣除额。

准予抵扣的税额 = 28.04 × 70% + 140 × 30% = 61.628（万元）

因此，本月应缴纳的消费税 = 93.68 + 339 + 8.475 − 61.628 = 379.527（万元）。

【做中学2-24】（综合计算题）泰隆金店（增值税一般纳税人）主要经营金银首饰零售业务，兼营金银首饰的来料加工、以旧换新（含翻新改制）、清洗、修理业务。2023年7月，其主要发生下列业务：

（1）向消费者个人销售纯金首饰取得销售收入150万元，销售纯金首饰的同时收取的包装盒价款为0.75万元。

（2）接受消费者委托加工金项链5条，收到委托方提供的黄金价值2.5万元，本月已将加工完毕的金项链移交给委托人，收取不含税加工费1 250元，代垫辅助料件不含税价款为750元，受托方无同类金项链销售价格。

（3）向消费者个人销售镀金首饰，取得含增值税销售收入2.34万元；向消费者个人销售铂金首饰，取得不含增值税销售收入7万元。

（4）采取以旧换新方式向消费者个人销售纯金项链，新金项链售价为1.7876万元，旧金项链作价1.2万元，取得新旧项链差价款0.5876万元。

（5）上月外购珠宝玉石一批，取得的增值税专用发票上注明的价款为60万元，本月将其中的50%用于加工金银镶嵌首饰。

（6）本月取得金银首饰修理、清洗业务含税收入1.17万元。

要求：根据上述资料，计算该金店本月应缴纳的消费税。

答案：业务（1）金银首饰在零售环节缴纳消费税。

该业务应缴纳的消费税 =(150 + 0.75) ÷ (1 + 13%) × 5% = 6.67（万元）

业务（2）带料加工金银首饰，受托方无同类售价，按组成计税价格征收消费税，计算如下：

应缴纳的消费税 =(2.5 + 0.125 + 0.075) ÷ (1 − 5%) × 5% ≈ 0.142（万元）

业务（3）镀金首饰不属于金银首饰，在零售环节不征收消费税；铂金首饰属于金银首饰税目，应在零售环节征收消费税。

应缴纳的消费税 = 7 × 5% = 0.35（万元）

业务（4）纳税人采用以旧换新方式销售金银首饰，应按实际收取的不含增值税的全部价款确定计税依据计算消费税。

应缴纳的消费税 = 0.5876 ÷（1 + 13%）× 5% = 0.026（万元）

业务（5）外购珠宝玉石用于生产金银镶嵌首饰，已纳消费税不得扣除。

业务（6）金银首饰的清洗、修理不缴纳消费税。

因此，本月该金店应缴纳的消费税合计 = 6.67 + 0.142 + 0.35 + 0.026 = 7.188（万元）。

知识点梳理

本任务知识点梳理见表2-7。

表2-7 本任务知识点梳理

知识点	具体内容
1. 消费税税率	消费税税率采取比例税率、定额税率和从量定额与从价定率相结合的复合征收三种形式。其具体分类如下： （1）从量定额：成品油、黄酒和啤酒 （2）复合计税：卷烟和白酒 （3）从价定率：除上述税目以外的其他税目
2. 生产、销售应税消费品应纳税额的计算	（1）从价定率的应纳税额 = 销售额 × 比例税率 （2）从量定额的应纳税额 = 销售数量 × 定额税率 （3）复合计税的应纳税额 = 销售数量 × 定额税率 + 销售额 × 比例税率
3. 自产自用应税消费品应纳税额的计算	按照纳税人生产的同类消费品的销售价格计算纳税；没有同类消费品销售价格的，按照组成计税价格计算纳税 （1）实行从价定率办法计征消费税的，其计算公式为： 组成计税价格 =（成本 + 利润）÷（1 − 比例税率） 应纳税额 = 组成计税价格 × 比例税率 （2）实行复合计税办法计征消费税的，其计算公式为： 组成计税价格 =（成本 + 利润 + 自产自用数量 × 定额税率）÷（1 − 比例税率） 应纳税额 = 组成计税价格 × 比例税率 + 自产自用数量 × 定额税率
4. 委托加工应税消费品应纳税额的计算	委托加工的应税消费品，按照受托方的同类消费品的销售价格计算纳税，没有同类消费品销售价格的，按照组成计税价格计算纳税。组成计税价格及应纳税额的计算公式为： （1）实行从价定率办法计征消费税的，其计算公式为： 组成计税价格 =（材料成本 + 加工费）÷（1 − 比例税率） 应纳税额 = 组成计税价格 × 比例税率 （2）实行复合计税办法计征消费税的，其计算公式为： 组成计税价格 =（材料成本 + 加工费 + 委托加工数量 × 定额税率）÷（1 − 比例税率） 应纳税额 = 组成计税价格 × 比例税率 + 委托加工数量 × 定额税率

续表

知识点	具体内容
5. 进口应税消费品应纳税额的计算	(1) 实行从价定率办法计征消费税的计算： 组成计税价格 = (关税完税价格 + 关税) ÷ (1 - 消费税比例税率) 应纳税额 = 组成计税价格 × 消费税比例税率 (2) 实行从量定额办法计征消费税的计算： 应纳税额 = 海关核定应税消费品数量 × 消费税单位税额 (3) 实行复合计税办法计征消费税的计算： 组成计税价格 = (关税完税价格 + 关税 + 进口数量 × 消费税定额税率) ÷ (1 - 消费税比例税率) 应纳税额 = 组成计税价格 × 消费税比例税率 + 进口数量 × 定额税率
6. 批发、零售应税消费品应纳税额的计算	卷烟批发企业之间销售的卷烟不缴纳消费税。只有将卷烟从批发商销售给零售商等其他单位和个人时才缴纳消费税。卷烟批发企业在计算应缴纳的消费税时，不得扣除该批卷烟在生产环节已缴纳的消费税税款
7. 应税消费品已纳消费税准予抵扣的情形	(1) 以外购或委托加工收回的已税烟丝为原料生产的卷烟 (2) 以外购或委托加工收回的已税高档化妆品为原料生产的高档化妆品 (3) 以外购或委托加工收回的已税珠宝玉石为原料生产的贵重首饰及珠宝玉石 (4) 以外购或委托加工收回的已税鞭炮、焰火为原料生产的鞭炮、焰火 (5) 以外购或委托加工收回的已税杆头、杆身和握把为原料生产的高尔夫球杆 (6) 以外购或委托加工收回的已税木制一次性筷子为原料生产的木制一次性筷子 (7) 以外购或委托加工收回的已税实木地板为原料生产的实木地板 (8) 以外购或委托加工收回的已税汽油、柴油、石脑油、润滑油、燃料油为原料生产的成品油 (9) 以外购或委托加工收回的已税摩托车连续生产应税摩托车 (10) 从葡萄酒生产企业购进、进口葡萄酒连续生产应税葡萄酒 纳税人以外购的已税珠宝玉石为原料生产的改在零售环节征收消费税的金银首饰(镶嵌首饰)，在计税时一律不得扣除外购珠宝玉石的已纳税款

案例解析

本任务“引入案例”的解析如下：

(1) 该酒厂应缴纳的消费税税额 = 9 800 × 20% + 2 000 × 5 × 0.5 = 6 960 (元)

(2) 如果该白酒没有同类销售价格，则应按组成计税价格计算缴纳消费税：

组成计税价格 = [5 600 × (1 + 5%) + 2 000 × 5 × 0.5] ÷ (1 - 20%) = 13 600 (元)

应缴纳的消费税税额 = 13600 × 20% + 2000 × 5 × 0.5 = 7720 (元)

案例中涉及的相关知识点回顾见表2-8。

表2-8　　相关知识点回顾

自产自用应税消费品应纳税额的计算	视同销售	纳税人自产自用的应税消费品，用于连续生产应税消费品的，不纳税；用于其他方面的（用于生产非应税消费品、在建工程、管理部门、馈赠、赞助、集资、广告、样品、职工福利、奖励等），视同销售，应计算缴纳消费税
	销售价格的确定	纳税人用于“换取生产资料和消费资料、投资入股和抵偿债务”等方面的应税消费品，应当将纳税人同类应税消费品的“最高”销售价格作为计税依据计算征收消费税
		纳税人将自己生产的应税消费品用于其他方面的（如无偿赠送他人），将纳税人最近时期同类货物的“平均”销售价格作为计税依据计算征收消费税；没有同类消费品销售价格的，按组成计税价格计算

知识翻转

2023年，兴华酒业公司向其所属的销售公司销售粮食白酒共计5 000千克，每500克销售价格为80元，同类白酒对外销售价格为180元，兴华酒业公司按照税法的规定计算缴纳消费税165 000元。当其所属的销售公司再对外销售时，无须缴纳消费税。如果该批白酒由东风公司直接对外销售，则应缴纳消费税365 000元。兴华酒业公司认为销售给其所属的销售公司可直接节省消费税200 000元。

请问：你认为兴华酒业公司这样的纳税筹划合理吗？

知识考核

一、单项选择题

1. 某高尔夫球具厂为增值税一般纳税人，下设一个非独立核算的门市部。2023年5月，该厂将生产的一批成本价为160万元的高尔夫球具移送门市部，门市部将其中的70%零售，取得含税销售额149.16万元。已知高尔夫球具的消费税税率为10%，成本利润率为10%。根据消费税法律制度的规定，该项业务应缴纳的消费税税额为（　　）万元。

A.10.26　　B.12.32　　C.13.2　　D.13.69

2. 根据消费税法律制度的规定，下列各项采取从价定率和从量定额相结合的复合计税办法征收消费税的是（　　）。

A.雪茄烟　　B.烟丝　　C.黄酒　　D.卷烟

3. 根据消费税法律制度的规定，企业发生的下列经营行为中，外购应税消费品已纳消费税税额不准从应纳消费税税额中扣除的是（　　）。

A. 以外购已税鞭炮、焰火为原料生产的鞭炮、焰火

B. 以外购已税白酒为原料生产的白酒

C. 以外购已税高档化妆品为原料生产的高档化妆品

D. 以外购已税烟丝为原料生产的卷烟

4. 下列各项适用于定额税率征收消费税的是（　　）。

A. 高尔夫球具　　B. 贵重珠宝玉石　　C. 黄酒　　D. 白酒

5. 甲公司为增值税一般纳税人，该公司6月初库存高档香水精（属于高档化妆品）80万元，本期外购高档香水精取得的增值税专用发票上注明的价款为200万元，6月底库存高档香水精60万元。当月领用的高档香水精全部用于生产高档香水对外销售，取得不含增值税的销售额为300万元。已知高档化妆品适用的消费税税率为15%。根据消费税法律制度的规定，该公司当月应缴纳的消费税税额为（　　）万元。

A.12　　B.15　　C.36　　D.45

6.2023年3月，甲公司进口一批高档手表，海关审定的关税完税价格为300万元，缴纳关税90万元。已知高档手表消费税税率为20%，甲公司当月进口高档手表需缴纳的消费税税额为（　　）万元。

A.0　　B.97.5　　C.60　　D.75

7. 某酒厂为增值税一般纳税人，2023年9月生产销售粮食白酒50吨，取得不含税销售额240万元，同时收取包装费7万元、包装物押金3万元。已知粮食白酒比例税率为20%，定额税率为0.5元/500克，则该酒厂当月销售粮食白酒应缴纳消费税税额的下列计算中，正确的是（　　）。

A.（240 + 7 + 3）× 20% + 50 × 2 000 × 0.5 ÷ 10 000 = 55（万元）

B.（240 +7）× 20% + 50 × 2 000 × 0.5 ÷ 10 000 = 54.4（万元）

C.［240 +（7 + 3）÷（1 + 13%）］× 20% + 50 × 2 000 × 0.5 ÷ 10 000 = 54.8（万元）

D.［240 + 7 ÷（1 + 13%）］× 20% + 50 × 2 000 × 0.5 ÷ 10 000 = 54.2（万元）

8. 卢梅化妆品公司为增值税一般纳税人，2023年3月将自产的100万件高档成套化妆品无偿赠送给往来公司。每件化妆品的生产成本为100元。已知高档化妆品的消费税税率为15%，成本利润率为5%。没有其他同类化妆品的销售价格。则该化妆品公司当月应缴纳的消费税税额为（　　）万元。

A.1 500　　B.1 575　　C.1 764.71　　D.1 852.94

9.2023年8月，华泰隆商场首饰部销售业务如下：采用以旧换新方式销售金银首饰，该批首饰市场零售价为27.84万元，旧首饰作价的含税金额为12.02万元，商场实际收到15.82万元；修理金银首饰取得含税收入4.64万元；零售镀金首饰取得收入13.92万元。该商场当月应缴纳的消费税税额为（　　）万元。（金银首饰消费税税率为5%）

A.0.7　　B.0.9　　C.1.2　　D.1.5

10. 本市一家化妆品生产企业为增值税一般纳税人，下设一个非独立核算的门市部，2023年7月将该厂生产的一批高档化妆品移送门市部供销售，计价120万元。门市部将其零售，取得含税销售额149.16万元。已知高档化妆品的消费税税率为15%，该业务应缴纳的消费税税额为（　　）万元。

A.19.8　　B.6　　C.15.38　　D.23.29

11. 黄河烟厂9月外购烟丝，取得的增值税专用发票上注明的税款为16万元，当月生产领用80%，期初尚有库存的外购烟丝4万元，期末库存烟丝24万元，该烟厂当月应纳消

费税中可扣除的消费税为（ ）万元。（烟丝的消费税税率为30%）

A.12.8　B.19.2　C.24　D.80

12.下列各项进口时从量计征消费税的是（ ）。

A.红酒　B.啤酒　C.摄像机　D.摩托车

13.某进出口公司2023年5月从韩国进口150辆小轿车，每辆到岸价格为6万元，关税税率假设为50%，消费税税率为5%，该公司应缴纳的增值税和消费税合计为（ ）万元。

A.227.27　B.258.02　C.283.5　D.255.79

14.家乐鞭炮厂2023年8月委托一家加工厂加工一批鞭炮、焰火，该鞭炮厂发给加工厂的原材料成本为30 000元。加工厂当月加工完毕并于8月20日将该批鞭炮、焰火送交该鞭炮厂，收取含税加工费11 300元，代垫辅助材料款5 650元（含税），厂家无同类鞭炮、焰火的销售价格。该鞭炮厂于8月底将该批鞭炮、焰火全部销售，取得不含增值税价款60 000元，则该鞭炮厂当月应向主管税务机关申报缴纳消费税税额为（ ）元。（鞭炮、焰火消费税税率为15%，成本利润率为5%）

A.0　B.1 058.82　C.9 000　D.7 941.18

15.下列各项关于消费税的表述，不正确的是（ ）。

A. 纳税人通过自设非独立核算门市部销售的自产应税消费品，应当按照门市部对外销售额或销售数量计算征收消费税

B. 从商业企业购进应税消费品连续生产应税消费品的，一律不得扣除外购应税消费品已纳消费税税款

C. 自产自用应税消费品的，计税数量为应税消费品的移送使用数量

D. 纳税人用外购的已税珠宝玉石生产改在零售环节征收消费税的金银首饰，一律不得扣除外购珠宝玉石的已纳税款

二、多项选择题

1.五元公司为一家摩托车生产企业，将其生产的摩托车用于下列各项用途，其中应当缴纳消费税的有（ ）。

A.用于奖励本企业职工　B.用于改装成高档摩托车

C.用于广告宣传　D.用于赠送给贫困地区

2.根据消费税法律制度的规定，下列各项中，不应当以纳税人同类高档手表的最高销售价格作为计税依据计算缴纳消费税的有（ ）。

A. 将自产高档手表用于赞助

B. 将自产高档手表用于赠送

C. 将自产高档手表用于换取生产资料

D. 将自产高档手表用于奖励职工

3.根据消费税法律制度的规定，下列各项应并入白酒的销售额计征消费税的有（ ）。

A.优质费　B.包装物的租金

C.包装物的押金　D.商标使用费（品牌使用费）

4.下列各项中，外购应税消费品已纳消费税款准予扣除的有（ ）。

A. 为生产珍珠耳环而领取的外购已税珍珠
B. 为生产高档香水而领用的外购已税高档香水精
C. 为生产卷烟而领用的外购已税烟丝
D. 为改装生产高档小汽车而领用的外购已税小汽车

5. 根据消费税法律制度的规定，有关金银首饰的消费税处理表述正确的有（ ）。
A. 金银首饰连同包装物销售的，仅当包装物单独计价时，才将其并入金银首饰的销售额计征消费税
B. 纳税人采用以旧换新（含翻新改制）方式销售金银首饰，应按实际收取的不含增值税的全部价款确定计税依据征收消费税
C. 销售金银首饰，消费税的计税依据为含增值税的销售额
D. 金银首饰与其他产品组成成套消费品销售的，应按销售额全额征收消费税

6. 根据现行消费税法律制度的规定，下列各项表述正确的有（ ）。
A. 计算啤酒出厂价格时，包装物押金中不包括重复使用的塑料周转箱的押金
B. 自2015年2月1日起，对电池（铅蓄电池除外）征收消费税
C. 对既销售金银首饰又销售非金银首饰的生产经营单位，两类商品不能分别核算，在生产环节销售的，一律按金银首饰征收消费税
D. 销售卷烟应于批发环节复合征收消费税

7. 某轿车厂下列经济业务应按最高售价计算消费税的有（ ）。
A.将自产轿车对外投资　　B.将自产轿车用于办公
C.将自产轿车交换钢材　　D.将进口汽车配件对外偿债

8. 根据现行政策，下列各项中符合委托加工应税消费品消费税处理规定的有（ ）。
A. 受托方无同类消费品销售价格的，应按“（材料成本+加工费）÷（1+比例税率）”计算
B. 委托方收回后以不高于受托方计税价格出售的应税消费品，受托方在交货时已代扣代缴消费税的，不再征收消费税
C. 委托方收回后以高于受托方计税价格出售的应税消费品，受托方在交货时已代扣代缴消费税的，不再征收消费税
D. 实行复合计税办法计算纳税的组成计税价格计算公式为：组成计税价格 =（材料成本 + 加工费 + 委托加工数量 × 定额税率）÷（1 – 比例税率）

9. 按照现行消费税制度的规定，纳税人外购下列已税消费品可以从应税销售额中扣除的有（ ）。
A. 以外购已税烟丝为原料生产的卷烟
B. 以外购已税实木地板为原料生产的实木地板
C. 以外购已税珠宝玉石为原料生产的金银首饰
D. 以外购杆头为原料生产的高尔夫球杆

10. 根据消费税的有关规定，下列各项说法正确的有（ ）。
A. 委托加工的应税消费品，在计算组成计税价格时，加工费应包括受托方代垫辅助材料的实际成本
B. 对于带料加工的金银首饰，应按受托方销售同类金银首饰的销售价格确定计税依

据征收消费税

C. 委托加工应税消费品的，以纳税人收回的应税消费品数量为课税数量

D. 用委托加工收回的应税消费品连续生产应税消费品都准予从应纳消费税税额中扣除委托加工环节已纳消费税

11. 下列各项关于金银首饰消费税政策的表述，正确的有（ ）。

A. 钻石及钻石饰品在零售环节征收消费税

B. 用已税的珠宝玉石生产的金银镶嵌首饰，在计税时一律不得扣除已纳消费税

C. 镀金首饰应在零售环节征收消费税

D. 纳税人以“以旧换新”的销售方式销售金银首饰，应按实际收取的不含税价款计算消费税

12. 下列各项关于消费税现行政策的表述，正确的有（ ）。

A. 金银首饰与其他产品组成成套消费品零售的，应按不含税销售额全额征收消费税

B. 无商业价值的广告品进口环节应征收消费税

C. 卷烟批发企业在计算纳税时不得扣除已含的生产环节的消费税

D. 卷烟在批发环节复合计征消费税

三、判断题

1. 包装物的押金属于价外费用，应一并计入销售额计算缴纳消费税。（ ）

2. 纳税人通过自设非独立核算门市部销售的自产应税消费品，应当按照门市部对外销售额或者销售数量征收消费税。（ ）

3. 委托加工的应税消费品，按照委托方的同类消费品的销售价格计算纳税；没有同类消费品销售价格的，按照组成计税价格计算纳税。（ ）

4. 卷烟批发企业在计算缴纳消费税时，准予扣除该批卷烟在生产环节已纳的消费税税款。（ ）

5. 纳税人进口应税消费品，按照消费品的销售价格和规定的税率计算应纳税额。（ ）

四、计算题

1.2023年6月，国内一家手表生产企业进口手表机芯3 000个，海关审定的完税价格为每个0.5万元，关税税率为30%，完税后海关放行；当月生产、销售高档手表4 000块，单价为1.25万元（不含税）。高档手表消费税税率为20%。

要求：计算当月国内销售环节应缴纳的增值税税额和消费税税额。

2. 高登公司为高尔夫球及球具生产厂家，是增值税一般纳税人。2023年7月发生以下业务：

（1）购进一批原材料A，取得的增值税专用发票上注明的金额为5 000元、增值税税额为650元，委托迪力公司将其加工成20个高尔夫球包，支付加工费10 000元、增值税税额1 300元，取得迪力公司开具的增值税专用发票；迪力公司同类高尔夫球包不含税销售价格为450元/个。高登公司收回时，迪力公司代收代缴了消费税。

（2）从生产企业购进高尔夫球杆的杆头，取得的增值税专用发票上注明的金额为17 200元、增值税税额为2 236元；购进高尔夫球杆的杆身，取得的增值税专用发票上注明的金额为23 600元、增值税税额为3 068元；购进高尔夫球握把，取得的增值税专用发票上注明的金额为1 040元、增值税税额为135.2元；当月领用外购的杆头、握把、杆身各

90%，加工成A、B两种型号的高尔夫球杆，共20根。

（3）当月将自产的A型高尔夫球杆2把对外销售，取得不含税销售收入10 000元；另将自产的A型高尔夫球杆5根赞助给高尔夫球大赛。

（4）将自产的3根B型高尔夫球杆移送至非独立核算门市部销售，当月门市部对外销售了2根，取得价税合计金额22 148元。

高尔夫球及球具消费税税率为10%，成本利润率为10%。

要求：

（1）计算迪力公司应代收代缴的消费税税额。

（2）计算高登公司应自行向税务机关缴纳的消费税税额。

3.美兰化妆品厂2023年9月发生下列经济业务：

（1）销售一批高档化妆品，适用的消费税税率为15%，开出增值税专用发票，收取价款200万元、增值税税额26万元，款项已存入银行。

（2）没收逾期未退的高档化妆品包装物押金22 600元。

（3）将自产的一批高档护肤类化妆品以福利形式发给职工，按照同类产品不含税价计算，价款为80 000元，成本为50 000元。

（4）受托加工高档化妆品一批，委托方提供原材料25万元，本企业收取加工费9万元，本企业无同类化妆品销售价格。

（5）将化妆品、护肤品装入盒内作为礼品送给关系户，成本为18 000元，不含税价格为30 000元。

要求：计算该企业本月应缴纳的消费税税额（含代收代缴消费税），以万元为单位。

4.梅花卷烟厂（增值税一般纳税人）委托南城烟丝加工厂（增值税小规模纳税人）加工一批烟丝，卷烟厂提供的烟叶在委托加工合同上注明成本为8万元。烟丝加工厂在烟丝加工完成、卷烟厂提货时收取加工费，开具的增值税普通发票上注明的加工费金额为1万元，并代收代缴了烟丝的消费税。卷烟厂将这批加工收回的烟丝50%对外直接销售，收入为6.5万元，低于受托方同类货物售价；另50%当月全部用于生产卷烟。本月销售卷烟40标准箱，取得不含税收入60万元。

要求：计算卷烟厂应缴纳的消费税税额。（烟丝消费税税率为30%，定额税率为每标准箱150元）

5.某汽车制造企业为增值税一般纳税人，生产小轿车（消费税税率为5%），每辆小轿车不含税价格为10万元。该企业2023年7月发生下列经济业务：

（1）与某特约经销商签订了40辆小轿车的代销协议，代销手续费为5%，当月收到经销商返回的30辆小轿车的代销清单及销货款（已扣除手续费）和税款，考虑到与其长期的业务关系，该企业开具了40辆小轿车的增值税专用发票。

（2）赠送给某协作单位小轿车3辆，并开具了增值税专用发票，同时请运输企业向协作单位开具了0.6万元的运费发票并转交给了协作单位。

（3）用一辆小轿车与空调厂家交换了30台空调，用于改善办公条件，考虑双方换入的货物均作固定资产管理，故均未开具增值税专用发票，也不再进行货币结算。

（4）提供汽车修理服务，开具的增值税普通发票上注明的销售额为5.65万元。

（5）当月购进生产材料，取得的增值税专用发票上注明的增值税税额为14万元，货已到达，尚未验收入库，货款只支付70%，其余30%下月一次付清，并支付不含税购货运输费3万元，取得增值税专用发票。

该企业月末计算缴纳的流转税如下：

应缴纳的增值税 = $[30\times10\times(1-5\%)+3\times10]\times13\%-(14\times70\%+3\times7\%+0.6\times7\%+10)=20.898$（万元）

应缴纳的消费税 = $[30\times10\times(1-5\%)+3\times10]\times5\%-6\times50\%=12.75$（万元）

要求：请分析该企业当月纳税计算是否正确。如有错误（包括开具专用发票错误），请指出错在何处，并正确计算当月应缴纳的消费税与增值税。

6.兰亭白酒生产企业为增值税一般纳税人，2023年8月发生下列经济业务：

（1）向某烟酒专卖店销售粮食白酒10吨，开具普通发票，取得含税收入100万元，另收取品牌使用费3万元、包装物押金10万元。

（2）提供5万元的原材料委托当地一家加工厂加工散装药酒500千克，收回时向加工厂支付不含增值税的加工费2万元，加工厂已代收代缴消费税。

（3）委托加工收回后将其中400千克散装药酒继续加工成瓶装药酒1 000瓶，以每瓶不含税售价80元通过非独立核算门市部销售完毕。

（4）将委托加工收回剩余的100千克散装药酒作为福利分给职工，同类药酒的不含税销售价为每千克70元。

药酒的消费税税率为10%；白酒的消费税比例税率为20%，定额税率为0.5元/500克。

要求：

（1）计算当月该企业向专卖店销售白酒应缴纳的消费税税额；

（2）计算加工厂代收代缴的消费税税额；

（3）计算当月该企业销售瓶装药酒应缴纳的消费税税额；

（4）计算当月该企业分给职工散装药酒应缴纳的消费税税额。

参考答案

任务三　消费税的申报、缴纳与出口退税

引入案例

安心地板厂系增值税一般纳税人，2023年9月发生如下业务：

（1）进口松木花纹实木地板一批，海关审定的关税完税价格为8万元。

（2）从达生实木地板厂购进未经涂饰的素板，取得的增值税专用发票上注明的价款为5万元、增值税税额为0.65万元。当月领用进口实木地板，松木花纹实木地板的20%和未经涂饰素板的70%用于继续生产B型实木地板，生产完成后以直接收款的方式将部分B型实木地板对外出售，取得不含税销售收入32万元。

（3）采取赊销方式向某商场销售剩余的B型实木地板，不含税销售额为150万元，合同约定当月15日付款，由于商场资金周转不开，实际于下月20日支付该笔货款。

（4）将自产的一批C型实木地板作价200万元投资给某商店，该批实木地板的最低不含增值税销售价格为160万元，平均不含增值税销售价格为180万元，最高不含增值税销售价格为200万元。

（5）将新生产的豪华实木地板赠送给重要客户，该批实木地板的成本为90万元，市场上无同类产品的销售价格。

其他相关资料：实木地板消费税税率为5%，成本利润率为5%，进口关税税率为30%。上述相关票据均已经过比对认证。

要求：

（1）计算安心地板厂应缴纳的进口环节增值税和消费税；

（2）计算安心地板厂应向税务机关缴纳的消费税。

工作任务

1. 明确消费税纳税义务发生时间、纳税期限、纳税地点等征收管理规定
2. 了解消费税的纳税申报流程
3. 掌握消费税的出口退税规定

电子课件

知识结构图

本任务知识结构图如图2-4所示。

消费税的申报、缴纳与出口退税
- 消费税征收管理
- 消费税纳税申报
- 消费税的出口退税

文件法规

图2-4　本任务知识结构图

知识解析

一、消费税征收管理

（一）纳税义务发生时间

1. 纳税人销售应税消费品

纳税人销售应税消费品的，按不同的销售结算方式确定，分别为：

（1）采取赊销和分期收款结算方式的，为书面合同约定的收款日期的当天；书面合同没有约定收款日期或者无书面合同的，为发出应税消费品的当天。

（2）采取预收货款结算方式的，为发出应税消费品的当天。

（3）采取托收承付和委托银行收款结算方式的，为发出应税消费品并办妥托收手续的当天。

（4）采取其他结算方式的，为收讫销售款或者取得索取销售款凭据的当天。

2.纳税人自产自用应税消费品

纳税人自产自用应税消费品的，为移送使用的当天。

3.纳税人委托加工应税消费品

纳税人委托加工应税消费品的，为纳税人提货的当天。

4.纳税人进口应税消费品

纳税人进口应税消费品的，为报关进口的当天。

（二）纳税地点

（1）纳税人销售的应税消费品，以及自产自用的应税消费品，除国务院财政、税务主管部门另有规定外，应当向纳税人机构所在地或者居住地的主管税务机关申报纳税。

（2）委托加工的应税消费品，除受托方为个人外，由受托方向机构所在地或者居住地的主管税务机关解缴消费税税款。受托方为个人的，由委托方向机构所在地的主管税务机关申报纳税。

（3）进口的应税消费品，由进口人或者其代理人向报关地海关申报纳税。

（4）纳税人到外县（市）销售或者委托外县（市）代销自产应税消费品的，于应税消费品销售后，向机构所在地或者居住地主管税务机关申报纳税。

（5）纳税人的总机构与分支机构不在同一县（市）的，应当分别向各自机构所在地的主管税务机关申报纳税。

除卷烟批发企业外，纳税人的总机构与分支机构不在同一县（市），但在同一省（自治区、直辖市）范围内的，经省（自治区、直辖市）财政厅（局）、税务局审批同意，可以由总机构汇总向总机构所在地的主管税务机关申报缴纳消费税。

省（自治区、直辖市）财政厅（局）、税务局应将审批同意的结果，上报财政部、国家税务总局备案。

（6）纳税人销售的应税消费品，如因质量等原因由购买者退回，经机构所在地或者居住地主管税务机关审核批准后，可退还已缴纳的消费税税款。

（7）纳税人直接出口的应税消费品办理免税后，发生退关或者国外退货，进口时已予以免税的，经机构所在地或者居住地主管税务机关批准，可暂不办理补税，待其转为国内销售时，再申报补缴消费税。

（8）个人携带或者邮递进境的应税消费品的消费税，连同关税一并计征，具体办法由国务院关税税则委员会会同有关部门制定。

（三）纳税期限

消费税的纳税期限分别为1日、3日、5日、10日、15日、1个月或者1个季度。纳税人的具体纳税期限，由主管税务机关根据纳税人应纳税额的大小分别核定；不能按照固定期限纳税的，可以按次纳税。

纳税人以1个月或者1个季度为1个纳税期的，自期满之日起15日内申报纳税；以1日、3日、5日、10日或者15日为1个纳税期的，自期满之日起5日内预缴税款，于次月1日起至15日内申报纳税并结清上月应纳税款。

纳税人进口应税消费品，应当自海关填发海关进口消费税专用缴款书之日起15日内缴纳税款。

二、消费税纳税申报

（一）申报和缴纳税款的方法

纳税人报缴税款的方法，由所在地主管税务机关视不同情况，从下列方法中确定一种：

（1）纳税人按期向税务机关填报纳税申报表，并填开纳税缴款书，向其所在地代理金库的银行缴纳税款。

（2）纳税人按期向税务机关填报纳税申报表，由税务机关审核后填发缴款书，按期缴纳。

（3）对会计核算不健全的小型业户，税务机关可根据其产销情况，按季或按年核定其应纳税额，分月缴纳。

（二）填报消费税的纳税申报表及其附表

自2021年8月1日起，消费税与城市维护建设税、教育费附加、地方教育附加申报表整合，启用“消费税及附加税费申报表”及附表。

（1）主表：“消费税及附加税费申报表”。

（2）附表1-1：“本期准予扣除税额计算表”。

（3）附表1-2：“本期准予扣除税额计算表（成品油消费税纳税人适用）”。

（4）附表2：“本期减（免）税额明细表”。

（5）附表3：“本期委托加工收回情况报告表”。

（6）附表4：“卷烟批发企业月份销售明细清单（卷烟批发环节消费税纳税人适用）”。

（7）附表5：“卷烟生产企业合作生产卷烟消费税情况报告表（卷烟生产环节消费税纳税人适用）”。

（8）附表6：“消费税附加税费计算表”。

（三）办理税款抵扣手续

纳税人在办理纳税申报时，如需办理消费税税款抵扣手续，除应按有关规定提供纳税申报所需资料外，还应当提供以下资料：

（1）外购应税消费品连续生产应税消费品的，提供外购应税消费品增值税专用发票（抵扣联）原件和复印件。如果外购应税消费品的增值税专用发票属于汇总填开，除提供增值税专用发票（抵扣联）原件和复印件外，还应提供随同增值税专用发票取得的由销售方开具并加盖财务专用章或发票专用章的销货清单原件和复印件。

（2）委托加工收回应税消费品连续生产应税消费品的，提供“代扣代收税款凭证”原件和复印件。

（3）进口应税消费品连续生产应税消费品的，提供“海关进口消费税专用缴款书”原件和复印件。

三、消费税的出口退税

对纳税人出口应税消费品，免征消费税；国务院另有规定的除外。

（一）出口免税并退税

有出口经营权的外贸企业购进应税消费品可直接出口，也可受其他外贸企业委托代理出口应税消费品。外贸企业只有受其他外贸企业委托，代理出口应税消费品才可办理退税；外贸企业受其他企业（主要是非生产性的商贸企业）委托，代理出口应税消费品是不予退（免）税的。

属于从价定率计征消费税的，为已征且未在内销应税消费品应纳税额中抵扣的购进出口货物金额；属于从量定额计征消费税的，为已征且未在内销应税消费品应纳税额中抵扣的购进出口货物数量；属于复合计征消费税的，按从价定率和从量定额的计税依据分别确定。

$$\text{消费税应退税额}=\text{从价定率计征消费税的退税计税依据}\times\text{比例税率}+\text{从量定额计征消费税的退税计税依据}\times\text{定额税率}$$

（二）出口免税但不退税

有出口经营权的生产性企业自营出口或生产企业委托外贸企业代理出口自产的应税消费品，依据其实际出口数量免征消费税，不予办理退还消费税。免征消费税是指对生产性企业按其实际出口数量免征生产环节的消费税。因已免征生产环节的消费税，该应税消费品出口时，已不含消费税，所以无须退还消费税。

（三）出口不免税也不退税

除生产企业、外贸企业外的其他企业，具体是指一般商贸企业，该类企业委托外贸企业代理出口应税消费品一律不予退（免）税。出口货物的消费税应退税额的计税依据，按购进出口货物的消费税专用缴款书和海关进口消费税专用缴款书确定。

知识点梳理

本任务知识点梳理见表2-9。

表2-9 本任务知识点梳理

知识点	具体内容	
1.消费税纳税义务发生时间	赊销和分期收款结算方式	书面合同约定的收款日期的当天；书面合同没有约定收款日期或者无书面合同的，为发出应税消费品的当天
	预收货款结算方式	发出应税消费品的当天
	托收承付和委托银行收款结算方式	发出应税消费品并办妥托收手续的当天
	其他结算方式	收讫销售额或取得索取销售款凭证的当天
	自产自用	移送使用当天
	委托加工	纳税人提货当天
	进口应税消费品	报关进口当天

续表

知识点	具体内容	
2. 消费税纳税地点	销售及自产自用应税消费品	向机构所在地或者居住地的主管税务机关申报纳税
	委托加工应税消费品	由受托方向机构所在地或者居住地的主管税务机关解缴消费税税款。受托方为个人的，由委托方向机构所在地的主管税务机关申报纳税
	进口应税消费品	由进口人或者其代理人向报关地海关申报纳税
	到外县（市）销售或委托外县（市）代销自产应税消费品	向机构所在地或者居住地主管税务机关申报纳税
	总分机构不在同一县（市）	应当分别向各自机构所在地的主管税务机关申报纳税；除卷烟批发企业外，经省（自治区、直辖市）财政厅（局）、国家税务总局审批同意，可以由总机构汇总向总机构所在地的主管税务机关申报缴纳消费税
3. 消费税出口退税的计算	（1）使用征收率计算退税 （2）复合计征消费税的： 消费税应退税额 = 从价定率计征消费税的退税计税依据 × 比例税率 + 从量定额计征消费税的退税计税依据 × 定额税率	

案例解析

本任务“引入案例”的解析如下：

（1）应缴纳的进口环节增值税 =（8 + 8 × 30%）÷（1 − 5%）× 13% ≈ 1.42（万元）

应缴纳的进口环节消费税 =（8 + 8 × 30%）÷（1 − 5%）× 5% ≈ 0.55（万元）

（2）准予抵扣的实木地板已纳消费税 =（8 + 8 × 30%）÷（1 − 5%）× 5% × 20% + 5 × 5% × 70% ≈ 0.28（万元）

采取赊销方式销售应税消费品的，消费税纳税义务发生时间为销售合同约定的收款日期的当天。

业务（2）、业务（3）：应缴纳B型实木地板的消费税 = 32 × 5% + 150 × 5% − 0.28 = 8.82（万元）

业务（4）：自产应税消费品对外投资的，按照最高销售价格计征消费税，应缴纳C型实木地板的消费税 = 200 × 5% = 10（万元）

业务（5）：应缴纳的消费税 =（90 + 90 × 5%）÷（1 − 5%）× 5% ≈ 4.97（万元）

安心地板厂应向税务机关缴纳的消费税 = 8.82 + 10 + 4.97 = 23.79(万元)

案例中涉及的相关知识点回顾：

计算消费税的顺序：

第一步，判定经济业务是否属于消费税的征收范围（15个税目，5个环节）；

第二步，针对不同的税目，寻找对应的税率；

第三步，判定经济业务是否满足已纳税款的扣除标准；

第四步，按照上述内容依据消费税应纳税额的计算公式计算消费税，并扣除对应的满足条件的已纳税款。

知识翻转

一家外贸公司（增值税一般纳税人，具有出口经营权）2023年9月从生产企业购进高档化妆品一批，取得的增值税专用发票上注明的价款为50万元、增值税税额为6.5万元，支付购买高档化妆品的运输费用6万元，当月该批高档化妆品全部出口取得销售收入70万元。该批高档化妆品的增值税退税率为10%，高档化妆品消费税税率为15%。

请问：该贸易公司出口高档化妆品应退的增值税和消费税合计金额为多少？该外贸企业在实际纳税申报时应准备哪些资料？向何地报税？

知识考核

一、单项选择题

1. 下列各项关于消费税征收管理的表述，正确的是（　　）。

A. 进口货物消费税由海关征收

B. 委托个体工商户加工应税消费品应纳的消费税由受托方代收并向其所在地主管税务机关申报缴纳

C. 消费税纳税人分支机构在同一地级市不在同一县的，由市级税务机关审批同意后可汇总缴纳消费税

D. 消费税收入分别入中央库和地方库

2. 下列各项关于消费税纳税地点的表述，正确的是（　　）。

A. 纳税人销售应税消费品，应当在销售行为发生地的主管税务机关申报纳税

B. 纳税人总分机构不在同一县（市）的，可以由总机构汇总向总机构所在地的主管税务机关申报缴纳消费税

C. 委托加工应税消费品，受托方为个人的，由委托方向其机构所在地主管税务机关申报纳税

D. 进口应税消费品，由进口人或由其代理人向其机构所在地或住所地主管税务机关申报纳税

3. 下列各项关于消费税纳税义务发生时间的表述，正确的是（　　）。

A. 纳税人自产自用应税消费品的，为移送使用的当天

B. 纳税人委托加工应税消费品的，为纳税人支付加工费的当天

C. 纳税人进口应税消费品的，为进口货物的当天

D. 采用预收货款结算方式销售的应税消费品，为收到预收款的当天

4. 纳税人进口应税消费品，应于（　　）缴纳消费税税款。

A. 海关填发海关进口消费税专用缴款书次日起15日内
B. 海关填发海关进口消费税专用缴款书之日起15日内
C. 次月起7日内
D. 次月起10日内

5. 下列各项关于消费税纳税义务发生时间的表述，错误的是（ ）。
A. 某酒厂销售葡萄酒20箱并收取价款4 800元，其纳税义务发生时间为收款的当天
B. 某手表厂采取预收货款方式销售高档手表，其纳税义务发生时间为销售合同约定的收款日期的当天
C. 某烟花企业采用托收承付方式销售焰火，其纳税义务发生时间为发出焰火并办妥托收承付手续的当天
D. 某化妆品厂采用赊销方式销售高档化妆品，书面合同约定收款日期为6月30日，实际收款日期为7月30日，纳税义务发生时间为6月30日

二、多项选择题

1. 企业出口的下列应税消费品中，属于消费税出口免税并退税的有（ ）。
A. 商贸企业委托外贸企业代理出口的应税消费品
B. 有出口经营权的外贸企业购进应税消费品后直接用于出口的应税消费品
C. 外贸企业受其他外贸企业委托，代理出口应纳税消费品
D. 生产企业委托外贸企业代理出口自产的应税消费品

2. 下列各项关于消费税纳税地点的表述，正确的有（ ）。
A. 委托加工应税消费品，一律由委托方收回应税消费品后向其机构所在地申报纳税
B. 纳税人销售应税消费品应向机构所在地或者居住地的主管税务机关申报纳税
C. 固定业户到外县（市）临时销售金银首饰，未持外出经营活动税收管理证明的，销售地主管税务机关按规定征收消费税，其在销售地发生的销售额，回机构所在地后仍需申报纳税
D. 进口的应税消费品，由其进口人或代理人向报关地海关申报纳税

3. 下列各项关于消费税纳税义务发生时间的表述，正确的有（ ）。
A. 某汽车厂销售汽车采用赊销方式，合同规定收款日期为10月份，实际收到货款为11月份，则纳税义务发生时间为11月份
B. 某汽车厂采用预收货款方式结算，其纳税义务发生时间为预收货款的当天
C. 某汽车厂采用托收承付结算方式销售汽车，其纳税义务发生时间为发出汽车并办妥托收手续的当天
D. 某金银珠宝店销售首饰，已收取价款，其纳税义务发生时间为收款的当天

三、计算题

参考答案

本市一家高尔夫球具生产企业（增值税一般纳税人）2023年9月5日以分期收款方式销售一批球杆，价税合计为271.2万元，合同约定客户于9月10日、11月10日各支付50%的价款；9月10日按照约定收到50%的价款，但并未给客户开具发票。已知高尔夫球具的消费税税率为10%。

要求：计算该企业9月份应缴纳的消费税税额。

项目三

关税

任务一　关税的纳税义务人和课税对象

引入案例

李明2023年出国旅游发生下列情况：

（1）受张梅委托从境外购买一台数码相机，并由自己带回境内给张梅。

（2）受小程委托购买化妆品，但由于小程邮递不方便，便从境外邮递化妆品给小程的好友小红，并委托小红转交给小程。

（3）李明的妻子小王给远在美国的李明邮递了茶叶等家乡特产。

请问：这些经济活动是否需要缴纳关税？上述活动所涉及的关税的纳税义务人分别是谁？

工作任务

电子课件

1. 了解关税的类别
2. 确定关税的纳税人
3. 掌握关税的课税对象及税目

文件法规

知识结构图

本任务知识结构图如图3-1所示。

关税的纳税义务人和课税对象
- 关税的分类
- 关税纳税义务人
- 关税课税对象和税目

图3-1　本任务知识结构图

知识解析

关税是海关依法对进出境的货物、物品征收的一种商品税。这里的"境"是指"关境"。关境又称税境，是指一国海关法规可以全面实施的境域。国境是一个主权国家的领土范围。在通常情况下，一国的关境与其国境的范围是一致的，关境即国境。但由于自由港、自由区和关税同盟的存在，关境与国境有时不完全一致，此时关境小于国境。例如，根据《中华人民共和国香港特别行政区基本法》《中华人民共和国澳门特别行政区基本法》，我国香港和澳门特别行政区保持自由港地位，为我国单独的关税地区，其关境小于国境。

我国现行关税的法律规范以2017年11月修正的《中华人民共和国海关法》（以下简称《海关法》）为法律依据，以国务院颁布的《中华人民共和国进出口关税条例》（以下简称《进出口关税条例》）、《中华人民共和国进出口税则》（以下简称《进出口税则》）以及《中华人民共和国海关关于入境旅客行李物品和个人邮递物品征收进口税办法》为基本法规，由负责关税政策制定和征收管理的主管部门依据基本法规拟定管理办法和实施细则。

一、关税的分类

（一）按征税对象分类

按征税对象的不同，关税一般分为进口关税、出口关税和过境关税。我国目前对进出境货物征收的关税分为进口关税和出口关税两类。

1. 进口关税

进口关税是海关对进口货物和物品所征收的关税，它是关税中最主要的一种征税形式。目前，许多国家已不征收出口关税和过境关税，因此，经常提到的关税，一般都指进口关税。进口关税是保护关税政策的主要手段，在各国财政收入中占一定地位。

2. 出口关税

出口关税是海关对出口货物和物品所征收的关税。

目前，各发达国家一般已经取消了出口关税，也有部分国家基于限制本国某些产品或自然资源输出等原因，对部分出口货物征收出口关税。

微课

关税纳税义务人和课税对象

（二）按征税标准分类

按征税标准的不同，可将关税分为从量税、从价税。此外，各国常用的征税标准还有复合税、选择税、滑动税。

1. 从量税

将货物的计量单位（重量、长度、面积、容积、数量等）作为征税标准，以每一计量单位缴纳的关税金额作为税率，称为从量税。目前，世界各国多以货物重量为标准计征关税。在确定重量时，又有总量（即毛重量）和半总量（即净重或净重加内包装重）两个标准。

2. 从价税

以货物的价格作为征税标准而征收的税，称为从价税。从价税的税率表现为货物价格的百分比。经海关审定作为计征关税依据的价格称为完税价格。以完税价格乘以税则中规定的税率，就可得出应纳税额。

3. 复合税

复合税又称混合税，是指在税则的同一税目中有从价和从量两种税率，征税时既采用从价又采用从量两种税率计征税款。

4. 选择税

在税则的同一税目中，有从价和从量两种税率，征税时由海关选择其中一种计征的称为选择税。

5. 滑动税

滑动税又称滑准税，是在税则中预先按产品的价格高低分档制定若干不同的税率，然后根据进出口商品价格的变动而增减进出口税率的一种关税。商品价格上涨，采用较低税率；商品价格下跌，则采用较高税率，其目的是使该种商品的国内市场价格保持稳定，免受或少受国际市场价格波动的影响。

（三）按征税性质分类

按征税性质的不同，关税可分为普通关税、优惠关税和差别关税三种。它们主要适用于进口关税。

1. 普通关税

普通关税又称一般关税，是对与本国没有签署贸易或经济互惠等友好协定的国家原产的货物征收的非优惠性关税。普通关税与优惠关税的税率差别一般较大。

2. 优惠关税

优惠关税一般是互惠关税，即签订优惠协定的双方互相给对方优惠关税待遇，但也有单向优惠关税待遇，即只对受惠国给予优惠待遇，而没有反向优惠。优惠关税一般有特定优惠关税、普遍优惠关税和最惠国待遇三种。

3. 差别关税

差别关税实际上是保护主义政策的产物，是保护一国产业所采取的特别手段。

一般意义上的差别关税主要分为加重关税、反补贴关税、反倾销关税、报复关税等。

（四）按保护形式和程度分类

按保护形式和程度的不同，关税可分为关税壁垒和非关税壁垒。

1. 关税壁垒

关税壁垒是指一国政府以提高关税的办法限制外国商品进口的措施。关税壁垒的目的是抵制外国商品进入本国市场，最大限度地削弱外国商品在本国市场上的竞争力，保护本国商品竞争优势，垄断国内市场。高额关税就像高墙一样阻止或限制外国商品输入，因此称之为关税壁垒。

2. 非关税壁垒

非关税壁垒是指除关税以外的一切限制进口的措施，有直接非关税壁垒和间接非关税壁垒之分。直接非关税壁垒是通过对本国产品和进口商品的差别待遇或迫使出口国限制商品出口等措施，以直接限制进口。其措施有政府采购、海关估价、进口许可制度、进口配额制、关税配额制等。间接非关税壁垒是指并非对商品进口进行直接限制，而是采取同样能起到限制商品进口效果的各种措施，如外汇管制、进出口国家垄断、复杂的海关手续、苛刻的卫生安全和技术标准等。

学思践悟

自从2018年中美贸易争端以来，贸易战最终导致约5 500亿美元的中国商品和1 850亿美元的美国商品征收关税。商品关税税率由原先的3%上升到19.3%，这就是美国运用关税壁垒限制外国商品进口的措施。当然，这也会加大通货膨胀风险，提高生活成本。

美国政府也在用非关税壁垒限制进口，如滥用“国家安全”概念，不断打压中国企业。从断供华为，到对Tiktok和微信发出禁令，再到所谓的“清洁网络”计划，煽动甚至推动所谓中美“脱钩”，妄图以此恢复美国的经济实力。然而，中美两国经济已经深度融合，“脱钩”不仅有损两国利益，而且对美国的损失更大。正如美国贸易代表罗伯特·莱特希泽所说，“脱钩”是个复杂的问题，中美完全脱钩是不可能的。美国妄想用对中国“卡脖子”、打压的做法来遏制中国，无异于自我孤立，最终受损的将是自己，是绝不可行的。

在新冠肺炎疫情阴影下艰难前行的世界经济也迫切需要中美友好与合作。逆时而动的“脱钩”论不仅罔顾中美两国民意，也与世界人民的福祉相悖，注定不会得逞。

党的二十大报告指出：“中国坚持对外开放的基本国策，坚定奉行互利共赢的开放战略，不断以中国新发展为世界提供新机遇，推动建设开放型世界经济，更好惠及各国人民。”我们将坚持以高标准、可持续、惠民生为目标，巩固互联互通合作基础，拓展国际合作新空间，推动共建“一带一路”高质量发展。坚持经济全球化正确方向，推动贸易和投资自由化便利化，推进双边、区域和多边合作，促进国际宏观经济协调，共同营造有利于发展的国际环境，共同培育全球发展新动能，反对保护主义，反对“筑墙设垒”“脱钩断链”，反对单边制裁、极限施压。将加大对全球发展合作的资源投入，致力于缩小南北差距，坚定支持和帮助广大发展中国家加快发展。

【做中学3-1】（多项选择题）根据关税法律制度的规定，我国的关税按征税标准分类，可以分为（　　）。

A.从价税　　B.从量税　　C.差别关税　　D.复合税

答案：ABD。关税按征税标准分类，可以分为从量税、从价税。此外，各国常用的征税标准还有复合税、选择税、滑动税。选项C属于按照征税性质分类。

【做中学3-2】（多项选择题）根据关税法律制度的规定，我国的关税按征税性质分类，分为（　　）。

A.进口关税　　B.普通关税　　C.优惠关税　　D.出口关税

答案：BC。按征税性质的不同，关税可分为普通关税、优惠关税和差别关税三种。选项A、D属于按照征税对象分类。

二、关税纳税义务人

进口货物的收货人、出口货物的发货人、进出境物品的所有人，是关税的纳税义务人。进出境物品的所有人包括该物品的所有人和推定为所有人的人。

具体而言，贸易性商品的纳税人是经营进出口货物的收、发货人。它包括外贸进出口公司、工贸或农贸结合的进出口公司以及经批准经营进出口商品的企业。

物品的纳税人包括：入境旅客随身携带的行李、物品的持有人；各种运输工具上的服务人员入境时携带自用物品的持有人；馈赠物品及以其他方式入境个人物品的所有人；个人以邮递方式进境的物品的收件人；以邮递方式或其他运输方式出境的物品的寄件人或托运人。

接受纳税人委托办理货物报关等有关手续的代理人，可以代办纳税手续。

【做中学3-3】（多项选择题）下列各项属于关税法定纳税义务人的有（　　）。

A.进口货物的收货人　　B.进口货物的代理人

C.出口货物的发货人　　D.出口货物的代理人

答案：AC。贸易性商品的纳税人是经营进出口货物的收、发货人，因此选项B、D错误。

三、关税课税对象和税目

关税的课税对象是准许进出境的货物、物品。

【提示】货物是指贸易性商品；物品是指入境旅客随身携带的行李物品、个人邮递物品、各种运输工具上的服务人员携带进口的自用物品、馈赠物品及以其他方式进境的个人物品。

凡准许进出口的货物，除国家另有规定外，均应由海关征收进口关税或出口关税。对从境外采购进口的原产于中国境内的货物，也应按规定征收进口关税。

关税的税目、税率由《进出口税则》规定。其包括三个主要部分：归类总规则、进口税率表、出口税率表。其中，归类总规则是对进出口货物分类的具有法律效力的原则和方法。

《进出口税则》中的商品分类目录为关税税目。按照税则归类总规则及其归类方法，每一种商品都能找到一个适合的对应税目。

知识点梳理

本任务知识点梳理见表3-1。

表3-1　本任务知识点梳理

知识点	具体内容
1.关税	（1）关税是海关依法对进出境的货物、物品征收的一种商品税 （2）关税是一种税收形式；关税的征税对象是货物和物品；关税的征税范围是进出关境的货物和物品
2.关税的特点	（1）征税的对象是进出境的货物和物品 （2）关税是单一环节的价外税 关税的完税价格中不含关税，即征收关税时，是以实际成交价格为计税依据，关税不包括在内。但是，当海关代为征收增值税和消费税时，其计税依据包括关税在内 （3）有较强的涉外性
3.关税的分类	（1）按征税对象不同，分为进口关税、出口关税和过境关税。进口关税有正税和附加税之分。附加税又分为反倾销税、反补贴税、报复关税、紧急进口税等 （2）按征税标准不同，分为从量税、从价税。此外，各国常用的征税标准还有复合税、选择税、滑动税 （3）按征税性质不同，分为普通关税、优惠关税和差别关税三种。一般意义上的差别关税主要分为加重关税、反补贴关税、报复关税、反倾销关税等 （4）按保护形式和程度不同，分为关税壁垒和非关税壁垒
4.关税纳税人	关税纳税人为进口货物的收货人、出口货物的发货人、进出境物品的所有人
5.关税的课税对象及税目	（1）课税对象是准许进出境的货物和物品 （2）《进出口税则》中的商品分类目录为关税税目

案例解析

本任务“引入案例”的解析如下：

这些经济活动均应缴纳关税。第一笔经济活动李明受张梅委托从境外购买一台数码相机，并由自己带回境内给张梅。由于一般情况下，对于携带入境的物品，推定其携带人为所有人，因此李明是该项关税的纳税义务人。第二笔经济活动是李明以邮递形式使物品进境，推定其收件人为所有人，因此小红为该项关税的纳税义务人。第三笔经济活动属于以邮递或其他运输方式使物品出境，推定其寄件人或托运人为所有人，因此小王为该项关税的纳税义务人。

案例中涉及的相关知识点回顾见表3-2。

表3-2 相关知识点回顾

具体情况		关税纳税义务人
一般规定	进口货物	收货人
	出口货物	发货人
	进出境物品	所有人
具体规定	携带进境的物品	携带人为所有人
	以邮递方式进境的物品	收件人为所有人
	以邮递方式或其他运输方式出境的物品	寄件人或托运人为所有人
	馈赠物品及以其他方式入境的个人物品	所有人

知识翻转

关境和国境之间有什么关系？在实际工作中，如何判断货物是否需要缴纳关税？在实际工作中遇到进口各类商品、邮递出入境等情况时，如何办理通关手续？如何确定关税的纳税义务人？

知识考核

一、单项选择题

1. 下列各项关于关税纳税义务人的表述，正确的是（ ）。

A. 甲委托乙从境外购买一台笔记本电脑，并由乙带回境内给甲，甲为关税纳税义务人

B. 丙从境外邮递化妆品给丁，并委托丁交给戊，戊为关税纳税义务人

C. 小刘给远在法国的小张邮递了家乡土特产，小张为关税纳税义务人

D. 天意公司以邮递方式向德国某公司出口一批货物，天意公司为关税纳税义务人

2. 下列各项关于关税的表述，错误的是（　　）。

A. 关税的征税对象是进出境的货物和物品

B. 关税是单一环节的价外税

C. 关税是价内税

D. 关税具有较强的涉外性

3. 根据关税法律制度的规定，下列各项不属于关税纳税义务人的是（　　）。

A. 化妆品进口商　　B. 携带进境的物品的携带人

C. 邮递出境物品的托运人　　D. 邮递方式进境的物品的寄件人

4. 下列各项关于从价关税的表述，不正确的是（　　）。

A. 从价税对质优价高的产品课征较多的税，对质劣价低的产品征收较少的税，具有税负公平的特点

B. 从价税手续简便，可以节省大量征收费用，通关迅速

C. 从价税税负明确，便于国家间的关税比较

D. 从价税完税价格难以审定

5. 在关税税则中，预先按产品的价格高低分档制定若干不同的税率，根据进出口商品价格的变动而增减进出口税率的关税是（　　）。

A. 选择税　　B. 滑动税　　C. 复合税　　D. 差别税

6. 根据关税的现行政策，下列各项说法错误的是（　　）。

A. 按征税对象分类，可将关税分为进口关税、出口关税和过境关税

B. 按征税标准分类，可将关税分为从量税、从价税

C. 按征税性质，关税可分为加重关税、反补贴关税和反倾销关税

D. 按保护形式和程度分类，可分为关税壁垒和非关税壁垒

二、多项选择题

1. 根据关税法律制度的规定，我国的关税按保护形式和程度分类，可以分为（　　）。

A. 关税壁垒　　B. 反倾销关税　　C. 非关税壁垒　　D. 反补贴关税

2. 根据关税法律制度的规定，下列各项属于差别关税的有（　　）。

A. 加重关税　　B. 反补贴关税　　C. 报复关税　　D. 反倾销关税

3. 根据关税法律制度的规定，下列各项关于进口关税的表述，正确的有（　　）。

A. 进口关税是保护关税政策的主要手段

B. 进口关税是海关对进口货物和物品所征收的关税，它是关税中最主要的一种征税形式

C. 附加税是一个独立的税种，不从属于进口关税

D. 许多国家已不征收出口关税和过境关税，所以现在关税只有进口关税一种

4. 下列各项属于进境物品纳税义务人的有（　　）。

A. 个人邮递物品的寄件人　　B. 外贸进出口公司

C. 携带物品入境的入境人员　　D. 馈赠物品入境的物品所有人

5. 下列各项属于关税纳税人的有（　　）。

A. 外贸进出口公司
B. 工贸或农贸结合的进出口公司
C. 入境旅游随身携带的行李、物品的持有人
D. 邮递进境物品的收件人

三、判断题

1. 在通常情况下，一国的关境与其国境的范围是一致的，关境即是国境。但由于自由港、自由区和关税同盟的存在，关境与国境有时不完全一致，此时关境可能大于国境。（　）

2. 滑动税是在税则中预先按产品的价格高低分档制定若干不同的税率，然后根据进出口商品价格的变动而增减进出口税率的一种关税。（　）

3. 反补贴关税又称抵销关税，它是对接受任何津贴或补贴的外国进口货物所附加征收的一种关税，是差别关税的重要形式之一。（　）

4. 贸易性商品的纳税人是经营进出口货物的收、发货人，因此，以邮递方式或其他运输方式出境的物品其收货人为关税的纳税义务人。（　）

参考答案

任务二　关税的税率和优惠政策

引入案例

腾龙公司为一家外贸进出口公司，2023年1月从国外进口一批啤酒和一批摄像机，同时出口一批器材。

请问：

（1）腾龙公司进口啤酒、摄像机以及出口器材是否需要缴纳关税？

（2）在计算进口啤酒、摄像机的关税时，应采用从价计征、从量计征还是复合计征办法？

（3）若2023年2月，啤酒在境外运输途中遇上强风暴，虽最终安全入境，但遭受损坏，需要退回，2月份腾龙公司是否需要缴纳该批啤酒出口时的关税？

工作任务

1. 掌握关税的税率
2. 了解关税的优惠政策

电子课件

知识结构图

文件法规

本任务知识结构图如图3-2所示。

关税的税率和优惠政策 { 关税的税率
关税税收优惠

图3-2 本任务知识结构图

知识解析

一、关税的税率

（一）进口关税税率

关税的税率分为进口税率和出口税率两种。其中，进口税率又分为普通税率、最惠国税率、协定税率、特惠税率、关税配额税率和暂定税率。进口货物适用何种关税税率是以进口货物的原产地为标准的。进口关税一般采用比例税率实行从价计征的办法，但对啤酒、原油等少数货物则实行从量计征的办法。对广播用录像机、放像机、摄像机等实行从价加从量的复合计征办法。

1.进口货物税率

（1）普通税率

对原产于未与我国共同适用最惠国条款的世界贸易组织成员，未与我国签订含有相互给予最惠国待遇、关税优惠条款贸易协定和特殊关税优惠条款贸易协定的国家或者地区的进口货物，以及原产地不明的货物，按照普通税率征税。

（2）最惠国税率

对原产于与我国共同适用最惠国条款的世界贸易组织成员的进口货物，原产于与我国签订含有相互给予最惠国待遇的双边贸易协定的国家或者地区的进口货物，以及原产于我国的进口货物，按照最惠国税率征税。

（3）协定税率

对原产于与我国签订含有关税优惠条款的区域性贸易协定的国家或地区的进口货物，按协定税率征税。

（4）特惠税率

对原产于与我国签订含有特殊关税优惠条款的贸易协定的国家或地区的进口货物，按特惠税率征税。

（5）关税配额税率

关税配额税率是指关税配额限度内的税率。关税配额是进口国限制进口货物数量的措施，把征收关税和进口配额相结合以限制进口。对于在配额内进口的货物可以适用较低的关税配额税率，对于配额之外的则适用较高税率。

（6）暂定税率

暂定税率是在最惠国税率的基础上，对于一些国内需要降低进口关税的货物，以及出于国际双边关系的考虑，需要个别安排的进口货物，可以实行暂定税率。

【做中学3-4】（多项选择题）根据关税法律制度的规定，我国关税进口税率的种类主要有（　　）。

A.最惠国税率 B.协定税率 C.特惠税率 D.普通税率

答案：ABCD。

2.进境物品进口税率

自2019年4月9日起，除另有规定外，我国对准于应税进口的旅客行李物品、个人邮递物品以及其他个人自用物品，均由海关按照《中华人民共和国进境物品进口税税率表》的规定，征收进口关税、代征进口环节增值税和消费税等进口税。

（1）进口税率为13%的物品。书报、刊物、教育用影视资料；计算机、视频摄录一体机、数字照相机等信息技术产品；食品、饮料；玩具；游戏品、节日或其他娱乐用品和药品。

（2）进口税率为20%的物品。运动用品（不含高尔夫球及球具）、钓鱼用品；纺织品及其制成品；电视摄像机及其他电器用具；自行车；进口税率为13%和50%的物品中未包含的其他商品。

（3）进口税率为50%的物品。烟、酒；贵重首饰及珠宝玉石，高尔夫球及球具；高档手表；高档化妆品。

（二）税率的确定

进出口货物应当依照《进出口税则》规定的归类原则归入合适的税号按照适用的税率征税。其中：

（1）进出口货物应当按照收发货人或其代理人申报进口或者出口之日实施的税率征税。

（2）进口货物到达前，经海关核准先行申报的，应当按照装载此货物的运输工具申报进境之日实施的税率征税。

（3）进出口货物的补税和退税，适用该进出口货物原申报进口或者出口之日实施的税率，但下列情况除外：

① 按照特定减免税办法批准予以减免税的进口货物，后因情况改变经海关批准转让或出售需予补税的，应按其原进口之日实施的税率征税。

② 加工贸易进口料件等属于保税性质的进口货物，如经批准转为内销，应按向海关申报转为内销当日实施的税率征税；如未经批准擅自转为内销，则按海关查获日期所实行的税率征税。

③ 对经批准缓税进口的货物以后缴税时，不论是分期还是一次缴清税款，都应按货物原进口之日实施的税率计征税款。

④ 分期支付租金的租赁进口货物，分期付税时，应按该项货物原进口之日实施的税率征税。

⑤ 溢卸、误卸货物事后确定需予征税时，应按其原运输工具申报进口日期实施的税率征税。如原进口日期无法查明，可按确定补税当天实施的税率征税。

⑥ 对由于《进出口税则》归类的改变、完税价格的审定或其他工作差错而需补征税款的，应按原征税日期实施的税率征税。

⑦ 查获的走私进口货物需予补税时，应按查获日期实施的税率征税。

⑧ 暂时进口货物转为正式进口需予补税时，应按其转为正式进口之日实施的税率征税。

【做中学3-5】（单项选择题）下列各项不符合关税税率有关规定的是（ ）。

A.进口货物在进口时需要征税的，按照纳税义务人申报进口之日实施的税率征收关税

B.加工贸易进口料件等属于保税性质的进口货物，如经批准转为内销，应按向海关申报转为内销之日实施的税率征税

C.由于完税价格的审定而需补税的，应按补税之日实施的税率征收关税

D.对经批准缓税进口的货物以后缴税时，无论是分期还是一次缴清税款，都应按货物原进口之日实施的税率征税

答案：C。

（三）出口关税税率

我国仅对少数资源性产品及易于竞相杀价、盲目进口、需要规范出口秩序的半制成品征收出口关税。

二、关税税收优惠

关税的减免是对某些纳税人和征税对象给予鼓励和照顾的一种特殊调节手段。它是国家贯彻关税政策的一项重要措施。关税的减税、免税分为法定性减免税、政策性减免税和临时性减免税。根据《海关法》的规定，除法定减免税外的其他减免税均由国务院决定。减征关税在我国加入世界贸易组织之前以税则规定税率为基准，在我国加入世界贸易组织之后以最惠国税率或者普通税率为基准。

（一）法定减免税

《海关法》和《进出口关税条例》中规定的减免税，称为法定减免税。符合税法规定可予以减免税的进出口货物，纳税义务人无须提出申请，海关可按规定直接予以减免税。海关对法定减免税货物一般不进行后续管理。

1.减免关税的情形

（1）下列进出口货物，可以减免关税：

① 关税税额、进口环节增值税或者消费税税额在人民币50元以下的一票货物；

② 无商业价值的广告品及货样；

③ 外国政府、国际组织无偿赠送的物资；

④ 进出境运输工具装载的途中必需的燃料、物料和饮食用品；

⑤ 在海关放行前损失的货物；

⑥ 在海关放行前遭受损坏的货物，可以根据海关认定的受损程度减征关税；

⑦ 因故退还的中国出口货物，可以免征进口关税，但已征收的出口关税，不予退还；

⑧ 因故退还的境外进口货物，可以免征出口关税，但已征收的进口关税，不予退还；

⑨ 中国缔结或参加的国际条约规定减征、免征关税的货物、物品，海关应当按照规定减免关税；

⑩ 法律规定减征、免征关税的其他货物、物品。

（2）有下列情形之一的进口货物，海关可以酌情减免税：

① 在境外运输途中或者在起卸时，遭受损坏或者损失的；

② 在起卸后海关放行前，因不可抗力遭受损坏或者损失的；

③ 海关查验时已经破漏、损坏或者腐烂，经证明不是保管不慎造成的。

为境外厂商加工、装配成品和为制造外销产品而进口的原材料、辅料、零件、部件、配套件和包装物料，海关按照实际加工出口的成品数量免征进口关税；或者对进口料件先征进口关税，再按照实际加工出口的成品数量予以退税。

【做中学3-6】（多项选择题）根据关税法律制度的规定，下列各项属于法定减免关税的有（　　）。

A.关税税额、进口环节增值税或者消费税税额在人民币80元以下的一票货物

B.国际组织无偿赠送的物资

C.无商业价值的广告品

D.进出境运输工具装载的途中必需的饮食用品

答案：BCD。

【做中学3-7】（多项选择题）发生下列情形的进口货物，经海关查明属实，可以酌情减免关税的有（　　）。

A.在境外运输途中或在起卸时遭受损坏或损失的货物

B.在起卸后海关放行前，因自然灾害遭受损坏或者损失的货物

C.海关查验时货物已经破漏、损坏或者腐烂，经证明是由保管不慎造成的

D.在起卸后海关放行后，因不可抗力遭受损坏或者损失的货物

答案：AB。

2.暂不缴纳关税的情形

下列进出口货物，可以暂不缴纳关税：

经海关批准暂时进境或者暂时出境的下列货物，在进境或者出境时纳税义务人向海关缴纳相当于应纳税款的保证金或者提供其他担保的，可以暂不缴纳关税，并应当自进境或者出境之日起6个月内复运出境或者复运进境；经纳税义务人申请，海关可以根据海关总署的规定延长复运出境或者复运进境的期限：

（1）在展览会、交易会、会议及类似活动中展示或者使用的货物；

（2）文化、体育交流活动中使用的表演、比赛用品；

（3）进行新闻报道或者摄制电影、电视节目使用的仪器、设备及用品；

（4）开展科研、教学、医疗活动使用的仪器、设备及用品；

（5）在第（1）项至第（4）项所列活动中使用的交通工具及特种车辆；

（6）货样；

（7）供安装、调试、检测设备时使用的仪器、工具；

（8）盛装货物的容器；

（9）其他用于非商业目的的货物。

以上所列暂准进境货物在规定的期限内未复运出境的，或者暂准出境货物在规定的期限内未复运进境的，海关应当依法征收关税。

以上所列可以暂时免征关税范围以外的其他暂准进境货物，应当按照该货物的完税价格和其在境内滞留时间与折旧时间的比例计算征收进口关税。具体办法由海关总署规定。

因残损、短少、品质不良或者规格不符等原因，由进出口货物的发货人、承运人或者保险公司免费补偿或者更换相同货物的，进出口时不征收关税。被免费更换的原进口

货物不退运出境或者原出口货物不退运进境的，海关应当对原进出口货物重新按照规定征收关税。

【做中学3-8】（多项选择题）根据关税法律制度的规定，下列各项免征关税的有（　　）。

A.进出境运输工具装载的途中必需的燃料、物料和饮食用品

B.国际组织无偿赠送的物资

C.经海关批准暂时进境并在出境时纳税义务人向海关缴纳相当于应纳税款的保证金的交易会使用的货物

D.中国缔结或参加的国际条约规定减征、免征关税的货物、物品

答案：ABCD。

3.申请退还关税的情形

有下列情形之一的，纳税义务人自缴纳税款之日起1年内，可以申请退还关税，并应当以书面形式向海关说明理由，提供原缴款凭证及相关资料：

（1）已征进口关税的货物，因品质或者规格原因，原状退货复运出境的；

（2）已征出口关税的货物，因品质或者规格原因，原状退货复运进境，并已重新缴纳因出口而退还的国内环节有关税收的；

（3）已征出口关税的货物，因故未装运出口，申报退关的。

海关应当自受理退税申请之日起30日内查实并通知纳税义务人办理退还手续。纳税义务人应当自收到通知之日起3个月内办理有关退税手续。

按照其他有关法律、行政法规的规定应当退还关税的，海关应当按照有关法律、行政法规的规定予以退税。

（二）特定减免税

特定减免税，也称政策性减免税，是指在法定减免税之外，国家按照国际通行规则和我国实际情况，制定发布的有关进出口货物减免关税的政策。特定减免税货物一般有地区、企业和用途的限制，海关需要进行后续管理，也需要进行减免税统计。特定减免关税的货物一般包括：

1.科教用品

具体包括：

（1）研究开发、科学试验用的分析、测量、检查、计量、观测、发生信号的仪器、仪表及其附件；

（2）为科学研究、技术开发提供必要条件的科研实验用设备（用于中试和生产的设备除外）；

（3）计算机工作站，中型、大型计算机；

（4）在海关监管期内用于维修依照规定已免税进口的仪器、仪表和设备或者用于改进、扩充该仪器、仪表和设备的功能而单独进口的专用零部件及配件；

（5）各种载体形式的图书、报刊、讲稿、计算机软件。

免税进口的科技开发用品，应当直接用于本单位的科学研究和技术开发，不得擅留转让、移作他用或者进行其他处置。

2. 残疾人专用品

根据《残疾人专用品免征进口税收暂行规定》（海关总署令第61号），为支持残疾人的康复事业，对残疾人个人专用品和福利、康复单位进口国内不能生产的残疾人个人专用品，免征进口关税和进口环节增值税、消费税。上述暂行规定对免税的残疾人专用品种类和品名作了明确规定。

3. 慈善捐赠物资

根据《慈善捐赠物资免征进口税收暂行办法》，为促进公益事业的健康发展，自2016年4月1日起，对境外自然人、法人或者其他组织等境外捐赠人，无偿向经民政部或省级民政部门登记注册且被评定为5A级的、以人道救助和发展慈善事业为宗旨的社会团体，中国红十字会总会等七家全国性慈善或福利组织，以及国务院有关部门和各省、自治区、直辖市人民政府捐赠的，直接用于慈善事业的物资，免征进口关税和进口环节增值税。慈善事业是指非营利性的慈善救助等社会慈善和福利事业。上述暂行办法对可以免税的捐赠物资种类和品名作了明确规定。

4. 加工贸易产品

经海关批准，加工贸易项下进口料件实行保税监管的，待加工成品出口后，海关根据核定的实际数量予以核销。对按规定进口时先征税款的，待加工成品出口后，根据核定复出口的数量退还已征收税款。

5. 边境贸易进口物资

为了鼓励我国边境地区积极发展与我国毗邻国家间的边境贸易与经济合作，国家制定了有关扶持、鼓励边境贸易和边境地区发展对外经济合作的政策措施。国家对于边民通过互市贸易进口的商品，每人每日价值在8 000元以下的，免征进口关税和进口环节增值税。

【提示】边境贸易有边民互市贸易和边境小额贸易两种形式。边民互市贸易是指边境地区边民在边境线20千米以内、经政府批准的开放点或指定的集市上进行的商品交换活动。边境小额贸易是指沿陆地边境线经国家批准对外开放的边境县（旗）、边境城市辖区内经批准有边境小额贸易经营权的企业，通过国家指定的陆地边境口岸，与毗邻国家边境地区的企业或其他贸易机构之间进行的贸易活动。

6. 保税区进出口货物

为了创造完善的投资、运营环境，开展为出口贸易服务的加工整理、包装、运输、仓储、商品展出和转口贸易，国家在境内设立了保税区，即以与外界隔离的全封闭方式，在海关监控管理下进行存放和加工保税货物的特定区域。保税区的主要税收优惠政策有：进口供保税区使用的机器、设备、基建物资、生产用车辆，为加工出口产品进口的原材料、零部件、元器件、包装物料，供储存的转口货物以及在保税区内加工运输出境的产品，免征进口关税和进口环节税；保税区内企业进口专为生产加工出口产品所需的原材料、零部件、包装物料以及转口货物，予以保税；从保税区运往境外的货物，一般免征出口关税。

7. 出口加工区进出口货物

出口加工区的主要优惠政策有：从境外进入区内生产性的基础设施建设项目所需的机器、设备和建设生产厂房、仓储设施所需的基建物资，区内企业生产所需的机器、设备、模具及其维修用零配件，区内企业和行政管理机构自用合理数量的办公用品，予以免除进口关税和进口环节税；区内企业为加工出口产品所需的原材料、零部件、元器件、包装物料及消耗性材料，予以保税；对从加工区运往区外的货物，海关按照对进口货物的有关规定办理报关手续，并按照制成品征税；对从区外进入加工区的货物视同出口，可按规定办理出口退税。

8. 进口设备

为进一步扩大利用外资，引进国外先进技术和设备，促进产业结构的调整和技术进步，保持国民经济持续、快速、健康发展，国务院决定对符合《外商投资产业指导目录》，并转让技术和外商投资项目，在投资总额内进口的自用设备，以及外国政府贷款和国际金融组织贷款项目进口的自用设备，除《外商投资项目不予免税的进口商品目录》所列商品外，免征进口关税；对符合《产业结构调整指导目录》的国内投资项目，在投资总额内进口的自用设备，除《国内投资项目不予免税的进口商品目录》所列商品外，免征进口关税；对符合上述规定的项目，按照合同随设备进口的技术及配套件、备件，也免征进口关税。

9. 特定行业或用途的减免税政策

为鼓励、支持部分行业或特定产品的发展，国家制定了部分特定行业或用途的减免税政策，这类政策一般对可以减免税的商品列有具体清单。如为支持纺织品出口，经国务院批准，决定自2005年8月1日起对17种8位税目项下的纺织品（税号61021000的毛制针织女式大衣、防风衣等）停止征收出口关税。

10. 特定地区的减免税政策

经国务院批准，自2005年8月1日起，对原产于我国台湾地区的15种进口鲜水果实施零关税。

海关凭借海关总署认可的我国台湾地区签发的水果产地证明文件（有关机构和民间组织于2005年8月1日后签发的、能够证明水果原产于我国台湾地区的产地证明文件），办理享受零关税水果的征税验放手续。原产于我国台湾地区水果的原产地标准为在台湾地区完全获得，即在台湾地区收获、采摘或采集。

（三）临时减免税

临时减免税是指除以上法定减免税和特定减免税以外的其他减免税，即由国务院针对某个单位、某类商品、某个项目或某批进出口货物的特殊情况，给予特别照顾，一案一批，专文下达的减免税。一般有单位、品种、期限、金额或数量等限制，不能比照执行。

我国已经加入世界贸易组织，为遵循统一、规范、公平、公开的原则，有利于统一税法、公平税负、平等竞争，国家严格控制减免税，一般不办理个案临时性减免税。

【做中学3-9】（单项选择题）下列各项关于关税税务处理的表述，正确的是（　　）。

A. 外国企业无偿赠送进口的物资免征关税

B. 进料加工料件，无论是否出口，按照实际进口数量免征进口关税；加工的成品出口，免征出口关税

C. 出口加工区区内企业和行政管理机构进口的自用合理数量的办公用品，予以免除进口关税

D. 已征进口关税的货物，因品质或规格原因，原状退货复运出境的，纳税人自缴纳税款之日起3年内可以申请退还关税

答案：C。

知识点梳理

本任务知识点梳理见表3-3。

表3-3 本任务知识点梳理

<table>
<tr><th>知识点</th><th colspan="4">具体内容</th></tr>
<tr><td>1. 关税税率的种类</td><td colspan="4">关税的税率分为进口税率和出口税率两种。其中，进口税率又分为普通税率、最惠国税率、协定税率、特惠税率、关税配额税率和暂定税率</td></tr>
<tr><td rowspan="13">2. 关税税率的确定</td><td colspan="3">具体情况</td><td>税率的适用</td></tr>
<tr><td colspan="3">进出口货物</td><td>纳税义务人申报进口或出口之日实施的税率</td></tr>
<tr><td colspan="3">进出口货物到达前，经海关核准先行申报的</td><td>装载此货物的运输工具申报进境之日实施的税率</td></tr>
<tr><td rowspan="10">进出口货物的补税和退税</td><td colspan="2">一般情况</td><td>该进出口货物原申报进口或出口之日实施的税率</td></tr>
<tr><td colspan="2">按照特定减免税办法批准予以减免税的进口货物，因情况改变经海关批准转让或出售需补税的</td><td>原进口之日实施的税率</td></tr>
<tr><td rowspan="2">加工贸易进口料件等属于保税性质的进口货物</td><td>经批准转为内销</td><td>向海关申报转为内销之日实施的税率</td></tr>
<tr><td>未经批准擅自转为内销</td><td>海关查获日期所实行的税率</td></tr>
<tr><td colspan="2">暂时进口货物转为正式进口需补税时</td><td>转为正式进口之日实施的税率</td></tr>
<tr><td rowspan="2">溢卸、误卸货物事后确定需予征税时</td><td>原进口日期可确定</td><td>原运输工具申报进口日期实施的税率</td></tr>
<tr><td>原进口日期无法查明</td><td>确定补税当天实施的税率</td></tr>
<tr><td colspan="2">查获的走私进口货物需予补税时</td><td>查获日期实施的税率</td></tr>
<tr><td colspan="2">分期支付租金的租赁进口货物</td><td>分期付税时，按该项货物原进口之日实施的税率征税</td></tr>
<tr><td colspan="2">3. 关税的优惠政策</td><td colspan="3">（1）法定减免
下列进出口货物，免征关税：
①关税税额、进口环节增值税或者消费税税额在人民币50元以下的一票货物
②无商业价值的广告品及货样
③外国政府、国际组织无偿赠送的物资
④进出境运输工具装载的途中必需的燃料、物料和饮食用品
⑤在海关放行前损失的货物
⑥在海关放行前遭受损坏的货物，可根据海关认定的受损程度减征关税
⑦因故退还的中国出口货物，可以免征进口关税，但已征收的出口关税，不予退还
⑧因故退还的境外进口货物，可以免征出口关税，但已征收的进口关税，不予退还
⑨中国缔结或参加的国际条约规定减征、免征关税的货物、物品，海关应当按照规定减免关税
⑩法律规定减征、免征关税的其他货物、物品
（2）特定减免
目前，特定减免指的是以下货物或劳务：科教用品、残疾人专用品、慈善捐赠物资、保税区进出口货物、出口加工区进出口货物等</td></tr>
</table>

案例解析

本任务“引入案例”的解析如下：

（1）按照关税的规定，贸易性商品的纳税人是经营进出口货物的收、发货人。因此，腾龙公司2023年1月进口啤酒和摄像机以及出口器材，均应缴纳关税。计算进口啤酒应纳关税，实行从量计征办法；计算进口摄像机应纳关税，实行从价加从量的复合计征办法。

（2）2023年2月，啤酒在境外运输途中遇上强风暴遭受损坏，需要退回，属于在境外运输途中或者在起卸时遭受损坏或者损失，需要退还境外的，可以免征出口关税，但已征收的进口关税不予退还。

案例中涉及的相关知识点回顾见表3-4。

表3-4　相关知识点回顾

关税的征税对象	准许进出境的货物和物品
关税的减免税	分为法定减免和特定减免。 有下列情形之一的进口货物，海关可以酌情减免税：（1）在境外运输途中或者在起卸时，遭受损坏或者损失的；（2）在起卸后海关放行前，因不可抗力遭受损坏或者损失的；（3）海关查验时已经破漏、损坏或者腐烂，经证明不是由保管不慎造成的

知识翻转

在实际工作中计算和缴纳关税时，应如何确认是否需要缴纳关税？应如何计算应缴纳的关税税额？怎样办理相关的报关手续？

知识考核

一、单项选择题

1.根据关税法律制度的规定，进口原产于与我国共同适用最惠国条件的世界贸易组织成员的货物，适用的关税税率是（　　）。

A.特惠税率　　B.普通税率　　C.协定税率　　D.最惠国税率

2.根据关税法律制度的规定，对原产于与我国签订含有关税优惠条款的区域性贸易协定的国家或者地区的进口货物，适用的税率是（　　）。

A.最惠国税率　　B.特惠税率　　C.协定税率　　D.普通税率

3.根据关税法律制度的规定，对原产于与我国签订含有特殊关税优惠条款的贸易协定的国家或地区的进口货物，适用的税率是（　　）。

A.特惠税率　　B.普通税率　　C.协定税率　　D.最惠国税率

4.下列各项关于关税适用税率的表述，正确的是（　　）。

A. 出口货物，按货物实际出口离境之日实施的税率征税
B. 进口货物，按纳税义务人申报进口之日实施的税率征税
C. 暂时进口货物转为正式进口需予补税时，按其申报暂时进口之日实施的税率征税
D. 查获的走私进口货物需补税时，按海关确认的其实际走私进口日期实施的税率征税

5. 下列各项关于关税适用税率的表述，不正确的是（ ）。
A. 按照特定减免税办法批准予以减免税的进口货物，后因情况改变经海关批准转让或出售需予补税的，应按其原进口之日实施的税率征税
B. 加工贸易进口料件等属于保税性质的进口货物如未经批准擅自转为内销的，则按实际进出口货物日期所实行的税率征税
C. 溢卸、误卸货物事后确定需予征税时，应按其原运输工具申报进口日期所实施的税率征税
D. 对归类的改变而需补征税款的，应按原征税日期实施的税率征税

6. 根据关税法律制度的规定，下列各项海关可以酌情减免关税的是（ ）。
A. 进出境运输工具装载的途中必需的燃料、物料和饮食用品
B. 无商业价值的广告品及货样
C. 国际组织无偿赠送的物资
D. 在境外运输途中受到损坏的进口货物

7. 根据关税法律制度的规定，下列各项经海关审查无误后可以免征关税的是（ ）。
A. 关税税额为人民币200元的一票货物
B. 广告品和货样
C. 外国公司无偿赠送的物资
D. 进出境运输工具装载的途中必需的燃料、物料和饮食用品

二、多项选择题

1. 下列各项中，经海关审查属实，可酌情减免进口关税的有（ ）。
A. 在境外运输途中损失的货物
B. 在口岸起卸时遭受损坏的货物
C. 在起卸后海关放行前因不可抗力遭受损失的货物
D. 非因保管不慎在海关查验时已经损坏的货物

2. 根据关税法律制度的规定，下列各项属于法定减免关税的有（ ）。
A. 进出境运输工具装载的途中必需的燃料、物料和饮食用品
B. 外国政府无偿赠送的物资
C. 无商业价值的广告品
D. 无商业价值的货样

3. 下列各项属于法定减免关税的进口货物的有（ ）。
A. 进口科教用品
B. 海关放行前损失的货物
C. 无商业价值的广告品和货样
D. 残疾人专用品

4. 下列各项关于关税税率的表述，错误的有（ ）。
A. 进口适用税率的选择是根据货物的不同起运地而确定的

B. 适用最惠国税率、协定税率、特惠税率的国家或地区的名单，由国务院关税税则委员会决定

C. 我国进口商品绝大多数采用从价定率的征税方法

D. 原产地不明的进口商品，不予征收关税

5. 下列各项关于关税的表述，正确的有（　　）。

A. 因故退还的中国出口货物，经海关审查属实，可予免征进口关税，但已征收的出口关税不予退还

B. 因故退还的境外进口货物，经海关审查属实，可予免征出口关税，但已征收的进口关税不予退还

C. 在境外运输途中或者在起卸时，遭受损坏的进口货物，经海关查明属实，可酌情减免进口关税

D. 海关查验时已经损坏，经证明是保管不慎造成的，经海关查明属实，可酌情减免进口关税

三、判断题

参考答案

1. 因故退还的中国出口货物，可以免征进口关税，但已征收的出口关税，应予退还。（　　）

2. 免税进口的科技开发用品，应当直接用于本单位的科学研究和技术开发，不得擅留转让、移作他用或者进行其他处置。（　　）

3. 在起卸后海关放行前，因不可抗力遭受损坏或者损失的应纳关税的进口商品，海关可以视情况酌情减免税。（　　）

任务三　关税应纳税额的计算及征收管理规定

引入案例

深圳华涛进出口公司从美国进口货物一批，货物以离岸价格成交，成交价折合人民币为2 820万元（包括单独计价并经海关审查属实的向境外采购代理人支付的购货租金20万元，但不包括为使用该货物而向境外支付的软件费100万元、向卖方支付的佣金30万元），另支付货物运抵我国深圳港的运费、保险费等70万元。假设该货物适用的关税税率为20%。

请问：该公司进口环节应缴纳的关税税额为多少？

工作任务

1. 掌握关税的计税依据
2. 掌握关税应纳税额的计算
3. 了解关税的征收管理规定

知识结构图

电子课件

文件法规

本任务知识结构图如图3-3所示。

关税应纳税额的计算及征收管理规定
- 关税的计税依据
- 关税应纳税额的计算
- 关税征收管理
- 关税纳税争议

图3-3 本任务知识结构图

知识解析

一、关税的计税依据

我国对进出口货物主要采取从价计征的办法，以商品价格为标准征收关税。因此，关税主要以进出口货物的完税价格为计税依据。

（一）一般贸易项下进口货物关税完税价格

一般贸易项下进口的货物将以海关审定的成交价格为基础的到岸价格作为完税价格。所谓到岸价格是指包括货价以及货物运抵我国关境内输入地点起卸前的包装费、运费、保险费和其他劳务费等费用的价格，其中还应包括为了在境内生产、制造、使用或出版、发行而向境外支付的与该进口货物有关的专利、商标、著作权，以及专有技术、计算机软件和资料等费用。

成交价格是一般贸易项下进口货物的买方为购买该项货物向卖方实际支付或应当支付的价格。在计算以成交价格为基础的进口货物关税完税价格时，需要注意以下几点：

1.计入完税价格的项目

下列项目未包含在进口货物成交价格中，应一并计入完税价格：

（1）由买方负担的下列费用：①由买方负担的除购货佣金以外的佣金和经纪费；②由买方负担的与该货物视为一体的容器费用；③由买方负担的包装材料和包装劳务费用。

【提示】在货物成交过程中，进口人在成交价格外另支付给卖方的佣金，应计入成交价格，而向境外采购代理人支付的买方佣金则不能列入，如已包括在成交价格中应予以扣除。卖方付给进口人的正常回扣，应从成交价格中扣除。卖方违反合同规定延期交货的罚款，卖方在货价中冲减时，罚款则不能从成交价格中扣除。

（2）与该货物有关并作为该货物向中华人民共和国境内销售的条件，应当由买方直接或间接支付的特许权使用费。

（3）与该货物的生产和向我国境内销售有关的，在境外开发、设计等相关服务的费用。

（4）卖方直接或间接从买方对该货物进口后转售、处置或使用所得中获得的收益。

2.不计入完税价格的项目

进口货物的价款中单独列明的下列税收、费用，不计入该货物的完税价格：

（1）厂房、机械或者设备等货物进口后发生的建设、安装、装配、维修或者技术援助费用，但保修费用除外。

（2）进口货物运抵中华人民共和国境内输入地点起卸后发生的运输及其相关费用、保险费。

（3）进口关税、进口环节海关代征税及其他国内税。

（4）为在境内复制进口货物而支付的费用。

（5）境内外技术培训及境外考察费用。

（6）同时符合下列条件的为进口货物融资产生的利息费用：①利息费用是买方为购买进口货物而融资所产生的；②有书面融资协议的；③利息费用单独列明的；④纳税义务人可以证明有关利率不高于在融资当时、当地此类交易通常应当具有的利率水平，且没有融资安排的相同或者类似进口货物的价格与进口货物的实付、应付价格非常接近的。

为避免低报、瞒报价格偷逃关税，进口货物的到岸价格不能确定时，本着公正、合理的原则，海关应当按照规定估定完税价格。

$$\text{进口货物完税价格}=\text{成交价格}+\text{采购费用（包括货物运抵中国关境内输入地起卸前的运输、保险和其他劳务等费用）}\pm\text{调整项目}$$

【做中学3-10】（单项选择题）下列各项不计入关税进口完税价格的是（　　）。

A.货物价款　　B.由买方负担的包装材料和包装劳务费

C.进口关税、其他国内税　　D.进口人向中介机构支付的经纪费

答案：C。

【做中学3-11】（单项选择题）根据关税法律制度的规定，一般贸易项下进口的货物将以海关审定的成交价格为基础的到岸价格作为完税价格。下列各项关于成交价格的表述，正确的是（　　）。

A.在货物成交过程中，向境外采购代理人支付的买方佣金，应计入成交价格

B.在货物成交过程中，进口人在成交价格外另支付给卖方的佣金，应计入成交价格

C.卖方付给进口人的正常回扣，应计入成交价格

D.卖方违反合同规定延期交货的罚款，可以从成交价格中扣除

答案：B。

（二）特殊贸易下进口货物的完税价格

对于某些特殊、灵活的贸易方式（如寄售等）下进口的货物，在进口时没有“成交价格”可作依据，为此，《进出口关税条例》对这些进口货物制定了确定其完税价格的方法，主要有：

1.运往境外加工的货物的完税价格

出境时已向海关报明，并在海关规定期限内复运进境的，以加工后货物进境时的到岸价格与原出境货物价格的差额作为完税价格。如无法得到原出境货物的到岸价格，可以用与原出境货物相同或类似货物的再进境时的到岸价格，或用原出境货物申报出境时的离岸

价格代替。如这些方法都不行，则可用原出境货物在境外支付的工缴费加上运抵中国关境输入点起卸前的包装费、运费、保险费和其他劳务费等作为完税价格。

2. 运往境外修理的机械器具、运输工具或者其他货物的完税价格

出境向海关报明并在海关规定期限内复运进境的，以经海关审定的境外修理费和料件费为完税价格。

3. 以租赁方式进口货物的完税价格

（1）以租金方式对外支付的租赁货物，在租赁期间内以海关审查确定的货物租金作为完税价格，利息应当予以计入。

（2）留购的租赁货物，以海关审定的留购价格作为完税价格。

（3）承租人申请一次性缴纳税款的，可以选择按照一般进口货物估价办法的规定估定完税价格，或者按照海关审查确定的租金总额作为完税价格。

4. 留购的进口货样的完税价格

对于境内留购的进口货样、展览品和广告陈列品，以海关审定的留购价格作为完税价格。

5. 逾期未出境的暂进口货物的完税价格

对于经海关批准暂时进口的施工机械、工程车辆、供安装使用的仪器和工具、电视或电影摄制机械，以及盛装货物的容器等，如入境超过半年仍留在国内使用的，应自第7个月起，按月征收进口关税，其关税完税价格按原货进口时的到岸价格确定，每月的税款计算公式为：

$$\text{每月关税} = \text{货物原到岸价格} \times \text{关税税率} \times \frac{1}{48}$$

6. 转让出售减免税货物予以补税的完税价格

按照特定减免税办法予以减税或免税进口的货物，在转让或出售需予补税时，应当以海关审定的货物原进口时的价格，扣除折旧部分作为完税价格，其计算公式为：

$$\text{完税价格} = \begin{matrix}\text{海关审定的该货物}\\\text{原进口时的价格}\end{matrix} \times [1 - \begin{matrix}\text{补税时实际已进口}\\\text{的时间(月)}\end{matrix} \div (\text{监管年限} \times 12)]$$

【提示】补税时实际已进口的时间按月计算，不足1个月但是超过15日的，按照1个月计算；不超过15日的，不予计算。

【做中学3-12】（单项选择题）美美企业2023年7月1日免税进口一台机器设备，到岸价格为300万元，海关规定的监管年限为2年。美美企业于2022年3月31日将该设备出售，则下列各项关于美美企业应补缴关税完税价格的计算正确的是（　　）。

A.300×［1－9÷（2×12）］＝187.5（万元）

B.300×（1－9÷12）＝75（万元）

C.300×［1－15÷（2×12）］＝112.5（万元）

D.300×9÷12＝225（万元）

答案：A。

（三）出口货物的完税价格

出口货物应当以海关审定的货物售予境外的离岸价格，扣除出口关税后作为完税价格。其计算公式为：

出口货物完税价格 = 离岸价格 ÷（1 + 出口税率）

离岸价格应以该项货物运离关境前的最后一个口岸的离岸价格为实际离岸价格。若该项货物从内地起运，则从内地口岸至最后出境口岸所支付的国内段运输费用、保险费及其他相关费用应予扣除。但在确认出口货物的完税价格时，应注意以下几点：

（1）在货物价款中单独列明的货物运至中华人民共和国境内输出地点装载后的运输费、保险费不应计入完税价格。

（2）离岸价格不包括装船以后发生的费用。

（3）出口货物在成交价格以外支付给国外的佣金应予扣除，未单独列明的则不予扣除。

（4）出口货物在成交价格以外，买方还另行支付的货物包装费，应计入成交价格。

（5）出口关税不应计入出口货物的完税价格。

【做中学3-13】（多项选择题）下列各项关于出口货物关税完税价格的说法，正确的有（　）。

A.出口关税不计入完税价格

B.在输出地点装载前发生的运费，计入完税价格

C.在货物价款中单独列明由卖方承担的佣金不计入完税价格

D.出口货物完税价格包含增值税销项税额

答案：ABC。

（四）进出口货物完税价格的审定及相关税费的核定

1.进出口货物完税价格的审定

对于进出口货物的收发货人或其代理人向海关申报进出口货物的成交价格明显偏低，而又不能提供合法证据和正当理由的；申报价格明显低于海关掌握的相同或类似货物在国际市场上公开的成交价格，而又不能提供合法证据和正当理由的；经海关调查认定买卖双方之间有特殊经济关系或对货物的使用、转让等有特殊条件或特殊安排，影响成交价格的，以及其他特殊成交情况，海关认为需要估价的，则按以下方法依次估定完税价格：

（1）相同货物成交价格法，即以从同一出口国家或者地区购进的相同货物的成交价格作为该被估货物完税价格的依据。采用这种比照价格时，相同货物必须已经在被估价货物进口时或大约同时从进口国进口。若有好几批相同货物完全符合条件，应采用其中最低的价格。另外，对相同货物与被估货物在商业水平、数量、运输方式、运输距离等贸易上的差别也要作调整。

（2）类似货物成交价格法，即以从同一出口国家或者地区购进的类似货物的成交价格作为被估货物完税价格的依据。选择相似货物时，主要应考虑货物的品质、信誉和现有商标。

（3）国际市场价格法，即以与进口货物相同或类似货物在国际市场上公开的成交价格为该进口货物的完税价格。

（4）国内市场价格倒扣法，即以与进口货物相同或类似货物在国内市场上的批发价格，扣除合理的税、费、利润后的价格。

（5）以合理方法估定的价格。如果按照上述几种方法估价仍不能确定其完税价格，则

可由海关按照合理方法估定，即它是以客观量化的数据资料为基础审查确定进口货物完税价格的估价方法。

海关在采用合理方法确定进口货物的完税价格时，不得使用以下价格：

① 境内生产的货物在境内的销售价格；

② 可供选择的价格中较高的价格；

③ 货物在出口地市场的销售价格；

④ 以计算价格估价方法规定的有关各项之外的价值或费用计算的价格；

⑤ 出口到第三国或地区的货物的销售价格；

⑥ 最低限价或武断、虚构的价格。

2. 进出口货物相关费用的核定

（1）进口货物的运费。进口货物的运费应当按照实际支付的费用计算。如果进口货物的运费无法确定，海关应当按照该货物的实际运输成本或者该货物进口同期运输行业公布的运费率（额）计算运费。运输工具作为进口货物，利用自身动力进境的，海关在审查确定完税价格时，不再另行计入运费。

（2）进口货物的保险费。进口货物的保险费应当按照实际支付的费用计算。如果进口货物的保险费无法确定或者未实际发生，海关应当按照“货价”和“运费”两者总额的3‰计算保险费，其计算公式为：

保险费 =（货价 + 运费）× 3‰

邮运进口的货物，应当以邮费作为运输及其相关费用、保险费。

（3）其他相关费用。以境外边境口岸价格条件成交的铁路或者公路运输进口货物，海关应当按照境外边境口岸价格的1%计算运输及其相关费用、保险费。

二、关税应纳税额的计算

1. 从价税计算方法

从价税是最普遍的关税计征方法，它以进（出）口货物的完税价格作为计税依据。进（出）口货物关税应纳税额的计算公式为：

关税应纳税额 = 应税进（出）口货物数量 × 单位完税价格 × 适用税率

2. 从量税计算方法

从量税是以进口商品的数量为计税依据的一种关税计征方法。其关税应纳税额的计算公式为：

关税应纳税额 = 应税进（出）口货物数量 × 关税单位税额

3. 复合税计算方法

复合税是对某种进口货物同时使用从价和从量计征的一种关税计征方法。其关税应纳税额的计算公式为：

关税应纳税额 = 应税进(出)口货物数量 × 关税单位税额 + 应税进(出)口货物数量 × 单位完税价格 × 适用税率

4. 滑动税计算方法

滑动税是指关税的税率随着进出口商品价格的变动而反方向变动的一种税率形式，即价格越高，税率越低，税率为比例税率。因此，实行滑动税税率的进出口商品关税应纳税额的计算方法与从价税的计算方法相同。其计算公式为：

关税应纳税额 = 应税进（出）口货物数量 × 单位完税价格 × 滑动税税率

【做中学3-14】（单项选择题）2023年10月，星饮进出口有限公司进口一辆小汽车自用，支付买价17万元，货物运抵我国关境内输入地点起卸前的运费和保险费共计3万元，货物运抵我国关境内输入地点起卸后的运费和保险费共计2万元，另支付购货佣金1万元。已知关税税率为20%，消费税税率为25%，城市维护建设税税率为7%，教育费附加征收率为3%。假设无其他纳税事项，下列各项关于星饮进出口有限公司相关税金的计算，正确的是（　　）。

A. 应纳进口关税4.2万元

B. 应纳进口环节消费税8万元

C. 应纳进口环节增值税3.84万元

D. 应纳城市维护建设税和教育费附加1.34万元

答案：B。

三、关税征收管理

（一）关税缴纳

1. 申报时间

进口货物自运输工具申报进境之日起14日内，出口货物在运抵海关监管区后装货的24小时以前，向进（出）境地海关申报。

2. 纳税期限

关税应在货物实际进出境时，即在纳税人按进出口货物通关规定向海关申报后、海关放行前一次性缴纳。进出口货物的收发货人或其代理人应当在海关签发税款缴款凭证次日起15日内（星期日和法定节假日除外），向指定银行缴纳税款。不能按期缴纳税款，经海关总署批准，可延期缴纳，但最长不得超过6个月。

（二）关税强制执行

纳税义务人未在关税缴纳期限内缴纳税款，即构成关税滞纳。强制措施主要有两类：

1. 征收关税滞纳金

除依法追缴外，滞纳金自关税缴纳期限届满之日起，至纳税义务人缴清关税之日止，按日征收欠缴税额0.5‰的滞纳金，周末或法定节假日不予扣除。具体计算公式为：

关税滞纳金金额 = 滞纳关税税额 × 滞纳金征收比率（0.5‰）× 滞纳天数

滞纳金的起征点为50元。

2. 强制征收

如纳税义务人自缴款期限届满之日起3个月仍未缴纳税款，经海关关长批准，海关可以采取强制扣缴、变价抵缴等强制措施。强制扣缴即海关从纳税义务人在开户银行或者其他金融机构的存款中直接扣缴税款。变价抵缴即海关将应税货物依法变卖，以变卖所得抵缴税款。

（三）关税退还

关税退还是关税纳税义务人按海关核定的税额缴纳关税后，因某种原因的出现，海关将实际征收多于应当征收的税额（称为溢征关税）退还给原纳税义务人的一种行政行为。根据《海关法》的规定，海关多征的税款，海关发现后应当立即退还。具体规定是：海关发现多征税款的，应当立即通知纳税义务人办理退税手续。纳税义务人应当自收到海关通知之日起3个月内办理有关退税手续。

如遇下列情况之一，进出口货物的纳税义务人可自缴纳税款之日起1年内，书面声明理由，连同原纳税收据向海关申请退税并加算银行同期活期存款利息，逾期不予受理：

（1）因海关误征，多纳税款的；

（2）海关核准免验进口的货物，在完税后，发现有短卸情况，经海关审查认可的；

（3）已征出口关税的货物，因故未装运出口，申报退关，经海关查验属实的。

对已征出口关税的出口货物和已征进口关税的进口货物，因货物品种或规格原因原状复运进境或出境，经海关查验属实的，也应退还已征关税。

（四）关税补征和追征

补征和追征是海关在关税纳税义务人按海关核定的税额缴纳关税后，发现实际征收税额少于应当征收的税额（称为短征关税）时，责令纳税义务人补缴所差税款的一种行政行为。根据《海关法》的规定，进出境货物和物品放行后，海关发现少征或者漏征税款的，应当自缴纳税款或者货物、物品放行之日起1年内，向纳税义务人补征；因纳税义务人违反规定而造成的少征或者漏征的税款，自纳税义务人应缴纳税款之日起3年以内可以追征，并从缴纳税款之日起按日加收少征或者漏征税款0.5‰的滞纳金。

【做中学3-15】（单项选择题）某进出口贸易公司某年1月30日（周五）进口一批货物并于当日申报入境，次日海关填发了税款缴款书，则该公司最晚向银行缴纳关税税款的期限为（　　）。

A.2月13日　　B.2月14日　　C.2月15日　　D.2月16日

答案：D。

【做中学3-16】（多项选择题）下列各项关于关税征收管理的说法，正确的有（　　）。

A.进口货物自运输工具申报进境之日起15日内，由进口货物的纳税人向货物进境地海关申报

B.计算关税滞纳天数时，周末或法定节假日不予扣除

C.海关核准免验进口的货物，在完税后，发现有短卸情形，经海关审查认可的，纳税人可以自缴纳税款之日起1年内申请退税，但不得加算银行同期活期存款利息

D.已征出口关税的货物，因货物品种或规格原因原状复运进境，经海关查验属实的，应退还已征关税

答案：BD。

四、关税纳税争议

为保护纳税人合法权益，《海关法》和《进出口关税条例》都规定了纳税义务人对海关确定进出口货物的征税、减税、补税或者对退税等有异议时，有提出申诉的权利。在纳

税义务人与海关发生纳税争议时，可以向海关申请复议，但同时应当在规定期限内按海关核定的税额缴纳关税，逾期则构成滞纳，海关有权按规定采取强制执行措施。

纳税争议的申诉过程：纳税义务人自海关填发税款缴款书之日起30日内，向原征税海关的上一级海关书面申请复议。逾期申请复议的，海关不予受理。海关应当自收到复议申请之日起60日内作出复议决定，并以复议决定书的形式正式答复纳税义务人；纳税义务人对海关复议决定仍然不服的，可以自收到复议决定书之日起15日内，向人民法院提起诉讼。

【做中学3-17】（单项选择题）发生纳税争议的，纳税义务人自海关填发税款缴款书之日起（　　）内，向原征税海关的上一级海关书面申请复议。

A.15日　　B.30日　　C.60日　　D.3个月

答案：B。

知识点梳理

本任务知识点梳理见表3-5。

表3-5　本任务知识点梳理

<table>
<tr><th>知识点</th><th colspan="2">具体内容</th></tr>
<tr><td rowspan="4">1. 一般进口货物的完税价格</td><td colspan="2">(1) 以成交价格为基础的完税价格。进口货物的完税价格包括货物的货价、货物运抵我国境内输入地点起卸前的运输费、保险费等</td></tr>
<tr><td colspan="2">(2) 对实付或应付价格调整的规定</td></tr>
<tr><td>计入完税价格的项目</td><td>不计入完税价格的项目</td></tr>
<tr><td>①买方负担的除购货佣金以外的佣金和经纪费（购货佣金不计入完税价格）
②由买方负担的与该货物视为一体的容器费用
③由买方负担的包装材料和包装劳务费用
④与该货物的生产和向我国境内销售有关的，在境外开发、设计等相关服务的费用
⑤与该货物有关，应当由买方直接或间接支付的特许权使用费
⑥卖方直接或间接从买方对该货物进口后转售、处置或使用所得中获得的收益</td><td>①厂房、机械、设备等货物进口后发生的基建、安装、装配、维修和技术援助费用
②货物运抵境内输入地点起卸后的运输费用等
③进口关税及其他国内税
④为在境内复制进口货物而支付的费用
⑤境内外技术培训及境外考察费用
⑥符合条件的利息</td></tr>
<tr><td>2. 出口货物的完税价格</td><td colspan="2">出口货物的完税价格，由海关以该货物的成交价格为基础审查确定，并应包括货物运至我国境内输出地点装载前的运输及其相关费用、保险费。出口货物的完税价格不包括：
(1) 出口关税税额
(2) 售价中包含离境口岸至境外口岸之间的运费、保险费</td></tr>
</table>

续表

知识点	具体内容
3. 进口货物海关估价方法	（1）相同货物成交价格估价方法 （2）类似货物成交价格估价方法 （3）国际市场价格法 （4）国内市场价格倒扣法 （5）合理方法。以客观量化的数据资料为基础审查确定进口货物完税价格的估价方法。 海关在采用合理方法确定进口货物的完税价格时，不得使用以下价格： ①境内生产的货物在境内的销售价格 ②可供选择的价格中较高的价格 ③货物在出口地市场的销售价格 ④以计算价格估价方法规定的有关各项之外的价值或费用计算的价格 ⑤出口到第三国或地区的货物的销售价格 ⑥最低限价或武断、虚构的价格
4. 关税应纳税额的计算	（1）从价税计算方法 关税应纳税额 = 应税进（出）口货物数量 × 单位完税价格 × 适用税率 （2）从量税计算方法 关税应纳税额 = 应税进（出）口货物数量 × 关税单位税额 （3）复合税计算方法 关税应纳税额 = 应税进（出）口货物数量 × 关税单位税额 + 应税进（出）口货物数量 × 单位完税价格 × 适用税率 （4）滑动税计算方法 关税应纳税额 = 应税进（出）口货物数量 × 单位完税价格 × 滑动税税率

案例解析

本任务“引入案例”的解析如下：

进口货物完税价格 = 离岸价 + 软件费 + 向卖方支付的佣金 − 购货佣金 + 运保费，因此，该公司此次进口该批货物的关税完税价格 = 2820 + 100 + 30 − 20 + 70 = 3 000（万元）。应缴纳的关税税额 = 3 000 × 20% = 600（万元）

案例中涉及的相关知识点回顾如图 3-4 所示。

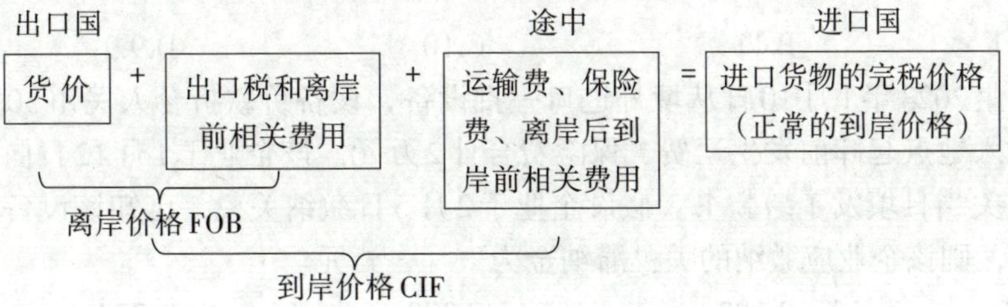

图3-4　相关知识点回顾

知识翻转

蓝田科技为一家高新技术企业，2023年免税进口一台设备，海关审定的进口价格为人民币60万元，海关监管期为5年，该企业使用20个月后转售。

请问：

（1）蓝田科技上述业务的关税完税价格是多少？应缴纳的关税为多少？

（2）蓝田科技在实际缴纳关税的过程中应注意哪些问题（地点、期限等）？

知识考核

一、单项选择题

1.欣雨公司从境外进口一批货物，货物价款折合人民币20万元，另支付与进口货物相关的特许权使用费2万元，货物运抵我国境内输入地点起卸前发生运费3万元，保险费1万元，企业向自己的采购代理人支付购货佣金0.5万元。已知该批货物进口关税税率为10%，则该企业进口该批货物时应缴纳的关税为（　　）万元。

A.2.4　　B.2.6　　C.2.45　　D.2.65

2.海关采用相同或类似货物成交价格方法进行估价时，如果有多个相同或者类似货物的成交价格，应当以（　　）为基础，估定进口货物的完税价格。

A.最高的成交价格　　B.最低的成交价格

C.平均的成交价格　　D.加权平均价格

3.华美进出口公司2023年3月陆运进口一批货物，海关审定的进口货物价格为200万元，运费及保险费均无法确定，该货物进口同期运输行业公布的运费率为10%。已知该进口货物适用的关税税率为20%，则该进出口公司进口该批货物应缴纳的关税为（　　）万元。

A.44　　B.44.8　　C.44.94　　D.44.14

4.某企业进口一批材料，材料价款折合人民币100万元，境外运费和保险费合计10万元。被海关征收关税后放行，企业发现其中的10%存在质量问题，与销售方协商后，将存在质量问题的材料退回，同时销售方发送11万元的无代价抵偿物（含境外运费和保险费合计1万元）。已知该批材料适用的关税税率为10%，则该企业应缴纳的关税为（　　）万元。

A.12.1　　B.11　　C.10　　D.9.9

5.某企业2023年1月10日从境外进口一批设备，设备价款折合人民币30万元，运抵我国境内输入地点起卸前发生运费、保险费合计2万元。该企业于1月12日向海关申报缴纳关税，海关当日填发了缴款书。假设企业于2月6日缴纳关税，已知该设备适用的关税税率为10%，则该企业应缴纳的关税滞纳金为（　　）元。

A.176　　B.192　　C.208　　D.224

6.关税纳税义务人自海关填发缴款书之日起（　　）仍未缴纳税款，经海关关长批准，海关可以采取强制扣缴、变价抵缴等强制措施。

A.15日　　B.3个月　　C.6个月　　D.1年

7.星辰贸易进出口公司2023年2月进口一批高档化妆品，成交价格为20万元，关税税率为40%，从起运地至输入地起卸前的运费为3万元，则该公司进口该批高档化妆品应缴纳的关税为（　　）万元。

A.1.2　　B.7.2　　C.8　　D.9.2

8.某高新技术企业免税进口一台设备，海关审定的进口价格为人民币60万元，海关监管期5年，该企业使用20个月后转售。该企业上述业务应缴纳的关税为（　　）万元。（关税税率为20%）

A.0　　B.4　　C.8　　D.12

9.宇田科技公司2021年5月7日经批准进口一套特定免税设备用于研发项目，2023年10月27日经海关批准，该公司将设备出售，取得销售收入240万元，该设备进口时经海关审定的完税价格为320万元，已提折旧60万元。2023年10月，该公司应补缴的关税为（　　）万元。（关税税率为10%，海关规定的监管年限为5年）

A.16.00　　B.16.53　　C.24.00　　D.26.00

二、多项选择题

1.下列各项应计入进口关税完税价格的有（　　）。

A.买方为购买进口货物向自己的采购代理人支付的劳务费用

B.买方为购买进口货物向代表买卖双方利益的经纪人支付的劳务费用

C.买方支付的与进口货物有关并作为进口货物条件的特许权使用费

D.买方支付的进口货物在境内的复制权费

2.下列各项如能与进口货物实付或者应付价格相区分，不得计入进口货物关税完税价格的有（　　）。

A.境内外技术培训费用

B.进口消费税

C.货物运抵境内输入地点后发生的保险费

D.货物进口后的安装费

3.根据关税的有关规定，下列各项中应当计入出口关税完税价格的有（　　）。

A.出口关税

B.出口货物运至我国境内输出地点装载前发生的保险费

C.出口货物运至我国境内输出地点装载后发生的运输费

D.出口货物在成交价格中未单独列明的支付给国外的佣金

4.下列进出口货物中，其运费及其相关费用、保险费的计算正确的有（　　）。

A.邮运的进口货物，应当以邮费作为运输及其相关费用、保险费

B.以境外边境口岸价格条件成交的铁路或公路运输进口货物，海关应当按照货价的1%计算运输及其相关费用、保险费

C.作为进口货物的自驾进口的运输工具，海关在审查完税价格时，可以不另行计入运费

D.出口货物的销售价格应包括离境口岸至境外口岸之间的运输、保险费

5. 下列各项关于关税征收管理的表述，正确的有（　　）。

A. 进出境货物和物品放行后，海关发现少征或者漏征税款，应当自缴纳税款或者货物、物品放行之日起1年内，向纳税义务人补征

B. 因纳税人违反规定而造成的少征或者漏征的税款，自纳税人应缴纳税款之日起3年内可以追征

C. 海关多征的税款，海关发现后应当立即退还

D. 因海关误征，多缴纳关税的，纳税人可以自缴纳税款之日起3年内，书面说明理由，连同原纳税收据向海关申请退税并加算银行同期活期存款利息

三、综合计算题

具有进出口经营权的星月化妆品生产企业为增值税一般纳税人，2023年8月该企业进口一批高档化妆品，成交价格为100万元（折合人民币，下同），支付境外技术培训费共计2万元。运抵我国境内输入地点起卸前的运费无法确定，海关按同类货物同期运输费率估定运费为5万元。缴纳进口税金后海关放行，将该批化妆品从海关运往企业，支付运输公司（增值税一般纳税人）不含税运费1万元，并取得增值税专用发票。当月，将此批化妆品全部销售，取得含税销售额226万元。

该批化妆品进口关税税率为15%，消费税税率为15%；本月取得的票据均允许在当月抵扣。

要求：

（1）计算其关税完税价格。

（2）计算其进口环节应缴纳的关税。

（3）计算其进口环节应缴纳的税金合计。

参考答案

项目四

企业所得税

任务一　企业所得税纳税义务人、征税对象与税率

引入案例

在美国设立的丁公司，其实际管理机构设在美国，但在北京设立了机构、场所从事生产经营活动。2023年，丁公司发生下列业务：

（1）在北京设立的机构、场所取得了来源于中国境内的所得；

（2）在北京设立的机构、场所取得了来源于境外但与该机构、场所有实际联系的所得；

（3）美国的丁公司直接将一项专利的使用权转让给上海的B公司（该所得与在北京设立的机构、场所没有实际联系）。

请问：丁公司的上述业务是否应在我国纳税？适用的企业所得税税率是多少？

工作任务

1.掌握居民企业与非居民企业纳税义务人的基本概念

2.掌握居民企业与非居民企业纳税义务人适用的税率

3.掌握居民企业与非居民企业所得税征税对象

电子课件

文件法规

知识结构图

本任务知识结构图如图4-1所示。

企业所得税纳税义务人、征税对象与税率
- 纳税义务人
- 征税对象
- 企业所得税税率

图4-1　本任务知识结构图

知识解析

一、纳税义务人

企业所得税的纳税义务人，是指在中华人民共和国境内的企业和其他取得收入的组织。《中华人民共和国企业所得税法》（以下简称《企业所得税法》）第一条规定，除个人独资企业、合伙企业不适用《企业所得税法》外，凡在我国境内的企业和其他取得收入的

组织均为企业所得税纳税义务人，依照本法的规定缴纳企业所得税。

我国采取收入来源地管辖权和居民管辖权相结合的双重管辖权，将企业分为居民企业和非居民企业，分别确定不同的纳税义务。

微课

企业所得税纳税义务人、征税对象与税率

（一）居民企业

居民企业，是指依法在中国境内成立，或者依照外国（地区）法律成立但实际管理机构在中国境内的企业。依法在中国境内成立的企业，是指依照中国法律、行政法规在中国境内成立的企业、事业单位、社会团体以及其他取得收入的组织，包括国有企业、集体企业、私营企业、联营企业、股份制企业、外商投资企业、外国企业，以及经国家有关部门批准，依法注册、登记的事业单位、社会团体等组织。依照外国（地区）法律成立的企业，是指依照外国（地区）法律成立的企业和其他取得收入的组织。实际管理机构，是指对企业的生产经营、人员、账务、财产等实施实质性全面管理和控制的机构。

（二）非居民企业

非居民企业，是指依照外国（地区）法律成立且实际管理机构不在中国境内，但在中国境内设立机构、场所，或者在中国境内未设立机构、场所，但有来源于中国境内所得的企业。

上述机构、场所，是指在中国境内从事生产经营活动的机构、场所，包括：

（1）管理机构、营业机构、办事机构；

（2）工厂、农场、开采自然资源的场所；

（3）提供劳务的场所；

（4）从事建筑、安装、装配、修理、勘探等工程作业的场所；

（5）其他从事生产经营活动的机构、场所。

非居民企业委托营业代理人在中国境内从事生产经营活动，包括委托单位或者个人经常代其签订合同，或者储存、交付货物等，该营业代理人所在的机构、场所视为非居民企业在中国境内设立的机构、场所。

二、征税对象

企业所得税的征税对象是纳税人所取得的生产经营所得、其他所得和清算所得。

（一）居民企业的征税对象

居民企业应当就其来源于中国境内、境外的所得缴纳企业所得税，包括销售货物所得、提供劳务所得、转让财产所得、股息红利等权益性投资所得、利息所得、租金所得、特许权使用费所得、接受捐赠所得和其他所得。

（二）非居民企业的征税对象

非居民企业在中国境内设立机构、场所的，应当就其所设机构、场所取得的来源于中国境内的所得，以及发生在中国境外但与其所设机构、场所有实际联系的所得，缴纳企业所得税。

非居民企业在中国境内未设立机构、场所的，或者虽设立机构、场所但取得的所得与其所设机构、场所没有实际联系的，应当就其来源于中国境内的所得缴纳企业所得税。实际联系，是指非居民企业在中国境内设立的机构、场所拥有据以取得所得的股权、债权，以及拥有、管理、控制据以取得所得的财产等。

（三）所得来源地的确定

所得来源地判断标准的确定直接关系到企业纳税义务的大小，也是国家行使征税权的依据。根据《企业所得税法》及其实施细则的规定，来源于中国境内、境外的所得，按照以下原则确定：

（1）销售货物所得，按照交易活动发生地确定；

（2）提供劳务所得，按照劳务发生地确定；

（3）对于转让财产所得，不动产转让所得按照不动产所在地确定，动产转让所得按照转让动产的企业或者机构、场所所在地确定，权益性投资资产转让所得按照被投资企业所在地确定；

（4）股息、红利等权益性投资所得，按照分配所得的企业所在地确定；

（5）利息所得、租金所得、特许权使用费所得，按照负担、支付所得的企业或者机构、场所所在地确定，或者按照负担、支付所得的个人的住所地确定；

（6）其他所得，由国务院财政、税务主管部门确定。

三、企业所得税税率

企业所得税实行比例税率。

（一）基本税率25%

适用于居民企业和在中国境内设立机构、场所且取得的所得与其所设机构、场所有实际联系的非居民企业。其应当就来源于中国境内、境外的所得缴纳企业所得税。

（二）优惠税率

（1）符合条件的小型微利企业，按20%的税率征收企业所得税。

（2）对国家需要重点扶持的高新技术企业减按15%的税率征收企业所得税。

（三）扣缴义务人代扣代缴税率

在中国境内未设立机构、场所，或者虽设立机构、场所但取得的所得与其所设机构、场所没有实际联系的非居民企业，应当就其来源于中国境内的所得缴纳企业所得税，适用税率为20%，但实际征税时减按10%征收。

知识点梳理

本任务知识点梳理见表4-1。

表4-1 本任务知识点梳理

<table>
<tr><th>知识点</th><th colspan="3">具体内容</th></tr>
<tr><td rowspan="5">1.居民企业与非居民企业的划分、征税对象及税率</td><td rowspan="2">居民企业</td><td>在中国境内成立</td><td rowspan="3">25%的税率</td></tr>
<tr><td>实际管理机构在中国</td></tr>
<tr><td rowspan="3">非居民企业</td><td>有机构、场所，与机构、场所有实际联系的境内、境外所得</td></tr>
<tr><td>有机构、场所，但所得与机构、场所没有实际联系</td><td rowspan="2">20%的税率减按10%征收</td></tr>
<tr><td>无机构、场所，但有来源于中国境内的所得</td></tr>
</table>

续表

知识点	具体内容		
2.所得来源地的确定	销售货物所得		按照交易活动发生地确定
	提供劳务所得		按照劳务发生地确定
	转让财产所得	不动产转让所得	按照不动产所在地确定
		动产转让所得	按照转让动产的企业或者机构、场所所在地确定
		权益性投资资产转让所得	按照被投资企业所在地确定
	股息、红利等权益性投资所得		按照分配所得的企业所在地确定
	利息所得、租金所得、特许权使用费所得		按照负担、支付所得的企业或者机构、场所所在地确定，或者按照负担、支付所得的个人的住所地确定

案例解析

本任务“引入案例”的解析如下：

业务（1）和业务（2）：在北京设立的机构、场所来源于中国境内的所得及来源于境外但与该机构、场所有实际联系的所得都应当在我国纳税，税率是25%。

业务（3）：丁公司直接将一项专利使用权转让给上海的B公司，该所得与在北京设立的机构、场所没有实际联系。丁公司这项收入按10%的税率征收企业所得税。

案例中涉及的相关知识点回顾见表4-2。

表4-2　相关知识点回顾

纳税人类型	所得来源	税　率
非居民企业	有机构、场所，所得与机构、场所有实际联系	25%
	有机构、场所，所得与机构、场所没有实际联系	20%，实际减按10%征收
	无机构、场所，取得来源于中国境内的所得	

知识翻转

注册地与实际管理机构所在地均在法国的某银行，在我国取得了下列各项所得：

（1）转让位于我国的一处不动产取得的财产转让所得；

（2）在深圳证券交易所购入我国某公司股票后取得的分红所得；

（3）在我国设立的分行为我国某公司提供理财咨询服务取得的服务费收入；

（4）在我国设立的分行为位于日本的某电站提供流动资金贷款取得的利息收入。

请问：该银行上述哪些收入应向我国缴纳企业所得税？

知识考核

一、单项选择题

1.根据企业所得税法律制度的规定，下列各项不属于企业所得税纳税人的是（　　）。

A.股份有限公司　B.合伙企业　C.联营企业　D.出版社

2.在中国境内未设立机构、场所的美国企业就其来源于中国境内的所得（　　）征收企业所得税。

A.按25%　B.减按20%　C.减按10%　D.按5%

3.根据企业所得税法律制度的规定，下列各项表述正确的是（　　）。

A.合伙企业属于企业所得税纳税义务人

B.符合条件的小型微利企业优惠税率是15%

C.国家需要重点扶持的高新技术企业减按20%的税率征收企业所得税

D.在中国境内未设立机构、场所，或者虽设立机构、场所，但取得的所得与其所设机构、场所没有实际联系的非居民企业，税率为20%，但实际征税时减按10%征收

二、多项选择题

1.《企业所得税法》规定的“企业”，包括（　　）。

A.公司制企业和其他非公司制企业　B.事业单位

C.社会团队　D.基金会

2.下列各项属于非居民企业的有（　　）。

A.依中国法律在中国境内成立的企业

B.依照外国法律成立且实际管理机构在中国境内的企业

C.依照外国法律成立且实际管理机构不在中国境内，但在中国境内设立机构、场所的企业

D.在中国境内未设立机构、场所，但有来源于中国境内所得的企业

3.下列各项属于居民企业的有（　　）。

A.在福建省登记注册的企业

B.在日本注册但实际管理机构在北京的企业

C.在日本注册但办事处设在北京的企业

D.在福建省注册但在中东开展工程承包业务的企业

三、判断题

1.居民企业不仅在中国境内成立，其实际管理机构也应该在国内。（　　）

2.居民企业应当就其来源于中国境内、境外的所得缴纳企业所得税。（　　）

3.非居民企业应当就其来源于中国境内的所得缴纳企业所得税。（　　）

参考答案

任务二　企业应纳税所得额的计算

引入案例

安淮公司2023年度有关财务资料如下：

（1）全年销售收入3 000万元，营业外收入620万元，其中包括依法收取的政府性基金200万元，国债利息收入20万元，直接投资A公司取得的红利收益100万元，租金收入140万元，特许权使用费收入160万元。

（2）有关销售成本支出1 800万元，缴纳增值税336万元，预缴企业所得税120万元。

（3）管理费用280万元，财务费用100万元，销售费用220万元。

（4）营业外支出80万元，其中非公益性捐赠20万元。

（5）上年度未弥补亏损12万元。

请问：

（1）安淮公司收入是多少？

（2）安淮公司不征税收入是多少？

（3）安淮公司免税收入是多少？

（4）安淮公司不允许税前扣除的项目有哪些？

（5）安淮公司应纳税所得额是多少？

工作任务

1. 掌握收入总额包括的内容
2. 掌握不征税收入及免税收入包括的内容
3. 掌握允许扣除项目包括的内容及扣除标准
4. 掌握不得税前扣除的项目

知识结构图

本任务知识结构图如图4-2所示。

企业应纳税所得额的计算
- 收入总额
- 不征税收入和免税收入
- 税前扣除项目
- 不得扣除项目
- 亏损弥补
- 非居民企业的应纳税所得额

图4-2　本任务知识结构图

电子课件

文件法规

知识解析

应纳税所得额是企业所得税的计税依据，按照《企业所得税法》的规定，应纳税所得额为企业每一个纳税年度的收入总额，减除不征税收入、免税收入、各项扣除，以及允许弥补的以前年度亏损后的余额。

应纳税所得额 = 收入总额 - 不征税收入 - 免税收入 - 各项扣除 - 以前年度亏损

微课

企业所得税应纳税所得额计算

企业应纳税所得额的计算，以权责发生制为原则，属于当期的收入和费用，不论款项是否收付，均作为当期的收入和费用；不属于当期的收入和费用，即使款项已经在当期收付，均不作为当期的收入和费用。在计算应纳税所得额时，企业财务、会计处理办法与税收法律法规的规定不一致的，应当依照税收法律法规的规定计算。

一、收入总额

企业收入总额是指以货币形式和非货币形式从各种来源取得的收入，具体包括：销售货物收入，提供劳务收入，转让财产收入，股息、红利等权益性投资收益，利息收入，租金收入，特许权使用费收入，接受捐赠收入以及其他收入。

企业取得的货币形式收入，包括现金、存款、应收账款、应收票据、准备持有至到期的债券投资以及债务的豁免等；企业取得的非货币形式收入，包括固定资产、生物资产、无形资产、股权投资、存货、不准备持有至到期的债券投资、劳务以及有关权益等。非货币形式收入应当按照公允价值确定收入额。

（一）一般收入的确认

1. 销售货物收入

销售货物收入是指企业销售商品、产品、原材料、包装物、低值易耗品以及其他存货取得的收入。除法律法规另有规定外，企业销售货物收入的确认，必须遵循权责发生制原则和实质重于形式原则。

（1）符合收入确认条件，采取下列商品销售方式的，应按以下规定确认收入实现的时间：

① 销售商品采用托收承付方式的，在办妥托收手续时确认收入。

② 销售商品采用预收款方式的，在发出商品时确认收入。

③ 销售商品需要安装和检验的，在购买方接受商品以及安装和检验完毕时确认收入。如果安装程序比较简单，可在发出商品时确认收入。

④ 销售商品采用支付手续费方式委托代销的，在收到代销清单时确认收入。

（2）采用售后回购方式销售商品的，销售的商品按售价确认收入，回购的商品作为购进商品处理。有证据表明不符合销售收入确认条件的，如以销售商品方式进行融资，收到的款项应确认为负债，回购价格大于原售价的，差额应在回购期间确认为利息费用。

（3）销售商品以旧换新的，销售商品时应当按照销售商品收入确认条件确认收入，回收的商品作为购进商品处理。

（4）企业为促进商品销售而在商品价格上给予的价格扣除属于商业折扣，商品销售涉及商业折扣的，应当按照扣除商业折扣后的金额确定销售商品收入金额。

（5）债权人为鼓励债务人在规定的期限内付款而向债务人提供的债务扣除属于现金折扣，销售商品涉及现金折扣的，应当按扣除现金折扣前的金额确定销售商品收入金额，现金折扣在实际发生时作为财务费用扣除。

（6）企业因售出商品的质量不合格等原因而在售价上给予的减让属于销售折让。企业因售出商品质量、品种不符合要求等原因而发生的退货属于销售退回。企业已经确认销售收入的售出商品发生销售折让或销售退回的，应当在发生当期冲减当期销售商品收入。

（7）采取买一赠一方式组合销售本企业商品时，应将总的销售金额按照各商品公允价值的比例来分摊确认各商品的销售收入。

【做中学4-1】（计算题）2023年9月，苏宁电器（增值税一般纳税人，增值税税率为13%）采取“买冰箱送烧水壶”的方式进行促销，销售冰箱30台。冰箱单位零售价为4 520元，成本为3 000元，赠送的烧水壶单位零售价为116.9元，成本为80元。

请问：苏宁电器开展“买一赠一”活动，其增值税和企业所得税应如何处理？

答案：苏宁电器在所得税处理中，应确认销售收入 = 4 520 × 30 ÷（1 + 13%）= 120 000（元），其中冰箱的销售收入 = 120 000 × 4 520 ÷（4 520 + 116.9）≈ 116 975（元），应确认成本 = 3 000 × 30 = 90 000（元）；烧水壶的销售收入 = 120 000 × 116.9 ÷（4 520 + 116.9）≈ 3 025（元），应确认成本 = 80 × 30 = 2 400（元）。在所得税处理中，应将以上确认的收入120 000元计入收入总额，减去可以扣除的成本 = 90 000 + 2 400 = 92 400（元），并以此为基础计算应纳所得税额。

在增值税处理中，该公司“买冰箱送烧水壶”应计算的增值税销项税额 = 30 ×（4 520 + 116.9）÷（1 + 13%）× 13% ≈ 16 003.46（元）。

【做中学4-2】（多项选择题）根据企业所得税法律制度的规定，下列各项关于收入确认的表述，正确的有（　　）。

A.销售商品采用预收款方式的，在发出商品时确认收入

B.以分期收款方式销售货物的，按照合同约定的收款日期确认收入

C.采用售后回购方式销售商品的，销售的商品按售价确认收入，回购的商品作为购进商品处理

D.销售商品涉及现金折扣的，应当按扣除现金折扣后的金额确定销售商品收入金额

答案：ABC。销售商品涉及现金折扣的，应当按扣除现金折扣前的金额确定销售商品收入金额。

2.提供劳务收入

提供劳务收入，是指提供增值税劳务、“营改增”服务的收入，具体包括企业从事建筑安装、修理修配、交通运输、仓储租赁、金融保险、邮电通信、咨询经纪、文化体育、科学研究、技术服务、教育培训、餐饮住宿、中介代理、卫生保健、社区服务、旅游、娱乐、加工以及其他劳务服务活动取得的收入。

企业在各个纳税期末，提供劳务交易的结果能够可靠估计的，应采用完工进度（百分比）法确认提供劳务收入。企业应按照从接受劳务方已收或应收的合同或协议价款确定劳务收入总额，根据纳税期末提供劳务收入总额乘以完工进度扣除以前纳税年度累计已确认

劳务收入后的金额，确认当期劳务收入；同时，按照劳务估计总成本乘以完工进度扣除以前纳税期间累计已确认劳务成本后的金额，结转当期劳务成本。

3.转让财产收入

转让财产收入，是指企业转让固定资产、生物资产、无形资产、股权、债权等财产取得的收入。转让财产收入应当按照从财产受让方已收或应收的合同或协议价款确认收入。

4.股息、红利等权益性投资收益

股息、红利等权益性投资收益，是指企业因权益性投资从被投资方取得的收入。除国务院财政、税务主管部门另有规定外，企业取得股息、红利等权益性投资收益，应当按照被投资方作出利润分配决定的日期确认收入的实现。

5.利息收入

利息收入，是指企业将资金提供他人使用但不构成权益性投资，或者因他人占用本企业资金取得的收入，包括存款利息、贷款利息、债券利息、欠款利息等收入。企业应当按照合同约定的债务人应付利息的日期确认收入的实现，按照有关借款合同或协议约定的金额确定利息收入金额。

6.租金收入

租金收入，是指企业提供固定资产、包装物或者其他有形资产的使用权取得的收入。企业应当按照合同约定的承租人应付租金的日期确认收入的实现，以有关租赁合同或协议约定的金额全额确定租金收入。如果交易合同或协议中约定租赁期限跨年度，且租金提前一次性支付，出租人可将上述已确认的收入，在租赁期内分期均匀计入相关年度。

7.特许权使用费收入

特许权使用费收入，是指企业提供专利权、非专利技术、商标权、著作权以及其他特许权的使用权取得的收入。企业应当按照合同约定的特许权使用人应付特许权使用费的日期确认收入的实现，以有关使用合同或协议约定的金额全额确认特许使用费收入。

8.接受捐赠收入

接受捐赠收入，是指企业接受的来自其他企业、组织或者个人无偿赠与的货币性资产、非货币性资产。企业应当按照实际收到捐赠资产的日期确认收入的实现。

企业以买一赠一等方式组合销售本企业商品的，不属于捐赠，应将总的销售金额按各项商品的公允价值的比例来分摊确认各项销售收入。

【做中学4-3】（计算题）安淮公司2023年6月收到捐赠机器设备1台，收到的增值税专用发票上注明的价款为20万元、增值税税额为2.6万元；企业另支付运输费用0.9万元，取得的增值税专用发票上注明的增值税税额为0.081万元。

请问：企业受赠资产应缴纳的企业所得税为多少？

答案：捐赠收入 = 20 + 2.6 = 22.6（万元）

应缴纳的企业所得税 = 22.6 × 25% = 5.65（万元）

9.其他收入

其他收入，是指企业取得《企业所得税法》具体列举的收入外的其他收入，包括企业资产溢余收入、逾期未退包装物押金收入、确实无法偿付的应付款项、已作坏账损失处理后又收回的应收款项、债务重组收入、补贴收入、违约金收入、汇兑收益等。企业应当按照实际收入额或相关资产的公允价值确定其他收入金额。

（二）特殊收入的确认

（1）以分期收款方式销售货物，按照合同约定的收款日期确认收入的实现。

（2）企业受托加工制造大型机械设备、船舶、飞机，以及从事建筑、安装、装配工程业务或者提供其他劳务等，持续时间超过12个月的，按照纳税年度内完工进度或者完成的工作量确认收入的实现。

（3）采取产品分成方式取得收入，按照企业分得产品的日期确认收入的实现，其收入额按照产品的公允价值确定。

（4）企业发生非货币性资产交换，以及将货物、财产、劳务用于捐赠、偿债、赞助、集资、广告、样品、职工福利或者利润分配等用途，应当视同销售货物、转让财产或者提供劳务，按照公允价值确定其收入，但国务院财政、税务主管部门另有规定的除外。

（三）处置资产收入的确认

1.作为内部处置资产的情形

企业发生下列情形的处置资产，除将资产转移至境外以外，由于资产所有权属在形式和实质上均不发生改变，可作为内部处置资产，不视同销售确认收入，相关资产的计税基础延续计算：

（1）将资产用于生产、制造、加工另一产品；

（2）改变资产形状、结构和性能；

（3）改变资产用途（例如，将自建商品房转为自用或经营）；

（4）将资产在总机构及其分支机构之间转移；

（5）上述两种或两种以上情形的混合；

（6）其他不改变资产所有权属的情形。

2.资产移送他人的情形

企业将资产移送他人的下列情形，因资产所有权属已经发生改变而不属于内部处置资产，应按规定视同销售确定收入：

（1）用于市场推广或销售；

（2）用于职工奖励或福利；

（3）用于股息分配；

（4）用于对外捐赠；

（5）其他改变资产所有权属的用途。

企业发生上述视同销售的情形时，属于企业自制的资产，应按企业同类资产同期对外销售价格确定销售收入；属于外购的资产，可按购入时的价格确定销售收入。

【做中学4-4】（多项选择题）根据企业所得税法律制度的规定，下列收入的确认不正确的有（　　）。

A.特许权使用费收入，按照合同约定的应付特许权使用费的日期确认收入的实现

B.股息、红利等权益性投资收益，除另有规定外，按照被投资方作出利润分配决定的日期确认收入的实现

C.租金收入，按照实际收到租金的日期确认收入的实现

D.接受捐赠收入，按照接受捐赠资产的入账日期确认收入的实现

答案：CD。租金收入，企业应当按照合同约定的承租人应付租金的日期确认收入的

实现；接受捐赠收入，企业应当按照实际收到捐赠资产的日期确认收入的实现。

【做中学4-5】（单项选择题）根据企业所得税法律制度的规定，下列各项关于不同方式销售商品收入金额确定的表述，正确的是（　　）。

A.采用商业折扣方式销售商品的，按照扣除商业折扣前的金额确定销售商品收入金额

B.采用现金折扣方式销售商品的，按照扣除现金折扣前的金额确定销售商品收入金额

C.采用售后回购方式销售商品的，按照扣除回购商品公允价值后的余额确定销售商品收入金额

D.采用以旧换新方式销售商品的，按照扣除回收商品公允价值后的余额确定销售商品收入金额

答案：B。采用商业折扣方式销售商品的，按照扣除商业折扣后的金额确定销售商品收入金额；采用售后回购方式销售商品的，销售的商品按售价确认收入，回购的商品作为购进商品处理；销售商品以旧换新的，销售商品应当按照销售商品收入确认条件确认收入，回收的商品作为购进商品处理。

【做中学4-6】（多项选择题）根据企业所得税法律制度的规定，下列各项关于收入确认的表述，正确的有（　　）。

A.企业以非货币形式取得的收入，应当按照其公允价值确定收入金额

B.以分期收款方式销售货物的，按照收到货款或取得索取货款凭证的日期确认收入的实现

C.采取产品分成方式取得收入的，按照企业分得产品的日期确认收入的实现，其收入额按照产品的公允价值确定

D.接受捐赠收入，按照实际收到捐赠资产的日期确认收入

答案：ACD。以分期收款方式销售货物的，按照合同约定的收款日期确认收入的实现。

二、不征税收入和免税收入

国家为了扶持和鼓励某些特殊的纳税人和特定的项目，或者避免因征税影响企业的正常经营，对企业取得的某些收入采取不征税或免税的特殊政策。

（一）不征税收入

不征税收入，是指从性质和根源上不属于企业营利性活动带来的经济利益，不作为应纳税所得额组成部分的收入，不应列为征收范围的收入。

1.财政拨款

财政拨款，是指各级人民政府对纳入预算管理的事业单位、社会团体等组织拨付的财政资金，但国务院和国务院财政、税务主管部门另有规定的除外。

县级以上人民政府将国有资产无偿划入企业，且指定专门用途并按规定进行管理的，企业可将其带来的收入作为不征税收入进行企业所得税处理。其中，该项资产属于非货币性资产的，应按政府确定的接收价值计算不征税收入。

2.依法收取并纳入财政管理的行政事业性收费、政府性基金

行政事业性收费，是指依照法律法规等有关规定，经国务院相关部门批准，在实施社会公共管理，以及在向公民、法人或者其他组织提供特定公共服务的过程中，向特定对象

收取并纳入财政管理的费用。政府性基金，是指企业依照法律、行政法规等有关规定，代政府收取的具有专项用途的财政资金。

3.国务院规定的其他不征税收入

国务院规定的其他不征税收入，是指企业取得的，由国务院财政、税务主管部门规定专项用途并经国务院批准的财政性资金。财政性资金是指企业取得的来源于政府及其有关部门的财政补助、补贴、贷款贴息，以及其他各类财政专项资金，包括直接减免的增值税和即征即退、先征后退、先征后返的各种税收，但不包括企业按规定取得的出口退税款。

县级以上人民政府将国有资产无偿划入企业，凡指定专门用途并按规定进行管理的，企业可作为不征税收入进行企业所得税处理。其中，该项资产属于非货币性资产的，应按政府确定的接收价值计算不征税收入。

从2018年9月20日起，对社保基金会及养老基金投资管理机构在国务院批准的投资范围内，运用养老基金投资取得的归属于养老基金的投资收入，作为企业所得税不征税收入。

从2018年9月20日起，对社保基金取得的直接股权投资收益、股权投资基金收益，作为企业所得税不征税收入。

【提示】不征税收入是根本不属于企业所得税征税范围的收入，现在不纳税，以后也不会纳税。免税收入是属于企业所得税征税范围的收入，但是现在的政策是免税的，以后有可能会征税。

（二）免税收入

（1）国债利息收入。为鼓励企业积极购买国债、支援国家建设，税法规定，企业因购买国债所得的利息收入，免征企业所得税。

（2）符合条件的居民企业之间的股息、红利等权益性投资收益。股息、红利等权益性投资收益是指居民企业直接投资于其他居民企业取得的投资收益，不包括连续持有居民企业公开发行并上市流通的股票不足12个月取得的投资收益。

（3）在中国境内设立机构、场所的非居民企业从居民企业取得的与该机构、场所有实际联系的股息、红利等权益性投资收益。内地居民企业投资者通过沪港通投资在中国香港联交所上市的股票取得的股息、红利所得，计入其收入总额，依法计征企业所得税。其中，内地居民企业连续持有H股满12个月取得的股息、红利所得，免征企业所得税。

（4）符合条件的非营利组织的收入。符合条件的非营利组织的收入，是指非营利组织在开展业务活动的过程中所获得的非营利性收入，不包括非营利组织从事营利性活动取得的收入，但国务院财政、税务主管部门另有规定的除外。

（5）对企业取得的2009年及以后年度发行的地方政府债券利息收入，免征企业所得税。

（6）自2021年11月7日起至2025年12月31日止，对境外机构投资境内债券市场取得的债券利息收入暂免征收企业所得税。暂免征收企业所得税的范围不包括境外机构在境内设立的机构、场所取得的与该机构、场所有实际联系的债券利息。

【做中学4-7】（多项选择题）根据企业所得税法律制度的规定，企业的下列收入中，属于不征税收入的有（　　）。

A.财政拨款

B.国债利息收入

C.产品销售收入

D.依法收取并纳入财政管理的行政事业性收费

答案：AD。企业所得税法律制度规定，财政拨款和依法收取并纳入财政管理的行政事业性收费、政府性基金为不征税收入。选项B属于免税收入。选项C属于征税收入。

三、税前扣除项目

（一）税前扣除项目的原则

企业实际发生的与取得收入有关的、合理的支出，包括成本、费用、税金、损失和其他支出，准予在计算应纳税所得额时扣除。合理的支出，是指符合生产经营活动常规，应当计入当期损益或者有关资产成本的必要的和正常的支出。除另有规定外，企业实际发生的成本、费用、税金、损失和其他支出，不得重复扣除。

企业发生的支出应当区分收益性支出和资本性支出。收益性支出在发生当期直接扣除；资本性支出应当分期扣除或者计入相关资产成本通过折旧、摊销分期扣除，不得在发生当期直接扣除。

企业的不征税收入用于支出所形成的费用或者财产，不得扣除或者计算对应的折旧、摊销扣除。

（二）基本扣除项目

1.成本

成本，是指企业在生产经营活动中发生的销售成本、销货成本、业务支出以及其他耗费，即企业销售商品（产品、材料、下脚料、废料、废旧物资等）、提供劳务、转让固定资产、无形资产的成本。

销售成本是指生产性企业在生产产品的过程中，为生产产品所耗费的原材料、直接人工以及为生产在产品所耗费的辅助材料、物料等的成本。

销货成本是指商品流通企业销售货物的成本，由企业所销货物的买价加上可直接归属于销售货物所发生的支出组成。

业务支出是指服务业企业提供服务的过程中发生的支出，包括直接耗费的原材料成本、服务人员的工资薪金等直接可归属于服务的其他支出。

其他耗费是指凡是企业在生产产品、销售劳务等过程中耗费的其他直接相关支出，如果没有列入费用的范畴，都允许作为其他耗费列入成本，在计算企业所得税时税前扣除。

2.费用

费用，是指企业在生产经营活动中发生的销售费用、管理费用和财务费用，已经计入成本的有关费用除外。

销售费用是指应由企业负担的为销售商品而发生的费用，包括广告费、运输费、装卸费、包装费、展览费、保险费、销售佣金、供销手续费、经营性租赁费，以及销售部门发生的差旅费、工资、福利费等。

管理费用是指企业的行政管理部门为管理组织经营活动提供各项支援性服务而发生的费用。

财务费用是指企业为筹集经营性资金而发生的费用，包括利息净支出、汇兑净损失、金融机构手续费以及其他非资本化支出。

3.税金

税金，是指企业发生的除企业所得税和允许抵扣的增值税以外的各项税金及其附加。即纳税人按照规定缴纳的消费税、资源税、土地增值税、关税、城市维护建设税、教育费附加、房产税、车船税、城镇土地使用税、印花税等税金及附加。企业缴纳的增值税属于价外税，故不在扣除之列。

【提示】(1) 五税两费：已缴纳的消费税、城市维护建设税、资源税、土地增值税、出口关税、教育费附加、地方教育附加，在“税金及附加”科目中核算，在税前是允许当期扣除的。

(2) 增值税为价外税，在计算应纳税所得额时不得扣除。

(3) 企业缴纳的房产税、车船税、城镇土地使用税、印花税等，也记入“税金及附加”科目，允许税前扣除。

(4) 企业缴纳的契税、耕地占用税、进口关税、车辆购置税已经计入相关资产成本，不得在当期一次性扣除，应在以后各期分摊扣除。

【做中学4-8】(多项选择题) 根据企业所得税法律制度的规定，企业缴纳的下列税金中，不得在计算企业所得税应纳税所得额时扣除的是（　　）。

A.增值税　　B.消费税　　C.企业所得税　　D.房产税

答案：AC。

4.损失

损失，是指企业在生产经营活动中发生的固定资产和存货的盘亏、毁损、报废损失，转让财产损失，呆账损失，坏账损失，由自然灾害等不可抗力因素造成的损失以及其他损失。

企业发生的损失，减除责任人赔偿和保险赔款后的余额，依照国务院财政、税务主管部门的规定扣除。企业已经作为损失处理的资产，在以后纳税年度又全部收回或者部分收回的，应当计入当期收入。

【提示】外购货物发生的由盘亏、毁损、报废等原因形成的进项税额转出，应作为损失在企业所得税前扣除。

5.其他支出

其他支出，是指除成本、费用、税金、损失外，企业在生产经营活动中发生的与生产经营活动有关的、合理的支出。

(三) 限定条件扣除项目

在计算应纳税所得额时，下列项目可按照实际发生额或规定标准扣除：

1.工资、薪金支出

企业发生的合理的工资、薪金支出，准予扣除。工资、薪金，是指企业每一个纳税年度支付给在本企业任职或者受雇的员工的所有现金形式或者非现金形式的劳动报酬，包括基本工资、奖金、津贴、补贴、年终加薪、加班工资，以及与员工任职或者受雇有关的其他支出。

【提示】工资、薪金总额不包括“五险一金”和“三项经费”。

2.职工福利费、工会经费、职工教育经费和党组织工作经费

企业发生的职工福利费、工会经费、职工教育经费和党组织工作经费按标准扣除。未超过标准的，按实际发生数额扣除；超过扣除标准的，只能按标准扣除。

（1）企业发生的职工福利费支出，不超过工资、薪金总额14%的部分，准予扣除。列入企业员工工资薪金制度、固定与工资薪金一起发放的福利性补贴，符合国家税务总局相关规定的，可作为企业发生的工资、薪金支出，按规定在税前扣除。不能同时符合上述条件的福利性补贴，应按规定计算限额税前扣除。企业的职工福利费，包括以下内容：

① 尚未实行分离办社会职能的企业，其内设福利部门所发生的设备、设施和人员费用，包括职工食堂、职工浴室、理发室、医务所、托儿所、疗养院等集体福利部门的设备、设施维修保养费用和福利部门工作人员的工资薪金、社会保险费、住房公积金、劳务费等。

② 为职工卫生保健、生活、住房、交通等所发放的各项补贴和非货币性福利，包括企业向职工发放的因公外地就医费用、未实行医疗统筹企业职工医疗费用、职工供养直系亲属医疗补贴、供暖费补贴、职工防暑降温费、职工困难补贴、救济费、职工食堂经费补贴、职工交通补贴等。

③ 按照相关规定发放的其他职工福利费，包括丧葬补助费、抚恤费、安家费、探亲假路费等。

企业发放的职工福利费，应该单独设置账册，进行准确核算。没有单独设置账册准确核算的，税务机关应责令企业在规定的期限内改正。逾期仍未改正的，税务机关可对企业发放的职工福利费进行合理的核定。

（2）企业拨缴的工会经费，不超过工资、薪金总额2%的部分，准予扣除。

（3）企业发生的职工教育经费支出，不超过工资、薪金总额8%的部分，准予在计算企业所得税应纳税所得额时扣除；超过部分，准予在以后纳税年度结转扣除。

【提示】职工福利费和工会经费超标部分不得在本年扣除，也不得结转到以后纳税年度扣除，属于永久性差异。职工教育经费支出超标部分属于时间性差异，准予在以后纳税年度结转扣除。

（4）国有企业（包括国有独资、全资和国有资本绝对控股、相对控股企业）纳入管理费用的党组织工作经费，实际支出不超过职工年度工资、薪金总额1%的部分，可以据实在企业所得税前扣除。国有企业（包括国有独资、全资和国有资本绝对控股、相对控股企业）党组织工作经费主要通过纳入管理费用、党费留存等渠道予以解决。纳入管理费用的部分，一般按照企业上年度职工工资总额1%的比例安排，每年年初由企业党组织本着节约的原则编制经费使用计划，由企业纳入年度预算。

非公有制企业党组织工作经费纳入管理费用，实际支出不超过职工年度工资、薪金总额1%的部分，可以据实在企业所得税前扣除。

【做中学4-9】（单项选择题）根据企业所得税法律制度的规定，在计算企业应纳税所得额时，除国务院财政、税务主管部门另有规定外，有关费用支出不超过规定比例的准予扣除，超过部分，准予在以后纳税年度结转扣除。下列各项属于该有关费用的是（　）。

A.工会经费　　B.职工教育经费

C.职工福利费　　D.社会保险费

答案：B。税法规定除国务院财政、税务主管部门另有规定外，自2018年1月1日起，企业发生的职工教育经费支出不超过工资、薪金总额8%的部分，准予扣除；超过部分，准予在以后纳税年度结转扣除。

【做中学4-10】（计算题）安淮公司为居民企业，2023年实际发生的工资、薪金支出为650万元，实际拨缴的工会经费为8万元，实际发放的职工福利费为80万元，实际发生职工教育经费60万元，计入管理费用的党组织工作经费6万元。

要求：计算该企业2023年度可以扣除的"四项经费"的金额。

答案：工会经费扣除限额 = 650 × 2% = 13（万元）

实际拨缴的工会经费为8万元，小于扣除限额，因此可以扣除的工会经费为实际发生额8万元。

职工福利费扣除限额 = 650 × 14% = 91（万元）

实际发放职工福利费80万元，小于扣除限额，因此可以扣除的职工福利费为80万元。

职工教育经费扣除限额 = 650 × 8% = 52（万元）

实际发生职工教育经费60万元，大于扣除限额，因此可以扣除的职工教育经费为52万元。

党组织工作经费扣除限额 = 650 × 1% = 6.5（万元）

实际计入管理费用的党组织工作经费6万元，小于扣除限额，可以扣除的党组织工作经费为6万元。

该企业可以税前扣除的"四项经费"金额 = 8 + 80 + 52 + 6 = 146（万元）

3. 社会保险费

（1）企业依照国务院有关主管部门或者省级人民政府规定的范围和标准为职工缴纳的基本养老保险费、基本医疗保险费、失业保险费、工伤保险费、生育保险费等基本社会保险费和住房公积金，准予扣除。

（2）企业为投资者或在本企业任职或者受雇的全体员工支付的补充养老保险费、补充医疗保险费，分别在不超过职工工资总额5%的标准内的部分，准予扣除；超过部分，不得扣除。

（3）企业依照国家有关规定为特殊工种职工支付的人身安全保险费和符合国务院财政、税务主管部门规定可以扣除的商业保险费准予扣除。

（4）企业参加财产保险，按照规定缴纳的保险费，准予扣除。企业为投资者或职工支付的商业保险费，不得扣除。

（5）企业参加雇主责任险、公众责任险等责任保险，按照规定缴纳的保险费，准予在企业所得税前扣除。

4. 借款费用

借款费用是指企业因借款而发生的利息及其他相关成本，包括借款利息、折价或者溢价的摊销、辅助费用及因外币借款而发生的汇兑差额。

（1）借款费用的扣除方式。企业在生产经营活动中发生的合理的不需要资本化的借款费用，应作为财务费用，准予扣除；企业为购置、建造固定资产、无形资产和经过12个月以上的建造才能达到预定可销售状态的存货而发生借款的，在有关资产购置、建造期间发生的合理的借款费用，应予以资本化，作为资本性支出计入有关资产的成本，可依照规定扣除。

（2）不需要资本化的借款利息的扣除标准。非金融企业向金融企业借款的利息支出、金融企业的各项存款利息支出和同业拆借利息支出、企业经批准发行债券的利息支出可据实扣除；非金融企业向其他非金融企业借款的利息支出，不超过按照金融企业同期同类贷款利率计算的数额的部分可据实扣除，超过部分不允许扣除。企业在按照合同要求首次支付利息并进行税前扣除时，应提供“金融企业的同期同类贷款利率情况说明”，以证明其利息支出的合理性。金融企业，是指各类银行、保险公司及经中国人民银行批准从事金融业务的非银行金融机构，既包括国家专业银行、区域性银行、股份制银行、外资银行、中外合资银行以及其他综合性银行，还包括全国性保险企业、区域性保险企业、股份制保险企业、中外合资保险企业及其他专业性保险企业，以及城市信用社、农村信用社、各类财务公司和其他从事信托投资、租赁等业务的专业和综合性非银行金融机构。非金融企业，是指除上述金融企业以外的所有企业、事业单位以及社会团体等企业或组织。

（3）企业向自然人借款的利息支出的扣除。

① 企业向股东或其他与企业有关联关系的自然人借款的利息支出，应根据《企业所得税法》及《财政部 国家税务总局关于企业关联方利息支出税前扣除标准有关税收政策问题的通知》规定的条件，计算企业所得税前扣除额。

② 企业向除股东或其他与企业有关联关系的自然人以外的内部职工或其他人员借款的利息支出，不超过按照金融企业同期同类贷款利率计算的数额的部分，根据规定准予扣除，且必须同时符合以下两个条件：一是企业与个人之间的借贷是真实、合法、有效的，并且不具有非法集资目的或其他违反法律、法规的行为；二是企业与个人之间签订了借款合同。

【做中学4-11】（计算题）安淮公司是居民企业，其2023年发生财务费用40万元，其中含向非金融企业借款250万元所支付的年利息20万元（当年金融企业贷款的年利率为6%）。

要求：计算财务费用的纳税调整额。

答案：利息税前扣除额 = 250 × 6% = 15（万元）

财务费用调增应纳税所得额 = 20 − 15 = 5（万元）

5. 汇兑损失

企业在货币交易中，以及纳税年度终了时将人民币以外的货币性资产、负债按照期末即期人民币汇率中间价折算为人民币时产生的汇兑损失，除已经计入有关资产成本以及与向所有者进行利润分配相关的部分外，准予扣除。

6. 公益性捐赠支出

公益性捐赠，是指企业通过公益性社会组织或者县级以上人民政府及其部门等国家机关，用于《中华人民共和国公益事业捐赠法》规定的公益事业或《中华人民共和国慈善法》规定的慈善活动的捐赠。

企业发生的公益性捐赠支出，不超过年度利润总额12%的部分，准予扣除；超过年度利润总额12%的部分，准予结转以后3年内在计算应纳税所得额时扣除。年度利润总额，是指企业依照国家统一会计制度的规定计算的年度会计利润。纳税人直接向受赠人的捐赠，不得在企业所得税前扣除，应作纳税调增处理。

自2019年1月1日起至2025年12月31日止，企业通过公益性社会组织或者县级（含县级）以上人民政府及其组成部门和直属机构，用于目标脱贫地区的扶贫捐赠支出，准予在计算企业所得税应纳税所得额时据实扣除。在政策执行期间，目标脱贫地区实现脱贫的，可继续适用上述政策，企业同时发生扶贫捐赠支出和其他公益性捐赠支出，在计算公益性捐赠支出年度扣除限额时，符合条件的扶贫捐赠支出不计算在内。

（1）用于公益事业的捐赠支出，是指《中华人民共和国公益事业捐赠法》规定的向公益事业的捐赠支出，具体范围包括：

① 救助灾害、救济贫困、扶助残疾人等困难的社会群体和个人的活动；

② 教育、科学、文化、卫生、体育事业；

③ 环境保护、社会公共设施建设；

④ 促进社会发展和进步的其他社会公共和福利事业。

⑤ 企业事业单位、社会团队以及其他组织捐赠住房作为廉租住房的，视同公益性捐赠，按上述规定执行。

（2）慈善活动捐赠支出，是指《中华人民共和国慈善法》规定的向慈善活动的捐赠支出，具体范围包括：

① 扶贫、济困；

② 扶老、救孤、恤病、助残、优抚；

③ 救助自然灾害、事故灾难和公共卫生事件等突发事件造成的损害；

④ 促进教育、科学、文化、卫生、体育等事业的发展；

⑤ 防治污染和其他公害，保护和改善生态环境；

⑥ 符合规定的其他公益活动。

（3）公益性社会组织，包括依法设立或登记并按规定条件和程序取得公益性捐赠税前扣除资格的慈善组织、其他社会组织和群众团体。公益性捐赠税前扣除资格在全国范围内有效，有效期为3年。

（4）公益性社会组织、县级以上人民政府及其部门等国家机关在接受捐赠时，应当按照行政管理级次分别使用由财政部或省、自治区、直辖市财政部门监（印）制的公益事业捐赠票据，并加盖本单位的印章。企业将符合条件的公益性捐赠支出进行税前扣除，应当留存相关票据备查。

（5）公益性社会组织登记成立时的注册资金捐赠人，在该公益性社会组织首次取得公益性捐赠税前扣除资格的当年进行所得税汇算清缴时，可按规定对其注册资金捐赠额进行税前扣除。

（6）除另有规定外，公益性社会组织、县级以上人民政府及其部门等国家机关在接受企业或个人捐赠时，按以下原则确认捐赠额：

① 接受的货币性资产捐赠，以实际收到的金额确认捐赠额。

② 接受的非货币性资产捐赠，以其公允价值确认捐赠额。捐赠方在向公益性社会组织、县级以上人民政府及其部门等国家机关捐赠时，应当提供注明捐赠非货币性资产公允价值的证明；不能提供证明的，接受捐赠方不得向其开具捐赠票据。

③ 企业在非货币性资产捐赠过程中发生的运费、保险费、人工费用等相关支出，凡纳入国家机关、公益性社会组织开具的公益捐赠票据记载的数额中的，作为公益性捐赠支

出按照规定在税前扣除；上述费用未纳入公益性捐赠票据记载的数额中的，作为企业相关费用按照规定在税前扣除。

【做中学4-12】（单项选择题）安淮公司2023年度实现利润总额40万元，在营业外支出账户列支了通过公益性社会团体向贫困地区的捐款4万元。根据企业所得税法律制度的规定，在计算该企业2023年度应纳税所得额时，允许扣除的捐款数额为（　　）万元。

A.4　　B.2.4　　C.1.5　　D.4.8

答案：A。企业发生的公益性捐赠支出，不超过年度利润总额12%的部分，即40×12%＝4.8（万元），准予税前扣除，因此在计算应纳税所得额时准予扣除4万元。

【做中学4-13】（单项选择题）正大医药公司2023年度实现利润总额100万元，通过公益性社会团体向某灾区捐款4万元，直接向某学校捐款6万元。根据企业所得税法律制度的规定，该企业在计算企业所得税应纳税所得额时，可以扣除的捐赠支出为（　　）万元。

A.4　　B.5　　C.10　　D.12

答案：A。（1）该企业公益性捐赠支出税前扣除限额＝100×12%＝12（万元），实际捐赠支出4万元没有超过该限额，可以全额扣除；（2）该企业直接向某学校的捐款6万元不允许在税前扣除。

7.业务招待费

企业发生的与生产经营活动有关的业务招待费支出，按照发生额的60%扣除，但最高不得超过当年销售（营业）收入的5‰。

企业在筹建期间，发生的与筹办活动有关的业务招待费支出，可按实际发生额的60%计入企业筹办费，按有关规定在税前扣除。

对从事股权投资业务的企业（包括集团公司总部、创业投资企业等），其从被投资企业分配的股息、红利以及股权转让收入，可以按规定的比例计算业务招待费扣除限额。

8.广告费和业务宣传费

（1）企业发生的符合条件的广告费和业务宣传费支出，除国务院财政、税务主管部门另有规定外，不超过当年销售（营业）收入15%的部分，准予扣除；超过部分，准予在以后纳税年度结转扣除。

（2）自2021年1月1日起至2025年12月31日止，对化妆品制造或销售、医药制造和饮料制造（不含酒类制造）企业发生的广告费和业务宣传费支出，不超过当年销售（营业）收入30%的部分，准予扣除；超过部分，准予在以后纳税年度结转扣除。

（3）对签订广告费和业务宣传费分摊协议（以下简称分摊协议）的关联企业，其中一方发生的不超过当年销售（营业）收入税前扣除限额比例内的广告费和业务宣传费支出可以在本企业扣除，也可以将其中的部分或全部按照分摊协议归集至另一方扣除。另一方在计算本企业广告费和业务宣传费支出企业所得税税前扣除限额时，可将按照上述办法归集至本企业的广告费和业务宣传费不计算在内。

烟草企业的烟草广告费和业务宣传费支出，一律不得在计算应纳税所得额时扣除。

企业申报扣除的广告费支出应与赞助支出严格区分。企业申报扣除的广告费支出，必须符合下列条件：广告是通过工商部门批准的专门机构制作的，已实际支付费用并已取得相应发票，通过一定的媒体传播。

【提示】计算业务招待费、广告费税前扣除限额的依据相同，都是销售（营业）收入，不包括营业外收入。

企业筹建期间发生的广告费和业务宣传费，按实际发生额计入企业筹办费，按规定税前扣除。

【提示】广告费和业务宣传费支出，超过扣除限额部分准予结转至以后纳税年度扣除。这与职工教育经费的处理一致，它们均为时间性差异。

【做中学4-14】（单项选择题）甲公司2023年度取得销售货物收入1 000万元，发生与生产经营活动有关的业务招待费支出7万元。已知在计算企业所得税应纳税所得额时，业务招待费支出按照发生额的60%扣除，但最高不得超过当年销售（营业）收入的5‰。甲公司在计算2023年度企业所得税应纳税所得额时，准予扣除的业务招待费支出为（　　）万元。

A.7　　B.5　　C.4.97　　D.4.2

答案：D。企业发生的与其生产、经营活动有关的业务招待费支出，按照发生额的60%扣除，但最高不得超过当年销售（营业）收入的5‰。业务招待费扣除限额①＝1 000×5‰＝5（万元），业务招待费扣除限额②＝7×60%＝4.2（万元），因此在税前准予扣除的业务招待费为4.2万元。

【做中学4-15】（单项选择题）2023年甲企业取得销售收入3 500万元，发生广告费支出400万元，上年结转广告费60万元。根据企业所得税法律制度的规定，甲企业2023年准予扣除的广告费为（　　）万元。

A.460　　B.510　　C.450　　D.340

答案：A。甲企业广告费税前扣除限额＝3 500×15%＝525（万元），当年实际发生广告费400万元＋上年结转广告费60万元＝460（万元），甲企业税前准予扣除的广告费为460万元。

9.环境保护专项资金

企业依照法律、行政法规的有关规定提取的用于环境保护、生态恢复等方面的专项资金，准予扣除。但是，专项资金提取后改变用途的，不得扣除。

10.租赁费

企业根据生产经营活动需要租入固定资产支付的租赁费，按照以下方法扣除：

（1）以经营租赁方式租入固定资产发生的租赁费支出，按照租赁期限均匀扣除。经营租赁是指所有权不转移的租赁。

（2）以融资租赁方式租入固定资产发生的租赁费支出，按照规定构成融资租入固定资产价值的部分应当提取折旧费用分期扣除。融资租赁是指在实质上转移与一项资产所有权有关的全部风险和报酬的一种租赁。

11.劳动保护费

企业发生的合理的劳动保护支出，准予扣除。

12.有关资产的费用

企业转让各类固定资产发生的费用，允许扣除。企业按规定计算的固定资产折旧费、无形资产和递延资产的摊销费，准予扣除。

13. 总机构分摊的费用

非居民企业在中国境内设立的机构、场所，就其在中国境外总机构发生的与该机构、场所生产经营有关的费用，能够提供总机构出具的费用汇集范围、定额分配依据和方法等证明文件，并合理分摊的，准予扣除。

14. 资产损失

企业当期发生的固定资产和流动资产盘亏、毁损净损失，由其提供清查盘存资料，经主管税务机关审核后，准予扣除；企业因存货盘亏、毁损、报废等原因不得从销项税额中抵扣的进项税额，应视同企业的财产损失，准予与存货损失一起在所得税前按规定扣除。

【做中学4-16】（计算题）安淮公司2023年由于管理不善造成意外损失，损失库存外购原材料，其成本为36.8万元（含运费3.8万元），取得保险公司赔款12万元，材料适用的增值税税率为13%，运费适用的增值税税率为9%。

要求：计算所得税前允许扣除的损失数额。

答案：税前允许扣除的损失 = 36.8 +（36.8 − 3.8）× 13% + 3.8 × 9% − 12 = 29.432（万元）。

15. 手续费及佣金支出

企业发生与生产经营有关的手续费及佣金支出，不超过按以下规定计算限额的部分，准予扣除；除保险企业外，超过限额的部分，不得扣除：

（1）保险企业发生与其经营活动有关的手续费及佣金支出，不超过当年全部保费收入扣除退保金等后余额的18%（含本数）的部分，在计算应纳税所得额时准予扣除；超过部分，允许结转以后纳税年度扣除。

（2）其他企业。按与具有合法经营资格的中介服务机构或个人（不含交易双方及其雇员、代理人和代表等）所签订服务协议或合同确认的收入金额的5%计算限额。

（3）从事代理服务，主营业务收入为手续费、佣金的企业（如证券、期货、保险代理等企业）。其为取得该类收入而实际发生的营业成本（包括手续费及佣金支出），准予在企业所得税前据实扣除。

企业应与具有合法经营资格的中介服务企业或个人签订代办协议或合同，并按规定支付手续费及佣金。除委托个人代理外，企业以现金等非转账方式支付的手续费及佣金不得在税前扣除。企业为发行权益性证券支付给有关证券承销机构的手续费及佣金不得在税前扣除。企业不得将手续费及佣金支出计入回扣、业务提成、返利、进场费等。企业已计入固定资产、无形资产等相关资产的手续费及佣金支出，应当通过折旧、摊销等方式分期扣除，不得在发生当期直接扣除。

企业支付的手续费及佣金不得直接冲减服务协议或合同金额，并如实入账。企业应当如实向当地主管税务机关提供当年手续费及佣金计算分配表和其他相关资料，并依法取得合法、真实的凭证。

16. 准予扣除的其他项目

依照有关法律、行政法规和国家有关税法的规定准予扣除的其他项目主要包括会员费、合理的会议费、差旅费、违约金、诉讼费用等。

四、不得扣除项目

在计算应纳税所得额时，下列支出不得扣除：

（1）向投资者支付的股息、红利等权益性投资收益款项。

（2）企业所得税税款。

（3）税收滞纳金，是指纳税人因违反税收法规，被税务机关处以的滞纳金。

（4）罚金、罚款和被没收财物的损失，是指纳税人违反国家有关法律、法规规定，被有关部门处以的罚款，以及被司法机关处以的罚金和被没收的财物。

（5）超过规定标准的捐赠支出。

（6）赞助支出，具体是指企业发生的与生产经营活动无关的各种非广告性质支出。

（7）未经核定的准备金支出，具体是指不符合国务院财政、税务主管部门规定的各项资产减值准备、风险准备等准备金支出。

（8）企业之间支付的管理费、企业内营业机构之间支付的租金和特许权使用费，以及非银行企业内营业机构之间支付的利息，不得扣除。

（9）与取得收入无关的其他支出。

【做中学4-17】（多项选择题）根据企业所得税法律制度的规定，下列各项中，在计算企业所得税应纳税所得额时不得扣除的有（　　）。

A.企业内部营业机构之间支付的租金

B.向投资者支付的红利

C.未经核定的准备金支出

D.企业内部营业机构之间支付的特许权使用费

答案：ABCD。《企业所得税法》规定，向投资者支付的股息、红利等权益性投资收益款项，企业内营业机构之间支付的租金和特许权使用费，不符合国务院财政、税务主管部门规定的各项资产减值准备、风险准备等准备金支出等，在计算企业所得税应纳税所得额时不得扣除。

【做中学4-18】（单项选择题）根据《企业所得税法》的规定，下列支出中，在计算企业所得税应纳税所得额时，允许按照税法规定的标准扣除的是（　　）。

A.税收滞纳金　　　　B.非广告性质的赞助支出

C.企业拨缴的工会经费　　　　D.企业所得税税款

答案：C。选项A、B、D，不得在税前扣除；选项C，企业拨缴的工会经费，不超过工资、薪金总额2%的部分，准予扣除。

五、亏损弥补

亏损，是指企业将每一个纳税年度的收入总额减除不征税收入、免税收入和各项扣除后小于零的数额。税法规定，企业某一纳税年度发生的亏损可以用下一年度的所得弥补，下一年度的所得不足以弥补的，可以逐年延续弥补，但最长不得超过5年。企业在汇总计算应缴纳的企业所得税时，其境外营业机构的亏损不得抵减境内营业机构的盈利。

自2018年1月1日起，当年具备高新技术企业或科技型中小企业资格的企业，其具备资格年度之前5个年度发生的尚未弥补完的亏损，准予结转以后年度弥补，最长结转年限由5年延长至10年。

对电影行业企业2020年度发生的亏损，最长结转年限由5年延长至8年。

六、非居民企业的应纳税所得额

在中国境内未设立机构、场所的，或者虽设立机构、场所但取得所得与其所设机构、场所没有实际联系的非居民企业，其取得的来源于中国境内的所得，按照下列方法计算其应纳税所得额：

（1）股息、红利等权益性投资收益和利息、租金、特许权使用费所得，以收入全额为应纳税所得额。

（2）转让财产所得，以收入全额减除财产净值后的余额为应纳税所得额；财产净值，是指有关资产、财产的计税基础减除已经按照规定扣除的折旧、折耗、摊销、准备金等后的余额。

（3）其他所得，参照前两项规定的方法计算应纳税所得额。

非居民企业在中国境内设立的机构、场所，就其中国境外总机构发生的与该机构、场所生产经营有关的费用，能够提供总机构出具的费用汇集范围、定额、分配依据和方法等证明文件并合理分摊的，准予扣除。

【做中学4-19】（单项选择题）根据企业所得税法律制度的规定，在中国境内设立机构、场所的非居民企业从中国境内取得的下列所得中，不应以收入全额为应纳税所得额的有（　）。

A.利息　　B.租金　　C.转让财产所得　　D.红利

答案：C。企业所得税法律制度规定，股息、红利等权益性投资收益和利息、租金、特许权使用费所得，以收入全额为应纳税所得额。转让财产所得，以收入全额减除财产净值后的余额为应纳税所得额。

知识点梳理

本任务知识点梳理见表4-3。

表4-3 本任务知识点梳理

知识点	具体内容	
1.收入确认时间	预收货款	发出商品时
	需要安装和检验	安装检验完成时；安装程序简单的，在发出商品时
	产品分成	分得产品的日期（产品公允价值）
	利息、租金、特许权使用费	合同约定的应付日期
	托收承付	办妥托收手续时
	委托代销	收到代销清单时
	分期收款	合同约定的收款日期
	权益性投资收益	作出利润分配决定的日期
	接受捐赠	实际收到捐赠资产的日期

续表

知识点	具体内容		
2.税金扣除总结	不可扣除的税金	企业所得税、可抵扣的增值税	
	可扣除的税金	资本化后分期扣除的	契税、耕地占用税、车辆购置税、进口关税等
		当期一次性计入税金及附加扣除的	消费税、城市维护建设税、资源税、土地增值税、教育费附加、地方教育附加、房产税、车船税、城镇土地使用税、印花税等
3.项目扣除标准	职工福利费	不超过工资、薪金总额14%的部分	
	工会经费	不超过工资、薪金总额2%的部分	
	职工教育经费	不超过工资、薪金总额8%的部分	
	党组织工作经费	纳入管理费用的党组织工作经费不超过职工年度工资、薪金总额1%的部分可以据实扣除	
	利息费用	不超过金融企业同期同类贷款利率计算的利息（关联方借款2个限制）	
	业务招待费	按照发生额的60%扣除，但最高不得超过当年销售（营业）收入的5‰	
	广告费和业务宣传费	不超过当年销售（营业）收入15%的部分，准予扣除（特殊行业30%）	
	公益性捐赠支出	不超过年度利润总额12%的部分，准予扣除。自2019年1月1日至2025年12月31日，企业通过公益性社会组织或者县级（含县级）以上人民政府及其组成部门和直属机构，用于目标脱贫地区的扶贫捐赠支出，准予在计算企业所得税应纳税所得额时据实扣除	
	手续费及佣金	（1）保险企业：18% （2）其他企业：按服务协议或合同确认的收入金额的5%计算限额	
4.保险费总结	基本养老保险、基本医疗保险、失业保险、工伤保险、生育保险和住房公积金	按规定范围和标准缴纳的准予全部扣除	
	补充保险（两种）	在规定范围和标准内扣除	
	按规定为企业缴纳的财产保险费；为特殊工种职工支付的人身安全保险费和符合规定的商业保险费	准予扣除	
	为一般职工或投资者支付的商业保险费	不得扣除	

案例解析

本任务“引入案例”的解析如下：

（1）安淮公司收入 = 3 000 + 620 = 3620（万元）

（2）安淮公司不征税收入 = 200万元

（3）安淮公司免税收入 = 20 + 100 = 120（万元）

（4）安淮公司不允许税前扣除的项目有：缴纳的增值税336万元和预缴的企业所得税120万元

（5）安淮公司应纳税所得额 = 3 620 − 200 − 120 − 1 800 − 280 − 100 − 220 −（80 − 20）− 12 = 828（万元）

知识翻转

“银行罚息”与“签发空头支票的罚款”都不可以税前扣除吗？

知识考核

一、单项选择题

1. 根据企业所得税法律制度的规定，下列各项关于收入确认时间的表述不正确的是（　　）。

A. 采用预收货款销售方式，发出商品时确认收入

B. 采用托收承付方式销售商品，办妥托收手续时确认收入

C. 采用分期收款方式销售商品，按照合同约定的收款日期确认收入

D. 权益性投资所取得的收益，按实际收到投资收益的日期确认收入

2. 根据企业所得税法律制度的规定，下列各项属于特许权使用费收入的是（　　）。

A. 转让土地使用权的收入　　B. 转让商标权的收入

C. 转让著作权的收入　　D. 转让商标使用权的收入

3. 下列各项不征收企业所得税的是（　　）。

A. 财政拨款收入　B. 转让财产收入　C. 财产租赁收入　D. 股息收入

4. 下列各项应计入企业所得税应纳税额的是（　　）。

A. 国债利息收入　　B. 财政拨款收入

C. 特许权使用费收入　　D. 行政事业性收费

5. 某企业全年销售收入为7 000万元，实际发生业务招待费100万元，按规定可在税前扣除的业务招待费为（　　）万元。

A.35　B.60　C.25　D.95

6. 甲企业全年取得销售收入300万元，发生广告费支出45万元，上年结转广告费18

万元。根据企业所得税法律制度的规定，甲企业当年准予税前扣除的广告费为（　　）万元。

A.15　　B.30　　C.45　　D.60

7.安淮有限公司2022年销售收入为2 500万元，广告费支出为430万元，2023销售收入为3 000万元，广告费支出为300万元，则2023年准予税前扣除的广告费为（　　）万元。

A.300　　B.450　　C.355　　D.245

8.2023年，安淮公司实现商品销售收入2 000万元，发生现金折扣100万元，接受捐赠收入100万元，转让无形资产所有权收入20万元。该企业当年实际发生业务招待费30万元，广告费240万元，业务宣传费80万元。2023年度该企业可税前扣除的业务招待费、广告费、业务宣传费合计为（　　）万元。

A.294.5　　B.310　　C.325.5　　D.330

9.某制药厂全年实际支出的合理工资、薪金总额为600万元，职工福利费本期发生72万元，拨缴的工会经费为14万元，已经取得工会拨缴收据，实际发生职工教育经费10.5万元，该企业在计算年应纳税所得额时，就上述业务应调整的应纳税所得额为（　　）万元。

A.0　　B.2　　C.6　　D.8

10.甲公司全年实现利润40万元，直接向受灾地区群众捐款8万元，通过公益性社会团体向贫困地区捐款5万元。已知公益性捐赠支出不超过年度利润总额的12%的部分，准予在计算应纳税所得额时扣除。甲公司在计算年度企业所得税应纳税所得额时，准予扣除的捐赠额为（　　）万元。

A.8　　B.13　　C.4.8　　D.5

11.2023年，某制药厂取得商品销售收入3 000万元，接受捐赠收入100万元，转让无形资产所有权收入20万元。该企业当年实际发生的与生产经营活动有关的业务招待费35万元，广告费230万元，业务宣传费100万元。2023年度，该企业可税前扣除的业务招待费、广告费和业务宣传费合计为（　　）万元。

A.365　　B.465　　C.345　　D.330

12.某制药厂全年取得产品销售收入6 000万元，销售多余原材料取得收入450万元，分回的投资收益761万元，出租房屋取得租金收入70万元，发生管理费用280万元，包括业务招待费70万元。该企业年度所得税前可以扣除的管理费用为（　　）万元。

A.242.6　　B.42　　C.70　　D.247.4

13.根据企业所得税法律制度的规定，在计算企业所得税应纳税所得额时，可以扣除的项目是（　　）。

A.人民法院的罚金　　B.税务机关的罚款

C.向投资者支付的股息　　D.合同违约金

14.根据企业所得税法律制度的规定，下列各项中，在计算企业所得税应纳税所得额时准予扣除的是（　　）。

A.向投资者支付的股息　　B.税收滞纳金

C.违反合同的违约金　　D.违法经营的行政罚款

15. 根据所得税法律制度的规定，下列各项不得在所得税前扣除的是（　　）。

A. 增值税　　B. 消费税　　C. 关税　　D. 土地增值税

16. 企业（不包括高新技术企业和科技型中小企业）所得税的纳税人发生年度亏损的，可用以后年度所得逐年延续弥补，但最长弥补期限不得超过（　　）年。

A.2　　B.3　　C.4　　D.5

17. 某企业全年实现利润120万元，在营业外支出账户列支了16万元捐款，其中有7万元是通过红十字会向贫困地区的捐款，另外9万元直接捐给了贫困大学生，该企业允许税前扣除的捐款金额为（　）万元。

A.16　　B.7　　C.14.4　　D.9

二、多项选择题

1. 下列各项免征企业所得税的有（　　）。

A. 非营利组织获得的捐赠收入　　B. 销售货物收入

C. 国债利息收入　　D. 财政拨款

2. 下列各项不属于企业所得税免税收入的有（　　）。

A. 国债利息收入　　B. 财政拨款收入

C. 特许权使用费收入　　D. 行政事业性收费

3. 下列各项应计入企业所得税应纳税所得额的有（　　）。

A. 销售产品收入　　B. 提供劳务收入

C. 转让土地使用权的收入　　D. 销售多余材料的收入

4. 下列各项不能作为业务招待费税前扣除限额计提依据的有（　　）。

A. 因债权人原因确实无法支付的应付款项

B. 转让无形资产使用权的收入

C. 出售固定资产的收入

D. 转让无形资产所有权的收入

5. 某制药厂全年取得销售收入3 000万元，发生现金折扣100万元；取得特许权使用费收入200万元，营业外收入150万元。广告费支出1 000万元，业务宣传费40万元。下列各项说法正确的有（　　）。

A. 广告费和业务宣传费的扣除标准是960万元

B. 计算广告费和业务宣传费扣除标准时，应当将现金折扣从销售收入中扣除

C. 计算广告费和业务宣传费扣除标准时，不应当将现金折扣从销售收入中扣除

D. 应当调增应纳税所得额80万元

6. 根据企业所得税法律制度的规定，下列各项准予在以后纳税年度结转扣除的有（　　）。

A. 职工教育经费　　B. 广告费

C. 业务宣传费　　D. 业务招待费

7. 根据企业所得税法律制度的规定，在计算企业所得税应纳税所得额时，准予扣除的有（　　）。

A. 向税务机关支付的税收滞纳金　　B. 向客户支付的合同违约金

C. 向公安部门缴纳的交通违章罚款　　D. 向银行支付的逾期借款利息

8.下列各项允许在企业所得税前扣除的有（　　）。

A.增值税　　B.房产税　　C.消费税　　D.企业所得税

9.在计算应纳税所得额时，下列支出中不得税前扣除的有（　　）。

A. 向投资者支付的股息、红利等权益性投资收益款项

B. 未经核定的准备金支出

C. 税收滞纳金

D. 罚金、罚款和被没收财物的损失

三、不定项选择题

1.某公司是在南京注册成立的企业，2023年发生下列经济业务：

（1）取得销售收入1 300万元，与之相配比的销售成本为250万元。

（2）5月接受某企业（增值税一般纳税人）赠送的原材料，取得的增值税专用发票上注明的价款为5万元，增值税税率为13%。

（3）管理费用30万元（含业务招待费13万元）、销售费用80万元（含广告费32万元、业务宣传费25万元）。

（4）全年发生财务费用35万元，含向金融企业借款的利息支出5.6万元（借款金额80万元，借款年利率7%，借款期限1年），向非金融企业借款的利息支出20万元（借款金额200万元，借款年利率10%，借款期限1年）。

（5）已计入成本费用的全年实际发放的合理的工资、薪金支出80万元，实际发生职工福利费11万元、职工教育经费8.5万元，拨缴工会经费6万元。

要求：根据以上资料，回答下列问题。

（1）该企业当年准予扣除的管理费用为（　　）万元。

A.30　　B.17　　C.23.5　　D.24.8

（2）该企业当年准予扣除的销售费用为（　　）万元。

A.57　　B.195　　C.80　　D.25

（3）该企业当年准予扣除的财务费用为（　　）万元。

A.35　　B.29　　C.5.6　　D.20

（4）下列各项关于该企业当年三项经费的税务处理中，正确的是（　　）。

A. 职工福利费无须做纳税调整

B. 职工教育经费应调减应纳税所得额6.5万元

C. 工会经费无须做纳税调整

D. 准予扣除的三项经费合计19万元

2.甲公司为居民企业，其年度有关财务收支情况如下：

（1）销售商品取得收入4 600万元，出售一台设备取得收入25万元，转让一宗土地使用权取得收入450万元，从其直接投资的未上市居民企业分回股息收益90万元。

（2）税收滞纳金6万元，赞助支出30万元，被没收财物的损失12万元，环保罚款50万元，合同违约金2万元。

（3）其他可在企业所得税前扣除的成本、费用、税金合计3 000万元。

要求：根据上述资料，不考虑其他因素，分析回答下列问题。

（1）甲公司取得的下列收入中，属于免税收入的是（　　）。

A. 出售设备收入25万元

B. 销售商品收入4 600万元

C. 转让土地使用权收入450万元

D. 从其直接投资的未上市居民企业分回股息收益90万元

（2）甲公司在计算年度企业所得税应纳税所得额时，可以扣除的项目是（　　）。

A. 环保罚款50万元　　B. 合同违约金2万元

C. 税收滞纳金6万元　　D. 被没收财物的损失12万元

（3）甲公司年度企业所得税应纳税所得额是（　　）万元。

A. 2 075　　B. 1 975　　C. 1 600　　D. 2 073

参考答案

任务三　资产的税务处理

引入案例

安淮公司（增值税一般纳税人）2023年5月为总经理配备一辆轿车并投入使用，用于企业的业务经营管理，取得机动车销售统一发票，上面注明的价款为40万元、增值税税额为5.2万元，缴纳车辆购置税和牌照费支出5.6万元（该公司确定折旧年限为4年，残值率为5%）。年底，会计师事务所审计人员审计时发现此项业务未进行会计处理。

请问：应调减多少应纳税所得额？

工作任务

1. 熟记不得计提折旧扣除的固定资产范围、不得计算摊销费用扣除的无形资产范围、长期待摊费用的范围

2. 掌握固定资产计税基础

3. 熟记生产性生物资产包括的内容及最低折旧年限

4. 了解生产性生物资产、长期待摊费用等其他资产的税务处理

电子课件　　文件法规

知识结构图

资产的税务处理
- 固定资产的税务处理
- 生产性生物资产的税务处理
- 无形资产的税务处理
- 长期待摊费用的税务处理
- 投资资产的税务处理
- 存货的税务处理
- 资产损失的税务处理

图4-3　本任务知识结构图

知识解析

资产包括固定资产、生产性生物资产、无形资产、长期待摊费用、投资资产、存货等，以历史成本为计税基础。历史成本是指企业取得该项资产时实际发生的支出。若企业持有各项资产期间资产发生增值或者减值，除国务院财政、税务主管部门规定可以确认损益外，不得调整该资产的计税基础。企业转让资产时，该项资产的净值准予在计算应纳税所得额时扣除。资产的净值，是指有关资产、财产的计税基础减除已经按照规定扣除的折旧、折耗、摊销、准备金等后的余额。除另有规定外，企业在重组过程中，应当在交易发生时确认有关资产的转让所得或者损失，相关资产应当按照交易价格重新确定计税基础。

一、固定资产的税务处理

固定资产，是指企业为生产产品、提供劳务、出租或者经营管理而持有的，使用时间超过12个月的非货币性资产，包括房屋、建筑物、机器、机械、运输工具，以及其他与生产经营活动有关的设备、器具、工具等。在计算其应纳税所得额时，企业按照规定计算的固定资产折旧，准予扣除。

（一）不得计算折旧扣除的固定资产

下列固定资产不得计算折旧扣除：

（1）房屋、建筑物以外未投入使用的固定资产；

（2）以经营租赁方式租入的固定资产；

（3）以融资租赁方式租出的固定资产；

（4）已足额提取折旧仍继续使用的固定资产；

（5）与经营活动无关的固定资产；

（6）单独估价作为固定资产入账的土地；

（7）其他不得计算折旧扣除的固定资产。

【做中学4-20】（单项选择题）根据企业所得税法律制度的规定，下列固定资产中，在计算企业所得税应纳税所得额时，准予扣除折旧费的是（　　）。

A.未投入使用的房屋

B.未投入使用的机器设备

C.以经营租赁方式租入的固定资产

D.以融资租赁方式租出的固定资产

答案：A。

【做中学4-21】（多项选择题）根据企业所得税法律制度的规定，下列固定资产中，在计算企业所得税应纳税所得额时不得计算折旧予以扣除的有（　　）。

A.未投入使用的厂房

B.以经营租赁方式租入的运输工具

C.以融资租赁方式租出的生产设备

D.已足额提取折旧仍继续使用的电子设备

答案：BCD。选项A，房屋、建筑物“以外”未投入使用的固定资产不得提取折旧在企业所得税前扣除。

（二）固定资产的计税基础

根据固定资产来源的不同，其计税基础分别规定为：

（1）外购的固定资产，以购买价款和支付的相关税费以及直接归属于使该资产达到预定用途发生的其他支出为计税基础。

（2）自行建造的固定资产，以竣工结算前发生的支出为计税基础。

（3）融资租入的固定资产，以租赁合同约定的付款总额和承租人在签订租赁合同过程中发生的相关费用为计税基础，租赁合同未约定付款总额的，以该资产的公允价值和承租人在签订租赁合同过程中发生的相关费用为计税基础。

（4）盘盈的固定资产，以同类固定资产的重置完全价值为计税基础。

（5）通过捐赠、投资、非货币性资产交换、债务重组等方式取得的固定资产，以该资产的公允价值和支付的相关税费为计税基础。

（6）改建的固定资产，除已足额提取折旧的固定资产和经营租入固定资产的改建支出外，以改建过程中发生的改建支出增加计税基础。

（三）固定资产折旧的计提方法

固定资产采用直线法计提的折旧，准予扣除。企业应当自固定资产投入使用月份的次月起计提折旧；停止使用的固定资产，应当自停止使用月份的次月起停止计提折旧。企业应当根据固定资产的性质和使用情况，合理确定固定资产的预计净残值。固定资产的预计净残值一经确定，不得变更。

（四）固定资产折旧的计提年限

除国务院财政、税务主管部门另有规定外，固定资产计提折旧的最低年限如下：

（1）房屋、建筑物：20年；

（2）飞机、火车、轮船、机器、机械和其他生产设备：10年；

（3）与生产经营活动有关的器具、工具、家具等：5年；

（4）飞机、火车、轮船以外的运输工具：4年；

（5）电子设备：3年。

（五）固定资产折旧的企业所得税处理

（1）企业固定资产会计折旧年限如果短于税法规定的最低折旧年限，其按会计折旧年限计提的折旧高于按税法规定的最低折旧年限计提的折旧部分，应调增当期应纳税所得额；企业固定资产会计折旧年限已期满且会计折旧已提足，但税法规定的最低折旧年限尚未到期且税收折旧尚未足额扣除的，其未足额扣除的部分准予在剩余的税收折旧年限继续按规定扣除。

（2）企业固定资产会计折旧年限如果长于税法规定的最低折旧年限，其折旧应按会计折旧年限计算扣除，税法另有规定的除外。

（3）企业按会计规定提取的固定资产减值准备，不得税前扣除，其折旧仍按税法确定的固定资产计税基础计算扣除。

（4）企业按税法规定实行加速折旧的，其按加速折旧办法计提的折旧额可全额在税前扣除。

（5）石油天然气开采企业在计提油气资产折耗（折旧）时，由于会计与税法规定计算方法不同导致的折耗（折旧）差异，应按税法规定进行纳税调整。

二、生产性生物资产的税务处理

生产性生物资产，是指企业为生产农产品、提供劳务或者出租等而持有的生物资产，包括经济林、薪炭林、产畜和役畜等。

（一）生产性生物资产的计税基础

（1）外购的生产性生物资产，以购买价款和支付的相关税费为计税基础。

（2）通过捐赠、投资、非货币性资产交换、债务重组等方式取得的生产性生物资产，以该资产的公允价值和支付的相关税费为计税基础。

（二）生产性生物资产的折旧方法

生产性生物资产按照直线法计提的折旧，准予扣除。企业应当自生产性生物资产投入使用月份的次月起计提折旧；停止使用的生产性生物资产，应当自停止使用月份的次月起停止计提折旧。

企业应当根据生产性生物资产的性质和使用情况，合理确定生产性生物资产的预计净残值。生产性生物资产的预计净残值一经确定，不得变更。

（三）生产性生物资产的最低折旧年限

（1）林木类生产性生物资产：10年。

（2）畜类生产性生物资产：3年。

【做中学4-22】（单项选择题）下列各项生物资产中，依据《企业所得税法》的相关规定可计提折旧的是（　　）。

A.经济林　　B.防风固沙林

C.用材林　　D.存栏待售特定牲畜

答案：A。生物资产中可以计提折旧的生产性生物资产包括经济林、薪炭林、产畜和役畜。

【做中学4-23】（单项选择题）某农场外购奶牛支付价款20万元，依据企业所得税相关规定，税前扣除方法为（　　）。

A.一次性在税前扣除

B.按奶牛寿命在税前分期扣除

C.按直线法以不低于3年的折旧年限计提折旧税前扣除

D.按直线法以不低于10年的折旧年限计提折旧税前扣除

答案：C。奶牛属于畜类生产性生物资产，按不低于3年的折旧年限计提折旧。

三、无形资产的税务处理

无形资产，是指企业为生产产品、提供劳务、出租或者经营管理而持有的、没有实物形态的非货币性长期资产，包括专利权、商标权、著作权、土地使用权、非专利技术、商誉等。

（一）无形资产的计税基础

（1）外购的无形资产，以购买价款和支付的相关税费以及可直接归属于使该资产达到预定用途发生的其他支出为计税基础；

（2）自行开发的无形资产，以开发过程中该资产符合资本化条件后至达到预定用途前发生的支出为计税基础；

（3）通过捐赠、投资、非货币性资产交换、债务重组等方式取得的无形资产，以该资产的公允价值和支付的相关税费为计税基础。

（二）无形资产的摊销范围

（1）在计算应纳税所得额时，企业按照规定计算的无形资产摊销费用，准予扣除。

（2）下列无形资产不得计算摊销费用予以扣除：

① 自行开发的支出已在计算应纳税所得额时扣除的无形资产；

② 自创商誉；

③ 与经营活动无关的无形资产；

④ 其他不得计算摊销费用予以扣除的无形资产。

（三）无形资产的摊销方法及年限

无形资产按照直线法计算的摊销费用，准予扣除。无形资产的摊销年限不得低于10年。作为投资或者受让的无形资产，有关法律规定或者合同约定了使用年限的，可以按照规定或者约定的使用年限分期摊销。外购商誉的支出，在企业整体转让或者清算时，准予扣除。

四、长期待摊费用的税务处理

长期待摊费用，是指企业发生的应在一个年度以上或几个年度进行摊销的费用。在计算应纳税所得额时，企业发生的下列支出作为长期待摊费用，按照规定计算摊销，准予扣除：

（一）固定资产改建支出的摊销

固定资产的改建支出是指改变房屋或建筑物结构、延长使用年限等发生的支出。

（1）已足额提取折旧的固定资产的改建支出，按照固定资产预计尚可使用年限分期摊销。

（2）经营租入固定资产的改建支出，按照合同约定的剩余租赁期限分期摊销。

（二）固定资产大修理支出的摊销

固定资产大修理支出是指同时符合下列条件的支出：

（1）修理支出达到取得固定资产时的计税基础的50%以上；

（2）修理后固定资产的使用年限延长2年以上。

企业发生的固定资产的大修理支出，按照固定资产尚可使用年限分期摊销。

（三）其他应当作为长期待摊费用的支出

自支出发生月份的次月起，分期摊销，摊销年限不得少于3年。

【做中学4-24】（多项选择题）依据企业所得税的有关规定，企业发生的下列支出中，应作为长期待摊费用的有（　　）。

A. 费用化的利息支出　　　　B. 租入固定资产的改建支出

C. 固定资产的大修理支出　　D. 已提足折旧的固定资产的改建支出

答案：BCD。选项A，直接计入财务费用。

五、投资资产的税务处理

投资资产，是指企业对外进行权益性投资和债权性投资形成的资产。企业对外投资期间，投资资产的成本在计算应纳税所得额时不得扣除。企业在转让或者处置投资资产时，投资资产的成本，准予扣除。

（一）投资资产确定成本的方式

投资资产按照以下方式确定成本：

（1）通过支付现金方式取得的投资资产，以购买价款为成本；

（2）通过支付现金以外的方式取得的投资资产，以该资产的公允价值和支付的相关税费为成本。

（二）可转换债券转换为股权投资的税务处理

1. 购买方企业的税务处理

（1）购买方企业购买可转换债券，在其持有期间按照约定利率取得的利息收入，应当依法申报缴纳企业所得税。

（2）购买方企业可转换债券转换为股票时，将应收未收利息一并转为股票的，该应收未收利息即使会计上未确认收入，税收上也应当作为当期利息收入申报纳税；转换后以该债券购买价、应收未收利息和支付的相关税费为该股票投资成本。

2. 发行方企业的税务处理

（1）发行方企业发生的可转换债券的利息，按照规定在税前扣除。

（2）发行方企业按照约定将购买方持有的可转换债券和应付未付利息一并转为股票的，其应付未付利息视同已支付，按照规定在税前扣除。

3. 文物、艺术品资产的税务处理

企业购买的文物、艺术品用于收藏、展示、保值增值的，作为投资资产进行税务处理。文物、艺术品资产在持有期间，计提的折旧、摊销费用，不得税前扣除。

六、存货的税务处理

存货，是指企业持有以备出售的产品或者商品，处在生产过程中的在产品，在生产或者提供劳务过程中耗用的材料和物料等。

存货按照下列方法确定成本：

（1）通过支付现金方式取得的存货，以购买价款和支付的相关税费为成本；

（2）通过支付现金以外的方式取得的存货，以该存货的公允价值和支付的相关税费为成本；

（3）生产性生物资产收获的农产品，以产出或者采收过程中发生的材料费、人工费和分摊的间接费用等必要支出为成本。

企业使用或者销售存货，按照规定计算的存货成本，准予在计算应纳税所得额时扣除。

企业使用或者销售的存货的成本计算方法，可以在先进先出法、加权平均法、个别计价法中选用一种。计价方法一经选用，不得随意变更。

七、资产损失的税务处理

资产损失，是指企业在生产经营活动中实际发生的、与取得应税收入有关的资产损失。它包括现金损失，存款损失，坏账损失，贷款损失，股权投资损失，固定资产和存货的盘亏、毁损、报废、被盗损失，由自然灾害等不可抗力因素造成的损失以及其他损失。企业发生上述资产损失，应在按税法规定实际确认或者实际发生的当年申报扣除。

企业以前年度发生的资产损失未能在当年税前扣除的，可以按照规定，向税务机关说明并进行专项申报扣除。其中，已发生的实际资产损失，准予追补至该项损失发生年度扣除，其追补确认期限一般不得超过5年。企业因以前年度实际资产损失未在税前扣除而多缴的企业所得税税款，可在追补确认年度企业所得税应纳税款中予以抵扣，不足抵扣的，向以后年度递延抵扣。

企业境内、境外营业机构发生的资产损失应分开核算，对境外营业机构由于发生资产损失而产生的亏损，不得在计算境内应纳税所得额时扣除。

【请注意】企业发生的资产损失，应按规定的程序和要求向主管税务机关申报后方能在税前扣除。未经申报的，不得在税前扣除。

【做中学4-25】（计算题）2023年，甲公司因自然灾害损失库存外购原材料52.6万元（含运费2.6万元），相关进项税额均已抵扣，取得保险公司赔款10万元。

请问：允许税前扣除的损失是多少？

答案：因自然灾害造成的损失属于非正常损失，进项税额不需要转出。

税前扣除的损失＝52.6－10＝42.6（万元）

知识点梳理

本任务知识点梳理见表4-4。

表4-4 本任务知识点梳理

知识点	具体内容
1.不得计提折旧在税前扣除的固定资产	（1）房屋、建筑物以外未投入使用的固定资产 （2）以经营租赁方式租入的固定资产 （3）以融资租赁方式租出的固定资产 （4）已足额提取折旧仍继续使用的固定资产 （5）与经营活动无关的固定资产 （6）单独估价作为固定资产入账的土地 （7）其他不得计算折旧扣除的固定资产 上述（1）、（5）与企业会计准则不同，请区别对待
2.资产最低折旧年限	房屋、建筑物：20年
	飞机、火车、轮船、机器、机械和其他生产设备＋林木类生产性生物资产＋无形资产：10年
	器具、工具、家具：5年
	飞机、火车、轮船以外的运输工具：4年
	电子设备＋畜类生产性生物资产：3年

案例解析

本任务“引入案例”的解析如下：

固定资产应于投入使用的次月起计提折旧，折旧额可以税前扣除。

调减应纳税所得额＝45.6×（1－5%）÷4÷12×7＝6.3175（万元）

案例中涉及的相关知识点回顾：

本月增加的固定资产，下月开始计提折旧；飞机、火车、轮船以外的运输工具最短折旧年限是4年。

知识翻转

融资租赁租入的固定资产、经营租赁租入的固定资产、融资租赁租出的固定资产和经营租赁租出的固定资产，企业在计算企业所得税时，应该分别如何处理？

知识考核

一、单项选择题

1.根据企业所得税法律制度的规定，下列各项不得提取折旧的固定资产是（　　）。

A.以经营租赁方式出租的固定资产　　B.房屋、建筑物

C.已提足折旧继续使用的固定资产　　D.季节性停用的机器设备

2.根据企业所得税法律制度的规定，企业的下列资产或支出中，按规定应计提折旧的是（　　）。

A.已足额提取折旧的固定资产　　B.以融资租赁方式租入的固定资产

C.单独估价作为固定资产入账的土地　　D.未投入使用的机器设备

3.根据企业所得税法律制度的规定，下列固定资产中，在计算企业所得税应纳税所得额时，准予计算折旧扣除的是（　　）。

A.以融资租赁方式租出的大型机床　　B.以经营租赁方式租入的载货汽车

C.已投入使用的厂房　　D.已足额提取折旧仍继续使用的电脑

4.根据企业所得税法律制度的规定，下列各项最低折旧年限为3年的固定资产是（　　）。

A.小汽车　　B.家具　　C.电子设备　　D.火车

5.根据企业所得税法律制度的规定，下列各项可以计算摊销费用税前扣除的是（　　）。

A. 自创商誉

B. 自行开发无形资产的资本化支出

C. 自行开发的支出已在计算应纳税所得额时扣除的无形资产

D. 与经营活动无关的无形资产

6.依据税法的规定，无形资产的摊销年限不得低于（　　）年。

A.3　　B.10　　C.5　　D.20

7.下列各项不得计算摊销费用扣除的是（　　）。

A.商标权　　B.自创商誉　　C.专利权　　D.土地使用权

二、多项选择题

1.根据企业所得税法律制度的规定，允许提取折旧扣除的固定资产有（　　）。

A.已提足折旧仍继续使用的固定资产　　B.融资租入的固定资产

C.经营租入的固定资产　　D.经营租出的固定资产

2.根据企业所得税法律制度的规定，下列支出应作为长期待摊费用的有（　　）。

A. 租入固定资产的改建支出

B. 自行开发无形资产，开发过程中的相关支出

C. 固定资产的大修理支出

D. 已足额提取折旧的固定资产的改建支出

3.根据企业所得税法律制度的规定，下列各项表述正确的有（　　）。

A. 企业经营租入的固定资产，其租金应在租入当期一次性扣除
B. 企业融资租入的固定资产，计提的折旧应在所得税前扣除
C. 企业发生的汇兑损失，除已经计入有关资产成本以及与向所有者进行利润分配相关的部分外，准予扣除
D. 企业按规定提取的环境保护专项资金在提取时准予扣除

4. 下列各项关于固定资产计税基础的说法，正确的有（　　）。
A. 外购的固定资产，以购买价款和支付的相关税费以及直接归属于使该资产达到预定用途发生的其他支出为计税基础
B. 自行建造的固定资产，以竣工结算前发生的支出为计税基础
C. 盘盈的固定资产，以同类固定资产的重置完全价值为计税基础
D. 通过捐赠取得的固定资产，以该资产的公允价值和支付的相关税费为计税基础

5. 外购商誉的支出在（　　），准予在企业所得税前扣除。
A. 企业清算时　　B. 无形资产摊销时　C. 企业整体转让时　D. 企业年终决算时

三、判断题

1. 企业所得税纳税人在纳税年度发生的经营亏损，可以用下一年度的所得弥补；下一纳税年度的所得不足弥补的，可以逐年延续弥补，一般情况下延续弥补期最长不得超过5年。（　　）

2. 生产性生物资产按照直线法计提的折旧，准予扣除。（　　）

3. 企业应当自生产性生物资产投入使用的月份起计提折旧；停止使用的生产性生物资产，应当自停止使用月份的次月起停止计提折旧。（　　）

参考答案

任务四　企业所得税税收优惠

引入案例

明光公司为小型微利企业，2023年纳税调整前应纳税所得额为128万元，该企业当年度购入符合规定的环保设备，价格为25万元。

要求：计算明光公司年度企业所得税应纳税额。

工作任务

1. 熟记减半征收和免征所得税项目
2. 熟记研发费用及残疾人工资的加计扣除比例
3. 了解可以采取缩短折旧年限和加速折旧计算方法的情形
4. 了解小微企业及非居民企业的优惠税率

电子课件

文件法规

知识结构图

本任务知识结构图如图4-4所示。

企业所得税税收优惠
- 免征与减征优惠
- 税率优惠
- 加计扣除
- 加速折旧优惠
- 减计收入
- 应纳税所得额抵扣
- 抵免应纳税额
- 西部大开发税收优惠
- 民族自治地方的优惠

图4-4 本任务知识结构图

知识解析

我国企业所得税的税收优惠，是指国家根据经济和社会发展需要，在一定的期间对特定地区、行业和企业的纳税人应缴纳的企业所得税，给予减征或免征的一种照顾和鼓励措施。企业同时从事不同企业所得税项目的，其优惠项目应当单独计算所得，并合理分摊企业的期间费用；没有单独计算的，不得享受企业所得税优惠。

一、免征与减征优惠

（一）企业从事下列项目的所得，免征企业所得税

（1）蔬菜、谷物、薯类、油料、豆类、棉花、麻类、糖料、水果、坚果的种植；

（2）农作物新品种的选育；

（3）中药材的种植；

（4）林木的培育和种植；

（5）牲畜、家禽的饲养；

（6）林产品的采集；

（7）灌溉、农产品初加工、兽医、农技推广、农机作业和维修等农、林、牧、渔服务业项目；

（8）远洋捕捞。

（二）企业从事下列项目的所得，减半征收企业所得税

（1）花卉、茶以及其他饮料作物和香料作物的种植；

（2）海水养殖、内陆养殖；

（3）对企业投资者持有2019—2023年发行的铁路债券取得的利息收入，减半征收企业所得税。铁路债券是指以中国铁路总公司为发行和偿还主体的债券，包括中国铁路建设

债券、中期票据、短期融资券等债务融资工具。

【提示】远洋捕捞免征企业所得税，海水养殖减半征收企业所得税。

【做中学4-26】（多项选择题）下列各项减半征收企业所得税的有（　　）。

A.种植花卉　　B.远洋捕捞　　C.海水养殖　　D.种植中药材

答案：AC。远洋捕捞和种植中药材免征企业所得税。

（三）从事国家重点扶持的公共基础设施项目的投资经营所得

国家重点扶持的公共基础设施项目，是指《公共基础设施项目企业所得税优惠目录》规定的港口码头、机场、铁路、公路、城市公共交通、电力、水利等项目。

（1）企业从事上述国家重点扶持的公共基础设施项目的投资经营所得，自项目取得第一笔生产经营收入所属纳税年度起，第1年至第3年免征企业所得税，第4年至第6年减半征收企业所得税。

（2）企业承包经营、承包建设和内部自建自用上述项目，不得享受上述企业所得税优惠。

（3）企业投资经营符合《公共基础设施项目企业所得税优惠目录》规定条件和标准的公共基础设施项目，采用一次核准、分批次（如码头、泊位、航站楼、跑道、路段、发电机组等）建设，凡同时符合以下条件的，可按每一批次为单位计算所得，并享受企业所得税“三免三减半”优惠：①不同批次在空间上相互独立；②每一批次自身具备取得收入的功能；③以每一批次为单位进行会计核算，单独计算所得，并合理分摊期间费用。

（四）从事符合条件的环境保护、节能节水项目的所得

符合条件的环境保护、节能节水项目，包括公共污水处理、公共垃圾处理、沼气综合开发利用、节能减排技术改造、海水淡化等。项目的具体条件和范围由国务院财政、税务主管部门会同国务院有关部门制定，报国务院批准后公布施行。

环境保护、节能节水项目的所得，自项目取得第一笔生产经营收入所属纳税年度起“三免三减半”；在减免税期限内转让的，受让方自受让之日起，可在剩余期限内享受规定的减免税优惠；减免税期限届满后转让的，受让方不得就该项目重复享受减免税待遇。

（五）从事饮水工程新建项目投资经营的所得

对饮水工程运营管理单位从事《公共基础设施项目企业所得税优惠目录》规定的饮水工程新建项目投资经营的所得，自项目取得第一笔生产经营收入所属纳税年度起，第1年至第3年免征企业所得税，第4年至第6年减半征收企业所得税。

所称饮水工程，是指为农村居民提供生活用水而建设的供水工程设施。

（六）从事集成电路设计企业和软件企业的所得

依法成立且符合条件的集成电路设计企业和软件企业，在2019年12月31日前自获利年度起计算优惠期，第1年至第2年免征企业所得税，第3年至第5年按照25%的法定税率减半征收企业所得税，并享受至期满为止。

（七）符合条件的技术转让所得

（1）一个纳税年度内，居民企业技术转让所得不超过500万元的部分，免征企业所得税；超过500万元的部分，减半征收企业所得税。

（2）技术转让的范围，包括居民企业转让专利技术、计算机软件著作权、集成电路布图设计权、植物新品种、生物医药新品种、5年（含）以上非独占许可使用权，以及财政部和国家税务总局确定的其他技术。其计算公式为：

技术转让所得 = 技术转让收入 − 技术转让成本 − 相关税费

【做中学4–27】（计算题）某公司取得技术转让收入1 100万元，发生与技术转让相关的成本、费用400万元。

要求：计算该公司因该业务应缴纳的企业所得税。

答案：技术转让所得 = 1 100 − 400 = 700（万元）

纳税调减额 = 500 +（700 − 500）÷ 2 = 600（万元）

应缴纳的企业所得税 =（700 − 600）× 25% = 25（万元）

（八）合格境外机构投资者所得

从2014年11月17日起，对合格境外机构投资者（QFII）、人民币合格境外机构投资者（RQFII）取得的来源于中国境内的股票等权益性投资资产转让所得，暂免征收企业所得税。

二、税率优惠

（一）非居民企业所得

在中国境内未设立机构、场所的，或者虽设立机构、场所但取得的所得与其所设机构、场所没有实际联系的非居民企业，其取得的来源于中国境内的所得，减按10%的税率征收企业所得税。下列所得可以免征企业所得税：

（1）外国政府向中国政府提供贷款取得的利息所得；

（2）国际金融组织向中国政府和居民企业提供优惠贷款取得的利息所得；

（3）经国务院批准的其他所得。

（二）小型微利企业所得

自2023年1月1日起，小型微利企业无论是按查账征收方式还是按核定征收方式缴纳企业所得税，对年应纳税所得额不超过100万元的部分，减按25%计入应纳税所得额，按20%的税率缴纳企业所得税；自2022年1月1日至2024年12月31日，对年应纳税所得额超过100万元但不超过300万元的部分，减按25%计入应纳税所得额，按20%的税率缴纳企业所得税。

小型微利企业是指从事国家非限制和禁止行业，且同时符合年度应纳税所得额不超过300万元、从业人数不超过300人、资产总额不超过5 000万元等三个条件的企业。

从业人数，包括与企业建立劳动关系的职工人数和企业接受的劳务派遣用工人数。所称从业人数和资产总额指标，应按企业全年的季度平均值确定。具体计算公式如下：

季度平均值＝（季初值＋季末值）÷ 2

全年季度平均值＝全年各季度平均值之和 ÷ 4

年度中间开业或者终止经营活动的，以其实际经营期作为一个纳税年度确定上述相关指标。

小型微利企业所得税统一实行按季度预缴。

学思践悟

小型微利企业是经济活力的重要来源，是吸纳就业的“主力军”。2021年延长小规模纳税人增值税优惠等部分阶段性政策执行期限；将小规模纳税人增值税起征点从月销售额10万元提高到15万元；对小型微利企业和个体工商户年应纳税所得额不到100万元的部分，在现行优惠政策基础上，再减半征收企业所得税，实际税率只有2.5%。新一轮支持小型微利企业发展的减税降费政策措施先后出台，有效减轻了企业负担，激发小型微利企业活力。数据显示，2021年前三季度全国七成有经营活动收入的小型微利企业无须缴税，小型微利企业每百元销售收入缴纳税收同比下降18.9%。9月份，全国小型微利企业职工申报个税人数同比增长9.9%，自春节返岗以来连续7个月环比上升。截至三季度末，全国涉税市场主体中的小型微利企业和个体工商户达6 076万户，同比增长6.7%，比2019年同期增长21.7%，两年平均增长10.3%。由此可见，国家的减税降费政策正在助力伟大中国梦的实现。

【做中学4-28】（计算题）某公司是一家小型微利企业，2023年度应纳税所得额为180万元。

要求：计算该企业2023年度应缴纳的企业所得税。

答案：应缴纳的企业所得税 = 100 × 25% × 20% + 80 × 25% × 20% = 9（万元）

（三）国家需要重点扶持的高新技术企业所得

（1）国家需要重点扶持的高新技术企业，减按15%的税率征收企业所得税。国家需要重点扶持的高新技术企业，是指拥有核心自主知识产权，并同时符合下列条件的企业：

① 产品（服务）属于《国家重点支持的高新技术领域》规定的范围；

② 研究开发费用占销售收入的比例不低于规定比例；

③ 高新技术产品（服务）收入占企业总收入的比例不低于规定比例；

④ 科技人员占企业职工总数的比例不低于规定比例；

⑤ 高新技术企业认定管理办法规定的其他条件。

（2）自2017年1月1日起，对经认定的技术先进型服务企业，减按15%的税率征收企业所得税。

（3）自2018年1月1日起，对经认定的技术先进型服务企业（服务贸易类），减按15%的税率征收企业所得税。

（4）自2019年1月1日起至2023年12月31日止，对符合条件的从事污染防治的第三方企业减按15%的税率征收企业所得税。

【做中学4-29】（单项选择题）某软件公司是我国重点扶持的高新技术企业。2023年度，该企业的应纳税所得额为400万元，该企业年度应缴纳的企业所得税为（　　）万元。

A.50　　B.60　　C.30　　D.40

答案：B。国家需要重点扶持的高新技术企业，减按15%的税率征收企业所得税。该企业2023年度应缴纳的企业所得税 = 400 × 15% = 60（万元）。

三、加计扣除

企业的下列支出，可以在计算应纳税所得额时加计扣除。

（一）开发新技术、新产品、新工艺的研发费用

研发费用，是指企业为开发新技术、新产品、新工艺发生的研究开发费用。除烟草制造业、住宿和餐饮业、批发和零售业、房地产业、租赁和商务服务业、娱乐业以外，其他企业均可享受研发费用加计扣除政策。

1.企业开展研发活动实际发生的研发费用，未形成无形资产计入当期损益的，在按规定据实扣除的基础上，自2023年1月1日起，再按照实际发生额的100%在税前加计扣除；形成无形资产的，在上述期间按照无形资产成本的200%在税前摊销。可以扣除的研发费用包括：

（1）人员人工费用。

直接从事研发活动人员的工资薪金、基本养老保险费、基本医疗保险费、失业保险费、工伤保险费、生育保险费和住房公积金，以及外聘研发人员的劳务费用。

（2）直接投入费用。

① 研发活动直接消耗的材料、燃料和动力费用。

② 用于中间试验和产品试制的模具、工艺装备开发及制造费，不构成固定资产的样品、样机及一般测试手段购置费，试制产品的检验费。

③ 用于研发活动的仪器、设备的运行维护、调整、检验、维修等费用，以及通过经营租赁方式租入的用于研发活动的仪器、设备租赁费。

（3）折旧费用。用于研发活动的仪器、设备的折旧费。

（4）无形资产摊销。

用于研发活动的软件、专利权、非专利技术（包括许可证、专有技术、设计和计算方法等）的摊销费用。

（5）新产品设计费、新工艺规程制定费、新药研制的临床试验费、勘探开发技术的现场试验费。

（6）其他相关费用。

与研发活动直接相关的其他费用，如技术图书资料费、资料翻译费、专家咨询费、高新科技研发保险费，研发成果的检索、分析、评议、论证、鉴定、评审、评估、验收费用，知识产权的申请费、注册费、代理费，差旅费、会议费，职工福利费、补充养老保险费、补充医疗保险费。此类费用总额不得超过可加计扣除研发费用总额的10%。

2.企业委托境内外部机构或个人进行研发活动所发生的费用，按照费用实际发生额的80%计入委托方研发费用并计算加计扣除，受托方不得再进行加计扣除。

3.委托境外机构进行研发活动所发生的费用，按照费用实际发生额的80%计入委托方的委托境外研发费用。委托境外研发费用不超过境内符合条件的研发费用三分之二的部分，可以按规定在企业所得税前加计扣除。

4. 支持我国基础研究加计扣除。

自2022年1月1日起，对企业出资给非营利性科学技术研究开发机构、高等学校和政府性自然科学基金用于基础研究的支出，在计算应纳税所得额时可按实际发生额在税前扣

除，并可按100%在税前加计扣除。

企业10月份预缴申报当年第3季度（按季预缴）或9月份（按月预缴）企业所得税时，可以自行选择就当年前三个季度研发费用享受加计扣除优惠政策。

学思践悟

“科学技术是第一生产力”是邓小平提出的重要思想，这一思想精辟地阐明了科学技术是经济发展的首要推动力，继承并发展了马克思主义的生产力学说。

在支持科技创新方面，2021年减税降费的一部重头戏就是企业可以提前享受前三季度研发费用加计扣除政策，并且对制造业企业来说，其扣除比例由75%提高到100%。新政策盘活企业现金流，有效缓解了资金压力。国家税务总局2021年11月发布的数据显示，截至2021年10月底，全国各类企业提前享受加计扣除金额1.3万亿元，减免税额3 333亿元，享受加计扣除金额占去年全年汇算清缴的77.6%。惠及18.6万户制造业企业（加计扣除金额达9 036亿元，减免税额2 259亿元），占全部享受优惠户数和减免税额的比重分别为57.7%和67.8%。其中，加计扣除比例提高让制造业企业多享受减免税额571亿元，政策支持制造业发展的导向得到有效显现。从研发费用加计扣除金额看，82.1%享受优惠的企业加计扣除超过100万元；从户均水平看，享受优惠的企业户均研发投入456.5万元，按可比口径测算，同比增长13.3%，企业研发投入力度加大。

由此可见，2021年企业研发费用加计扣除优惠政策连续推出，企业享受政策红利的时间更早、力度也更大。税收红利不断释放，不仅促进了科技创新，也有力支持了工业经济平稳运行。

（资料来源：经济日报）

党的二十大报告对加快实施创新驱动发展战略作出重要部署：“坚持面向世界科技前沿、面向经济主战场、面向国家重大需求、面向人民生命健康，加快实现高水平科技自立自强。”“深入实施科教兴国战略、人才强国战略、创新驱动发展战略，开辟发展新领域新赛道，不断塑造发展新动能新优势”。创新是引领发展的第一动力，是一个国家兴旺发达的不竭源泉。要坚持“四个面向”，加快实施创新驱动发展战略，推动产学研深度合作，着力强化重大科技创新平台建设，支持顶尖科学家领衔进行原创性、引领性科技攻关，努力突破关键核心技术难题，在重点领域、关键环节实现自主可控。我们要更加深刻认识新时代创新的重大意义，把创新的核心地位贯穿到现代化建设的各个方面各个环节，为全面建成社会主义现代化强国、实现第二个百年奋斗目标增添强劲动力。

（二）安置残疾人员及国家鼓励安置的其他就业人员所支付的工资

企业安置残疾人员的，在按照支付给残疾职工工资据实扣除的基础上，按照支付给残疾职工工资的100%加计扣除。企业安置国家鼓励安置的其他就业人员所支付的工资的加计扣除办法，由国务院另行规定。

【做中学4-30】（单项选择题）根据企业所得税法律制度的规定，某企业为开发新技术、新产品、新工艺发生的研究开发费用，未形成无形资产计入当期损益的，在按照规定据实扣除的基础上，按照研究开发费用的一定比例加计扣除，该比例为（　　）。

A.75%　　B.100%　　C.150%　　D.200%

答案：B。企业按开发新技术、新产品、新工艺发生的研究开发费用的100%加计扣除。

四、加速折旧优惠

企业的固定资产由于技术进步等原因，确需加速折旧的，可以缩短折旧年限或者采取加速折旧的方法。可以采用加速折旧方法的固定资产包括：由于技术进步，产品更新换代较快的固定资产；常年处于强震动、高腐蚀状态的固定资产。

采取缩短折旧年限方法的，最低折旧年限不得低于规定折旧年限的60%；加速折旧方法可以采取双倍余额递减法或者年数总和法。

固定资产加速折旧税收优惠如下：

（1）对下列6个行业的企业于2014年1月1日后新购进的固定资产，可按规定年限的60%缩短折旧年限，也可采取双倍余额递减法或年数总和法计提折旧：

① 生物药品制造业；

② 专用设备制造业；

③ 铁路、船舶、航空航天和其他运输设备制造业；

④ 计算机、通信和其他电子设备制造业；

⑤ 仪器仪表制造业；

⑥ 信息传输、软件和信息技术服务业等。

（2）在2014年1月1日后新购进的专门用于研发的仪器、设备，单位价值不超过100万元的，允许一次性计入当期成本费用在计算应纳税所得额时扣除，不再分年度计算折旧；单位价值超过100万元的，可按60%缩短折旧年限或采取加速折旧的方法；持有的单位价值不超过5 000元的固定资产，允许一次性计入当期成本费用在计算应纳税所得额时扣除。

（3）轻工、纺织、机械、汽车四个领域重点行业企业。

① 2015年1月1日后新购进的固定资产，固定资产投入使用当年的主营业务收入占收入总额的比重超过50%（不含）的，允许缩短折旧年限或采取加速折旧的方法。

② 对小型微利企业2015年1月1日后新购进的研发和生产经营共用的仪器、设备，单位价值不超过100万元的，允许一次性计入当期成本费用在计算应纳税所得额时扣除；单位价值超过100万元的，可由企业选择缩短折旧年限或采取加速折旧的方法。

自2019年1月1日起，上述固定资产加速折旧优惠的行业范围，扩大至全部制造业领域。

企业在2018年1月1日至2023年12月31日期间新购进的设备、器具（除房屋、建筑物以外的固定资产），单位价值不超过500万元的，允许一次性计入当期成本费用在计算应纳税所得额时扣除，不再分年度计提折旧。

五、减计收入

（1）企业以《资源综合利用企业所得税优惠目录》规定的资源作为主要原材料，生产非国家限制和禁止并符合国家和行业相关标准的产品取得的收入，减按90%计入收入总额。前述所称原材料占生产产品材料的比重不得低于前述优惠目录规定的标准。

（2）自2019年6月1日起至2025年12月31日止，提供社区养老、托育、家政服务取得的收入，在计算应纳税所得额时，减按90%计入收入总额。

六、应纳税所得额抵扣

创业投资企业采取股权投资方式投资于未上市的中小高新技术企业2年以上的，可以按照其“投资额的70%”在“股权持有满2年的当年”抵扣该创业投资企业的应纳税所得额；当年不足抵扣的，可以在以后纳税年度结转抵扣。

公司制创业投资企业采取股权投资方式直接投资于种子期、初创期科技型企业满2年(24个月）的，可以按照投资额的70%在股权持有满2年的当年抵扣该公司制创业投资企业的应纳税所得额；当年不足抵扣的，可以在以后纳税年度结转抵扣。

【做中学4-31】（单项选择题）2021年2月1日，某创业投资企业采取股权投资方式向未上市的取得高新技术企业资格的某公司（该公司属于中小企业）投资200万元，股权持有至2024年6月1日，微银创业投资企业2023年度计算应纳税所得额时，对该公司的投资额可以抵扣的数额为（　　）万元。

A.0　　B.140　　C.200　　D.60

答案：B。

七、抵免应纳税额

购置并实际使用《环境保护专用设备企业所得税优惠目录》、《节能节水专用设备企业所得税优惠目录》和《安全生产专用设备企业所得税优惠目录》规定的环境保护、节能节水和安全生产专用设备，该专用设备投资额的10%可以从企业当年的应纳税额中抵免；当年不足抵免的，可以在以后5个纳税年度结转抵免。享受上述优惠的企业，应当购置并实际投入使用上述规定的专用设备；若企业购置的专用设备在5年内转让、出租的，应当停止享受企业所得税优惠，并补缴已经抵免的企业所得税税款。

购置并实际使用的环境保护、节能节水和安全生产专用设备，包括承租方企业以融资租赁方式租入的，并在融资租赁合同中约定租赁期届满时租赁设备所有权转移给承租方企业，且符合规定条件的上述专用设备。凡融资租赁期届满后租赁设备所有权未转移至承租方企业的，承租方企业应停止享受抵免企业所得税优惠，并补缴已经抵免的企业所得税税款。

八、西部大开发税收优惠

自2021年1月1日起至2030年12月31日止，对设在西部地区的鼓励类产业企业减按15%的税率征收企业所得税。鼓励类产业企业是指以《西部地区鼓励类产业目录》中规定的产业项目为主营业务，且其主营业务收入占企业收入总额60%以上的企业。

九、民族自治地方的优惠

民族自治地方的自治机关对本民族自治地方的企业应缴纳的企业所得税中属于地方分享的部分，可以决定减征或者免征。自治州、自治县决定减征或者免征，须报省、自治区、直辖市人民政府批准的民族自治地方，是指依照《中华人民共和国民族区域自治法》的规定，实行民族区域自治的自治区、自治州、自治县。

对民族自治地方属于国家限制和禁止行业的企业，不得减征或者免征企业所得税。

知识点梳理

本任务知识点梳理见表4-5。

表4-5 本任务知识点梳理

知识点	具体内容	
1.优惠政策	免税	农、林、牧、渔（“农”不包括“经济作物”；“渔”指远洋捕捞）；居民企业“500万元”以内的“技术转让”所得；合格境外机构投资者境内转让股票等权益性投资资产所得
	减半征收	花卉、茶以及其他饮料作物和香料作物的种植；海水养殖、内陆养殖；居民企业超过500万元的技术转让所得的“超过部分”
	三免三减半	企业“从事”国家重点扶持的“公共基础设施项目的投资经营”所得；企业从事符合条件的“环境保护、节能节水”项目所得
	小微企业	对年应纳税所得额不超过100万元的部分，减按25%计入应纳税所得额，按20%的税率缴纳企业所得税；对年应纳税所得额超过100万元但不超过300万元的部分，减按50%计入应纳税所得额，按20%的税率缴纳企业所得税
	减计收入	综合利用资源生产产品取得的收入，减按90%计入收入总额
	应纳税额抵免	投资环境保护、节能节水、安全生产等专用设备，投资额的10%可以在应纳税额中抵免，可结转至以后5个纳税年度
	加计扣除	“三新”研究开发费用：100%、200%。残疾人员工资：100%
	抵扣应纳税所得额	70%、满2年当年、可结转
2.允许在以后纳税年度结转扣除费用、抵扣所得额、抵免税额比较	职工教育经费	当年按工资、薪金总额的8%扣除，法律另有规定除外；超出部分准予在以后纳税年度结转扣除
	广告费与业务宣传费	按当年销售（营业）收入的15%扣除；超过部分准予在以后纳税年度结转扣除
	应纳税所得额抵扣	按投资额的70%在股权持有满2年的当年抵扣该创业投资企业应纳税所得额；当年不足抵扣的，可在以后纳税年度结转抵扣
	应纳税额抵免	专用设备投资额的10%可以从企业当年的应纳税额中抵免；当年不足抵免的，可在以后纳税年度结转抵免

案例解析

本任务“引入案例”的解析如下：

购入环保设备的抵免税额 = 25 × 10% = 2.5（万元）

应纳税额 = 100 × 25% × 20% + 28 × 50% × 20% − 2.5 = 5.3（万元）

案例中涉及的相关知识点回顾见表4-6。

表4-6　相关知识点回顾

知识点	具体内容
应纳税额计算公式	应纳税额 = 应纳税所得额 × 所得税税率 − 减免税额 − 抵免税额
小型微利企业减免税额计算公式	年应纳税所得额不超过100万元的部分，减按25%计入应纳税所得额，按20%的税率缴纳企业所得税；对年应纳税所得额超过100万元但不超过300万元的部分，减按25%计入应纳税所得额，按20%的税率缴纳企业所得税
专用设备投资额的10%可以从企业当年的应纳税额中抵免	

知识翻转

井神有限责任公司适用的企业所得税税率为25%，经税务机关审核，该公司2023年度应纳税所得额为60万元。该公司购置环保专用设备用于生产经营，取得增值税专用发票，其上注明设备价款10万元、税款1.3万元，增值税进项税额允许抵扣。投资额按10万元计算。

请问：井神有限责任公司2023年应缴纳的企业所得税为多少？

知识考核

一、单项选择题

1. 根据企业所得税法律制度的规定，符合条件的小型微利企业的优惠税率是（　　）。

A.25%　　B.20%　　C.15%　　D.10%

2. 根据我国企业所得税法律制度的规定，重点支持的高新技术企业的优惠税率是（　　）。

A.25%　　B.20%　　C.15%　　D.10%

3. 根据企业所得税法律制度的规定，企业为开发新技术、新产品、新工艺发生的研究开发费用，形成无形资产的，按照无形资产成本的（　　）摊销。

A.50%　　B.100%　　C.200%　　D. 175%

4. 某公司是一家小型微利企业，2023年度实现盈利130万元。该企业2023年度应缴纳的企业所得税为（　　）万元。

A.26　　B.13　　C.6.5　　D.32.5

5.某企业为创业投资企业，2023年12月5日，该企业采取股权投资方式向境内未上市的某中小高新技术企业投资200万元。2023年度该企业的利润总额为900万元。假定不考虑其他纳税调整事项，该企业应缴纳的企业所得税为（　　）万元。

A.225　　B.175　　C.190　　D.172

6.甲企业适用的企业所得税税率为25%，2023年购置环保专用设备用于生产经营，取得的增值税普通发票上注明设备价款30万元；经税务机关审核，甲企业2023年度应纳税所得额为560万元，甲企业实际应缴纳的企业所得税为（　　）万元。

A.140　　B.110　　C.137　　D.82

二、多项选择题

1.根据企业所得税法及其实施条例的规定，企业从事下列项目的所得，减半征收企业所得税的有（　　）。

A.农产品初加工　　B.远洋捕捞

C.花卉的种植　　D.海水养殖

2.企业从事下列项目的所得，免征企业所得税的有（　　）。

A.蔬菜、谷物、薯类、油料、豆类的种植

B.花卉、茶的种植

C.林木的培育和种植

D.农产品初加工

3.根据企业所得税法律制度的规定，企业的下列固定资产，可以采用加速折旧方法或缩短折旧年限的有（　　）。

A.技术进步，产品更新换代较快的固定资产

B.使用频率极高的固定资产

C.常年处于强震动、高腐蚀状态的固定资产

D.企业于2018年1月1日以后购进的单位价值超过500万元的设备、器具

4.根据企业所得税法律制度的有关规定，下列各项关于企业所得税相关税收优惠的说法中，正确的有（　　）。

A.创业投资企业采取股权投资方式投资于未上市的中小高新技术企业2年以上的，可按其投资额的10%在股权持有满2年的当年抵扣该创业投资企业的应纳税额

B.创业投资企业采取股权投资方式投资于未上市的中小高新技术企业2年以上的，可按其投资额的70%在股权持有满2年的当年抵扣该创业投资企业的应纳税所得额

C.企业购置并实际使用规定的环境保护、节能节水、安全生产等专用设备的，该专用设备投资额的10%可以从企业当年的应纳税额中抵免

D.企业购置并实际使用规定的环境保护、节能节水、安全生产等专用设备的，该专用设备投资额的70%可以从企业当年的应纳税所得额中抵免

三、判断题

1.合格境外机构投资者境内转让股票等权益性投资资产的所得，减半征收企业所得税。（　）

2.企业研究开发费，未形成无形资产计入当期损益的，在按照规定据实扣除的基础上，按照研究开发费用的100%加计扣除。（　）

3.企业安置残疾人员的，在企业支付给残疾职工工资据实扣除的基础上，按照支付给残疾职工工资的50%加计扣除。（　）

4.2023年1月1日至2023年12月31日，年应纳税所得额低于50万元（含50万元）的小型微利企业，其所得减按50%计入应纳税所得额，按20%的税率缴纳企业所得税。（　）

5.一个纳税年度内，居民企业技术转让所得不超过500万元的部分，免征企业所得税；超过500万元的部分，减半征收企业所得税。（　）

四、计算分析题

1.某公司是小型微利企业，2023年应纳税所得额为124万元。

要求：计算明光公司2023年度应缴纳的企业所得税。

2.2023年某农垦企业销售本企业自己生产的农产品，实现产品销售所得1 010万元(其中棉花销售所得为200万元，中药材销售所得为50万元，牲畜、家禽销售所得为180万元，远洋捕捞产品销售所得为100万元，花卉销售所得为120万元，茶及其他饮料作物销售所得为100万元，香料销售所得为60万元，内陆养殖所得为200万元)。取得农产品初加工所得150万元，农技推广和农机作业所得80万元，财政拨款1 000万元，接受捐赠收入300万元。

要求：计算2023年度该农垦企业应缴纳的企业所得税。

3.甲精密机床公司为增值税一般纳税人，2023年度取得销售收入8 800万元，销售成本为5 000万元，会计利润为845万元。甲公司的其他相关财务资料如下：

（1）在管理费用中，业务招待费140万元，新产品的研究开发费用280万元。

（2）在销售费用中，广告费700万元，业务宣传费140万元。

（3）发生财务费用900万元，其中支付给与其有业务往来的客户全年借款利息700万元，年利率为7%，金融机构同期同类贷款年利率为6%。

（4）在营业外支出中，列支了通过减灾委员会向遭受自然灾害的地区的捐款50万元，支付给客户的违约金10万元。

（5）已在成本费用中列支实发工资总额500万元，并实际列支职工福利费105万元，上缴工会经费10万元并取得工会经费专用拨缴款收据，发生职工教育经费支出20万元。

要求：根据上述业务完成下列（1）至（6）题。

（1）准予税前扣除的业务招待费为（　）万元，企业所得税应纳税所得额调整（　）万元。

A.44　　B.84　　C.140　　D.96

（2）准予扣除的研发费用为（　）万元，企业所得税应纳税所得额调整（　）万元。

A.280　　B.140　　C.490　　D.-210

（3）可以在税前扣除的广告费和业务宣传费为（　）万元。

A.1 320　　B.840　　C.700　　D.140

（4）准予税前扣除的财务费用为（　　）万元，企业所得税应纳税所得额调整（　　）万元。

A.800　　B. 600　　C.100　　D.900

（5）允许税前扣除的职工福利费、工会经费与职工教育经费共（　　）万元，企业所得税应纳税所得额调整（　　）万元。

A.100　　B.135　　C.35　　D.7.5

（6）该企业应纳税所得额为（　　）万元。

A.866　　B.943.5　　C.3 800　　D.1 223.5

参考答案

任务五　企业所得税应纳税额的计算

引入案例

某公司经税务机关核定，其2023年度的生产经营情况如下：全年取得产品销售收入5 600万元，发生产品销售成本4 000万元；其他业务收入800万元，其他业务成本660万元；购买国债取得利息收入40万元；缴纳税金及附加（不含增值税）300万元；发生管理费用760万元，其中业务招待费70万元；发生财务费用200万元；取得营业外收入100万元，发生营业外支出250万元（含公益性捐赠38万元）。利润总额中含在M国分厂取得的税前所得100万元人民币，在M国缴纳企业所得税16.5万元人民币。该公司适用的企业所得税税率为25%。

要求：计算该公司2023年企业所得税应纳税额。

工作任务

电子课件

1. 熟悉减免税计算
2. 熟悉抵免税范围及其计算
3. 掌握应纳税额的计算

文件法规

知识结构图

本任务知识结构图如图4-5所示。

企业所得税应纳税额的计算
- 应纳所得税额的计算
- 境外所得已纳税额的抵免
- 居民企业核定征收企业所得税的计算

图4-5　本任务知识结构图

知识解析

一、应纳所得税额的计算

企业所得税实行按年计征、分月（季）预缴、年终汇算清缴、多退少补的办法。

（一）预缴所得税额的计算

预缴有两种方法，即据实预缴、按照上一纳税年度应纳税所得额的平均额预缴。

1.据实预缴

$$\text{本月（季）应缴所得税额}=\text{实际利润累计额}\times\text{税率}-\text{减免所得税额}-\text{已累计预缴的所得税额}$$

平时预缴时，实际利润累计额按会计制度核算的利润总额计算，暂不作纳税调整，待会计年度终了再作纳税调整，统一按照《企业所得税法》规定的25%税率计算应纳所得税额。减免所得税额是指纳税人实际享受的减免所得税额，包括享受减免税优惠过渡期的税收优惠、小型微利企业的税率优惠、高新技术企业的税率优惠及经税务机关审批或备案的其他减免税优惠等。

2.按照上一纳税年度应纳税所得额的平均额预缴

本月（季）应缴所得税额＝上一纳税年度应纳税所得额÷12（或4）×税率

按上一纳税年度应纳税所得额实际数除以12（或4）得出每月（或季）应纳税所得额，上一纳税年度应纳税所得额中不包括纳税人的境外所得。税率统一按照25%计算。

（二）汇算清缴年度应纳所得税额

在分月（季）预缴的基础上，实行年终汇算清缴、多退少补的办法。

企业的应纳税所得额乘以适用税率，减除依照《企业所得税法》关于税收优惠的规定减免和抵免税额后的余额，为应纳税额。其计算公式为：

$$\text{应纳税额}=\text{应纳税所得额}\times\text{适用税率}-\text{减免所得税额}-\text{抵免所得税额}+\text{境外所得应纳所得税额}-\text{境外所得抵免所得税额}$$

本年应补(退)所得税额＝实际应纳所得税额－本年实际累计已预缴的所得税额

1.减免所得税额

减免所得税额体现在企业所得税年度纳税申报表中，主要适用于享受优惠税率的纳税人。例如，小型微利企业、高新技术企业、民族自治地方企业过渡期税收优惠的减征税额。减免所得税额的计算公式为：

减免所得税额 = 应纳税所得额 ×（基本税率25% − 适用的优惠税率）

2.抵免所得税额

抵免所得税额是指纳税人购置并实际使用环境保护、节能节水、安全生产等专用设备的，该专用设备的投资额的10%可以从企业当年的应纳税额中抵免；当年不足抵免的，可以在以后5个纳税年度结转抵免。

二、境外所得已纳税额的抵免

对同一纳税人的同一征税对象重复征税，是双重征税。为了避免国际双重征税，各国都采取了相应的措施，包括免税法、扣除法、抵免法以及税收协定等。目前，我国采用税收抵免法来避免国际双重征税。居民企业应就其来源于境内、境外的所得纳税，对来源于境外的所得已在境外缴纳的所得税税额，可以从其当期应纳税额中抵免。

境外所得应补缴税额 = 境外所得应纳所得税额 − 境外所得抵免所得税额

境外所得应纳所得税额 =（境外所得换算成含税收入的所得 − 弥补以前年度境外亏损 − 境外免税所得 − 境外所得弥补境内亏损）× 税率

境外所得抵免所得税额 = 本年可抵免的境外所得税额 + 本年可抵免以前年度境外所得税额

（一）一般所得税额的抵免

1.抵免范围

企业取得的下列所得已在境外缴纳的所得税税额，可以从当期应纳税额中抵免：

（1）居民企业来源于中国境外的应税所得。

（2）非居民企业在中国境内设立机构、场所，取得发生在中国境外但与该机构、场所有实际联系的应税所得。

已在境外缴纳的所得税税额是指企业来源于中国境外的所得依照中国境外税收法律以及相关规定应当缴纳并已经实际缴纳的企业所得税性质的税款。

2.抵免限额的计算

抵免限额的计算公式为：

抵免限额 = 中国境内、境外所得依照税法规定计算的应纳税总额 × 来源于某国家(地区)的应纳税所得额 ÷ 中国境内、境外应纳税所得总额

企业已在境外缴纳的所得税税额未超过抵免限额的，按照实际已缴纳税额抵免；超过抵免限额的部分，可以在以后5个年度内，用每年度抵免限额抵免当年应抵税额后的余额进行抵补。

除国务院财政、税务主管部门另有规定外，该抵免限额应当分国（地区）不分项计算。

自2017年1月1日起，企业可以选择采用分国（地区）不分项法，也可选择采用不分国（地区）不分项法计算其来源于境外的应纳税所得额，并按照有关规定分别计算其可抵免境外所得税额和抵免限额。上述方法一经选择，5年内不得改变。

5个年度是指从企业取得来源于中国境外的所得，已经在中国境外缴纳企业所得税性质的税额超过抵免限额的当年的次年起连续5个纳税年度。

【做中学4-32】（计算题）某公司主要从事进出口贸易，分别在A国和B国设有分支机构，2023年该公司境内所得为530万元；A国分支机构取得所得折合人民币80万元，在A国缴纳企业所得税折合人民币13.5万元；B国分支机构取得所得折合人民币90万元，在B国缴纳企业所得税折合人民币21万元。该公司采用分国（地区）不分项法计算抵免限额和可抵免境外所得税额。

要求：计算该公司2023年企业所得税应纳税额。

答案：A国所得税抵免限额＝（530＋80＋90）×25%×80÷（530＋80＋90）

＝20（万元）

B国所得税抵免限额＝（530＋80＋90）×25%×90÷（530＋80＋90）＝22.5（万元）

当年已缴纳的A国企业所得税税额小于A国的抵免限额，所以应抵免的A国已缴纳的企业所得税税额为13.5万元。

当年已缴纳的B国企业所得税税额小于B国的抵免限额，所以应抵免的B国已缴纳的企业所得税税额为21万元。

该公司2023年企业所得税应纳税额＝（530＋80＋90）×25%－（13.5＋21）

＝140.5（万元）

（二）股息、红利等权益性投资收益的抵免

居民企业从其直接或间接控制的外国企业分得的来源于中国境外的股息、红利等权益性投资收益，外国企业在境外实际缴纳的所得税税额中属于该项所得负担的部分，可以作为该居民企业的可抵免境外所得税额，在规定的抵免限额内抵免。

直接控制是指居民企业直接持有外国企业20%以上的股份。间接控制是指居民企业以间接持股方式持有外国企业20%以上的股份，具体认定办法由国务院财政、税务主管部门另行制定。

三、居民企业核定征收企业所得税的计算

（一）核定征收企业所得税的范围

（1）依照法律、行政法规的规定可以不设置账簿的；

（2）依照法律、行政法规的规定应当设置但未设置账簿的；

（3）擅自销毁账簿或者拒不提供纳税资料的；

（4）虽设置账簿，但账目混乱或者成本资料、收入凭证、费用凭证残缺不全，难以查账的；

（5）发生纳税义务，未按规定期限办理纳税申报，税务机关责令限期申报，逾期不申报的；

（6）申报计税依据明显偏低，又无正当理由的。

会计、审计、资产评估、税务、房地产估价、土地估价、律师、价格鉴证、公证机构、基层法律服务机构、专利代理、商标代理以及其他经济鉴证类社会中介机构，不适用企业所得税核定征收办法。

（二）核定征收的办法

税务机关应根据纳税人的具体情况，对核定征收企业所得税的纳税人，核定应税所得率或者应纳所得税额。

1. 核定应税所得率

居民企业具有下列情形之一的，应核定应税所得率：

（1）能正确核算收入总额，但不能正确核算成本费用总额的；

（2）能正确核算成本费用总额，但不能正确核算收入总额的；

（3）通过合理方法，能计算和推定纳税人收入总额或成本费用总额的。

采用核定应税所得率方式征收企业所得税的，其计算公式为：

应纳税所得额 = 应税收入额 × 应税所得率

或：　　应纳税所得额 = 成本（费用）支出额 ÷（1 – 应税所得率）× 应税所得率

应纳税额 = 应纳税所得额 × 适用税率

【做中学4–33】（计算题）某公司为小型建筑企业，于2024年1月20日向主管税务机关申报2023年度取得收入总额180万元，发生直接成本160万元、其他费用80万元，全年亏损60万元。经税务机关检查，其成本、费用无误，但收入总额并未准确核算。按照《企业所得税核定征收办法（试行）》，假定应税所得率为20%。

要求：计算该公司2023年应缴纳的企业所得税。

答案：应纳税所得额 =（160 + 80）÷（1 – 20%）× 20% = 60（万元）

应纳税额 = 60 × 25% × 20% = 3（万元）

注：该公司年所得额不超过100万元的小型微利企业，所得减按25%计入应纳税所得额，按20%的税率计算缴纳企业所得税。

2. 核定应纳所得税额

对不符合核定应税所得率条件的纳税人，由税务机关采用以下方法核定其应纳所得税额：

（1）参照当地同类行业或者类似行业中经营规模和收入水平相近的纳税人的水平核定；

（2）按照应税收入额或成本费用支出额定率核定；

（3）按照耗用的原材料、燃料、动力等推算或测算核定；

（4）按照其他合理方法核定。

知识点梳理

本任务知识点梳理见表4–7。

表4–7　本任务知识点梳理

知识点	具体内容
1. 抵免限额	境外某国应纳税所得额 × 适用的我国税率
2. 纳税调整增加额	未计或少计的应税收益；会计利润中已经扣除，但税法规定不能扣除的项目，例如税收滞纳金、行政罚款、未经核准的准备金支出；会计利润中已经扣除，但超过税法规定扣除标准的部分，如业务招待费、广告费和业务宣传费等费用的超标扣除部分
3. 纳税调整减少额	减税或免税的收益，如国债利息收入、加计扣除、所得减免、抵免所得税额等

案例解析

本任务“引入案例”的解析如下：

销售收入 = 5 600 + 800 = 6 400（万元）

利润总额 = 6 400 + 40 + 100 − 4 000 − 660 − 300 − 760 − 200 − 250 = 370（万元）

国债利息收入免征企业所得税，应调减应纳税所得额40万元。

实际发生业务招待费的60% = 70 × 60% = 42（万元）

销售收入的5‰ = 6 400 × 5‰ = 32（万元）

允许税前扣除金额应为32万元，实际应当调增应纳税所得额38万元（70 − 32）。

公益性捐赠扣除标准 = 370 × 12% = 44.4（万元）

实际捐赠38万元，允许税前扣除的捐赠金额为38万元。

应纳税所得额 = 370 − 40 + 38 + 100 = 468（万元）

100 × 25% = 25（万元），25万元 > 16.5万元，实际应抵免所得税16.5万元。

该企业应缴纳的企业所得税 = 468 × 25% − 16.5 = 100.5（万元）

案例中涉及的相关知识点回顾见表4-8。

表4-8 相关知识点回顾

知识点	具体内容
应纳企业所得税	应纳税所得额 × 25% − 减免税额 − 抵免税额
会计利润总额	各项收入 − 各项成本费用 − 税金及附加
应纳税所得额	会计利润 + 纳税调增金额 − 纳税调减金额
免税收入	国债利息收入，符合条件的股息、红利等权益性投资收益
业务招待费扣除标准	实际发生额的60%与销售收入的5‰较低者
公益性捐赠扣除标准	会计利润总额的12%

知识翻转

某公司是我国主要从事进出口贸易的小型微利企业，适用的企业所得税税率为20%，2023年取得境内应纳税所得额160万元，境外应纳税所得额50万元，在境外已缴纳企业所得税折合人民币10万元。

请问：该公司2023年度应缴纳多少企业所得税？

知识考核

一、单项选择题

1. 我国某居民企业，其所得税税率为25%，2023年在我国境内取得应纳税所得300万元，取得境外税后收益7万元人民币，已经在境外缴纳所得税3万元人民币，则该公司2023年在我国应缴纳的企业所得税为（　　）万元。

A.75　　B.77　　C.72.5　　D.76.75

2.某公司是我国居民企业，2023年度取得我国境内所得380万元、来自境外税后收益2万元，已经在境外缴纳企业所得税0.5万元，境内、境外所得税税率分别为25%和20%，则2023年该公司在我国应缴纳的企业所得税为（　　）万元。

A.95.9　　B.95　　C.95.5　　D.95.125

二、多项选择题

1.下列各项可以从当期应纳税额中抵免的有（　　）。

A.居民企业来源于中国境外的应税所得

B.非居民企业在中国境内设立机构、场所，取得发生在中国境外但与该机构、场所有实际联系的应税所得

C.非居民企业在中国境内设立机构、场所，取得发生在中国境外但与该机构、场所没有实际联系的应税所得

D.居民企业来源于中国境内的应税所得

2.下列各项属于核定征收企业所得税范围的有（　　）。

A.依照法律、行政法规的规定可以不设置账簿的

B.依照法律、行政法规的规定应当设置但未设置账簿的

C.擅自销毁账簿或者拒不提供纳税资料的

D.虽设置账簿，但账目混乱或者成本资料、收入凭证、费用凭证残缺不全，难以查账的

三、判断题

1.居民企业能正确核算收入总额，但不能正确核算成本费用总额的，税务机关应核定其应纳税所得额。（　　）

2.非居民企业从其直接或间接控制的外国企业分得的来源于中国境外的股息、红利等权益性投资收益，可以作为该非居民企业的可抵免境外所得税额，在规定的抵免限额内抵免。（　　）

3.直接控制是指居民企业直接持有外国企业10%以上的股份。（　　）

参考答案

任务六　企业所得税征收管理及其他

引入案例

我国国内企业甲公司从M国某企业购进一项专利技术，针对这项业务，M国企业未在我国国内设立机构、场所。

请问：M国企业需要在我国缴纳企业所得税吗？谁是扣缴义务人？

工作任务

1. 掌握企业所得税纳税申报和纳税期限
2. 了解企业所得税纳税地点的规定
3. 知道企业所得税扣缴义务人与扣缴方法
4. 知道企业所得税特别纳税调整范围

电子课件　文件法规

知识结构图

本任务知识结构图如图4-6所示。

企业所得税征收管理及其他
- 纳税地点
- 纳税期限
- 纳税申报
- 源泉扣缴
- 特别纳税调整

图4-6　本任务知识结构图

知识解析

一、纳税地点

（一）居民企业的纳税地点

除税收法律、行政法规另有规定外，居民企业以企业登记注册地为纳税地点；但登记注册地在境外的，以实际管理机构所在地为纳税地点；居民企业在中国境内设立不具有法人资格的营业机构的，应当汇总计算并缴纳企业所得税。

（二）非居民企业的纳税地点

非居民企业在中国境内设立机构、场所取得的所得，以及发生在中国境外但与其所设机构、场所有实际联系的所得，应当以机构、场所所在地为纳税地点；非居民企业在中国境内未设立机构场所，或者虽设立机构、场所但取得的所得与其所设机构、场所没有实际联系的非居民企业，以扣缴义务人所在地为纳税地点；非居民企业在中国境内设立两个或者两个以上机构、场所的，经税务机关审核批准，可以选择由其主要机构、场所汇总缴纳企业所得税。

非居民企业经批准汇总缴纳企业所得税后，需要增设、合并、迁移、关闭机构或场所，或者停止机构、场所业务的，应当事先由负责汇总申报缴纳企业所得税的主要机构、场所向其所在地税务机关报告；需要变更汇总缴纳企业所得税的主要机构、场所的，依照前述规定办理。

二、纳税期限

企业所得税按年计征，分月或者分季预缴，年终汇算清缴，多退少补。纳税年度自公历1月1日至12月31日。

企业应当自年度终了之日起5个月内，向税务机关报送年度企业所得税纳税申报表，并汇算清缴，结清应缴应退税款。

企业一个纳税年度中间开业，或者终止经营活动，使该纳税年度的实际经营期不足12个月的，应当以其实际经营期为1个纳税年度。企业在年度中间终止经营活动的，应当自实际经营终止之日起60日内，向税务机关办理当期企业所得税汇算清缴。依法清算时，应当以清算期间作为一个纳税年度。

三、纳税申报

按月或按季预缴的，应当自月份或者季度终了之日起15日内，向税务机关报送预缴企业所得税纳税申报表，预缴税款。

企业所得以人民币以外的货币计算的，预缴企业所得税时，应当按照月度或者季度最后1日的人民币汇率中间价，将其折合成人民币计算应纳税所得额。

四、源泉扣缴

（一）扣缴义务人

在中国境内未设立机构、场所，或者虽设立机构、场所但取得的所得与其所设机构、场所没有实际联系的非居民企业，就其取得的来源于中国境内的所得应缴纳的所得税，实行源泉扣缴，以支付人为扣缴义务人。税款由扣缴义务人在每次支付或者到期应支付时，从支付或者到期应支付的款项中扣缴。

对非居民企业在中国境内取得工程作业和劳务所得应缴纳的所得税，税务机关可以指定工程价款或者劳务费的支付人为扣缴义务人。

（二）扣缴方法

扣缴企业所得税应纳税额的计算公式为：

$$扣缴企业所得税应纳税额 = 应纳税所得额 \times 实际征收率$$

式中：实际征收率是指《企业所得税法》及其实施条例等相关法律法规规定的税率，或者税收协定规定的更低的税率。

（1）股息、红利等权益性投资收益和利息、租金、特许权使用费所得，以收入全额为应纳税所得额，不得扣除税法规定之外的税费支出；

（2）转让财产所得，以收入全额减除财产净值后的余额为应纳税所得额；

（3）其他所得参照前两项规定。

（三）扣缴管理

扣缴义务人，由县级以上税务机关指定，并同时告知扣缴义务人所扣税款的计算依据、计算方法、扣缴期限和扣缴方式。扣缴义务人每次代扣的税款，应当自代扣之日起7日内缴入国库。

知识点梳理

本任务知识点梳理见表4-9。

表4-9　本任务知识点梳理

<table>
<tr><th>企业类型</th><th colspan="2">所得类型</th><th>是否在我国缴纳企业所得税</th><th>是否实行源泉扣缴</th></tr>
<tr><td rowspan="4">在中国境内设立机构、场所的非居民企业</td><td rowspan="2">来源于中国境内的所得</td><td>与所设机构、场所有实际联系的所得</td><td>√</td><td>×</td></tr>
<tr><td>与所设机构、场所没有实际联系的所得</td><td>√</td><td>√</td></tr>
<tr><td rowspan="2">发生在中国境外的所得</td><td>与所设机构、场所有实际联系的所得</td><td>√</td><td>×</td></tr>
<tr><td>与所设机构、场所没有实际联系的所得</td><td>×</td><td>—</td></tr>
<tr><td rowspan="2">在中国境内未设立机构、场所的非居民企业</td><td colspan="2">来源于中国境内的所得</td><td>√</td><td>√</td></tr>
<tr><td colspan="2">发生在中国境外的所得</td><td>×</td><td>—</td></tr>
</table>

案例解析

本任务“引入案例”的解析如下：

该M国企业应在我国缴纳企业所得税，甲公司是扣缴义务人。

案例中涉及的相关知识点回顾：

在中国境内未设立机构、场所的，或者虽设立机构、场所但取得的所得与其所设机构、场所没有实际联系的非居民企业，就其取得的来源于中国境内的所得应缴纳的所得税，实行源泉扣缴，以支付人为扣缴义务人。

知识翻转

我国某居民企业，适用的企业所得税税率为25%，2023年度销售收入总额是4 500万元，销售成本是3 000万元，利润总额是-10万元，销售费用是600万元（其中广告费和业务宣传费共计400万元），管理费用是300万元（其中业务招待费是35万元），没有其他纳税调整项目。该企业认为自己是亏损的，不需要缴纳企业所得税，并且也未进行纳税申报。

请问：该企业的行为是否正确？

知识考核

一、单项选择题

1.根据企业所得税法律制度的规定，下列各项关于非居民企业所得税扣缴义务人的表述，不正确的是（　　）。

A.非居民企业在中国境内设立机构、场所的，取得的与所设机构、场所有实际联系的境内所得，以支付人为扣缴义务人

B.非居民企业在中国境内取得劳务所得，提供劳务期限不足一个纳税年度，且有证据表明不履行纳税义务的，可由税务机关指定扣缴义务人

C.非居民企业在中国境内取得工程作业所得，未按照规定期限办理企业所得税申报或者预缴申报的，可由税务机关指定扣缴义务人

D.非居民企业在中国境内取得工程作业所得，没有办理税务登记且未委托中国境内的代理人履行纳税义务的，可由税务机关指定扣缴义务人

2.依据企业所得税法律制度的规定，扣缴义务人每次代扣的企业所得税税款，缴入国库的期限是自代扣之日起（　　）日内。

A.5　　B.3　　C.7　　D.10

3.按月或按季预缴企业所得税的，应当自月份或者季度终了之日起（　　）日内，向税务机关报送预缴企业所得税纳税申报表，预缴税款。

A.15　　B.3　　C.7　　D.10

4.纳税人与其关联企业之间的业务往来，应当按照独立企业之间的业务往来收取或者支付价款、费用。税法规定对关联企业所得不实的，调整方法不正确的是（　　）。

A.成本分割法　　B.再销售价格法

C.交易净利润法　　D.利润分割法

5.企业与其关联方之间的业务往来，不符合独立交易原则，或者企业实施其他不具有合理商业目的的安排的，税务机关有权在该业务发生的纳税年度起（　　）年内，进行纳税调整。

A.5　　B.3　　C.7　　D.10

二、多项选择题

1. 根据企业所得税法律制度的规定，下列各项说法正确的有（　　）。

A. 应当扣缴的所得税，扣缴义务人未依法扣缴或者无法履行扣缴义务的，由企业在所得发生地缴纳

B. 扣缴义务人未代扣代缴税款的，同时企业未依法缴纳的，税务机关只能从该企业下一次应付该扣缴义务人的款项中，追缴本次应纳税款

C. 扣缴义务人每次代扣的税款，应当自代扣之日起5日内缴入国库，并向所在地的税务机关报送扣缴企业所得税报告表

D. 对非居民企业在中国境内取得工程作业和劳务所得应缴纳的所得税，税务机关可以指定工程价款或者劳务费的支付人为扣缴义务人

2. 下列各项非居民企业收入应全额计入企业所得税应纳税所得额的有（　　）。

A. 利息收入　　B. 特许权使用费收入

C. 股票转让收入　　D. 不动产租赁收入

3. 下列各项关于企业所得税征收管理的表述，正确的有（　　）。

A. 企业应当自年度终了之日起5个月内，向税务机关报送年度企业所得税纳税申报表，并汇算清缴

B. 企业应当自年度终了之日起4个月内，向税务机关报送年度企业所得税纳税申报表，并汇算清缴

C. 企业应当于每月终了之日起15日内，向税务机关预缴企业所得税

D. 企业纳税年度是自农历的1月1日起至12月31日止

4. 下列各项关于补征税款和加收利息的表述，正确的有（　　）。

A. 补征的税款，自税款所属纳税年度的次年6月1日起至补缴税款之日止，按日加收利息

B. 加收的利息，不得在计算应纳税所得额时扣除

C. 加收利息率是税款所属纳税年度中国人民银行公布的与补税期间同期的人民币贷款利率

D. 加收利息率，按照税款所属纳税年度中国人民银行公布的与补税期间同期的人民币贷款基准利率加5个百分点计算

三、判断题

1. 非居民企业在中国境内未设立机构、场所的，应当就其来源于中国境内的所得缴纳企业所得税。（　　）

2. 非金融企业向金融企业借款的利息支出可以据实扣除，非金融企业向非金融企业借款的利息支出不允许在税前扣除。（　　）

3. 根据企业所得税法律制度的规定，纳税人应当自年度终了后5个月内向税务机关报送年度企业所得税纳税申报表，并汇算清缴，结清应缴应退的税款。（　　）

4. 企业在年度中间终止经营活动的，应当自实际经营终止之日起30日内，向税务机关办理当期企业所得税汇算清缴。（　　）

参考答案

项目五

个人所得税

任务一　个人所得税的纳税人及征收范围

引入案例

美国一家公司欲拓展中国市场，在中国境内设立分支机构，总公司雇用美国公民Jason（在中国无住所）为其在中国境内所设分支机构的工作人员进行业务培训，Jason于2022年10月8日来到中国，于2023年3月20日培训结束离开中国，获得劳务报酬30 000美元，由美国总公司支付。

请问：Jason应如何向我国缴纳个人所得税？

工作任务

电子课件

文件法规

1. 确定个人所得税的纳税义务人
2. 掌握个人所得税的征收范围

知识结构图

本任务知识结构图如图5-1所示。

个人所得税的纳税人及征收范围
- 个人所得税的含义
- 个人所得税的纳税义务人及其纳税义务
- 个人所得税所得来源地的确定
- 个人所得税的征收范围

图5-1　本任务知识结构图

知识解析

一、个人所得税的含义

个人所得税是主要以自然人取得的各类应税所得为征税对象而征收的一种所得税，是政府利用税收对个人收入进行调节的一种手段。个人所得税的纳税人不仅包括个人，还包括具有自然人性质的企业。个人所得税的税制模式有三种：分类征收制、综合征收制与混合征收制。三种不同的征收模式各有其优缺点。目前，我国个人所得税已初步建立分类与综合相结合的征收模式，即混合征收制。

党的二十大报告强调：“增进民生福祉，提高人民生活品质”“扎实推进共同富裕”，对完善分配制度进行了重要部署，强调坚持按劳分配为主体、多种分配方式并存，构建初次分配、再分配、第三次分配协调配套的制度体系等。进一步改革完善收入分配制度，应聚焦当前收入分配领域的一些热点和难点问题，坚持和完善社会主义基本经济制度，在政策措施的针对性和实效性方面多想办法，有效消除收入差距中的分配不公因素。

二、个人所得税的纳税义务人及其纳税义务

个人所得税的纳税义务人，包括中国公民、个体工商户、个人独资企业、合伙企业自然人投资者、在中国有所得的外籍人员（包括无国籍人员，下同）和我国香港、澳门、台湾同胞。上述纳税义务人依据住所和居住时间两个标准，区分为居民个人和非居民个人，分别承担不同的纳税义务。

（一）居民个人

居民个人是指在中国境内有住所，或者无住所而一个纳税年度内在中国境内居住累计满183天的个人。

在中国境内有住所的个人，是指因户籍、家庭、经济利益关系，而在中国境内习惯性居住的个人。这里所说的习惯性居住，是判定纳税义务人属于居民个人还是非居民个人的一个重要依据。它是指个人因学习、工作、探亲等原因消除之后，没有理由在其他地方继续居留时，所要回到的地方，而不是指实际居住或在某一个特定时期内的居住地。一个纳税人因学习、工作、探亲、旅游等原因，原来是在中国境外居住，但是在这些原因消除之后，如果必须回到中国境内居住的，则中国为该人的习惯性居住地。尽管该纳税义务人在一个纳税年度内，甚至连续几个纳税年度，都未在中国境内居住过1天，他仍然是中国的居民个人，应就其来自全球的应纳税所得，向中国缴纳个人所得税。

一个纳税年度内在境内居住累计满183天，是指在一个纳税年度（即自公历1月1日起至12月31日止，下同）内，在中国境内居住累计满183天。境内无住所的某人在一个纳税年度内无论出境多少次，只要在我国境内累计居住满183天，就可判定为我国的居民个人。

综上可知，个人所得税的居民个人包括以下两类：

（1）在中国境内定居的中国公民和外国侨民。但不包括虽具有中国国籍，却并没有在中国大陆定居，而是侨居海外的华侨和居住在我国香港、澳门、台湾的同胞。

（2）自公历1月1日起至12月31日止，在中国境内累计居住满183天的外国人、海外侨胞和我国香港、澳门、台湾同胞。

中国现行税法中关于"中国境内"的概念，是指中国大陆地区，目前还不包括我国香港、澳门和台湾地区。

【提示】个人独资企业和合伙企业不缴纳企业所得税，只对投资者个人或自然人合伙人取得的经营所得征收个人所得税。个人独资企业和合伙企业分别是指依照我国相关法律登记成立的个人独资、合伙性质的企业、律师事务所以及其他相关机构或组织。个人独资企业以投资者个人为纳税义务人，合伙企业以每一个合伙人为纳税义务人。

无住所个人一个纳税年度内在中国境内累计居住天数，按照个人在中国境内累计停留的天数计算。在中国境内停留的当天满24小时的，计入中国境内居住天数，在中国境内停留的当天不足24小时的，不计入中国境内居住天数。

（二）非居民个人

非居民个人是指在中国境内无住所又不居住，或者无住所而一个纳税年度内在中国境内居住累计不满183天的个人。非居民个人，承担有限纳税义务，即仅就其来源于中国境内的所得，向中国缴纳个人所得税。

（三）纳税人的纳税义务

1.居民个人的纳税义务

微课

个人所得税的纳税人及征收范围

居民个人承担无限纳税义务（来源于境内、境外的全部所得都应纳税），其所取得的应纳税所得，无论是来源于中国境内，还是中国境外任何地方，都要在中国缴纳个人所得税。

在中国境内无住所的个人，在中国境内居住累计满183天的年度连续不满6年的，经向主管税务机关备案，其来源于中国境外且由境外单位或者个人支付的所得，免予缴纳个人所得税；在中国境内居住累计满183天的任一年度中有一次离境超过30天的，其在中国境内居住累计满183天的年度的连续年限重新起算。

无住所个人一个纳税年度内在中国境内累计居住满183天的，如果此前6年在中国境内每年累计居住天数都满183天而且没有任何一年单次离境超过30天，该纳税年度来源于中国境内、境外所得都应当缴纳个人所得税；如果此前6年的任一年在中国境内累计居住天数不满183天或者单次离境超过30天，该纳税年度来源于中国境外且由境外单位或者个人支付的所得，免予缴纳个人所得税。

此前6年，是指该纳税年度的前1年至前6年的连续6个年度，此前6年的起始年度自2019年（含）以后年度开始计算。

【提示】在中国境内有住所的居民个人不适用上述规定。

2.非居民个人的纳税义务

非居民个人承担有限纳税义务，是指仅就其来源于中国境内的所得，向中国缴纳个人所得税。

在中国境内无住所，但是在一个纳税年度内在中国境内居住累计不超过90天的个人，其来源于中国境内的所得，由境外雇主支付并且不由该雇主在中国境内的机构、场所负担的部分，免予缴纳个人所得税。

【做中学5-1】（多项选择题）下列各项属于2023年的居民个人的有（　　）。

A.外籍个人甲2022年9月1日入境，2023年5月20日离境

B.外籍个人乙2022年9月1日入境，2023年10月1日回国探亲，2023年10月18日返回中国

C.外籍个人丙2022年9月1日入境，2023年5月1日回国探亲5天后返回中国，2023年10月1日再次回国探亲7天后返回中国

D.外籍个人丁在中国境内有住所

答案：BCD。

【做中学5-2】（单项选择题）根据个人所得税法律制度的规定，在中国境内无住所但取得所得的下列外籍个人中，属于2022年居民个人的是（　　）。

A.M国甲，2022年在华工作180天

B.N国乙，2022年9月10日入境，2023年12月31日离境

C.X国丙，2022年10月1日入境，2023年12月31日离境，其间临时离境100天

D.Y国丁，2022年3月1日入境，2023年3月1日离境，其间临时离境10天

答案：D。

三、个人所得税所得来源地的确定

除国务院财政、税务主管部门另有规定外，下列所得，不论支付地点是否在中国境内，均为来源于中国境内的所得：

（1）因任职、受雇、履约等而在中国境内提供劳务取得的所得。

（2）将财产出租给承租人在中国境内使用而取得的所得。

（3）转让中国境内的不动产等财产或者在中国境内转让其他财产取得的所得。

（4）许可各种特许权在中国境内使用而取得的所得。

（5）从中国境内企业、事业单位、其他组织以及居民个人取得的利息、股息、红利所得。

四、个人所得税的征收范围

居民个人取得下列第（一）项至第（四）项所得（以下称“综合所得”），按纳税年度合并计算个人所得税；非居民个人取得下列第（一）项至第（四）项所得，按月或者按次分项计算个人所得税。纳税人取得下列第（五）项至第（九）项所得，分别计算个人所得税。

（一）工资、薪金所得

工资、薪金所得，是指个人因任职或者受雇而取得的工资、薪金、奖金、年终加薪、劳动分红、津贴、补贴以及与任职或者受雇有关的其他所得。

1.工资、薪金所得涵盖范围

一般来说，工资、薪金所得属于非独立个人劳动所得。所谓非独立个人劳动，是指个人所从事的是由他人指定、安排并接受管理的劳动，工作或服务于公司、工厂、行政事业单位的人员（私营企业主除外）均为非独立劳动者。

除工资、薪金以外，奖金、年终加薪、劳动分红、津贴、补贴也被确定为工资、薪金范畴。其中，年终加薪、劳动分红不分种类和取得情况，一律按工资、薪金所得课税。奖金是指所有具有工资性质的奖金，免税奖金的范围在税法中另有规定。此外，还有一些所得的发放被视为取得工资、薪金所得的情形。例如，公司职工取得的用于购买企业国有股权的劳动分红，按“工资、薪金所得”项目计征个人所得税；出租汽车经营单位对出租车驾驶员采取单车承包或承租方式运营，出租车驾驶员从事客货营运取得的收入，按“工资、薪金所得”项目征税。

2.个人取得的津贴、补贴，不计入工资、薪金所得的项目

根据我国目前个人收入的构成情况，税法规定对于一些不属于工资、薪金性质的补贴、津贴或者不属于纳税人本人工资、薪金所得项目的收入，不予征税。这些项目包括：

（1）独生子女补贴。

（2）执行公务员工资制度未纳入基本工资总额的补贴、津贴差额和家属成员的副食品

补贴。

(3) 托儿补助费。

(4) 差旅费津贴、误餐补助。其中，误餐补助是指按照财政部的规定，个人因公在城区、郊区工作，不能在工作单位或返回就餐的，根据实际误餐顿数，按规定的标准领取的误餐费。注意：单位以误餐补助名义发给职工的补助、津贴不能包括在内。

(5) 外国来华留学生领取的生活津贴费、奖学金，不属于工资、薪金范畴，不征收个人所得税。

3. 军队干部取得的补贴、津贴不计入工资、薪金所得的项目

军队干部取得的补贴、津贴中有8项不计入工资、薪金所得项目征税，即：

(1) 政府特殊津贴；

(2) 福利补助；

(3) 夫妻分居补助费；

(4) 随军家属无工作生活困难补助；

(5) 独生子女保健费；

(6) 子女保教补助费；

(7) 机关在职军以上干部公勤费（保姆费）；

(8) 军粮差价补贴。

4. 军队干部取得的暂不征税的补贴、津贴

(1) 军人职业津贴；

(2) 军队设立的艰苦地区补助；

(3) 专业性补助；

(4) 基层军官岗位津贴（营连排长岗位津贴）；

(5) 伙食补贴。

【做中学5-3】(单项选择题) 根据个人所得税法律制度的规定，下列所得中，应缴纳个人所得税的是（ ）。

A. 加班工资　　B. 独生子女补贴　　C. 差旅费津贴　　D. 国债利息收入

答案：A。

【做中学5-4】(多项选择题) 根据个人所得税法律制度的规定，下列收入中，属于工资、薪金所得的有（ ）。

A. 劳动分红　　B. 加班补贴　　C. 季度奖金　　D. 年终加薪

答案：ABCD。

5. 工资、薪金所得的特殊规定

(1) 内部退养取得一次性收入的征税问题。内部退养是指未办理退休手续，只是提前离开工作岗位。企业减员增效和行政事业单位、社会团体在机构改革过程中实行内部退养的人员，在办理内部退养手续后从原任职单位取得的一次性收入，应按办理内部退养手续后至法定离退休年龄之间的所属月份进行平均，并与当月领取的“工资、薪金所得”合并后减除当月费用扣除标准，以余额为基数确定适用税率，再将当月工资、薪金加上取得的一次性收入，减去费用扣除标准，按适用税率计征个人所得税。个人在办理内部退养手续后至法定离退休年龄之间重新就业取得的“工资、薪金所得”，应与其从原任职单位取得

的同一月份的“工资、薪金所得”合并，并依法自行向主管税务机关申报缴纳个人所得税。

(2) 提前退休取得一次性补贴收入的征税问题。机关、企事业单位对未达到法定退休年龄、正式办理提前退休手续的个人，按照统一标准支付一次性补贴，其不属于免税的离退休工资收入。个人因办理提前退休手续而取得的一次性补贴收入，按照“工资、薪金所得”项目以办理提前退休手续至法定退休年龄之间实际年度数平均分摊，确定税率和速算扣除数，单独适用综合所得税率表计算纳税。其计算公式为：

$$\text{应纳所得税额} = \left[\left(\text{一次性补贴收入} \div \text{办理提前退休手续至法定退休年龄的实际年度数} - \text{费用扣除标准}\right) \times \text{适用税率} - \text{速算扣除数}\right] \times \text{办理提前退休手续至法定退休年龄的实际年度数}$$

(3) 个人因与用人单位解除劳动关系而取得的一次性补偿收入的征税问题。个人因与用人单位解除劳动关系而取得的一次性补偿收入（包括用人单位发放的经济补偿金、生活补助费和其他补助费用），其收入在当地上年职工平均工资3倍数额以内的部分免税；超过3倍数额的部分，不并入当年综合所得，单独适用综合所得税率表计算纳税。个人在解除劳动合同后再任职、受雇的，已纳税的一次性补偿收入不再与再任职、受雇的工资薪金所得合并计算补缴个人所得税。个人领取一次性补偿收入时，按照国家和地方政府规定的比例实际缴纳的住房公积金、基本医疗保险费、基本养老保险费、失业保险费可以在计征其一次性补偿收入的个人所得税时予以扣除。

(4) 退休人员再任职取得的收入的征税问题。退休人员再任职取得的收入，符合相关条件的，在减除按税法规定的费用扣除标准后，按“工资、薪金所得”项目缴纳个人所得税。

(5) 离退休人员从原任职单位取得补贴等的征税问题。离退休人员除按规定领取离退休工资或养老金外，另从原任职单位取得的各类补贴、奖金、实物，不属于免税的退休工资、离休工资、离休生活补助费，应按“工资、薪金所得”项目的规定缴纳个人所得税。

(6) 个人取得公务交通、通信补贴收入的征税问题。个人因公务用车和通信制度改革而取得的公务用车、通信补贴收入，扣除一定标准的公务费用后，按照“工资、薪金所得”项目计征个人所得税。按月发放的，并入当月“工资、薪金所得”计征个人所得税；不按月发放的，分解到所属月份并与该月份“工资、薪金所得”合并后计征个人所得税。公务费用的扣除标准，由省级税务局根据纳税人公务交通、通信费用的实际发生情况调查测算，报经省级人民政府批准后确定，并报国家税务总局备案。

(7) 公司职工取得的用于购买企业国有股权的劳动分红的征税问题。公司职工取得的用于购买企业国有股权的劳动分红按“工资、薪金所得”项目计征个人所得税。

(8) 个人取得股票增值权所得和限制性股票所得的征税问题。个人因任职、受雇从上市公司取得的股票增值权所得和限制性股票所得，由上市公司或其境内机构按照“工资、薪金所得”项目和股票期权所得个人所得税计税方法，依法扣缴其个人所得税。

(9) 关于失业保险费的征税问题。城镇企业、事业单位及其职工个人实际缴付的失业保险费，超过《失业保险条例》规定比例的，应将其超过规定比例缴付的部分计入职工个人当期的工资、薪金收入，依法计征个人所得税。

（10）关于保险金的征税问题。企业为员工支付各项免税之外的保险金，应在企业向保险公司缴付（即该保险落到被保险人的保险账户）时并入员工当期的工资收入，按“工资、薪金所得”项目计征个人所得税，税款由企业负责代扣代缴。

（11）企业年金、职业年金的征税问题。企业和事业单位超过国家有关政策规定的标准，为在本单位任职或者受雇的全体职工缴付的企业年金或职业年金（以下统称年金）的单位缴费部分，应并入个人当期的“工资、薪金所得”，依法计征个人所得税。税款由建立年金的单位代扣代缴，并向主管税务机关申报解缴。个人根据国家有关政策规定缴付的年金个人缴费部分，超过本人缴费工资计税基数4%的部分，应并入个人当期的“工资、薪金所得”，依法计征个人所得税。税款由建立年金的单位代扣代缴，并向主管税务机关申报解缴。个人达到国家规定的退休年龄之后领取的年金，不并入综合所得，全额单独计算应纳税款。其中按月领取的，适用按月换算后的综合所得税率表（以下简称月度税率表）计算纳税；按季领取的，平均分摊计入各月，按每月领取额适用月度税率表计算纳税；按年领取的，适用综合所得税率表计算纳税。

个人因出境定居而一次性领取的年金个人账户资金，或个人死亡后，其指定的受益人或法定继承人一次性领取的年金个人账户余额，适用综合所得税率表计算纳税。对个人除上述特殊原因外一次性领取年金个人账户资金或余额的，适用月度税率表计算纳税。

（12）兼职律师从律师事务所取得工资、薪金性质的所得的征税问题。兼职律师是指取得律师资格和律师执业证书，不脱离本职工作从事律师职业的人员。兼职律师从律师事务所取得工资、薪金性质的所得，律师事务所在代扣代缴其个人所得税时，不再减除个人所得税法规定的费用扣除标准，以收入全额（取得分成收入的，为扣除办理案件支出费用后的余额）直接确定适用税率，计算扣缴个人所得税。

（13）科技人员取得职务科技成果转化现金奖励征税问题。依法批准设立的非营利性研究开发机构和高等学校根据《中华人民共和国促进科技成果转化法》的规定，从职务科技成果转化收入中给予科技人员的现金奖励，可减按50%计入科技人员当月“工资、薪金所得”，依法缴纳个人所得税。

（14）单位为员工统一购买的商业健康保险产品支出，应分别计入员工个人的“工资、薪金所得”，依法缴纳个人所得税。

（二）劳务报酬所得

劳务报酬所得，是指个人从事劳务取得的所得。其内容包括设计、装潢、安装、制图、化验、测试、医疗、法律、会计、咨询、讲学、翻译、审稿、书画、雕刻、影视、录音、录像、演出、表演、广告、展览、技术服务、介绍服务、经纪服务、代办服务以及其他劳务。

区分“劳务报酬所得”和“工资、薪金所得”，主要看是否存在雇佣与被雇佣的关系。“工资、薪金所得”是个人从事非独立劳动，从所在单位（雇主）领取的报酬，存在雇佣与被雇佣的关系，即在机关、团体、学校、部队、企事业单位及其他组织中任职、受雇而得到的报酬。而“劳务报酬所得”是指个人独立从事某种技艺，独立提供某种劳务而取得的报酬，一般不存在雇佣关系。

（1）个人兼职取得的收入应按照“劳务报酬所得”项目缴纳个人所得税。

（2）律师以个人名义聘请其他人员为其工作而支付的报酬，应由该律师按照“劳务报酬所得”项目代扣代缴个人所得税。

(3)保险营销员、证券经纪人取得的佣金收入，属于劳务报酬所得，自2019年1月1日起，以不含增值税的收入减除20%的费用后的余额为收入额，收入额减去展业成本以及附加税费后，并入当年综合所得，计算缴纳个人所得税。保险营销员、证券经纪人展业成本按照收入额的25%计算。

(4)个人担任董事职务所取得的董事费收入分两种情形：个人担任公司董事、监事，且不在公司任职、受雇的，其取得的上述收入属于劳务报酬性质，按“劳务报酬所得”项目征税；个人在公司（包括关联公司）任职、受雇，同时兼任董事、监事的，应将董事费、监事费与个人工资收入合并，统一按“工资、薪金所得”项目缴纳个人所得税。

(5)自2004年1月20日起，对于在商品营销活动中，企业和单位对营销业绩突出的雇员以培训班、研讨会、工作考察的名义组织旅游活动，通过免收差旅费、旅游费对个人实行营销业绩奖励，应将所发生费用全额并入营销人员的工资、薪金所得，按“工资、薪金所得”项目征收个人所得税。

对营销业绩突出的非雇员实行的上述奖励，应根据所发生费用全额作为该营销人员当期的劳务收入，按照“劳务报酬所得”项目征收个人所得税，并由提供上述费用的企业和单位代扣代缴。

【做中学5-5】(单项选择题)根据个人所得税法律制度的规定，下列收入中，应按“劳务报酬所得”项目缴纳个人所得税的是（　　）。

A.退休人员再任职取得的收入　　B.从非任职公司取得的董事费收入

C.从任职公司取得的监事费收入　　D.从任职公司关联企业取得的监事费收入

答案：B。

(三) 稿酬所得

稿酬所得是指个人因其作品以图书、报刊形式出版、发表而取得的所得。这里所说的作品包括文学作品、书画作品、摄影作品，以及其他作品。作者去世后，财产继承人取得的遗作稿酬，也应征收个人所得税。

根据《国家税务总局关于个人所得税若干业务问题的批复》(国税函〔2002〕146号)，对报纸、杂志、出版等单位的职员在本单位的刊物上发表作品、出版图书取得所得的征税问题明确如下：

(1)任职、受雇于报纸、杂志等单位的记者、编辑等专业人员，因在本单位的报纸、杂志上发表作品而取得的所得，属于因任职、受雇而取得的所得，应与其当月工资收入合并，按“工资、薪金所得”项目征收个人所得税。

除上述专业人员以外，其他人员在本单位的报纸、杂志上发表作品取得的所得，应按“稿酬所得”项目征收个人所得税。

(2)出版社的专业作者撰写、编写或翻译的作品，由本社以图书形式出版而取得的稿费收入，应按“稿酬所得”项目征收个人所得税。

【做中学5-6】(单项选择题)根据个人所得税法律制度的规定，下列各项中，应按照“稿酬所得”征收个人所得税的是（　　）。

A.作品出版或者发表　　B.审稿收入

C.设计收入　　D.讲课收入

答案：A。

【做中学5-7】（多项选择题）根据个人所得税法律制度的规定，下列各项中，应按“工资、薪金所得”项目征收个人所得税的有（ ）。

A.不在甲公司任职、受雇，只担任甲公司董事的张某，从甲公司取得的董事费收入1万元

B.在甲公司任职同时兼任监事的王某，从甲公司取得的监事费收入1万元

C.在乙杂志社任职的记者韩某因在本单位杂志上发表作品取得的收入1万元

D.受雇于乙杂志社的清洁工李某因在本单位杂志上发表作品取得的收入1万元

答案：BC。

（四）特许权使用费所得

特许权使用费所得，是指个人提供专利权、商标权、著作权、非专利技术以及其他特许权的使用权取得的所得。提供著作权的使用权取得的所得，不包括稿酬所得。

（1）对于作者将自己的文字作品手稿原件或复印件公开拍卖（竞价）取得的所得，属于提供著作权的使用权取得的所得，应按“特许权使用费所得”项目征收个人所得税。

（2）对于剧本作者从电影、电视剧的制作单位取得的剧本使用费，不再区分剧本的使用方是否为其任职单位，统一按照“特许权使用费所得”项目计算缴纳个人所得税。

（3）对于个人取得的专利赔偿所得，应按“特许权使用费所得”项目缴纳个人所得税。

【做中学5-8】（单项选择题）根据个人所得税法律制度的规定，下列收入中，应按照“特许权使用费所得”项目缴纳个人所得税的是（ ）。

A.技术服务收入　　B.提供商标权的使用权取得的收入

C.法律服务收入　　D.设计服务收入

答案：B。

（五）经营所得

经营所得，是指：

（1）个体工商户从事生产、经营活动取得的所得，个人独资企业投资人、合伙企业的个人合伙人来源于境内注册的个人独资企业、合伙企业生产、经营的所得。个体工商户以业主为个人所得税纳税义务人。

（2）个人依法从事办学、医疗、咨询以及其他有偿服务活动取得的所得。

（3）个人对企业、事业单位承包经营、承租经营以及转包、转租取得的所得。

承包项目可分为多种，如生产经营、采购、销售、建筑安装等各种承包。转包包括全部转包或部分转包。

（4）个人从事其他生产、经营活动取得的所得。例如，个人因从事彩票代销业务而取得的所得，或者从事个体出租车运营的出租车驾驶员取得的收入，都应按照“经营所得”项目计征个人所得税。这里所说的从事个体出租车运营包括，出租车属个人所有，但挂靠出租汽车经营单位或企事业单位，驾驶员向挂靠单位缴纳管理费的，或出租汽车经营单位将出租车所有权转移给驾驶员的。

【提示】个体工商户和从事生产、经营的个人，取得与生产、经营活动无关的其他各

项应税所得，应分别按照其他应税项目的有关规定，计算征收个人所得税。如取得银行存款的利息所得、对外投资取得的股息所得，应按“利息、股息、红利所得”项目单独计征个人所得税。

个人独资企业、合伙企业的个人投资者以企业资金为本人、家庭成员及其相关人员支付与企业生产经营无关的消费性支出及购买汽车、住房等财产性支出，视为企业对个人投资者的利润分配，并入投资者个人的生产经营所得，依照“经营所得”项目计征个人所得税。

（六）利息、股息、红利所得

利息、股息、红利所得，是指个人拥有债权、股权而取得的利息、股息、红利所得。利息，是指个人拥有债权而取得的利息，包括存款利息、贷款利息和各种债券的利息。按税法的规定，个人取得的利息所得，除国债和国家发行的金融债券利息外，应当依法缴纳个人所得税。股息、红利，是指个人拥有股权取得的股息、红利。按照一定的比率对每股发放的息金为股息；公司、企业应分配的利润，按股份分配的为红利。股息、红利所得，除另有规定外，都应当缴纳个人所得税。

除个人独资企业、合伙企业以外的其他企业的个人投资者，以企业资金为本人、家庭成员及其相关人员支付与企业生产经营无关的消费性支出及购买汽车、住房等财产性支出，视为企业对个人投资者的红利分配，依照“利息、股息、红利所得”项目计征个人所得税。企业的上述支出不允许在所得税前扣除。

纳税年度内个人投资者从其投资企业（个人独资企业、合伙企业除外）借款，在该纳税年度终了后既不归还又未用于企业生产经营的，其未归还的借款可视为企业对个人投资者的红利分配，依照“利息、股息、红利所得”项目计征个人所得税。

（1）个人投资者收购企业股权后，将企业原有盈余积累转增股本个人所得税问题。一名或多名个人投资者以股权收购方式取得被收购企业100%的股权，股权收购前，被收购企业原账面金额中的“资本公积”“盈余公积”“未分配利润”等盈余积累未转增股本，而在股权交易时将其一并计入股权转让价格并履行所得税纳税义务。股权收购后，企业将原账面金额中的盈余积累向个人投资者（新股东，下同）转增股本，有关个人所得税问题区分以下情形处理：

① 新股东以不低于净资产价格收购股权的，企业原盈余积累已全部计入股权交易价格，新股东取得盈余积累转增股本的部分，不征收个人所得税。

② 新股东以低于净资产价格收购股权的，企业原盈余积累中，对于股权收购价格减去原股本的差额部分已经计入股权交易价格，新股东取得盈余积累转增股本的部分，不征收个人所得税；对于股权收购价格低于原所有者权益的差额部分未计入股权交易价格，新股东取得盈余积累转增股本的部分，应按照“利息、股息、红利所得”项目征收个人所得税。

新股东以低于净资产价格收购企业股权后转增股本，应按照下列顺序进行：先转增应税的盈余积累部分，再转增免税的盈余积累部分。

（2）个人从公开发行和转让市场取得的上市公司股票，持股期限在1个月以内（含1个月）的，其股息红利所得全额计入应纳税所得额；持股期限在1个月以上至1年（含1年）的，减按50%计入应纳税所得额；上述所得统一适用20%的税率计征个人所得税。

对个人持有的上市公司限售股，解禁后取得的股息红利，按照上市公司股息红利差别化个人所得税政策规定计算纳税，持股时间自解禁日起计算；解禁前取得的股息红利继续暂减按50%计入应纳税所得额，适用20%的税率计征个人所得税。

自2019年7月1日至2024年6月30日，个人持有全国中小企业股份转让系统挂牌公司股票，持股期限超过1年的，对股息红利所得暂免征收个人所得税。持股期限在1个月以内（含1个月）的，其股息红利所得全额计入应纳税所得额；持股期限在1个月以上至1年（含1年）的，其股息红利所得暂减按50%计入应纳税所得额；上述所得统一适用20%的税率计征个人所得税。

对证券投资基金从挂牌公司取得的股息红利所得，按照前述规定计征个人所得税。

（七）财产租赁所得

财产租赁所得，是指个人出租不动产、机器设备、车船以及其他财产取得的所得。

（1）个人取得的财产转租收入，属于“财产租赁所得”的征税范围，由财产转租人缴纳个人所得税。

（2）房地产开发企业与商店购买者个人签订协议规定，房地产开发企业按优惠价格出售其开发的商店给购买者个人，但购买者个人在一定期限内必须将购买的商店无偿提供给房地产开发企业对外出租使用。其实质是购买者个人以所购商店交由房地产开发企业出租而取得的房屋租赁收入支付了部分购房价款。对购买者个人少支出的购房价款，应视同个人财产租赁所得，按照“财产租赁所得”项目征收个人所得税。每次财产租赁所得的收入额，按照少支出的购房价款和协议规定的租赁月份数平均计算确定。

【做中学5-9】（单项选择题）根据个人所得税法律制度的规定，下列各项中，属于财产租赁所得的是（　　）。

A.提供著作权的使用权取得的所得　　B.提供专利权的使用权取得的所得

C.提供房屋使用权取得的所得　　D.提供商标权的使用权取得的所得

答案：C。

（八）财产转让所得

财产转让所得，是指个人转让有价证券、股权、合伙企业中的财产份额、不动产、机器设备、车船以及其他财产取得的所得。

对个人取得的各项财产转让所得，除股票转让所得外，都要征收个人所得税。具体规定如下：

（1）股票转让所得。对股票转让所得暂不征收个人所得税。

（2）量化资产股份转让。集体所有制企业在改制为股份合作制企业时，对职工个人以股份形式取得的拥有所有权的企业量化资产，暂缓征收个人所得税；待个人将股份转让时，就其转让收入额，减除个人取得该股份时实际支付的费用支出和合理转让费用后的余额，按“财产转让所得”项目计征个人所得税。

（3）个人将投资于在中国境内成立的企业或组织（不包括个人独资企业和合伙企业）的股权或股份，转让给其他个人或法人的行为，按照“财产转让所得”项目，依法计算缴纳个人所得税，具体包括以下情形：

① 出售股权；

② 公司回购股权；

③ 发行人首次公开发行新股时，被投资企业股东将其持有的股份以公开发行方式一并向投资者发售；

④ 股权被司法或行政机关强制过户；

⑤ 以股权对外投资或进行其他非货币性交易；

⑥ 以股权抵偿债务；

⑦ 其他股权转移行为。

（4）个人因各种原因终止投资、联营、经营合作等行为，从被投资企业或合作项目、被投资企业的其他投资者以及合作项目的经营合作人取得股权转让收入、违约金、补偿金、赔偿金及以其他名目收回的款项等，均属于个人所得税应税收入，应按照“财产转让所得”项目适用的税率计算缴纳个人所得税。

（5）个人以非货币性资产投资，属于个人转让非货币性资产和投资同时发生。对个人转让非货币性资产的所得，应按照“财产转让所得”项目依法计算缴纳个人所得税。

（6）纳税人收回转让的股权征收个人所得税的方法。

① 股权转让合同履行完毕、股权已作变更登记，且所得已经实现的，转让人取得的股权转让收入应当依法缴纳个人所得税。转让行为结束后，当事人双方签订并执行解除原股权转让合同、退回股权的协议，是另一次股权转让行为，对前次转让行为征收的个人所得税税款不予退回。

② 股权转让合同未履行完毕，因执行仲裁委员会作出的解除股权转让合同及补充协议的裁决、停止执行原股权转让合同，并原价收回已转让股权的，由于其股权转让行为尚未完成、收入未完全实现，随着股权转让关系的解除，股权收益不复存在，纳税人不应缴纳个人所得税。

（7）自2010年1月1日起，对个人转让限售股取得的所得，按照“财产转让所得”适用20%的比例税率征收个人所得税。个人转让限售股，以每次限售股转让收入，减除股票原值和合理税费后的余额，为应纳税所得额，即：

$$应纳税所得额 = 限售股转让收入 - （限售股原值 + 合理税费）$$

$$应纳税额 = 应纳税所得额 \times 20\%$$

式中：限售股转让收入，是指转让限售股股票实际取得的收入。限售股原值，是指限售股买入时的买入价及按照规定缴纳的有关费用。合理税费，是指转让限售股过程中发生的印花税、佣金、过户费等与交易有关的税费。

（8）个人通过招标、竞拍或其他方式购置债权以后，通过相关司法或行政程序主张债权而取得的所得，应按照“财产转让所得”项目缴纳个人所得税。

（9）个人通过网络收购玩家的虚拟货币，加价后向他人出售取得的收入，属于个人所得税应税所得，应按照“财产转让所得”项目计算缴纳个人所得税。

【做中学5-10】（多项选择题）根据个人所得税法律制度的规定，下列收入中，应按照“财产转让所得”项目征收个人所得税的有（　　）。

A. 提供商标权的使用权取得的收入

B. 转让土地使用权取得的收入

C. 转让著作权的使用权取得的收入

D.转让股权取得的收入

答案：BD。

（九）偶然所得

偶然所得，是指个人得奖、中奖、中彩以及其他偶然性质的所得。得奖是指参加各种有奖竞赛活动，取得名次得到的奖金；中奖、中彩是指参加各种有奖活动，如有奖销售、有奖储蓄或者购买彩票，经过规定程序，抽中、摇中号码而取得的奖金。偶然所得应缴纳的个人所得税税款，一律由发奖单位或机构代扣代缴。

（1）对个人购买社会福利有奖募捐奖券、体育彩票一次中奖收入不超过1万元的，暂免征收个人所得税；超过1万元的，按全额征税。

（2）企业对累积消费达到一定额度的顾客，给予额外抽奖机会，个人的获奖所得，按照“偶然所得”项目，全额适用20%的税率缴纳个人所得税。

（3）个人取得单张有奖发票奖金所得超过800元的，应全额按照“偶然所得”项目征收个人所得税。税务机关或其指定的有奖发票兑奖机构，是有奖发票奖金所得个人所得税的扣缴义务人。

（4）个人为单位或他人提供担保获得收入，按照“偶然所得”项目计算缴纳个人所得税。

（5）房屋产权所有人将房屋产权无偿赠与他人的，受赠人因无偿受赠房屋取得的受赠收入，按照“偶然所得”项目计算缴纳个人所得税。符合以下情形的，对当事双方不征收个人所得税：

① 房屋产权所有人将房屋产权无偿赠与配偶、父母、子女、祖父母、外祖父母、孙子女、外孙子女、兄弟姐妹；

② 房屋产权所有人将房屋产权无偿赠与对其承担直接抚养或者赡养义务的抚养人或者赡养人；

③ 房屋产权所有人死亡，依法取得房屋产权的法定继承人、遗嘱继承人或者受遗赠人。

对受赠人无偿受赠房屋计征个人所得税时，其应纳税所得额为房地产赠与合同上标明的赠与房屋价值减除赠与过程中受赠人支付的相关税费后的余额。赠与合同标明的房屋价值明显低于市场价格或房地产赠与合同未标明赠与房屋价值的，税务机关可依据受赠房屋的市场评估价格或采取其他合理方式确定受赠人的应纳税所得额。

（6）企业在业务宣传、广告等活动中，随机向本单位以外的个人赠送礼品（包括网络红包，下同），以及企业在年会、座谈会、庆典以及其他活动中向本单位以外的个人赠送礼品，个人取得的礼品收入，按照“偶然所得”项目计算缴纳个人所得税，但企业赠送的具有价格折扣或折让性质的消费券、代金券、抵用券、优惠券等礼品除外。

企业赠送的礼品是自产产品（服务）的，按该产品（服务）的市场销售价格确定个人的应税所得；是外购商品（服务）的，按该商品（服务）的实际购置价格确定个人的应税所得。

个人取得的所得，难以界定应纳税所得项目的，由国务院税务主管部门确定。

知识点梳理

本任务知识点梳理见表5-1。

表5-1 本任务知识点梳理

知识点	具体内容
1.个人所得税纳税人	居民个人包括在中国境内有住所，或者虽无住所而一个纳税年度内在中国境内居住累计满183天的个人。非居民个人包括在我国境内无住所又不居住，或者无住所而一个纳税年度内在中国境内居住累计不满183天的个人。具体包括中国公民、个体工商户、个人独资企业、合伙企业自然人投资者、在中国有所得的外籍人员（包括无国籍人员）和我国香港、澳门、台湾同胞
2.个人所得税纳税人的纳税义务	居民个人承担无限纳税义务，即其来源于境内、境外的全部所得都应纳税 非居民个人承担有限纳税义务，指仅就其来源于中国境内的所得，向中国缴纳个人所得税
3.个人所得税的征收范围	（1）工资、薪金所得 （2）劳务报酬所得 （3）稿酬所得 （4）特许权使用费所得 （5）经营所得 （6）利息、股息、红利所得 （7）财产租赁所得 （8）财产转让所得 （9）偶然所得

案例解析

本任务“引入案例”的解析如下：

在中国境内无住所，但是在一个纳税年度内在中国境内连续或者累计居住不超过90天的个人，其来源于中国境内的所得，由境外雇主支付并且不由该雇主在中国境内的机构、场所负担的部分，免予缴纳个人所得税。一个纳税年度是指自公历1月1日起至12月31日止。美国公民Jason 2022年在中国境内居住83天，2023年在中国境内居住79天，并且其在中国境内提供劳务的报酬是由境外雇主支付的，所以Jason无须向我国缴纳个人所得税。

案例中涉及的相关知识点回顾见表5-2。

表5-2　　个人所得税纳税人

纳税人分类	判断标准	纳税义务
居民个人	只要具备下列条件之一即为居民个人： （1）在中国境内有住所的个人 （2）在中国境内无住所，而一个纳税年度内在中国境内居住累计满183天的个人	无限（全面）纳税义务，就其来源于中国境内和境外的所得，向中国缴纳个人所得税
非居民个人	只要具备下列条件之一即为非居民个人： （1）在中国境内无住所且不居住的个人 （2）在中国境内无住所而一个纳税年度内在中国境内居住累计不满183天的个人	有限纳税义务，即仅就其来源于中国境内的所得，向中国缴纳个人所得税

知识翻转

张兰是一位作家，2023年在线出版长篇小说一部，6月份取得稿酬40 000元，10月份将小说手稿在英国公开拍卖，取得拍卖收入折合人民币180 000元，并按照该国有关税法缴纳了个人所得税20 000元。

请问：

（1）张兰在英国公开拍卖小说手稿是否应该在我国缴纳个人所得税？

（2）张兰的收入涉及的个人所得税应税项目分别是什么？

知识考核

一、单项选择题

1. 根据个人所得税法律制度的规定，下列各项不属于来源于中国境内的所得的是（　　）。

A. 中国境内的出租人将财产出租给承租人在境外使用而取得的所得

B. 从中国境内的公司、企业以及其他经济组织或者个人取得的利息、股息、红利所得

C. 许可各种特许权在中国境内使用而取得的所得

D. 因任职、受雇、履约等而在中国境内提供劳务取得的所得

2. 某公司职员王某取得的下列收入中，应计入“工资、薪金所得”缴纳个人所得税的是（　　）。

A. 劳动分红2 000元　　B. 差旅费津贴200元

C. 独生子女补贴3元　　D. 误餐补助50元

3. 根据个人所得税法律制度的规定，下列各项中，不属于工资、薪金性质的补贴、津贴的是（　　）。

A. 工龄补贴　　B. 加班补贴　　C. 差旅费津贴　　D. 岗位津贴

4.大学教授张某取得的下列收入中，应按“稿酬所得”项目计征个人所得税的是（　　）。

A.作品参展收入　　B.出版书画作品收入

C.学术报告收入　　D.审稿收入

5.根据个人所得税法律制度的规定，下列各项中，不属于特许权使用费所得的是（　　）。

A.提供著作权的使用权取得的所得　　B.提供专利权的使用权取得的所得

C.提供房屋使用权取得的所得　　D.提供商标权的使用权取得的所得

6.作家李某从某电视剧制作中心取得剧本使用费50 000元。根据个人所得税法律制度的规定，下列各项关于李某该项收入计征个人所得税的表述中，正确的是（　　）。

A. 应按“稿酬所得”项目计征个人所得税

B. 应按“工资、薪金所得”项目计征个人所得税

C. 应按“劳务报酬所得”项目计征个人所得税

D. 应按“特许权使用费所得”项目计征个人所得税

7.退休职工张某取得的下列收入中，免予缴纳个人所得税的是（　　）。

A. 福利彩票中奖5 500元

B. 商场有奖销售中奖260元

C. 报刊上发表文章取得报酬1 200元

D. 其任职单位重阳节发放补贴800元

8.根据个人所得税法律制度的规定，个人担任其所任职公司的董事取得的董事费收入，应按（　　）项目缴纳个人所得税。

A.工资、薪金所得　　B.劳务报酬所得

C.利息、股息、红利所得　　D.偶然所得

9.在我国境内无住所但取得所得的下列外籍个人中，2022年度或者2023年度属于我国个人所得税居民个人的是（　　）。

A. 甲国迈克先生，2022年在华工作5个月

B. 乙国关东先生，2022年10月1日入境，2023年5月30日离境

C. 丙国密斯先生，2022年10月1日入境，2023年12月31日离境，其间3次临时离境，每次20天

D. 丁国曹先生，2022年8月1日入境，2023年4月1日离境，其间临时离境50天

10.对个人代销彩票取得的所得计征个人所得税时，适用的所得项目是（　　）。

A.劳务报酬所得　　B.经营所得

C.偶然所得　　D.工资、薪金所得

二、多项选择题

1.下列各项属于劳务报酬所得的有（　　）。

A. 个人书画展取得的报酬

B. 提供著作的版权取得的报酬

C. 将国外的作品翻译出版取得的报酬

D. 高校教师受出版社委托审稿取得的报酬

2. 张某在足球世界杯期间参加下列活动所获得的收益中，应缴纳个人所得税的有（ ）。

A. 参加某电商的秒杀活动，以100元购得原价2 000元的足球鞋一双

B. 为赴巴西看球，开通手机全球漫游套餐，获赠价值1 500元的手机一部

C. 参加某电台举办的世界杯竞猜活动，获得价值6 000元的赴巴西机票一张

D. 作为某航空公司金卡会员被邀请参加世界杯抽奖活动，抽得市价2 500元的球衣一套

3. 根据个人所得税法律制度的规定，下列各项属于工资、薪金所得的有（ ）。

A. 劳动分红 B. 加班补贴 C. 季度奖金 D. 年终加薪

4. 根据个人所得税法律制度的规定，下列各项中，应按“工资、薪金所得”项目征收个人所得税的有（ ）。

A. 不在新城公司任职、受雇，只担任新城公司董事的朱某，从新城公司取得的董事费收入2万元

B. 在美化公司任职同时兼任监事的王某，从美化公司取得的监事费收入2万元

C. 在欣欣杂志社任职的记者陈某因在本单位杂志上发表作品取得的收入2万元

D. 受雇于荣欣杂志社的清洁工李某因在本单位杂志上发表作品取得的收入2万元

5. 根据个人所得税法律制度的规定，下列各项中，应按“劳务报酬所得”项目征收个人所得税的有（ ）。

A. 某大学教授从星美公司取得的咨询费

B. 华容设计院设计师从禹城公司取得的设计费

C. 华美公司高管陈梅从某大学取得的讲课费

D. 某编剧从丁电视剧制作单位取得的剧本使用费

6. 根据个人所得税法律制度的规定，下列各项中，应按照“财产转让所得”项目缴纳个人所得税的有（ ）。

A. 转让著作权收入 B. 转让股权收入

C. 转让非专利技术收入 D. 转让机器设备收入

7. 根据个人所得税法律制度的规定，下列各项表述正确的有（ ）。

A. 个人提供商标使用权取得的所得，按“特许权使用费所得”项目缴纳个人所得税

B. 编剧从电视剧的制作单位取得的剧本使用费，按“特许权使用费所得”项目缴纳个人所得税

C. 个人提供专利的使用权取得的所得，按“特许权使用费所得”项目缴纳个人所得税

D. 作者将自己的文字作品手稿原件或复印件公开拍卖取得的所得，按“财产转让所得”项目缴纳个人所得税

8. 下列各项应按“财产租赁所得”项目缴纳个人所得税的有（ ）。

A. 房产转租收入

B. 将房产提供给债权人使用而放弃的租金收入

C. 将非专利技术的使用权让渡给他人使用的收入

D. 个体工商户将私有的住房对外出租而获得的租金收入

9. 下列各项应按“特许权使用费所得”项目缴纳个人所得税的有（　　）。

A. 个人取得的特许权经济赔偿收入

B. 张作家公开拍卖文字作品手稿复印件取得的收入

C. 某电视剧编剧从任职的电视剧制作中心获得的剧本使用费收入

D. 某广告设计者转让广告制作作品使用权取得的转让费收入

10. 个人所得税纳税人取得的下列所得属于经营所得的有（　　）。

A. 个人承包、承租经营所得

B. 个人经政府有关部门批准，取得执照，从事咨询服务取得的所得

C. 合伙企业的生产经营所得

D. 个人转包、转租取得的所得

11. 下列各项属于我国居民个人的有（　　）。

A. 在我国有住所，因学习在法国居住半年的张某

B. 在我国工作3年的外籍专家

C. 已在我国居住满5年，现在第6年回国探亲7个月的安妮

D. 2023年1月20日来华学习，1年后回国的罗伯特

12. 在中国境内无住所，在一个纳税年度内在中国境内居住超过90天但不超过183天的外籍个人（非高级管理人员或董事），其来源于中国境内、境外的工资薪酬所得，下列各项说法正确的有（　　）。

A. 境内所得境内企业支付的部分纳税

B. 境内所得境外企业支付的部分不纳税

C. 境内所得境外企业支付的部分纳税

D. 境外所得境内企业支付的部分纳税

三、判断题

1. 外籍人员约翰2022年2月24日受邀来中国工作，2023年2月25日结束在中国的工作回国，约翰在2022年纳税年度内属于我国居民个人。（　　）

2. 中国居民赵某在境外工作，只就其来源于中国境外的所得征收个人所得税。（　　）

3. 个人担任公司董事，且不在公司任职、受雇的，其担任董事职务所取得的董事费收入，按照“劳务报酬所得”项目缴纳个人所得税。（　　）

4. 在商品营销活动中，企业对营销业绩突出的雇员以研讨会的名义组织旅游活动，通过免收旅游费对个人实行营销业绩奖励的，应根据所发生的费用，按照“劳务报酬所得”项目征收个人所得税。（　　）

5. 同一作品出版、发表后，因添加印数而追加的稿酬，应与以前出版、发表时取得的稿酬分别视为两次收入，分次计算缴纳个人所得税。（　　）

6. 企业在业务宣传、广告等活动中，随机向本单位以外的个人赠送礼品，个人取得的礼品收入，按照“利息、股息、红利所得”项目计算缴纳个人所得税。（　　）

7. 房屋租赁取得的收入，应按“财产转让所得”项目缴纳个人所得税。（　　）

8. 个人取得的住房转租收入，应按“财产转让所得”项目征收个人所得税。（　　）

9. 公司职工取得的用于购买企业国有股权的劳动分红按“利息、股息、红利所得”项

目计征个人所得税。（　　）

10. 个人将投资于在中国境内成立的企业或组织（不包括个人独资企业和合伙企业）的股权或股份，转让给其他个人或法人的行为，按照“财产转让所得”项目计算缴纳个人所得税。（　　）

11. 对个人购买福利彩票、体育彩票，一次性中奖收入在1万元以下的（含1万元），暂免征收个人所得税；超过1万元的，按超出部分计算征收个人所得税。（　　）

12. 某出版社的专业作者孙某编写了一部作品，由本社以图书形式出版而取得的稿费收入应按“稿酬所得”项目征收个人所得税。（　　）

参考答案

任务二　个人所得税的税率及应纳税所得额的计算

引入案例

徐某在设计院工作，2023年取得全年工资150 000元，在本单位举办的青年员工培训班上讲课，取得讲课费5 000元。徐某2023年取得的其他收入如下：（1）为其他公司设计产品营销方案，取得一次性设计收入18 000元。（2）购买福利彩票支出500元，取得一次性中奖收入15 000元。

请问：徐某2023年取得了哪些所得？应纳税所得额分别是多少？

电子课件

工作任务

1. 确认个人所得税的税率
2. 掌握个人所得税应纳税所得额的计算

文件法规

知识结构图

本任务知识结构图如图5-2所示。

微课

个人所得税的税率及应纳税所得额的计算
- 个人所得税的税率
- 应纳税所得额的规定

图5-2　本任务知识结构图

个人所得税的税率及应纳税所得额的计算

知识解析

一、个人所得税的税率

（一）综合所得适用税率

综合所得适用七级超额累进税率，税率为3%～45%。

居民个人一个纳税年度内取得的综合所得包括工资、薪金所得，劳务报酬所得，稿酬所得和特许权使用费所得。综合所得税率表见表5-3。

表5-3 综合所得税率表

级数	全年应纳税所得额	税率（%）	速算扣除数（元）
1	不超过36 000元的	3	0
2	超过36 000元至144 000元的部分	10	2 520
3	超过144 000元至300 000元的部分	20	16 920
4	超过300 000元至420 000元的部分	25	31 920
5	超过420 000元至660 000元的部分	30	52 920
6	超过660 000元至960 000元的部分	35	85 920
7	超过960 000元的部分	45	181 920

注：本表所称全年应纳税所得额是指依照税法的规定，居民个人取得综合所得以每一纳税年度收入额减除费用60 000元以及专项扣除、专项附加扣除和依法确定的其他扣除后的余额。

非居民个人取得工资、薪金所得，劳务报酬所得，稿酬所得和特许权使用费所得，适用依照表5-3按月换算后的综合所得税率表（见表5-4）。

表5-4 按月换算后的综合所得税率表

级数	月应纳税所得额	税率（%）	速算扣除数（元）
1	不超过3 000元的	3	0
2	超过3 000元至12 000元的部分	10	210
3	超过12 000元至25 000元的部分	20	1 410
4	超过25 000元至35 000元的部分	25	2 660
5	超过35 000元至55 000元的部分	30	4 410
6	超过55 000元至80 000元的部分	35	7 160
7	超过80 000元的部分	45	15 160

（二）经营所得适用税率

经营所得适用五级超额累进税率，税率为5%～35%（见表5-5）。

表5-5　经营所得个人所得税税率表

级数	全年应纳税所得额	税率（%）	速算扣除数（元）
1	不超过30 000元的	5	0
2	超过30 000元至90 000元的部分	10	1 500
3	超过90 000元至300 000元的部分	20	10 500
4	超过300 000元至500 000元的部分	30	40 500
5	超过500 000元的部分	35	65 500

注：本表所称全年应纳税所得额是指依照税法的规定，以每一纳税年度的收入总额减除成本、费用以及损失后的余额。

这里值得注意的是，由于目前实行承包（租）经营的形式较多，分配方式也不相同，因此，承包、承租人按照承包、承租经营合同（协议）规定取得所得的适用税率也不一致。

（1）承包、承租人对企业经营成果不拥有所有权，仅是按合同（协议）规定取得一定所得的，其所得按“工资、薪金所得”项目征税，纳入年度综合所得适用3%~45%的七级超额累进税率（见表5-3）。

（2）承包、承租人按合同（协议）的规定只向发包、出租方缴纳一定费用后，企业经营成果归其所有的，承包、承租人取得的所得按“经营所得”项目征税，适用5%~35%的五级超额累进税率（见表5-5）。

（三）其他所得适用税率

利息、股息、红利所得，财产租赁所得，财产转让所得和偶然所得，适用20%的比例税率。

二、应纳税所得额的规定

由于个人所得税的应税项目不同，并且取得某项所得需要的费用也不相同，因此，计算个人所得税应纳税所得额，需按不同应税项目分项计算。以某项应税项目的收入额减去税法规定的该项目费用减除标准后的余额，为该应税项目的应纳税所得额。两个以上的个人共同取得同一项目收入的，应当对每个人取得的收入分别按照个人所得税法的规定计算纳税。

（一）每次收入的确定

个人所得税的征收方法有三种：一是按年计征，如经营所得、居民个人取得的综合所得；二是按月计征，如非居民个人取得的工资、薪金所得；三是按次计征，如利息、股息、红利所得，财产租赁所得，偶然所得，非居民个人取得的劳务报酬所得，稿酬所得，特许权使用费所得。关于“次”的具体规定如下：

（1）非居民个人取得劳务报酬所得、稿酬所得、特许权使用费所得，根据不同所得项目的特点，分别规定如下：

①凡属于一次性收入的，以取得该项收入为一次，按次确定应纳税所得额。例如，提供设计、安装、装潢、制图、化验等劳务，往往是接受客户的委托，按照客户的要求，完

成一次劳务后取得收入，因此，属于一次性的收入，应以每次提供劳务取得的收入为一次。

就稿酬来看，以每次出版、发表取得的收入为一次，不论出版单位是预付还是分笔支付稿酬，或者加印该作品后再付稿酬，均应合并其稿酬所得按一次计征个人所得税。具体又可细分为：a.同一作品再版取得的所得，应视作另一次稿酬所得计征个人所得税。b.同一作品先在报刊上连载，然后出版，或先出版，再在报刊上连载的，应视为两次稿酬所得征税。即连载作为一次，出版作为另一次。c.同一作品在报刊上连载取得收入的，以连载完成后取得的所有收入合并为一次，计征个人所得税。d.同一作品在出版和发表时，以预付稿酬或分次支付稿酬等形式取得的稿酬收入，应合并计算为一次。e.同一作品出版、发表后，因添加印数而追加稿酬的，应与以前出版、发表时取得的稿酬合并计算为一次，计征个人所得税。f.在两处或两处以上出版、发表或再版同一作品而取得稿酬所得，则可分别各处取得的所得或再版所得按分次所得计征个人所得税。g.作者去世后，对取得其遗作稿酬的个人，按稿酬所得征收个人所得税。

就特许权使用费来看，以某项使用权的一次转让所取得的收入为一次。一个非居民个人，可能不仅拥有一项特许权利，每一项特许权的使用权也可能都不止一次地向我国境内提供。因此，对特许权使用费所得的“次”的界定，明确为每一项使用权的每次转让所取得的收入为一次。如果该次转让取得的收入是分笔支付的，则应将各笔收入相加为一次的收入，计征个人所得税。

②凡属于同一项目连续性收入的，以一个月内取得的收入为一次，据以确定应纳税所得额。例如，某歌手与一家卡拉OK厅签约，某年全年每天到卡拉OK厅演唱一次，每次演出后付酬300元。在计算其劳务报酬所得时，应将其视为同一事项的连续性收入，以其1个月内取得的收入为一次计征个人所得税，而不能以每天取得的收入为一次。

（2）财产租赁所得，以1个月内取得的收入为一次。

（3）利息、股息、红利所得，以支付利息、股息、红利时取得的收入为一次。

（4）偶然所得，以每次收入为一次。

【做中学5-11】（单项选择题）居民个人取得的下列所得中，适用按次征收个人所得税的是（　　）。

A.个体工商户的经营所得　　B.出租房产取得的租金所得

C.在公司任职取得的季度奖　　D.承包某乡镇企业取得的经营所得

答案：B。

（二）应纳税所得额和费用减除标准

1.居民个人取得综合所得

居民个人取得综合所得，以每年收入额减除费用60 000元以及专项扣除、专项附加扣除和依法确定的其他扣除后的余额，为应纳税所得额。

（1）专项扣除。专项扣除，包括居民个人按照国家规定的范围和标准缴纳的基本养老保险、基本医疗保险、失业保险等社会保险费和住房公积金等。

（2）专项附加扣除。专项附加扣除，包括子女教育、继续教育、大病医疗、住房贷款利息或者住房租金、赡养老人等支出。取得综合所得和经营所得的居民个人可以享受专项附加扣除。

①子女教育。纳税人年满3岁的子女接受学前教育和学历教育的相关支出，按照每个子女每月1 000元（每年12 000元）的标准定额扣除。

学前教育包括年满3岁至小学入学前教育；学历教育包括义务教育（小学、初中教育）、高中阶段教育（普通高中、中等职业、技工教育）、高等教育（大学专科、大学本科、硕士研究生、博士研究生教育）。

父母可以选择由其中一方按扣除标准的100%扣除，也可以选择由双方分别按扣除标准的50%扣除，具体扣除方式在一个纳税年度内不得变更。

纳税人子女在中国境外接受教育的，纳税人应当留存境外学校录取通知书、留学签证等相关教育的证明资料备查。

计算时间：学前教育阶段，自子女年满3周岁当月至小学入学前一月。学历教育，自子女接受全日制学历教育入学的当月至全日制学历教育结束的当月。

②继续教育。纳税人在中国境内接受学历（学位）继续教育的支出，在学历（学位）继续教育期间按照每月400元（每年4 800元）定额扣除。同一学历（学位）继续教育的扣除期限不能超过48个月（4年）。纳税人接受技能人员职业资格继续教育、专业技术人员职业资格继续教育支出，在取得相关证书的当年，按照3 600元定额扣除。

个人接受本科及以下学历（学位）继续教育，符合税法规定扣除条件的，可以选择由其父母扣除，也可以选择由本人扣除。

纳税人接受技能人员职业资格继续教育、专业技术人员职业资格继续教育的，应当留存相关证书等资料备查。

计算时间：学历（学位）继续教育，自在中国境内接受学历（学位）继续教育入学的当月至学历（学位）继续教育结束的当月。技能人员职业资格继续教育、专业技术人员职业资格继续教育，为取得相关证书的当年。

上述规定的学历教育和学历（学位）继续教育的期间，包含因病或其他非主观原因休学但学籍继续保留的休学期间，以及施教机构按规定组织实施的寒暑假等假期。

③大病医疗。在一个纳税年度内，纳税人发生的与基本医保相关的医药费用支出，扣除医保报销后个人负担（指医保目录范围内的自付部分）累计超过15 000元的部分，由纳税人在办理年度汇算清缴时，在80 000元限额内据实扣除。

纳税人发生的医药费用支出可以选择由本人或者其配偶扣除；未成年子女发生的医药费用支出可以选择由其父母一方扣除。纳税人及其配偶、未成年子女发生的医药费用支出，应按前述规定分别计算扣除额。

纳税人应当留存医药服务收费及医保报销相关票据原件（或复印件）等资料备查。医疗保障部门应当向患者提供在医疗保障信息系统记录的本人年度医药费用信息查询服务。

计算时间：医疗保障信息系统记录的医药费用实际支出的当年。

④住房贷款利息。纳税人本人或配偶，单独或共同使用商业银行或住房公积金个人住房贷款，为本人或其配偶购买中国境内住房，发生的首套住房贷款利息支出，在实际发生贷款利息的年度，按照每月1 000元（每年12 000元）的标准定额扣除，扣除期限最长不超过240个月（20年）。纳税人只能享受一套首套住房贷款利息扣除。

所称首套住房贷款是指购买住房享受首套住房贷款利率的住房贷款。

经夫妻双方约定，可以选择由其中一方扣除，具体扣除方式在确定后，一个纳税年度内不得变更。

夫妻双方婚前分别购买住房发生的首套住房贷款，其贷款利息支出，婚后可以选择其中一套购买的住房，由购买方按扣除标准的100%扣除，也可以由夫妻双方对各自购买的住房分别按扣除标准的50%扣除，具体扣除方式在一个纳税年度内不得变更。

纳税人应当留存住房贷款合同、贷款还款支出凭证备查。

计算时间：自贷款合同约定开始还款的当月至贷款全部归还或贷款合同终止的当月。

⑤住房租金。纳税人在主要工作城市没有自有住房而发生的住房租金支出，可以按照以下标准定额扣除：

直辖市、省会（首府）城市、计划单列市以及国务院确定的其他城市，扣除标准为每月1 500元（每年18 000元）。除上述所列城市外，市辖区户籍人口超过100万人的城市，扣除标准为每月1 100元（每年13 200元）；市辖区户籍人口不超过100万人的城市，扣除标准为每月800元（每年9 600元）。

市辖区户籍人口，以国家统计局公布的数据为准。

所称主要工作城市是指纳税人任职受雇的直辖市、计划单列市、副省级城市、地级市（地区、州、盟）全部行政区域范围；纳税人无任职受雇单位的，为受理其综合所得汇算清缴的税务机关所在城市。

夫妻双方主要工作城市相同的，只能由一方扣除住房租金支出。

住房租金支出由签订租赁住房合同的承租人扣除。

纳税人及其配偶在一个纳税年度内不得同时分别享受住房贷款利息专项附加扣除和住房租金专项附加扣除。

纳税人应当留存住房租赁合同、协议等有关资料备查。

计算时间：自租赁合同（协议）约定的房屋租赁期开始的当月至租赁期结束的当月。提前终止合同（协议）的，以实际租赁期限为准。

⑥赡养老人。纳税人赡养一位及以上被赡养人的赡养支出，统一按以下标准等额扣除：

纳税人为独生子女的，按照每月2 000元（每年24 000元）的标准定额扣除；纳税人为非独生子女的，由其与兄弟姐妹分摊每月2 000元（每年24 000元）的扣除额度，每人分摊的额度最高不得超过每月1 000元（每年12 000元）。可以由赡养人均摊或者约定分摊，也可以由被赡养人指定分摊。约定或者指定分摊的须签订书面分摊协议，指定分摊优于约定分摊。具体分摊方式和额度在一个纳税年度内不得变更。

所称被赡养人是指年满60岁的父母，以及子女均已去世的年满60岁的祖父母、外祖父母。

计算时间：自被赡养人年满60周岁的当月至赡养义务终止的年末。

上述所称父母，是指生父母、继父母、养父母；子女，是指婚生子女、非婚生子女、继子女、养子女。父母之外的其他人担任未成年人的监护人的，比照执行。

⑦自2022年1月1日起，纳税人照护3岁以下婴幼儿子女的相关支出，按照每个婴幼儿每月1 000元的标准定额扣除。

父母可以选择由其中一方按扣除标准的100%扣除，也可以选择由双方分别按扣除标准的50%扣除，具体扣除方式在一个纳税年度内不能变更。

(3) 依法确定的其他扣除。依法确定的其他扣除，包括个人缴付符合国家规定的企业年金、职业年金，个人购买符合国家规定的商业健康保险、税收递延型商业养老保险的支出，以及国务院规定可以扣除的其他项目。

①企业年金、职业年金。企业年金和职业年金是指事业单位及其工作人员在依法参加基本养老保险的基础上，建立的补充养老保险制度。

a. 企事业单位（以下统称单位）根据国家有关政策规定的办法和标准，为在本单位任职或者受雇的全体职工缴付的企业年金或职业年金（以下统称年金）单位缴费部分，在计入个人账户时，个人暂不缴纳个人所得税。

b. 个人根据国家有关政策规定缴付的年金个人缴费部分，在不超过本人缴费工资计税基数4%标准内的部分，暂从个人当期的应纳税所得额中扣除。

c. 超过上述规定的标准缴付的年金单位缴费和个人缴费部分，应并入个人当期的“工资、薪金所得”，依法计征个人所得税。

d. 年金个人缴费工资计税基数为本人上一年度月平均工资。月平均工资超过职工工作地所在设区城市上一年度职工月平均工资300%的部分，不计入个人缴费工资计税基数。

e. 年金基金投资运营收益分配计入个人账户时，个人暂不缴纳个人所得税。

f. 个人达到国家规定的退休年龄，领取的企业年金、职业年金，符合有关规定的，不并入综合所得，全额单独计算应纳税款。其中按月领取的，适用月度税率表（见表5–4）计算纳税；按季领取的，平均分摊计入各月，按每月领取额适用月度税率表计算纳税；按年领取的，适用综合所得税率表（见表5–3）计算纳税。

个人因出境定居而一次性领取的年金个人账户资金，或个人死亡后，其指定的受益人或法定继承人一次性领取的年金个人账户余额，适用综合所得税率表计算纳税。对个人除上述特殊原因外一次性领取年金个人账户资金或余额的，适用月度税率表计算纳税。

②商业健康保险。对取得工资薪金所得、连续性劳务报酬所得的个人，以及取得个体工商户生产经营所得、对企事业单位的承包承租经营所得的个体工商户业主、个人独资企业投资者、合伙企业合伙人和承包承租经营者购买符合规定的商业健康保险产品的支出，允许在当年（月）计算应纳税所得额时予以税前扣除，扣除限额为2 400元/年（200元/月）。单位统一为员工购买符合规定的商业健康保险产品的支出，应分别计入员工个人工资薪金，视同个人购买，按上述限额予以扣除。

连续性劳务报酬所得，是指纳税人连续3个月以上（含3个月）为同一单位提供劳务而取得的所得。

对取得工资薪金所得或连续性劳务报酬所得的个人，单位统一（或自行）购买符合规定的商业健康保险产品的，扣缴单位自购买产品（或个人提交保单凭证）的次月起，在不超过200元/月的标准内按月扣除。一年内保费金额超过2 400元的部分，不得税前扣除。以后年度续保时，按上述规定执行。个人自行退保时，应及时告知扣缴义务人。

个体工商户业主、企事业单位承包承租经营者、个人独资企业和合伙企业自然人投资者自行购买符合条件的商业健康保险产品的，在不超过2 400元/年的标准内据实扣除。一年内保费金额超过2 400元的部分，不得税前扣除。以后年度续保时，按上述规定执行。

③税收递延型商业养老保险。自2022年1月1日起，对个人养老金实施递延纳税优惠政策。在缴费环节，个人向个人养老金资金账户的缴费，按照12 000元/年的限额标准，

在综合所得或经营所得中据实扣除；在投资环节，计入个人养老金资金账户的投资收益暂不征收个人所得税；在领取环节，个人领取的个人养老金，不并入综合所得，单独按照3%的税率计算缴纳个人所得税。其缴纳的税款计入“工资、薪金所得”项目。

【提示】专项扣除、专项附加扣除和依法确定的其他扣除，以居民个人一个纳税年度的应纳税所得额为限额；一个纳税年度扣除不完的，不得结转以后年度扣除。

学思践悟

2021年11月8日至11日，党的十九届六中全会在北京召开。全会审议通过的《中共中央关于党的百年奋斗重大成就和历史经验的决议》（以下简称《决议》）。《决议》中指出，让老百姓过上好日子是党一切工作的出发点和落脚点，补齐民生保障短板、解决好人民群众急难愁盼问题是社会建设的紧迫任务。要加强和创新社会治理，使人民获得感、幸福感、安全感更加充实、更有保障、更可持续。

自2018年10月起，我国将个人所得税“起征点”（基本减除费用标准）从3 500元/月提高到5 000元/月；自2019年1月1日起，个人所得税法规定的6项专项附加扣除政策落地实施至今，新一轮个人所得税改革已满两周年。这项涉及千家万户利益的重大改革平稳顺利开展，改革成效明显，对完善收入分配、增加居民收入、扩大消费发挥了重要作用，成为推进国家治理体系和治理能力现代化的成功实践。建立综合与分类相结合的个人所得税制度，引入教育、养老等6项专项附加扣除，是党中央、国务院部署的重大税制改革，是减税降费的重要举措。这次改革多措并举，使广大纳税人尤其是中等以下收入群体的税负普遍降低。统计显示，2019年实施个人所得税专项附加扣除政策，加上2018年10月1日提高个人所得税基本减除费用标准和优化税率结构翘尾因素，合计减税4 604亿元，使2.5亿纳税人直接受益，人均减税约1 842元。

【做中学5-12】（单项选择题）下列各项属于我国个人所得税法中规定的专项扣除的项目是（　　）。

A.基本养老保险　　B.子女教育支出

C.企业年金　　D.税收递延型商业养老保险

答案：A。

【做中学5-13】（单项选择题）按照我国个人所得税法律法规，纳税人接受技能人员职业资格继续教育、专业技术人员职业资格继续教育的支出，在取得相关证书的当年，可按照一定的标准定额扣除，该标准是（　　）元。

A.2 000　　B.3 600　　C.4 800　　D.12 000

答案：B。

2.非居民个人取得工资、薪金所得

非居民个人的工资、薪金所得，以每月收入额减除费用5 000元后的余额为应纳税所得额；劳务报酬所得、稿酬所得、特许权使用费所得，以每次收入额为应纳税所得额。

3.经营所得

经营所得，以每一纳税年度的收入总额减除成本、费用以及损失后的余额，为应纳税所得额。

所称成本、费用，是指生产、经营活动中发生的各项直接支出和分配计入成本的间接

费用以及销售费用、管理费用、财务费用；所称损失，是指生产、经营活动中发生的固定资产和存货的盘亏、毁损、报废损失，转让财产损失，坏账损失，自然灾害等不可抗力因素造成的损失以及其他损失。

取得经营所得的个人，没有综合所得的，计算其每一纳税年度的应纳税所得额时，应当减除费用60 000元、专项扣除、专项附加扣除以及依法确定的其他扣除。专项附加扣除在办理汇算清缴时减除。

在个人税收递延型商业养老保险试点区域内，取得个体工商户生产经营所得、对企事业单位的承包承租经营所得的个体工商户业主、个人独资企业投资者、合伙企业自然人合伙人和承包承租经营者，其缴纳的税收递延型商业养老保险保费准予在申报扣除当年计算应纳税所得额时予以限额据实扣除，扣除限额按照不超过当年应税收入的6%和12 000元孰低办法确定。

从事生产、经营活动，未提供完整、准确的纳税资料，不能正确计算应纳税所得额的，由主管税务机关核定应纳税所得额或者应纳税额。

个人独资企业的投资者以全部生产经营所得为应纳税所得额；合伙企业的投资者按照合伙企业的全部生产经营所得和合伙协议约定的分配比例，确定应纳税所得额，合伙协议没有约定分配比例的，以全部生产经营所得和合伙人数量平均计算每个投资者的应纳税所得额。

上述所称生产经营所得，包括企业分配给投资者个人的所得和企业当年留存的所得（利润）。

对个体工商户业主、个人独资企业和合伙企业自然人投资者的生产经营所得依法计征个人所得税时，个体工商户业主、个人独资企业和合伙企业自然人投资者本人的费用扣除标准统一确定为60 000元/年（5 000元/月）。

对企事业单位的承包经营、承租经营所得，以每一纳税年度的收入总额，减除必要费用后的余额为应纳税所得额。每一纳税年度的收入总额，是指纳税义务人按照承包经营、承租经营合同规定分得的经营利润和工资、薪金性质的所得；所说的减除必要费用，是指按年减除60 000元。

4. 财产租赁所得

财产租赁所得，每次收入不超过4 000元的，减除费用为800元；每次收入在4 000元以上的，减除20%的费用，其余额为应纳税所得额。

5. 财产转让所得

财产转让所得，以转让财产的收入额减除财产原值和合理费用后的余额，为应纳税所得额。财产原值，是指：

（1）有价证券，为买入价以及买入时按照规定缴纳的有关费用。

（2）建筑物，为建造费或者购进价格以及其他有关费用。

（3）土地使用权，为取得土地使用权所支付的金额、开发土地的费用以及其他有关费用。

（4）机器设备、车船，为购进价格、运输费、安装费以及其他有关费用。

（5）其他财产，参照以上方法确定。

纳税义务人未提供完整、准确的财产原值凭证，不能正确计算财产原值的，由主管税务机关核定其财产原值。

合理费用，是指卖出财产时按照规定支付的有关费用。

6.利息、股息、红利所得和偶然所得

利息、股息、红利所得和偶然所得，以每次收入额为应纳税所得额。

（三）公益慈善事业捐赠的扣除

（1）个人通过中华人民共和国境内公益性社会组织、县级以上人民政府及其部门等国家机关，向教育、扶贫、济困等公益慈善事业的捐赠（以下简称公益捐赠），发生的公益捐赠支出，可以按照个人所得税法有关规定在计算应纳税所得额时扣除。

（2）个人发生的公益捐赠支出金额，按照下列规定确定：

① 捐赠货币性资产的，按照实际捐赠金额确定；

② 捐赠股权、房产的，按照个人持有股权、房产的财产原值确定；

③ 捐赠除股权、房产以外的其他非货币性资产的，按照非货币性资产的市场价格确定。

（3）居民个人按照以下规定扣除公益捐赠支出：

① 居民个人发生的公益捐赠支出可以在财产租赁所得、财产转让所得、利息股息红利所得、偶然所得（以下统称分类所得）、综合所得或者经营所得中扣除。在当期一个所得项目扣除不完的公益捐赠支出，可以按规定在其他所得项目中继续扣除。

② 居民个人发生的公益捐赠支出，在综合所得、经营所得中扣除的，扣除限额分别为当年综合所得、当年经营所得应纳税所得额的30%；在分类所得中扣除的，扣除限额为当月分类所得应纳税所得额的30%。

③ 居民个人根据各项所得的收入、公益捐赠支出、适用税率等情况，自行决定在综合所得、分类所得、经营所得中扣除公益捐赠支出的顺序。

（4）居民个人在综合所得中扣除公益捐赠支出的，应按照以下规定处理：

①居民个人取得工资、薪金所得的，可以选择在预扣预缴时扣除，也可以选择在年度汇算清缴时扣除。

居民个人选择在预扣预缴时扣除的，应按照累计预扣法计算扣除限额，其捐赠当月的扣除限额为截至当月累计应纳税所得额的30%（全额扣除的从其规定，下同）。个人从两处以上取得工资、薪金所得，选择其中一处扣除，选择后当年不得变更。

②居民个人取得劳务报酬所得、稿酬所得、特许权使用费所得的，预扣预缴时不扣除公益捐赠支出，统一在汇算清缴时扣除。

③居民个人取得全年一次性奖金、股权激励等所得，且按规定采取不并入综合所得而单独计税方式处理的，公益捐赠支出扣除比照分类所得的扣除规定处理。

（5）居民个人发生的公益捐赠支出，可在捐赠当月取得的分类所得中扣除。当月分类所得应扣除未扣除的公益捐赠支出，可以按照以下规定追补扣除：

① 扣缴义务人已经代扣但尚未解缴税款的，居民个人可以向扣缴义务人提出追补扣除申请，退还已扣税款。

② 扣缴义务人已经代扣且解缴税款的，居民个人可以在公益捐赠之日起90日内提请扣缴义务人向征收税款的税务机关办理更正申报追补扣除，税务机关和扣缴义务人应当予以办理。

③ 居民个人自行申报纳税的，可以在公益捐赠之日起90日内向主管税务机关办理更正申报追补扣除。

居民个人捐赠当月有多项多次分类所得的，应先在其中一项一次分类所得中扣除。已经在分类所得中扣除的公益捐赠支出，不再调整到其他所得中扣除。

（6）在经营所得中扣除公益捐赠支出，应按以下规定处理：

① 个体工商户发生的公益捐赠支出，在其经营所得中扣除。

② 个人独资企业、合伙企业发生的公益捐赠支出，其个人投资者应当按照捐赠年度合伙企业的分配比例（个人独资企业分配比例为100%），计算归属于每一个人投资者的公益捐赠支出，个人投资者应将其归属的个人独资企业、合伙企业公益捐赠支出和本人需要在经营所得中扣除的其他公益捐赠支出合并，在其经营所得中扣除。

③ 在经营所得中扣除公益捐赠支出的，可以选择在预缴税款时扣除，也可以选择在汇算清缴时扣除。

④ 经营所得采取核定征收方式的，不扣除公益捐赠支出。

（7）非居民个人发生的公益捐赠支出，未超过其在公益捐赠支出发生的当月应纳税所得额30%的部分，可以从其应纳税所得额中扣除。扣除不完的公益捐赠支出，可以在经营所得中继续扣除。

非居民个人按规定可以在应纳税所得额中扣除公益捐赠支出而未实际扣除的，可按照上述规定追补扣除。

（8）国务院规定对公益捐赠全额税前扣除的，按照规定执行。个人同时发生按30%扣除和全额扣除的公益捐赠支出，自行选择扣除次序。

（9）公益性社会组织、国家机关在接受个人捐赠时，应当按照规定开具捐赠票据；个人索取捐赠票据的，应予以开具。

个人发生公益捐赠时不能及时取得捐赠票据的，可以暂时凭公益捐赠银行支付凭证扣除，并向扣缴义务人提供公益捐赠银行支付凭证复印件。个人应在捐赠之日起90日内向扣缴义务人补充提供捐赠票据，如果个人未按规定提供捐赠票据，扣缴义务人应在30日内向主管税务机关报告。

机关、企事业单位统一组织员工开展公益捐赠的，纳税人可以凭汇总开具的捐赠票据和员工明细单扣除。

（10）个人通过扣缴义务人享受公益捐赠扣除政策的，应当告知扣缴义务人符合条件可扣除的公益捐赠支出金额，并提供捐赠票据的复印件，其中捐赠股权、房产的还应出示财产原值证明。扣缴义务人应当按照规定在预扣预缴、代扣代缴税款时予以扣除，并将公益捐赠扣除金额告知纳税人。

个人自行办理或扣缴义务人为个人办理公益捐赠扣除的，应当在申报时一并报送《个人所得税公益慈善事业捐赠扣除明细表》。个人应留存捐赠票据，留存期限为5年。

个人通过非营利的社会团体和国家机关向教育事业、红十字事业、农村义务教育、公益性青少年活动场所、福利性非营利性的老年服务机构的捐赠，准予在缴纳个人所得税前的所得额中全额扣除。

（四）应纳税所得额的其他规定

（1）劳务报酬所得、稿酬所得、特许权使用费所得以收入减除20%的费用后的余额为收入额。稿酬所得的收入额减按70%计算。个人兼有不同的劳务报酬所得，应当分别减除费用，计算缴纳个人所得税。

（2）个人所得的形式，包括现金、实物、有价证券和其他形式的经济利益；所得为实物的，应当按照取得的凭证上所注明的价格计算应纳税所得额，无凭证的实物或者凭证上所注明的价格明显偏低的，参照市场价格核定应纳税所得额；所得为有价证券的，根据票面价格和市场价格核定应纳税所得额；所得为其他形式的经济利益的，参照市场价格核定应纳税所得额。

（3）对个人从事技术转让、提供劳务等过程中所支付的中介费，如能提供有效、合法凭证，允许从其所得中扣除。

知识点梳理

本任务知识点梳理见表5-6。

表5-6 本任务知识点梳理

应税项目	税率	应纳税所得额的计算
居民个人的综合所得（工资薪金、劳务报酬、稿酬、特许权使用费所得）	七级超额累进税率	全年收入额扣除费用60 000元/年（5 000元/月）、专项扣除（包括基本养老保险、基本医疗保险、失业保险和住房公积金等）、专项附加扣除（包括子女教育、继续教育、大病医疗、赡养老人、住房贷款利息或住房租金、照护婴幼儿子女）、其他扣除（如商业健康保险、税收递延型商业养老保险、企业年金和职业年金）。劳务报酬所得、稿酬所得、特许权使用费所得以收入减除20%的费用后的余额为收入额。稿酬所得的收入额减按70%计算
非居民个人工资薪金、劳务报酬、稿酬、特许权使用费所得	按月换算的七级超额累进税率	非居民个人的工资、薪金所得，以每月收入额减除费用5 000元后的余额为应纳税所得额；劳务报酬所得、稿酬所得、特许权使用费所得，以每次收入额为应纳税所得额。劳务报酬所得、稿酬所得、特许权使用费所得以收入减除20%的费用后的余额为收入额。稿酬所得的收入额减按70%计算
经营所得	五级超额累进税率	经营所得以每一纳税年度的收入总额减除成本、费用以及损失后的余额，为应纳税所得额。对企事业单位承包、承租经营所得以收入额减除必要的费用后的余额为应纳税所得额
财产租赁所得	20%（按市场价格出租住房减按10%征税）	每次收入减除： （1）租赁过程中缴纳的税费 （2）修缮费用 （3）800元或20%的固定费用 （4）每次收入≤4 000元，定额减800元；每次收入>4 000元，定率减20%
财产转让所得	20%	每次转让收入总额扣除财产原值和合理费用
利息、股息、红利所得，偶然所得	20%	（1）收入即为应纳税所得额 （2）购买的上市公司股票，股息差别化规定

案例解析

本任务“引入案例”的解析如下：

徐某从本单位取得的工资150 000元和讲课费5 000元均属于工资、薪金所得；从外单位取得的设计费属于劳务报酬所得，收入额为18 000元乘以80%，即14 400元。工资、薪金所得和劳务报酬所得属于综合所得。中奖收入为偶然所得，以收入额15 000元为应纳税所得额。

案例中涉及的相关知识点回顾见表5-7。

表5-7　相关知识点回顾

个人所得项目	征收范围
工资、薪金所得	从受雇、任职单位取得的报酬为工资、薪金所得，工资、薪金全额计入收入额
劳务报酬所得	从事非雇佣、独立活动取得的报酬是劳务报酬，劳务报酬减除20%的费用后计入收入额。居民个人的工资薪金所得、劳务报酬所得、特许权使用费所得和稿酬所得合称为综合所得
偶然所得	中奖、获奖等所得属于偶然所得，偶然所得以收入全额作为应纳税所得额

知识翻转

张某是一位审计师，2023年取得工资150 000元，缴纳“三险一金”40 000元，他的一个孩子正在读初中，父母都是62岁。他利用业余时间写作并出版小说一部，取得稿酬40 000元。10月，他将小说手稿公开拍卖，取得拍卖收入180 000元。11月，他拍卖文物一件，取得拍卖收入500 000元。

请问：张某2023年的收入涉及的个人所得税应税项目有哪些？应纳税所得额分别是多少？

知识考核

一、单项选择题

1. 居民个人取得的下列所得中，适用按次征收个人所得税的是（　　）。

A. 经营所得　　B. 出租房产取得的租金所得

C. 劳务报酬所得　　D. 承包某乡镇企业取得的经营所得

2. 下列各项关于“次”的表述，正确的是（　　）。

A. 出版一部小说，分5个月取得稿酬，则以一个月内取得的收入为一次

B. 同一作品因再版取得的所得，应视为另一次稿酬所得

C. 连续的劳务报酬以一年取得的收入为一次

D. 财产租赁所得以一次收入为一次

3. 居民个人小王有一子一女，儿子今年8岁读小学；女儿今年3岁上幼儿园小班。如果由小王一人享受子女教育专项附加扣除，则今年的扣除额为（　　）元。

A.12 000　　B.24 000　　C.48 000　　D.84 000

4. 纳税人接受学历教育享受的继续教育专项附加扣除标准是每年（　　）元。

A.1 200　　B.2 400　　C.3 600　　D.4 800

5. 非居民个人的工资、薪金所得，以每月收入额减除费用（　　）元的余额为应纳税所得额。

A.3 500　　B.5 000　　C.8 000　　D.10 000

二、多项选择题

1. 居民个人取得的下列所得中，属于综合所得的有（　　）。

A. 取得的工资、薪金　　B. 出租房产取得的租金

C. 在公司任职取得的季度奖　　D. 在外单位兼职取得的收入

2. 居民个人可以扣除的专项扣除包括（　　）。

A. 大病医疗　　B. 基本养老保险

C. 失业保险　　D. 住房公积金

三、判断题

1. 同一作品出版、发表后，因添加印数而追加的稿酬，应与以前出版、发表时取得的稿酬视为两次收入，分次计算缴纳个人所得税。（　　）

2. 作者去世后，对取得其遗作稿酬的个人，按稿酬所得征税。（　　）

3. 对特许权使用费所得的“次”的界定，如果该次转让取得的收入是分笔支付的，则应将各笔收入相加为一次收入，计征个人所得税。（　　）

参考答案

任务三　个人所得税应纳税额的计算

引入案例

李某任教于黄河大学，自己是独生子，父母2023年均为63岁，有一个独生女刚满2周岁，他本人正在攻读在职研究生。2023年李某取得收入如下：

取得工资180 000元，缴纳“三险一金”30 000元；业余时间在另一家高校兼职，全年取得兼职收入20 000元；在报纸上连载一部小说，取得稿酬30 000元；出租商铺一套，一次性收取一年房租24 000元，未发生维修费用。

请问： 李某2023年应该缴纳多少个人所得税？

文件法规

工作任务

掌握个人所得税应纳税额的计算方法

电子课件

知识结构图

本任务知识结构图如图5-3所示。

个人所得税应纳税额的计算
- 居民个人综合所得应纳税额的计算
- 非居民个人取得工资、薪金所得，劳务报酬所得，稿酬所得和特许权使用费所得应纳税额的计算
- 经营所得应纳税额的计算
- 财产租赁所得应纳税额的计算
- 财产转让所得应纳税额的计算
- 利息、股息、红利所得和偶然所得应纳税额的计算
- 应纳税额计算中的特殊问题处理

图5-3　本任务知识结构图

知识解析

一、居民个人综合所得应纳税额的计算

微课

个人所得税应纳税额计算

（1）工资、薪金所得全额计入收入额；劳务报酬所得、特许权使用费所得的收入额为实际取得劳务报酬、特许权使用费收入的80%；稿酬所得的收入额在扣除20%费用的基础上，再减按70%计算，即稿酬所得的收入额为实际取得稿酬收入的56%。

（2）居民个人取得的综合所得，以每一纳税年度的收入额减除费用60 000元以及专项扣除、专项附加扣除和依法确定的其他扣除后的余额，为应纳税所得额。

居民个人综合所得应纳税额的计算公式为：

$$\text{应纳税额}=\sum(\text{每一级数的全年应纳税所得额}\times\text{对应级数的适用税率})$$

$$=\sum\left[\left(\begin{matrix}\text{每一级数的}\\\text{全年收入额}\end{matrix}-60\,000\text{元}-\begin{matrix}\text{专项}\\\text{扣除}\end{matrix}-\begin{matrix}\text{享受的专项}\\\text{附加扣除}\end{matrix}-\begin{matrix}\text{享受的}\\\text{其他扣除}\end{matrix}\right)\times\begin{matrix}\text{对应级数的}\\\text{适用税率}\end{matrix}\right]$$

或者按下列公式计算：

$$\text{应纳税额}=\text{全年应纳税所得额}\times\text{适用税率}-\text{速算扣除数}$$

$$=\left(\begin{matrix}\text{全年}\\\text{收入额}\end{matrix}-60\,000\text{元}-\begin{matrix}\text{专项}\\\text{扣除}\end{matrix}-\begin{matrix}\text{享受的专项}\\\text{附加扣除}\end{matrix}-\begin{matrix}\text{享受的}\\\text{其他扣除}\end{matrix}\right)\times\begin{matrix}\text{适用}\\\text{税率}\end{matrix}-\begin{matrix}\text{速算}\\\text{扣除数}\end{matrix}$$

【做中学5-14】（计算题）某居民个人纳税人2023年工资总额为15万元，缴纳社保和住房公积金3万元，除住房贷款利息专项附加扣除外，该纳税人不享受其余专项附加扣除和税法规定的其他扣除。

要求：计算其当年应纳个人所得税税额。

答案：全年应纳税所得额＝150 000－60 000－30 000－12 000＝48 000（元）

应纳税额＝48 000×10%－2520＝2 280（元）

【做中学5-15】（计算题）某居民个人纳税人为独生子女，其2023年工资总额为26万元，缴纳社保和住房公积金6万元，取得劳务报酬1万元、稿酬1万元。该纳税人有两个孩子在读小学，且均由其扣除子女教育专项附加扣除。该纳税人的父母健在且均已年满60岁。

要求：计算其当年应纳个人所得税税额。

答案：全年应纳税所得额＝260 000－60 000－60 000＋10 000×（1－20%）＋10 000×（1－20%）×70%－12 000×2－24 000＝105 600（元）

应纳税额＝105600×10%－2520＝8040（元）

二、非居民个人取得工资、薪金所得，劳务报酬所得，稿酬所得和特许权使用费所得应纳税额的计算

非居民个人取得的劳务报酬所得、稿酬所得、特许权使用费所得均以收入减除20%的费用后的余额为收入额；其中，稿酬所得的收入额减按70%计算。

非居民个人取得的工资、薪金所得，以每月收入额减除费用5 000元后的余额为应纳税所得额；劳务报酬所得、稿酬所得、特许权使用费所得，以每次收入额为应纳税所得额。

【做中学5-16】（计算题）在某外商投资企业工作的美国专家为非居民个人，2023年2月取得由该企业发放的工资10 400元人民币，此外还从别处取得劳务报酬5 000元人民币。

要求：计算当月该专家应纳个人所得税税额。

答案：该专家当月工资、薪金所得应纳税额＝（10 400－5 000）×10%－210＝330（元）

该专家当月劳务报酬所得应纳税额＝5 000×（1－20%）×10%－210＝190（元）

三、经营所得应纳税额的计算

经营所得应纳税额的计算公式为：

应纳税额＝全年应纳税所得额×适用税率－速算扣除数

＝（全年收入总额－成本、费用以及损失）×适用税率－速算扣除数

（一）个体工商户应纳税额的计算

个体工商户应纳税所得额的计算，以权责发生制为原则，属于当期的收入和费用，不论款项是否收付，均作为当期的收入和费用；不属于当期的收入和费用，即使款项已经在当期收付，均不作为当期收入和费用。财政部、国家税务总局另有规定的除外。其基本规定如下：

1. 计税基本规定

（1）个体工商户的生产、经营所得，以每一纳税年度的收入总额，减除成本、费用、税金、损失、其他支出以及允许弥补的以前年度亏损后的余额，为应纳税所得额。

（2）个体工商户从事生产经营以及与生产经营有关的活动（以下简称生产经营活动）取得的货币形式和非货币形式的各项收入，为收入总额。这包括：销售货物收入、提供劳务收入、转让财产收入、利息收入、租金收入、接受捐赠收入、其他收入。其他收入包括个体工商户资产溢余收入、逾期一年以上的未退包装物押金收入、确实无法偿付的应付款项、已作坏账损失处理后又收回的应收款项、债务重组收入、补贴收入、违约金收入、汇兑收益等。

（3）成本，是指个体工商户在生产经营活动中发生的销售成本、销货成本、业务支出以及其他耗费。

（4）费用，是指个体工商户在生产经营活动中发生的销售费用、管理费用和财务费用，已经计入成本的有关费用除外。

（5）税金，是指个体工商户在生产经营活动中发生的除个人所得税和允许抵扣的增值税以外的各项税金及其附加。

（6）损失，是指个体工商户在生产经营活动中发生的固定资产和存货的盘亏、毁损、报废损失，转让财产损失，坏账损失，自然灾害等不可抗力因素造成的损失以及其他损失。

个体工商户发生的损失，减除责任人赔偿和保险赔款后的余额，参照财政部、国家税务总局有关企业资产损失税前扣除的规定扣除。

个体工商户已经作为损失处理的资产，在以后纳税年度又全部收回或者部分收回时，应当计入收回当期的收入。

（7）其他支出，是指除成本、费用、税金、损失外，个体工商户在生产经营活动中发生的与生产经营活动有关的、合理的支出。

（8）个体工商户发生的支出应当区分收益性支出和资本性支出。收益性支出在发生当期直接扣除；资本性支出应当分期扣除或者计入有关资产成本，不得在发生当期直接扣除。

所称支出，是指与取得收入直接相关的支出。

除税收法律法规另有规定外，个体工商户实际发生的成本、费用、税金、损失和其他支出，不得重复扣除。

（9）个体工商户发生的下列支出不得扣除：个人所得税税款；税收滞纳金；罚金、罚款和被没收财物的损失；不符合扣除规定的捐赠支出；赞助支出；用于个人和家庭的支出；与取得生产经营收入无关的其他支出；国家税务总局规定不准扣除的支出。其中，赞助支出是指个体工商户发生的与生产经营活动无关的各种非广告性质的支出。

（10）个体工商户在生产经营活动过程中，应当分别核算生产经营费用和个人、家庭生活费用。对于生产经营与个人、家庭生活混用难以分清的费用，其40%视为与生产经营有关的费用，准予扣除。

（11）个体工商户纳税年度发生的亏损，准予向以后年度结转，用以后年度的生产经营所得弥补，但结转年限最长不得超过5年。亏损，是指个体工商户依照税法规定计算的应纳税所得额小于零的数额。

（12）个体工商户使用或者销售存货，按照规定计算的存货成本，准予在计算应纳税所得额时扣除。

（13）个体工商户转让资产，该项资产的净值准予在计算应纳税所得额时扣除。

（14）个体工商户与企业联营而分得的利润，按“利息、股息、红利所得”项目征收个人所得税。

（15）个体工商户和从事生产、经营的个人，取得与生产经营活动无关的各项应税所得，应按规定分别计算征收个人所得税。

2. 扣除项目及标准

（1）个体工商户实际支付给从业人员的、合理的工资薪金支出，准予扣除。个体工商户业主的费用扣除标准为60 000元/年。个体工商户业主的工资薪金支出不得税前扣除。

（2）个体工商户按照国务院有关主管部门或者省级人民政府规定的范围和标准为其业主和从业人员缴纳的基本养老保险费、基本医疗保险费、失业保险费、生育保险费、工伤保险费和住房公积金，准予扣除。

个体工商户为从业人员缴纳的补充养老保险费、补充医疗保险费，分别在不超过从业人员工资总额5%标准内的部分据实扣除；超过部分，不得扣除。

个体工商户业主本人缴纳的补充养老保险费、补充医疗保险费，以当地（地级市）上年度社会平均工资的3倍为计算基数，分别在不超过该计算基数5%标准内的部分据实扣除；超过部分，不得扣除。

（3）除个体工商户依照国家有关规定为特殊工种从业人员支付的人身安全保险费和财政部、国家税务总局规定可以扣除的其他商业保险费外，个体工商户业主本人或者为从业人员支付的商业保险费，不得扣除。

（4）个体工商户在生产经营活动中发生的合理的不需要资本化的借款费用，准予扣除。

个体工商户为购置、建造固定资产、无形资产和经过12个月以上的建造才能达到预定可销售状态的存货发生借款的，在有关资产购置、建造期间发生的合理的借款费用，应当作为资本性支出计入有关资产的成本并按规定扣除。

（5）个体工商户在生产经营活动中发生的下列利息支出，准予扣除：向金融企业借款的利息支出；向非金融企业和个人借款的利息支出，不超过按照金融企业同期同类贷款利率计算的数额的部分。

（6）个体工商户在货币交易中，以及纳税年度终了时将人民币以外的货币性资产、负债按照期末即期人民币汇率中间价折算为人民币时产生的汇兑损失，除已经计入有关资产成本部分外，准予扣除。

（7）个体工商户向当地工会组织拨缴的工会经费、实际发生的职工福利费支出、职工教育经费支出分别在工资薪金总额的2%、14%、2.5%的标准内据实扣除。

工资薪金总额是指允许在当期税前扣除的工资薪金支出数额。

职工教育经费的实际发生数额超出规定比例当期不能扣除的数额，准予在以后纳税年度结转扣除。

个体工商户业主本人向当地工会组织缴纳的工会经费、实际发生的职工福利费支出、职工教育经费支出，以当地（地级市）上年度社会平均工资的3倍为计算基数，分别在2%、14%、2.5%的标准内据实扣除。

（8）个体工商户发生的与生产经营活动有关的业务招待费，按照实际发生额的60%扣除，但最高不得超过当年销售（营业）收入的5‰。业主自申请营业执照之日起至开始生产经营之日止所发生的业务招待费，按照实际发生额的60%计入个体工商户的开办费。

（9）个体工商户每一纳税年度发生的与其生产经营活动直接相关的广告费和业务宣传费不超过当年销售（营业）收入15%的部分，可以据实扣除；超过部分，准予在以后纳税年度结转扣除。

（10）个体工商户代其从业人员或者他人负担的税款，不得税前扣除。

（11）个体工商户按照规定缴纳的摊位费、行政性收费、协会会费等，按实际发生数额扣除。

（12）个体工商户根据生产经营活动需要租入固定资产支付的租赁费，按照以下方法扣除：以经营租赁方式租入固定资产发生的租赁费支出，按照租赁期限均匀扣除；以融资租赁方式租入固定资产发生的租赁费支出，按照规定构成融资租入固定资产价值的部分应当提取折旧费用，分期扣除。

（13）个体工商户参加财产保险，按照规定缴纳的保险费，准予扣除。

（14）个体工商户发生的合理的劳动保护支出，准予扣除。

（15）个体工商户自申请营业执照之日起至开始生产经营之日止所发生的符合规定的费用，除为取得固定资产、无形资产发生的支出，以及应计入资产价值的汇兑损益、利息支出外，作为开办费，个体工商户可以选择在开始生产经营的当年一次性扣除，也可自生产经营月份起在不短于3年的期限内摊销扣除，但扣除方法一经选定，不得改变。

开始生产经营之日为个体工商户取得第一笔销售（营业）收入的日期。

（16）个体工商户通过公益性社会团体或者县级以上人民政府及其部门，用于《中华人民共和国公益事业捐赠法》规定的公益事业的捐赠，捐赠额不超过其应纳税所得额30%的部分可以据实扣除。

财政部、国家税务总局规定可以全额在税前扣除的捐赠支出项目，按有关规定执行。

个体工商户直接对受益人的捐赠不得扣除。

公益性社会团体的认定，按照财政部、国家税务总局、民政部有关规定执行。

（17）个体工商户研究开发新产品、新技术、新工艺所发生的开发费用，以及研究开发新产品、新技术而购置单台价值在10万元以下的测试仪器和试验性装置的购置费准予直接扣除；单台价值在10万元以上（含10万元）的测试仪器和试验性装置，按固定资产管理，不得在当期直接扣除。

【做中学5-17】（计算题）某酒家为个体经营户，账证比较健全，2023年12月取得营业额320 000元，购进菜、肉、蛋、面粉、大米等原料的费用为90 000元，电费、水费、房租、煤气费等费用为25 000元，缴纳其他税费合计9 600元。当月支付给4名雇员的工资共48 000元。1—11月累计应纳税所得额为155 600元（未扣除业主费用减除标准），1—11月累计已预缴个人所得税20 620元。除经营所得外，业主本人没有其他收入，且2023年全年享受赡养老人专项附加扣除。假设不考虑专项扣除和符合税法规定的其他扣除。

要求：计算该个体经营户12月应缴纳的个人所得税。

答案：全年应纳税所得额 = 320 000 − 90 000 − 25 000 − 9 600 − 48 000 + 155 600 − 60 000 − 24 000 = 219 000（元）

全年应纳个人所得税 = 219 000 × 20% − 10 500 = 33 300（元）

2023年12月应纳个人所得税 = 33 300 − 20 620 = 12 680（元）

（二）个人独资企业和合伙企业应纳税额的计算

个人独资企业和合伙企业生产经营所得个人所得税应纳税额的计算有以下两种方法：

1. 查账征收

（1）个人独资企业和合伙企业自然人投资者的生产经营所得依法计征个人所得税时，个人独资企业和合伙企业自然人投资者本人的费用扣除标准统一确定为60 000元/年，即5 000元/月。投资者的工资不得在税前扣除。

（2）投资者及其家庭发生的生活费用不允许在税前扣除。投资者及其家庭发生的生活费用与企业生产经营费用混合在一起，并且难以划分的，全部视为投资者个人及其家庭发生的生活费用，不允许在税前扣除。

（3）企业生产经营和投资者及其家庭生活共用的固定资产，难以划分的，由主管税务机关根据企业的生产经营类型、规模等具体情况，核定准予在税前扣除的折旧费用的数额或比例。

（4）企业向其从业人员实际支付的合理的工资、薪金支出，允许在税前据实扣除。

（5）企业拨缴的工会经费、发生的职工福利费、职工教育经费支出分别在工资薪金总额2%、14%、2.5%的标准内据实扣除。

（6）每一纳税年度发生的广告费和业务宣传费用不超过当年销售（营业）收入15%的部分，可据实扣除；超过部分，准予在以后纳税年度结转扣除。

（7）每一纳税年度发生的与其生产经营业务直接相关的业务招待费支出，按照发生额的60%扣除，但最高不得超过当年销售（营业）收入的5‰。

（8）企业计提的各种准备金不得扣除。

（9）投资者兴办两家或两家以上企业，并且企业性质全部是独资的，年度终了后，汇算清缴时，应纳税款的计算按以下方法进行：汇总其投资兴办的所有企业的经营所得作为应纳税所得额，以此确定适用税率，计算出全年经营所得的应纳税额，再根据每家企业的经营所得占所有企业经营所得的比例，分别计算出每家企业的应纳税额和应补缴税额。其计算公式为：

$$\text{应纳税所得额} = \sum \text{各个企业的经营所得}$$

$$\text{应纳税额} = \text{应纳税所得额} \times \text{适用税率} - \text{速算扣除数}$$

$$\text{本企业应纳税额} = \text{应纳税额} \times \text{本企业的经营所得} \div \sum \text{各个企业的经营所得}$$

$$\text{本企业应补缴的税额} = \text{本企业应纳税额} - \text{本企业预缴的税额}$$

（10）投资者兴办两家或两家以上企业的，根据前述规定准予扣除的个人费用，由投资者选择在其中一家企业的生产经营所得中扣除。

（11）企业的年度亏损，允许用本企业下一年度的生产经营所得弥补，下一年度所得不足弥补的，允许逐年延续弥补，但最长不得超过5年。

投资者兴办两家或两家以上企业的，企业的年度经营亏损不能跨企业弥补。

（12）投资者来源于中国境外的生产经营所得，已在境外缴纳所得税的，可以按照个人所得税法的有关规定计算扣除已在境外缴纳的所得税。

2. 核定征收

核定征收方式包括定额征收、核定应税所得率征收以及其他合理的征收方式。

（1）有下列情形之一的，主管税务机关应采取核定征收方式征收个人所得税：①企业依照国家有关规定应当设置但未设置账簿的；②企业虽设置账簿，但账目混乱或者成本资料、收入凭证、费用凭证残缺不全，难以查账的；③纳税人发生纳税义务，未按照规定的期限办理纳税申报，经税务机关责令限期申报，逾期仍不申报的。

（2）实行核定应税所得率征收方式的，应纳所得税额的计算公式为：

应纳所得税额 = 应纳税所得额 × 适用税率

应纳税所得额 = 收入总额 × 应税所得率

= 成本费用支出额 ÷（1 − 应税所得率）× 应税所得率

应税所得率应按规定的标准执行（见表5-8）。

表5-8　个人所得税核定征收应税所得率表

行　业	应税所得率（%）
工业、交通运输业、商业	5~20
建筑业、房地产开发业	7~20
饮食服务业	7~25
娱乐业	20~40
其他行业	10~30

企业经营多种业务的，无论其经营项目是否单独核算，均应根据其主营项目确定其适用的应税所得率。

（3）实行核定征收的投资者，不能享受个人所得税的优惠政策。

（4）实行查账征收方式的个人独资企业和合伙企业改为核定征收方式后，在查账征收方式下认定的年度经营亏损未弥补完的部分，不得再继续弥补。

（5）个体工商户、个人独资企业和合伙企业因在纳税年度中间开业、合并、注销及其他原因，导致该纳税年度的实际经营期不足1年的，对个体工商户业主、个人独资企业投资者与合伙企业自然人合伙人的生产经营所得计算个人所得税时，以其实际经营期为1个纳税年度。投资者本人的费用扣除标准，应按照其实际经营月份数，以每月5 000元的减除标准确定。其计算公式为：

应纳税所得额 = 该年度收入总额 − 成本、费用及损失 − 当年投资者本人的费用扣除额

当年投资者本人的费用扣除额 = 月减除费用（5 000元 / 月）× 当年实际经营月份数

应纳税额 = 应纳税所得额 × 税率 − 速算扣除数

【提示】个人独资企业和合伙企业对外投资分回的利息或者股息、红利，不并入企业的收入，而应单独作为投资者个人取得的利息、股息、红利所得，按“利息、股息、红利所得”项目计算缴纳个人所得税。

企业进行清算时，投资者应当在注销工商登记之前，向主管税务机关结清有关税务事宜。企业的清算所得应当视为年度生产经营所得，由投资者依法缴纳个人所得税。

四、财产租赁所得应纳税额的计算

（一）应纳税所得额

财产租赁所得一般以个人每次取得的收入，定额或定率减除规定费用后的余额为应纳税所得额。每次收入不超过4 000元的，定额减除费用800元；每次收入在4 000元以上的，定率减除20%的费用。财产租赁所得以1个月内取得的收入为一次。

在确定财产租赁所得的应纳税所得额时，纳税人在出租财产过程中缴纳的税金和教育费附加，可持完税（缴款）凭证，从其财产租赁收入中扣除。准予扣除的项目除了规定费用和有关税费外，还准予扣除能够提供有效、准确的凭证，证明由纳税人负担的该出租财产实际开支的修缮费用。允许扣除的修缮费用，以每次800元为限。一次扣除不完的，准予在下一次继续扣除，直到扣完为止。

个人出租财产取得的财产租赁收入，在计算缴纳个人所得税时，应依次扣除以下费用：①财产租赁过程中缴纳的税金和国家能源交通重点建设基金、国家预算调节基金、教育费附加；②由纳税人负担的该出租财产实际开支的修缮费用；③税法规定的费用扣除标准。

财产租赁所得应纳税所得额的计算公式为：

（1）每次（月）收入不超过4 000元的：

应纳税所得额 = 每次（月）收入额 − 准予扣除项目 − 修缮费用（800元为限）− 800元

（2）每次（月）收入超过4 000元的：

应纳税所得额 = ［每次（月）收入额 − 准予扣除项目 − 修缮费用（800元为限）］×（1 − 20%）

（二）个人房屋转租应纳税额的计算

个人将承租房屋转租取得的租金收入，属于个人所得税应税所得，应按“财产租赁所得”项目计算缴纳个人所得税。

具体规定为：

（1）取得转租收入的个人向房屋出租方支付的租金，凭房屋租赁合同和合法支付凭据允许在计算个人所得税时，从该项转租收入中扣除。

（2）有关财产租赁所得个人所得税税前扣除税费的扣除次序调整为：①财产租赁过程中缴纳的税费；②向出租方支付的租金；③由纳税人负担的租赁财产实际开支的修缮费用；④税法规定的费用扣除标准。

（三）应纳税额的计算方法

财产租赁所得适用20%的比例税率。但对个人按市场价格出租的居民住房取得的所得，自2001年1月1日起暂减按10%的税率征收个人所得税。其应纳税额的计算公式为：

应纳税额 = 应纳税所得额 × 适用税率

【做中学5-18】（计算题）袁某于2023年1月将其自有的面积为150平方米的公寓按市场价出租给张某居住。每月租金收入6 500元，全年租金收入78 000元。

要求：计算袁某全年租金收入应缴纳的个人所得税（不考虑其他税费）。

答案：每月应纳税额＝6 500×（1−20%）×10%＝520（元）

全年应纳税额＝520×12＝6 240（元）

【提示】如果对租金收入计征城市维护建设税、房产税和教育费附加等，还应将其从收入中先扣除后再计算应缴纳的个人所得税。

【做中学5-19】（计算题）假定在【做中学5-18】中，当年2月因下水道堵塞找人修理，发生修理费用1 000元，有维修部门的正式收据。

要求：计算2月和3月的应纳税额。

答案：2月应纳税额＝（6 500－800）×（1－20%）×10%＝456（元）

3月应纳税额＝（6 500－200）×（1－20%）×10%＝504（元）

五、财产转让所得应纳税额的计算

（一）一般情况下财产转让所得应纳税额的计算

财产转让所得应纳税额的计算公式为：

应纳税额＝应纳税所得额×适用税率
＝（收入总额－财产原值－合理税费）×20%

【做中学5-20】（计算题）某个人建房一幢，造价360 000元，支付其他费用50 000元。该个人建成后将房屋出售，售价600 000元，在售房过程中按规定支付交易费等相关税费35 000元，其应纳个人所得税税额的计算过程为：

应纳税所得额＝收入总额－财产原值－合理税费＝600 000－（360 000＋50 000）－35 000＝155 000（元）

应纳税额＝155 000×20%＝31 000（元）

（二）个人住房转让所得应纳税额的计算

自2006年8月1日起，个人转让住房所得应纳个人所得税的计算具体规定如下：

（1）以实际成交价格为转让收入。纳税人申报的住房成交价格明显低于市场价格且无正当理由的，税务机关依法有权根据有关信息核定其转让收入，但必须保证各税种计税价格一致。

（2）纳税人可凭原购房合同、发票等有效凭证经税务机关审核后，允许从其转让收入中减除房屋原值、转让住房过程中缴纳的税金及有关合理费用。

转让住房过程中缴纳的税金是指纳税人在转让住房时实际缴纳的城市维护建设税、教育费附加、土地增值税、印花税等税金。

合理费用是指纳税人按照规定实际支付的住房装修费用、住房贷款利息、手续费、公证费等费用。

（3）纳税人未提供完整、准确的房屋原值凭证不能正确计算房屋原值和应纳税额的，税务机关可对其实行核定征收。具体比例由省级税务局或者省级税务局授权的地市级税务局根据纳税人出售住房的所处区域、地理位置、建造时间、房屋类型、住房平均价格水平等因素，在住房转让收入1%~3%的幅度内确定。

（4）关于个人转让离婚析产房屋的征税问题。

① 通过离婚析产的方式分割房屋产权是夫妻双方对共同共有财产的处置，个人因离

婚办理房屋产权过户手续，不征收个人所得税。

② 个人转让离婚析产房屋所取得的收入允许扣除其相应的财产原值和合理费用后，余额按照规定的税率缴纳个人所得税；其相应的财产原值为房屋初次购置全部原值和相关税费之和乘以转让者占房屋所有权的比例。

③ 个人转让离婚析产房屋所取得的收入符合家庭生活自用5年以上唯一住房的，可以申请免征个人所得税，其购置时间按照个人购买住房以取得的房屋产权证或契税完税证明上注明的时间作为其购买房屋的时间执行。

（三）个人转让股权应纳税额的计算

个人转让股权，以股权转让收入减除股权原值和合理费用后的余额为应纳税所得额，按“财产转让所得”项目缴纳个人所得税。合理费用是指股权转让时按照规定支付的有关税费。

（四）个人转让债券类债权时原值的确定

转让债券类债权，采用加权平均法确定其应予减除的财产原值和合理费用，即以纳税人购进的同一种类债券买入价和买进过程中缴纳的税费总和，除以纳税人购进的该种类债券数量之和，乘以纳税人卖出的该种类债券数量，再加上卖出该种类债券过程中缴纳的税费。用公式表示为：

一次卖出某一种类债券允许扣除的买入价和费用 = 纳税人购进的该种类债券买入价和买进过程中缴纳的税费总和 × 一次卖出的该种类债券的数量 ÷ 纳税人购进的该种类债券总数量 + 卖出该种类债券过程中缴纳的税费

六、利息、股息、红利所得和偶然所得应纳税额的计算

利息、股息、红利所得和偶然所得应纳税额的计算公式为：

应纳税额 = 应纳税所得额 × 适用税率

= 每次收入额 × 20%

七、应纳税额计算中的特殊问题处理

（一）关于全年一次性奖金的规定

全年一次性奖金是指行政机关、企事业单位等扣缴义务人根据其全年经济效益和对雇员全年工作业绩的综合考核情况，向雇员发放的一次性奖金。一次性奖金包括年终加薪、实行年薪制和绩效工资办法的单位根据考核情况兑现的年薪和绩效工资。

居民个人取得全年一次性奖金，在2023年12月31日前，可选择不并入当年综合所得，按以下计税办法纳税，由扣缴义务人于发放时代扣代缴。

将居民个人取得的全年一次性奖金，除以12个月，按其商数依照按月换算后的综合所得税率表确定适用税率和速算扣除数（见表5-4）。在一个纳税年度内，对每一个纳税人，该计税办法只允许采用一次。

实行年薪制和绩效工资的单位，居民个人取得年终兑现的年薪和绩效工资按上述方法执行。居民个人取得全年一次性奖金，也可以选择并入当年综合所得计算纳税。

居民个人取得除全年一次性奖金以外的其他各种名目的奖金，如半年奖、季度奖、加班奖、先进奖、考勤奖等，一律与当月工资、薪金收入合并，按税法规定缴纳个人所

得税。

【做中学5-21】(计算题)居民个人张某2023年12月31日一次性领取年终含税奖金60 000元。张某选择全年一次性奖金不并入当年综合所得计算纳税。

要求:计算张某取得年终奖金应缴纳的个人所得税。

答案:(1)年终奖金适用的税率和速算扣除数为:

60 000 ÷ 12 = 5 000(元),根据按月换算后的综合所得七级超额累进税率,确定适用的税率和速算扣除数分别为10%、210元。

(2)年终奖金应缴纳的个人所得税为:

应纳税额 = 年终奖金收入 × 适用税率 − 速算扣除数 = 60 000 × 10% − 210 = 5 790(元)

(二)雇主为雇员承担全年一次性奖金部分税款有关个人所得税的计算方法

(1)雇主为雇员负担全年一次性奖金部分个人所得税税款,属于雇员额外增加了收入,应将雇主负担的这部分税款并入雇员的全年一次性奖金,换算为应纳税所得额后,按照规定方法计征个人所得税。

(2)将不含税全年一次性奖金换算为应纳税所得额的计算方法。

①雇主为雇员定额负担税款的计算公式为:

$$\text{应纳税所得额} = \text{雇员取得的全年一次性奖金} + \text{雇主替雇员定额负担的税款} - \text{当月工资薪金低于费用扣除标准的差额}$$

②雇主为雇员按一定比例负担税款的计算步骤及公式为:

第一步:查找不含税全年一次性奖金的适用税率和速算扣除数。未含雇主负担税款的全年一次性奖金收入除以12,根据其商数找出不含税级距对应的适用税率A和速算扣除数A。

第二步:计算含税全年一次性奖金。其计算公式为:

$$\text{应纳税所得额} = (\text{未含雇主负担税款的全年一次性奖金收入} - \text{当月工资薪金低于费用扣除标准的差额} - \text{不含税级距的速算扣除数A} \times \text{雇主负担比例}) \div (1 - \text{不含税级距的适用税率A} \times \text{雇主负担比例})$$

(3)将应纳税所得额除以12,根据其商数找出对应的适用税率B和速算扣除数B,据以计算税款。其计算公式为:

$$\text{应纳税额} = \text{应纳税所得额} \times \text{适用税率B} - \text{速算扣除数B}$$

$$\text{实际缴纳税额} = \text{应纳税额} - \text{雇主为雇员负担的税额}$$

(4)雇主为雇员负担的个人所得税税款,应属于个人工资薪金的一部分,凡单独作为企业管理费用列支的,在计算企业所得税时不得税前扣除。

(三)对在中国境内无住所的个人一次取得数月奖金或年终加薪、劳动分红(以下简称奖金,不包括应按月支付的奖金)的计税方法

对在中国境内无住所的个人取得的奖金,可单独作为1个月的工资、薪金所得计算纳税。由于对每月的工资、薪金所得计税时已按月扣除了费用,因此,对上述奖金不再减除费用,全额作为应纳税所得额直接按适用税率计算应纳税额,并且不再按居住天数进行划分计算。

（四）企事业单位以低于购置或建造成本价格销售住房给职工的个人所得税征收规定

（1）根据住房制度改革政策的有关规定，国家机关、企事业单位及其他组织在住房制度改革期间，按照所在地县级以上人民政府规定的房改成本价格向职工出售公有住房，职工因支付的房改成本价格低于房屋建造成本价格或市场价格而取得的差价收益，免征个人所得税。

（2）除上述符合规定的情形外，单位按低于购置或建造成本价格出售住房给职工，职工因此而少支出的差价部分，不并入当年综合所得，以差价收入除以12个月得到的数额，按照月度税率表确定适用税率和速算扣除数，单独计算纳税。其计算公式为：

$$\text{应纳税额}=\text{职工实际支付的购房价款低于该房屋的购置或建造成本价格的差额}\times\text{适用税率}-\text{速算扣除数}$$

（3）对职工取得的上述应税所得，比照全年一次性奖金的征税办法计算征收个人所得税。此前未征税款不再追征，已征税款不予退还。

（五）企业为股东个人购买汽车的个人所得税征税方法

企业为股东购买车辆并将车辆所有权登记到股东个人名下，其实质为企业对股东进行了红利性质的实物分配，应按照“利息、股息、红利所得”项目征收个人所得税。考虑到该股东个人名下的车辆同时也为企业经营使用的实际情况，允许合理减除部分所得；减除的具体数额由主管税务机关根据车辆的实际使用情况合理确定。

（六）以企业资金为个人购房的个人所得税征税方法

（1）个人取得以下情形的房屋或其他财产，不论所有权人是否将财产无偿或有偿交付企业使用，其实质均为企业对个人进行了实物性质的分配，应依法计征个人所得税。

① 企业出资购买房屋及其他财产，将所有权登记为投资者个人、投资者家庭成员或企业其他人员的。

② 企业投资者个人、投资者家庭成员或企业其他人员向企业借款用于购买房屋及其他财产，将所有权登记为投资者个人、投资者家庭成员或企业其他人员，且借款年度终了后未归还借款的。

（2）对个人独资企业、合伙企业的个人投资者或其家庭成员取得的上述所得，视为企业对个人投资者的利润分配，按照“经营所得”项目计征个人所得税；对除个人独资企业、合伙企业以外其他企业的个人投资者或其家庭成员取得的上述所得，视为企业对个人投资者的红利分配，按照“利息、股息、红利所得”项目计征个人所得税；对企业其他人员取得的上述所得，按照“工资、薪金所得”项目计征个人所得税。

（七）个人取得拍卖收入的个人所得税征收规定

（1）自2007年5月1日起，个人通过拍卖市场拍卖个人财产，对其取得所得按以下规定征税：

① 作者将自己的文字作品手稿原件或复印件拍卖取得的所得，应以其转让收入额减除800元（转让收入额4 000元以下）或者20%（转让收入额4 000元以上）后的余额为应纳税所得额，按照“特许权使用费所得”项目适用20%的税率缴纳个人所得税。

② 个人拍卖除文字作品原稿及复印件外的其他财产，应以其转让收入额减除财产原值和合理费用后的余额为应纳税所得额，按照“财产转让所得”项目适用20%的税率缴

纳个人所得税。

（2）对个人财产拍卖所得征收个人所得税时，以该项财产最终拍卖成交价格为其转让收入额。

（3）个人财产拍卖所得适用“财产转让所得”项目计算应纳税所得额时，纳税人凭合法有效凭证（税务机关监制的正式发票、相关境外交易单据或海关报关单据、完税证明等），从其转让收入额中减除相应的财产原值、拍卖财产过程中缴纳的税金及有关合理费用。

① 财产原值，是指售出方个人取得该拍卖品的价格（以合法有效凭证为准）。具体为：通过商店、画廊等途径购买的，为购买该拍卖品时实际支付的价款；通过拍卖行拍得的，为拍得该拍卖品实际支付的价款及缴纳的相关税费；通过祖传收藏的，为其收藏该拍卖品而发生的费用；通过赠送取得的，为其受赠该拍卖品时发生的相关税费；通过其他形式取得的，参照以上原则确定财产原值。

② 拍卖财产过程中缴纳的税金，是指在拍卖财产时纳税人实际缴纳的相关税金及附加。

③ 有关合理费用，是指拍卖财产时纳税人按照规定实际支付的拍卖费（佣金）、鉴定费、评估费、图录费、证书费等费用。

（4）纳税人如不能提供合法、完整、准确的财产原值凭证，不能正确计算财产原值的，按转让收入额的3%征收率计算缴纳个人所得税；拍卖品经文物部门认定为海外回流文物的，按转让收入额的2%征收率计算缴纳个人所得税。

（5）纳税人的财产原值凭证内容填写不规范，或者一份财产原值凭证包括多件拍卖品且无法确认每件拍卖品一一对应的原值的，不得将其作为扣除财产原值的计算依据，应视为不能提供合法、完整、准确的财产原值凭证，并按上述规定的征收率计算缴纳个人所得税。

（6）纳税人能够提供合法、完整、准确的财产原值凭证，但不能提供有关税费凭证的，不得按征收率计算纳税，应当就财产原值凭证上注明的金额据实扣除，并按照税法规定计算缴纳个人所得税。

（7）个人财产拍卖所得应纳的个人所得税税款由拍卖单位负责代扣代缴，并按规定向拍卖单位所在地主管税务机关办理纳税申报。

（八）创业投资企业个人合伙人和天使投资个人有关个人所得税的规定

（1）合伙创投企业采取股权投资方式直接投资于初创科技型企业满2年（24个月，下同）的，合伙创投企业的个人合伙人可以按照对初创科技型企业投资额的70%抵扣个人合伙人从合伙创投企业分得的经营所得；当年不足抵扣的，可以在以后纳税年度结转抵扣。

（2）天使投资个人采取股权投资方式直接投资于初创科技型企业满2年的，可以按照投资额的70%抵扣转让该初创科技型企业股权取得的应纳税所得额；当期不足抵扣的，可以在以后取得转让该初创科技型企业股权的应纳税所得额时结转抵扣。

（3）自2019年1月1日至2023年12月31日的有关规定如下：

① 创投企业可以选择按单一投资基金核算或者按创投企业年度所得整体核算两种方式之一，对其个人合伙人来源于创投企业的所得计算个人所得税应纳税额。

② 创投企业选择按单一投资基金核算的，其个人合伙人从该基金应分得的股权转让所得和股息红利所得，按照20%税率计算缴纳个人所得税。

创投企业选择按年度所得整体核算的，其个人合伙人应从创投企业取得的所得，按照“经营所得”项目，适用5%~35%的超额累进税率计算缴纳个人所得税。

（九）个人转让全国中小企业股份转让系统（以下简称新三板）挂牌公司股票有关个人所得税政策

（1）自2018年11月1日（含）起，对个人转让新三板挂牌公司非原始股取得的所得，暂免征收个人所得税。

（2）对个人转让新三板挂牌公司原始股取得的所得，按照“财产转让所得”项目，适用20%的比例税率征收个人所得税。

（十）企业转增股本个人所得税规定

（1）股份制企业用资本公积转增股本不属于股息、红利性质的分配，对个人取得的转增股本数额，不作为个人所得，不征收个人所得税。

（2）股份制企业用盈余公积派发红股属于股息、红利性质的分配，对个人取得的红股数额，应作为个人所得征税。

（十一）境外所得的税额扣除

（1）下列所得，为来源于中国境外的所得：

① 因任职、受雇、履约等在中国境外提供劳务取得的所得。

② 中国境外企业以及其他组织支付且负担的稿酬所得。

③ 许可各种特许权在中国境外使用而取得的所得。

④ 在中国境外从事生产、经营活动而取得的与生产、经营活动相关的所得。

⑤ 从中国境外企业、其他组织以及非居民个人取得的利息、股息、红利所得。

⑥ 将财产出租给承租人在中国境外使用而取得的所得。

⑦ 转让中国境外的不动产、转让对中国境外企业以及其他组织投资形成的股票、股权以及其他权益性资产（以下称权益性资产）或者在中国境外转让其他财产取得的所得。但转让对中国境外企业以及其他组织投资形成的权益性资产，该权益性资产被转让前三年（连续36个公历月份）内的任一时间，被投资企业或其他组织的资产公允价值50%以上直接或间接来自位于中国境内的不动产的，取得的所得为来源于中国境内的所得。

⑧ 中国境外企业、其他组织以及非居民个人支付且负担的偶然所得。

⑨ 财政部、国家税务总局另有规定的，按照相关规定执行。

（2）居民个人应当依照个人所得税法及其实施条例的规定，按照以下方法计算当期境内和境外所得应纳税额：

① 居民个人来源于中国境外的综合所得，应当与境内综合所得合并计算应纳税额。

② 居民个人来源于中国境外的经营所得，应当与境内经营所得合并计算应纳税额。居民个人来源于境外的经营所得，按照个人所得税法及其实施条例的有关规定计算的亏损，不得抵减其境内或他国（地区）的应纳税所得额，但可以用来源于同一国家（地区）以后年度的经营所得按中国税法的规定弥补。

③ 居民个人来源于中国境外的利息、股息、红利所得，财产租赁所得，财产转让所得和偶然所得（以下称其他分类所得），不与境内所得合并，应当分别单独计算应纳税额。

（3）居民个人在一个纳税年度内来源于中国境外的所得，依照所得来源国家（地区）税收法律规定在中国境外已缴纳的所得税税额允许在抵免限额内从其该纳税年度应纳税额中抵免。

居民个人来源于一国（地区）的综合所得、经营所得以及其他分类所得项目的应纳税额为其抵免限额，按照下列公式计算：

① 来源于一国（地区）综合所得的抵免限额 = 中国境内和境外综合所得合并计算的综合所得应纳税额 × 来源于该国（地区）的综合所得收入额 ÷ 中国境内和境外综合所得收入额合计。

② 来源于一国（地区）经营所得的抵免限额 = 中国境内和境外经营所得合并计算的经营所得应纳税额 × 来源于该国（地区）的经营所得应纳税所得额 ÷ 中国境内和境外经营所得应纳税所得额合计。

③ 来源于一国（地区）其他分类所得的抵免限额 = 该国（地区）的其他分类所得依照我国税法规定计算的应纳税额。

④ 来源于一国（地区）所得的抵免限额 = 来源于该国（地区）综合所得抵免限额 + 来源于该国（地区）经营所得抵免限额 + 来源于该国（地区）其他分类所得抵免限额。

（4）可抵免的境外所得税税额，是指居民个人取得境外所得，依照该所得来源国（地区）税收法律应当缴纳且实际已经缴纳的所得税性质的税额。可抵免的境外所得税额不包括以下情形：

① 按照境外所得税法律属于错缴或错征的境外所得税税额；

② 按照我国政府签订的避免双重征税协定以及内地与香港、澳门签订的避免双重征税安排（以下统称税收协定）规定不应征收的境外所得税税额；

③ 因少缴或迟缴境外所得税而追加的利息、滞纳金或罚款；

④ 境外所得税纳税人或者其利害关系人从境外征税主体得到实际返还或补偿的境外所得税税款；

⑤ 按照我国个人所得税法及其实施条例的规定，已经免税的境外所得负担的境外所得税税款。

（5）居民个人从与我国签订税收协定的国家（地区）取得的所得，按照该国（地区）税收法律享受免税或减税待遇，且该免税或减税的数额按照税收协定饶让条款规定应视同已缴税额在中国的应纳税额中抵免的，该免税或减税数额可作为居民个人实际缴纳的境外所得税税额按规定申报税收抵免。

（6）居民个人一个纳税年度内来源于一国（地区）的所得实际已经缴纳的所得税税额，低于来源于该国（地区）该纳税年度所得的抵免限额的，应以实际缴纳税额作为抵免额进行抵免；超过来源于该国（地区）该纳税年度所得的抵免限额的，应在限额内进行抵免，超过部分可以在以后5个纳税年度内结转抵免。

（7）居民个人取得境外所得的境外纳税年度与公历年度不一致的，取得境外所得的境外纳税年度最后一日所在的公历年度，为境外所得对应的我国纳税年度。

（8）居民个人申报境外所得税收抵免时，除另有规定外，应当提供境外征税主体出具的税款所属年度的完税证明、税收缴款书或者纳税记录等纳税凭证，未提供符合要求的纳税凭证，不予抵免。

纳税人确实无法提供纳税凭证的，可同时凭境外所得纳税申报表（或者境外征税主体确认的缴税通知书）以及对应的银行缴款凭证办理境外所得抵免事宜。

（9）居民个人取得来源于境外的所得或者实际已经在境外缴纳的所得税税额为人民币以外货币，按照办理纳税申报或者扣缴申报的上一月最后一日人民币汇率中间价，折合成人民币。年度终了后办理汇算清缴的，对已经按月、按季或者按次预缴税款的人民币以外货币所得，不再重新折算；对应当补缴税款的所得部分，按照上一纳税年度最后一日人民币汇率中间价，折合成人民币计算应纳税所得额。

知识点梳理

本任务知识点梳理见表5–9。

表5–9 本任务知识点梳理

应税项目	税率	应纳税额的计算
居民个人的综合所得（工资薪金、劳务报酬、稿酬、特许权使用费所得）	七级超额累进税率	应纳税额＝$\sum$（每一级数的全年应纳税所得额×对应级数的适用税率）＝$\sum$［（每一级数的全年收入额－60 000元－专项扣除－享受的专项附加扣除－享受的其他扣除）×对应级数的适用税率］ 或：应纳税额＝全年应纳税所得额×适用税率－速算扣除数＝（全年收入额－60 000元－专项扣除－享受的专项附加扣除－享受的其他扣除）×适用税率－速算扣除数
非居民个人工资薪金、劳务报酬、稿酬、特许权使用费所得	按月换算的七级超额累进税率	非居民个人取得的劳务报酬所得、稿酬所得、特许权使用费所得以收入减除20%的费用后的余额为收入额；稿酬所得的收入额减按70%计算。 非居民个人的工资、薪金所得，以每月收入额减除费用5 000元后的余额为应纳税所得额；劳务报酬所得、稿酬所得、特许权使用费所得，以每次收入额为应纳税所得额 应纳税额＝应纳税所得额×适用税率－速算扣除数
经营所得	五级超额累进税率	应纳税额＝全年应纳税所得额×适用税率－速算扣除数 或：应纳税额＝（全年收入总额－成本、费用以及损失）×适用税率－速算扣除数
财产租赁所得	20%（按市场价格出租住房减按10%征税）	个人出租财产取得的财产租赁收入，在计算缴纳个人所得税时，应依次扣除以下费用： （1）财产租赁过程中缴纳的税金和国家能源交通重点建设基金、国家预算调节基金、教育费附加 （2）由纳税人负担的该出租财产实际开支的修缮费用 （3）税法规定的费用扣除标准 应纳税所得额的计算公式为： ①每次（月）收入不超过4 000元的： 应纳税所得额＝每次（月）收入额－准予扣除项目－修缮费用（800元为限）－800元 ②每次（月）收入超过4 000元的： 应纳税所得额＝［每次（月）收入额－准予扣除项目－修缮费用（800元为限）］×（1－20%） 应纳税额＝应纳税所得额×适用税率
财产转让所得	20%	应纳税额＝应纳税所得额×适用税率 ＝（收入总额－财产原值－合理税费）×20%
利息、股息、红利所得，偶然所得	20%	应纳税额＝应纳税所得额×适用税率 ＝每次收入额×20%

案例解析

本任务“引入案例”的解析如下：

李某2023年取得的工资收入180 000元，在另一家高校兼职取得的劳务报酬20 000元，以及取得的稿酬30 000元均属于综合所得。工资全额计入收入额，劳务报酬按80%计入收入额，稿酬按56%计入收入额，减除60 000元的费用，减除30 000元“三险一金”，再减除24 000元赡养老人专项附加扣除和4 800元继续教育专项附加扣除，即为应纳税所得额。

综合所得应纳税额 =（180 000 + 20 000 × 80% + 30 000 × 80% × 70% − 60 000 − 30 000 − 24 000 − 4 800）× 10% − 2 520 = 6 880（元）

出租商铺应纳税额 =（2 000 − 800）× 20% × 12 = 2 880（元）

案例中涉及的相关知识点回顾见表5-10。

表5-10　相关知识点回顾

个人所得项目	应纳税额计算方法
居民个人的综合所得，包括工资、薪金所得，劳务报酬所得，稿酬所得，特许权使用费所得	从受雇、任职单位取得的报酬为工资、薪金所得，全额计入收入额
	从事非雇佣、独立活动取得的报酬是劳务报酬所得，劳务报酬所得和特许权使用费所得减除20%的费用后计入收入额。稿酬按收入的56%计入应纳税所得额
财产租赁所得，按次征收个人所得税，以一个月的收入为一次	每次收入超过4 000元的，减除费用800元；每次收入超过4 000元的，减除费用20%。按20%的比例税率征收

知识翻转

王某是一位工程师，2022年贷款购买了首套住房。王某于2023年和李某结婚，李某于2023年（婚前）贷款购买了首套住房。

请问：计算2023年个人所得税时，王某和李某的住房贷款利息的扣除可以有哪几种方式？

知识考核

一、单项选择题

1.2023年，张某转让一项专利权，取得转让收入150 000元，当年专利开发支出为10 000元。张某该笔收入应计入个人所得税综合所得收入额的下列计算，正确的是（　　）。

A.（150 000 − 10 000）×（1 − 20%）　　B.（150 000 − 10 000）× 20%

C.150 000 ×（1 - 20%）- 10 000　　D.150 000 ×（1 - 20%）

2.中国公民李某在南方公司工作了2年，于2023年1月与南方公司解除聘用关系，取得一次性补偿收入180 000元。南方公司所在地上年职工平均工资为50 000元。李某补偿收入应缴纳的个人所得税为（　　）元。

A.0　　B.750　　C.900　　D.1 050

3.2023年10月，高校教师袁某取得一次性技术服务收入4 200元，支付交通费300元。袁某当月该笔收入应计入个人所得税综合所得收入额的下列计算，正确的是（　　）。

A.（4 200 - 300）- 800　　B.4 200 ×（1 - 20%）- 300

C.（4 200 - 300）×（1 - 20%）　　D.4 200 ×（1 - 20%）

4.某个体工商户2023年自行计算的生产经营费用为50万元，该个体工商户的生产经营费用与其家庭生活费用无法划分。该个体工商户允许税前扣除的生产经营费用为（　　）万元。

A.0　　B.25　　C.30　　D.20

5.某个人独资企业2023年自行计算的生产经营费用为50万元，该企业的生产经营费用与其家庭生活费用无法划分。该个人独资企业允许税前扣除的生产经营费用为（　　）万元。

A.0　　B.25　　C.30　　D.20

6.2023年12月，某高校聘请上个月从美国来中国的美籍华人刘某作为外语学院口语老师，当月应税工资为10 000元。刘某当月应缴纳的个人所得税为（　　）元。

A.290　　B.725　　C.880　　D.920

7.2023年5月，李某花费500元购买体育彩票，一次中奖30 000元，将其中1 000元直接捐赠给甲小学。已知偶然所得个人所得税税率为20%，李某彩票中奖收入应缴纳个人所得税税额的下列计算，正确的是（　　）。

A.（30 000 - 500）× 20%　　B.30 000 × 20%

C.（30 000 - 1 000）× 20%　　D.（30 000 - 1 000 - 500）× 20%

8.中国公民张某2023年3月份将位于某市的住房出租给他人居住，按市场价格每月收取租金8 000元，8月份发生修缮费1 200元，缴纳的税费合计为200元，均取得合法票据。张某2023年8月份租金收入应缴纳的个人所得税为（　　）元。

A.528　　B.560　　C.576　　D.640

9.王某于2022年7月购入某境内上市公司股票，2023年2月转让该股票并从该上市公司分得红利4 000元，则王某分得红利应缴纳的个人所得税为（　　）元。

A.800　　B.640　　C.400　　D.320

10.张某为个体户，2023年取得生产经营收入20万元，生产经营成本为18万元（含购买一辆非经营用小汽车支出8万元）；另取得个人文物拍卖收入30万元，不能提供原值凭证，该文物经文物部门认定为海外回流文物。张某没有综合所得。下列关于张某2023年个人所得税纳税事项的表述，正确的是（　　）。

A.购买小汽车支出可以在税前扣除

B.经营所得应纳个人所得税的计税依据为4万元

C.文物拍卖所得按文物拍卖收入额的3%缴纳个人所得税

D. 文物拍卖所得应并入经营所得缴纳个人所得税

二、多项选择题

1. 某国有企业职工王某，在企业改制为股份制企业过程中以23 000元的成本取得了价值30 000元的拥有所有权的量化股份。3个月后，获得了企业分配的股息3 000元。此后，王某以40 000元的价格将股份转让。假如不考虑转让过程中的税费，下列关于王某计征个人所得税的表述，正确的有（　　）。

A. 王某取得量化股份时暂缓计征个人所得税

B. 对王某取得的3 000元股息，应按"利息、股息、红利所得"计征个人所得税

C. 对王某转让量化股份取得的收入应以17 000元为计税依据，按"财产转让所得"计征个人所得税

D. 对王某取得的量化股份价值与支付成本的差额7 000元，应在取得当月与工资薪金合并，按"工资、薪金所得"计征个人所得税

2. 下列各项符合个人所得税有关规定的有（　　）。

A. 个人出售自有住房取得的所得可按"财产租赁所得"项目征收个人所得税

B. 对个人转让已自用2年并且是家庭唯一居住用房取得的所得免征个人所得税

C. 个人转租房产取得的转租收入，属于"财产租赁所得"的征税范围，由房产转租人缴纳个人所得税

D. 房屋产权所有人将房屋产权无偿赠与对其承担直接抚养或者赡养义务的抚养人或者赡养人的，对当事双方不征收个人所得税

3. 根据个人所得税法律制度的规定，下列各项在计算个体工商户个人所得税应纳税所得额时，不得扣除的有（　　）。

A. 从业人员的合理工资　　B. 税收滞纳金

C. 用于个人和家庭的支出　　D. 个体工商户直接对受益人的捐赠

4. 根据个人所得税法律制度的规定，下列关于个体工商户个人所得税前扣除项目的表述，不正确的有（　　）。

A. 个体工商户代其从业人员负担的税款，不得税前扣除

B. 个体工商户业主的工资、薪金支出，不得税前扣除

C. 向从业人员实际支付的合理的工资、薪金支出，不得税前扣除

D. 对于生产经营与个人、家庭生活混用难以分清的费用，不得税前扣除

5. 张某承包经营一家国有企业（拥有企业经营成果所有权），每年上缴承包费用5万元，该承包费用（　　）。

A. 在计算企业所得税时不允许税前扣除

B. 在计算企业所得税时允许税前扣除

C. 在计算个人所得税时不允许税前扣除

D. 在计算个人所得税时允许税前扣除

6. 下列各项符合企业年金个人所得税规定的有（　　）。

A. 年金个人缴费部分，在不超过本人缴费工资计税基数4%标准内的部分，暂从个人当期的应纳税所得额中扣除

B. 年金基金投资运营收益分配计入个人账户时，暂不缴纳个人所得税

C. 个人领取年金时，其应纳税款由受托人代表委托人委托托管人代扣代缴

D. 年金个人缴费部分，在不超过本人缴费工资计税基数10%标准内的部分，暂从个人当期的应纳税所得额中扣除

7. 下列各项符合个人拍卖财产的财产原值的相关规定的有（　　）。

A. 通过商店、画廊等途径购买的，为购买该拍卖品时实际支付的价款

B. 通过拍卖行拍得的，为拍得该拍卖品实际支付的价款及缴纳的相关税费

C. 通过祖传收藏的，为该拍卖品的评估值

D. 通过受赠取得的，为其受赠该拍卖品时发生的相关税费

8. 企业向个人赠送礼品，不征收个人所得税的有（　　）。

A. 企业对累积消费达到一定额度的个人按消费积分反馈礼品

B. 企业对累积消费达到一定额度的顾客，给予额外抽奖机会，个人的获奖所得

C. 企业在业务宣传活动中随机向本单位以外的个人赠送礼品

D. 企业在向个人提供服务的同时给予赠品

9. 下列各项对企事业单位的承包经营、承租经营所得的税务处理方法中，符合当前规定的有（　　）。

A. 对企事业单位的承包经营、承租经营所得，计算个人所得税时可扣除的必要费用为每月5 000元

B. 承包人对被承包企业经营成果拥有所有权的，在计算个人所得税时，承包者上缴的承包费用可作为费用扣除

C. 在一个纳税年度内，纳税人承包经营期不足12个月的，应将收入按12个月换算后计算缴纳个人所得税

D. 承包人对被承包企业经营成果不拥有所有权，仅按合同规定取得一定所得，其所得按“工资、薪金所得”项目征收个人所得税

10. 个人出租资产取得的财产租赁收入，在计算缴纳个人所得税时，准予扣除的费用包括（　　）。

A. 财产租赁过程中缴纳的税费

B. 向出租方支付的租金

C. 由纳税人负担的该出租财产实际开支的各类费用

D. 税法规定的费用扣除标准

三、判断题

1. 股份制企业用盈余公积派发红股，对个人取得的红股数额，不征收个人所得税。（　　）

2. 对个人转让新三板挂牌公司非原始股取得的所得，按照“财产转让所得”征收个人所得税。（　　）

3. 个人独资企业出资购买房屋及其他财产，将所有权登记为投资者个人的，视为企业对个人投资者的利润分配，按照“经营所得”项目计征个人所得税。（　　）

4. 纳税人拍卖收藏品，不能提供合法、完整、准确的财产原值凭证，不能正确计算财产原值的，按转让收入额的2%征收率计算缴纳个人所得税。（　　）

5. 居民个人取得全年一次性奖金，在2023年12月31日前，可选择不并入当年综合所

得，也可以选择并入综合所得计算缴纳个人所得税。 ( )

6. 个体工商户因在纳税年度中间开业、合并、注销及其他原因，导致该纳税年度的实际经营期不足一年的，对个体工商户业主的生产经营所得计算个人所得税时，以其实际经营期为一个纳税年度。 ( )

7. 对个人按市场价格出租的居民住房取得的所得，暂减按5%的税率征收个人所得税。 ( )

8. 个人独资企业和合伙企业对外投资分回的利息或者股息、红利，应并入企业的收入，按“经营所得”项目计算缴纳个人所得税。 ( )

9. 非居民个人的工资、薪金所得，以每月收入额减除费用5 000元后的余额为应纳税所得额。 ( )

10. 对职工个人以股份形式取得的仅作为分红依据而不拥有所有权的企业量化资产，也应征收个人所得税。 ( )

四、综合计算题

中国公民王先生是某大学教授，2023年8月取得收入如下：

（1）工资收入8 400元、托儿补助300元、住房补贴1 000元、差旅费津贴500元；

（2）取得甲公司为其购买的价值120万元的小轿车一辆，该车所有权登记在王先生名下；

（3）取得月初购买的A上市公司股票红利2 000元（该股票已于本月28日转让）；

（4）将其持有的B上市公司股票转让，转让净收入为30 000元；

（5）购买福利彩票中奖50 000元，发生领奖交通费5 000元、餐费1 000元。

要求：根据上述资料，不考虑其他因素，回答下列问题。

（1）下列各项应计入“工资、薪金所得”的是（ ）。

A. 工资收入8 400元　　B. 托儿补助300元

C. 住房补贴1 000元　　D. 差旅费津贴500元

（2）有关王先生取得的甲公司为其购买的小轿车，下列各项说法正确的是（ ）。

A. 无须计算缴纳个人所得税

B. 应按“工资、薪金所得”计征个人所得税

C. 应按“经营所得”计征个人所得税

D. 应按“利息、股息、红利所得”计征个人所得税

（3）有关王先生取得上市公司股利和上市公司股票转让收入，下列各项说法正确的是（ ）。

A. 王先生取得的上市公司股利免征个人所得税

B. 王先生取得的上市公司股利应全额计入应纳税所得额，按“利息、股息、红利所得”计征个人所得税

C. 王先生取得的上市公司股票转让所得不征收个人所得税

D. 王先生取得的上市公司股票转让所得，应按“财产转让所得”计征个人所得税

（4）下列关于王先生取得福利彩票中奖收入应缴纳的个人所得税的计算，正确的是（ ）。

参考答案

A.（50 000－5 000）×20%　　B.50 000×20%－5 000

C.（50 000－5 000－1 000）×20%　　D.50 000×20%

任务四　个人所得税优惠政策及征收管理规定

引入案例

李某就职于华美设计院，2023年1月份取得收入如下：

（1）月工资收入为16 000元，享受独生子女赡养老人的专项附加扣除，按所在省人民政府规定比例提取并缴付"三险一金"1 360元，业余时间在欣荣设计公司兼职取得收入5 000元。

（2）向上洋公司出租自有房屋一套，收取房租24 000元。

请问：不考虑其他因素，1月份华美设计院、欣荣设计公司和上洋公司应分别预扣（代扣）李某多少个人所得税？

工作任务

1. 掌握个人所得税的税收优惠制度规定
2. 了解个人所得税的征收管理规定

电子课件

文件法规

知识结构图

本任务知识结构图如图5-4所示。

个人所得税优惠政策及征收管理规定
- 个人所得税的税收优惠
- 个人所得税征收管理规定

图5-4　本任务知识结构图

知识解析

一、个人所得税的税收优惠

（一）免税项目

（1）省级人民政府、国务院部委和中国人民解放军军以上单位，以及外国组织、国际组织颁发的科学、教育、技术、文化、卫生、体育、环境保护等方面的奖金。

（2）国债和国家发行的金融债券利息。其中，国债利息，是指个人持有中华人民共和国财政部发行的债券而取得的利息；国家发行的金融债券利息，是指个人持有经国务院批准发行的金融债券而取得的利息所得。

微课

个人所得税优惠政策及征收管理规定

（3）按照国家统一规定发给的补贴、津贴，是指按照国务院规定发放的政府特殊津贴、院士津贴、资深院士津贴，以及国务院规定免征个人所得税的其他补贴、津贴。

（4）福利费、抚恤金、救济金。其中，福利费是指根据国家有关规定，从企业、事业单位、国家机关、社会团体提留的福利费或者从工会经费中支付给个人的生活补助费；救济金是指国家民政部门支付给个人的生活困难补助费。

（5）保险赔款。

（6）军人的转业费、复员费。

（7）按照国家统一规定发给干部、职工的安家费、退职费、退休工资、离休工资、离休生活补助费。其中，退职费是指符合《国务院关于工人退休、退职的暂行办法》规定的退职条件，并按该办法规定的退职费标准所领取的退职费。

（8）依照我国有关法律规定应予免税的各国驻华使馆、领事馆的外交代表、领事官员和其他人员的所得。

（9）中国政府参加的国际公约、签订的协议中规定免税的所得。

（10）按照国家规定，单位为个人缴付和个人缴付的住房公积金、基本医疗保险费、基本养老保险费、失业保险费，从纳税义务人的应纳税所得额中扣除。

（11）按照国家有关城镇房屋拆迁管理办法规定的标准，个人取得的拆迁补偿款免征个人所得税。

（12）经国务院财政部门批准免税的其他所得。

（二）减税项目

（1）有下列情形之一的，可以减征个人所得税，减征幅度和期限由省、自治区、直辖市人民政府规定：

① 残疾、孤老人员和烈属的所得；

② 因严重自然灾害造成重大损失的项目；

③ 其他经国务院财政部门批准减免的项目。

（2）对个人投资者持有2019—2023年发行的铁路债券取得的利息收入，减按50%计入应纳税所得额计算征收个人所得税。税款由兑付机构在向个人投资者兑付利息时代扣代缴。

（3）自2019年1月1日至2023年12月31日，一个纳税年度内在船航行时间累计满183天的远洋船员，其取得的工资薪金收入减按50%计入应纳税所得额，依法缴纳个人所得税。

（三）暂免征税项目

根据《财政部 国家税务总局关于个人所得税若干政策问题的通知》和有关文件的规定，对下列所得暂免征收个人所得税：

（1）外籍个人以非现金形式或实报实销形式取得的住房补贴、伙食补贴、搬迁费、洗衣费。

（2）外籍个人按合理标准取得的境内、境外出差补贴。

（3）外籍个人取得的语言训练费、子女教育费等，经当地税务机关审核批准为合理的部分。

（4）外籍个人从外商投资企业取得的股息、红利所得。

（5）凡符合下列条件之一的外籍专家取得的工资、薪金所得，可免征个人所得税：

① 根据世界银行专项借款协议，由世界银行直接派往我国工作的外国专家；

② 联合国组织直接派往我国工作的专家；

③ 为联合国援助项目来华工作的专家；

④ 援助国派往我国专为该国援助项目工作的专家；

⑤ 根据两国政府签订的文化交流项目来华工作2年以内的文教专家，其工资、薪金所得由该国政府机构负担的；

⑥ 根据我国大专院校国际交流项目来华工作2年以内的文教专家，其工资、薪金所得由该国负担的；

⑦ 通过民间科研协定来华工作的专家，其工资、薪金所得由该国政府机构负担的。

（6）对股票转让所得，暂不征收个人所得税。

（7）个人举报、协查各种违法、犯罪行为而获得的奖金。

（8）个人办理代扣代缴手续，按规定取得的扣缴手续费。

（9）个人转让自用达5年以上，并且是唯一的家庭生活用房取得的所得，暂免征收个人所得税。

（10）达到离休、退休年龄，但确因工作需要，适当延长离休、退休年龄的高级专家（指享受国家发放的政府特殊津贴的专家、学者），其在延长离休、退休年龄期间的工资、薪金所得，视同离休、退休工资，免征个人所得税。

（11）对国有企业职工，因企业依照《中华人民共和国企业破产法》宣告破产，从破产企业取得的一次性安置费收入，免予征收个人所得税。

（12）职工与用人单位解除劳动关系取得的一次性补偿收入（包括用人单位发放的经济补偿金、生活补助费和其他补助费用），在当地上年职工年平均工资3倍数额内的部分，可免征个人所得税。

（13）个人领取原提存的住房公积金、基本医疗保险金、基本养老保险金，以及失业保险金，免予征收个人所得税。

（14）对工伤职工及其近亲属按照《工伤保险条例》规定取得的工伤保险待遇，免征个人所得税。

（15）自2008年10月9日（含）起，对储蓄存款利息所得暂免征收个人所得税。

（16）个体工商户、个人独资企业和合伙企业或个人从事种植业、养殖业、饲养业、捕捞业取得的所得，暂不征收个人所得税。

（17）企业在销售商品（产品）和提供服务过程中向个人赠送礼品，属于下列情形之一的，不征收个人所得税：

① 企业通过价格折扣、折让方式向个人销售商品（产品）和提供服务；

② 企业在向个人销售商品（产品）和提供服务的同时给予赠品，如通信企业对个人购买手机赠话费、入网费，或者购话费赠手机等；

③ 企业对累积消费达到一定额度的个人按消费积分反馈礼品。

税收法律、行政法规、部门规章和规范性文件中明确规定纳税人享受减免税必须经税务机关审批的，或者纳税人无法准确判断其取得的所得是否应享受个人所得税减免的，必须经主管税务机关按照有关规定审核或批准后，方可减免个人所得税。

【做中学5-22】（多项选择题）根据个人所得税法律制度的规定，下列各项中，暂免征收个人所得税的有（　　）。

A.外籍个人以现金形式取得的住房补贴

B.外籍个人从外商投资企业取得的股息、红利所得

C.个人转让自用3年，并且是唯一的家庭生活用房取得的所得

D.个人购买福利彩票，一次取得中奖收入10 000元

答案：BD。

学思践悟

经济合作与发展组织（OECD）报告显示，经过2020年上半年严重的经济衰退之后，全球经济有所反弹，但疫情的不确定性仍然存在。OECD预计，2020年全球GDP将缩水4.5%，2021年则将实现5%的增长。分国别来看，预计中国2020年GDP增幅为1.8%，是G20经济体中唯一实现经济正增长的国家。OECD税收政策与管理中心主任帕斯卡·圣塔曼2020年9月17日与国家税务总局局长王军进行视频会谈时表示，中国在疫情前就着眼各项税收改革，改革的成效恰好在疫情期间得到最大释放。他充分肯定和赞赏中国个税改革取得的成就，认为改革紧锣密鼓推进并顺利落地，体现了中国推进改革的信心和决心，体现了中国税务部门高效的执行力。“从事后经验来看，包括中国个税改革在内的一系列大规模减税降费举措，帮助中国缓冲经济下行压力，也帮助中国应对全球经济危机。这也是为什么我们在OECD的展望中预测中国经济表现最好的原因。我们对中国经济今年的表现是持积极态度的，并且认为中国经济在明年的表现会非常强劲。”帕斯卡·圣塔曼说。

资料来源：央广经济之声《天下财经》. 经合组织相关负责人解读：减税降费是拉动中国经济复苏的动力之一［EB/OL］.［2020-09-21］. http://shanxi.chinatax.gov.cn/topic/detail/sx-11400-3960-3024-1721781.

（18）自2020年1月1日至2024年12月31日，对在海南自由贸易港工作的高端人才和紧缺人才，其个人所得税实际税负超过15%的部分，予以免征。享受上述优惠政策的所得包括来源于海南自由贸易港的综合所得、经营所得以及经海南省认定的人才补贴性所得。

二、个人所得税征收管理规定

个人所得税的纳税申报，包括自行申报纳税和全员全额扣缴申报纳税两种方式。

（一）自行申报纳税

自行申报纳税，是由纳税人自行在税法规定的纳税期限内，向税务机关申报取得的应税所得项目和数额，如实填写个人所得税纳税申报表，并按照税法规定计算应纳税额，据此缴纳个人所得税的一种方法。

1.纳税人应当依法办理纳税申报的情形

有下列情形之一的，纳税人应当依法办理纳税申报：

（1）取得综合所得需要办理汇算清缴；

（2）取得应税所得没有扣缴义务人；

（3）取得应税所得，扣缴义务人未扣缴税款；

（4）取得境外所得；

（5）因移居境外注销中国户籍；

（6）非居民个人在中国境内从两处以上取得工资、薪金所得；

（7）国务院规定的其他情形。

2.取得综合所得需要办理汇算清缴的纳税申报

取得综合所得且符合下列情形之一的纳税人应当依法办理汇算清缴：

（1）从两处以上取得综合所得，且综合所得年收入额减除专项扣除后的余额超过6万元；

（2）取得劳务报酬所得、稿酬所得、特许权使用费所得中一项或者多项所得，且综合所得年收入额减除专项扣除的余额超过6万元；

（3）纳税年度内预缴税额低于应纳税额；

（4）纳税人申请退税。

需要办理汇算清缴的纳税人，应当在取得所得的次年3月1日至6月30日内，向任职、受雇单位所在地主管税务机关办理纳税申报。纳税人有两处以上任职、受雇单位的，选择向其中一处任职、受雇单位所在地主管税务机关办理纳税申报；纳税人没有任职、受雇单位的，向户籍所在地或经常居住地主管税务机关办理纳税申报。

3.取得经营所得的纳税申报

纳税人取得经营所得，按年计算个人所得税，由纳税人在月度或季度终了后15日内，向经营管理所在地主管税务机关办理预缴纳税申报。在取得所得的次年3月31日前，向经营管理所在地主管税务机关办理汇算清缴；从两处以上取得经营所得的，选择向其中一处经营管理所在地主管税务机关办理年度汇总申报。

4.取得应税所得，没有扣缴义务人或扣缴义务人未扣缴税款的纳税申报

纳税人取得应税所得，扣缴义务人未扣缴税款的，应当区别以下情形办理纳税申报：

（1）居民个人取得综合所得，扣缴义务人未扣缴税款的，应当依法办理汇算清缴。

（2）非居民个人取得工资、薪金所得，劳务报酬所得，稿酬所得，特许权使用费所得的，应当在取得所得的次年6月30日前，向扣缴义务人所在地主管税务机关办理纳税申报。有两个以上扣缴义务人均未扣缴税款的，选择向其中一处扣缴义务人所在地主管税务机关办理纳税申报。

非居民个人在次年6月30日前离境（临时离境除外）的，应当在离境前办理纳税申报。

（3）纳税人取得利息、股息、红利所得，财产租赁所得，财产转让所得和偶然所得的，应当在取得所得的次年6月30日前，按相关规定向主管税务机关办理纳税申报。

税务机关通知限期缴纳的，纳税人应当按照期限缴纳税款。

纳税人取得应税所得没有扣缴义务人的，应当在取得所得的次月15日内向税务机关报送纳税申报表，并缴纳税款。

5.取得境外所得的纳税申报

居民个人从中国境外取得所得的，应当在取得所得的次年3月1日至6月30日内，向

中国境内任职、受雇单位所在地主管税务机关办理纳税申报；在中国境内没有任职、受雇单位的，向户籍所在地或中国境内经常居住地主管税务机关办理纳税申报；户籍所在地与中国境内经常居住地不一致的，选择其中一地主管税务机关办理纳税申报；在中国境内没有户籍的，向中国境内经常居住地主管税务机关办理纳税申报。

6.因移居境外注销中国户籍的纳税申报

纳税人因移居境外注销中国户籍的，应当在申请注销中国户籍前，向户籍所在地主管税务机关办理纳税申报，进行税款清算。

7.非居民个人在中国境内从两处以上取得工资、薪金所得的纳税申报

非居民个人在中国境内从两处以上取得工资、薪金所得的，应当在取得所得的次月15日内，向其中一处任职、受雇单位所在地主管税务机关办理纳税申报。

8.纳税申报方式

纳税人可以采用远程办税端、邮寄等方式申报，也可以直接到主管税务机关申报。

（二）全员全额扣缴申报纳税

税法规定，扣缴义务人向个人支付应税款项时，应当依照个人所得税法规定预扣或者代扣税款，按时缴库，并专项记载备查。

全员全额扣缴申报，是指扣缴义务人应当在代扣税款的次月15日内，向主管税务机关报送其支付所得的所有个人的有关信息、支付所得数额、扣除事项和数额、扣缴税款的具体数额和总额以及其他相关涉税信息资料。

1.扣缴义务人和代扣预扣税款的范围

扣缴义务人，是指向个人支付所得的单位或者个人。所称支付，包括现金支付、汇拨支付、转账支付和以有价证券、实物以及其他形式的支付。

实行个人所得税全员全额扣缴申报的应税所得包括：

（1）工资、薪金所得；

（2）劳务报酬所得；

（3）稿酬所得；

（4）特许权使用费所得；

（5）利息、股息、红利所得；

（6）财产租赁所得；

（7）财产转让所得；

（8）偶然所得。

扣缴义务人应当依法办理全员全额扣缴申报。

2.不同项目所得扣缴方法

（1）扣缴义务人向居民个人支付工资、薪金所得时，应当按照累计预扣法计算预扣税款，并按月办理扣缴申报。

累计预扣法，是指扣缴义务人在一个纳税年度内预扣预缴税款时，以纳税人在本单位截至当前月份工资、薪金所得累计收入减除累计免税收入、累计减除费用、累计专项扣除、累计专项附加扣除和累计依法确定的其他扣除后的余额为累计预扣预缴应纳税所得额，适用居民个人工资、薪金所得预扣预缴率表（见表5-11），计算累计应预扣预缴税额，再减除累计减免税额和累计已预扣预缴税额，其余额为本期应预扣预缴税额。余额为

负值时，暂不退税。纳税年度终了后余额仍为负值时，由纳税人通过办理综合所得年度汇算清缴，税款多退少补。

表5-11 居民个人工资、薪金所得预扣预缴率表

级数	累计预扣预缴应纳税所得额	预扣率（%）	速算扣除数（元）
1	不超过36 000元的	3	0
2	超过36 000元至144 000元的部分	10	2 520
3	超过144 000元至300 000元的部分	20	16 920
4	超过300 000元至420 000元的部分	25	31 920
5	超过420 000元至660 000元的部分	30	52 920
6	超过660 000元至960 000元的部分	35	85 920
7	超过960 000元的部分	45	181 920

具体计算公式为：

$$\text{本期应预扣预缴税额}=(\text{累计预扣预缴应纳税所得额}\times\text{预扣率}-\text{速算扣除数})-\text{累计减免税额}-\text{累计已预扣预缴税额}$$

$$\text{累计预扣预缴应纳税所得额}=\text{累计收入}-\text{累计免税收入}-\text{累计减除费用}-\text{累计专项扣除}-\text{累计专项附加扣除}-\text{累计依法确定的其他扣除}$$

式中：累计减除费用，按照5 000元/月乘以纳税人当年截至本月在本单位的任职受雇月份数计算。

居民个人向扣缴义务人提供有关信息并依法要求办理专项附加扣除的，扣缴义务人应当按照规定在工资、薪金所得按月预扣预缴税款时予以扣除，不得拒绝。

年度预扣预缴税额与年度应纳税额不一致的，由居民个人于次年3月1日至6月30日内，向主管税务机关办理综合所得年度汇算清缴，税款多退少补。

【做中学5-23】（计算题）某居民个人2023年每月取得工资收入20 000元，每月缴纳社保费用和住房公积金1 500元，该居民个人全年均享受住房贷款利息专项附加扣除。

要求：不考虑其他因素，请计算该居民个人的工资、薪金所得扣缴义务人2023年1至3月份应代扣代缴的税款金额。

答案：2023年1月份：

累计预扣预缴应纳税所得额 = 20 000 − 5 000 − 1 500 − 1 000 = 12 500（元）

本期应预扣预缴税额 = 12 500 × 3% − 0 = 375（元）

2023年2月份：

累计预扣预缴应纳税所得额 = 40 000 − 10 000 − 3 000 − 2 000 = 25 000（元）

本期应预扣预缴税额 = 25 000 × 3% − 375 = 750 − 375 = 375（元）

2023年3月份：

累计预扣预缴应纳税所得额 = 60 000 − 15 000 − 4 500 − 3 000 = 37 500（元）

本期应预扣预缴税额 =（37 500 × 10% − 2 520）− 375 × 2 = 480（元）

（2）扣缴义务人向居民个人支付劳务报酬所得、稿酬所得、特许权使用费所得时，应

当按照以下方法按次或者按月预扣预缴税款：

①劳务报酬所得、稿酬所得、特许权使用费所得以收入减除费用后的余额为收入额；其中，稿酬所得的收入额减按70%计算。

②减除费用：预扣预缴税款时，劳务报酬所得、稿酬所得、特许权使用费所得每次收入不超过4 000元的，减除费用按800元计算；每次收入4 000元以上的，减除费用按收入的20%计算。

③应纳税所得额：劳务报酬所得、稿酬所得、特许权使用费所得，以每次收入额为预扣预缴应纳税所得额，计算应预扣预缴税额。劳务报酬所得适用居民个人劳务报酬所得预扣预缴率表（见表5-12），稿酬所得、特许权使用费所得适用20%的比例预扣率。

表5-12　居民个人劳务报酬所得预扣预缴率表

级数	累计预扣预缴应纳税所得额	预扣率（%）	速算扣除数（元）
1	不超过20 000元的	20	0
2	超过20 000元至50 000元的部分	30	2 000
3	超过50 000元的部分	40	7 000

④预扣预缴税额计算公式：

劳务报酬所得应预扣预缴税额 = 预扣预缴应纳税所得额 × 预扣率 - 速算扣除数

稿酬所得、特许权使用费所得应预扣预缴税额 = 预扣预缴应纳税所得额 × 预扣率

居民个人办理年度综合所得汇算清缴时，应当依法计算劳务报酬所得、稿酬所得、特许权使用费所得的收入额，并入年度综合所得计算应纳税款，税款多退少补。

【做中学5-24】（计算题）歌手刘某2023年8月一次取得表演收入40 000元。

要求：计算其应预扣预缴个人所得税税额。

答案：应预扣预缴税额 = 40 000 ×（1 - 20%）× 30% - 2 000 = 7 600（元）

【做中学5-25】（计算题）某作家为居民个人，2023年3月取得一次未扣除个人所得税的稿酬收入20 000元。

要求：请计算其应预扣预缴的个人所得税税额。

答案：应预扣预缴税额 = 预扣预缴应纳税所得额 × 预扣率 = 20 000 ×（1 - 20%）× 70% × 20% = 2 240（元）

（3）非居民个人取得工资、薪金所得，劳务报酬所得，稿酬所得和特许权使用费所得，有扣缴义务人的，由扣缴义务人按月或者按次代扣代缴税款，不办理汇算清缴。

扣缴义务人向非居民个人支付工资、薪金所得，劳务报酬所得，稿酬所得和特许权使用费所得时，应当按照以下方法按月或者按次代扣代缴税款：

① 非居民个人的工资、薪金所得，以每月收入额减除费用5 000元后的余额为应纳税所得额。

② 非居民个人的劳务报酬所得、稿酬所得、特许权使用费所得，以每次收入额为应纳税所得额，适用月度税率表（见表5-4）计算应纳税额。劳务报酬所得、稿酬所得、特许权使用费所得以收入减除20%的费用后的余额为收入额；其中，稿酬所得的收入额减按70%计算。

③ 税款扣缴计算公式：

$$\text{非居民个人工资、薪金所得，劳务报酬所得，稿酬所得，特许权使用费所得应纳税额}=\text{应纳税所得额}\times\text{适用税率}-\text{速算扣除数}$$

（4）劳务报酬所得、稿酬所得、特许权使用费所得，属于一次性收入的，以取得该项收入为一次；属于同一项目连续性收入的，以一个月内取得的收入为一次。

（5）财产租赁所得，以一个月内取得的收入为一次。

（6）利息、股息、红利所得，以支付利息、股息、红利时取得的收入为一次。

（7）偶然所得，以每次取得该项收入为一次。

知识点梳理

本任务知识点梳理见表5-13。

表5-13 本任务知识点梳理

知识点	具体内容	
	优惠类型	主要政策
1.个人所得税的税收优惠政策	免税	（1）省级人民政府、国务院部委和中国人民解放军军以上单位，以及外国组织、国际组织颁发的科学、教育、技术、文化、卫生、体育、环境保护等方面的奖金 （2）国债和国家发行的金融债券利息 （3）按照国务院规定发给的政府特殊津贴、院士津贴、资深院士津贴，以及国务院规定免征个人所得税的其他补贴、津贴 （4）福利费、抚恤金、救济金 （5）保险赔款 （6）军人的转业费、复员费 （7）按照国家统一规定发给干部、职工的安家费、退职费、退休工资、离休工资、离休生活补助费 （8）依照我国有关法律规定应予免税的各国驻华使馆、领事馆的外交代表、领事官员和其他人员的所得 （9）参加的国际公约、签订的协议中规定免税的所得 （10）在中国境内无住所并在一个纳税年度内在中国境内连续或者累计居住不超过90天的个人，其来源于中国境内的所得，由境外雇主支付并且不由该雇主在中国境内的机构、场所负担的部分 （11）对外籍个人在我国的受雇地与其家庭所在地（包括配偶或父母居住地）之间搭乘交通工具且每年不超过2次的探亲费免征个人所得税 （12）按照国家规定，单位为个人缴付和个人缴付的住房公积金、基本医疗保险费、基本养老保险费、失业保险费 （13）按照国家有关城镇房屋拆迁管理办法规定的标准，个人取得的拆迁补偿款 （14）经国务院财政部门批准免税的其他所得
	减税	（1）残疾、孤老人员和烈属的所得 （2）因严重自然灾害造成重大损失的项目 （3）其他经国务院财政部门批准减免的项目

续表

知识点	具体内容	
	优惠类型	主要政策
1. 个人所得税的税收优惠政策	暂免征税	（1）外籍个人，满足下列情形之一的： ①以非现金形式或实报实销形式取得的住房补贴、伙食补贴、搬迁费、洗衣费 ②按合理标准取得的境内、境外出差补贴 ③取得的语言训练费、子女教育费等，经当地税务机关审核批准为合理的部分 ④从外商投资企业取得的股息、红利所得 ⑤凡符合特定条件的外籍专家取得的工资、薪金所得 （2）股票转让所得 （3）个人举报、协查各种违法、犯罪行为而获得的奖金 （4）个人办理代扣代缴手续，按规定取得的扣缴手续费 （5）个人转让自用达5年以上，并且是唯一的家庭生活用房取得的所得 （6）对个人购买福利彩票、体育彩票，一次中奖收入1万元以下（含1万元） （7）个人取得单张有奖发票奖金所得不超过800元（含800元） （8）达到离休、退休年龄，但确因工作需要，适当延长离休、退休年龄的高级专家（指享受国家发放的政府特殊津贴的专家、学者），其在延长离休、退休期间的工资、薪金所得，视同离休、退休工资 （9）对国有企业职工，因企业依法宣告破产，从破产企业取得的一次性安置费收入 （10）职工与用人单位解除劳动关系取得的一次性补偿收入，在当地上年职工年平均工资3倍数额内的部分 （11）个人领取原提存的住房公积金、基本医疗保险金、基本养老保险金，以及失业保险金 （12）工伤职工及其近亲属按照规定取得的工伤保险待遇 （13）企业和事业单位根据国家有关政策规定的办法和标准，为在本单位任职或者受雇的全体职工缴付的企业年金或职业年金单位缴费部分；个人根据国家有关政策规定缴付的年金个人缴费部分，在不超过本人缴费工资计税基数4%标准内的部分 （14）自2008年10月9日（含）起，对储蓄存款利息所得暂免征收个人所得税 （15）自2015年9月8日起，个人从公开发行和转让市场取得的上市公司股票，持股期限超过1年的，股息红利所得暂免征收个人所得税 （16）自2009年5月25日（含）起，以下情形的房屋产权无偿赠与的，对当事双方不征收个人所得税： ①配偶、父母、子女、祖父母、外祖父母、孙子女、外孙子女、兄弟姐妹 ②对房屋产权所有人承担直接抚养或者赡养义务的抚养人或者赡养人 ③房屋产权所有人死亡，依法取得房屋产权的法定继承人、遗嘱继承人或者受遗赠人 （17）个体工商户、个人独资企业和合伙企业或个人从事种植业、养殖业、饲养业、捕捞业取得的所得 （18）企业通过价格折扣、折让方式向个人销售商品（产品）和提供服务；在向个人销售商品（产品）和提供服务的同时给予赠品（如通信企业对个人购买手机赠话费、入网费，或者购话费赠手机等）；对累积消费达到一定额度的个人按消费积分反馈礼品 （19）自2020年1月1日至2024年12月31日，对在海南自由贸易港工作的高端人才和紧缺人才，其个人所得税实际税负超过15%的部分，予以免征

续表

<table>
<tr><th colspan="2">知识点</th><th>具体内容</th></tr>
<tr><td rowspan="5">2. 自行申报纳税的情形</td><td>取得综合所得需要办理汇算清缴</td><td>取得综合所得且符合下列情形之一的纳税人应当依法办理汇算清缴：
（1）从两处以上取得综合所得，且综合所得年收入额减除专项扣除后的余额超过6万元
（2）取得劳务报酬所得、稿酬所得、特许权使用费所得中一项或者多项所得，且综合所得年收入额减除专项扣除的余额超过6万元
（3）纳税年度内预缴税额低于应纳税额
（4）纳税人申请退税
需要办理汇算清缴的纳税人，应当在取得所得的次年3月1日至6月30日内，向任职、受雇单位所在地主管税务机关办理纳税申报。纳税人有两处以上任职、受雇单位的，选择向其中一处任职、受雇单位所在地主管税务机关办理纳税申报；纳税人没有任职、受雇单位的，向户籍所在地或经常居住地主管税务机关办理纳税申报</td></tr>
<tr><td>没有扣缴义务人或扣缴义务人未扣缴税款</td><td>纳税人取得应税所得，扣缴义务人未扣缴税款的，应当区别以下情形办理纳税申报：
（1）居民个人取得综合所得，扣缴义务人未扣缴税款的，应当依法办理汇算清缴
（2）非居民个人取得工资、薪金所得，劳务报酬所得，稿酬所得，特许权使用费所得的，应当在取得所得的次年6月30日前，向扣缴义务人所在地主管税务机关办理纳税申报。有两个以上扣缴义务人均未扣缴税款的，选择向其中一处扣缴义务人所在地主管税务机关办理纳税申报</td></tr>
<tr><td>取得境外所得</td><td>居民个人从中国境外取得所得的，应当在取得所得的次年3月1日至6月30日内，向中国境内任职、受雇单位所在地主管税务机关办理纳税申报；在中国境内没有任职、受雇单位的，向户籍所在地或中国境内经常居住地主管税务机关办理纳税申报；户籍所在地与中国境内经常居住地不一致的，选择其中一地主管税务机关办理纳税申报；在中国境内没有户籍的，向中国境内经常居住地主管税务机关办理纳税申报</td></tr>
<tr><td>因移居境外注销中国户籍</td><td>纳税人因移居境外注销中国户籍的，应当在申请注销中国户籍前，向户籍所在地主管税务机关办理纳税申报，进行税款清算</td></tr>
<tr><td>非居民个人在中国境内从两处以上取得工资、薪金所得</td><td>非居民个人在中国境内从两处以上取得工资、薪金所得的，应当在取得所得的次月15日内，向其中一处任职、受雇单位所在地主管税务机关办理纳税申报</td></tr>
</table>

案例解析

本任务“引入案例”的解析如下：

华美设计院预扣李某工资、薪金所得个人所得税 =（16 000 – 5 000 – 1 360 – 2 000）× 3% = 229.2（元）

欣荣设计公司预扣李某劳务报酬所得个人所得税 = 5 000 ×（1 – 20%）× 20% = 800（元）

上洋公司代扣李某财产租赁所得个人所得税 = 24 000 ×（1 – 20%）× 20% = 3 840（元）

案例中涉及的相关知识点回顾见表5-14。

表5-14　相关知识点回顾

知识点	项目	预扣预缴（代扣代缴）税额计算
预扣预缴（代扣代缴）税款	工资、薪金所得	工资、薪金所得应预扣预缴税额 =（累计预扣预缴应纳税所得额 × 预扣率 –速算扣除数）– 累计减免税额 – 累计已预扣预缴税额
	劳务报酬所得	劳务报酬所得应预扣预缴税额 = 预扣预缴应纳税所得额 × 预扣率 – 速算扣除数
	财产租赁所得	财产租赁所得代扣代缴税额 =（月租金 – 税金 – 维修费用 – 费用标准）× 20%

知识翻转

沿用“引入案例”的资料，如果李某2023年每个月的收入都一样。

请问：在2024年李某办理汇总纳税申报时，应该如何计算个人所得税？

知识考核

一、单项选择题

1. 下列各项免征个人所得税的是（　　）。

A. 个人的住房租赁所得

B. 企业金融债券利息收入

C. 购买福利彩票中奖20 000元

D. 单位统一为员工购买的符合规定的商业健康保险产品的支出

2. 根据个人所得税法律制度的规定，下列各项免征个人所得税的是（　　）。

A. 李某取得的保险赔款

B. 张某取得的加班补贴

C. 陈某取得的特许权经济赔偿收入

D. 王某获得的县级人民政府颁发的教育方面的奖金

3. 下列各项关于个体工商户生产经营所得的征税方法，不符合个人所得税相关规定的是（　　）。

A. 个体工商户发生的与生产经营有关的业务招待费支出，按照发生额的60%扣除，但最高不得超过销售收入的5‰

B. 个体工商户与企业联营而分得的利润，按照“经营所得”项目征收个人所得税

C. 个体工商户业主的费用扣除标准为60 000元/年

D. 个体工商户直接对受益人的捐赠支出不得扣除

4. 扣缴义务人每月或者每次预扣、代扣的税款，应当在规定的期限内缴入国库，并向税务机关报送“个人所得税扣缴申报表”。该规定的期限是（　　）。

A. 次月10日内　　B. 次月15日内

C. 代扣代缴的7日内　　D. 代扣代缴的15日内

5. 根据个人所得税法律制度的规定，下列各项表述错误的是（　　）。

A. 企业和事业单位根据国家有关政策规定的办法和标准，为在本单位任职或者受雇的全体职工缴付的企业年金或职业年金单位缴费部分，在计入个人账户时，个人暂不缴纳个人所得税

B. 房屋产权所有人将房屋无偿赠与对其承担赡养义务的赡养人，要依法缴纳个人所得税

C. 房屋产权所有人将房屋无偿赠与其外孙女，暂免征收个人所得税

D. 非居民个人在中国境内从两处以上取得工资、薪金所得的，应当向其中一处任职、受雇单位所在地主管税务机关办理纳税申报

6. 下列各项按照规定可以免征个人所得税的是（　　）。

A. 个人购买体育彩票，一次中奖收入为12 000元

B. 个人购买社会福利彩票，中奖收入为8 000元

C. 个人转让以股份形式取得的拥有所有权的企业量化财产

D. 个人取得的持股时间未超过1年的股票分得的股息、红利所得

7. 下列各项表述符合个人独资企业和合伙企业纳税规定的是（　　）。

A. 个人独资企业以全部生产经营所得对外投资分回的利润，应作为企业的应纳税所得额

B. 个人独资企业和合伙企业自然人投资者兴办两家或两家以上企业的，应分别按每家企业的应纳税所得额计算缴纳各自的所得税

C. 个人独资企业的投资者以企业资金为本人、家庭成员及其相关人员支付与企业生产经营无关的消费性支出，依照“利息、股息、红利所得”项目征税

D. 个体工商户或个人专营种植业、养殖业、饲养业、捕捞业，不征收个人所得税

8. 2023年中国公民张某在A国取得中奖收入30 000元，在A国按该国税法缴纳了个人所得税4 800元。张某应就来源于A国的所得在我国缴纳个人所得税（　　）元。

A. 1 200　　B. 2 800　　C. 4 200　　D. 6 000

二、多项选择题

1.下列中国公民应进行个人所得税自行纳税申报的有（　　）。

A.从我国境外取得专利权转让所得的李某

B.取得应税所得没有扣缴义务人

C.取得应税所得，扣缴义务人未扣缴税款

D.非居民个人在中国境内从两处以上取得工资、薪金所得

2.下列各项关于个人所得税税收优惠的表述，正确的有（　　）。

A.国债利息和保险赔偿款免征个人所得税

B.个人领取原提存的住房公积金免征个人所得税

C.残疾、孤老人员和烈属的所得可以减征个人所得税

D.个人举报违法行为获得的奖金免征个人所得税

3.个人取得的下列所得中，免征个人所得税的有（　　）。

A.军人的转业安置费

B.个人转让自用3年且家庭唯一住房取得的所得

C.个人购买体育彩票的中奖所得1 600元

D.储蓄存款利息收入

4.小雨全日制本科毕业后被保送读本校全日制研究生，下列各项关于读研期间教育费用扣除的说法，正确的有（　　）。

A.由其父母扣除

B.可以选择由其父母扣除，也可以选择由本人扣除

C.按照每月1 000元（每年12 000元）的标准定额扣除

D.按照每月400元（每年4 800元）定额扣除

5.下列各项可减征个人所得税的有（　　）。

A.国家发行的金融债券的利息

B.外籍个人从外商投资企业取得的红利

C.残疾人、孤老人员、烈属取得的所得

D.因严重自然灾害遭受重大损失的

6.下列各项免征个人所得税的有（　　）。

A.保险赔偿款

B.单位发放的补贴、津贴

C.外籍个人从外商投资企业取得的股息、红利所得

D.残疾、孤老人员和烈属的所得

7.下列各项符合享受专项附加扣除的计算时间的有（　　）。

A.学前教育阶段，为子女年满3周岁当月至小学入学前一月

B.学历教育，为子女接受全日制学历教育入学的当月至全日制学历教育结束的当月

C.学历（学位）继续教育，为在中国境内接受学历（学位）继续教育入学的当月至学历（学位）继续教育结束的当月

D.赡养老人，为被赡养人年满60周岁的当月至赡养义务终止的月末

8.根据《个人所得税扣缴申报管理办法（试行）》的规定，一些所得项目属于一次性

收入的，以取得该项收入为一次；属于同一项目连续性收入的，以一个月内取得的收入为一次。这些所得项目有（　　）。

A.劳务报酬所得　　B.稿酬所得

C.特许权使用费所得　　D.利息、股息、红利所得

三、判断题

1.个人获得省级人民政府、国务院部委和中国人民解放军师以上单位，以及外国组织、国际组织颁发的科学、教育、技术、文化、卫生、体育、环境保护等方面的奖金，免征个人所得税。（　　）

2.个人转让自用达5年以上的家庭生活用房取得的所得，暂免征收个人所得税。（　　）

3.职工与用人单位解除劳动关系取得的一次性补偿收入在当地上年职工年平均工资3倍数额内的部分，可免征个人所得税。（　　）

4.扣缴义务人向居民个人支付劳务报酬所得、稿酬所得、特许权使用费所得时，应当按次或者按月预扣预缴税款。（　　）

5.自2021年1月1日起，居民个人取得全年一次性奖金，应并入当年综合所得计算缴纳个人所得税。（　　）

6.个人取得单张有奖发票奖金所得不超过1 000元的免征个人所得税。（　　）

7.企业对累积消费达到一定额度的个人按消费积分反馈礼品的，按照偶然所得征税。（　　）

8.劳务报酬所得，稿酬所得，特许权使用费所得，利息、股息、红利所得，财产租赁所得，财产转让所得，偶然所得等，实行按年计征，并在年度终了后30日内，合并预缴税款并报送个人所得税纳税申报表。（　　）

四、综合计算题

李某是黄山公司的工程师，每月取得扣除“三险一金”后的工资薪金25 000元，负担其就读于小学三年级的女儿的教育费用。李某对子女教育专项附加扣除选择在黄山公司预扣预缴其税款时扣除。2023年1月和2月还取得以下收入：

（1）1月，黄山公司统一给包括李某在内的全体员工购买了每人每年3 000元的符合规定的商业健康保险产品。

（2）1月某一个休息日，李某利用业余时间帮九龙家具公司检修机床，九龙家具公司向其支付10 000元的报酬。

（3）2月，领取2022年年终奖36 000元，选择单独计税。

（4）2月，在《机械技术》杂志上发表一篇技术分析文章，取得稿酬2 000元。

要求：根据上述资料，回答下列问题，每问需计算出合计数。

（1）计算黄山公司1月应预扣预缴李某的个人所得税。

（2）计算九龙家具公司1月应预扣预缴李某的个人所得税。

（3）计算黄山公司2月应预扣预缴李某的个人所得税。

（4）计算黄山公司2月应扣缴李某年终奖的个人所得税。

（5）计算《机械技术》杂志社2月应预扣预缴李某的个人所得税。

参考答案

项目六

城市维护建设税和教育费附加

任务一　城市维护建设税

引入案例

美华公司1月份缴纳增值税34万元，消费税60万元，所得税13万元。假设城市维护建设税的税率按7%计算。

请问：该企业应缴纳的城市维护建设税为多少？

工作任务

1. 确定城市维护建设税的纳税人
2. 掌握城市维护建设税的征税范围、税率以及计税依据

电子课件

文件法规

知识结构图

本任务知识结构图如图6-1所示。

城市维护建设税
- 征税范围
- 纳税人
- 税率
- 计税依据
- 减税、免税
- 应纳税额的计算
- 征收管理

图6-1　本任务知识结构图

知识解析

城市维护建设税是以纳税人实际缴纳的增值税、消费税税额为计税依据所征收的一种税，主要目的是筹集城镇设施建设和维护资金。1985年2月8日，国务院正式颁布《中华人民共和国城市维护建设税暂行条例》；2020年8月11日，第十三届全国人民代表大会常务委员会第二十一次会议通过了《中华人民共和国城市维护建设税法》，自2021年9月1日起施行。

微课

城市维护建设税

一、征税范围

城市维护建设税的征税范围比较广，具体包括城市市区、县城、建制镇以及税法规定征收增值税和消费税的其他地区。

二、纳税人

城市维护建设税的纳税人是指在中华人民共和国境内缴纳增值税、消费税的单位和个人，包括各类企业（含外商投资企业、外国企业）、行政单位、事业单位、军事单位、社会团体及其他单位，以及个体工商户和其他个人（含外籍个人）。

城市维护建设税的扣缴义务人为负有增值税、消费税扣缴义务的单位和个人，其在扣缴增值税、消费税的同时扣缴城市维护建设税。

三、税率

城市维护建设税实行地区差别比例税率。按照纳税人所在地的不同，税率分别规定为7%、5%、1%三个档次。不同地区的纳税人，适用不同档次的税率。具体适用范围是：

纳税人所在地在市区的，税率为7%；

纳税人所在地在县城、镇的，税率为5%；

纳税人所在地不在市区、县城、镇的，税率为1%。

纳税人所在地，是指纳税人住所地或者与纳税人生产经营活动相关的其他地点，具体地点由省、自治区、直辖市确定。

由受托方代收代缴、代扣代缴增值税、消费税的单位和个人，其代收代缴、代扣代缴的城市维护建设税按受托方所在地适用税率执行。

流动经营等无固定纳税地点的单位和个人，在经营地缴纳增值税、消费税的，其城市维护建设税的缴纳按照经营地适用的税率执行。

学思践悟

城市维护建设税是为了加强城市的维护建设、扩大和稳定城市维护建设资金的来源。该项税款曾专款用于城市的公共事业和设施的维护，调动了地方政府进行城市维护和建设的积极性，促进了城市基础设施的建设，提高了人民幸福感。

文明城市创建工作实施以来，我们逐渐感受到出门锻炼更方便了、城市更加干净了，老旧小区、闲置地、边角地及废弃地被打造成口袋公园……各地在文明城市创建中注重办好民生实事，民生微实事项目，切实解决群众的急难愁盼，把文明城市创建打造成最大的民心工程，让市民在细节中感知文明力量，共享文明成果。努力建设信仰坚定、崇德向善、文化厚重、和谐宜居、人民满意的城市。

党的十八大以来，全国文明城市创建工作在习近平新时代中国特色社会主义思想指引下，着力增进民生福祉、塑造城市人文魅力、提升城市治理效能，助力城市环境面貌和群众精神风貌不断改善、物质文明与精神文明协调发展，推动全国文明城市创建不断迈向高质量、谱写新篇章。

四、计税依据

城市维护建设税的计税依据，是纳税人实际缴纳的增值税和消费税税额。在计算计税依据时应当按照规定扣除期末留抵退税退还的增值税税额。

【提示】纳税人因违反缴纳增值税和消费税有关规定而加收的滞纳金和罚款，不作为城市维护建设税的计税依据。

五、减税、免税

城市维护建设税以增值税、消费税为计税依据，并与增值税和消费税同时征收。这样，税法规定对纳税人减免增值税和消费税时，相应也减免了城市维护建设税。因此，城市维护建设税原则上不单独规定减免税。现行城市维护建设税减免规定有：

（1）对进口货物或者境外单位和个人向境内销售劳务、服务、无形资产缴纳的增值税、消费税税额，不征收城市维护建设税。

（2）对出口货物、劳务和跨境销售服务、无形资产以及因优惠政策退还增值税、消费税的，不退还已缴纳的城市维护建设税。

（3）对增值税、消费税实行先征后返、先征后退、即征即退办法的，除另有规定外，对随增值税和消费税附征的城市维护建设税和教育费附加，一律不予退（返）还。

（4）根据国民经济和社会发展的需要，国务院对重大公共基础设施建设、特殊产业和群体以及重大突发事件应对等情形可以规定减征或者免征城市维护建设税，报全国人民代表大会常务委员会备案。

（5）对黄金交易所会员单位通过黄金交易所销售且发生实物交割的标准黄金，免征城市维护建设税。

（6）对上海期货交易所会员和客户通过上海期货交易所销售且发生实物交割并已出库的标准黄金，免征城市维护建设税。

（7）对国家重大水利工程建设基金免征城市维护建设税。

（8）自2022年1月1日至2024年12月31日，对增值税小规模纳税人可以在50%的税额幅度内减征城市维护建设税。

（9）自2019年1月1日至2023年12月31日，实施扶持自主就业退役士兵创业就业城市维护建设税减免。

（10）自2019年1月1日至2025年12月31日，实施支持和促进重点群体创业就业城市维护建设税减免。

六、应纳税额的计算

城市维护建设税应纳税额的计算比较简单，其计算公式为：

应纳税额 =（实际缴纳的增值税 + 实际缴纳的消费税）× 适用税率

【做中学6-1】（计算题）甲公司为国有企业，位于某市东城区，某年10月应缴纳增值税90 000元，实际缴纳增值税80 000元；应缴纳消费税70 000元，实际缴纳消费税60 000元。已知适用的城市维护建设税税率为7%。

要求：计算该公司当月应纳城市维护建设税税额。

答案：根据城市维护建设税法律制度的规定，城市维护建设税以纳税人实际缴纳的增值税和消费税之和为计税依据。

应纳城市维护建设税税额 =（80 000 + 60 000）× 7% = 9 800（元）

七、征收管理

（一）纳税义务发生时间

城市维护建设税的纳税义务发生时间与增值税、消费税的纳税义务发生时间一致，分别与增值税、消费税同时缴纳。

（二）纳税地点

（1）纳税人缴纳增值税和消费税的地点就是城市维护建设税的纳税地点。

（2）扣缴义务人应当向其机构所在地或者居住地的税务机关申报缴纳其扣缴的税款。

（3）对流动经营等无固定纳税地点的单位和个人，应随同增值税、消费税在经营地缴纳。

知识点梳理

本任务知识点梳理见表6-1。

表6-1　本任务知识点梳理

知识点	具体内容
1.城市维护建设税纳税人	在中华人民共和国境内并缴纳增值税、消费税的单位和个人
2.城市维护建设税税率	纳税人所在地在市区的，税率为7% 纳税人所在地在县城、镇的，税率为5% 纳税人所在地不在市区、县城、镇的，税率为1%
3.城市维护建设税计税依据	纳税人实际缴纳的增值税和消费税税额
4.城市维护建设税计算公式	应纳税额 =（实际缴纳的增值税 + 实际缴纳的消费税）× 适用税率

知识解析

本任务“引入案例”的解析如下：

美华公司应缴纳的城市维护建设税 =（34 + 60）× 7% = 6.58（万元）

案例中涉及的相关知识点回顾见表6-2。

表6-2　相关知识点回顾

知识点	具体内容
纳税人	征税范围内从事工商经营，并缴纳增值税、消费税的单位和个人
税率	税率分为三档。市区为7%；县城、镇为5%；不在市区、县城、镇的为1%
应纳税额的计算	应纳税额 =（实际缴纳的增值税 + 实际缴纳的消费税）× 适用税率

知识翻转

近期关于“城市维护建设税”的改革问题存在很多声音，主要观点有以下几种：

（1）修改税名。建议将“城市维护建设税”改名为“城乡维护建设税”。这样更能确切地反映其征税对象、征税范围和税款的用途。

（2）调整计税依据。根据“受益与负担相适应”的原则，对城市维护建设税的计税依据由现行的以纳税人实际缴纳的增值税和消费税税额计算征收，改为以纳税人应缴的增值税和消费税税额计算征收。这样可以解决因增值税和消费税减免、拖欠、即征即退等情况而使一部分享受了市政设施的纳税人不负担城市维护建设税的问题，同时还可以适当增加地方财政收入，保证城乡市政建设的资金来源。

（3）按照税收公平原则，扩大城市维护建设税的征税范围，对外商投资企业和外国企业、外籍个人征收城市维护建设税。这样有利于内外资企业公平税负，符合建立社会主义市场经济体制的要求，也有利于增加财政收入，保证地方政府适当增加对城市基础设施的投入，为外商投资企业创造更好的经营环境，使其健康发展。

（4）调整适用税率，提高收入比重。在税率的确定上，可采用幅度税率的形式，规定最高与最低限数。各省、自治区、直辖市人民政府应根据当地经济状况和城市维护建设的需要，在规定的幅度内确定不同地市的适用税率。此外，城市维护建设税的适用税率，应按其增值税和消费税纳税所在地的税率执行。

请问：根据你所学的税法知识，你认为哪些观点是可取的？

知识考核

一、单项选择题

下列各项属于城市维护建设税计税依据的是（　　）。

A.实际缴纳的增值税　　B.实际缴纳的所得税

C.实际缴纳的土地增值税　　D.实际缴纳的房产税

二、多项选择题

下列各项属于城市维护建设税纳税人的有（　　）。

A.私营企业　　B.个体工商户

C.外商投资企业　　D.有经营收入的事业单位

三、判断题

进口应税货物征收增值税、消费税，但不征收城市维护建设税；出口货物按规定退还增值税、消费税，但不退还已缴纳的城市维护建设税。（　　）

参考答案

任务二　教育费附加

引入案例

美华公司某年5月被查补的增值税为70 000元、所得税为50 000元，被加收滞纳金1 000元，被处罚款6 000元。

请问：该企业应补缴教育费附加多少元？

电子课件

工作任务

1. 了解教育费附加的概念
2. 掌握教育费附加的征收范围及计征依据

文件法规

知识结构图

本任务知识结构图如图6-2所示。

- 教育费附加
  - 教育费附加的征收范围和计征依据
  - 教育费附加的计征比率
  - 教育费附加的计算
  - 教育费附加的减免规定

图6-2　本任务知识结构图

知识解析

教育费附加是以单位和个人缴纳的增值税、消费税税额为计征依据征收的一种附加费。教育费附加名义上是一种专项资金，但实质上具有税的性质。为了调动各种社会力量办教育的积极性，开辟多种渠道筹措教育经费，国务院于1986年4月28日颁布了《征收教育费附加的暂行规定》，同年7月1日开始在全国范围内征收教育费附加。

学思践悟

“百年大计，教育为本”，教育投入是支撑国家长远发展的基础性、战略性投资，是发展教育事业的重要物质基础，是公共财政保障的重点。党中央、国务院始终坚持优先发展教育，高度重视财政教育投入。教育费附加是随着经济社会的发展而不断发展的，这也为国家用于教育方面的投入提供雄厚的财力支持。

党的二十大报告强调："办好人民满意的教育""教育是国之大计、党之大计""全面贯彻党的教育方针，落实立德树人根本任务，培养德智体美劳全面发展的社会主义建设者和接班人""坚持以人民为中心发展教育，加快建设高质量教育体系，发展素质教育，促进教育公平"。报告从"实施科教兴国战略，强化现代化建设人才支撑"的高度，对"办好人民满意的教育"作出专门部署，凸显了教育的基础性、先导性、全局性地位，彰显了以人民为中心发展教育的价值追求，为推动教育改革发展指明了方向。

一、教育费附加的征收范围和计征依据

教育费附加对缴纳增值税、消费税的单位和个人征收，以其实际缴纳的增值税、消费税税额为计征依据，分别与增值税、消费税同时缴纳。自2010年12月1日起，对外商投资企业、外国企业及外籍个人开始征收教育费附加。

二、教育费附加的计征比率

自1994年1月1日至今，教育费附加计征比率为3%。根据《财政部关于统一地方教育附加政策有关问题的通知》，各地统一开征地方教育附加，地方教育附加的征收标准统一为单位和个人实际缴纳的增值税、消费税税额的2%。

三、教育费附加的计算

应纳教育费附加 =（实际缴纳的增值税税额 + 实际缴纳的消费税税额）× 计征比率

【做中学6-2】（计算题）某大型国有商场某年10月应缴纳增值税260 000元，实际缴纳增值税200 000元；实际缴纳消费税100 000元。

要求：计算该商场当月应纳教育费附加。

答案：应纳教育费附加 =（200 000 + 100 000）× 3% = 9 000（元）

四、教育费附加的减免规定

（1）对海关进口的产品征收的增值税、消费税，不征收教育费附加。

（2）对由于减免增值税、消费税而发生退税的，可以同时退还已征收的教育费附加。但对出口产品退还增值税、消费税的，不退还已征收的教育费附加。

（3）为支持国家重大水利工程建设，对国家重大水利工程建设基金自2010年5月25日起免征教育费附加。

（4）自2016年2月1日起，按月纳税的月销售额或营业额不超过10万元（按季度纳税的季度销售额或营业额不超过30万元）的纳税义务人，免征教育费附加和地方教育附加。

知识点梳理

本任务知识点梳理见表6-3。

表6-3　本任务知识点梳理

知识点	具体内容
1.教育费附加征收范围	教育费附加对缴纳增值税、消费税的单位和个人征收
2.教育费附加计征比率	自1994年1月1日至今，教育费附加计征比率为3%
3.教育费附加计征依据	以其实际缴纳的增值税、消费税税额为计征依据
4.教育费附加计算公式	应纳教育费附加 =（实际缴纳的增值税税额 + 实际缴纳的消费税税额）× 计征比率

案例解析

本任务“引入案例”的解析如下：

美华公司应补缴的教育费附加 = 70 000 × 3% = 2 100（元）

案例中涉及的相关知识点回顾见表6-4。

表6-4　相关知识点回顾

知识点	具体内容
征收范围	征收范围为缴纳增值税、消费税的单位和个人
计征比率	计征比率为3%
应纳教育费附加的计算	应纳教育费附加 =（实际缴纳的增值税税额 + 实际缴纳的消费税税额）× 计征比率

知识翻转

《财政部 国家税务总局关于扩大有关政府性基金免征范围的通知》（财税〔2016〕12号）的发布，进一步扩大了教育费附加、地方教育附加等政府性基金的免征范围，给纳税人又送来了“温暖”。

请问：免征范围有了哪些变化？纳税人如何才能享受免征优惠？

知识考核

一、单项选择题

1.下列各项关于教育费附加的表述，正确的是（　　）。

A. 教育费附加征收比率按照地区差别设定

B. 海关进口的产品征收增值税、消费税，但不征收教育费附加

C. 出口产品退还增值税、消费税的，同时退还已征收的教育费附加

D. 外商投资企业和外国企业不缴纳教育费附加

2. 按照现行的规定，教育费附加的征收比率为（　　）。

A.1%　　B.2%　　C.3%　　D.5%

二、多项选择题

根据现行规定，下列各项关于教育费附加的说法正确的有（　　）。

A. 海关对进口产品代征消费税的，不代征教育费附加

B. 对于减免增值税、消费税而发生退税的，可以同时退还已征收的教育费附加

C. 出口产品退还增值税、消费税的，同时退还已征收的教育费附加

D. 流动经营无固定纳税地点的单位和个人，不缴纳教育费附加

参考答案

项目七

资源税、土地增值税、契税、印花税和环境保护税

任务一 资源税

引入案例

某铁矿厂，其铁矿原矿适用的资源税税率为1%，铁矿选矿适用的资源税税率为2%，外购应税产品能够准确核算并提供合法凭证。10月发生下列业务：

（1）将外购的不含增值税购进价格为5万元的铁矿原矿，与自产的铁矿原矿混合后对外销售，取得不含增值税价格12万元。

（2）将外购的不含增值税购进价格为6万元的铁矿选矿，与自产的铁矿选矿混合后对外销售，取得不含增值税价格13万元。

（3）将外购的不含增值税购进价格为3万元的铁矿原矿，与自产的铁矿原矿混合后加工成铁矿选矿销售，取得不含增值税价格30万元。

请问：该铁矿厂10月应该缴纳多少资源税？

工作任务

了解资源税的概念、征税范围、税率、优惠内容和征收管理

电子课件

知识结构图

文件法规

本任务知识结构图如图7–1所示。

- 资源税
  - 资源税概念
  - 资源税征税范围
  - 资源税税目及税率
  - 资源税的纳税义务人
  - 资源税应纳税额的计算
  - 减税、免税项目
  - 资源税征收管理
  - 水资源税改革试点

图7–1 本任务知识结构图

知识解析

一、资源税概念

资源税是对在我国领域及管辖海域开发应税资源的单位和个人征收的一种税。资源税属于对自然资源占用课税的范畴，通过开征资源税，可以促进资源的合理开采、节约使用和有效配置。

我国从1984年开征资源税，历经数次改革。自2016年7月1日起，在河北试点征收水资源税，将地表水和地下水纳入征税范围。2017年12月1日开始，水资源税试点范围扩大到北京、天津等9个省（自治区、直辖市）。现行资源税法的基本规范，是2019年8月26日第十三届全国人民代表大会常务委员会第十二次会议通过，自2020年9月1日起施行的《中华人民共和国资源税法》。

二、资源税征税范围

资源税征税范围涉及下列5大类，涵盖了所有已经发现的矿种和盐。

（一）能源矿产

（1）原油，是指开采的天然原油，不包括人造石油；

（2）天然气、页岩气、天然气水合物；

（3）煤，包括原煤和以未税原煤加工的洗选煤；

（4）煤成（层）气；

（5）铀、钍；

（6）油页岩、油砂、天然沥青、石煤；

（7）地热。

（二）金属矿产

（1）黑色金属。包括铁、锰、铬、钒、钛。

（2）有色金属。包括铜、铅、锌、锡、镍、锑、镁、钴、铋、汞；铝土矿；钨；钼；金、银；铂、钯、钌、锇、铱、铑；轻稀土；中重稀土；铍、锂、锆、锶、铷、铯、铌、钽、锗、镓、铟、铊、铪、铼、镉、硒、碲。

（三）非金属矿产

（1）矿物类。包括高岭土；石灰岩；磷；石墨；萤石、硫铁矿、自然硫；天然石英砂、脉石英、粉石英、水晶、工业用金刚石、冰洲石、蓝晶石、硅线石（矽线石）、长石、滑石、刚玉、菱镁矿、颜料矿物、天然碱、芒硝、钠硝石、明矾石、砷、硼、碘、溴、膨润土、硅藻土、陶瓷土、耐火粘土、铁矾土、凹凸棒石粘土、海泡石粘土、伊利石粘土、累托石粘土；叶蜡石、硅灰石、透辉石、珍珠岩、云母、沸石、重晶石、毒重石、方解石、蛭石、透闪石、工业用电气石、白垩、石棉、蓝石棉、红柱石、石榴子石、石膏；其他粘土（铸型用粘土、砖瓦用粘土、陶粒用粘土、水泥配料用粘土、水泥配料用红土、水泥配料用黄土、水泥配料用泥岩、保温材料用粘土）。

（2）岩石类。包括大理岩、花岗岩、白云岩、石英岩、砂岩、辉绿岩、安山岩、闪长岩、板岩、玄武岩、片麻岩、角闪岩、页岩、浮石、凝灰岩、黑曜岩、霞石正长岩、蛇纹岩、麦饭石、泥灰岩、含钾岩石、含钾砂页岩、天然油石、橄榄岩、松脂岩、粗面岩、辉长岩、辉石岩、正长岩、火山灰、火山渣、泥炭；砂石（天然砂、卵石、机制砂石）。

（3）宝玉石类。包括宝石、玉石、宝石级金刚石、玛瑙、黄玉、碧玺。

（四）水气矿产

（1）二氧化碳气、硫化氢气、氦气、氡气；

（2）矿泉水。

（五）盐

（1）钠盐、钾盐、镁盐、锂盐；

（2）天然卤水；

（3）海盐。

学思践悟

2020年9月22日，习近平总书记在联合国大会一般性辩论上向全世界宣布，“中国将提高国家自主贡献力度，采取更加有力的政策和措施，二氧化碳排放力争于2030年前达到峰值，努力争取2060年前实现碳中和”。时隔一年，2021年9月21日，习近平总书记在同样场合再次强调，“中国将力争2030年前实现碳达峰、2060年前实现碳中和，这需要付出艰苦努力，但我们会全力以赴”，充分表达了中国实现这一战略目标的决心。

资源税作为绿色税制能充分发挥税收杠杆的绿色调节作用，引导企业提升环保意识，加大治理力度，加快转型升级，助推生态文明建设。“绿水青山就是金山银山”，一系列税收优惠政策给企业带来真金白银，减免税款既是对企业坚持走绿色发展之路的褒奖，也为企业转型升级增添底气。

党的二十大报告指出：“积极稳妥推进碳达峰碳中和”“深入推进能源革命，加强煤炭清洁高效利用，加大油气资源勘探开发和增储上产力度，加快规划建设新型能源体系，统筹水电开发和生态保护，积极安全有序发展核电，加强能源产供销体系建设，确保能源安全”。中国式现代化是人与自然和谐共生的现代化，生态兴则文明兴，生态衰则文明衰。报告站在以中国式现代化全面推进中华民族伟大复兴的战略高度，对能源发展作出新部署、提出新要求，提出要积极稳妥推进碳达峰碳中和、深入推进能源革命、加快规划建设新型能源体系、确保能源安全、积极参与应对气候变化全球治理等，为新征程上推动能源高质量发展指明了方向。

资料来源：国家税务总局天津市税务局．天津：绿色税制促企业发展转型升级［EB/OL］．［2021-10-08］．http：//www.chinatax.gov.cn/chinatax/n810219/n810739/c5169527/content.html.

【提示】国务院根据国民经济和社会发展需要，依据《中华人民共和国资源税法》，对取用地表水或地下水的单位和个人试点征收水资源税。征收水资源税的，停止征收水资源费。水资源税试点实施办法由国务院规定，报全国人民代表大会常务委员会备案。

【做中学7-1】（单项选择题）根据资源税法律制度的规定，下列各项不属于资源税征税范围的是（　　）。

A.海盐　　B.石灰石　　C.花岗岩　　D.柴油

答案：D。选项D，柴油属于深加工产物，不属于原油，不征收资源税。

【做中学7-2】（多项选择题）根据资源税法律制度的规定，下列各项属于资源税征税范围的有（　　）。

A.原煤　　B.人造石油　　C.天然卤水　　D.地热原矿

答案：ACD。选项B，人造石油不征收资源税。

三、资源税税目及税率

现行资源税包括5个税目，下设164个子税目。征税时，有的对原矿征税，有的对选矿征税，具体适用的征税对象按照“资源税税目税率表”（见表7-1）的规定执行。

表7-1　资源税税目税率表

（自2020年9月1日起执行）

税目			征税对象	税率
能源矿产	原油		原矿	6%
	天然气、页岩气、天然气水合物		原矿	6%
	煤		原矿或者选矿	2%～10%
	煤成（层）气		原矿	1%～2%
	铀、钍		原矿	4%
	油页岩、油砂、天然沥青、石煤		原矿或者选矿	1%～4%
	地热		原矿	1%～20%或者每立方米1～30元
金属矿产	黑色金属	铁、锰、铬、钒、钛	原矿或者选矿	1%～9%
	有色金属	铜、铅、锌、锡、镍、锑、镁、钴、铋、汞	原矿或者选矿	2%～10%
		铝土矿	原矿或者选矿	2%～9%
		钨	选矿	6.5%
		钼	选矿	8%
		金、银	原矿或者选矿	2%～6%
		铂、钯、钌、锇、铱、铑	原矿或者选矿	5%～10%
		轻稀土	选矿	7%～12%
		中重稀土	选矿	20%
		铍、锂、锆、锶、铷、铯、铌、钽、锗、镓、铟、铊、铪、铼、镉、硒、碲	原矿或者选矿	2%～10%

续表

税目			征税对象	税率
非金属矿产	矿物类	高岭土	原矿或者选矿	1%～6%
		石灰岩	原矿或者选矿	1%～6%或者每吨（或者每立方米）1～10元
		磷	原矿或者选矿	3%～8%
		石墨	原矿或者选矿	3%～12%
		萤石、硫铁矿、自然硫	原矿或者选矿	1%～8%
		天然石英砂、脉石英、粉石英、水晶、工业用金刚石、冰洲石、蓝晶石、硅线石（矽线石）、长石、滑石、刚玉、菱镁矿、颜料矿物、天然碱、芒硝、钠硝石、明矾石、砷、硼、碘、溴、膨润土、硅藻土、陶瓷土、耐火粘土、铁矾土、凹凸棒石粘土、海泡石粘土、伊利石粘土、累托石粘土	原矿或者选矿	1%～12%
		叶蜡石、硅灰石、透辉石、珍珠岩、云母、沸石、重晶石、毒重石、方解石、蛭石、透闪石、工业用电气石、白垩、石棉、蓝石棉、红柱石、石榴子石、石膏	原矿或者选矿	2%～12%
		其他粘土（铸型用粘土、砖瓦用粘土、陶粒用粘土、水泥配料用粘土、水泥配料用红土、水泥配料用黄土、水泥配料用泥岩、保温材料用粘土）	原矿或者选矿	1%～5%或者每吨（或者每立方米）0.1～5元
	岩石类	大理岩、花岗岩、白云岩、石英岩、砂岩、辉绿岩、安山岩、闪长岩、板岩、玄武岩、片麻岩、角闪岩、页岩、浮石、凝灰岩、黑曜岩、霞石正长岩、蛇纹岩、麦饭石、泥灰岩、含钾岩石、含钾砂页岩、天然油石、橄榄岩、松脂岩、粗面岩、辉长岩、辉石岩、正长岩、火山灰、火山渣、泥炭	原矿或者选矿	1%～10%
		砂石（天然砂、卵石、机制砂石）	原矿或者选矿	1%～5%或者每吨（或者每立方米）0.1～5元
	宝玉石类	宝石、玉石、宝石级金刚石、玛瑙、黄玉、碧玺	原矿或者选矿	4%～20%
水气矿产	二氧化碳气、硫化氢气、氦气、氡气		原矿	2%～5%
	矿泉水		原矿	1%～20%或者每立方米1～30元
盐	钠盐、钾盐、镁盐、锂盐		选矿	3%～15%
	天然卤水		原矿	3%～15%或者每吨（或者每立方米）1～10元
	海盐			2%～5%

征税对象主要包括以下三类：

（1）对原矿征税。

（2）对选矿征税。

（3）对原矿或选矿征税。纳税人以自采原矿（经过采矿过程采出后未进行选矿或者加工的矿石）直接销售，或者自用于应当缴纳资源税情形的，按照原矿计征资源税。纳税人以自采原矿洗选加工为选矿产品（通过破碎、切割、洗选、筛分、磨矿、分级、提纯、脱水、干燥等过程形成的产品，包括富集的精矿和研磨成粉、粒级成型、切割成型的原矿加工品）销售，或者将选矿产品自用于应当缴纳资源税情形的，按照选矿产品计征资源税，在原矿移送环节不缴纳资源税。对于无法区分原生岩石矿种的粒级成型砂石颗粒，按照砂石税目征收资源税。

"资源税税目税率表"中规定实行幅度税率的，其具体适用税率由省、自治区、直辖市人民政府统筹考虑该应税资源的品位、开采条件以及对生态环境的影响等情况，在"资源税税目税率表"规定的税率幅度内提出，报同级人民代表大会常务委员会决定，并报全国人民代表大会常务委员会和国务院备案。

纳税人开采或者生产不同税目应税产品的，应当分别核算不同税目应税产品的销售额或者销售数量；未分别核算或者不能准确提供不同税目应税产品的销售额或者销售数量的，从高适用税率。

四、资源税的纳税义务人

资源税的纳税义务人，是指在中华人民共和国领域和中华人民共和国管辖的其他海域开发应税资源的单位和个人。

这里所称单位，是指国有企业、集体企业、私营企业、股份制企业、其他企业和行政单位、事业单位、军事单位、社会团体及其他单位。这里所称个人，是指个体经营者和其他个人。其他单位和个人包括外商投资企业、外国企业和外籍个人。

资源税规定仅对在中国境内开采或生产应税产品的单位和个人征收。因此，进口的矿产品和盐不征收资源税。由于对进口应税产品不征收资源税，相应地，对出口应税产品也不免征或退还已纳资源税。

中外合作开采海洋或陆上石油资源的企业，依法缴纳资源税。

开采海洋或陆上油气资源的中外合作油气田，在2011年11月1日前已签订的合同继续缴纳矿区使用费，不缴纳资源税；合同期满后，依法缴纳资源税。

纳税人开采或者生产应税产品自用的，应当依法视同销售缴纳资源税；但是，自用于连续生产应税产品的，不缴纳资源税。纳税人自用应税产品应当视同销售缴纳资源税的情形，包括纳税人以应税产品用于非货币性资产交换、捐赠、偿债、赞助、集资、投资、广告、样品、职工福利、利润分配或者连续生产非应税产品等。

【做中学7-3】（多项选择题）资源税的纳税义务人包括（　　）。

A.在中国境内开采并销售煤炭的个人

B.在中国境内生产、销售天然气的国有企业

C.在中国境内生产自用应税资源的个人

D.进口应税资源的国有企业

答案：ABC。选项D，进口环节不征收资源税。

五、资源税应纳税额的计算

资源税按照“资源税税目税率表”实行从价计征或者从量计征。“资源税税目税率表”中规定可以选择实行从价计征或者从量计征的，具体计征方式由省、自治区、直辖市人民政府提出，报同级人民代表大会常务委员会决定，并报全国人民代表大会常务委员会和国务院备案。

实行从价计征的，应纳税额按照应税产品的销售额乘以具体适用税率计算。实行从量计征的，应纳税额按照应税产品的销售数量乘以具体适用税率计算。

（一）从价定率征收资源税应纳税额的计算

按照从价定率方式计算资源税应纳税额，是以应税产品的销售额乘以纳税人具体适用的比例税率计算。其计算公式为：

应纳税额 = 销售额 × 适用的比例税率

1. 销售额的概念

资源税应税产品的销售额，按照纳税人销售应税产品向购买方收取的全部价款确定，不包括增值税税款。

价外费用，包括价外向购买方收取的手续费、补贴、基金、集资费、返还利润、奖励费、违约金、滞纳金、延期付款利息、赔偿金、代收款项、代垫款项、包装费、包装物租金、储备费、优质费、运输装卸费以及其他各种性质的价外费用。

计入销售额中的相关运杂费用，凡取得增值税发票或者其他合法有效凭据的，准予从销售额中扣除。相关运杂费用是指应税产品从坑口或洗选（加工）地到车站、码头或购买方指定地点的运输费用、建设基金以及随运销产生的装卸、仓储、港杂费用。运杂费用应与销售额分别核算，凡未取得相应凭据或不能与销售额分别核算的，应当一并计征资源税。

纳税人有视同销售自用应税产品行为而无销售价格的，或者申报的应税产品销售价格明显偏低且无正当理由的，税务机关应按下列方法和顺序确定其应税产品销售额：

（1）按纳税人最近时期同类产品的平均销售价格确定。

（2）按其他纳税人最近时期同类产品的平均销售价格确定。

（3）按后续加工非应税产品销售价格，减去后续加工环节的成本利润后确定。

（4）按应税产品组成计税价格确定，其计算公式为：

组成计税价格 = 成本 ×（1 + 成本利润率）÷（1 – 资源税税率）

（5）按其他合理方法确定。

【提示】纳税人开采或者生产同一税目下适用不同税率应税产品的，应当分别核算不同税率应税产品的销售额或者销售数量；未分别核算或者不能准确提供不同税率应税产品的销售额或者销售数量的，从高适用税率。

2. 销售额的外币折算

纳税人以人民币以外的货币结算销售额的，应当折合成人民币计算。其销售额的人民币折合率可以选择销售额发生的当天或者当月1日的人民币汇率中间价。纳税人应事先确定采用何种折合率计算方法，确定后1年内不得变更。

（二）从量定额征收资源税应纳税额的计算

实行从量定额计征办法的应税产品，以销售数量为资源税计税依据。其计算公式为：

$$应纳税额 = 应税产品的销售数量 \times 适用的定额税率$$

式中：应税产品的销售数量确定方式如下：

（1）纳税人开采或者生产应税产品销售的，以实际销售数量为销售数量。

（2）纳税人开采或者生产应税产品自用视同销售的，以移送时的自用数量为销售数量。视同销售自产自用包括用于非生产项目和生产非应税产品。

（3）纳税人不能准确提供应税产品销售数量或移送使用数量的，以应税产品的产量或按主管税务机关确定的折算比换算成的数量为计征资源税的销售数量。

（三）销售额或销售数量中外购金额或数量的扣除

纳税人外购应税产品与自采应税产品混合销售或者混合加工为应税产品销售的，在计算应税产品销售额或者销售数量时，准予扣减外购应税产品的购进金额或者购进数量；当期不足扣减的，可结转下期扣减。纳税人应当准确核算外购应税产品的购进金额或者购进数量，未准确核算的，一并计算缴纳资源税。

纳税人核算并扣减当期外购应税产品购进金额、购进数量，应当依据外购应税产品的增值税发票、海关进口增值税专用缴款书或者其他合法有效凭据。

纳税人以外购原矿与自采原矿混合为原矿销售，或者以外购选矿产品与自产选矿产品混合为选矿产品销售的，在计算应税产品销售额或者销售数量时，直接扣减外购原矿或者外购选矿产品的购进金额或者购进数量。

纳税人以外购原矿与自采原矿混合洗选加工为选矿产品销售的，在计算应税产品销售额或者销售数量时，按照下列方法进行扣减：

$$\frac{准予扣减的外购应税}{产品购进金额(数量)} = \frac{外购原矿购进}{金额(数量)} \times \left(\frac{本地区原矿}{适用税率} \div \frac{本地区选矿}{产品适用税率}\right)$$

不能按照上述方法计算扣减的，按照主管税务机关确定的其他合理方法进行扣减。

六、减税、免税项目

（一）法定免征资源税项目

有下列情形之一的，免征资源税：

（1）开采原油以及在油田范围内运输原油过程中用于加热的原油、天然气；

（2）煤炭开采企业因安全生产需要抽采的煤成（层）气。

（二）法定减征资源税项目

有下列情形之一的，减征资源税：

（1）从低丰度油气田开采的原油、天然气，减征20%资源税；

（2）高含硫天然气、三次采油和从深水油气田开采的原油、天然气，减征30%资源税；

（3）稠油、高凝油减征40%资源税；

（4）从衰竭期矿山开采的矿产品，减征30%资源税。

根据国民经济和社会发展需要，国务院对有利于促进资源节约集约利用、保护环境等情形可以规定免征或者减征资源税，报全国人民代表大会常务委员会备案。

（三）由省、自治区、直辖市人民政府决定的减税或者免税项目

有下列情形之一的，省、自治区、直辖市可以决定免征或者减征资源税：

（1）纳税人开采或者生产应税产品过程中，因意外事故或者自然灾害等原因遭受重大损失；

（2）纳税人开采共伴生矿、低品位矿、尾矿。

上述两项的免征或者减征资源税的具体办法，由省、自治区、直辖市人民政府提出，报同级人民代表大会常务委员会决定，并报全国人民代表大会常务委员会和国务院备案。

（四）其他减税、免税项目

（1）对青藏铁路公司及其所属单位运营期间自采自用的砂、石等材料免征资源税；

（2）自2018年4月1日至2023年12月31日，对页岩气资源税（按6%的规定税率）减征30%；

（3）自2022年1月1日至2024年12月31日，对增值税小规模纳税人可以在50%的税额幅度内减征资源税；

（4）自2014年12月1日至2023年8月31日，对充填开采置换出来的煤炭，资源税减征50%。

纳税人的免税、减税项目，应当单独核算销售额或者销售数量；未单独核算或者不能准确提供销售额或者销售数量的，不予免税或者减税。

纳税人开采或者生产同一应税产品，其中既有享受减免税政策的，又有不享受减免税政策的，按照免税、减税项目的产量占比等方法分别核算确定免税、减税项目的销售额或者销售数量。

纳税人开采或者生产同一应税产品同时符合两项或者两项以上减征资源税优惠政策的，除另有规定外，只能选择其中一项执行。

七、资源税征收管理

（一）纳税义务发生时间

纳税人销售应税产品，纳税义务发生时间为收讫销售款或者取得索取销售款凭据的当日；自用应税产品的，纳税义务发生时间为移送应税产品的当日。

（二）纳税期限

资源税按月或者按季申报缴纳；不能按固定期限计算缴纳的，可以按次申报缴纳。

纳税人按月或者按季申报缴纳的，应当自月度或者季度终了之日起15日内，向税务机关办理纳税申报并缴纳税款；按次申报缴纳的，应当自纳税义务发生之日起15日内，向税务机关办理纳税申报并缴纳税款。

（三）纳税地点

纳税人应当在矿产品的开采地或者海盐的生产地缴纳资源税。

八、水资源税改革试点

为全面贯彻落实党的十九大精神，推进资源全面节约和循环利用，推动形成绿色发展

方式和生活方式，根据财政部、税务总局、水利部2017年11月24日发布的《扩大水资源税改革试点实施办法》（以下简称《试点实施办法》），自2017年12月1日起，北京、天津、山西、内蒙古、山东、河南、四川、陕西、宁夏等9个省（自治区、直辖市）纳入水资源税改革试点，由征收水资源费改为征收水资源税。

（一）纳税义务人

除规定情形外，水资源税的纳税人为直接取用地表水、地下水的单位和个人，包括直接从江、河、湖泊（含水库）和地下取用水资源的单位和个人。

下列情形，不缴纳水资源税：

（1）农村集体经济组织及其成员从本集体经济组织的水塘、水库中取用水的；

（2）家庭生活和零星散养、圈养畜禽饮用等少量取用水的；

（3）水利工程管理单位为配置或者调度水资源取水的；

（4）为保障矿井等地下工程施工安全和生产安全必须进行临时应急取用（排）水的；

（5）为消除对公共安全或者公共利益的危害临时应急取水的；

（6）为农业抗旱和维护生态与环境必须临时应急取水的。

（二）税额

除中央直属和跨省（区、市）水力发电取水外，由试点省份省级人民政府统筹考虑本地区水资源状况、经济社会发展水平和水资源节约保护要求，在《试点实施办法》所附的“试点省份水资源税最低平均税额表”（见表7-2）规定的最低平均税额基础上，分类确定具体使用税额。

表7-2　试点省份水资源税最低平均税额表　单位：元/立方米

省（区、市）	地表水最低平均税额	地下水最低平均税额
北京	1.6	4
天津	0.8	4
山西	0.5	2
内蒙古	0.5	2
山东	0.4	1.5
河南	0.4	1.5
四川	0.1	0.2
陕西	0.3	0.7
宁夏	0.3	0.7

为发挥水资源税的调控作用，按不同取用水性质实行差别税额，地下水税额要高于地表水，超采区地下水税额要高于非超采区，严重超采地区的地下水税额要大幅高于非超采地区。对超计划或超定额用水加征1～3倍，对特种行业从高征税，对超过规定限额的农业生产取用水、农村生活集中式饮水工程取用水从低征税。具体适用税额，授权省级人民政府确定。

（三）应纳税额的计算

水资源税实行从量计征。对一般取用水按照实际取用水量征税，对采矿和工程建设疏干排水按照排水量征税；对水力发电和火力发电贯流式（不含循环式）冷却取用水按照实际发电量征税。其计算公式为：

$$\text{一般取用水应纳税额}=\text{实际取用水量}\times\text{适用税额}$$

$$\text{疏干排水应纳税额}=\text{实际取用水量}\times\text{适用税额}$$

式中：疏干排水的实际取用水量按照排水量确定。疏干排水是指在采矿和工程建设过程中破坏地下水层、发生地下涌水的活动。

$$\begin{matrix}\text{水力发电和火力发电贯流式}\\ \text{(不含循环式)冷却取用水应纳税额}\end{matrix}=\begin{matrix}\text{实际}\\ \text{发电量}\end{matrix}\times\begin{matrix}\text{适用}\\ \text{税额}\end{matrix}$$

式中：火力发电贯流式冷却取用水，是指火力发电企业从江河、湖泊（含水库）等水源取水，并对机组冷却后将水直接排入水源的取用水方式。火力发电循环式冷却取用水，是指火力发电企业从江河、湖泊（含水库）、地下等水源取水并引入自建的冷却水塔，对机组冷却后返回冷却水塔循环利用的取用水方式。

（四）税收减免

下列情形，予以免征或者减征水资源税：

（1）规定限额内的农业生产取用水，免征水资源税；

（2）取用污水处理再生水，免征水资源税；

（3）除接入城镇公共供水管网以外，军队、武警部队通过其他方式取用水的，免征水资源税；

（4）抽水蓄能发电取用水，免征水资源税；

（5）采油排水经分离净化后在封闭管道回注的，免征水资源税；

（6）财政部、税务总局规定的其他免征或者减征水资源税情形。

（五）征收管理

为加强税收征管、提高征管效率，《试点实施办法》确定了“税务征管、水利核量、自主申报、信息共享”的征管模式，即税务机关依法征收管理；水行政主管部门负责核定取用水量；纳税人依法办理纳税申报；税务机关与水行政主管部门建立涉税信息共享平台和工作配合机制，定期交换征税和取用水信息资料。

水资源税的纳税义务发生时间为纳税人取用水资源的当日。除农业生产取用水外，水资源税按季或者按月征收，由主管税务机关根据实际情况确定。对超过规定限额的农业生产取用水水资源税可按年征收。不能按固定期限计算纳税的，可以按次申报纳税。纳税人应当自纳税期满或者纳税义务发生之日起15日内申报纳税。

水资源税由生产经营所在地的主管税务机关征收管理，跨省（区、市）调度的水资源，由调入区域所在地的税务机关征收水资源税。在试点省份内取用水，其纳税地点需要调整的，由省级财政、税务部门决定。

知识点梳理

本任务知识点梳理见表7-3。

表7-3 本任务知识点梳理

<table>
<tr><th>知识点</th><th colspan="2">具体内容</th></tr>
<tr><td>征税范围</td><td colspan="2">包括能源矿产、金属矿产、非金属矿产、水气矿产和盐5个税目，164个子税目</td></tr>
<tr><td>征税对象</td><td colspan="2">（1）对原矿征税
（2）对选矿征税
（3）对原矿或选矿征税</td></tr>
<tr><td rowspan="3">税率</td><td>固定税率</td><td>固定比例税率：原油、天然气、钨、钼、中重稀土</td></tr>
<tr><td rowspan="2">幅度税率</td><td>幅度比例税率：黑色金属矿、金、银、宝玉石</td></tr>
<tr><td>幅度比例或幅度定额税率：地热、石灰岩、其他粘土、砂石、矿泉水、天然卤水</td></tr>
<tr><td rowspan="2">应纳税额计算</td><td colspan="2">从价定率，应纳税额 = 销售额 × 比例税率</td></tr>
<tr><td colspan="2">从量定额，应纳税额 = 销售数量 × 定额税率</td></tr>
<tr><td>减、免税</td><td colspan="2">免税的情形、减征的情形，可由省级政府决定的减免、其他减免</td></tr>
<tr><td rowspan="3">征收管理</td><td colspan="2">纳税人销售应税产品，纳税义务发生时间为收讫销售款或者取得索取销售款凭据的当日；自用应税产品的，纳税义务发生时间为移送应税产品的当日</td></tr>
<tr><td colspan="2">纳税期限：按月或者按季缴纳的，月度或季度终了之日起15天内；按次申报缴纳的，应当自纳税义务发生之日起15日内</td></tr>
<tr><td colspan="2">纳税地点：矿产品开采地、海盐生产地</td></tr>
<tr><td rowspan="5">水资源税改革试点</td><td colspan="2">纳税义务人：除规定情形外，水资源税的纳税人为直接取用地表水、地下水的单位和个人，包括直接从江、河、湖泊（含水库）和地下取用水资源的单位和个人</td></tr>
<tr><td colspan="2">税率：由试点省份省级人民政府在“试点省份水资源税最低平均税额表”规定的最低平均税额基础上，分类确定具体使用税额</td></tr>
<tr><td colspan="2">应纳税额计算：水资源税实行从量计征</td></tr>
<tr><td colspan="2">免征、减征的情形</td></tr>
<tr><td colspan="2">征收管理：纳税义务发生时间为纳税人取用水资源的当日。一般按季或者按月征收。纳税人应当自纳税期满或者纳税义务发生之日起15日内申报纳税</td></tr>
</table>

案例解析

本任务“引入案例”的解析如下：

纳税人以外购原矿与自采原矿混合为原矿销售，或者以外购选矿产品与自产选矿产品混合为选矿产品销售的，在计算应税产品销售额或者销售数量时，直接扣减外购原矿或者外购选矿产品的购进金额或者购进数量。

业务（1）应纳资源税 =（12 − 5）× 1% = 0.07（万元）

业务（2）应纳资源税 =（13 − 6）× 2% = 0.14（万元）

纳税人以外购原矿与自采原矿混合洗选加工为选矿产品销售的，在计算应税产品销售额或者销售数量时，应按照前文所讲的方法计算扣减如下：

业务（3）应纳资源税 =（30 − 3 × 1% ÷ 2%）× 2% = 0.57（万元）

该铁矿厂全月应缴纳资源税 = 0.07 + 0.14 + 0.57 = 0.78（万元）

案例中涉及的相关知识点回顾：

铁矿的资源税征税对象为原矿或者选矿，所以销售原矿和选矿都要缴纳资源税。

纳税人外购应税产品与自采应税产品混合销售或者混合加工为应税产品销售的，在计算应税产品销售额或者销售数量时，准予扣减外购应税产品的购进金额或者购进数量。

知识翻转

某铁矿厂11月份销售铁矿原矿取得销售收入900万元；将市场价格为500万元的自产铁矿原矿和外购的铁矿300万元用于加工铁矿选矿，本月销售铁矿选矿取得收入2 000万元。已知该铁矿厂铁矿原矿适用的资源税税率为1%，铁矿选矿适用的资源税税率为2%。

要求：计算该铁矿厂11月份应纳资源税税额。

知识考核

一、单项选择题

1.纳税人开采应税矿产品销售的，其资源税的征税数量为（　　）。

A.销售数量　　B.开采数量　　C.实际产量　　D.计划产量

2.下列各项不属于资源税征税范围的是（　　）。

A.与原油同时开采的天然气　　B.开采的天然原油

C.生产的海盐原盐　　D.人造石油

3.某砂石厂10月开采砂石5 000立方米，对外销售4 000立方米。当地砂石资源税税率为3元/立方米，则该厂当月应缴纳的资源税为（　　）万元。

A.1.5　　B.1.2　　C.0.5　　D.0.8

二、多项选择题

1. 根据资源税法律制度的规定，下列单位和个人的生产经营行为应缴纳资源税的有（　　）。

A. 炼油企业进口原油　　B. 中外合作企业开采天然气

C. 国有企业开采有色金属原矿　　D. 个体经营者开采原煤

2. 下列各项应计入资源税销售额的有（　　）。

A. 收取的价款　　B. 收取的包装费

C. 收取的增值税销项税额　　D. 收取的违约金

3. 根据资源税法律制度的规定，下列各项应按比例税率征收资源税的有（　　）。

A. 原油　　B. 天然气　　C. 煤　　D. 金、银

三、判断题

鑫源公司开采磷矿原矿加工成磷矿选矿对外销售，则鑫源公司缴纳的资源税，等于不含增值税的磷矿选矿销售额乘以相应的税率。（　　）

参考答案

任务二　土地增值税

引入案例

A房地产有限公司将一栋新建的办公楼转让给B企业，B企业支付2 000万元（不含增值税）；A房地产有限公司取得土地使用权所支付的地价款和按国家统一规定缴纳的税费合计为300万元；房地产开发成本为400万元；房地产开发费用中的利息支出为120万元，已知该公司发生的利息支出不高于同期银行贷款利率且能够合理分摊并能提供金融机构的证明；按规定缴纳的与转让房地产有关的税金为10万元。A房地产有限公司所在地适用的房地产开发费用计算扣除比例为5%，城市维护建设税适用的税率为7%，教育费附加征收率为3%。

请问：A房地产有限公司应缴纳的土地增值税为多少万元？

工作任务

电子课件

1. 了解土地增值税的相关征管规定
2. 掌握土地增值税应纳税额的计算方法并加以熟练运用

知识结构图

本任务知识结构图如图7-2所示。

土地增值税
- 土地增值税的概念
- 土地增值税的基本内容
- 土地增值税应纳税额的计算
- 土地增值税征收管理

图7-2 本任务知识结构图

文件法规

知识解析

一、土地增值税的概念

土地增值税是对转让国有土地使用权、地上建筑物及其附着物并取得收入的单位和个人，就其转让房地产所取得的增值额征收的一种税。

二、土地增值税的基本内容

（一）土地增值税纳税人

土地增值税的纳税人为转让国有土地使用权、地上建筑物及其附着物（以下简称转让房地产）并取得收入的单位和个人。这里所称单位包括各类企业单位、事业单位、国家机关和社会团体及其他组织。这里所称个人包括个体经营者。此外，还包括外商投资企业、外国企业、外国驻华机构及海外华侨、港澳台同胞和外国公民。

（二）土地增值税征税范围

1.征税范围的一般规定

（1）土地增值税只对转让国有土地使用权的行为征税，对出让国有土地的行为不征税。

（2）土地增值税既对转让国有土地使用权的行为征税，也对转让地上建筑物及其附着物产权的行为征税。

（3）土地增值税只对有偿转让的房地产征税，对以继承、赠与等方式无偿转让的房地产，不予征税。

【提示】不征土地增值税的房地产赠与行为包括下列两种情况：

（1）房产所有人、土地使用权所有人将房屋产权、土地使用权赠与直系亲属或承担直接赡养义务人的行为。

（2）房产所有人、土地使用权所有人通过中国境内非营利的社会团体、国家机关将房屋产权、土地使用权赠与教育、民政和其他社会福利、公益事业的行为。

2.征税范围的特殊规定

（1）企业改制重组。

① 按照《中华人民共和国公司法》的规定，非公司制企业整体改制为有限责任公司或者股份有限公司，有限责任公司（股份有限公司）整体改制为股份有限公司（有限责任公司），对改制前的企业将国有土地使用权、地上的建筑物及其附着物（以下简称房地产）转移、变更到改制后的企业，暂不征收土地增值税。整体改制是指不改变原企业的投资主体，并承继原企业权利、义务的行为。

② 按照法律规定或者合同约定，两家或两家以上企业合并为一家企业，且原企业投资主体存续的，对原企业将房地产转移、变更到合并后的企业，暂不征收土地增值税。

③ 按照法律规定或者合同约定，企业分设为两家或两家以上与原企业投资主体相同的企业，对原企业将房地产转移、变更到分立后的企业，暂不征收土地增值税。

④ 单位、个人在改制重组时以房地产作价入股进行投资，对其将房地产转移、变更到被投资的企业，暂不征收土地增值税。

⑤ 上述改制重组有关土地增值税政策不适用于房地产转移任意一方为房地产开发企业的情形。

（2）房地产开发企业将开发的部分房地产转为企业自用或用于出租等商业用途时，如果产权未发生转移，不征收土地增值税。

（3）房地产的交换，是指一方以房地产与另一方的房地产进行交换的行为。由于这种行为既发生了房产产权、土地使用权的转移，交换双方又取得了实物形态的收入，属于土地增值税的征税范围。但对个人之间互换自有居住用房地产的，经当地税务机关核实，可以免征土地增值税。

（4）合作建房。对于一方出地，另一方出资金，双方合作建房，建成后按比例分房自用的，暂免征收土地增值税；建成后转让的，应征收土地增值税。

（5）房地产的出租，是指房产所有者或土地使用者，将房产或土地使用权租赁给承租人使用，由承租人向出租人支付租金的行为。房地产出租，出租人虽取得了收入，但没有发生房产产权、土地使用权的转让，因此，不属于土地增值税的征税范围。

（6）房地产的抵押，是指房产所有者或土地使用者作为债务人或第三人向债权人提供不动产作为清偿债务的担保而不转移权属的法律行为。这种情况下房产产权、土地使用权在抵押期间并没有发生权属的变更，因此，对于房地产的抵押，在抵押期间不征收土地增值税。待抵押期满后，视该房地产是否转移而确定是否征收土地增值税。对于以房地产抵债而发生房地产权属转让的，应列入土地增值税的征税范围。

（7）房地产的代建行为，是指房地产开发公司代客户进行房地产的开发，开发完成后向客户收取代建收入的行为。对于房地产开发公司而言，虽然取得了收入，但没有发生房地产权属的转移，其收入属于劳务收入性质，故不属于土地增值税的征税范围。

（8）房地产的重新评估。国有企业在清产核资时对房地产进行重新评估而产生的评估增值，因其既没有发生房地产权属的转移，房产产权、土地使用权人也未取得收入，所以不属于土地增值税的征税范围。

（9）土地使用者处置土地使用权。土地使用者转让、抵押或置换土地，无论其是否取得了该土地的使用权属证书，无论其在转让、抵押或置换土地过程中是否与对方当事人办理了土地使用权属证书变更登记手续，只要土地使用者享有占有、使用、收益或处分该土地的权利，且有合同等证据表明其实质转让、抵押或置换了土地并取得了相应的经济利益，土地使用者及其对方当事人就应当依照税法规定缴纳增值税、土地增值税和契税等。

（三）土地增值税税率

土地增值税实行四级超率累进税率（见表7-4）。

表7-4　　土地增值税四级超率累进税率表

级数	增值额与扣除项目金额的比率	税率（%）	速算扣除系数（%）
1	不超过50%的部分	30	0
2	超过50%至100%的部分	40	5
3	超过100%至200%的部分	50	15
4	超过200%的部分	60	35

三、土地增值税应纳税额的计算

（一）计税依据

土地增值税的计税依据是纳税人转让房地产所取得的增值额。转让房地产的增值额，是纳税人转让房地产的收入额减除税法规定的扣除项目金额后的余额。土地增值额的大小，取决于转让房地产的收入额和扣除项目金额两个因素。

1. 应税收入的确定

根据《中华人民共和国土地增值税暂行条例》（以下简称《土地增值税暂行条例》）及其实施细则的规定，纳税人转让房地产取得的应税收入，应包括转让房地产的全部价款及有关的经济收益。从收入的形式来看，包括货币收入、实物收入和其他收入。

2. 扣除项目及其金额

依照《土地增值税暂行条例》的规定，准予纳税人从房地产转让收入额中减除的扣除项目金额具体包括以下内容：

（1）取得土地使用权所支付的金额。取得土地使用权所支付的金额包括以下两方面的内容：

① 纳税人为取得土地使用权所支付的地价款。地价款的确定有三种方式：如果是以协议、招标、拍卖等出让方式取得土地使用权的，地价款为纳税人所支付的土地出让金；如果是以行政划拨方式取得土地使用权的，地价款为按照国家有关规定补交的土地出让金；如果是以转让方式取得土地使用权的，地价款为向原土地使用权人实际支付的地价款。

② 纳税人在取得土地使用权时按国家统一规定缴纳的有关费用和税金。这是指纳税人在取得土地使用权过程中为办理有关手续，必须按国家统一规定缴纳的有关登记、过户手续费和契税。

（2）房地产开发成本。房地产开发成本，是指纳税人开发房地产项目实际发生的成本，包括土地的征用及拆迁补偿费、前期工程费、建筑安装工程费、基础设施费、公共配套设施费、开发间接费用等。

（3）房地产开发费用。房地产开发费用，是指与房地产开发项目有关的销售费用、管理费用和财务费用。在计算土地增值税时，房地产开发费用并不是按照纳税人实际发生额进行扣除的，应分别按以下两种情况进行扣除：

①凡能够按转让房地产项目计算分摊利息支出并提供金融机构证明的，允许据实扣除，但最高不能超过按商业银行同类同期贷款利率计算的金额。其他房地产开发费用，在按规定（即取得土地使用权所支付的金额和房地产开发成本，下同）计算的金额之和的5%以内计算扣除。计算公式为：

$$\frac{\text{允许扣除的}}{\text{房地产开发费用}}=\text{利息}+(\frac{\text{取得土地使用权}}{\text{所支付的金额}}+\frac{\text{房地产}}{\text{开发成本}})\times 5\%$$

②凡不能按转让房地产项目计算分摊利息支出或不能提供金融机构证明的，房地产开发费用在按规定计算的金额之和的10%以内计算扣除。计算公式为：

$$\frac{\text{允许扣除的}}{\text{房地产开发费用}}=(\frac{\text{取得土地使用权}}{\text{所支付的金额}}+\frac{\text{房地产}}{\text{开发成本}})\times 10\%$$

（4）与转让房地产有关的税金。与转让房地产有关的税金，是指在转让房地产时缴纳的城市维护建设税、教育费附加、印花税。

（5）财政部确定的其他扣除项目。对从事房地产开发的纳税人可按规定计算的金额之和，加计20%扣除。此条优惠只适用于从事房地产开发的纳税人，除此之外的其他纳税人不适用。

加计扣除费用＝（取得土地使用权所支付的金额＋房地产开发成本）×20%

学思践悟

房地产行业因其体量大、产业链长，在我国经济发展中的作用举足轻重。住房问题是重要的民生问题和发展问题。在推动共同富裕的政策背景下，努力实现全体人民住有所居，是推动共同富裕的应有之义。开征土地增值税，是适应我国社会主义市场经济发展的新形势，增强国家对房地产开发和房地产交易市场调控的需要。其主要目的是抑制炒买炒卖土地获取暴利的行为，以保护正当房地产开发的发展。规范国家参与土地增值收益的分配方式，增加国家财政收入，为经济建设积累资金。

3.旧房及建筑物的扣除金额

（1）评估价格。其计算公式为：

评估价格＝重置成本×成新率

纳税人转让旧房及建筑物，凡不能取得评估价格，但能提供购房发票的，经当地税务部门确认，《土地增值税暂行条例》规定的扣除项目的金额，可按发票所载金额并自购买年度起至转让年度止每年加计5%计算。对于纳税人购房时缴纳的契税，凡能够提供契税完税凭证的，准予作为“与转让房地产有关的税金”予以扣除，但不作为加计5%的基数。

（2）取得土地使用权所支付的地价款和按国家统一规定缴纳的有关费用（评估费可以扣除）。取得土地使用权时未支付地价款或不能提供已支付的地价款凭据的，在计征土地增值税时不允许扣除。

（3）转让环节的税金及附加，包括城市维护建设税、印花税和教育费附加。

【做中学7-4】（单项选择题）某国有企业2008年5月在市区购置一栋办公楼，支付价款8 000万元。2023年5月，该企业将办公楼转让，取得收入10 000万元，签订产权转移书据，缴纳转让环节税金及附加共计20万元。办公楼经税务机关认定的重置成本为12 000万元，成新率为70%。该企业在缴纳土地增值税时计算的增值额为（　　）万元。

A.1 580　　B.1 485　　C.1 490　　D.200

答案：A。评估价格 = 12 000 × 70% = 8 400（万元），有关的税金 = 20万元，增值额 = 10 000 − 8 400 − 20 = 1 580（万元）。

（二）应纳税额的计算

1.应纳税额的计算公式

土地增值税按照纳税人转让房地产所取得的增值额和规定的税率计算征收。土地增值税的计算公式为：

$$土地增值税应纳税额 = \sum(每级距的增值额 \times 适用税率)$$

由于分步计算比较烦琐，一般可以采用速算扣除法计算，即土地增值税应纳税额，可按增值额乘以适用税率减去扣除项目金额乘以速算扣除系数的简便方法计算。具体公式如下：

$$土地增值税应纳税额 = 增值额 \times 适用税率 - 扣除项目金额 \times 速算扣除系数$$

2.应纳税额的计算步骤

根据上述计算公式，土地增值税应纳税额的计算可分为以下四步：

（1）计算增值额。其计算公式为：

$$增值额 = 房地产转让收入 - 扣除项目金额$$

（2）计算增值率。其计算公式为：

$$增值率 = 增值额 \div 扣除项目金额 \times 100\%$$

（3）确定适用税率。按照计算出的增值率，从土地增值税四级超率累进税率表中确定适用税率和速算扣除系数。

（4）计算应纳税额。其计算公式为：

$$土地增值税应纳税额 = 增值额 \times 适用税率 - 扣除项目金额 \times 速算扣除系数$$

【做中学7–5】（单项选择题）某企业转让一块土地的使用权，取得收入560万元。年初取得该土地使用权时支付金额420万元，转让时发生相关费用6万元，与转让土地使用权有关的税金为17万元，其应纳土地增值税税额为（　　）万元。

A.35.1　　B.38　　C.38.12　　D.38.23

答案：A。

第一步，土地使用权转让扣除项目 = 420 + 6 + 17 = 443（万元）；

第二步，土地增值额 = 560 − 443 = 117（万元）；

第三步，增值额与扣除项目金额之比 = 117 ÷ 443 × 100% ≈ 26.41%；

第四步，应纳土地增值税税额=117 × 30% = 35.1（万元）。

（三）土地增值税税收优惠

（1）纳税人建造普通标准住宅出售，增值额未超过扣除项目金额20%的，予以免税；超过20%的，应按全部增值额缴纳土地增值税。

（2）因国家建设需要依法征用、收回的房地产，免征土地增值税。

（3）企事业单位、社会团体以及其他组织转让旧房作为廉租住房、经济适用住房房源且增值额未超过扣除项目金额20%的，免征土地增值税。

（4）自2008年11月1日起，对居民个人转让住房一律免征土地增值税。

四、土地增值税征收管理

（一）纳税申报

纳税人应在转让房地产合同签订后7日内，到房地产所在地主管税务机关办理纳税申报，并向税务机关提交房屋及建筑物产权、土地使用权证书，土地转让、房产买卖合同，房地产评估报告及其他与转让房地产有关的资料，然后在税务机关规定的期限内缴纳土地增值税。

纳税人因经常发生房地产转让而难以在每次转让后申报的，经税务机关审核同意后，可以按月或按季定期进行纳税申报，具体期限由主管税务机关根据情况确定。

纳税人采取预售方式销售房地产的，对在项目全部竣工决算前转让房地产取得的收入，税务机关可以预征土地增值税。具体办法由各省、自治区、直辖市税务机关根据当地情况制定。

对于纳税人预售房地产所取得的收入，凡当地税务机关规定预征土地增值税的，纳税人应当到主管税务机关办理纳税申报，并按规定比例预交，待办理完纳税清算后，多退少补。

（二）纳税清算

1. 土地增值税的清算单位

土地增值税以国家有关部门审批的房地产开发项目为单位进行清算，对于分期开发的项目，以分期项目为单位清算。开发项目中同时包含普通住宅和非普通住宅的，应分别计算增值额。

2. 土地增值税的清算条件

（1）符合下列情形之一的，纳税人应进行土地增值税的清算：

① 房地产开发项目全部竣工、完成销售的；

② 整体转让未竣工决算房地产开发项目的；

③ 直接转让土地使用权的。

（2）符合下列情形之一的，主管税务机关可要求纳税人进行土地增值税清算：

① 已竣工验收的房地产开发项目，已转让的房地产建筑面积占整个项目可售建筑面积的比重在85%以上，或该比重虽未超过85%，但剩余的可售建筑面积已经出租或自用的；

② 取得销售（预售）许可证满3年仍未销售完毕的；

③ 纳税人申请注销税务登记但未办理土地增值税清算手续的；

④ 省级税务机关规定的其他情况。

3. 土地增值税清算应报送的资料

纳税人办理土地增值税清算应报送以下资料：

（1）房地产开发企业清算土地增值税书面申请、土地增值税纳税申报表。

（2）项目竣工决算报表、取得土地使用权所支付的地价款凭证、国有土地使用权出让合同、银行贷款利息结算通知单、项目工程合同结算单、商品房购销合同统计表等与转让房地产的收入、成本和费用有关的证明资料。

（3）主管税务机关要求报送的其他与土地增值税清算有关的证明资料等。纳税人委托税务中介机构审核鉴证的清算项目，还应报送中介机构出具的《土地增值税清算税款鉴证报告》。

4.清算后再转让房地产的处理

在土地增值税清算时未转让的房地产，清算后销售或有偿转让的，纳税人应按规定进行土地增值税的纳税申报，扣除项目金额按清算时的单位建筑面积成本费用乘以销售或转让面积计算。其计算公式为：

单位建筑面积成本费用 = 清算时的扣除项目总金额 ÷ 清算的总建筑面积

5.土地增值税的核定征收

房地产开发企业有下列情形之一的，税务机关可以参照与其开发规模和收入水平相近的当地企业的土地增值税税负情况，按不低于预征率的征收率核定征收土地增值税：

（1）依照法律、行政法规的规定应当设置但未设置账簿的。

（2）擅自销毁账簿或者拒不提供纳税资料的。

（3）虽设置账簿，但账目混乱或者成本资料、收入凭证、费用凭证残缺不全，难以确定转让收入或扣除项目金额的。

（4）符合土地增值税清算条件，未按照规定的期限办理清算手续，经税务机关责令限期清算，逾期仍不清算的。

（5）申报的计税依据明显偏低，又无正当理由的。

（三）纳税地点

土地增值税纳税人发生应税行为应向房地产所在地主管税务机关缴纳税款。这里所称的房地产所在地，是指房地产的坐落地。纳税人转让的房地产坐落在两个或两个以上地区的，应按房地产所在地分别申报纳税。具体又可分为下列两种情况：

1.纳税人是法人

当转让的房地产坐落地与其机构所在地或经营所在地一致时，则在办理税务登记的原管辖税务机关申报纳税即可；如果转让的房地产坐落地与其机构所在地或经营所在地不一致，则应在房地产坐落地所管辖的税务机关申报纳税。

2.纳税人是自然人

当转让的房地产坐落地与其居住所在地一致时，则在居住所在地税务机关申报纳税；当转让的房地产坐落地与其居住所在地不一致时，在办理过户手续所在地的税务机关申报纳税。

知识点梳理

本任务知识点梳理见表7-5。

表7-5　　本任务知识点梳理

知识点	具体内容
1.准予纳税人从房地产转让收入额中减除的扣除项目	具体包括以下内容： （1）取得土地使用权所支付的金额 （2）房地产开发成本 （3）房地产开发费用 （4）与转让房地产有关的税金 （5）财政部确定的其他扣除项目
2.旧房及建筑物的扣除金额	具体包括以下内容： （1）评估价格 （2）取得土地使用权所支付的地价款和国家统一规定缴纳的有关费用 （3）转让环节的税金及附加
3.土地增值税应纳税额	土地增值税应纳税额 = 增值额 × 适用税率 – 扣除项目金额 × 速算扣除系数
4.增值额和增值率	增值额 = 房地产转让收入 – 扣除项目金额 增值率 = 增值额 ÷ 扣除项目金额 × 100%

案例解析

本任务“引入案例”的解析如下：

（1）由于转让的是房地产新建项目，扣除项目一共有5项：①取得土地使用权所支付的金额300万元；②房地产开发成本400万元；③由于财务费用中的利息支出“能分摊且能证明”，可以扣除的房地产开发费用 = 120 +（300 + 400）× 5% = 155（万元）；④与转让房地产有关的税金 = 10万元；⑤加计扣除金额 =（300 + 400）× 20% = 140（万元）。允许扣除项目金额合计 = 300 + 400 + 155 + 10 + 140 = 1 005（万元）。

（2）转让收入为2 000万元。

（3）增值额 = 2 000 – 1 005 = 995（万元）。

（4）增值率 = 995 ÷ 1 005 × 100% ≈ 99%，查找税率表，确定适用税率为40%，速算扣除系数为5%。

（5）应纳税额 = 995 × 40% – 1 005 × 5% = 347.75（万元）。

案例中涉及的相关知识点回顾：

（1）计算增值额。增值额 = 房地产转让收入 – 扣除项目金额。准予纳税人从房地产转让收入额中减除的扣除项目包括：①取得土地使用权所支付的金额；②房地产开发成本；③房地产开发费用；④与转让房地产有关的税金；⑤财政部确定的其他扣除项目。

（2）计算增值率。增值率 = 增值额 ÷ 扣除项目金额 × 100%。

（3）确定适用税率。按照计算出的增值率，从土地增值税税率表中确定适用税率。

（4）计算应纳税额。土地增值税应纳税额 = 增值额 × 适用税率 – 扣除项目金额 × 速算扣除系数。

知识翻转

甲科技有限公司于6月将其新建办公楼转让给某企业，转让收入为2 000万元；甲公司取得土地使用权所支付的地价款和按国家统一规定缴纳的税费合计为300万元；房地产开发成本为400万元；房地产开发费用中的利息支出为120万元，该公司不能按转让房地产项目计算分摊利息支出，也不能提供金融机构证明；已知该公司所在地适用的房地产开发费用计算扣除比例为10%；按规定缴纳增值税100万元，印花税1万元。该公司所在地城市维护建设税的适用税率为7%，教育费附加征收率为3%。

请问：甲公司应缴纳的土地增值税为多少万元？

知识考核

一、单项选择题

1. 下列各项应征收土地增值税的是（　　）。

A. 房地产的继承　　B. 房地产的代建房行为

C. 房地产的交换　　D. 房地产的出租

2. 下列各项应征收土地增值税的是（　　）。

A. 赠与社会公益事业的房地产　　B. 经税务机关核实的个人之间互换自有住房

C. 抵押期满转让给债权人的房地产　　D. 兼并企业从被兼并企业得到的房地产

3. 某单位转让一幢1980年建造的公寓楼，当时的造价为1 000万元。经房地产评估机构评定，该楼的重置成本价为4 000万元，成新度为六成。在计算土地增值税时，其评估价格为（　　）万元。

A.500　　B.2 400　　C.2 000　　D.1 500

4. 土地增值税的纳税人隐瞒、虚报房地产成交价格的，土地增值税按照（　　）计算征收。

A. 最高一档税率

B. 扣除项目金额不得扣除的原则

C. 成交价格加倍、扣除项目金额减半的办法

D. 房地产评估价格

5. 纳税人是自然人且转让房地产坐落地与其居住地不一致时，在（　　）的税务机关申报纳税。

A. 住所所在地　　B. 房地产坐落地

C. 办理过户手续所在地　　D. 自行选择纳税地点

6. 土地增值税的纳税人转让的房地产坐落在两个或两个以上地区的，应（　　）主管税务机关申报纳税。

A. 向房地产坐落地的上一级

B. 向事先选择的房地产坐落地某一方的

C. 分别向房地产坐落地各方的

D. 先向机构所在地人民政府缴纳，再向房地产坐落地上一级的

7. 下列各项在计算土地增值税时，不得扣除成本费用的是（　　）。

A. 建成后产权属于全体业主的会所

B. 建成后无偿移交给派出所用于办公的房屋

C. 建成后有偿出售的停车场

D. 建成后待售出租的商业用房

8. 按照土地增值税法律制度的有关规定，纳税人提供扣除项目金额不实的，在计算土地增值税时，应按照（　　）。

A. 税务部门估定的价格扣除

B. 税务部门与房地产主管部门协商的价格扣除

C. 房地产评估价格扣除

D. 房地产原值减除30%后的余值扣除

二、多项选择题

1. 下列各项属于土地增值税特点的有（　　）。

A. 以转让房地产的增值额为计税依据

B. 征税面比较广

C. 实行超率累进税率

D. 实行按次征收

2. 下列各项应征收土地增值税的有（　　）。

A. 取得奥运会占地的拆迁补偿金

B. 将一项房产直接赠与某私立学校以支援教育事业

C. 将使用过的旧房赠与子女

D. 房地产开发商销售楼房

3. 下列各项应缴纳土地增值税的有（　　）。

A. 将使用过的旧房卖给某单位作为办公室

B. 将使用过的旧房赠与子女

C. 将使用过的旧房出租

D. 将使用过的旧房换取股票

4. 下列各项不属于土地增值税征税范围的有（　　）。

A. 以收取出让金的方式出让国有土地使用权

B. 以继承方式转让房地产

C. 以出售方式转让国有土地使用权

D. 以收取租金的方式出租房地产

5. 房地产开发企业在计算土地增值税时，允许从收入中直接扣减的“与转让房地产有关的税金”包括（　　）。

A. 教育费附加　　B. 印花税　　C. 契税　　D. 城市维护建设税

6. 下列各项不属于土地增值税征税范围的有（　　）。

A. 以房地产抵债而尚未发生房地产权属转让的

B. 以房地产抵押贷款而房地产尚在抵押期间的

C. 被兼并企业的房地产在企业兼并中转让到兼并方的

D. 以出地、出资方式双方合作建房，建成后又转让给其中一方的

7. 下列各项可作为转让旧房的扣除项目金额的有（　　）。

A. 房屋及建筑物的评估价格

B. 取得土地使用权支付的地价款和按国家规定缴纳的有关费用

C. 转让环节缴纳的税金

D. 房地产开发费用

8. 下列各项中，以房地产评估价格为计税依据，计征土地增值税的有（　　）。

A. 隐瞒、虚报房地产成交价格

B. 提供扣除项目金额不实的

C. 交易价格低于评估价又无正当理由的

D. 一次成交金额巨大，超过5 000万元的

9. 下列各项对法人转让房地产的土地增值税纳税地点的说法，正确的有（　　）。

A. 转让房地产坐落地与其机构所在地或经营所在地一致的，应在办理税务登记的原管辖税务机关申报纳税

B. 转让房地产坐落地与其机构所在地或经营所在地一致的，应在房地产坐落地税务机关申报纳税

C. 转让房地产坐落地与其机构所在地或经营所在地不一致的，应在办理税务登记税务机关申报纳税

D. 转让房地产坐落地与其机构所在地或经营所在地不一致的，应在房地产坐落地税务机关申报纳税

10. 下列各项中，房地产开发公司应进行土地增值税清算的有（　　）。

A. 直接转让土地使用权的

B. 房地产开发项目全部竣工完成销售的

C. 整体转让未竣工决算房地产开发项目的

D. 取得销售（预售）许可证满2年仍未销售完毕的

三、判断题

1. 根据土地增值税法律制度的规定，房地产开发企业取得房产销售许可证满3年仍未销售完毕的，税务机关可要求纳税人进行土地增值税清算。（　　）

2. 土地增值税实行四级超率累进税率。（　　）

四、计算题

位于市区的某国有工业企业利用厂区空地建造写字楼，某年发生的相关业务如下：

（1）按照国家有关规定补交土地出让金4 000万元，缴纳相关税费160万元；

（2）写字楼开发成本3 000万元，其中装修费用500万元；

（3）写字楼开发费用中的利息支出为300万元（不能提供金融机构证明）；

（4）发生与转让房地产相关的税金20万元；

（5）写字楼竣工验收，将总建筑面积的1/2销售，签订销售合同，取得销售收入6 500万元；将另外1/2的建筑面积出租，当年取得租金收入15万元。

该企业所在省规定，按《土地增值税暂行条例》规定的上限计算扣除房地产开发费用。

要求：根据上述资料，按下列序号回答问题，对每个问题需计算出合计数。

参考答案

（1）企业计算土地增值税时应扣除的取得土地使用权所支付的金额；

（2）企业计算土地增值税时应扣除的开发成本的金额；

（3）企业计算土地增值税时应扣除的开发费用的金额；

（4）企业应缴纳的土地增值税。

任务三　契　税

引入案例

A公司某年10月自有6栋房屋，其中：5栋用于生产经营，房产原值为7 000万元；1栋房屋与B公司互换经营用房产，A公司房产价格为600万元，B公司房产价格为800万元。假设该省规定契税税率为3%。

请问：A公司应缴纳契税多少万元？

工作任务

1. 了解契税的相关征收管理规定
2. 掌握契税应纳税额的计算方法并加以熟练运用

电子课件

知识结构图

本任务知识结构图如图7-3所示。

契税
- 契税的概念
- 契税的纳税人与征税范围
- 契税税率
- 契税应纳税额的计算
- 契税税收优惠
- 契税征收管理

文件法规

图7-3　本任务知识结构图

知识解析

一、契税的概念

契税是以在中华人民共和国境内转移土地、房屋权属为征税对象，向产权承受人征收的一种财产税。征收契税有利于增加地方财政收入，有利于保护合法产权，避免产权纠纷。

二、契税的纳税人与征税范围

（一）契税的纳税人

契税的纳税义务人是境内转移土地、房屋权属，承受的单位和个人。境内是指中华人民共和国实际税收行政管辖范围内。土地、房屋权属是指土地使用权和房屋所有权。单位是指企业单位、事业单位、国家机关、军事单位和社会团体以及其他组织；个人是指个体经营者及其他个人，包括中国公民和外籍人员。

（二）契税的征税范围

契税以在我国境内转移土地、房屋权属的行为作为征税对象。土地、房屋权属未发生转移的，不征收契税。契税的征税范围主要包括：

1.国有土地使用权出让

国有土地使用权出让是指土地使用者向国家交付土地使用权出让费用，国家将国有土地使用权在一定年限内让与土地使用者的行为。

2.土地使用权转让

土地使用权转让是指土地使用者以出售、赠与、交换方式将土地使用权转移给其他单位和个人的行为。土地使用权的转让不包括农村集体土地承包经营权的转移。

3.房屋买卖

房屋买卖，即以货币为媒介，出卖者向购买者过渡房产所有权的交易行为。以下几种特殊情况，视同房屋买卖：

（1）以房产抵债或实物交换房屋。经当地政府和有关部门批准，以房抵债和实物交换房屋，均视同房屋买卖，应由产权承受人，按房屋现值缴纳契税。

对已缴纳契税的购房单位和个人，在未办理房屋权属变更登记前退房的，退还已纳契税；在办理房屋权属变更登记后退房的，不予退还已纳契税。

微课

契税

（2）以房产作投资、入股。这种交易业务属房屋产权转移，应根据国家房地产管理的有关规定，办理房屋产权交易和产权变更登记手续，视同房屋买卖。由产权承受方按契税税率计算缴纳契税。

以自有房产作股投入本人独资经营的企业，免纳契税。因为以自有的房产投入本人独资经营的企业，产权所有人和使用权使用人未发生变化，所以不需办理房产变更手续，也不办理契税手续。

（3）买房拆料或翻建新房，应照章征收契税。例如，甲某购买乙某房产，不论其目的是取得该房产的建筑材料或是翻建新房，实际构成房屋买卖。甲某应首先办理房屋产权变更手续，并按买价缴纳契税。

4.房屋赠与

房屋赠与是房屋产权所有人将房屋无偿转让给他人所有。其中，将自己的房屋转交给他人的法人和自然人，称作房屋赠与人；接受他人房屋的法人和自然人，称为受赠人。房屋赠与的前提必须是产权无纠纷，赠与人和受赠人双方自愿。

由于房屋是不动产，价值较大，故法律要求赠与房屋要有书面合同（契约），并到房地产管理机关或农村基层政权机关办理登记过户手续，才能生效。如果房屋赠与行为涉及涉外关系，还需公证处证明和外事部门认证，才能有效。

房屋的受赠人原则上要按规定缴纳契税。对于根据《中华人民共和国民法典》规定的法定继承人（包括配偶、子女、父母、兄弟姐妹，祖父母、外祖父母）继承土地、房屋权属的，不征收契税；非法定继承人根据遗嘱承受死者生前的土地房屋权属，属于赠与行为，应征收契税。

以获奖方式取得房屋产权，实质上是接受赠与房产的行为，也应缴纳契税。

5.房屋互换

房屋互换是指房屋所有者之间互相交换房屋的行为。

6.其他发生土地、房屋权属转移的情形

下列情形发生土地、房屋权属转移的，承受方应当依法缴纳契税：

（1）因共有不动产份额变化的；

（2）因共有人增加或者减少的；

（3）因人民法院、仲裁委员会的生效法律文书或者监察机关出具的监察文书等因素，发生土地、房屋权属转移的。

【提示】土地、房屋典当、分析（分割）、抵押以及出租等行为，不属于契税的征税范围。

学思践悟

“契约”一词源于拉丁文，在拉丁文中的原意为交易，契约是主体之间达成的合意，具有自由、平等、诚实、守信的基本内涵。基于契约关系产生的契约精神是社会主体主动、善意地遵守约定和规则，尊重他人合法权益、公共利益的思想观念。2020年7月21日习近平总书记在企业家座谈会上指出：“法治意识、契约精神、守约观念是现代经济活动的重要意识规范，也是信用经济、法治经济的重要要求。”诚信意识是契约精神培育的核心内容。契约精神以诚信意识为核心，这是由契约的本质所决定的，契约从诞生到发展的过程就是诚信意识作为人类基本道德观念的确立过程，现代市场经济就是诚信经济、契约经济。

在当今社会，契约精神会对人们的行为模式产生深远的影响，由强制转换为习惯再上升为精神，不断塑造人的思想和道德。大学生应该成为法治教育的核心，着重培养大学生契约观念与意识，提高个人的信用度，提升个人的法律素质。

三、契税税率

契税实行3%～5%的幅度税率。具体执行税率，由各省、自治区、直辖市人民政府在

3%～5%的幅度内提出，报同级人民代表大会常务委员会决定，并报全国人民代表大会常务委员会和国务院备案。

省、自治区、直辖市可以依照上述规定的程序对不同主体、不同地区、不同类型的住房的权属转移确定差别税率。

自2010年10月1日起，对个人购买90平方米及以下且属家庭唯一住房的普通住房，减按1%的税率征收契税。

四、契税应纳税额的计算

（一）契税的计税依据

契税的计税依据不含增值税。按照土地、房屋权属转移的形式、定价方法的不同，契税的计税依据确定如下：

1. 土地使用权出售、房屋买卖

其计税依据为土地、房屋权属转移合同确定的价格，包括承受者应交付的货币、实物、其他经济利益对应的价款。

土地使用权及所附建筑物、构筑物等（包括在建的房屋、其他建筑物、构筑物和其他附着物）转让的，计税依据为承受方应交付的总价款。

承受方已装修房屋的，应将包括装修费用在内的费用计入承受方应交付的总价款。

2. 土地使用权赠与、房屋赠与，以及其他没有价格的转移土地、房屋权属行为

其计税依据为税务机关参照土地使用权出售、房屋买卖的市场价格依法核定的价格。

3. 土地使用权互换、房屋互换

其计税依据为所换取的土地使用权、房屋的价格差额。也就是说，互换价格相等时，免征契税；互换价格不等时，由多交付货币、实物、无形资产或者其他经济利益的一方缴纳契税。

纳税人申报的成交价格、互换价格差额明显偏低且无正当理由的，由税务机关依照《中华人民共和国税收征收管理法》的规定核定计税依据。

4. 国有土地使用权出让

其计税依据为承受方为取得该土地使用权而支付的全部经济利益。具体内容如下：

（1）以协议方式出让的，其计税依据为土地出让合同确定的成交价格，具体包括土地出让金、土地补偿费、安置补助费、地上附着物和青苗补偿费、拆迁补偿费、市政建设配套费等承受方应支付的货币、实物、无形资产及其他经济利益。没有成交价格或者成交价格明显偏低的，征收机关可依次按下列两种方式确定计税依据：

① 评估价格。该价格是指由政府批准设立的房地产评估机构根据相同地段、同类房地产进行综合评定，并经当地税务机关确认的价格。

② 土地基准地价。该价格是指由县以上人民政府公示的土地基准地价。

（2）以划拨方式取得的土地使用权，经批准改为出让方式重新取得该土地使用权的，应由该土地使用权人以补缴的土地出让价款为计税依据缴纳契税。

（3）先以划拨方式取得土地使用权，后经批准转让房地产，划拨土地性质改为出让的，承受方应分别以补缴的土地出让价款和房地产权属转移合同确定的成交价格为计税依据缴纳契税。

（4）先以划拨方式取得土地使用权，后经批准转让房地产，划拨土地性质未发生改变的，承受方应以房地产权属转移合同确定的成交价格为计税依据缴纳契税。

5. 房屋附属设施征收契税的依据

（1）不涉及土地使用权和房屋所有权转移变动的，不征收契税。

（2）采取分期付款方式购买房屋附属设施土地使用权、房屋所有权的，应按合同规定的总价款计征契税。

（3）房屋附属设施（包括停车位、机动车库、非机动车库、顶层阁楼、储藏室及其他房屋附属设施）与房屋为同一不动产单元的，计税依据为承受方应交付的总价款，并适用与房屋相同的税率；房屋附属设施与房屋为不同不动产单元的，计税依据为转移合同确定的成交价格，并按当地确定的适用税率计税。

（二）应纳税额的计算

契税应纳税额的计算公式为：

$$应纳税额 = 计税依据 \times 税率$$

【做中学7-6】（计算题）居民王某有两套住房，将一套出售给居民李某，成交价格为1 500 000元；将另一套两居室住房与居民张某交换成两套一居室住房，并支付给张某换房差价款400 000元。

要求：计算王某、李某、张某相关行为应缴纳的契税（假定税率为4%）。

答案：（1）王某应缴纳契税 = 400 000 × 4% = 16 000（元）。

（2）李某应缴纳契税 = 1 500 000 × 4% = 60 000（元）。

（3）张某无须缴纳契税。

五、契税税收优惠

1. 免征契税的情形

有下列情形之一的，免征契税：

（1）国家机关、事业单位、社会团体、军事单位承受土地、房屋用于办公、教学、医疗、科研和军事设施的。

（2）非营利性的学校、医疗机构、社会福利机构承受土地、房屋权属用于办公、教学、医疗、科研、养老、救助。

学思践悟

对非营利性的学校、医疗机构、社会福利机构承受土地、房屋权属用于办公、教学、医疗、科研、养老、救助免征契税，体现国家对于教育教学事业、医疗卫生事业、科学研究事业和国防安全建设的高度重视，以及对于老人困难救助群体的人文关怀，所谓“学有所教、病有所医、老有所养、弱有所扶”，从国家不断改善民生的政策中，我们有了更多的获得感。作为公民，我们在享受惠民政策的同时，应该时刻怀揣感恩之心，感恩革命先烈，感恩为现代社会进步与发展作出贡献的人们，珍惜现有的幸福生活，历练自己，建设更强大的祖国。①

① 吴妙. 高校教育《税法》课程思政融合问题研究——以契税、城市维护建设税、印花税为例［J］. 中文科技期刊数据库（文摘版）教育，2020（12）：4.

（3）承受荒山、荒地、荒滩土地使用权，并用于农、林、牧、渔业生产。

学思践悟

该项优惠政策不仅在一定程度上提高了荒地的利用率与利用价值，而且对于促进农、林、牧、渔业一体化进程，切实提高农民收入，实现脱贫致富具有积极作用。我国国土面积位居世界第三，但却存在山多地少、人均耕地不足的窘境，作为当代大学生，应该具备珍惜土地资源、合理高效利用好每一块土地的节约意识。

（4）婚姻关系存续期间夫妻之间变更土地、房屋权属。

（5）法定继承人通过继承承受土地、房屋权属。

（6）依照法律规定应当予以免税的外国驻华使馆、领事馆和国际组织驻华代表机构承受土地、房屋权属。

根据国民经济和社会发展的需要，国务院对居民住房需求保障，企业改制重组、灾后重建等情形可以规定免征或者减征契税，报全国人民代表大会常务委员会备案。

2.省、自治区、直辖市决定免征或者减征契税的情形

省、自治区、直辖市可以决定对下列情形免征或者减征契税：

（1）因土地、房屋被县级以上人民政府征收、征用，重新承受土地、房屋权属。

（2）因不可抗力灭失住房，重新承受住房权属。

免征或者减征契税的具体办法，由省、自治区、直辖市人民政府提出，报同级人民代表大会常务委员会决定，并报全国人民代表大会常务委员会和国务院备案。

3.企业、事业单位改制重组有关契税政策

自2021年1月1日起至2023年12月31日，企业、事业单位在改制重组过程中，符合下列规定但已缴纳契税的，可申请退税；涉及的契税尚未处理且符合下列规定的，按下列规定执行。下列规定中，企业、公司是指依照我国有关法律法规设立并在中国境内注册的企业、公司。

（1）企业改制。企业按照《中华人民共和国公司法》有关规定整体改制，包括非公司制企业改制为有限责任公司或股份有限公司，有限责任公司变更为股份有限公司，股份有限公司变更为有限责任公司，原企业投资主体存续并在改制（变更）后的公司中所持股权（股份）比例超过75%，且改制（变更）后公司承继原企业权利、义务的，对改制（变更）后公司承受原企业土地、房屋权属，免征契税。

（2）事业单位改制。事业单位按照国家有关规定改制为企业，原投资主体存续并在改制后企业中出资（股权、股份）比例超过50%的，对改制后企业承受原事业单位土地、房屋权属，免征契税。

（3）公司合并。两家或两家以上的公司，依照法律规定、合同约定，合并为一家公司，且原投资主体存续的，对合并后公司承受原合并各方土地、房屋权属，免征契税。

（4）公司分立。公司依照法律规定、合同约定分立为两家或两家以上与原公司投资主体相同的公司，对分立后公司承受原公司土地、房屋权属，免征契税。

（5）企业破产。企业依照有关法律法规规定实施破产，债权人（包括破产企业职工）承受破产企业抵偿债务的土地、房屋权属，免征契税；对非债权人承受破产企业土地、房屋权属，凡按照《中华人民共和国劳动法》等国家有关法律法规政策妥善安置原企业全部

职工规定，与原企业全部职工签订服务年限不少于3年的劳动用工合同的，对其承受所购企业土地、房屋权属，免征契税；与原企业超过30%的职工签订服务年限不少于3年的劳动用工合同的，减半征收契税。

（6）资产划转。对承受县级以上人民政府或国有资产管理部门按规定进行行政性调整、划转国有土地、房屋权属的单位，免征契税。同一投资主体内部所属企业之间土地、房屋权属的划转，包括母公司与其全资子公司之间，同一公司所属全资子公司之间，同一自然人与其设立的个人独资企业、一人有限公司之间土地、房屋权属的划转，免征契税。母公司以土地、房屋权属向其全资子公司增资，视同划转，免征契税。

（7）债权转股权。经国务院批准实施债权转股权的企业，对债权转股权后新设立的公司承受原企业的土地、房屋权属，免征契税。

（8）划拨用地出让或作价出资。以出让方式或国家作价出资（入股）方式承受原改制重组企业、事业单位划拨用地的，不属于上述规定的免税范围，对承受方应按规定征收契税。

（9）公司股权（股份）转让。在股权（股份）转让中，单位、个人承受公司股权（股份），公司土地、房屋权属不发生转移，不征收契税。

六、契税征收管理

（一）纳税义务发生时间

（1）契税的纳税义务发生时间是纳税人签订土地、房屋权属转移合同的当日，或者纳税人取得其他具有土地、房屋权属转移合同性质凭证（包括契约、协议、合约、单据、确认书以及其他凭证）的当日。

（2）因人民法院、仲裁委员会的生效法律文书或者监察机关出具的监察文书等发生土地、房屋权属转移的，纳税义务发生时间为法律文书等生效当日。

（3）因改变土地、房屋用途等情形应当缴纳已经减征、免征契税的，纳税义务发生时间为改变有关土地、房屋用途等情形的当日。

（4）因改变土地性质、容积率等土地使用条件需补缴土地出让价款，应当缴纳契税的，纳税义务发生时间为改变土地使用条件当日。

（二）纳税期限

纳税人应当在依法办理土地、房屋权属登记手续前申报缴纳契税。

按规定不再需要办理土地、房屋权属登记的，纳税人应自纳税义务发生之日起90日内申报缴纳契税。

（三）纳税地点

契税在土地、房屋所在地的征收机关缴纳。

（四）征收管理其他规定

（1）纳税人办理纳税事宜后，税务机关应向纳税人开具契税完税凭证。纳税人办理有关土地、房屋的权属登记，不动产登记机构应当查验契税完税、减免税凭证或者相关信息。未按照规定缴纳契税的，不动产登记机构不予办理土地、房屋权属登记。

（2）在依法办理土地、房屋权属登记前，权属转移合同、权属转移合同性质凭证不生效、无效、被撤销或者被解除的，纳税人可以向税务机关申请退还已缴纳的税款，税务机关应当依法办理。

(3) 纳税人缴纳契税后发生下列情形，可依照有关法律法规申请退税：

① 因人民法院判决或者仲裁委员会裁决导致土地、房屋权属转移行为无效、被撤销或者被解除，且土地、房屋权属变更至原权利人的；

② 在出让土地使用权交付时，因容积率调整或实际交付面积小于合同约定面积需退还土地出让价款的；

③ 在新建商品房交付时，因实际交付面积小于合同约定面积需返还房价款的。

(4) 税务机关应当与相关部门建立契税涉税信息共享和工作配合机制。自然资源、住房和城乡建设、民政、公安等相关部门应当及时向税务机关提供与转移土地、房屋权属有关的信息，协助税务机关加强契税征收管理。

(5) 税务机关及其工作人员对税收征收管理过程中知悉的纳税人的个人信息，应当依法予以保密，不得泄露或者非法向他人提供。

知识点梳理

本任务知识点梳理见表7-6。

表7-6 本任务知识点梳理

知识点	具体内容
1. 契税计税依据	(1) 土地使用权出售、房屋买卖，其计税依据为土地、房屋权属转移合同确定的价格 (2) 土地使用权赠与、房屋赠与，以及其他没有价格的转移土地、房屋权属行为，其计税依据为税务机关参照土地使用权出售、房屋买卖的市场价格依法核定的价格 (3) 土地使用权互换、房屋互换，其计税依据为所换取的土地使用权、房屋的价格差额 (4) 国有土地使用权出让，其计税依据为承受方为取得该土地使用权而支付的全部经济利益 (5) 房屋附属设施征收契税的依据 ①不涉及土地使用权和房屋所有权转移变动的，不征收契税 ②采取分期付款方式购买房屋附属设施土地使用权、房屋所有权的，应按合同规定的总价款计征契税 ③承受的房屋附属设施权属如为单独计价的，按照当地确定的适用税率征收契税；如与房屋统一计价，适用与房屋相同的契税税率
2. 契税应纳税额计算	契税 = 计税依据 × 税率

案例解析

本任务“引入案例”的解析如下：

A公司与B公司交换的房产需要支付差价200万元，则A公司应纳的契税 = 200 × 3% = 6（万元）。

案例中涉及的相关知识点回顾：

土地使用权交换、房屋交换，以交换土地使用权、房屋的价格差额为计税依据。其计算公式为：契税应纳税额 = 计税依据 × 税率。

知识翻转

若A公司当期购入办公楼一栋，成交价为1 200万元。

请问：A公司应缴纳契税多少万元？

知识考核

一、单项选择题

1.契税实行的是（　　）。

A.定额税率　　B.幅度税率　　C.超率累进税率　　D.超额累进税率

2.纳税人应当在依法办理土地、房屋权属登记手续（　　），向土地、房屋所在地的征收机关缴纳税款。

A.后3日内　　B.后5日内　　C.前10日内　　D.前15日内

3.契税纳税义务发生时间是（　　）。

A. 纳税人签订土地、房屋权属转移合同的当天

B. 纳税人办妥土地、房屋权属变更登记手续的当天

C. 纳税人办妥土地、房屋权属变更登记手续的10日内

D. 房屋、土地移交的当天

4.土地使用权、房屋的成交价格明显低于市场价格并且无正当理由的，或者所交换土地使用权、房屋的价格的差额明显不合理并且无正当理由的，由征收机关核定契税的（　　）。

A.重置成本　　B.评估价格　　C.计税依据　　D.转让收益

5.出售土地使用权而发生的土地权属转移，按（　　）计算应纳契税税额。

A.历史成本　　B.中间价格　　C.合同价格　　D.评估价格

6.下列各项中，契税计税依据可由征收机关核定的是（　　）。

A.土地使用权出售　　B.国有土地使用权出让

C.土地使用权赠与　　D.以划拨方式取得土地使用权

7.某国有企业2023年10月接受其他企业以房产投资入股，房产市场价值为100万元；该企业还于2023年11月以自有房产与另一企业交换一处房产，支付差价300万元（不含增值税）；同年经批准企业取得出让土地一块，缴纳了出让金150万元（不含增值税）。该地规定契税税率是5%，则该企业应纳契税为（　　）万元。

A.22.5　　B.15　　C.27.5　　D.7.5

8.某演艺人员购买一栋公寓住房，成交价格为1 100万元（不含增值税）；转让其原有住房，成交价格为500万元（不含增值税）；因参加国际比赛获奖，奖品为一套三居室住宅，其市场价格为600万元（不含增值税）。如果当地政府规定的契税税率为5%，那么该演艺人员应缴纳的契税为（　　）万元。

A.110　　B.85　　C.80　　D.55

9.某学校将一栋闲置不用的房屋转让给邻近的公司，房产价值400万元（不含增值税），土地使用权当年是以无偿划拨方式取得的。按规定该转让行为（　　）。

A.应由受让公司缴纳契税

B.应由学校在转让时补缴契税

C.应由学校和公司各负担一半契税

D.应由学校补缴土地使用权的契税，公司缴纳房屋买卖的契税

二、多项选择题

1.我国税法规定，契税的征税范围包括（　　）。

A.国有土地使用权出让或转让

B.农村集体土地承包经营权的转移

C.以房产抵债或以实物交换房屋

D.房屋所有者将房屋无偿赠送他人的行为

2.契税的纳税人包括（　　）。

A.土地使用权的受让方　　B.以房产投资的投资方

C.以房产抵债的债权方　　D.以房产赠与的受赠方

3.契税的计税依据可能有（　　）。

A.房地产的成交价格　　B.房地产的租金

C.房地产的市场价格　　D.房地产交换时的价格差额

4.下列各项需要缴纳契税的有（　　）。

A.子女继承房产　　B.以土地、房屋权属抵偿债务

C.买房拆料　　D.以金银首饰换入房产

5.契税纳税义务发生时间可以是（　　）。

A.取得具有房地产权属转移合同性质凭证的当天

B.签订房地产权属转移合同的当天

C.办理房地产产权证的当天

D.交纳房地产预付款的当天

6.下列各项中，可以享受契税免税优惠的有（　　）。

A.王教授购买商品住房

B.军事单位承受房屋用于军事设施

C.陈女士根据遗嘱继承其男朋友的房屋

D.李女士继承其丈夫的房屋

7.张某将一栋私有房屋出售给王某，房屋的成交价格为700 000元（不含增值税，契税的适用税率为5%），张某另将一处两居室住房与李某交换成两处一居室住房，李某支付换房差价款120 000元（不含增值税，契税的适用税率为3%），王某与李某应缴的契税分别为

（　　）元。

A.21 000　　B.35 000　　C.6 000　　D.3 600

8. 甲将原值280万元的房产评估作价300万元（不含增值税）投资给乙企业，乙企业办理产权登记后又将该房产以400万元（不含增值税）的价格售予丙企业，当地契税税率为5%，则（　　）。

A. 丙企业缴纳契税15万元　　B. 丙企业缴纳契税20万元

C. 乙企业缴纳契税15万元　　D. 乙企业缴纳契税14万元

9. 下列各项属于免征契税的有（　　）。

A. 承受荒山用于农业生产

B. 事业单位所承受的土地、房屋用于办公、教学、医疗、科研项目

C. 非法定继承人根据遗嘱继承房屋权属

D. 因为获奖取得房产权属

三、判断题

1. 契税实行3%～5%的幅度税率，各省、自治区、直辖市人民政府可以根据本地区实际情况决定是否开征和确定适用税率。（　　）

2. 纳税人签订土地、房屋权属转移合同的当天为契税纳税义务发生时间。（　　）

3. 契税纳税义务发生时间为纳税人收取土地、房屋权属转让价款的当天。（　　）

4. 契税的征税对象不包括农村集体土地承包经营权的转让。（　　）

5. 契税的征税范围不包括农村。（　　）

6. 在中国境内承受转移土地、房屋权属的单位和个人为契税的纳税人，但不包括外商投资企业、外籍人员。（　　）

7. 契税的纳税人是在我国境内承受土地、房屋权属转移的单位和个人。（　　）

8. 个人购买90平方米及以下且属家庭唯一住房的普通住房，减按1%税率征收契税。（　　）

9. 房地产成交价格明显低于市场价格且无正当理由的，应由征收机关根据《中华人民共和国税收征收管理法》的规定核定契税的计税依据。（　　）

10. 土地使用权交换、房屋交换所纳契税的计税依据为所交换土地使用权、房屋的价格总额。（　　）

四、计算题

某年12月，张某获得单位奖励房屋一套。张某得到该房屋后又将其与李某拥有的一套房屋进行交换。经房地产评估机构评估，张某获奖房屋价值为30万元（不含增值税），李某房屋价值为35万元（不含增值税）。两人协商后，张某向李某支付房屋交换价格差额5万元（不含增值税）。税务机关核定张某获奖房屋价值为28万元（不含增值税）。已知当地规定的契税税率为4%。

参考答案

要求：计算张某应缴纳的契税税额。

任务四 印花税

引入案例

某企业2023年9月开业，当月与其他企业订立专有技术使用权转移书据1件，所载金额为150万元；订立产品买卖合同3份，所载金额为300万元；订立借款合同1份，所载金额为80万元。此外，企业的营业账簿中，“实收资本”科目载有资金500万元。

请问：该企业9月份应缴纳印花税多少元？

工作任务

1. 了解印花税的基本概念
2. 熟悉印花税的基本内容
3. 掌握印花税的申报方式及应纳税额的计算

电子课件

文件法规

知识结构图

本任务知识结构图如图7-4所示。

印花税
- 印花税的概念
- 印花税的基本内容
- 印花税应纳税额的计算
- 印花税征收管理

图7-4 本任务知识结构图

知识解析

一、印花税的概念

印花税是在中华人民共和国境内书立应税凭证、进行证券交易征收的一种税。因纳税人主要是通过在应税凭证上粘贴印花税票来完成纳税义务，故名印花税。

二、印花税的基本内容

（一）纳税人

印花税的纳税人，是指在中华人民共和国境内书立应税凭证、进行证券交易的单位和个人。

（1）书立应税凭证的纳税人，为对应税凭证有直接权利义务关系的单位和个人。

（2）采用委托贷款方式书立的借款合同纳税人，为受托人和借款人，不包括委托人。

（3）按买卖合同或者产权转移书据税目缴纳印花税的拍卖成交确认书纳税人，为拍卖标的的产权人和买受人，不包括拍卖人。

在中华人民共和国境外书立在境内使用的应税凭证的单位和个人，应当缴纳印花税。其包括以下几种情形：

（1）应税凭证的标的为不动产的，该不动产在境内；

（2）应税凭证的标的为股权的，该股权为中国居民企业的股权；

（3）应税凭证的标的为动产或者商标专用权、著作权、专利权、专有技术使用权的，其销售方或者购买方在境内，但不包括境外单位或者个人向境内单位或者个人销售完全在境外使用的动产或者商标专用权、著作权、专利权、专有技术使用权；

（4）应税凭证的标的为服务的，其提供方或者接受方在境内，但不包括境外单位或者个人向境内单位或者个人提供完全在境外发生的服务。

（二）征税对象

（1）印花税只对列明的应税凭证和证券交易行为征税。

① 应税凭证。印花税只对《中华人民共和国印花税法》所附“印花税税目税率表”列明的合同、产权转移书据和营业账簿征税。合同，是指书面合同。其包括借款合同、融资租赁合同、买卖合同、承揽合同、建设工程合同、租赁合同、运输合同、仓储合同、保管合同、财产保险合同、技术合同等。产权转移书据包括土地使用权出让书据；土地使用权、房屋等建筑物和构筑物所有权转让书据（不包括土地承包经营权和土地经营权转移）；股权转让书据（不包括应缴纳证券交易印花税的）；商标专用权、著作权、专利权、专有技术使用权转让书据。

② 证券交易。其是指转让在依法设立的证券交易所、国务院批准的其他全国性证券交易场所交易的股票和以股票为基础的存托凭证。证券交易印花税对证券交易的出让方征收，不对受让方征收。

（2）企业之间书立的确定买卖关系、明确买卖双方权利义务的订单、要货单等单据，且未另外书立买卖合同的，应当按规定缴纳印花税。

（3）发电厂与电网之间、电网与电网之间书立的购售电合同，应当按买卖合同税目缴纳印花税。

（4）下列情形的凭证，不属于印花税征收范围：

① 人民法院的生效法律文书，仲裁机构的仲裁文书，监察机关的监察文书。

② 县级以上人民政府及其所属部门按照行政管理权限征收、收回或者补偿安置房地产书立的合同、协议或者行政类文书。

③ 总公司与分公司、分公司与分公司之间书立的作为执行计划使用的凭证。

【做中学7-7】（多项选择题）根据印花税法律制度的规定，下列各项中，属于印花税征税范围的有（　　）。

A. 土地使用权出让合同

B. 土地使用权转让合同

C.商品房销售合同

D.商标专用权转让书据

答案：ABCD。本题考核印花税的征税范围。以上选项均属于印花税征税范围。

（三）印花税税率

印花税的税率采用比例税率的形式。印花税税目税率表见表7-7。

表7-7 印花税税目税率表

<table>
<tr><th colspan="2">税目</th><th>税率</th><th>备注</th></tr>
<tr><td rowspan="11">合同（指书面合同）</td><td>借款合同</td><td>借款金额的万分之零点五</td><td>指银行业金融机构、经国务院银行业监督管理机构批准设立的其他金融机构与借款人（不包括同业拆借）的借款合同</td></tr>
<tr><td>融资租赁合同</td><td>租金的万分之零点五</td><td></td></tr>
<tr><td>买卖合同</td><td>价款的万分之三</td><td>指动产买卖合同（不包括个人书立的动产买卖合同）</td></tr>
<tr><td>承揽合同</td><td>报酬的万分之三</td><td></td></tr>
<tr><td>建设工程合同</td><td>价款的万分之三</td><td></td></tr>
<tr><td>运输合同</td><td>运输费用的万分之三</td><td>指货运合同和多式联运合同（不包括管道运输合同）</td></tr>
<tr><td>技术合同</td><td>价款、报酬或者使用费的万分之三</td><td>不包括专利权、专有技术使用权转让书据</td></tr>
<tr><td>租赁合同</td><td>租金的千分之一</td><td></td></tr>
<tr><td>保管合同</td><td>保管费的千分之一</td><td></td></tr>
<tr><td>仓储合同</td><td>仓储费的千分之一</td><td></td></tr>
<tr><td>财产保险合同</td><td>保险费的千分之一</td><td>不包括再保险合同</td></tr>
<tr><td rowspan="4">产权转移书据</td><td>土地使用权出让书据</td><td>价款的万分之五</td><td rowspan="4">转让包括买卖（出售）、继承、赠与、互换、分割</td></tr>
<tr><td>土地使用权、房屋等建筑物和构筑物所有权转让书据（不包括土地承包经营权和土地经营权转移）</td><td>价款的万分之五</td></tr>
<tr><td>股权转让书据（不包括应缴纳证券交易印花税的）</td><td>价款的万分之五</td></tr>
<tr><td>商标专用权、著作权、专利权、专有技术使用权转让书据</td><td>价款的万分之三</td></tr>
<tr><td colspan="2">营业账簿</td><td>实收资本（股本）、资本公积合计金额的万分之二点五</td><td></td></tr>
<tr><td colspan="2">证券交易</td><td>成交金额的千分之一</td><td></td></tr>
</table>

三、印花税应纳税额的计算

印花税应纳税额的计算公式为：

$$应纳税额 = 计税依据 \times 税率$$

（一）印花税的计税依据

（1）应税合同的计税依据，为合同所列的金额，不包括列明的增值税税款。

境内的货物多式联运，采用在起运地统一结算全程运费的，以全程运费作为运输合同的计税依据，由起运地运费结算双方缴纳印花税；采用分程结算运费的，以分程的运费作为计税依据，分别由办理运费结算的各方缴纳印花税。

（2）应税产权转移书据的计税依据，为产权转移书据所列的金额，不包括列明的增值税税款。

纳税人转让股权的印花税计税依据，按照产权转移书据所列的金额（不包括列明的认缴后尚未实际出资的权益部分）确定。

应税合同、产权转移书据未列明金额的，印花税的计税依据按照实际结算的金额确定。实际结算金额不能确定的，按照书立合同、产权转移书据时的市场价格确定；依法应当执行政府定价或者政府指导价的，按照国家有关规定确定。

（3）应税营业账簿的计税依据，为账簿记载的实收资本（股本）、资本公积合计金额。

（4）证券交易的计税依据，为成交金额。

证券交易无转让价格的，按照办理过户登记手续时该证券前一个交易日收盘价计算确定计税依据；无收盘价的，按照证券面值计算确定计税依据。

同一应税凭证载有两个以上税目事项并分别列明金额的，按照各自适用的税目税率分别计算应纳税额；未分别列明金额的，从高适用税率。

同一应税凭证由两方以上当事人书立的，按照各自涉及的金额分别计算应纳税额。但应税凭证未列明纳税人各自涉及金额的，以纳税人平均分摊的应税凭证所列金额（不包括列明的增值税税款）确定计税依据。

应税凭证金额为人民币以外的货币的，应当按照凭证书立当日的人民币汇率中间价折合人民币确定计税依据。

【做中学7-8】（单项选择题）甲公司从乙汽车运输公司租入5辆载重汽车，双方签订的合同约定，5辆载重汽车的总价值为240万元，租期为3个月，租金为12.8万元。则甲公司应缴纳的印花税为（　　）元。

A.32　　B.128　　C.600　　D.2 400

答案：B。租赁合同以租金为计税依据，按1‰交税。应纳印花税 = 128 000 × 1‰ = 128（元）。

已缴纳印花税的营业账簿，以后年度记载的实收资本（股本）、资本公积合计金额比已缴纳印花税的实收资本（股本）、资本公积合计金额增加的，按照增加部分计算应纳税额。

【做中学7-9】（单项选择题）甲公司于2023年7月成立，注册资本500万元，当月与乙公司签订商品买卖合同，货款（不含税金额）为50万元，由本公司负责运输；与丙运输公司签订运输合同，运费1.5万元（不含增值税）。根据印花税法律制度的规定，甲公司应缴纳的印花税为（　　）元。

A.1 404.5　　B.2 730　　C.2 732.5　　D.2 742.5

答案：A。本题考核印花税的计算。买卖合同印花税为150元（50万元×0.3‰），运输合同印花税为4.5元（1.5万元×0.3‰），营业账簿印花税为1 250元（500万元×0.25‰），甲公司应缴纳印花税1 404.5元（150+4.5+1 250）。

（二）印花税的补税与退税

（1）应税合同、应税产权转移书据所列的金额与实际结算金额不一致，不变更应税凭证所列金额的，以所列金额为计税依据；变更应税凭证所列金额的，以变更后的所列金额为计税依据。已缴纳印花税的应税凭证，变更后所列金额增加的，纳税人应当就增加部分的金额补缴印花税；变更后所列金额减少的，纳税人可以就减少部分的金额向税务机关申请退还或者抵缴印花税。

（2）纳税人因应税凭证列明的增值税税款计算错误导致应税凭证的计税依据减少或者增加的，纳税人应当按规定调整应税凭证列明的增值税税款，重新确定应税凭证计税依据。已缴纳印花税的应税凭证，调整后计税依据增加的，纳税人应当就增加部分的金额补缴印花税；调整后计税依据减少的，纳税人可以就减少部分的金额向税务机关申请退还或者抵缴印花税。

（3）未履行的应税合同、产权转移书据，已缴纳的印花税不予退还及抵缴税款。

（4）纳税人多贴的印花税票，不予退税及抵缴税款。

（三）印花税免税优惠

对应税凭证适用印花税减免优惠的，书立该应税凭证的纳税人均可享受印花税减免政策，明确特定纳税人适用印花税减免优惠的除外。下列凭证免征印花税：

（1）应税凭证的副本或者抄本。

（2）依照法律规定应当予以免税的外国驻华使馆、领事馆和国际组织驻华代表机构为获得馆舍书立的应税凭证。

（3）中国人民解放军、中国人民武装警察部队书立的应税凭证。

（4）农民、家庭农场、农民专业合作社、农村集体经济组织、村民委员会购买农业生产资料或者销售农产品书立的买卖合同和农业保险合同。

享受印花税免税优惠的家庭农场，具体范围为以家庭为基本经营单元，以农场生产经营为主业，以农场经营收入为家庭主要收入来源，从事农业规模化、标准化、集约化生产经营，纳入全国家庭农场名录系统的家庭农场。

学思践悟

此条税收优惠政策体现了国家对“三农”的支持。中国是一个农业大国，“三农”问题不仅影响国民的温饱，也影响社会经济的长远发展。中央财政对“三农”的投入，对于促进农业现代化、建设农村新风貌、实现农民收入新增长具有积极作用。但是要解决“三农”问题，不能仅仅依靠中央和地方财政的投入，更需要一批有热情有抱负的高素质大学生，投身新农村建设，推动农村、农业经济的发展。

（5）无息或者贴息借款合同、国际金融组织向中国提供优惠贷款书立的借款合同。

（6）财产所有权人将财产赠与政府、学校、社会福利机构、慈善组织书立的产权转移书据。

享受印花税免税优惠的学校，具体范围为经县级以上人民政府或者其教育行政部门批准成立的大学、中学、小学、幼儿园，实施学历教育的职业教育学校、特殊教育学校、专门学校，以及经省级人民政府或者其人力资源社会保障行政部门批准成立的技工院校。

享受印花税免税优惠的社会福利机构，具体范围为依法登记的养老服务机构、残疾人服务机构、儿童福利机构、救助管理机构、未成年人救助保护机构。

享受印花税免税优惠的慈善组织，具体范围为依法设立、符合《中华人民共和国慈善法》规定，以面向社会开展慈善活动为宗旨的非营利性组织。

（7）非营利性医疗卫生机构采购药品或者卫生材料书立的买卖合同。

享受印花税免税优惠的非营利性医疗卫生机构，具体范围为经县级以上人民政府卫生健康行政部门批准或者备案设立的非营利性医疗卫生机构。

（8）个人与电子商务经营者订立的电子订单。

享受印花税免税优惠的电子商务经营者，具体范围按《中华人民共和国电子商务法》有关规定执行。

（9）对社保基金会、社保基金投资管理人管理的社保基金转让非上市公司股权，免征社保基金会、社保基金投资管理人应缴纳的印花税。

（10）至2023年12月31日，对与高校学生签订的高校学生公寓租赁合同，免征印花税。

学思践悟

此条税收优惠政策体现了国家对于教育事业的支持。教育事业的发展是建设文化强国和提高人民综合素质的前提条件，是一项实现中国梦的经国伟业。大学生作为实现中国梦与发展中国梦的建设者和推动者，应该担当起历史重任与使命，刻苦学习，努力丰富自身的专业知识，提升综合素质修养，为实现中华民族伟大复兴作出应有的积极贡献。

根据国民经济和社会发展的需要，国务院对居民住房需求保障、企业改制重组、破产、支持小型微型企业发展等情形可以规定减征或者免征印花税，报全国人民代表大会常务委员会备案。

四、印花税征收管理

纳税人应当根据书立印花税应税合同、产权转移书据和营业账簿情况，填写“印花税税源明细表”，进行财产行为税综合申报。

应税合同、产权转移书据未列明金额，在后续实际结算时确定金额的，纳税人应当于书立应税合同、产权转移书据的首个纳税申报期申报应税合同、产权转移书据书立情况，在实际结算后下一个纳税申报期，以实际结算金额计算申报缴纳印花税。

（一）纳税义务发生时间

印花税的纳税义务发生时间为纳税人书立应税凭证或者完成证券交易的当日。

证券交易印花税扣缴义务发生时间为证券交易完成的当日。

（二）纳税地点

纳税人为单位的，应当向其机构所在地的主管税务机关申报缴纳印花税；纳税人为个人的，应当向应税凭证书立地或者纳税人居住地的主管税务机关申报缴纳印花税。

不动产产权发生转移的，纳税人应当向不动产所在地的主管税务机关申报缴纳印花税。

纳税人为境外单位或者个人，在境内有代理人的，以其境内代理人为扣缴义务人；在境内没有代理人的，由纳税人自行申报缴纳印花税，具体办法由国务院税务主管部门规定。

证券登记结算机构为证券交易印花税的扣缴义务人，应当向其机构所在地的主管税务机关申报解缴税款以及银行结算的利息。

（三）纳税期限

印花税按季、按年或者按次计征。应税合同、产权转移书据印花税可以按季或者按次申报缴纳；应税营业账簿印花税可以按年或者按次申报缴纳。实行按季、按年计征的，纳税人应当自季度、年度终了之日起十五日内申报缴纳税款；实行按次计征的，纳税人应当自纳税义务发生之日起十五日内申报缴纳税款。

证券交易印花税按周解缴。证券交易印花税扣缴义务人应当自每周终了之日起五日内申报解缴税款以及银行结算的利息。

印花税可以采用粘贴印花税票或者由税务机关依法开具其他完税凭证的方式缴纳。印花税票粘贴在应税凭证上的，由纳税人在每枚税票的骑缝处盖戳注销或者画销。

知识点梳理

本任务知识点梳理见表7-8。

表7-8 本任务知识点梳理

知识点	具体内容
1.征税对象	应税合同、产权转移书据、营业账簿和证券交易
2.计税依据	合同、产权转移书据以所列金额（不包括列明的增值税）作为计税依据；营业账簿以“实收资本（或股本）”和“资本公积”两项的合计金额作为计税依据；证券交易以成交金额作为计税依据
3.应纳税额	应纳税额 = 计税依据 × 比例税率

案例解析

本任务“引入案例”的解析如下：

（1）企业订立专有技术使用权转移书据应纳税额：

应纳税额 = 1 500 000 × 0.3‰ = 450（元）

（2）企业订立买卖合同应纳税额：

应纳税额 = 3 000 000 × 0.3‰ = 900（元）

（3）企业订立借款合同应纳税额：

应纳税额 = 800 000 × 0.05‰ = 40（元）

（4）企业营业账簿中“实收资本”所载资金应纳税额：

应纳税额 = 5 000 000 × 0.25‰ = 1 250（元）

（5）企业其他营业账簿免税。

9月份应缴纳的印花税 = 450 + 900 + 40 + 1 250 = 2 640（元）

案例中涉及的相关知识点回顾：

印花税应纳税额的计算采用从价计征的形式。对于各种合同、产权转移书据和营业账簿中的资金账簿，应纳税额 = 计税金额 × 适用税率。

知识翻转

某企业与A工厂签订加工承揽合同，合同规定，A工厂（委托方）提供价值70万元的原材料，该企业提供价值15万元的辅料，另收取加工费20万元，以上价格均为不含税价格。

请问：

（1）此项业务应该如何缴纳印花税？

（2）如果该企业与某铁路部门签订运输合同，合同载明运输费及保管费共计5万元，此项业务应该如何缴纳印花税？

知识考核

一、单项选择题

1. 下列各项不是印花税计税依据的是（　　）。

A. 买卖合同中的价款　　B. 租赁合同中的租金

C. 货物运输合同中的运输费用　　D. 借款合同中的借款本利合计

2. 根据印花税法律制度的规定，下列各项属于印花税纳税人的是（　　）。

A. 单位之间签订买卖合同的双方当事人

B. 个人之间签订买卖合同的双方当事人

C. 同业拆借合同的双方当事人

D. 管道运输合同的双方当事人

3. 某电厂与某运输公司签订了两份运输保管合同：第一份合同载明的金额合计50万元（运费和保管费并未分别记载）；第二份合同中注明运费30万元、保管费10万元。以上金额均不含增值税。已知：运输合同印花税税率为0.3‰；保管合同印花税税率为1‰。则该电厂签订这两份合同应缴纳的印花税税额为（　　）元。

A. 250　　B. 500　　C. 690　　D. 900

4. 某企业2023年9月成立，账簿记载实收资本400万元，当年已经计税贴花，2024年年末账簿记载实收资本600万元、资本公积20万元。该企业2024年应缴纳的营业账簿印花税税额为（　　）元。

A.1 175　　B.550　　C.1 100　　D.1 225

二、多项选择题

1.下列各项属于印花税征税范围的有（　　）。

A.法律咨询服务合同　　B.承揽合同

C.技术合同　　D.保管合同

2.下列各项关于印花税纳税人的表述，正确的有（　　）。

A.营业账簿以立账簿人为纳税人

B.产权转移书据以立据人为纳税人

C.建设工程合同以合同当事人为纳税人

D.证券交易以出让方为纳税人

3.根据印花税法律制度的规定，下列各项属于印花税征税范围的有（　　）。

A.会计师事务所与客户之间签订的审计咨询合同

B.发电厂与电网之间签订的供电合同

C.软件公司与用户之间签订的培训合同

D.研究所与企业之间签订的专有技术使用权转让书据

4.下列各项凭证免征印花税的有（　　）。

A.应税凭证的抄本　　B.农业保险合同

C.个人与电商签订的电子订单　　D.无息借款合同

三、判断题

1.根据印花税法律制度的规定，财产所有人将财产赠与政府、社会福利单位、学校及其他事业单位所立的书据免纳印花税。（　　）

2.营业账簿以账簿的件数为计税依据缴纳印花税。（　　）

3.同一应税凭证载有两个以上税目事项并分别列明金额的，按照各自适用的税目税率分别计算应纳税额；未分别列明金额的，从高适用税率。（　　）

四、计算题

某企业2023年7月成立，当年有关资料如下：

（1）实收资本年末余额100万元；

（2）与银行签订1年期借款合同，借款金额300万元，年利率5%；

（3）与甲公司签订以货换货合同，本企业的货物价格350万元，甲公司的货物价格450万元，均不含增值税；

（4）与乙公司签订受托加工合同，乙公司提供价值80万元的原材料，本企业提供价值15万元的辅助材料并收加工费20万元，均不含增值税；

（5）与丙公司签订专利权转让书据，转让价格500万元，不含增值税；

（6）与货运公司签订运输合同，载明运输费用8万元，不含增值税；

（7）与铁路部门签订运输合同，载明运输费用及保管费用共计20万元，不含增值税。

参考答案

要求：逐项计算该企业2023年应缴纳的印花税。

任务五　环境保护税

引入案例

晨化养殖场某年8月养牛存栏量为200头，污染当量值为0.1头，假设当地水污染物适用税额为每污染当量2.8元。

请问：该养殖场当月应缴纳环境保护税多少元？

工作任务

1. 了解环境保护税的概念、征税范围、税率、税收优惠和征收管理
2. 掌握环境保护税应纳税额的计算

电子课件

知识结构图

本任务知识结构图如图7–5所示。

环境保护税
- 环境保护税纳税人
- 环境保护税税目和税率
- 环境保护税计税依据
- 环境保护税应纳税额的计算
- 环境保护税税收优惠
- 环境保护税征收管理

文件法规

图7–5　本任务知识结构图

知识解析

环境保护税是对在我国领域以及管辖的其他海域直接向环境排放应税污染物的企事业单位和其他生产经营者征收的一种税。

学思践悟

习近平总书记在中央政治局第二十九次集体学习时指出，“十四五”时期，我国生态文明建设进入了以降碳为重点战略方向、推动减污降碳协同增效、促进经济社会发展全面绿色转型、实现生态环境质量改善由量变到质变的关键时期。碳达峰、碳中和有利于建立健全绿色低碳循环发展的经济体系，建立清洁、低碳、高效、安全的现代化能源生产和消费体系，加快形成绿色生产方式和生活方式，助推经济社会发展全

面绿色转型。碳达峰、碳中和目标愿景的提出将中国的绿色发展之路提升到新的高度，将成为未来数十年中国经济社会高质量发展的主基调。

环境保护税是第一部专门体现绿色税制的单行税法，其立法目的是保护和改善环境，减少污染物排放，推进生态文明建设。旨在引导、优化和倒逼产业结构调整，服务于国民经济绿色转型，推动绿色发展，支持先进装备创新，重点围绕碳达峰、碳中和目标，鼓励企业从全生命周期角度对产品进行系统优化，推动环保产业创新发展，深度参与全球气候治理。①

一、环境保护税纳税人

微课 环境保护税

环境保护税的纳税人是在中华人民共和国领域和中华人民共和国管辖的其他海域直接向环境排放应税污染物的企事业单位和其他生产经营者。

直接向环境排放应税污染物的企事业单位和其他生产经营者，除依照《中华人民共和国环境保护税法》（以下简称《环境保护税法》）的规定缴纳环境保护税外，还应当对所造成的损害依法承担责任。

二、环境保护税税目和税率

应税污染物，是指《环境保护税法》所附“环境保护税税目税额表”“应税污染物和当量值表”所规定的大气污染物、水污染物、固体废物和噪声。

有下列情形之一的，不属于直接向环境排放污染物，不缴纳相应污染物的环境保护税：

（1）企事业单位和其他生产经营者向依法设立的污水集中处理、生活垃圾集中处理场所排放应税污染物的。

（2）企事业单位和其他生产经营者在符合国家和地方环境保护标准的设施、场所中贮存或者处置固体废物的。

（3）达到省级人民政府确定的规模标准并且有污染物排放口的畜禽养殖场，应当依法缴纳环境保护税；依法对畜禽养殖废弃物进行综合利用和无害化处理的，不属于直接向环境排放污染物，不缴纳环境保护税。

【提示】依法设立的污水集中处理、生活垃圾集中处理场所，超过国家和地方排放标准向环境排放应税污染物的，应当缴纳环境保护税。企事业单位和其他生产经营者贮存或者处置固体废物不符合国家和地方环境保护标准，应当缴纳环境保护税。

环境保护税采用定额税率，其中，对应税大气污染物和水污染物规定了幅度定额税率，具体适用税额的确定和调整由省、自治区、直辖市人民政府统筹考虑本地区环境承载能力、污染物排放现状和经济社会生态发展目标要求，在规定的税额幅度内提出，报同级人民代表大会常务委员会决定，并报全国人民代表大会常务委员会和国务院备案。环境保护税税目税额表见表7-9。

① 史作廷，时希杰．努力推动实现碳达峰碳中和目标［J］．红旗文稿，2021（10）．

表7-9　　　　环境保护税税目税额表

<table>
<tr><th colspan="2">税　目</th><th>计税单位</th><th>税　额</th><th>备　注</th></tr>
<tr><td colspan="2">大气污染物</td><td>每污染当量</td><td>1.2元至12元</td><td></td></tr>
<tr><td colspan="2">水污染物</td><td>每污染当量</td><td>1.4元至14元</td><td></td></tr>
<tr><td rowspan="4">固体废物</td><td>煤矸石</td><td>每吨</td><td>5元</td><td rowspan="4"></td></tr>
<tr><td>尾矿</td><td>每吨</td><td>15元</td></tr>
<tr><td>危险废物</td><td>每吨</td><td>1 000元</td></tr>
<tr><td>冶炼渣、粉煤灰、炉渣、其他固体废物（含半固态、液态废物）</td><td>每吨</td><td>25元</td></tr>
<tr><td rowspan="6">噪声</td><td rowspan="6">工业噪声</td><td>超标1~3分贝</td><td>每月350元</td><td rowspan="6">（1）一个单位边界上有多处噪声超标，根据最高一处超标声级计算应纳税额；当沿边界长度超过100米有两处以上噪声超标，按照两个单位计算应纳税额
（2）一个单位有不同地点作业场所的，应当分别计算应纳税额，合并计征
（3）昼、夜均超标的环境噪声，昼、夜分别计算应纳税额，累计计征
（4）声源一个月内超标不足15天的，减半计算应纳税额
（5）夜间频繁突发和夜间偶然突发厂界超标噪声，按等效声级和峰值噪声两种指标中超标分贝值高的一项计算应纳税额</td></tr>
<tr><td>超标4~6分贝</td><td>每月700元</td></tr>
<tr><td>超标7~9分贝</td><td>每月1 400元</td></tr>
<tr><td>超标10~12分贝</td><td>每月2 800元</td></tr>
<tr><td>超标13~15分贝</td><td>每月5 600元</td></tr>
<tr><td>超标16分贝以上</td><td>每月11 200元</td></tr>
</table>

三、环境保护税计税依据

（一）计税依据确定的基本方法

应税污染物的计税依据，按照下列方法确定：（1）应税大气污染物按照污染物排放量折合的污染当量数确定；（2）应税水污染物按照污染物排放量折合的污染当量数确定；（3）应税固体废物按照固体废物的排放量确定；（4）应税噪声按照超过国家规定标准的分贝数确定。

1.应税大气污染物、水污染物计税依据的确定

应税大气污染物、水污染物按照污染物排放量折合的污染当量数确定计税依据。污染当量数以该污染物的排放量除以该污染物的污染当量值计算。其计算公式为：

$$\text{应税大气污染物、水污染物的污染当量数} = \text{该污染物的排放量} \div \text{该污染物的污染当量值}$$

【做中学7-10】（计算题）晨阳化工2023年9月向水体直接排放第一类水污染物总汞15千克，根据第一类水污染物污染当量值表，总汞的污染当量值为0.0005千克。污染当量数 = 15 ÷ 0.0005 = 30 000。

2.应税固体废物计税依据的确定

应税固体废物按照固体废物的排放量确定计税依据。固体废物的排放量为当期应税固体废物的产生量减去当期应税固体废物的贮存量、处置量、综合利用量的余额。其计算公式为：

$$\text{固体废物的排放量} = \text{当期固体废物的产生量} - \text{当期固体废物的综合利用量} - \text{当期固体废物的贮存量} - \text{当期固体废物的处置量}$$

3.应税噪声计税依据的确定

应税噪声按照超过国家规定标准的分贝数确定计税依据。

（二）应税大气污染物、水污染物、固体废物的排放量和噪声的分贝数的确定方法

应税大气污染物、水污染物、固体废物的排放量和噪声的分贝数，按照下列方法和顺序计算：

（1）纳税人安装使用符合国家规定和监测规范的污染物自动监测设备的，按照污染物自动监测数据计算。

（2）纳税人未安装使用污染物自动监测设备的，按照监测机构出具的符合国家有关规定和监测规范的监测数据计算。

（3）因排放污染物种类多等原因不具备监测条件的，按照国务院环境保护主管部门规定的排污系数、物料衡算方法计算。

（4）不能按照上述第（1）项至第（3）项规定的方法计算的，按照省、自治区、直辖市人民政府环境保护主管部门规定的抽样测算的方法核定计算。

四、环境保护税应纳税额的计算

（一）应税大气污染物应纳税额的计算

应税大气污染物应纳税额为污染当量数乘以具体适用税额。其计算公式为：

应税大气污染物的应纳税额 = 污染当量数 × 适用税额

【做中学7-11】（计算题）华兴化工厂2023年9月向大气直接排放二氧化硫100千克，该污染物的污染当量值为0.95。假设当地大气污染物每污染当量税额为1.2元，该化工厂只有一个排放口。其应纳税额计算如下：

第一步：计算该污染物的污染当量数。

污染当量数 = 该污染物的排放量 ÷ 该污染物的污染当量值 = 100 ÷ 0.95 ≈ 105.26

第二步：计算应纳税额。

应纳税额 = 105.26 × 1.2 ≈ 126.31（元）

（二）应税水污染物应纳税额的计算

应税水污染物的应纳税额为污染当量数乘以具体适用税额。其计算公式为：

应税水污染物的应纳税额 = 污染当量数 × 适用税额

（三）应税固体废物应纳税额的计算

应税固体废物的应纳税额为固体废物排放量乘以具体适用税额，其排放量为当期应税固体废物的产生量减去当期应税固体废物的贮存量、处置量、综合利用量的余额。其计算公式为：

$$\text{应税固体废物的应纳税额}=(\text{当期固体废物的产生量}-\text{当期固体废物的综合利用量}-\text{当期固体废物的贮存量}-\text{当期固体废物的处置量})\times\text{适用税额}$$

【做中学7-12】（计算题）宏伟矿业2023年9月产生尾矿2 000吨，其中综合利用尾矿600吨（符合国家相关规定），在符合国家和地方环境保护标准的设施中贮存600吨。请计算该企业当月尾矿应缴纳的环境保护税。假设环境保护税税率为15元/吨。

其应纳税额计算如下：

环境保护税应纳税额 =（2 000 – 600 – 600）× 15 = 12 000（元）

（四）应税噪声应纳税额的计算

应税噪声的应纳税额为超过国家规定标准的分贝数对应的具体适用税额。

【做中学7-13】（单项选择题）弘业门窗厂只有一个生产场所，2023年9月每天噪声超标12分贝。已知，工业噪声超标10至12分贝的，环境保护税税额为2 800元。该企业当月应缴纳的环境保护税为（　　）元。

A.0　　　　B.2 800　　　　C.28 000　　　　D.33 600

解析：B。

五、环境保护税税收优惠

（一）暂免征税项目

下列情形，暂予免征环境保护税：

（1）农业生产（不包括规模化养殖）排放应税污染物的。

（2）机动车、铁路机车、非道路移动机械、船舶和航空器等流动污染源排放应税污染物的。

（3）依法设立的城乡污水集中处理、生活垃圾集中处理场所排放应税污染物，不超过国家和地方规定的排放标准的。

（4）纳税人综合利用的固体废物，符合国家和地方环境保护标准的。

（5）国务院批准免税的其他情形。

（二）减征税额项目

（1）纳税人排放应税大气污染物或者水污染物的浓度值低于国家和地方规定的污染物排放标准30%的，减按75%征收环境保护税。

（2）纳税人排放应税大气污染物或者水污染物的浓度值低于国家和地方规定的污染物排放标准50%的，减按50%征收环境保护税。

六、环境保护税征收管理

（一）征管方式

环境保护税采用“企业申报、税务征收、环保协同、信息共享”的征管方式。纳税人应当依法如实办理纳税申报，对申报的真实性和完整性承担责任；税务机关依照《中华人民共和国税收征收管理法》和《环境保护税法》的有关规定征收管理；环境保护主管部门依照《环境保护税法》和有关环境保护法律法规的规定对污染物监测管理；县级以上地方人民政府应当建立税务机关、环境保护主管部门和其他相关单位分工协作工作机制；环境保护主管部门和税务机关应当建立涉税信息共享平台和工作配合机制，定期交换有关纳税信息资料。

（二）纳税义务发生时间及纳税期限

环境保护税纳税义务发生时间为纳税人排放应税污染物的当日。环境保护税按月计算，按季申报缴纳。不能按固定期限计算缴纳的，可以按次申报缴纳。

纳税人按季申报缴纳的，应当自季度终了之日起15日内，向税务机关办理纳税申报并缴纳税款。纳税人按次申报缴纳的，应当自纳税义务发生之日起15日内，向税务机关办理纳税申报并缴纳税款。

（三）纳税地点

纳税人应当向应税污染物排放地的税务机关申报缴纳环境保护税。应税污染物排放地是指应税大气污染物、水污染物排放口所在地；应税固体废物产生地；应税噪声产生地。

知识点梳理

本任务知识点梳理见表7-10。

表7-10　本任务知识点梳理

知识点	具体内容
1环境保护税纳税人	环境保护税的纳税人是在中华人民共和国领域和中华人民共和国管辖的其他海域直接向环境排放应税污染物的企事业单位和其他生产经营者
2.环境保护税的税目	大气污染物、水污染物、固体废物和噪声四大类
3.环境保护税应纳税额的计算	应税大气污染物、水污染物的污染当量数 = 该污染物的排放量 ÷ 该污染物的污染当量值 应税大气污染物的应纳税额 = 污染当量数 × 适用税额 应税水污染物的应纳税额 = 污染当量数 × 适用税额 应税固体废物的排放量 = 当期固体废物的产生量 − 当期固体废物的综合利用量 − 当期固体废物的贮存量 − 当期固体废物的处置量 应税固体废物的应纳税额 = 应税固体废物的排放量 × 适用税额 应税噪声的应纳税额为超过国家规定标准的分贝数对应的具体适用税额

知识解析

本任务“引入案例”的解析如下：

第一步，计算污染当量数。

污染当量数 = 200 ÷ 0.1 = 2 000；

第二步，计算应纳税额。

应纳税额 = 2 000 × 2.8 = 5 600（元）。

知识翻转

某企业10月产生尾矿1 000吨，其中综合利用尾矿300吨（符合国家和地方环境保护标准），在符合国家和地方环境保护标准的设施中贮存200吨。尾矿适用税额为15元/吨。

请问：该企业10月份应缴纳环境保护税多少元?

知识考核

一、单项选择题

1.根据环境保护税法律制度的规定，下列各项不征收环境保护税的是（　　）。

A.光源污染　　B.噪声

C.水污染物　　D.大气污染物

2.A公司生产200吨炉渣，30吨在符合国家和地方环境保护标准的设施中贮存，100吨综合利用且符合国家和地方环境保护标准，其余倒置弃于空地。已知炉渣适用的环境保护税税额为25元/吨。下列各项环境保护税的计算列式中，正确的是（　　）。

A.（200 - 100 - 30）× 25　　B.（200 - 30）× 25

C.（200 - 100）× 25　　D.200 × 25

3.甲企业为环境保护税的纳税人，该企业有一个污水排放口， 10月排放总铅600千克，污染当量值0.025千克，假设当地公布的环境保护税税额为每污染当量3.6元。甲企业当月应缴纳的环境保护税为（　　）元。

A.84 000　　B.86 400

C.84 600　　D.85 000

4.某企业10月产生尾矿1 500吨，其中综合利用尾矿500吨（符合国家和地方环境保护标准），在符合国家和地方环境保护标准的设施中贮存300吨。尾矿适用税额为15元/吨。该企业10月尾矿应缴纳的环境保护税为（　　）元。

A.10 500　　B.22 500

C.15 000　　D.18 000

二、多项选择题

1.根据环境保护税法律制度的规定，下列各项属于环境保护税征税范围的有（　　）。

A.噪声　　B.固体废物

C.大气污染物　　D.水污染物

2.下列各项属于环境保护税征税范围的有（　　）。

A.大气污染物　　B.建筑施工噪声

C.尾矿　　D.养鸡场未经处理排放的污水

参考答案

项目八

房产税、城镇土地使用税和耕地占用税

任务一 房产税

引入案例

美华公司自营地下商场，应税房产原值为40万元。
请问：每年需要缴纳的房产税税额最多为多少元？

工作任务

1. 确定房产税的纳税人
2. 掌握房产税的征税范围及应纳税额的计算

电子课件

知识结构图

文件法规

本任务知识结构图如图8-1所示。

房产税
- 房产税纳税人
- 房产税征税范围
- 房产税税率
- 房产税计税依据
- 房产税应纳税额的计算
- 房产税税收优惠
- 房产税征收管理

图8-1 本任务知识结构图

知识解析

房产税，是以房产为征税对象，按照房产的计税价值或房产租金收入向房产所有人或经营管理人等征收的一种税。

1986年9月15日，国务院颁布并于同年10月1日起施行《中华人民共和国房产税暂行条例》（以下简称《房产税暂行条例》），同年9月25日，财政部、国家税务总局印发《关于房产税若干具体问题的解释和暂行规定》。之后，国务院以及财政部、国家税务总局又陆续发布了一些有关房产税的规定办法，这些构成了我国房产税法律制度。

一、房产税纳税人

房产税的纳税人，是指在我国城市、县城、建制镇和工矿区内拥有房屋产权的单位和个人。其具体包括产权所有人、承典人、房产代管人或者使用人。

房产税的征税对象是房屋。所谓房屋是指有屋面和围护结构（有墙或两边柱），能够遮风避雨，可供人们在其中生产、工作、学习、娱乐、居住或储藏物资的场所。

（1）产权属于国家所有的，其经营管理的单位为纳税人；产权属于集体和个人的，集体单位和个人为纳税人。所称单位，包括国有企业、集体企业、私营企业、股份制企业、外商投资企业、外国企业以及其他企业和事业单位、社会团体、国家机关、军队以及其他单位；所称个人，包括个体工商户以及其他个人。

（2）产权出典的，承典人为纳税人。在房屋的管理和使用中，产权出典，是指产权所有人出于某种需要，将自己房屋的产权，在一定期限内转让（出典）给他人使用而取得出典价款的一种融资行为。产权所有人（房主）称为房屋出典人；支付现金或实物取得房屋支配权的人称为房屋的承典人。这种业务一般发生于出典人急需资金，但又想保留产权回赎权的情况。承典人向出典人交付一定的典价后，在质典期内获取抵押物品的支配权，并可转典。产权的典价一般要低于卖价。出典人在规定期间内须归还典价的本金和利息，方可赎回出典房屋的产权。由于在房屋出典期间，产权所有人已无权支配房屋，因此，税法规定对房屋具有支配权的承典人为纳税人。

（3）产权所有人、承典人均不在房产所在地的，房产代管人或者使用人为纳税人。

（4）产权未确定以及租典纠纷未解决的，房产代管人或者使用人为纳税人。租典纠纷，是指产权所有人在房产出典和租赁关系上，与承典人、租赁人发生各种争议，特别是有关权利和义务的争议悬而未决的。此外，还有一些产权归属不清的问题，也都属于租典纠纷。对租典纠纷未解决的房产由代管人或使用人纳税，主要目的是消除纳税盲点，加强征收管理，保证税收公平。

（5）纳税单位和个人无租使用房产管理部门、免税单位及纳税单位的房产，由使用人代为缴纳房产税。

（6）房地产开发企业建造的商品房，在出售前，不征收房产税，但对出售前房地产开发企业已使用或出租、出借的商品房，应按规定征收房产税。

学思践悟

“安得广厦千万间，大庇天下寒士俱欢颜。”杜甫这句一千多年以前心系苍生的锥心之问，也是今天很多老百姓最牵肠挂肚的事。住有所居是安居乐业的起点，是维护社会和谐稳定的基石，也是中国特色社会主义的内在要求。改革开放后特别是20世纪90年代以来，我国房地产市场快速持续发展，改善了千万家庭的住房条件，有力促进了经济社会发展。但随着时间的推移，问题也开始显现，尤其伴随着房地产行业的高歌猛进，一些一线城市和沿海城市的房价飙升不止，工薪阶层只能“望房兴叹”。高房价的出现，“宁炒一座楼、不开一家厂”的盛行，在导致大量资金“脱实向虚”加剧泡沫的同时，也助长了浮躁的社会心态。

① 晨风. 坚持“房子是用来住的，不是用来炒的”定位——论促进长沙房地产市场平稳健康发展［N］. 湖南日报，2018-06-19.

对此，无论是部门督导约谈、打击违规经营贷，还是多个热点城市迅速完善调控政策、整顿规范市场秩序，都释放出明确的信号：坚持房子是用来住的、不是用来炒的定位，坚决遏制投机炒房，促进房地产市场平稳健康发展。房地产市场平稳健康发展，既是重大经济问题，也是重大民生问题。无论是满足群众住有所居的热切期待，还是防范和化解系统性风险，都要坚持房子是用来住的、不是用来炒的定位，推动金融、房地产与实体经济均衡发展。从2016年年底中央经济工作会议明确房子是用来住的、不是用来炒的定位以来，各地各部门时刻绷紧房地产市场调控这根弦，全面落实房地产长效机制，房地产市场总体进入平稳发展阶段。

对房子所有者征收房产税，能够调节纳税人的收入水平，提高房子的使用效益，按捺房产投资和投机，阻挠房地产市场泡沫化，促进宏观经济的和谐稳定发展。①

【做中学8-1】（判断题）张某将个人拥有产权的房屋出典给李某，则李某为该房屋房产税的纳税人。（ ）

答案：正确。房产税法律制度规定，房屋出典的，承典人为房产税的纳税人。题中表述是正确的。

二、房产税征税范围

房产税的征税范围为城市、县城、建制镇和工矿区的房屋。其中，城市是指国务院批准设立的市，其征税范围为市区、郊区和市辖县城，不包括农村；县城是指未设立建制镇的县人民政府所在地的地区；建制镇是指经省、自治区、直辖市人民政府批准设立的建制镇；工矿区是指工商业比较发达、人口比较集中，符合国务院规定的建制镇的标准，但尚未设立建制镇的大中型工矿企业所在地。在工矿区开征房产税必须经省、自治区、直辖市人民政府批准。

独立于房屋之外的建筑物，如围墙、烟囱、水塔、菜窖、室外游泳池等不属于房产税的征税范围。

三、房产税税率

我国现行房产税采用从价计征和从租计征的形式，实行不同标准的比例税率。

（1）从价计征的，税率为1.2%。

（2）从租计征的，税率为12%。对个人按市场价格出租的居民住房，用于居住的，可暂减按4%的税率征收房产税。对企事业单位、社会团体以及其他组织向个人、专业化规模化住房租赁企业出租住房的，减按4%的税率征收房产税。

四、房产税计税依据

房产税以房产的计税价值或房产租金收入为计税依据。按房产计税价值征税的，称为从价计征；按房产租金收入征税的，称为从租计征。

① 丁怡婷．坚持房子是用来住的、不是用来炒的定位［N］．人民日报，2021-05-11.

（一）从价计征房产税的计税依据

从价计征的房产税，是以房产余值为计税依据。房产税依照房产原值一次减除10%～30%后的余值计算缴纳。具体扣减比例由省、自治区、直辖市人民政府确定。房产原值，是指纳税人按照会计制度的规定，在账簿“固定资产”科目中记载的房屋原价。自2009年1月1日起，对依照房产原值计税的房产，不论是否记载在会计账簿“固定资产”科目中，均应按照房屋原价计算缴纳房产税。房屋原价应根据国家有关会计制度的规定进行核算。对纳税人未按国家会计制度核算并记载的，应按规定予以调整或重新评估。房产余值，是房产的原值减除规定比例后的剩余价值。

1. 房屋附属设备和配套设施的计税规定

房产原值应包括与房屋不可分割的各种附属设备或一般不单独计算价值的配套设施。其主要有：采暖、卫生、通风、照明、煤气等设备；各种管线，如蒸汽、压缩空气、石油、给排水等管道及电力、电信、电缆导线；电梯、升降机、过道等。凡以房屋为载体，不可随意移动的附属设备和配套设施，如给排水、采暖、消防、中央空调、电气及智能化楼宇设备等，无论在会计核算中是否单独记账与核算，都应计入房产原值，计征房产税。

纳税人对原有房屋进行改建、扩建的，要相应增加房屋的原值。对更换房屋附属设备和配套设施的，在将其价值计入房产原值时，可扣减原来相应设备和设施的价值；对附属设备和配套设施中易损坏、需要经常更换的零配件，更新后不再计入房产原值。

2. 对于投资联营的房产的计税规定

（1）对以房产投资联营、投资者参与投资利润分红、共担风险的，按房产余值作为计税依据计缴房产税。

（2）对以房产投资收取固定收入、不承担经营风险的，实际上是以联营名义取得房屋租金，应以出租方取得的租金收入为计税依据计缴房产税。

【请注意】对于融资租赁房屋的情况，由于租赁费包括购进房屋的价款、手续费、借款利息等，与一般房屋出租的“租金”内涵不同，且租赁期满后，当承租方支付最后一笔租赁费时，房屋产权要转移到承租方。这实际是一种变相的分期付款购买固定资产的形式，所以在计征房产税时应以房产余值计算征收。

3. 居民住宅区内业主共有的经营性房产的计税规定

从2007年1月1日起，对居民住宅内业主共有的经营性房产，由实际经营（包括自营和出租）的代管人或使用人缴纳房产税。其中自营的依照房产原值减除10%～30%后的余值计征，没有房产原值或不能将业主共有房产与其他房产的原值准确划分开的，由房产所在地地方税务机关参照同类房产核定房产原值；出租房产的，按照租金收入计征。

（二）从租计征房产税的计税依据

房产出租的，以房屋出租取得的租金收入为计税依据，计缴房产税。

房产的租金收入，是指房屋产权所有人出租房产使用权所取得的报酬，包括货币收入和实物收入。对以劳务或其他形式为报酬抵付房租收入的，应根据当地同类房产的租金水平，确定一个标准租金额从租计征。

纳税人对个人出租房屋的租金收入申报不实或申报数与同一地段同类房屋的租金收入相比明显不合理的，税务部门可以按照《中华人民共和国税收征收管理法》的有关规定，采取科学合理的方法核定其应纳税额。

五、房产税应纳税额的计算

（一）从价计征房产税应纳税额的计算

从价计征是按房产的原值减除一定比例后的余值计征。其计算公式为：

从价计征的房产税应纳税额 = 应税房产原值 ×（1 − 扣除比例）× 1.2%

式中：扣除比例幅度为10% ~ 30%，具体扣除比例由省、自治区、直辖市人民政府规定。

（二）从租计征房产税应纳税额的计算

从租计征是按房产的租金收入计征。其计算公式为：

从租计征的房产税应纳税额 = 租金收入 × 12%（或4%）

【做中学8-2】（单项选择题）某企业一幢房产原值600 000元，已知房产税税率为1.2%，当地规定计算房产税时房产原值扣除比例为30%，该房产年度应缴纳的房产税税额为（　　）元。

A.9 360　　B.7 200　　C.5 040　　D.2 160

答案：C。应纳房产税 = 600 000 ×（1 − 30%）× 1.2% = 5 040（元）。

六、房产税税收优惠

（1）国家机关、人民团体、军队自用的房产免征房产税。但上述免税单位的出租房产以及非自身业务使用的生产、营业用房，不属于免税范围。

（2）由国家财政部门拨付事业经费（全额或差额）的单位（学校、医疗卫生单位、托儿所、幼儿园、敬老院以及文化、体育、艺术类单位）所有的、本身业务范围内使用的房产免征房产税。由国家财政部门拨付事业经费的单位，其经费来源实行自收自支后，从事业单位实行自收自支的年度起，免征房产税3年。上述单位所属的附属工厂、商店、招待所等不属于单位公务、业务的用房，应照章纳税。

（3）宗教寺庙、公园、名胜古迹自用的房产免征房产税。宗教寺庙自用的房产，是指举行宗教仪式等的房屋和宗教人员使用的生活用房屋。公园、名胜古迹自用的房产，是指供公共参观游览的房屋及其管理单位的办公用房屋。宗教寺庙、公园、名胜古迹中附设的营业单位，如影剧院、饮食部、茶社、照相馆等所使用的房产及出租的房产，不属于免税范围，应照章征税。

（4）个人所有非营业用的房产免征房产税。个人所有的非营业用房，主要是指居民住房，不分面积大小，一律免征房产税。

（5）经财政部批准免税的其他房产。

① 毁损不堪居住的房屋和危险房屋，经有关部门鉴定，在停止使用后，可免征房产税。

② 纳税人因房屋大修导致连续停用半年以上的，在房屋大修期间免征房产税，免征税额由纳税人在申报缴纳房产税时自行计算扣除，并在申报表附表或备注栏中作相应说明。纳税人房屋大修停用半年以上需要免征房产税的，应在房屋大修前向主管税务机关报送相关的证明材料，包括大修房屋的名称、坐落地点，产权证编号，房产原值、用途，房屋大修的原因、大修合同及大修的起止时间等信息和资料，以备税务机关查验。具体报送

材料由各省、自治区、直辖市和计划单列市税务局确定。

③ 在基建工地为基建工地服务的各种工棚、材料棚、休息棚和办公室、食堂、茶炉房、汽车房等临时性房屋，施工期间一律免征房产税。但工程结束后，施工企业将这种临时性房屋交还或估价转让给基建单位的，应从基建单位接收的次月起，照章纳税。

④ 对公共租赁住房免征房产税。公共租赁住房经营单位应单独核算公共租赁住房租金收入，未单独核算的，不得享受免征房产税优惠政策。对廉租住房经营管理单位按照政府规定价格向规定保障对象出租廉租住房的租金收入，免征房产税。对个人出租住房，不区分用途，按4%的税率征收房产税；对企事业单位、社会团体以及其他组织按市场价格向个人出租用于居住的住房，减按4%的税率征收房产税。

⑤ 对高校学生公寓免征房产税。

⑥ 对非营利性医疗机构、疾病控制机构和妇幼保健机构等卫生机构自用的房产，免征房产税。

⑦ 老年服务机构自用的房产免征房产税。老年服务机构是指专门为老年人提供生活照料、文化、护理、健身等多方面服务的福利性、非营利性的机构，主要包括老年社会福利院、敬老院（养老院）、老年服务中心、老年公寓（含老年护理院、康复中心、托老所）等。

⑧ 对按政府规定价格出租的公有住房和廉租住房，包括企业和自收自支事业单位向职工出租的单位自有住房，房管部门向居民出租的公有住房，落实私房政策中带户发还产权并以政府规定租金标准向居民出租的私有住房等，暂免征收房产税。

⑨ 向居民供热并向居民收取采暖费的供热企业暂免征收房产税。供热企业包括专业供热企业、兼营供热企业，如自供热单位及为小区居民供热的物业公司等，不包括从事热力生产但不直接向居民供热的企业。

⑩ 自2019年1月1日至2023年12月31日，对国家级、省级科技企业孵化器、大学科技园和国家备案众创空间自用以及无偿或通过出租等方式提供给在孵对象使用的房产、土地，免征房产税。

⑪自2019年1月1日至2023年12月31日，对农产品批发市场、农贸市场（包括自有和承租）专门用于经营农产品的房产、土地，暂免征收房产税。对同时经营其他产品的农产品批发市场和农贸市场使用的房产、土地，按其他产品与农产品交易场地面积的比例确定征免房产税。农产品批发市场、农贸市场的行政办公区、生活区，以及商业餐饮娱乐等非直接为农产品交易提供服务的房产、土地，应按规定征收房产税。

⑫自2016年1月1日起，国家机关、军队、人民团体、财政补助事业单位、居民委员会、村民委员会拥有的体育场馆，用于体育活动的房产、土地，免征房产税。经费自理事业单位、体育社会团体、体育基金会、体育类民办非企业单位拥有并运营管理的体育场馆，符合规定条件的，其用于体育活动的房产、土地，免征房产税。企业拥有并运营管理的大型体育场馆，其用于体育活动的房产、土地，减半征收房产税。

七、房产税征收管理

（一）纳税义务发生时间

（1）将原有房产用于生产经营的，从生产经营之月起，计征房产税。

（2）自建的房屋用于生产经营的，自建成之日的次月起，计征房产税。

（3）委托施工企业建设的房屋，从办理验收手续之日的次月起，计征房产税。对于在办理验收手续前已使用或出租、出借的新建房屋，应从使用或出租、出借的当月起按规定计征房产税。

（4）购置新建商品房，自房屋交付使用之次月起计征房产税。

（5）购置存量房，自办理房屋权属转移、变更登记手续，房地产权属登记机关签发房屋权属证书之次月起计征房产税。

（6）出租、出借房产，自交付出租、出借房产之次月起计征房产税。

（7）房地产开发企业自用、出租、出借本企业建造的商品房，自房屋使用或交付之次月起计征房产税。

（二）纳税期限

房产税实行按年征收，分期缴纳。纳税期限由省、自治区、直辖市人民政府规定。

（三）纳税地点

房产税在房产所在地缴纳。房产不在同一地方的纳税人，应按房产的坐落地点分别向房产所在地的税务机关缴纳。

知识点梳理

本任务知识点梳理见表8-1。

表8-1 本任务知识点梳理

知识点	具体内容
1.房产税纳税人	在我国城市、县城、建制镇和工矿区内拥有房屋产权的单位和个人
2.房产税税率	（1）从价计征的，税率为1.2% （2）从租计征的，税率为12%（或4%）
3.房产税计税依据	从价计征的房产税，是以房产余值为计税依据；房产出租的，以房屋出租取得的租金收入为计税依据
4.房产税计算公式	从价计征的房产税应纳税额＝应税房产原值×（1-扣除比例）×1.2% 从租计征的房产税应纳税额＝租金收入×12%（或4%）

案例解析

本任务“引入案例”解析如下：

每年需要缴纳的房产税税额 = 房产原值 ×（1−10%）× 1.2%
　　　　　　　　　　　　= 400 000 × 90% × 1.2%
　　　　　　　　　　　　= 4 320（元）

案例中涉及的相关知识点回顾见表8-2。

表8-2　相关知识点回顾

知识点	具体内容
房产税纳税人	在我国城市、县城、建制镇和工矿区内拥有房屋产权的单位和个人
房产税税率	1.从价计征的，税率为1.2% 2.从租计征的，税率为12%（或4%）
房产税应纳税额的计算	从价计征的房产税应纳税额 = 应税房产原值 ×（1 − 扣除比例）× 1.2% 从租计征的房产税应纳税额 = 租金收入 × 12%（或4%）

知识翻转

近期，随着房价的上涨，房地产税的全面开征成为大家热议的话题。有的人认为房地产税能在一定程度上抑制持有多套房，但却非打压房价的"利器"。一些专家认为从以往经验看，很多国家，包括我国的香港地区，都有房产持有税，但无法以此抑制房价波动，某些年份房价依然上涨，比如香港房价已连涨10年；上海自2011年开征房地产税以来，也未能明显压制房价。从国内征税前景看，将来我国房地产税的税基和税率，将总体小于发达国家，其对房价的冲击有限。

可有的人认为房地产税的征收可以调节贫富差距。房地产税是直接税，比间接税更有利于发挥调节收入分配差距的功能。房地产税向保有环节（房产税）的征收转变，实际上意味着中国开始征收财产税。财产税的征收，表明中国真正启动了调节贫富差距的远大计划。同时，房地产税征收可以增加"炒房者"的持有成本，从而有效地抑制房价。

结合当前社会现象，你认为征收房地产税真的能抑制房地产泡沫吗？

知识考核

一、单项选择题

1.某企业2023年度自有生产用房原值5 000万元，账面已提折旧1 000万元。已知房产税税率为12%，当地政府规定计算房产税时房产原值的扣除比例为30%。该企业2023年度应缴纳的房产税税额为（　　）万元。

A.18　　B.33.6　　C.42　　D.48

2.房产税是以（　　）为课税对象，向产权所有人征收的一种税。

A.土地使用权　　B.房产人　　C.房产　　D.纳税人

二、多项选择题

参考答案

根据房产税法律制度的规定，下列各项不属于房产税征税对象的有（　　）。

A. 工厂围墙　　B. 宾馆的室外游泳池

C. 水塔　　D. 企业职工宿舍

三、判断题

学校兴办的招待所用房可免征房产税。（　　）

任务二　城镇土地使用税

引入案例

某市肉制品加工企业2023年占地60 000平方米，其中办公占地5 000平方米，生猪养殖基地占地28 000平方米，肉制品加工车间占地16 000平方米，企业内部道路及绿化占地11 000平方米。企业所在地城镇土地使用税单位税额每平方米0.8元。

请问：该企业全年应缴纳城镇土地使用税多少元？

工作任务

电子课件

1. 确定城镇土地使用税的纳税人
2. 掌握城镇土地使用税的征收范围和税率

文件法规

知识结构图

本任务知识结构图如图8-2所示。

城镇土地使用税
- 城镇土地使用税纳税人
- 城镇土地使用税征税范围
- 城镇土地使用税税率
- 城镇土地使用税计税依据
- 城镇土地使用税应纳税额的计算
- 城镇土地使用税税收优惠
- 城镇土地使用税征收管理

图8-2　本任务知识结构图

知识解析

城镇土地使用税是国家在城市、县城、建制镇和工矿区范围内，对使用土地的单位和个人，以其实际占用的土地面积为计税依据，按照规定的税额计算征收的一种税。

1988年9月27日，国务院颁布《中华人民共和国城镇土地使用税暂行条例》（以下简称《城镇土地使用税暂行条例》），自1988年11月1日起施行；2006年12月，国务院颁布《国务院关于修改〈中华人民共和国城镇土地使用税暂行条例〉的决定》，自2007年1月1日起施行；之后，财政部、国家税务总局又陆续发布了一些有关城镇土地使用税的规定，这些构成了我国城镇土地使用税法律制度。

一、城镇土地使用税纳税人

城镇土地使用税的纳税人，是指在税法规定的征税范围内使用土地的单位和个人。单位，包括国有企业、集体企业、私营企业、股份制企业、外商投资企业、外国企业以及其他企业和事业单位、社会团体、国家机关、军队以及其他单位。个人，包括个体工商户以及其他个人。

城镇土地使用税的纳税人，根据用地者的不同情况分别确定为：

（1）城镇土地使用税由拥有土地使用权的单位或个人缴纳。

（2）拥有土地使用权的纳税人不在土地所在地的，城镇土地使用税由代管人或实际使用人缴纳。

（3）土地使用权未确定或权属纠纷未解决的，城镇土地使用税由实际使用人缴纳。

（4）土地使用权共有的，共有各方均为纳税人，城镇土地使用税由共有各方分别缴纳。

土地使用权共有的，以共有各方实际使用土地的面积占总面积的比重，分别计算缴纳城镇土地使用税。

二、城镇土地使用税征税范围

城镇土地使用税的征税范围是税法规定的纳税区域内的土地。凡在城市、县城、建制镇、工矿区范围内的土地，不论是属于国家所有的土地，还是集体所有的土地，都是城镇土地使用税的征税范围。

城市，是指国务院批准设立的市，城市的征税范围包括市区和郊区。县城，是指县人民政府所在地，县城的征税范围为县人民政府所在地的城镇。建制镇是指经省、自治区、直辖市人民政府批准设立的建制镇，建制镇的征税范围为镇人民政府所在地的地区，但不包括镇政府所在地所辖行政村。工矿区，是指工商业比较发达，人口比较集中，符合国务院规定的建制镇标准，但尚未设立建制镇的大中型工矿企业所在地。工矿区的设立必须经省级人民政府批准。城市、县城、建制镇和工矿区虽然有行政区域和城建区域之分，但区域中的不同地方，其自然条件和经济繁荣程度各不相同，情况非常复杂，各省级人民政府可根据税法的规定，具体划定本地城市、县城、建制镇和工矿区的征税范围。

建立在城市、县城、建制镇和工矿区以外的工矿企业则不需缴纳城镇土地使用税。自2009年1月1日起，公园、名胜古迹内的索道公司经营用地，应按规定缴纳城镇土地使用税。

在城镇土地使用税征税范围内，承租集体所有建设用地的，由直接从集体经济组织承租土地的单位和个人缴纳城镇土地使用税。

学思践悟

近几年，为了抑制投资过热，促进合理开发利用土地，中央采取了一系列宏观调控措施，特别加强了对土地的管理，但一些地区和行业固定资产投资增长过快、乱占滥用土地的现象仍然严重。据有关报道，目前已出让的土地有2/3仍处于闲置状态。

开征城镇土地使用税，有利于通过经济手段，加强对土地的管理，变土地的无偿使用为有偿使用，促进合理、节约使用土地，提高土地使用效益；有利于适当调节不同地区、不同地段之间的土地级差收入，促进企业加强经济核算，理顺国家与土地使用者之间的分配关系；有利于进一步贯彻落实国家加强土地宏观调控的措施，有利于促进房地产市场的健康发展，有利于增加地方的财政收入。

三、城镇土地使用税税率

城镇土地使用税采用定额税率，即采用有幅度的差别税额。按大、中、小城市和县城、建制镇、工矿区分别规定每平方米城镇土地使用税年应纳税额。大、中、小城市以公安部门登记在册的非农业正式户口人数为依据，按照国务院颁布的《城市规划条例》中规定的标准划分。人口在50万以上的为大城市；人口在20万至50万之间的为中等城市；人口在20万以下的为小城市。城镇土地使用税每平方米年税额标准具体规定如下：

（1）大城市1.5 ~ 30元；

（2）中等城市1.2 ~ 24元；

（3）小城市0.9 ~ 18元；

（4）县城、建制镇、工矿区0.6 ~ 12元。

城镇土地使用税规定幅度税额，而且每个幅度税额的差距为20倍。这主要是考虑我国各地存在着悬殊的土地级差收益，同一地区内不同地段的市政建设情况和经济发展程度也有较大的差别。省、自治区、直辖市人民政府，在上述规定的税额幅度内，根据市政建设情况、经济繁荣程度等条件，确定所辖地区的适用税额幅度。经济落后地区，城镇土地使用税的适用税额标准可适当降低，但降低幅度不得超过上述规定最低税额的30%。经济发达地区，城镇土地使用税的适用税额可以适当提高，但须报经财政部批准。这样，各地在确定不同地段的等级和适用税额时，就有选择余地，并能够尽量做到平衡税负。

四、城镇土地使用税计税依据

城镇土地使用税的计税依据是纳税人实际占用的土地面积，土地面积以平方米为计量标准，具体按以下办法确定：

（1）凡由省级人民政府确定的单位组织测定土地面积的，以测定的土地面积为准。

（2）尚未组织测定，但纳税人持有政府部门核发的土地使用证书的，以证书确定的土地面积为准。

（3）尚未核发土地使用证书的，应由纳税人据实申报土地面积，并据以纳税，待核发土地使用证书后再作调整。

五、城镇土地使用税应纳税额的计算

城镇土地使用税以纳税人实际占用的土地面积为计税依据，按照规定的适用税额计算征收。其应纳税额计算公式为：

年应纳税额 = 实际占用应税土地面积（平方米）× 适用税额

【做中学8-3】（计算题）某企业实际占地面积为25 000平方米，经税务机关核定，该企业所在地段适用的城镇土地使用税每平方米年税额为2元。

要求：计算该企业全年应缴纳的城镇土地使用税税额。

答案：该企业全年应缴纳的城镇土地使用税税额 = 实际占用应税土地面积× 适用税额 = 25 000 × 2 = 50 000（元）。

六、城镇土地使用税税收优惠

（一）下列用地免征城镇土地使用税

（1）国家机关、人民团体、军队自用的土地。

（2）由国家财政部门拨付事业经费的单位自用的土地。

（3）宗教寺庙、公园、名胜古迹自用的土地。

（4）市政街道、广场、绿化带等公共用地。

（5）直接用于农、林、牧、渔业的生产用地。

（6）经批准开山填海整治的土地和改造的废弃土地，从使用的月份起免缴土地使用税5—7年。

（7）非营利性医疗机构、疾病控制机构和妇幼保健等卫生机构和非营利性科研机构自用的土地。

（8）国家拨付事业经费和企业办的各类学校，托儿所，幼儿园自用的土地。

（9）免税单位无偿使用纳税单位的土地（如公安、海关等单位使用铁路、民航等单位的土地）。

纳税单位无偿使用免税单位的土地，纳税单位应照章缴纳城镇土地使用税。纳税单位与免税单位共同使用、共有使用权土地上的多层建筑的，纳税单位可按其占用的建筑面积占建筑总面积的比例计征城镇土地使用税。

（10）改造安置住房建设用地。

在商品住房等开发项目中配套建造安置住房的，依据政府部门出具的相关材料、房屋征收（拆迁）补偿协议或棚户区改造合同（协议），按改造安置住房建筑面积占总建筑面积的比例免征城镇土地使用税。

（11）为了体现国家的产业政策，支持重点产业的发展，对石油、电力、煤炭等能源用地，民用港口、铁路等交通用地和水利设施用地，盐业、采石场、邮电等一些特殊用地划分了征免税界限和给予政策性减免税照顾。具体规定如下：

① 对石油天然气生产建设中用于地质勘探、钻井、井下作业、油气田地面工程等施工临时用地，石油天然气生产企业厂区以外的铁路专用线、公路及输油（气、水）管道用地，油气长输管线用地，暂免征收城镇土地使用税。

② 对企业的铁路专用线、公路等用地，在厂区以外、与社会公用地段未加隔离的，暂免征收城镇土地使用税。

③ 对企业厂区以外的公共绿化用地和向社会开放的公园用地，暂免征收城镇土地使用税；对企业厂区（包括生产、办公及生活区）以内的绿化用地，应照章征收城镇土地使用税。

④ 对盐场的盐滩、盐矿的矿井用地，暂免征收城镇土地使用税。

(12) 自2023年1月1日起至2027年12月31日止，对物流企业自有（包括自用和出租）或承租的大宗商品仓储设施用地，减按所属土地等级适用税额标准的50%计征城镇土地使用税。

仓储设施用地，包括仓库库区内的各类仓房（含配送中心)、油罐（池)、货场、晒场（堆场)、罩棚等储存设施和铁路专用线、码头、道路、装卸搬运区域等物流作业配套设施的用地。

物流企业的办公、生活区用地及其他非直接用于大宗商品仓储的土地，不属于减税范围，应按规定征收城镇土地使用税。

（二）省、自治区、直辖市税务局确定的城镇土地使用税减免优惠

1. 个人所有的居住房屋及院落用地。

2. 房产管理部门在房租调整改革前经租的居民住房用地。

3. 免税单位职工家属的宿舍用地。

4. 集体和个人办的各类学校、医院、托儿所、幼儿园用地。

七、城镇土地使用税征收管理

（一）纳税义务发生时间

(1) 纳税人购置新建商品房，自房屋交付使用之次月起，缴纳城镇土地使用税。

(2) 纳税人购置存量房，自办理房屋权属转移、变更登记手续，房地产权属登记机关签发房屋权属证书之次月起，缴纳城镇土地使用税。

(3) 纳税人出租、出借房产，自交付出租、出借房产之次月起，缴纳城镇土地使用税。

(4) 以出让或转让方式有偿取得土地使用权的，应由受让方从合同约定交付土地时间的次月起缴纳城镇土地使用税；合同未约定交付土地时间的，由受让方从合同签订的次月起缴纳城镇土地使用税。

(5) 纳税人新征用的耕地，自批准征用之日起满1年时开始缴纳土地使用税。

(6) 纳税人新征用的非耕地，自批准征用次月起缴纳城镇土地使用税。

（二）纳税地点

城镇土地使用税在土地所在地缴纳。

纳税人使用的土地不属于同一省、自治区、直辖市管辖的，由纳税人分别向土地所在地税务机关缴纳城镇土地使用税；在同一省、自治区、直辖市管辖范围内，纳税人跨地区使用的土地，其纳税地点由各省、自治区、直辖市税务机关确定。

（三）纳税期限

城镇土地使用税按年计算、分期缴纳，具体纳税期限由省、自治区、直辖市人民政府确定。

知识点梳理

本任务知识点梳理见表8-3。

表8-3　本任务知识点梳理

知识点	具体内容
1.城镇土地使用税纳税人	在税法规定的征税范围内使用土地的单位和个人
2.城镇土地使用税税率	（1）大城市1.5～30元 （2）中等城市1.2～24元 （3）小城市0.9～18元 （4）县城、建制镇、工矿区0.6～12元
3.城镇土地使用税计税依据	（1）凡由省级人民政府确定的单位组织测定土地面积的，以测定的土地面积为准 （2）尚未组织测定，但纳税人持有政府部门核发的土地使用证书的，以证书确定的土地面积为准 （3）尚未核发土地使用证书的，应由纳税人据实申报土地面积，并据以纳税，待核发土地使用证书后再作调整
4.城镇土地使用税应纳税额的计算	应纳税额计算公式：年应纳税额 = 实际占用应税土地面积× 适用税额

案例解析

本任务“引入案例”的解析如下：

应纳城镇土地使用税 =（60 000 - 28 000）× 0.8 = 25 600（元）

案例中涉及的相关知识点回顾见表8-4。

表8-4　相关知识点回顾

知识点	具体内容
纳税人	在税法规定的征税范围内使用土地的单位和个人
税率	按照每平方米征收城镇土地使用税计算年应纳税额时对应的税率
应纳税额的计算	年应纳税额 = 实际占用应税土地面积× 适用税额

知识翻转

房地产开发企业一般经历前期准备、建筑施工和销售房产三个阶段，有的企业认为既然商品房在售出前不缴纳房产税，企业也就无须缴纳城镇土地使用税；有的企业则认为只要缴纳了土地出让金就无须缴纳城镇土地使用税；有的企业认为拿到建设部门的预售证以后，税务部门就按照预收账款收取增值税等地方税款，既然收了税，就等于承认企业的销售行为，那么从收到的第一笔预收款起，就应停止缴纳该处房产所占土地的城镇土地使用税；有的企业则认为从拿到预售证之日起，就应停止缴纳该预售证注明房产所处土地的城镇土地使用税；还有的一些外资房地产开发企业认为，缴纳城镇土地使用税有过渡期优惠政策。

结合所学的知识，你认为上述房地产企业的观点正确吗？它们在城镇土地使用税的缴纳方面存在哪些误区？

知识考核

一、单项选择题

1. 城镇土地使用税的缴纳期限规定为（　　）。

A. 按年计算，分期缴纳　　B. 按年征收，分期缴纳

C. 按年计算，分季缴纳　　D. 按年征收，分季缴纳

2. 在城镇土地使用税征收范围内经营采摘、观光农业的单位和个人，其直接用于采摘、观光的种植、养殖、饲养的土地，城镇土地使用税（　　）。

A. 免征　　B. 减半征收

C. 照章征收　　D. 由主管税务机关决定其征免

二、多项选择题

1. 下列各项关于城镇土地使用税的纳税义务发生时间的说法，正确的有（　　）。

A. 纳税人购置新建商品房，自房屋交付使用之次月起缴纳城镇土地使用税

B. 纳税人购置存量房，自房屋交付使用之次月起缴纳城镇土地使用税

C. 以出让或转让方式有偿取得土地使用权的，应由受让方从合同约定交付土地时的次月起缴纳城镇土地使用税

D. 纳税人新征用的非耕地，自批准征用之次月起缴纳城镇土地使用税

2. 下列用地中，城镇土地使用税法律制度明确规定享有减免税优惠政策的有（　　）。

A. 公园办公用土地

B. 市政街道公共用地

C. 纳税单位无偿使用免税单位的土地

D. 个人所有的经营性房屋和院落用地

三、判断题

1. 城镇土地使用税的征税范围是市区、县政府所在城镇的土地，不包括市郊、农村土地。（　　）

2. 企业的绿化用地暂免征收城镇土地使用税。（　　）

参考答案

任务三　耕地占用税

引入案例

农村居民陈某因受灾住宅倒塌，经批准占用150平方米耕地新建住宅，当地耕地占用税税率为20元/平方米。

请问：陈某应缴纳耕地占用税多少元？

工作任务

1. 了解耕地占用税的概念、纳税人
2. 掌握耕地占用税的征收范围及税率
3. 掌握耕地占用税应纳税额的计算

电子课件

知识结构图

本任务知识结构图如图8-3所示。

文件法规

耕地占用税
- 耕地占用税纳税人
- 耕地占用税征税范围
- 耕地占用税税率
- 耕地占用税计税依据
- 耕地占用税应纳税额的计算
- 耕地占用税税收优惠
- 耕地占用税征收管理

图8-3　本任务知识结构图

知识解析

微课

耕地占用税

耕地占用税是对占用耕地建房或从事其他非农业建设的单位和个人，就其实际占用的耕地面积征收的一种税，它属于对特定土地资源占用课税。开征耕地占用税是为了使那些占用耕地建房及从事其他非农业建设的单位和个人承担必要的经济责任，有利于政府运用税收经济杠杆调节他们的经济利益，引导他们节约、合理地使用耕地资源。这对于保护国土资源，促进农业可持续发展，以及强化耕地管理，保护农民的切身利益等，都具有十分重要的意义。现行耕地占用税法的基本规范，是2018年12月29日第十三届全国人民代表大会常务委员会第七次会议通过的《中华人民共和国耕地占用税法》(以下简称《耕地占用税法》，自2019年9月1日起施行。

一、耕地占用税纳税人

耕地占用税的纳税人是指在中华人民共和国境内占用耕地建设建筑物、构筑物或者从事非农业建设的单位和个人。

经批准占用耕地的，纳税人为农用地转用审批文件中标明的建设用地人；农用地转用审批文件中未标明建设用地人的，纳税人为用地申请人，其中用地申请人为各级人民政府的，由同级土地储备中心、自然资源主管部门或政府委托的其他部门、单位履行耕地占用税申报纳税义务。未经批准占用耕地的，纳税人为实际用地人。

二、耕地占用税征税范围

耕地占用税的征税范围包括纳税人占用耕地建设建筑物、构筑物或者从事非农业建设的国家所有和集体所有的耕地。占用耕地建设农田水利设施的，不缴纳耕地占用税。《耕地占用税法》所称耕地，是指用于种植农作物的土地。

占用园地、林地、草地、农田水利用地、养殖水面、渔业水域滩涂以及其他农用地建设建筑物、构筑物或者从事非农业建设的，按规定缴纳耕地占用税。建设直接为农业生产服务的生产设施的，不缴纳耕地占用税。

1. 园地，包括果园、茶园、橡胶园、其他园地。其他园地包括种植桑树、可可、咖啡、油棕、胡椒、药材等其他多年生作物的园地。

2. 林地，包括乔木林地、竹林地、红树林地、森林沼泽、灌木林地、灌丛沼泽、其他林地，不包括城镇村庄范围内的绿化林木用地，铁路、公路征地范围内的林木用地，以及河流、沟渠的护堤林用地。其他林地包括疏林地、未成林地、迹地、苗圃等林地。

3. 草地，包括天然牧草地、沼泽草地、人工牧草地，以及用于农业生产并已由相关行政主管部门发放使用权证的草地。

4. 农田水利用地，包括农田排灌沟渠及相应附属设施用地。

5. 养殖水面，包括人工开挖或者天然形成的用于水产养殖的河流水面、湖泊水面、水库水面、坑塘水面及相应附属设施用地。

6 渔业水域滩涂，包括专门用于种植或者养殖水生动植物的海水潮浸地带和滩地，以及用于种植芦苇并定期进行人工养护管理的苇田。

7. 直接为农业生产服务的生产设施，是指直接为农业生产服务而建设的建筑物和构筑物。具体包括：储存农用机具和种子、苗木、木材等农业产品的仓储设施；培育、生产种子、种苗的设施；畜禽养殖设施；木材集材道、运材道；农业科研、试验、示范基地；野生动植物保护、护林、森林病虫害防治、森林防火、木材检疫的设施；专为农业生产服务的灌溉排水、供水、供电、供热、供气、通信基础设施；农业生产者从事农业生产必需的食宿和管理设施；其他直接为农业生产服务的生产设施。

【做中学8-4】(多项选择题)根据《耕地占用税法》的规定，下列各项属于耕地的有( )。

A.果园　　B.花圃　　C.茶园　　D.菜地

答案：ABCD。

学思践悟

在2020年年底召开的中央农村工作会议上，习近平总书记指出："要严防死守十八亿亩耕地红线，采取长牙齿的硬措施，落实最严格的耕地保护制度。"这为做好下一步耕地保护和粮食生产工作、牢牢把住粮食安全主动权提供了重要遵循。粮食安全是国家安全的重要基础，耕地是粮食生产的命根子。近年来，我国粮食生产连年丰收，但粮食生产和消费仍处于"紧平衡"状态，耕地保护面临多重压力，形势依然严峻。保障国家粮食安全的根本在耕地，耕地是粮食生产的命根子。①

党的十九届五中全会提出，坚持最严格的耕地保护制度，深入实施"藏粮于地、藏粮于技"战略。坚持最严格的耕地保护制度，需要不断加强耕地保护的制度供给、强化耕地保护的制度执行、形成耕地保护的制度合力，推动形成保护更加有力、执行更加顺畅、管理更加高效的耕地保护新格局。②在守住底线、集约节约、多目标平衡和推动共同富裕中促进高质量发展，与全社会一道为推动建设人与自然和谐共生的现代化作出新的贡献。

党的二十大报告指出："全方位夯实粮食安全根基，全面落实粮食安全党政同责，牢牢守住十八亿亩耕地红线，逐步把永久基本农田全部建成高标准农田，强化农业科技和装备支撑，健全种粮农民收益保障机制和主产区利益补偿机制，确保中国人的饭碗牢牢端在自己手中。"这是我们党第一次郑重提出建设农业强国，对深刻认识新时代农业发展定位、完善农业政策体系、推动农业现代化建设将产生重大影响。这是以中国式现代化全面推进中华民族伟大复兴的战略选择。中国要强，农业必须强。加快建设农业强国是全面建设社会主义现代化国家的基础支撑，对于全面推进中华民族伟大复兴具有重要意义。

三、耕地占用税税率

考虑到不同地区之间客观条件的差别以及与此相关的税收调节力度和纳税人负担能力方面的差别，耕地占用税在税率设计上采用了地区差别定额税率。税率规定如下：

(1)人均耕地不超过1亩的地区(以县、自治县、不设区的市、市辖区为单位，下同)，每平方米为10~50元；

(2)人均耕地超过1亩但不超过2亩的地区，每平方米为8~40元；

(3)人均耕地超过2亩但不超过3亩的地区，每平方米为6~30元；

(4)人均耕地3亩以上的地区，每平方米为5~25元。

各地区耕地占用税的适用税额，由省、自治区、直辖市人民政府根据人均耕地面积和经济发展等情况，在前款规定的税额幅度内提出，报同级人民代表大会常务委员会决定，

① 常钦．占补平衡守住耕地保护红线［N］．人民日报，2021-05-24.
② 郭珍．坚持最严格的耕地保护制度 守护好粮食生产的命根子［N］．人民日报，2021-03-15.

并报全国人民代表大会常务委员会和国务院备案。各省、自治区、直辖市耕地占用税适用税额的平均水平，不得低于“各省、自治区、直辖市耕地占用税平均税额表”（见表8-5）规定的平均税额。

表8-5　各省、自治区、直辖市耕地占用税平均税额表　单位：元

地　区	每平方米平均税额
上海	45
北京	40
天津	35
江苏、浙江、福建、广东	30
辽宁、湖北、湖南	25
河北、安徽、江西、山东、河南、重庆、四川	22.5
广西、海南、贵州、云南、陕西	20
山西、吉林、黑龙江	17.5
内蒙古、西藏、甘肃、青海、宁夏、新疆	12.5

在人均耕地低于0.5亩的地区，省、自治区、直辖市可以根据当地经济发展情况，适当提高耕地占用税的适用税额，但提高的部分不得超过表8-5确定的适用税额的50%。具体适用税额按照规定程序确定。

占用基本农田的，应当按照适用税额加按150%征收。

占用园地、林地、草地、农田水利用地、养殖水面、渔业水域滩涂以及其他农用地建设建筑物、构筑物或者从事非农业建设的，适用税额可以适当低于本地区确定的适用税额，但降低的部分不得超过50%。具体适用税额由省、自治区、直辖市人民政府提出，报同级人民代表大会常务委员会决定，并报全国人民代表大会常务委员会和国务院备案。

四、耕地占用税计税依据

耕地占用税以纳税人实际占用的耕地面积为计税依据，按照规定的适用税额一次性征收。实际占用的耕地面积，包括经批准占用的耕地面积和未经批准占用的耕地面积。

五、耕地占用税应纳税额的计算

应纳税额为纳税人实际占用的耕地面积（平方米）乘以适用定额税率。其计算公式为：

应纳税额 = 实际占用耕地面积（平方米）× 适用定额税率

【做中学8-5】（计算题）某市一家企业新占用20 000平方米耕地用于工业建设，所占耕地适用的定额税率为20元/平方米。

要求：计算该企业应纳的耕地占用税。

答案：应纳税额 = 20 000 × 20 = 400 000（元）

六、耕地占用税税收优惠

耕地占用税对占用耕地实行一次性征收，对生产经营单位和个人不设立减免税，仅对公益性单位和需照顾群体设立减免税。

（1）军事设施、学校、幼儿园、社会福利机构、医疗机构占用耕地，免征耕地占用税。

① 免税的军事设施，具体范围为《中华人民共和国军事设施保护法》规定的军事设施。

② 免税的学校，具体范围包括县级以上人民政府教育行政部门批准成立的大学、中学、小学，学历性职业教育学校和特殊教育学校，以及经省级人民政府或其人力资源社会保障行政部门批准成立的技工院校。学校内经营性场所和教职工住房占用耕地的，按照当地适用税额缴纳耕地占用税。

③ 免税的幼儿园，具体范围限于县级以上人民政府教育行政部门批准成立的幼儿园内专门用于幼儿保育、教育的场所。

④ 免税的社会福利机构，具体范围限于依法登记的养老服务机构、残疾人服务机构、儿童福利机构、救助管理机构、未成年人救助保护机构内，专门为老年人、残疾人、未成年人、生活无着的流浪乞讨人员提供养护、康复、托管等服务的场所。

⑤ 免税的医疗机构，具体范围限于县级以上人民政府卫生健康行政部门批准设立的医疗机构内专门从事疾病诊断、治疗活动的场所及其配套设施。医疗机构内职工住房占用耕地的，按照当地适用税额缴纳耕地占用税。

（2）农村烈士遗属、因公牺牲军人遗属、残疾军人以及符合农村最低生活保障条件的农村居民，在规定用地标准以内新建自用住宅，免征耕地占用税。

（3）铁路线路、公路线路、飞机场跑道、停机坪、港口、航道、水利工程占用耕地，减按每平方米2元的税额征收耕地占用税。

① 减税的铁路线路，具体范围限于铁路路基、桥梁、涵洞、隧道及其按照规定两侧留地、防火隔离带。专用铁路和铁路专用线占用耕地的，按照当地适用税额缴纳耕地占用税。

② 减税的公路线路，具体范围限于经批准建设的国道、省道、县道、乡道和属于农村公路的村道的主体工程以及两侧边沟或者截水沟。专用公路和城区内机动车道占用耕地的，按照当地适用税额缴纳耕地占用税。

③ 减税的飞机场跑道、停机坪，具体范围限于经批准建设的民用机场专门用于民用航空器起降、滑行、停放的场所。

④ 减税的港口，具体范围限于经批准建设的港口内供船舶进出、停靠以及旅客上下、货物装卸的场所。

⑤ 减税的航道，具体范围限于在江、河、湖泊、港湾等水域内供船舶安全航行的通道。

⑥ 减税的水利工程，具体范围限于经县级以上人民政府水行政主管部门批准建设的防洪、排涝、灌溉、引（供）水、滩涂治理、水土保持、水资源保护等各类工程及其配套

和附属工程的建筑物、构筑物占压地和经批准的管理范围用地。

（4）农村居民在规定用地标准以内占用耕地新建自用住宅，按照当地适用税额减半征收耕地占用税；其中农村居民经批准搬迁，新建自用住宅占用耕地不超过原宅基地面积的部分，免征耕地占用税。

（5）纳税人因建设项目施工或者地质勘查临时占用耕地，应当按照规定缴纳耕地占用税。纳税人在批准临时占用耕地期满之日起一年内依法复垦，恢复种植条件的，全额退还已经缴纳的耕地占用税。临时占用耕地，是指经自然资源主管部门批准，在一般不超过2年内临时使用耕地并且没有修建永久性建筑物的行为。

（6）因挖损、采矿塌陷、压占、污染等损毁耕地属于税法所称的非农业建设，应依法缴纳耕地占用税；自然资源、农业农村等相关部门认定损毁耕地之日起3年内依法复垦或修复，恢复种植条件的，按规定办理退税。

（7）根据国民经济和社会发展的需要，国务院可以规定免征或者减征耕地占用税的其他情形，报全国人民代表大会常务委员会备案。

免征或者减征耕地占用税后，纳税人改变原占地用途，不再属于免征或者减征耕地占用税情形的，应当按照当地适用税额补缴耕地占用税。

七、耕地占用税征收管理

（一）纳税义务发生时间

耕地占用税由税务机关负责征收。耕地占用税的纳税义务发生时间为纳税人收到自然资源主管部门办理占用耕地手续的书面通知的当日。耕地占用税纳税人应当自纳税义务发生之日起30日内申报缴纳耕地占用税。

自然资源主管部门凭耕地占用税完税凭证或者免税凭证和其他有关文件发放建设用地批准书。

未经批准占用耕地的，耕地占用税纳税义务发生时间为自然资源主管部门认定的纳税人实际占用耕地的当日。

因挖损、采矿塌陷、压占、污染等损毁耕地的纳税义务发生时间为自然资源、农业农村等相关部门认定损毁耕地的当日。

（二）纳税申报

纳税人占用耕地，应当在耕地所在地申报纳税。

县级以上地方人民政府自然资源、农业农村、水利、生态环境等相关部门向税务机关提供的农用地转用、临时占地等信息，包括农用地转用信息、城市和村庄集镇按批次建设用地转而未供信息、经批准临时占地信息、改变原占地用途信息、未批先占农用地查处信息、土地损毁信息、土壤污染信息、土地复垦信息、草场使用和渔业养殖权证发放信息等。

各省、自治区、直辖市人民政府应当建立健全本地区跨部门耕地占用税部门协作和信息交换工作机制。

耕地占用税的征收管理，依照《耕地占用税法》和《中华人民共和国税收征收管理法》的规定执行。纳税人、税务机关及其工作人员违反规定的，依照《中华人民共和国税收征收管理法》和有关法律法规的规定追究其法律责任。

知识点梳理

本任务知识点梳理见表8-6。

表8-6　本任务知识点梳理

知识点	具体内容
1.耕地占用税纳税人	耕地占用税的纳税人是指在中华人民共和国境内占用耕地建设建筑物、构筑物或者从事非农业建设的单位和个人
2.耕地占用税税率	（1）人均耕地不超过1亩的地区（以县、自治县、不设区的市、市辖区为单位，下同），每平方米为10~50元 （2）人均耕地超过1亩但不超过2亩的地区，每平方米为8~40元 （3）人均耕地超过2亩但不超过3亩的地区，每平方米为6~30元 （4）人均耕地3亩以上的地区，每平方米为5~25元
3.耕地占用税征税范围	耕地占用税的征税范围包括纳税人占用耕地建设建筑物、构筑物或者从事非农业建设的国家所有和集体所有的耕地
4.耕地占用税应纳税额的计算	应纳税额＝实际占用耕地面积（平方米）×适用定额税率
5.耕地占用税税收优惠	（1）军事设施、学校、幼儿园、社会福利机构、医疗机构占用耕地，免征耕地占用税 （2）农村烈士遗属、因公牺牲军人遗属、残疾军人以及符合农村最低生活保障条件的农村居民，在规定用地标准以内新建自用住宅，免征耕地占用税 （3）铁路线路、公路线路、飞机场跑道、停机坪、港口、航道、水利工程占用耕地，减按每平方米2元的税额征收耕地占用税 （4）农村居民在规定用地标准以内占用耕地新建自用住宅，按照当地适用税额减半征收耕地占用税；其中农村居民经批准搬迁，新建自用住宅占用耕地不超过原宅基地面积的部分，免征耕地占用税 （5）纳税人因建设项目施工或者地质勘查临时占用耕地，应当按照规定缴纳耕地占用税。纳税人在批准临时占用耕地期满之日起1年内依法复垦，恢复种植条件的，全额退还已经缴纳的耕地占用税 （6）因挖损、采矿塌陷、压占、污染等损毁耕地属于税法所称的非农业建设，应依法缴纳耕地占用税；自然资源、农业农村等相关部门认定损毁耕地之日起3年内依法复垦或修复，恢复种植条件的，按规定办理退税 （7）根据国民经济和社会发展的需要，国务院可以规定免征或者减征耕地占用税的其他情形，报全国人民代表大会常务委员会备案

案例解析

本任务“引入案例”解析如下：

农村居民在规定用地标准以内占用耕地新建自用住宅，按照当地适用税额减半征收耕地占用税。

应缴纳耕地占用税 = 150 × 20 × 50% = 1 500（元）

案例中涉及的相关知识点回顾见表8-7。

表8-7 相关知识点回顾

知识点	具体内容
1.纳税人	纳税人是指在中华人民共和国境内占用耕地建设建筑物、构筑物或者从事非农业建设的单位和个人
2.税率	依据人均亩数来确定
3.应纳税额的计算	应纳税额 = 实际占用耕地面积（平方米）× 适用定额税率

知识翻转

耕地占用税作为一个出于特定目的、对特定的土地资源课征的税种，与其他税种相比，具有哪些比较鲜明的特点？

知识考核

一、单项选择题

1.在人均耕地低于一定标准的地区，省、自治区、直辖市可以根据当地经济发展情况，适当提高耕地占用税的适用税率，但不得超过税法规定适用税率的50%。该一定标准是指人均耕地低于（ ）亩。

A.1　　B.0.8　　C.0.5　　D.0.3

2.下列占用耕地的情形中，应减征耕地占用税的是（ ）。

A.某大学占用耕地　　B.医院占用耕地

C.养老院占用耕地　　D.停机坪占用耕地

3.农村居民陈某经批准搬迁，搬迁前住宅占用耕地200平方米，搬迁后占用耕地230平方米。当地耕地占用税税率为20元/平方米，陈某应缴纳的耕地占用税为（ ）元。

A.0　　B.4 600　　C.600　　D.300

二、多项选择题

1.下列各项符合耕地占用税税收优惠政策的有（ ）。

A.军事设施占用耕地免征耕地占用税

B.宗教寺庙占用耕地免征耕地占用税

C.市政街道占用耕地免征耕地占用税

D.学校、幼儿园占用耕地免征耕地占用税

2.下列各项符合耕地占用税法律规定的有（　　）。

A.符合农村最低生活保障条件的农村居民在规定用地标准以内新建自用住宅，免征耕地占用税

B.占用基本农田的，应当按照适用税额加按150%征收耕地占用税

C.耕地占用税的纳税义务发生时间为纳税人收到自然资源主管部门办理占用耕地手续的书面通知的当日

D.自然资源主管部门凭耕地占用税完税凭证或者免税凭证和其他有关文件发放建设用地批准书

3.下列各项关于耕地占用税的表述，正确的有（　　）。

A.建设直接为农业生产服务的生产设施而占用耕地的，不征收耕地占用税

B.占用耕地建设农田水利设施的，不缴纳耕地占用税

C.纳税人应当自纳税义务发生之日起30日内申报缴纳耕地占用税

D.纳税人在经批准临时占用耕地期满之日起3年内依法复垦，恢复种植条件的，全额退还已经缴纳的耕地占用税

三、判断题

1.农村居民经批准在户口所在地按照规定标准占用耕地，建设自用住宅，可以免征耕地占用税。（　　）

2.农村烈士遗属在规定的用地标准范围内新建自用住宅，免征耕地占用税。（　　）

3.免征耕地占用税后，纳税人改变原占地用途，不再属于免税情形的，应补缴耕地占用税。（　　）

参考答案

项目九

其他税类

任务一　车船税

引入案例

京杭航运公司拥有机动船30艘（其中净吨位为600吨的12艘，2 000吨的8艘，5 000吨的10艘），600吨的单位税额为3元，2 000吨的单位税额为4元，5 000吨的单位税额为5元。

请问：该航运公司年应纳多少车船税税额？

工作任务

1. 熟悉车船税征税范围
2. 掌握车船税应纳税额的计算
3. 熟悉车船税税收优惠
4. 了解车船税征收管理

电子课件

知识结构图

本任务知识结构图如图9-1所示。

文件法规

车船税
- 车船税纳税义务人及扣缴义务人
- 车船税征税对象及范围
- 车船税税目和税率
- 车船税计税依据
- 车船税应纳税额的计算
- 车船税税收优惠
- 车船税征收管理

图9-1　本任务知识结构图

知识解析

微课

车船税

车船税是对在中华人民共和国境内属于车船税法规定的车辆、船舶的所有人或管理人征收的一种财产税。我国分别在2011年2月25日及2011年11月23日通过了《中华人民共和国车船税法》（以下简称《车船税法》）和《中华人民共和国车船税法实施条例》，2012年1月1日开始施行。2019年4月23日，第十三届全国人民代表大会常务委员会第十次会议修订了《中华人民共和国车船税法》。2019年3月2日，国务院修订了《中华人民共和国车船税法实施条例》。

一、车船税纳税义务人及扣缴义务人

车船税的纳税义务人，是指在中华人民共和国境内，属于《车船税法》规定范围的车辆、船舶的所有人或者管理人。从事机动车第三者责任强制保险业务的保险机构为机动车车船税的扣缴义务人。

【提示】外商投资企业、外国企业、华侨、港澳台同胞以及外籍个人也是车船税的纳税人。经批准临时入境的外国车船和我国香港特别行政区、澳门特别行政区、台湾地区的车船，不征收车船税。

二、车船税征税对象及范围

车船税的征税对象是车辆和船舶。

车船税的征税范围：

（1）依法应当在车船登记管理部门登记的机动车辆和船舶。

（2）依法不需要在车船登记管理部门登记的在单位内部场所行驶或者作业的机动车辆和船舶。

【提示】境内单位和个人租入外国籍船舶的，不征收车船税。境内单位和个人将船舶出租到境外的，应依法征收车船税。

三、车船税税目和税率

（一）车船税税目

车船税的税目分为六大类，包括乘用车、商用车、挂车、其他车辆、摩托车和船舶。

1. 乘用车

乘用车，是指在设计和技术特性上主要用于载运乘客及随身行李，核定载客人数包括驾驶员在内不超过9人的汽车。

2. 商用车

商用车，是指除乘用车外，在设计和技术特性上用于载运乘客、货物的汽车，划分为客车和货车。

客车是指核定载客人数9人（不含）以上，包括电车。

货车包括半挂牵引车、三轮汽车和低速载货汽车。半挂牵引车，是指装备有特殊装置用于牵引半挂车的商用车。三轮汽车，是指最高设计车速不超过每小时50千米，具有三个车轮的货车。低速载货汽车，是指以柴油机为动力，最高设计车速不超过每小时70千米，具有四个车轮的货车。

3. 挂车

挂车，是指就其设计和技术特性需由汽车或者拖拉机牵引，才能正常使用的一种无动力的道路车辆。

4. 其他车辆

专用作业车，是指在其设计和技术特性上用于特殊工作的车辆。

轮式专用机械车，是指有特殊结构和专门功能，装有橡胶车轮可以自行行驶，最高设计车速大于每小时20千米的轮式工程机械车。

5.摩托车

摩托车，是指无论采用何种驱动方式，最高设计车速大于每小时50千米，或者使用内燃机，其排量大于50毫升的两轮或者三轮车辆。

6.船舶

船舶，是指各类机动、非机动船舶以及其他水上移动装置，但是船舶上装备的救生艇筏和长度小于5米的艇筏除外。其中，机动船舶是指用机器推进的船舶；拖船是指专门用于拖（推）动运输船舶的专业作业船舶；非机动驳船，是指在船舶登记管理部门登记为驳船的非机动船舶；游艇是指具备内置机械推进动力装置，长度在90米以下，主要用于游览观光、休闲娱乐、水上体育运动等活动，并应当具有船舶检验证书和适航证书的船舶。

（二）车船税税率

车船税采用的是有幅度的定额税率，具体适用税额按照《车船税法》所附“车船税税目税额表”执行。

车辆的具体适用税额由省、自治区、直辖市人民政府依照“车船税税目税额表”规定的税额幅度和国务院的规定确定。省、自治区、直辖市人民政府在确定车辆具体适用税额时，应当遵循以下原则：（1）乘用车依排气量从小到大递增税额；（2）客车按照核定载客人数20人以下和20人（含）以上两档划分，递增税额。

船舶的具体适用税额由国务院在“车船税税目税额表”规定的税额幅度内确定。

车船税税目税额表见表9-1。

表9-1　车船税税目税额表

<table>
<tr><th colspan="2">税目</th><th>计税单位</th><th>年基准税额（元）</th><th>备注</th></tr>
<tr><td rowspan="7">乘用车（按发动机气缸容量（排气量）分档）</td><td>1.0升（含）以下</td><td rowspan="7">每辆</td><td>60～360</td><td rowspan="7">核定载客人数9人（含）以下</td></tr>
<tr><td>1.0升以上至1.6升（含）的</td><td>300～540</td></tr>
<tr><td>1.6升以上至2.0升（含）的</td><td>360～660</td></tr>
<tr><td>2.0升以上至2.5升（含）的</td><td>660～1 200</td></tr>
<tr><td>2.5升以上至3.0升（含）的</td><td>1 200～2 400</td></tr>
<tr><td>3.0升以上至4.0升（含）的</td><td>2 400～3 600</td></tr>
<tr><td>4.0升以上</td><td>3 600～5 400</td></tr>
<tr><td rowspan="2">商用车</td><td>客车</td><td>每辆</td><td>480～1 440</td><td>核定载客人数9人（含）以上，包括电车</td></tr>
<tr><td>货车</td><td>整备质量每吨</td><td>16～120</td><td>包括半挂牵引车、三轮汽车和低速载货汽车等</td></tr>
<tr><td colspan="2">挂车</td><td>整备质量每吨</td><td>按照货车税额的50%计算</td><td></td></tr>
</table>

续表

<table>
<tr><th colspan="2">税目</th><th>计税单位</th><th>年基准税额（元）</th><th>备注</th></tr>
<tr><td rowspan="2">其他车辆</td><td>专用作业车</td><td rowspan="2">整备质量每吨</td><td>16～120</td><td rowspan="2">不包括拖拉机</td></tr>
<tr><td>轮式专用机械车</td><td>16～120</td></tr>
<tr><td colspan="2">摩托车</td><td>每辆</td><td>36～180</td><td>—</td></tr>
<tr><td rowspan="2">船舶</td><td>机动船舶</td><td>净吨位每吨</td><td>3～6</td><td>拖船、非机动驳船分别按照机动船舶税额的50%计算</td></tr>
<tr><td>游艇</td><td>艇身长度每米</td><td>600～2 000</td><td>—</td></tr>
</table>

注：

（1）机动船舶具体适用税额。

① 净吨位不超过200吨的，每吨3元；

② 净吨位超过200吨但不超过2 000吨的，每吨4元；

③ 净吨位超过2 000吨但不超过10 000吨的，每吨5元；

④ 净吨位超过10 000吨的，每吨6元。

拖船按照发动机功率每1千瓦折合净吨位0.67吨计算征收车船税。

（2）游艇具体适用税额。

① 艇身长度不超过10米的，每米600元；

② 艇身长度超过10米但不超过18米的，每米900元；

③ 艇身长度超过18米但不超过30米的，每米1 300元；

④ 艇身长度超过30米的，每米2 000元；

⑤ 辅助动力帆艇，每米600元。

（3）排气量、整备质量、核定载客人数、净吨位、千瓦、艇身长度，以车船登记管理部门核发的车船登记证书或者行驶证所载数据为准。

依法不需要办理登记的车船和依法应当登记而未办理登记或者不能提供车船登记证书、行驶证的车船，以车船出厂合格证明或者进口凭证标注的技术参数、数据为准；不能提供车船出厂合格证明或者进口凭证的，由主管税务机关参照国家相关标准核定，没有国家相关标准的参照同类车船核定。

四、车船税计税依据

（1）乘用车、商用客车和摩托车，以每辆为计税依据。

（2）商用货车、挂车、专用作业车和轮式专用机械车，以整备质量每吨为计税依据。

（3）机动船舶、非机动驳船、拖船，按净吨位每吨为计税依据。

（4）游艇按艇身长度每米为计税依据。

五、车船税应纳税额的计算

（一）各税目应纳税额的计算

（1）乘用车、客车及摩托车的应纳税额 = 车辆数 × 适用年基准税额。

（2）货车、挂车专用作业车和轮式专用机械车的应纳税额 = 整备质量吨位数 × 适用年基准税额。

（3）机动船舶的应纳税额 = 净吨位数 × 适用年基准税额。

（4）拖船和非机动驳船的应纳税额 = 净吨位数 × 适用年基准税额 × 50%。

（5）游艇的应纳税额 = 艇身长度 × 适用年基准税额。

（二）购置新车船应纳税额的计算

购置的新车船，购置当年的应纳税额自纳税义务发生的当月起按月计算。其计算公式为：

$$应纳税额 = 年应纳税额 \times 应纳税月份数 \div 12$$

六、车船税税收优惠

1. 捕捞、养殖渔船，免征车船税。

2. 军队、武装警察部队专用的车船，免征车船税。

3. 警用车船，免征车船税。

4. 悬挂应急救援专用号牌的国家综合性消防救援车辆和国家综合性消防救援专用船舶，免征车船税。

5. 依照法律规定应当予以免税的外国驻华使领馆、国际组织驻华代表机构及其有关人员的车船，免征车船税。

6. 对节约能源车船，减半征收车船税；对使用新能源车船，免征车船税。免征车船税的新能源汽车是指纯电动商用车、插电式（含增程式）混合动力汽车、燃料电池商用车。纯电动乘用车和燃料电池乘用车不属于车船税征税范围。

7. 对受严重自然灾害影响纳税困难以及因其他特殊原因确需减免税的车船，可以在一定期限内减征或者免征车船税。

8. 省、自治区、直辖市人民政府根据当地实际情况，可以对公共交通车船，农村居民拥有并主要在农村地区使用的摩托车、三轮汽车和低速载货汽车，定期减征或者免征车船税。

学思践悟

对捕捞、养殖渔船免征车船税和对公共交通车船，农村居民拥有并主要在农村地区使用的摩托车、三轮汽车和低速载货汽车，定期减征或者免征车船税，体现国家支持“三农”发展，促进农民增收，助力乡村振兴、服务社会主义新农村建设。党的十九大首次提出“乡村振兴战略”后，国家瞄准农业农村现代化目标，已经作出了系列部署。与此同时，中央要求做好巩固拓展脱贫攻坚成果同乡村振兴的有效衔接。我国脱贫攻坚战已经取得全面胜利，乡村振兴又开启了伟大征程，不断提升人民群众的生活水平，是实现这一伟大目标的助力器。

七、车船税征收管理

（一）纳税义务发生时间

车船税纳税义务发生时间为取得车船所有权或者管理权的当月，以购买车船的发票或者其他证明文件所载日期的当月为准。

（二）纳税地点

车船税的纳税地点为车船的登记地或者车船税扣缴义务人所在地。纳税人自行申报缴纳的，应在车船的登记地缴纳车船税；保险机构代收代缴车船税的，应在保险机构所在地缴纳车船税；依法不需要办理登记的车船，应在车船的所有人或者管理人所在地缴纳车船税。

（三）纳税申报

车船税按年申报缴纳，分月计算，一次性缴纳，纳税年度为公历1月1日至12月31日。

（1）机动车车船税扣缴义务人在代收车船税时，应当在机动车交通事故责任强制保险的保险单以及保费发票上注明已收税款的信息，作为代收税款凭证。

（2）已完税或者依法减免税的车辆，纳税人应当向扣缴义务人提供登记地的主管税务机关出具的完税凭证或者减免税证明。

（3）纳税人没有按照规定期限缴纳车船税的，扣缴义务人在代收代缴税款时，可以一并代收代缴欠缴税款的滞纳金。

（4）扣缴义务人已代收代缴车船税的，纳税人不再向车辆登记地的主管税务机关申报缴纳车船税。没有扣缴义务人的，纳税人应当向主管税务机关自行申报缴纳车船税。

（5）纳税人缴纳车船税时，应当提供反映排气量、整备质量、核定载客人数、净吨位、千瓦、艇身长度等与纳税相关信息的相应凭证以及税务机关根据实际需要要求提供的其他资料。纳税人以前年度已经提供前款所列资料信息的，可以不再提供。

（6）已缴纳车船税的车船在同一纳税年度内办理转让过户的，不另纳税，也不退税。

（7）在一个纳税年度内，已完税的车船被盗抢、报废、灭失的，纳税人可以凭有关管理机关出具的证明和完税凭证，向纳税所在地的主管税务机关申请退还自被盗抢、报废、灭失月份起至该纳税年度终了的税款。已办理退税的被盗抢车船失而复得的，纳税人应当从公安机关出具相关证明的当月起计算缴纳车船税。

知识点梳理

本任务知识点梳理见表9-2。

表9-2 本任务知识点梳理

知识点	具体内容
1. 拖船和非机动驳船适用年基准税额	按照机动船舶的50%计算
2. 免征车船税	捕捞、养殖渔船，军队、武警专用的车船，警用车船，使用新能源车船，免征车船税
3. 车船税纳税义务发生时间	取得车船所有权或者管理权的当月

案例解析

本任务“引入案例”解析如下：

应纳车船税税额 = 12 × 600 × 3 + 8 × 2 000 × 4 + 10 × 5 000 × 5 = 335 600（元）

知识翻转

某公司2023年拥有船舶2艘，净吨位分别为150吨、180吨；150千瓦的拖船1艘，小型船2艘，净吨位均为1吨。不超过200吨的机动船舶税额为净吨位每吨3元。

请问：2023年该公司应缴纳的车船税是多少？

知识考核

一、单项选择题

1. 下列各项属于车船税扣缴义务人的是（　　）。

A. 机动车的生产厂家　　B. 车辆船舶的所有人

C. 车辆船舶的管理人　　D. 办理交强险业务的保险机构

2. 车船税的计税依据不包括（　　）。

A. 车辆数　　B. 净吨位数

C. 整备质量吨位数　　D. 购买金额

3.2023年，某公司拥有7辆商用货车，整备质量为8吨的有3辆，整备质量为6吨的有4辆，乘用车3辆。当地车船税的年税额为：载客汽车每辆600元，商用货车整备质量每吨50元。该公司2023年应缴纳的车船税为（　　）元。

A.2 200　　B.4 600　　C.4 200　　D.5 200

4. 下列各项不属于车船税征税范围的是（　　）。

A. 小汽车　　B. 非机动驳船　　C. 火车　　D. 低速载货汽车

5. 纳税人新购置车辆使用，其车船税的纳税义务发生时间为（　　）。

A. 自购置使用的次月起　　B. 自购置使用的当月起

C. 自购置使用的当年起　　D. 自购置使用的次年起

二、多项选择题

1. 下列车船中，免征车船税的有（　　）。

A. 拖拉机　　B. 捕捞渔船　　C. 新能源车船　　D. 警车

2. 车船税的税目包括（　　）。

A. 人力三轮车　　B. 客车　　C. 拖船　　D. 非机动驳船

3. 车船税征税过程中，以“辆”为计税依据的有（　　）。

A. 商用货车　　B. 乘用车　　C. 拖船　　D. 摩托车

三、判断题

1. 对纯电动商用车免征收车船税。 （ ）

2. 车船税按年申报，分月计算，一次性缴纳。 （ ）

3. 保险机构代收代缴车船税的，应在保险机构所在地缴纳车船税。 （ ）

参考答案

四、计算题

小王2023年3月购买一辆排气量2.0升的小轿车，在购买当月取得管理部门核发的登记证，当地2.0升小轿车单位税额为每年480元。

请问：小王当年应交多少车船税？

任务二 船舶吨税

引入案例

甲国某一货轮停靠在上海港装卸货物，该货轮净吨位为40 000吨，货轮负责人已向我国海关领取了船舶吨税执照，在港口停留期限为30天。已知甲国与我国签订了含有互相给予船舶税费最惠国待遇条款的条约。

请问：该货轮应该交多少船舶吨税？

工作任务

了解船舶吨税的概念、征收范围、税率、优惠内容和征收管理

电子课件

知识结构图

文件法规

本任务知识结构图如图9-2所示。

船舶吨税
- 船舶吨税纳税人
- 船舶吨税税率
- 船舶吨税计税依据
- 船舶吨税应纳税额的计算
- 船舶吨税税收优惠
- 船舶吨税征收管理

图9-2 本任务知识结构图

知识解析

船舶吨税是对自中华人民共和国境外港口进入境内港口的船舶征收的一种税。其征收

税款主要用于港口建设维护及海上干线公用航标的建设维护。

2017年12月27日，全国人民代表大会常务委员会第三十一次会议通过《中华人民共和国船舶吨税法》，自2018年7月1日起实施。

微课

船舶吨税

一、船舶吨税纳税人

对自中华人民共和国境外港口进入中国境内港口的船舶征收船舶吨税，以应税船舶负责人为纳税人。

二、船舶吨税税率

船舶吨税设置优惠税率和普通税率。中华人民共和国国籍的应税船舶，船籍国（地区）与中华人民共和国签订含有相互给予船舶税费最惠国待遇条款的条约或者协定的应税船舶，适用优惠税率。其他应税船舶，适用普通税率。我国现行“船舶吨税税目税率表”见表9-3。

表9-3　船舶吨税税目税率表

税　目 （按船舶净吨位划分）	税率（元/净吨）						备　注
	普通税率 （按执照期限划分）			优惠税率 （按执照期限划分）			
	1年	90日	30日	1年	90日	30日	
不超过2 000净吨	12.6	4.2	2.1	9.0	3.0	1.5	（1）拖船按照发动机功率每千瓦折合净吨位0.67吨 （2）无法提供净吨位证明文件的游艇，按照发动机功率每千瓦折合净吨位0.05吨 （3）拖船和非机动驳船分别按相同净吨位船舶税率的50%计征税款
超过2 000净吨，但不超过10 000净吨	24.0	8.0	4.0	17.4	5.8	2.9	
超过10 000净吨，但不超过50 000净吨	27.6	9.2	4.6	19.8	6.6	3.3	
超过50 000净吨	31.8	10.6	5.3	22.8	7.6	3.8	

三、船舶吨税计税依据

船舶吨税以船舶净吨位为计税依据，拖船和非机动驳船分别按相同净吨位船舶税率的50%计征。

四、船舶吨税应纳税额的计算

船舶吨税按照船舶净吨位和吨税执照期限征收，应税船舶负责人在每次申报纳税时，可以按照“船舶吨税税目税率表”选择申领一种期限的吨税执照。应纳税额的计算公式为：

$$应纳税额 = 应税船舶净吨位 \times 适用税率$$

海关根据船舶负责人的申报，审核其申报吨位与其提供的船舶吨位证明和船舶国籍证书或者海事部门签发的船舶国籍证书收存证明相符后，按其申报执照的期限计征吨税，并填发缴款凭证交船舶负责人缴纳税款。

五、船舶吨税税收优惠

（一）直接优惠

下列船舶免征船舶吨税：

（1）应纳税额在人民币50元以下的船舶；

（2）自境外以购买、受赠、继承等方式取得船舶所有权的初次进口到港的空载船舶；

（3）吨税执照期满后24小时内不上下客货的船舶；

（4）非机动船舶（不包括非机动驳船）；

（5）捕捞、养殖渔船；

（6）避难、防疫隔离、修理、终止运营或者拆解，并不上下客货的船舶；

（7）军队、武装警察部队专用或者征用的船舶；

（8）警用船舶；

（9）依照法律规定应当予以免税的外国驻华使领馆、国际组织驻华代表机构及其有关人员的船舶；

（10）国务院规定的其他船舶。

第（10）项免税规定，由国务院报全国人民代表大会常务委员会备案。

（二）延期优惠

在船舶吨税执照期限内，应税船舶发生下列情形之一的，海关按照实际发生的天数批准延长吨税执照期限：

（1）避难、防疫隔离、修理，并不上下客货；

学思践悟

避难、防疫隔离、修理、终止运营或者拆解，并不上下客货的船舶免征船舶吨税，体现我们的大国担当。在抗击新冠肺炎疫情期间，中国向世界展现出令人钦佩的国际视野和国际情怀。中国始终将人民放在第一位，高度重视本国人民和世界人民的生命权和健康权，这值得一些西方国家学习、反思。新冠肺炎疫情发生以来，中国始终秉持人类命运共同体理念，积极推动国际抗疫合作，为全球抗疫贡献中国智慧和中国力量。世界看到了一个大国的勇毅担当和一个大党的深厚情怀：中国计的是天下之利，中国共产党谋的是世界大同。

（2）军队、武装警察部队征用。

六、船舶吨税征收管理

（一）纳税义务发生时间

船舶吨税纳税义务发生时间为应税船舶进入港口的当日。应税船舶在吨税执照期满后尚未离开港口的，应当申领新的船舶吨税执照，自上一执照期满的次日起续缴船舶吨税。

（二）申报期限

应税船舶到达港口前，经海关核准先行申报并办结出入境手续的，应税船舶负责人应当向海关提供与其依法履行船舶吨税缴纳义务相适应的担保；应税船舶到达港口后，按规定向海关申报纳税。

（三）纳税期限

应税船舶负责人应当自海关填发船舶吨税缴款凭证之日起15日内向指定银行缴清税款。未按期缴清税款的，自滞纳税款之日起，按日加收滞纳税款0.5‰的滞纳金。

（四）其他相关规定

海关发现少征或者漏征税款的，应当自应税船舶应当缴纳税款之日起1年内，补征税款。但因应税船舶违反规定造成少征或者漏征税款的，海关可以自应当缴纳税款之日起3年内追征税款，并自应当缴纳税款之日起按日加征少征或者漏征税款0.5‰的滞纳金。

海关发现多征税款的，应当在24小时内通知应税船舶办理退还手续，并加算银行同期活期存款利息。应税船舶发现多缴税款的，可以自缴纳税款之日起3年内以书面形式要求海关退还多缴的税款并加算银行同期活期存款利息；海关应当自受理退税申请之日起30日内查实并通知应税船舶办理退税手续。

知识点梳理

本任务知识点梳理见表9–4。

表9–4 本任务知识点梳理

知识点	具体内容
1.征税范围	自中华人民共和国境外港口进入境内港口的船舶
2.适用优惠税率的情形	（1）我国国籍的应税船舶 （2）船籍国（地区）与我国签订含有互相给予船舶税费最惠国待遇条款的条约或者协定的应税船舶
3.船舶吨税计税依据	（1）吨税以船舶净吨位为计税依据 （2）拖船和非机动驳船分别按相同净吨位船舶税率的50%计征

案例解析

本任务“引入案例”的解析如下：

依据船舶吨税税目税率表，净吨位为40 000吨、停留期限为30天的船舶的船舶吨税的普通税率为4.6元/净吨，优惠税率为3.3元/净吨；由于两国订有“最惠国待遇”条约，应适用优惠税率，税额计算如下：

对该货轮应征船舶吨税税额 = 40 000 × 3.3 = 132 000（元）

知识翻转

美国一拖船停靠连云港港口，该拖船净吨位为50吨，货轮负责人已向我国海关领取了船舶吨税执照，在港口停留期限为30天。

请问：该拖船应该交多少船舶吨税？

知识考核

一、单项选择题

1.因应税船舶违反规定造成少征或者漏征税款的，海关可以自应当缴纳税款之日起（ ）内追征税款。

A.3年　　B.1年

C.5年　　D.2年

2.根据船舶吨税法律制度的规定，应税船舶负责人应当自海关填发吨税缴款凭证之日起一定期限内向指定银行缴纳税款，该期限是（ ）。

A.30日　　B.15日

C.3日　　D.10日

3.根据船舶吨税法律制度的规定，下列船舶中，不予免征船舶吨税的是（ ）。

A.非机动驳船　　B.捕捞渔船

C.军队专用船舶　　D.养殖渔船

二、多项选择题

1.下列船舶中，免征船舶吨税的有（ ）。

A.养殖渔船

B.军队征用的船舶

C.应纳税额为人民币100元的船舶

D.非机动驳船

2.下列各项关于船舶吨税的说法，正确的有（ ）。

A.船舶吨税的纳税义务发生时间为应税船舶进入港口的当日

B.应税船舶负责人应当自海关填发吨税缴款凭证之日起15日内向指定银行缴清税款

C.海关发现少征或者漏征税款的，应当自应税船舶应当缴纳税款之日起1年内，补征税款

D.拖船和非机动驳船免征船舶吨税

参考答案

任务三　车辆购置税

引入案例

2023年4月，老李从某汽车贸易公司（增值税一般纳税人）购买轿车一辆自用，支付含增值税价款226 000元。汽车贸易公司已开具“机动车统一销售发票”。已知车辆购置税适用税率为10%，增值税税率为13%。

请问：小轿车车辆购置税计税价格是多少？老李应缴纳多少车辆购置税？

工作任务

1. 了解车辆购置税的概念、征收范围、税率、税收优惠和征收管理
2. 掌握车辆购置税应纳税额的计算

电子课件

知识结构图

本任务知识结构图如图9-3所示。

文件法规

车辆购置税
- 车辆购置税纳税人
- 车辆购置税征收范围
- 车辆购置税税率
- 车辆购置税计税依据
- 车辆购置税应纳税额的计算
- 车辆购置税税收优惠
- 车辆购置税的退税制度
- 车辆购置税征收管理

图9-3　本任务知识结构图

知识解析

微课

车辆购置税

车辆购置税，是对在中国境内购置规定车辆的单位和个人征收的一种税。我国自2001年1月1日起实施《中华人民共和国车辆购置税暂行条例》。现行车辆购置税法的基本规范是2018年12月29日第十三届全国人民代表大会常务委员会第七次会议通过，并于2019年7月1日起施行的《中华人民共和国车辆购置税法》（以下简称《车辆购置税法》）。征收车辆购置税有利于合理筹集财政资金，规范政府行为，调节收入差距，也有利于配合打击车辆走私和维护国家权益。

一、车辆购置税纳税人

车辆购置税是以在中国境内购置规定车辆为课税对象、在特定的环节向车辆购置者征收的一种税。就其性质而言，车辆购置税属于直接税的范畴。

车辆购置税的纳税人是指在中华人民共和国境内购置汽车、有轨电车、汽车挂车、排气量超过150毫升的摩托车（以下统称应税车辆）的单位和个人。其中购置是指以购买、进口、自产、受赠、获奖或者其他方式取得并自用应税车辆的行为。车辆购置税实行一次性征收。购置已征车辆购置税的车辆，不再征收车辆购置税。

【做中学9-1】（单项选择题）某汽车贸易公司购入小汽车10辆，下列行为中，应当由该公司作为纳税人缴纳车辆购置税的是（　　）。

A.将其中2辆作为董事长、总经理的专用轿车

B.将其中4辆销售给客户

C.库存3辆尚未售出

D.将其中1辆赠送给其他企业

答案：A。选项A，属于"购买并自用"，该汽车贸易公司应当就这2辆小汽车缴纳车辆购置税；选项B，应当由购买方缴纳车辆购置税；选项C，购入待售车辆不需要缴纳车辆购置税，待进一步处置时再行确定纳税人，缴纳车辆购置税；选项D，应当由受赠方缴纳车辆购置税。

二、车辆购置税征收范围

车辆购置税的征收范围包括汽车、有轨电车、汽车挂车、排气量超过150毫升的摩托车。

地铁、轻轨等城市轨道交通车辆，装载机、平地机、挖掘机、推土机等轮式专用机械车，以及起重机（吊车）、叉车、电动摩托车，不属于应税车辆。

三、车辆购置税税率

车辆购置税实行10%的比例税率。

四、车辆购置税计税依据

车辆购置税的计税依据为应税车辆的计税价格，按照下列规定确定：

（1）纳税人购置应税车辆，以发票电子信息中的不含增值税价格作为计税依据。纳税人依据相关规定提供其他有效价格凭证的情形除外。

应税车辆存在多条发票电子信息或者没有发票电子信息的，纳税人按照购置应税车辆实际支付给销售方的全部价款（不包括增值税税款）申报纳税。

（2）纳税人进口自用应税车辆的计税价格，为关税完税价格加上关税和消费税。

（3）纳税人自产自用应税车辆的计税价格，按照纳税人生产的同类应税车辆的销售价格确定，不包括增值税税款。

（4）纳税人以受赠、获奖或者其他方式取得自用应税车辆的计税价格，按照购置应税车辆时相关凭证载明的价格确定，不包括增值税税款。

纳税人申报的应税车辆计税价格明显偏低，又无正当理由的，由税务机关依照《中华

人民共和国税收征收管理法》的规定核定其应纳税额。

纳税人以外汇结算应税车辆价款的，按照申报纳税之日的人民币汇率中间价折合成人民币计算缴纳税款。

五、车辆购置税应纳税额的计算

车辆购置税实行从价定率的方法计算应纳税额，其计算公式为：

应纳税额 = 计税依据 × 税率

【做中学9-2】（计算题）张某2023年5月从某汽车贸易公司购买一辆小汽车供自己使用，支付含增值税税款在内的款项232 650元。所支付的款项均由汽车贸易公司开具“机动车销售统一发票”。

要求：计算张某应纳车辆购置税。

答案：（1）计税依据 = 232 650 ÷（1+13%）= 205 000（元）

（2）应纳税额 = 205 000 × 10% = 20 500（元）

【做中学9-3】（计算题）某汽车贸易公司2023年5月从国外进口10辆某型号小轿车，关税完税价格为每辆200 000元人民币，海关按关税政策规定每辆征收了关税50 000元，并按消费税、增值税有关规定分别代征了每辆小轿车的进口消费税25 000元和增值税35 750元。该公司将1辆小轿车留在本单位使用。

要求：计算汽车贸易公司应纳车辆购置税。

答案：（1）计税依据 = 200 000 + 50 000 + 25 000 = 275 000（元）

（2）应纳税额 = 275 000 × 10% = 27 500（元）

六、车辆购置税税收优惠

我国车辆购置税实行法定减免：

（1）依照法律规定应当予以免税的外国驻华使馆、领事馆和国际组织驻华机构及其有关人员自用的车辆。

（2）中国人民解放军和中国人民武装警察部队列入装备订货计划的车辆。

（3）悬挂应急救援专用号牌的国家综合性消防救援车辆。

（4）设有固定装置的非运输专用作业车辆。

（5）城市公交企业购置的公共汽电车辆。

（6）根据国民经济和社会发展的需要，国务院可以规定减征或者其他免征车辆购置税的情形，报全国人民代表大会常务委员会备案：

①防汛部门和森林消防部门用于指挥、检查、调度、报汛（警）、联络的设有固定装置的指定型号的车辆。

②回国服务的在外留学人员用现汇购买的1辆个人自用国产小汽车。

③长期来华定居专家进口的1辆自用小汽车。

④对购置日期在2023年1月1日至2023年12月31日期间的新能源汽车免征车辆购置税；对购置日期在2024年1月1日至2025年12月31日期间的新能源汽车免征车辆购置税，其中，每辆新能源乘用车免税额不超过3万元；对购置日期在2026年1月1日至2027年12月31日期间的新能源汽车减半征收车辆购置税，其中，每辆新能源乘用车减税额不

超过1.5万元。享受车辆购置税减免政策的新能源汽车，是指符合新能源汽车产品技术要求的纯电动汽车、插电式混合动力（含增程式）汽车、燃料电池汽车。

学思践悟

2020年4月29日，国家发展和改革委员会、科技部等11个部门公布了《关于稳定和扩大汽车消费若干措施的通知》。2020年6月3日，工业和信息化部、国家税务总局联合发布了第32批《免征车辆购置税的新能源汽车车型目录》，对购置的新能源汽车免征车辆购置税。一系列政策积极营造有利于汽车消费的市场环境，持续释放汽车消费潜力，通过疏通扩大消费的“堵点”，解决企业的“难点”和“痛点”，挖掘消费的“增长点”，同时促进未来汽车消费市场的可持续发展，尤其是推动新能源车的可持续发展，促进汽车消费升级。

⑤对中国妇女发展基金会申请用于“母亲健康快车”项目的流动医疗车免征车辆购置税。

七、车辆购置税的退税制度

纳税人将已征车辆购置税的车辆退回车辆生产企业或者销售企业的，可以向主管税务机关申请退还车辆购置税。退税额以已缴税款为基准，自缴纳税款之日至申请退税之日，每满1年扣减10%。应退税额的计算公式为：

$$应退税额 = 已纳税额 \times (1 - 使用年限 \times 10\%)$$

应退税额不得为负数。使用年限的计算方法是自纳税人缴纳税款之日起，至申请退税之日止。

八、车辆购置税征收管理

车辆购置税由税务机关负责征收。

（一）纳税申报

车辆购置税的纳税义务发生时间为纳税人购置应税车辆的当日。纳税人应当自纳税义务发生之日起60日内申报缴纳车辆购置税。

（二）纳税环节

纳税人应当在向公安机关车辆管理机构办理车辆登记注册手续前，缴纳车辆购置税。

免税、减税车辆因转让、改变用途等原因不再属于免税、减税范围的，纳税人应当在办理车辆转移登记或者变更登记前缴纳车辆购置税。计税价格以免税、减税车辆初次办理纳税申报时确定的计税价格为基准，每满1年扣减10%。

（1）发生转让行为的，受让人为车辆购置税纳税人；未发生转让行为的，车辆所有人为车辆购置税纳税人。

（2）纳税义务发生时间为车辆转让或者用途改变等情形发生之日。

（3）应纳税额计算公式为：

$$应纳税额 = 初次办理纳税申报时确定的计税价格 \times (1 - 使用年限 \times 10\%) \times 10\% - 已纳税额$$

应纳税额不得为负数。使用年限的计算方法是，自纳税人初次办理纳税申报之日起，至不再属于免税、减税范围的情形发生之日止。使用年限取整计算，不满1年的不计算在内。

（三）纳税地点

纳税人购置应税车辆，应当向车辆登记注册地的主管税务机关申报纳税；购置不需办理车辆登记注册手续的应税车辆，应当向纳税人所在地主管税务机关申报纳税。

知识点梳理

本任务知识点梳理见表9–5。

表9–5　本任务知识点梳理

应税行为	计税依据	税额计算
1.购买自用车辆	支付给销售方的全部价款和价外费用（不含增值税）	应纳税额 = 支付的不含增值税价款及价外费用 × 10%
2.进口自用车辆	组成计税价格 = 关税完税价格 + 关税 +消费税	应纳税额 = 组成计税价格 × 10%
3.以受赠、获奖或者其他方式取得自用应税车辆	按照购置应税车辆时相关凭证载明的价格确定，不包括增值税税款	应纳税额 = 计税价格 × 10%
4.纳税人申报的应税车辆计税价格明显偏低，又无正当理由	由税务机关核定其应纳税额	—

案例解析

本任务“引入案例”解析如下：

车辆购置税计税价格 =（226 000）÷（1 + 13%）= 200 000（元）

老李应缴纳车辆购置税税额 = 200 000 × 10% = 20 000（元）

知识翻转

某汽车贸易公司2023年5月进口11辆小汽车，海关审定的关税完税价格为25万元/辆，当月销售8辆，取得含税销售收入240万元；2辆企业自用；1辆用于抵偿债务，合同约定的含税价格为30万元。假设小汽车关税税率为25%，消费税税率为10%，车辆购置税税率为10%。

请问：该汽车贸易公司5月进口的小汽车关税、消费税分别是多少？哪些车辆需要交车辆购置税？应交多少车辆购置税？（结果保留两位小数）

知识考核

一、单项选择题

1.甲汽车专卖店购入小汽车12辆，下列行为中，应当由甲汽车专卖店作为纳税人缴纳车辆购置税的是（　　）。

A.将其中6辆销售给客户

B.将其中2辆作为董事长、总经理的专用轿车

C.将其中1辆赠送给乙企业

D.库存3辆尚未售出

2.依据车辆购置税的有关规定，下列车辆中可以享受法定减免税的是（　　）。

A.国家机关购买的小汽车

B.公安部门购买的警车

C.有突出贡献专家购买的小汽车

D.国际组织驻华机构购买的自用小汽车

3.某汽车贸易公司2023年5月进口2辆小轿车自用，海关审定的关税完税价格为27.3万元/辆，已知小轿车关税税率为25%，消费税税率为10%，车辆购置税税率为10%。该公司应缴纳的车辆购置税为（　　）万元。

A.7.58　　B.6.50　　C.7.50　　D.10.55

4.小王2023年3月1日购入1辆小轿车自用，3月30日申报并缴纳车辆购置税12万元。由于车辆发动机存在严重问题，2023年5月30日小王将该车退回，则小王可以申请退还的车辆购置税为（　　）万元。

A.10　　B.12　　C.10.8　　D.0

二、多项选择题

1.根据税收法律制度的规定，下列各项关于车辆购置税的说法，正确的有（　　）。

A.车辆购置税的征税范围包括汽车、摩托车、电车、挂车

B.车辆购置税的计税依据包括购买车辆所缴纳的增值税税款

C.纳税人应当在向公安机关车辆管理机构办理车辆登记注册前，缴纳车辆购置税

D.税务机关发现纳税人未按照规定缴纳车辆购置税的，有权暂扣纳税人的车辆牌照

2.下列各项属于车辆购置税应税行为的有（　　）。

A.进口使用应税车辆　　B.受赠使用应税车辆

C.债务人以应税车辆抵债　　D.经销商经销应税车辆

3.根据车辆购置税法律制度的规定，下列各项属于车辆购置税纳税人的有（　　）。

A.购买私家车并自用的个人　　B.进口车辆并对外出售的单位

C.将自产汽车自用的单位　　D.获奖取得汽车并自用的个人

4.某机关2023年10月购车1辆，随购车支付并开具“机动车销售统一发票”的下列款项中，应并入计税依据征收车辆购置税的有（　　）。

A.控购费　　B.增值税税款

C.零部件价款　　　　　　　　　　　D.车辆装饰费

三、判断题

1.纳税人自产、受赠、获奖或者以其他方式取得并自用的应税车辆的计税价格，由主管税务机关参照市场价格核定。（　　）

2.免税车辆因转让、改变用途等原因，其免税条件消失的，纳税人应在免税条件消失之日起60日内到主管税务机关重新申报纳税。（　　）

参考答案

任务四　烟叶税

引入案例

某卷烟厂是增值税一般纳税人，2023年10月收购烟叶生产卷烟，取得的合法收购凭证上注明的买价为60万元，该卷烟厂按照规定的方式向烟叶生产者支付了10%的价外补贴，并与烟叶收购价格在同一收购凭证上分别注明。

请问：该笔业务应缴纳多少烟叶税？

工作任务

1.了解烟叶税的概念、征收范围、税率、税收优惠和征税管理

2.掌握烟叶税应纳税额的计算

电子课件

知识结构图

本任务知识结构图如图9-4所示。

烟叶税
- 烟叶税纳税人
- 烟叶税征收范围
- 烟叶税税率
- 烟叶税应纳税额的计算
- 烟叶税征收管理

图9-4　本任务知识结构图

文件法规

知识解析

2017年12月27日，第十二届全国人民代表大会常务委员会第三十一次会议通过《中华人民共和国烟叶税法》（以下简称《烟叶税法》），自2018年7月1日起施行。

一、烟叶税纳税人

烟叶税是以纳税人收购烟叶的收购金额为计税依据征收的一种税。因为我国实行烟草专卖制度，因此烟叶税的纳税人具有特定性，一定是有权收购烟叶的单位。

学思践悟

于国家而言，农为邦本，本固邦宁；于行业而言，烟叶稳，则行业稳。作为一个特色税种，烟叶税既与烟叶生产、烟草产业发展息息相关，也在带动烟区地方经济社会发展中发挥着无可替代的作用。烟草产业是国家财政的重要支柱产业之一。烟叶税的征收，既是税制改革的结果，也是国家对烟草实行“寓禁于征”政策的延续。征收烟叶税有利于保护地方政府引导和发展烟叶种植的积极性，保障优质原料供给，为烟草产业发挥对国民经济和财政收入的积极贡献作用打下坚实基础。

另外，农村税费改革后，基层政府的财力受到了较大的削弱，特别是对经济发展相对落后的西部地区来说更是雪上加霜。在一些地方基层政府独享税种税源零散、收入少、征管难，还不能承担财政支出的情况下，烟叶税作为一个与地方经济发展、产业结构紧密相关的特色税种理应得到发展和壮大。

二、烟叶税征收范围

烟叶税的征税范围是指晾晒烟叶、烤烟叶。

三、烟叶税税率

烟叶税实行比例税率，税率为20%。烟叶税实行全国统一的税率，主要是考虑烟叶属于特殊的专卖品，其税率不宜存在地区间的差异，否则会形成各地之间的不公平竞争，不利于烟叶种植的统一规划和烟叶市场、烟叶收购价格的统一。

四、烟叶税应纳税额的计算

烟叶税以纳税人收购烟叶实际支付的价款总额乘以税率计算。其计算公式为：

应纳税额 = 实际支付价款 × 税率

纳税人收购烟叶实际支付的价款总额包括纳税人支付给烟叶生产销售单位和个人的烟叶收购价款和价外补贴。其中，价外补贴统一按烟叶收购价款的10%计算。其计算公式为：

收购金额 = 实际支付价款 ×（1 + 10%）

【做中学9-4】（计算题）某烟草公司系增值税一般纳税人，2023年10月收购烟叶100 000千克，烟叶收购价格10元/千克，总计1 000 000元，货款已全部支付。

要求：计算该烟草公司10月收购烟叶应缴纳的烟叶税。

答案：应缴纳烟叶税 = 1 000 000 ×（1 + 10%）× 20% = 220 000（元）

五、烟叶税征收管理

烟叶税的征收管理，依照《征管法》及《烟叶税法》的有关规定执行。

（一）纳税义务发生时间

烟叶税的纳税义务发生时间为纳税人收购烟叶的当日。收购烟叶的当日是指纳税人向烟叶销售者付讫收购烟叶款项或者开具收购烟叶凭据的当日。

（二）纳税地点

纳税人收购烟叶，应当向烟叶收购地的主管税务机关申报缴纳烟叶税。

（三）纳税期限

烟叶税按月计征，纳税人应当于纳税义务发生月终了之日起十五日内申报并缴纳税款。

知识点梳理

本任务知识点梳理见表9-6。

表9-6　本任务知识点梳理

知识点	具体内容
1 烟叶税纳税人	收购烟叶的单位
2. 烟叶税征税范围	晾晒烟叶、烤烟叶
3. 烟叶税应纳税额的计算	应纳税额 = 收购价款 ×（1+10%）× 20%

案例解析

本任务“引入案例”解析如下：

该卷烟厂本月收购烟叶应缴纳烟叶税 = 60 ×（1 + 10%）× 20% = 13.2（万元）

案例中涉及的相关知识点回顾见表9-6。

知识翻转

某卷烟厂是增值税一般纳税人，2023年11月收购烟叶生产卷烟，取得的合法收购凭证上注明的买价为20万元，该卷烟厂按照规定的方式向烟叶生产者支付了10%的价外补贴，并与烟叶收购价格在同一收购凭证上分别注明。

请问：该笔业务应缴纳的烟叶税是多少？

知识考核

多项选择题

1. 根据烟叶税法律制度的规定，不是烟叶税纳税义务人的有（　　）。

A. 收购烟叶的单位　　B. 种植烟叶的单位

C.销售烟叶的单位　　　　D.进口烟叶的单位

2.根据烟叶税法律制度的规定，下列各项属于烟叶税的征税范围的有（　　）。

A.晾晒烟叶　　B.烤烟叶　　C.烟丝　　D.卷烟

参考答案

项目十

税收征收管理法

任务一 税务管理

引入案例

某企业从事基础设施建设，2020年1月设立，当年取得营业收入。按照税法规定享受3年免征企业所得税的税收优惠，该企业2020年至2022年未进行企业所得税的纳税申报。2023年12月，该企业档案室搬迁，自行将2020年以来开具的发票存根销毁。

请问：该企业在纳税申报和发票管理方面存在着哪些违法行为？

工作任务

1. 了解税收征收管理法的适用范围及征纳主体的权利和义务
2. 了解税务登记管理事项
3. 了解账簿、凭证管理事项
4. 能够进行发票的领取与开具
5. 能够了解如何进行纳税申报

电子课件

文件法规

知识结构图

本任务知识结构图如图10-1所示。

税务管理
- 税收征收管理法的适用范围及征纳双方的权利和义务
- 税务管理的含义
- 税务登记管理
- 账簿和凭证管理
- 发票管理
- 纳税申报管理

图10-1 本任务知识结构图

知识解析

税收征收管理法，是指调整税收征收与管理过程中所发生的社会关系的法律规范的总称，包括税收征收管理法律、税收征收管理行政法规和有关税收征收管理的规章制度等。税收征收管理法属于税收程序法，它是以规定税收实体法中所确定的权利义务的履行程序为主要内容的法律规范，是税法的有机组成部分。我国现行的税收征收管理法律制度的核心是1992年9月4日第七届全国人民代表大会常务委员会第二十七次会议通过，现已历经一次修订、三次修正的《中华人民共和国税收征收管理法》（以下简称《征管法》）。它是中华人民共和国成立后的第一部税收程序法，也是我国税收征收管理的基本法。此外，还有国务院发布的《中华人民共和国税收征收管理法实施细则》，财政部发布的《中华人民共和国发票管理办法》，国家税务总局发布的《税务登记管理办法》《中华人民共和国发票管理办法实施细则》《税务行政复议规则》等。这些法律规范构成了我国税收征收管理法律制度的主要内容。

一、税收征收管理法的适用范围及征纳双方的权利和义务

（一）税收征收管理法的适用范围

凡依法由税务机关征收的各种税收的征收管理，均适用《征管法》。就现行有效税种而言，增值税、消费税、企业所得税、个人所得税、资源税、城镇土地使用税、土地增值税、车船税、车辆购置税、房产税、印花税、城市维护建设税、环境保护税等税种的征收管理都适用《征管法》。

由海关负责征收的关税以及海关代征的进口环节的增值税、消费税，依照法律、行政法规的有关规定执行。

我国同外国缔结的有关税收的条约、协定同《征管法》有不同规定的，依照条约、协定的规定办理。

（二）征纳双方的权利和义务

征纳双方在税收征收管理中既享有各自的权利，也须承担各自的义务，它们共同构成了税收法律关系的内容。

1. 征税主体的权利与义务

征税主体的权利与义务直接体现为征税机关和税务人员的职权和职责。

（1）征税主体的职权。征税主体作为国家税收征收管理的职能部门，享有税务行政管理权。征税机关和税务人员的职权主要包括：

① 税收立法权。税收立法权包括参与起草税收法律法规草案，提出税收政策建议，在职权范围内制定、发布关于税收征收管理的部门规章等。

② 税务管理权。税务管理权包括对纳税人进行税务登记管理、账簿和凭证管理、发票管理、纳税申报管理等。

③ 税款征收权。税款征收权是征税主体享有的最基本、最主要的职权。税款征收权包括依法计征权、核定税款权、税收保全和强制执行权、追征税款权等。

④ 税务检查权。税务检查权包括查账权、场地检查权、询问权、责成提供资料权、存款账户核查权等。

⑤ 税务行政处罚权。税务行政处罚权是对税收违法行为依照法定标准予以行政制裁的职权，如罚款等。

⑥ 其他职权。如在法律、行政法规规定的权限内，对纳税人的减、免、退、延期缴纳税款的申请予以审批的权利；阻止欠税纳税人离境的权利；委托代征权；估税权；代位权与撤销权；定期对纳税人欠缴税款情况予以公告的权利；上诉权等。

（2）征税主体的义务。

① 宣传税收法律、行政法规，普及纳税知识，无偿为纳税人提供纳税咨询服务。

② 依法为纳税人、扣缴义务人的情况保守秘密，为检举违反税法行为者保密。纳税人、扣缴义务人的税收违法行为不属于保密范围。

③ 加强队伍建设，提高税务人员的政治业务素质。

④ 秉公执法，忠于职守，清正廉洁，礼貌待人，文明服务，尊重和保护纳税人、扣缴义务人的权利，依法接受监督。

⑤ 税务人员不得索贿受贿、徇私舞弊、玩忽职守、不征或者少征应征税款；不得滥用职权多征税款或者故意刁难纳税人和扣缴义务人。

⑥ 税务人员在核定应纳税额、调整税收定额、进行税务检查、实施税务行政处罚、办理税务行政复议时，与纳税人、扣缴义务人或者其法定代表人、直接责任人有利害关系，包括夫妻关系、直系血亲关系、三代以内旁系血亲关系、近姻亲关系、可能影响公正执法的其他利害关系的，应当回避。

⑦ 建立、健全内部制约和监督管理制度。上级税务机关应当对下级税务机关的执法活动依法进行监督。各级税务机关应当对其工作人员执行法律、行政法规和廉洁自律准则的情况进行监督检查。

学思践悟

习近平总书记在十八届中央纪委二次全会上指出："要加强对权力运行的制约和监督，把权力关进制度的笼子里，形成不敢腐的惩戒机制、不能腐的防范机制、不易腐的保障机制。""把权力关进制度的笼子里"这一重要论述，用形象的语言表达了丰富的内涵，为构建科学有效的权力运行体系、规范权力运行、有效防治腐败，全面提高党的建设科学化水平、推动廉洁政治建设指明了方向、提供了遵循。

把权力关进制度的笼子里，首先是建好笼子，建立健全各项制度。《征管法》详细规定了征税主体的权利和义务，梳理权力清单，提高权力运行的透明度，让权力在阳光下运行；依靠法治制约权力，使国家机构和工作人员按照法定权限和程序行使权力，确保权力在"刚性"的制度笼子里运行，有效防止腐败。

党的二十大报告中强调"坚持全面依法治国，推进法治中国建设""扎实推进依法行政"，充分彰显了法治建设在全面建设社会主义现代化国家的基础性、保障性作用。其深刻含义就在于，要把法治贯穿于经济建设、政治建设、文化建设、社会建设、生态文明建设等国家现代化建设各领域各方面，构建全方位、全覆盖、全链条的法治现代化体系，充分发挥法治引领、规范和保障国家各方面工作的"轨道"作用。这就要求必须扎实推进依法行政，全面建设职能科学、权责法定、执法严明、公开公正、智能高效、廉洁诚信、人民满意的法治政府，以更大决心、更强力度纵深推进各地区各层级法治政府建设协调并进，在更多地区实现率先突破，使法治政府建设为建设法治国家、法治社会作出示范，发挥带动引领作用。

2. 纳税主体的权利和义务

在税收法律关系中，纳税主体处于行政管理相对人的地位，须承担纳税义务，但也仍然享有相应的法定权利。

（1）纳税主体的权利。

① 知情权；

② 要求保密权；

③ 依法享受税收优惠权；

④ 申请退还多缴税款权；

⑤ 申请延期申报权；

⑥ 纳税申报方式选择权；

⑦ 申请延期缴纳税款权；

⑧ 索取有关税收凭证的权利；

⑨ 委托税务代理权；

⑩ 陈述权、申辩权；

⑪ 对未出示税务检查证和税务检查通知书的拒绝检查权；

⑫ 依法要求听证的权利；

⑬ 税收法律救济权；

⑭ 税收监督权。

（2）纳税主体的义务。

① 按期办理税务登记，及时核定应纳税种、税目的义务；

② 依法设置账簿、保管账簿和有关资料以及依法开具、使用、取得和保管发票的义务；

③ 财务会计制度和会计核算软件备案的义务；

④ 按照规定安装、使用税控装置的义务；

⑤ 按期、如实办理纳税申报的义务；

⑥ 按期缴纳或解缴税款的义务；

⑦ 接受税务检查的义务；

⑧ 代扣、代收税款的义务；

⑨ 及时提供信息的义务，如纳税人有歇业、经营情况变化、遭受各种灾害等特殊情况的，应及时向征税机关说明等；

⑩ 报告其他涉税信息的义务，如企业合并、分立的报告义务等。

【做中学10-1】（多项选择题）下列各项属于税务机关职权的有（ ）。

A. 税务管理权　　B. 税款征收权

C. 税务检查权　　D. 税收法律、法规和规章的知情权

答案：ABC。根据税收征收管理法律制度的规定，税务管理权、税款征收权和税务检查权是税务机关的职权，而税收法律、法规和规章的知情权是纳税主体的权利。

二、税务管理的含义

税务管理，是指税收征收管理机关为了贯彻、执行国家税收法律制度，加强税收工作，协调征税关系而对纳税人和扣缴义务人实施的基础性的管理制度和管理行为。税务管理是税收征收管理的重要内容，是税款征收的前提和基础。税务管理主要包括税务登记管理、账簿和凭证管理、发票管理、纳税申报管理等。

三、税务登记管理

税务登记管理是税务机关对纳税人的基本情况及生产经营项目进行登记管理的一项基本制度，是税务机关对纳税人实施管理、了解掌握税源情况的基础，也是纳税人为履行纳税义务就有关纳税事宜依法向税务机关办理登记的一种法定手续。税务登记是整个税收征收管理的起点。税务登记的作用在于可以掌握纳税人的基本情况和税源分布情况。从税务登记开始，纳税人的身份及征纳双方的法律关系即得到确认。

（一）税务登记申请人

企业，企业在外地设立的分支机构和从事生产、经营的场所，个体工商户和从事生产、经营的事业单位，都应当办理税务登记（统称从事生产、经营的纳税人）。

前述规定以外的纳税人，除国家机关、个人和无固定生产经营场所的流动性农村小商贩外，也应当办理税务登记（统称非从事生产经营但依照规定负有纳税义务的单位和个人）。

根据税收法律、行政法规的规定，负有扣缴税款义务的扣缴义务人（国家机关除外），应当办理扣缴税款登记。

（二）税务登记主管机关

县以上（含本级，下同）税务局（分局）是税务登记的主管机关，负责税务登记的设立登记、变更登记、注销登记以及非正常户处理、报验登记等有关事项。

县以上税务局（分局）按照国务院规定的税收征收管理范围，实施属地管理，办理税务登记。有条件的城市，可以按照“各区分散受理、全市集中处理”的原则办理税务登记。

（三）“多证合一”登记制度改革

为提升政府行政服务效率，降低市场主体创设的制度性交易成本，激发市场活力和社会创新力，自2015年10月1日起，登记制度改革在全国推行。随着国务院简政放权、放管结合、优化服务的“放管服”改革不断深化，登记制度改革从“三证合一”推进为“五证合一”，又进一步推进为“多证合一、一照一码”，即在全面实施企业、农民专业合作社工商营业执照，组织机构代码证，税务登记证，社会保险登记证，统计登记证“五证合一、一照一码”登记制度改革和个体工商户工商营业执照、税务登记证“两证整合”的基础上，将涉及企业、个体工商户和农民专业合作社（统称企业）登记、备案等有关事项和各类证照进一步整合到营业执照上，实现“多证合一、一照一码”。“一照一码”营业执照成为企业唯一的身份证，统一社会信用代码成为企业唯一的身份代码，实现企业“一照一码”走天下。

四、账簿和凭证管理

账簿和凭证是纳税人进行生产经营活动和核算财务收支的重要资料，也是税务机关对纳税人进行征税、管理、核查的重要依据。纳税人所使用的凭证、登记的账簿、编制的报表及其所反映的内容是否真实可靠，直接关系到计征税款依据的真实性，从而影响应纳税款及时足额入库。账簿、凭证管理是税收管理的基础性工作。

（一）账簿的设置

纳税人、扣缴义务人应按照有关法律、行政法规和国务院财政、税务主管部门的规定设置账簿，根据合法、有效凭证记账，进行核算。所谓账簿，是指纳税人连续地登记各种经济业务的账册或簿记，包括总账、明细账、日记账以及其他辅助性账簿。总账、日记账应当采用订本式。所谓凭证，是指记录经济业务、明确经济责任的书面证明。

（1）从事生产、经营的纳税人应当自领取营业执照或者发生纳税义务之日起15日内，按照国家有关规定设置账簿。

（2）生产、经营规模小又确无建账能力的纳税人，可以聘请经批准从事会计代理记账业务的专业机构或者经税务机关认可的财会人员代为建账和办理账务。聘请上述机构或者人员有实际困难的，经县以上税务机关批准，可以按照税务机关的规定，建立收支凭证粘贴簿、进货销货登记簿或者使用税控装置。

（3）扣缴义务人应当自税收法律、行政法规规定的扣缴义务发生之日起10日内，按照所代扣、代收的税种，分别设置代扣代缴、代收代缴税款账簿。

纳税人、扣缴义务人会计制度健全，能够通过计算机正确、完整计算其收入和所得或者代扣代缴、代收代缴税款情况的，其计算机输出的完整的书面会计记录，可视同会计账簿。

纳税人、扣缴义务人会计制度不健全，不能通过计算机正确、完整计算其收入和所得或者代扣代缴、代收代缴税款情况的，应当建立总账及与纳税或者代扣代缴、代收代缴税款有关的其他账簿。

【做中学10-2】（单项选择题）根据税收征收管理法律制度的规定，从事生产、经营的纳税人应当自领取营业执照或者发生纳税义务之日起一定期限内，按照国家有关规定设置账簿，该期限是（　　）。

A.10日　　B.15日　　C.7日　　D.30日

答案：B。从事生产、经营的纳税人应当自领取营业执照或者发生纳税义务之日起15日内，按照国家有关规定设置账簿。

（二）纳税人财务会计制度及其处理办法

纳税人的财务会计制度及其处理办法，是其进行会计核算的依据，直接关系到计税依据是否真实合理。从事生产、经营的纳税人应当自领取税务登记证之日起15日内，将其财务、会计制度或者财务、会计处理方法报送主管税务机关备案。

（1）纳税人使用计算机记账的，纳税人建立的会计电算化系统应当符合国家有关规定，并能正确、完整核算其收入或者所得。

（2）纳税人、扣缴义务人的财务、会计制度或者财务、会计处理办法与国务院或者国务院财政、税务主管部门的有关税收的规定抵触的，依照国务院或者国务院财政、税务主管部门的有关税收的规定计算缴纳应纳税款、代扣代缴和代收代缴税款。

（3）账簿、会计凭证和报表，应当使用中文。民族自治地方可以同时使用当地通用的一种民族文字。外商投资企业和外国企业可以同时使用一种外国文字。

（三）账簿、凭证等涉税资料的保存

从事生产、经营的纳税人，扣缴义务人必须按照国务院财政、税务主管部门规定的期限保管账簿、记账凭证、完税凭证及其他有关资料。账簿、记账凭证、报表、完税凭证、

发票、出口凭证以及其他有关涉税资料应当保存10年；但是法律、行政法规另有规定的除外。账簿、记账凭证、完税凭证及其他有关资料不得伪造、变造或者擅自损毁。

五、发票管理

发票是指在购销商品、提供或者接受服务以及从事其他经营活动中，开具、收取的收付款凭证。它是确定经济收支行为发生的法定凭证，是会计核算的原始依据。

（一）发票的管理机关

税务机关是发票的主管机关，负责发票印制、领购、开具、取得、保管、缴销的管理和监督。国家税务总局统一负责全国发票管理工作。省、自治区、直辖市税务机关依据各自的职责，共同做好本行政区域内的发票管理工作。财政、审计、市场监督管理、公安等有关部门在各自职责范围内，配合税务机关做好发票管理工作。

在全国范围内统一式样的发票，由国家税务总局确定。在省、自治区、直辖市范围内统一式样的发票，由省、自治区、直辖市税务机关确定。

增值税专用发票由国家税务总局确定的企业印制；其他发票，按照国家税务总局的规定，由省、自治区、直辖市税务机关确定的企业印制。禁止私自印制、伪造、变造发票。

（二）发票的种类、联次和内容

发票的种类、联次和内容以及使用范围由国家税务总局规定。

1.发票种类

在全国范围内全面推行营改增试点后，发票的类型主要是增值税专用发票和增值税普通发票，还有特定范围继续使用的其他发票。

（1）增值税专用发票，包括增值税专用发票和机动车销售统一发票。

（2）增值税普通发票，包括增值税普通发票（折叠票）、增值税电子普通发票和增值税普通发票（卷票）。

（3）其他发票，包括农产品收购发票、农产品销售发票、门票、过路（过桥）费发票、定额发票、客运发票和二手车销售统一发票等。

2.发票的联次和内容

发票的基本联次包括存根联、发票联、记账联。存根联由收款方或开票方留存备查；发票联由付款方或受票方作为付款原始凭证；记账联由收款方或开票方作为记账原始凭证。省以上税务机关可根据发票管理情况以及纳税人经营业务需要，增减除发票联以外的其他联次，并确定其用途。

发票的基本内容包括发票的名称、发票代码和号码、联次及用途、客户名称、开户银行及账号，商品名称或经营项目、计量单位、数量、单价、大小写金额、开票人、开票日期、开票单位（个人）名称（章）等。省以上税务机关可根据经济活动以及发票管理需要，确定发票的具体内容。

用票单位可以书面向税务机关要求使用印有本单位名称的发票，税务机关依法确认印有该单位名称发票的种类和数量。

（三）发票的领购

1.领购发票的程序

需要领购发票的单位和个人，应当持税务登记证件、经办人身份证明、按照国务院税务主管部门规定式样制作的发票专用章的印模，向主管税务机关办理发票领购手续。主管税务机关根据领购单位和个人的经营范围和规模，确认领购发票的种类、数量以及领购方式，在5个工作日内发给发票领购簿。

单位和个人领购发票时，应当按照税务机关的规定报告发票使用情况，税务机关应当按照规定进行查验。

2.代开发票

需要临时使用发票的单位和个人，可以凭购销商品、提供或者接受服务以及从事其他经营活动的书面证明，经办人身份证明，直接向经营地税务机关申请代开发票。依照税收法律、行政法规规定应当缴纳税款的，税务机关应当先征收税款，再开具发票。税务机关根据发票管理的需要，可以按照国务院税务主管部门的规定委托其他单位代开发票。禁止非法代开发票。

3.外地经营领购发票

临时到本省、自治区、直辖市以外从事经营活动的单位或者个人，应当凭所在地税务机关的证明，向经营地税务机关领购经营地的发票。临时在本省、自治区、直辖市以内跨市、县从事经营活动领购发票的办法，由省、自治区、直辖市税务机关规定。

税务机关对外省、自治区、直辖市来本辖区从事临时经营活动的单位和个人领购发票的，可以要求其提供保证人或者根据所领购发票的票面限额以及数量交纳不超过1万元的保证金，并限期缴销发票。按期缴销发票的，解除保证人的担保义务或者退还保证金；未按期缴销发票的，由保证人或者以保证金承担法律责任。税务机关收取保证金应当开具资金往来结算票据。

（四）发票的开具、使用和保管

1.发票的开具

销售商品、提供服务以及从事其他经营活动的单位和个人，对外发生经营业务收取款项，收款方应当向付款方开具发票；在特殊情况下，由付款方向收款方开具发票。特殊情况是指：收购单位和扣缴义务人支付个人款项时；国家税务总局认为其他需要由付款方向收款方开具发票的。

所有单位和从事生产、经营活动的个人在购买商品、接受服务以及从事其他经营活动支付款项，应当向收款方取得发票。取得发票时，不得要求变更品名和金额。

开具发票应当按照规定的时限、顺序、栏目，全部联次一次性如实开具，并加盖发票专用章。不符合规定的发票，不得作为财务报销凭证，任何单位和个人都有权拒收。

任何单位和个人都不得有下列虚开发票行为：（1）为他人、为自己开具与实际经营业务情况不符的发票；（2）让他人为自己开具与实际经营业务情况不符的发票；（3）介绍他人开具与实际经营业务情况不符的发票。

2.发票的使用和保管

任何单位和个人都应当按照发票管理规定使用发票，不得有下列行为：

（1）转借、转让、介绍他人转让发票、发票监制章和发票防伪专用品；

（2）知道或者应当知道是私自印制、伪造、变造、非法取得或者废止的发票而受让、开具、存放、携带、邮寄、运输；

（3）拆本使用发票；

（4）扩大发票使用范围；

（5）以其他凭证代替发票使用。

开具发票的单位和个人应当建立发票使用登记制度，设置发票登记簿，并定期向主管税务机关报告发票使用情况。开具发票的单位和个人应当在办理变更或者注销税务登记的同时，办理发票和发票领购簿的变更、缴销手续。开具发票的单位和个人应当按照税务机关的规定存放和保管发票，不得擅自损毁。已经开具的发票存根联和发票登记簿应当按照税务机关的规定存放和保管，应当保存5年。保存期满，报经税务机关查验后销毁。

【做中学10-3】（单项选择题）根据税收征收管理法律制度的规定，纳税人已开具的发票存根联和发票登记簿的保存期限是（　　）年。

A.3　　B.5　　C.10　　D.15

答案：B。已开具的发票存根联和发票登记簿，应当保存5年。

（五）发票的检查

税务机关在发票管理中有权进行下列检查：

（1）检查印制、领购、开具、取得、保管和缴销发票的情况；

（2）调出发票查验；

（3）查阅、复制与发票有关的凭证、资料；

（4）向当事各方询问与发票有关的问题和情况；

（5）在查处发票案件时，对与案件有关的情况和资料，可以记录、录音、录像、照相和复制。

印制、使用发票的单位和个人，必须接受税务机关依法检查，如实反映情况，提供有关资料，不得拒绝、隐瞒。税务人员进行检查时，应当出示税务检查证。

税务机关需要将已开具的发票调出查验时，应当向被查验的单位和个人开具发票换票证，发票换票证与所调出查验的发票有同等的效力。被调出查验发票的单位和个人不得拒绝接受。税务机关需要将空白发票调出查验时，应当开具收据；经查无问题的，应及时返还。

（六）网络发票

网络发票是指符合国家税务总局统一标准并通过国家税务总局及省、自治区、直辖市税务局公布的网络发票管理系统开具的发票。

开具发票的单位和个人开具网络发票应登录网络发票管理系统，如实完整填写发票的相关内容及数据，确认保存后打印发票。开具发票的单位和个人在线开具的网络发票，经系统自动保存数据后即完成开票信息的确认、查验。

税务机关应根据开具发票的单位和个人的经营情况，核定其在线开具网络发票的种类、行业类别、开票限额等内容。开具发票的单位和个人需要变更网络发票核定内容的，可向税务机关提出书面申请，经税务机关确认，予以变更。

单位和个人取得网络发票时，应及时查询验证网络发票信息的真实性、完整性，对不符合规定的发票，不得作为财务报销凭证，任何单位和个人有权拒收。

开具发票的单位和个人需要开具红字发票的，必须收回原网络发票全部联次或取得受票方出具的有效证明，通过网络发票管理系统开具金额为负数的红字网络发票。开具发票的单位和个人作废开具的网络发票，应收回原网络发票全部联次，注明“作废”，并在网络发票管理系统中进行发票作废处理。开具发票的单位和个人应当在办理变更或者注销税务登记的同时，办理网络发票管理系统的用户变更、注销手续并缴销空白发票。税务机关根据发票管理的需要，可以按照国家税务总局的规定委托其他单位通过网络发票管理系统代开网络发票。税务机关应当与受托代开发票的单位签订协议，明确代开网络发票的种类、对象、内容和相关责任等内容。

开具发票的单位和个人必须如实在线开具网络发票，不得利用网络发票进行转借、转让、虚开发票及其他违法活动。开具发票的单位和个人在网络出现故障，无法在线开具发票时，可离线开具发票。开具发票后，不得改动开票信息，并于48小时内上传开票信息。

【做中学10-4】（多项选择题）根据税收征收管理法律制度的规定，下列各项属于税务机关发票检查权限的有（ ）。

A.检查印制、领购、开具、取得、保管和缴销发票的情况

B.调出发票查验

C.查阅、复制与发票有关的凭证、资料

D.向当事各方询问与发票有关的问题和情况

答案：ABCD。以上四项均属于税务机关发票检查的权限。

六、纳税申报管理

纳税申报，是指纳税人按照税法规定，定期就计算缴纳税款的有关事项向税务机关提交书面报告的法定手续。纳税申报是确定纳税人是否履行纳税义务，界定法律责任的主要依据。

（一）纳税申报的内容

纳税人、扣缴义务人的纳税申报表或者代扣代缴、代收代缴税款报告表的主要内容包括税种、税目；应纳税项目或者应代扣代缴、代收代缴税款项目；计税依据；扣除项目及标准；适用税率或者单位税额；应退税项目及税额、应减免税项目及税额；应纳税额或者应代扣代缴、代收代缴税额；税款所属期限、延期缴纳税款、欠税、滞纳金等。

（二）纳税申报的方式

纳税申报方式是指纳税人和扣缴义务人在纳税申报期限内，依照规定到指定税务机关进行申报纳税的形式。纳税申报的方式主要有以下几种：

1.自行申报

自行申报也称直接申报，是指纳税人、扣缴义务人在规定的申报期限内，自行直接到主管税务机关指定的办税服务场所办理纳税申报手续。这是一种传统的申报方式。

2.邮寄申报

邮寄申报，是指经税务机关批准，纳税人、扣缴义务人使用统一的纳税申报专用信封，通过邮政部门办理交寄手续，并以邮政部门收据作为申报凭据的纳税申报方式。邮寄申报以寄出的邮戳日期为实际申报日期。

3.数据电文申报

数据电文申报，是指经税务机关批准，纳税人、扣缴义务人以税务机关确定的电话语

音、电子数据交换和网络传输等电子方式进行纳税申报。这种方式运用了新的电子信息技术，代表着纳税申报方式的发展方向，使用范围逐渐扩大。纳税人、扣缴义务人采取数据电文方式办理纳税申报的，其申报日期以税务机关计算机网络系统收到该数据电文的时间为准，与数据电文相对应的纸质申报资料的报送期限由税务机关确定。

4.其他方式申报

实行定期定额缴纳税款的纳税人，可以按简易申报、简并征期等方式申报纳税。

【做中学10-5】（单项选择题）根据税收征收管理法律制度的规定，下列各项关于纳税申报方式的说法不正确的是（　　）。

A.邮寄申报以税务机关收到的日期为实际申报日期

B.数据电文申报方式的申报日期以税务机关计算机网络系统收到数据电文的时间为准

C.实行定期定额缴纳税款的纳税人，可以实行简易申报、简并征期等方式申报纳税

D.自行申报是指纳税人、扣缴义务人按照规定的期限自行直接到主管税务机关办理纳税申报手续

答案：A。邮寄申报以寄出的邮戳日期为实际申报日期。

（三）纳税申报的要求

1.纳税申报的基本要求

纳税人办理纳税申报时，应当如实填写纳税申报表，并根据不同的情况相应报送下列有关证件、资料：

（1）财务会计报表及其说明材料；

（2）与纳税有关的合同、协议书及凭证；

（3）税控装置的电子报税资料；

（4）外出经营活动税收管理证明和异地完税凭证；

（5）境内或者境外公证机构出具的有关证明文件；

（6）税务机关规定应当报送的其他有关证件、资料。

扣缴义务人办理代扣代缴、代收代缴税款报告时，应当如实填写代扣代缴、代收代缴税款报告表，并报送代扣代缴、代收代缴税款的合法凭证以及税务机关规定的其他有关证件、资料。

2.无税及减免税期间的纳税申报

纳税人在纳税期内没有应纳税款的，也应当按照规定办理纳税申报。

纳税人享受减税、免税待遇的，在减税、免税期间应当按照规定办理纳税申报。

3.破产期间的纳税申报

在人民法院裁定受理破产申请之日至企业注销之日期间，企业应当接受税务机关的税务管理，履行税法规定的相关义务。破产程序中如发生应税情形，应按规定申报纳税。从人民法院指定管理人之日起，管理人可以按照《中华人民共和国企业破产法》第二十五条的规定，以企业名义办理纳税申报等涉税事宜。

4.简并税费申报

自2021年6月1日起，纳税人申报缴纳城镇土地使用税、房产税、车船税、印花税、耕地占用税、资源税、土地增值税、契税、环境保护税、烟叶税中一个或多个税种时，使用“财产和行为税纳税申报表”。纳税人新增税源或税源变化时，须先填报“财产和行为

税税源明细表”。

自2021年8月1日起，增值税、消费税分别与城市维护建设税、教育费附加、地方教育附加申报表整合，启用“增值税及附加税费申报表（一般纳税人适用）”“增值税及附加税费申报表（小规模纳税人适用）”“增值税及附加税费预缴表”及其附列资料和“消费税及附加税费申报表”。

5.纳税申报的延期办理

纳税人、扣缴义务人按照规定的期限办理纳税申报或者报送代扣代缴、代收代缴税款报告表确有困难，需要延期的，应当在规定的期限内向税务机关提出书面延期申请，经税务机关核准，在核准的期限内办理。

纳税人、扣缴义务人因不可抗力，不能按期办理纳税申报或者报送代扣代缴、代收代缴税款报告表的，可以延期办理，但是，应当在不可抗力情形消除后立即向税务机关报告。税务机关应当查明事实，予以核准。

经核准延期办理纳税申报、报送事项的，应当在纳税期内按照上期实际缴纳的税额或者税务机关核定的税额预缴税款，并在核准的延期内办理税款结算。

知识点梳理

本任务知识点梳理见表10-1。

表10-1 本任务知识点梳理

知识点	具体内容
1.税收征收管理法	适用范围：依法由税务机关征收的各种税收的征收管理 征纳主体双方的权利和义务
2.税务登记管理	（1）税务登记的范围 （2）税务登记主管机关 （3）多证合一、一照一码
3.账簿、凭证管理	账簿、凭证的设置、保管；财务会计制度的管理；发票的印制、领购、开具、使用、保管、检查
4.纳税申报管理	纳税申报的方式包括：自行申报、邮寄申报、数据电文申报、其他方式申报，以及特定情况下的延期申报

案例解析

本任务“引入案例”解析如下：

（1）即使在减免税期间，纳税人也应当履行纳税申报义务。

（2）发票存根应当保管5年，保管期满应在税务机关的监督下销毁，不得擅自销毁。

知识翻转

沿用本任务“引入案例”的资料，请问：

（1）若该公司设置账簿，应在何时设置？

（2）如果该公司遇到不可抗力，应如何办理纳税申报？

知识考核

一、单项选择题

1.依照税收征收管理相关法律制度的规定，下列各项不属于征税主体职权的是（ ）。

A.委托代征权　　B.依法享受的税收优惠权

C.税务检查权　　D.税务管理权

2.根据税收征收管理法律制度的规定，扣缴义务人应当自法定扣缴义务发生之日起（ ）日内，按照所代扣、代收的税种，分别设置代扣代缴、代收代缴税款账簿。

A.30　　B.15　　C.10　　D.3

3.根据税收征收管理法律制度的规定，下列各项关于纳税申报方式的说法，不正确的是（ ）。

A.数据电文方式的申报日期以税务机关计算机网络系统收到数据电文的时间为准

B.邮寄申报以税务机关收到的日期为实际申报日期

C.实行定期定额缴纳税款的纳税人，可以实行简易申报、简并征期等方式申报纳税

D.自行申报是指纳税人、扣缴义务人按照规定的期限自行直接到主管税务机关办理纳税申报手续

4.根据税收征收管理法律制度的规定，下列各项关于发票开具、使用和保管的表述，正确的是（ ）。

A.收购单位向个人支付收购款项时，由付款方向收款方开具发票

B.经单位财务负责人批准，可以拆本使用发票

C.开具发票时，可以按照付款方要求变更品名和金额

D.已经开具的发票存根联保存期满，开具单位可以自行销毁

5.根据税收征收管理法律制度的规定，从事生产、经营的纳税人应当自领取营业执照或者发生纳税义务之日起一定期限内，按照国家有关规定设置账簿，该期限是（ ）日。

A.10　　B.30

C.7　　D.15

6.按照《征管法》的规定，开具发票的单位和个人已经开具的发票存根至少应当保存（ ）年。

A.5　　B.10

C.15　　D.20

二、多项选择题

1.税务登记的范围包括（ ）。

A.各类企业

B.企业在外地设立的分支机构和从事生产、经营的场所

C.个体工商户

D.从事生产、经营的事业单位

2.根据税收征收管理法律制度的规定，下列各项可以不办理税务登记的有（ ）。

A.国家机关　B.负有个人所得税纳税义务的自然人

C.企业在外地设立的分支机构　D.个体工商户

3.根据税收征收管理法律制度的规定，下列各项属于税务机关税款征收权的有（ ）。

A.追征税款权　B.依法计征权　C.税务检查权　D.核定税款权

4.下列各项属于税收征收管理法律制度禁止的行为有（ ）。

A.转借发票　B.拆本使用发票

C.扩大发票使用范围　D.小规模纳税人开具增值税专用发票

5.根据税收征收管理法律制度的规定，纳税申报方式包括（ ）。

A.自行申报　B.邮寄申报　C.数据电文申报　D.简并征期

6.根据税收征收管理法律制度的规定，下列各项的说法正确的有（ ）。

A.对于税收风险程度较低的纳税人，按需供应发票

B.对于税收风险程度中等的纳税人，正常供应发票，加强事中事后监管

C.对于税收风险程度较高的纳税人，严格控制其发票领用数量和最高开票限额，并加强事中事后监管

D.税务机关对所有纳税人都要热情服务，及时按需供应发票

7.税务机关在发票管理中，可以行使的检查权有（ ）。

A.检查印制、领购、开具、取得、保管和缴销发票的情况

B.调出发票查验

C.查阅、复制与发票有关的凭证、资料

D.向当事各方询问与发票有关的问题和情况

8.下列各项关于纳税申报的说法，正确的有（ ）。

A.纳税人在纳税期内没有应纳税款的，也应当按照规定办理纳税申报

B.纳税人在享受免税待遇期间可以不办理纳税申报

C.纳税人发生亏损的，也应当按照规定办理纳税申报

D.纳税人因不可抗力，不能按期办理纳税申报的，可以延期办理

三、判断题

1.海关征收关税，适用《中华人民共和国税收征收管理法》。（ ）

2.纳税人享受3年免税待遇，在这3年免税期间应当按照规定办理纳税申报。（ ）

3.销售商品、提供服务以及从事其他经营活动的单位和个人，对外发生经营业务收取款项，收款方应当向付款方开具发票。（ ）

4.税务机关有权将已开具的发票调出查验，但无权将空白发票调出查验。（ ）

5. 纳税人因不可抗力，不能按期办理纳税申报，可以免于办理纳税申报。（　）

6. 企业取得增值税普通发票时，未在“购买方纳税人识别号”栏填写购买方的纳税人识别号或统一社会信用代码的，不得作为税收凭证。（　）

7. 纳税人对税务机关的税务检查，在任何时候、任何地点都不得予以拒绝。（　）

参考答案

任务二　税款征收

引入案例

某税务所2023年第二季度对本辖区纳税户的税款缴纳情况进行了筛查，发现A企业欠缴税款5万元，并于6月底向其下发了补缴税款的通知。该纳税户王某不服，在同行业中散布谣言，并说其将在7月底搬离此地，7月份的税款也不会缴。税务所得知后，责令该纳税户必须于7月25日前缴纳该月份税款。7月20日，税务所发现该纳税户已开始转移货物，于是责令王某提供纳税担保，该纳税户没有提供，随即税务所书面通知该纳税户的开户银行从其存款中扣缴税款2 000元入库。

请问：税务所的行政行为是否恰当？

工作任务

1. 了解税款征收的方式
2. 理解税收保全措施
3. 理解税收强制执行措施

电子课件

文件法规

知识结构图

本任务知识结构图如图10-2所示。

税款征收
- 税款征收方式
- 应纳税额的核定与调整
- 税款征收措施
- 税款的退还与追征

图10-2　本任务知识结构图

知识解析

税款征收是税务机关依照税收法律法规的规定，将纳税人依法应当缴纳的税款组织入库的一系列活动的总称。它是税收征收管理工作的中心环节，是全部税收征管工作的目的和归宿。

一、税款征收方式

税款征收方式，是指税务机关根据各税种的不同特点和纳税人的具体情况而确定的计算、征收税款的形式和方法，包括确定（征收）方式和缴纳方式。由于纳税人的情况千差万别，税款征收方式也不可能统一固定，必须根据不同情况，采取相应的征收方式。我国现行《征管法》及其实施细则未对税款征收方式作具体规定，只是明确税务机关要根据保证国家税款及时足额入库、方便纳税人、降低税收成本的原则，确定税款征收方式。

（一）查账征收

查账征收，是指针对财务会计制度健全的纳税人，税务机关依据其报送的纳税申报表、财务会计报表和其他有关纳税资料，依照适用税率，计算其应缴纳税款的税款征收方式。这种征收方式较为规范，符合税收法定的基本原则，适用于财务会计制度健全，能够如实核算和提供生产经营情况，并能正确计算应纳税款和如实履行纳税义务的纳税人。扩大查账征收纳税人的范围，一直是税务管理的努力方向。

（二）查定征收

查定征收，是指针对账务不全，但能控制其材料、产量或进销货物的纳税单位或个人，税务机关依据正常条件下的生产能力对其生产的应税产品查定产量、销售额并据以确定其应缴纳税款的税款征收方式。这种征收方式适用于生产经营规模较小、产品零星、税源分散、会计账册不健全，但能控制原材料或进销货的小型厂矿和作坊。

（三）查验征收

查验征收，是指税务机关对纳税人的应税商品、产品，通过查验数量，按市场一般销售单价计算其销售收入，并据以计算其应缴纳税款的税款征收方式。这种征收方式适用于财务制度不健全，生产经营不固定，零星分散、流动性大的税源的纳税人。

（四）定期定额征收

定期定额征收，是指税务机关对小型个体工商户在一定经营地点、一定经营时期、一定经营范围内的应纳税经营额（包括经营数量）或所得额进行核定，并以此为计税依据，确定其应缴纳税额的一种税款征收方式。这种征收方式适用于经主管税务机关认定和县以上税务机关（含县级）批准的生产、经营规模小，达不到《个体工商户建账管理暂行办法》规定设置账簿标准，难以查账征收，不能准确计算计税依据的个体工商户（包括个人独资企业，简称定期定额户）。

【做中学10-6】（单项选择题）税务机关针对纳税人的不同情况可以采取不同的税款征收方式。对于账册不健全，但能控制原材料、产量或进销货物的单位，适用的税款征收方式是（　　）。

A. 查账征收　　B. 查定征收　　C. 查验征收　　D. 定期定额征收

答案：B。根据税收征收管理法律制度的规定，对账务不全，但能控制其材料、产量或进销货物的纳税单位或个人，税务机关可依据正常条件下的生产能力对其生产的应税产品查定产量、销售额并据以征收税款。

（五）委托代征

委托代征是指税务机关委托代征人以税务机关的名义征收税款，并将税款缴入国库的方式。这种方式一般适用于小额、零散税源的征收。

（六）邮寄纳税

邮寄纳税方式主要适用于那些有能力按期纳税，但采用其他方式又不方便的纳税人。

（七）其他方式

例如，利用网络申报、用IC卡纳税等。

二、应纳税额的核定与调整

（一）应纳税额的核定

1. 应纳税额核定的情形

纳税人有下列情形之一的，税务机关有权核定其应纳税额：

（1）依照法律、行政法规的规定可以不设置账簿的。

（2）依照法律、行政法规的规定应当设置但未设置账簿的。

（3）擅自销毁账簿或者拒不提供纳税资料的。

（4）虽设置账簿，但账目混乱或者成本资料、收入凭证、费用凭证残缺不全，难以查账的。

（5）发生纳税义务，未按照规定的期限办理纳税申报，经税务机关责令限期申报，逾期仍不申报的。

（6）纳税人申报的计税依据明显偏低，又无正当理由的。

2. 核定应纳税额的方法

为了减少核定应纳税额的随意性，使核定的税额更接近纳税人实际情况和法定负担水平，税务机关有权采用下列任何一种方法核定应纳税额：

（1）参照当地同类行业或者类似行业中经营规模和收入水平相近的纳税人的税负水平核定。

（2）按照营业收入或者成本加合理的费用和利润的方法核定。

（3）按照耗用的原材料、燃料、动力等推算或者测算核定。

（4）按照其他合理方法核定。

当其中一种方法不足以正确核定应纳税额时，可以同时采用两种以上的方法核定。纳税人对税务机关采取上述方法核定的应纳税额有异议的，应当提供相关证据，经税务机关认定后，调整应纳税额。

（二）应纳税额的调整

企业或者外国企业在中国境内设立的从事生产、经营的机构、场所与其关联企业之间的业务往来，应当按照独立企业之间的业务往来收取或者支付价款、费用。关联企业，是指有下列关系之一的公司、企业和其他经济组织：在资金、经营、购销等方面，存在直接或者间接的拥有或者控制关系；直接或者间接地同为第三者所拥有或者控制；在利益上具有相关联的其他关系。独立企业之间的业务往来，是指没有关联方关系的企业之间按照公平成交价格和营业常规所进行的业务往来。

纳税人可以向主管税务机关提出与其关联企业之间业务往来的定价原则和计算方法，主管税务机关审核、批准后，与纳税人预先约定有关定价事项，监督纳税人执行。

不按照独立企业之间的业务往来收取或者支付价款、费用，而减少其应纳税的收入或者所得额的，税务机关有权进行合理调整。

1.应纳税额调整的情形

纳税人与其关联企业之间的业务往来有下列情形之一的，税务机关可以调整其应纳税额：

（1）购销业务未按照独立企业之间的业务往来作价；

（2）融通资金所支付或者收取的利息超过或者低于没有关联方关系的企业之间所能同意的数额，或者利率超过或者低于同类业务的正常利率；

（3）提供劳务，未按照独立企业之间业务往来收取或者支付劳务费用；

（4）转让财产、提供财产使用权等业务往来，未按照独立企业之间业务往来作价或者收取、支付费用；

（5）未按照独立企业之间业务往来作价的其他情形。

2.应纳税额调整的方法

纳税人发生上述情形的，税务机关可以按照下列方法调整计税收入额或者所得额：

（1）按照独立企业之间进行的相同或者类似业务活动的价格；

（2）按照再销售给无关联方关系的第三者的价格所应取得的收入和利润水平；

（3）按照成本加合理的费用和利润；

（4）按照其他合理的方法。

3.应纳税额调整的期限

纳税人与其关联企业未按照独立企业之间的业务往来支付价款、费用的，税务机关自该业务往来发生的纳税年度起3年内进行调整；有特殊情况的，可以自该业务往来发生的纳税年度起10年内进行调整。

【做中学10-7】（多项选择题）下列情形中，税务机关有权核定纳税人应纳税额的有（　　）。

A.有偷税、骗税前科的　　B.拒不提供纳税资料的

C.按规定应设置账簿而未设置的　　D.虽设置账簿，但账目混乱，难以查账的

答案：BCD。根据《征管法》的规定，税务机关主要根据纳税人的财务管理状况确定是否对纳税人核定应纳税额。选项A不属于税务机关核定应纳税额的情形。

三、税款征收措施

为了保证税款征收的顺利进行，《征管法》及其实施细则赋予了税务机关在税款征收过程中针对不同情况可以采取相应征收措施的职权。

（一）责令缴纳

（1）纳税人未按照规定期限缴纳税款的，扣缴义务人未按照规定期限解缴税款的，税

务机关可责令限期缴纳，并从滞纳税款之日起，按日加收滞纳税款万分之五的滞纳金。逾期仍未缴纳的，税务机关可以采取税收强制执行措施。

（2）对未按照规定办理税务登记的从事生产、经营的纳税人，以及临时从事经营的纳税人，税务机关核定其应纳税额，责令其缴纳应纳税款。

纳税人不缴纳的，税务机关可以扣押其价值相当于应纳税款的商品、货物。扣押后缴纳应纳税款的，税务机关必须立即解除扣押，并归还所扣押的商品、货物；扣押后仍不缴纳应纳税款的，经县以上税务局（分局）局长批准，依法拍卖或者变卖所扣押的商品、货物，以拍卖或者变卖所得抵缴税款。

（3）税务机关有根据认为从事生产、经营的纳税人有逃避纳税义务行为，可在规定的纳税期之前责令其限期缴纳应纳税款。逾期仍未缴纳的，税务机关有权采取其他税款征收措施。

（4）纳税担保人未按照规定的期限缴纳所担保的税款，税务机关可责令其限期缴纳应纳税款。逾期仍未缴纳的，税务机关有权采取其他税款征收措施。

（二）责令提供纳税担保

纳税担保，是指经税务机关同意或确认，纳税人或其他自然人、法人、经济组织以保证、抵押、质押的方式，为纳税人应当缴纳的税款及滞纳金提供担保的行为。其包括经税务机关认可的有纳税担保能力的保证人为纳税人提供的纳税保证，以及纳税人或者第三人以其未设置或者未全部设置担保物权的财产提供的担保。

1.适用纳税担保的情形

（1）税务机关有根据认为从事生产、经营的纳税人有逃避纳税义务行为，在规定的纳税期之前经责令其限期缴纳应纳税款，在限期内发现纳税人有明显的转移、隐匿其应纳税的商品、货物，以及其他财产或者应纳税收入的迹象，责成纳税人提供纳税担保的。

（2）欠缴税款、滞纳金的纳税人或者其法定代表人需要出境的。

（3）纳税人同税务机关在纳税上发生争议而未缴清税款，需要申请行政复议的。

（4）税收法律、行政法规规定可以提供纳税担保的其他情形。

2.纳税担保范围

纳税担保范围包括税款、滞纳金和实现税款、滞纳金的费用。费用包括抵押、质押登记费用，质押保管费用，以及保管、拍卖、变卖担保财产等相关费用支出。用于纳税担保的财产、权利的价值不得低于应当缴纳的税款、滞纳金，并考虑相关的费用。纳税担保的财产价值不足以抵缴税款、滞纳金的，税务机关应当向提供担保的纳税人或纳税担保人继续追缴。用于纳税担保的财产、权利的价格估算，除法律、行政法规另有规定外，参照同类商品的市场价、出厂价或者评估价。

3.纳税担保的方式

纳税担保方式主要有纳税保证、纳税抵押和纳税质押。

（1）纳税保证

纳税保证是指纳税保证人向税务机关保证，当纳税人未按照税收法律、行政法规规定或者税务机关确定的期限缴清税款、滞纳金时，由纳税保证人按照约定履行缴纳税款及滞纳金的行为。纳税保证须经税务机关认可，税务机关不认可的，保证不成立。

纳税保证人，是指在中国境内具有纳税担保能力的自然人、法人或者其他经济组织。

纳税保证人同意为纳税人提供纳税担保的，应当填写纳税担保书。纳税担保书须经纳税人、纳税保证人签字盖章并经税务机关签字盖章同意方为有效。纳税担保从税务机关在纳税担保书签字盖章之日起生效。纳税保证为连带责任保证，纳税人和纳税保证人对所担保的税款及滞纳金承担连带责任。

保证期间为纳税人应缴纳税款期限届满之日起60日，即税务机关自纳税人应缴纳税款的期限届满之日起60日内有权要求纳税保证人承担保证责任，缴纳税款、滞纳金。纳税保证期间内税务机关未通知纳税保证人缴纳税款及滞纳金以承担担保责任的，纳税保证人免除担保责任。

履行保证责任的期限为15日，即纳税保证人应当自收到税务机关的纳税通知书之日起15日内履行保证责任，缴纳税款及滞纳金。纳税保证人未按照规定的履行保证责任的期限缴纳税款及滞纳金的，由税务机关发出责令限期缴纳通知书，责令纳税保证人限期缴纳；逾期仍未缴纳的，经县以上税务局（分局）局长批准，对纳税保证人采取强制执行措施。

（2）纳税抵押

纳税抵押是指纳税人或纳税担保人不转移对可抵押财产的占有，将该财产作为税款及滞纳金的担保。纳税人逾期未缴清税款及滞纳金的，税务机关有权依法处置该财产以抵缴税款及滞纳金。

纳税人提供抵押担保的，应当填写纳税担保书和纳税担保财产清单。纳税担保财产清单应当写明财产价值以及相关事项。纳税担保书和纳税担保财产清单须经纳税人签字盖章并经税务机关确认。纳税抵押财产应当办理抵押物登记。纳税抵押自抵押物登记之日起生效。

纳税人在规定的期限内未缴清税款、滞纳金的，税务机关应当依法拍卖、变卖抵押物，变价抵缴税款、滞纳金。

（3）纳税质押

纳税质押是指经税务机关同意，纳税人或纳税担保人将其动产或权利凭证移交税务机关占有，将该动产或权利凭证作为税款及滞纳金的担保。纳税人逾期未缴清税款及滞纳金的，税务机关有权依法处置该动产或权利凭证以抵缴税款及滞纳金。纳税质押分为动产质押和权利质押。

纳税人提供质押担保的，应当填写纳税担保书和纳税担保财产清单并签字盖章。纳税担保财产清单应当写明财产价值及相关事项。纳税质押自纳税担保书和纳税担保财产清单经税务机关确认和质物移交之日起生效。

纳税人在规定的期限内缴清税款及滞纳金的，税务机关应当自纳税人缴清税款及滞纳金之日起3个工作日内返还质物，解除质押关系。纳税人在规定的期限内未缴清税款、滞纳金的，税务机关应当依法拍卖、变卖质物，抵缴税款、滞纳金。

（三）采取税收保全措施

1.适用税收保全的情形及措施

（1）税务机关责令具有税法规定情形的纳税人提供纳税担保而纳税人拒绝提供纳税担保或无力提供纳税担保的，经县以上税务局（分局）局长批准，税务机关可以采取下列税收保全措施：

① 书面通知纳税人开户银行或者其他金融机构冻结纳税人的金额相当于应纳税款的存款。

② 扣押、查封纳税人的价值相当于应纳税款的商品、货物或者其他财产。其他财产包括纳税人的房地产、现金、有价证券等不动产和动产。

（2）对未按规定办理税务登记的从事生产、经营的纳税人，以及临时从事经营的纳税人，由税务机关核定其应纳税额，责令缴纳；不缴纳的，税务机关可以扣押其价值相当于应纳税款的商品、货物。

（3）税务机关对从事生产、经营的纳税人以前纳税期的纳税情况依法进行税务检查时，发现纳税人有逃避纳税义务行为，并有明显转移、隐匿其应纳税商品、货物以及其他财产或者应纳税收入的迹象的，可以按照规定的批准权限采取税收保全措施或强制执行措施。

2. 不适用税收保全的情形

个人及其所扶养家属维持生活必需的住房和用品，不在税收保全措施的范围之内。需要注意的是，个人及其所扶养家属维持生活必需的住房和用品不包括机动车辆、金银饰品、古玩字画、豪华住宅或者一处以外的住房。个人所扶养家属，是指与纳税人共同居住生活的配偶、直系亲属以及无生活来源并由纳税人扶养的其他亲属。税务机关对单价5 000元以下的其他生活用品，不采取税收保全措施。

3. 税收保全的期限

税务机关采取税收保全措施的期限一般不得超过6个月；重大案件需要延长的，应当报国家税务总局批准。

纳税人在规定期限内缴纳税款的，税务机关应立即解除税收保全措施。纳税人在规定期限内仍未缴纳税款的，经县以上税务局（分局）局长批准。终止保全措施，转入强制执行措施。

【做中学10-8】（单项选择题）下列各项属于税收保全措施的是（　　）。

A. 暂扣纳税人税务登记证

B. 书面通知纳税人开户银行从其存款中扣缴税款

C. 拍卖纳税人价值相当于应纳税款的货物，以拍卖所得抵缴税款

D. 查封纳税人价值相当于应纳税款的货物

答案：D。纳税担保、税收保全及税收强制执行措施是有区别的，在学习时应注意鉴别。

（四）采取强制执行措施

1. 适用强制执行的情形及措施

从事生产、经营的纳税人、扣缴义务人未按照规定的期限缴纳或者解缴税款，纳税担保人未按照规定的期限缴纳所担保的税款，由税务机关责令限期缴纳，逾期仍未缴纳的，经县以上税务局（分局）局长批准，税务机关可以采取下列强制执行措施：

（1）强制扣款，即书面通知其开户银行或者其他金融机构从其存款中扣缴税款。

（2）拍卖变卖，即扣押、查封、依法拍卖或者变卖其价值相当于应纳税款的商品、货物或者其他财产，以拍卖或者变卖所得抵缴税款。

税务机关采取强制执行措施时，对上述纳税人、扣缴义务人、纳税担保人未缴纳的滞

纳金同时强制执行。个人及其所扶养家属维持生活必需的住房和用品，不在强制执行措施的范围之内。税务机关对单价 5 000 元以下的其他生活用品，不采取强制执行措施。

2. 抵税财物的拍卖与变卖

抵税财物，是指被税务机关依法实施税收强制执行而扣押、查封或者按照规定应强制执行的已设置纳税担保物权的商品、货物、其他财产或者财产权利。拍卖，是指税务机关将抵税财物依法委托拍卖机构，以公开竞价的形式，将特定财物转让给最高应价者的买卖方式。变卖，是指税务机关将抵税财物委托商业企业代为销售、责令纳税人限期处理或由税务机关变价处理的买卖方式。国家税务总局发布的《抵税财物拍卖、变卖试行办法》对抵税财物的拍卖与变卖行为进行规范，以保障国家税收收入并保护纳税人的合法权益。

（1）适用拍卖、变卖的情形包括：

① 采取税收保全措施后，限期期满仍未缴纳税款的；

② 设置纳税担保后，限期期满仍未缴纳所担保的税款的；

③ 逾期不按规定履行税务处理决定的；

④ 逾期不按规定履行复议决定的；

⑤ 逾期不按规定履行税务行政处罚决定的；

⑥ 其他经责令限期缴纳，逾期仍未缴纳税款的。

对上述③至⑥情形进行强制执行时，在拍卖、变卖之前（或同时）进行扣押、查封，办理扣押、查封手续。

（2）拍卖、变卖执行原则与顺序。税务机关按照拍卖优先的原则确定抵税财物拍卖、变卖的顺序包括：

① 委托依法成立的拍卖机构拍卖。

② 无法委托拍卖或者不适于拍卖的，可以委托当地商业企业代为销售，或者责令被执行人限期处理。

③ 无法委托商业企业销售，被执行人也无法处理的，由税务机关变价处理。国家禁止自由买卖的商品、货物、其他财产，应当交由有关单位按照国家规定的价格收购。

拍卖或变卖所得抵缴税款、滞纳金、罚款以及拍卖变卖费用后，剩余的部分应当在3日内退还被执行人。

（五）欠税清缴

1. 离境清缴

欠缴税款的纳税人或者其他的法定代表人需要出境的，应当在出境前向税务机关结清应纳税款、滞纳金或者提供担保。

2. 税收代位权和撤销权

欠缴税款的纳税人因怠于行使到期债权，或者放弃到期债权，或者无偿转让财产，或者以明显不合理的低价转让财产而受让人知道该情形，对国家税收造成损害的，税务机关可以依法行使代位权、撤销权。税务机关依法行使代位权、撤销权的，不免除欠缴税款的纳税人尚未履行的纳税义务和应承担的法律责任。

3. 欠税报告

纳税人有欠税情形而以其财产设定抵押、质押的，应当向抵押权人、质权人说明其欠税情况。抵押权人、质权人可以请求税务机关提供有关的欠税情况。

纳税人有解散、撤销、破产情形的，在清算前应当向其主管税务机关报告；未结清税款的，由其主管税务机关参加清算。

纳税人有合并、分立情形的，应当向税务机关报告，并依法缴清税款。纳税人合并时未缴清税款的，应当由合并后的纳税人继续履行未履行的纳税义务；纳税人分立时未缴清税款的，分立后的纳税人对未履行的纳税义务应当承担连带责任。

欠缴税款5万元以上的纳税人在处分其不动产或者大额资产之前，应当向税务机关报告。

4.欠税公告

县级以上各级税务机关应当将纳税人的欠税情况，在办税场所或者广播、电视、报纸、期刊、网络等新闻媒体上定期公告。对纳税人欠缴税款的情况实行定期公告的办法，由国家税务总局制定。

（六）税收优先权

税务机关征收税款，税收优先于无担保债权，法律另有规定的除外。纳税人欠缴的税款发生在纳税人以其财产设定抵押、质押或者纳税人的财产被留置之前的，税收应当先于抵押权、质权、留置权执行。

纳税人欠缴税款，同时又被行政机关决定处以罚款、没收违法所得的，税收优先于罚款、没收违法所得。

（七）阻止出境

欠缴税款的纳税人或者其法定代表人在出境前未按规定结清应纳税款、滞纳金或者提供纳税担保的，税务机关可以通知出境管理机关阻止其出境。

四、税款征收的其他规定

（一）税收减免

纳税人依照法律、行政法规的规定办理减税、免税。地方各级人民政府、各级人民政府主管部门、单位和个人违反法律、行政法规的规定，擅自作出的减税、免税决定无效，税务机关不得执行，并向上级税务机关报告。

享受减税、免税优惠的纳税人，减税、免税期满，应当自期满次日起恢复纳税；减税、免税条件发生变化的，应当在纳税申报时向税务机关报告；不再符合减税、免税条件的，应当依法履行纳税义务；未依法纳税的，税务机关应当予以追缴。

（二）税款的退还

纳税人超过应纳税额缴纳的税款，税务机关发现后，应当自发现之日起10日内办理退还手续。

纳税人自结算缴纳税款之日起3年内发现多缴税款的，可以向税务机关要求退还多缴的税款并加算银行同期存款利息，税务机关应当自接到纳税人退还申请之日起30日内查实并办理退还手续。加算银行同期存款利息的多缴税款退税，不包括依法预缴税款形成的结算退税、出口退税和各种减免退税。退税利息按照税务机关办理退税手续当天中国人民银行规定的活期存款利率计算。

涉及从国库中退库的，依照法律、行政法规有关国库管理的规定退还。当纳税人既有应退税款又有欠缴税款的，税务机关可以将应退税款和利息先抵扣欠缴税款，抵扣后有余额的，退还纳税人。

（三）税款的补缴和追征

因税务机关的责任，致使纳税人、扣缴义务人未缴或者少缴税款的，税务机关在3年内可以要求纳税人、扣缴义务人补缴税款，但是不得加收滞纳金。

因纳税人、扣缴义务人计算错误等失误，未缴或者少缴税款的，税务机关在3年内可以追征税款、滞纳金；有特殊情况的，追征期可以延长到5年。所谓“特殊情况”，是指纳税人或者扣缴义务人因计算错误等失误，未缴或者少缴税款、未扣或者少扣税款、未收或者少收税款，累计数额在10万元以上的。

对偷税、抗税、骗税的，税务机关追征其未缴或者少缴的税款、滞纳金或者所骗取的税款，不受前款规定期限的限制。

（四）无欠税证明的开具

为积极回应市场主体需求，切实服务和便利纳税人，国家税务总局决定自2020年3月1日起向纳税人提供无欠税证明开具服务。

1. 无欠税证明的含义

无欠税证明是指税务机关依纳税人申请，根据税收征管信息系统所记载的信息，为纳税人开具的表明其不存在欠税情形的证明。

2. 不存在欠税情形

不存在欠税情形，是指纳税人在税收征管信息系统中，不存在应申报未申报记录且无下列应缴未缴的税款：

（1）办理纳税申报后，纳税人未在税款缴纳期限内缴纳的税款。

（2）经批准延期缴纳的税款期限已满，纳税人未在税款缴纳期限内缴纳的税款。

（3）税务机关检查已查定纳税人的应补税额，纳税人未缴纳的税款。

（4）税务机关根据《征管法》第27条、第35条核定纳税人的应纳税额，纳税人未在税款缴纳期限内缴纳的税款。

（5）纳税人的其他未在税款缴纳期限内缴纳的税款。

3. 无欠税证明的申请

纳税人因境外投标、企业上市等需要，确需开具无欠税证明的，可以向主管税务机关申请办理。

已实行实名办税的纳税人到主管税务机关申请开具无欠税证明的，办税人员持有效身份证件直接申请开具，无须提供登记证照副本或税务登记证副本。

未办理实名办税的纳税人到主管税务机关申请开具无欠税证明的，区分以下情况提供相关有效证件：

（1）单位纳税人和个体工商户，提供市场监管部门或其他登记机关发放的登记证照副本或税务登记证副本，以及经办人有效身份证件。

（2）自然人纳税人，提供本人有效身份证件；委托他人代为申请开具的，还需一并提供委托书、委托人及受托人有效身份证件。

4. 无欠税证明的开具

对申请开具无欠税证明的纳税人，证件齐全的，主管税务机关应当受理其申请。经查询税收征管信息系统，符合开具条件的，主管税务机关应当即时开具无欠税证明；不符合开具条件的，不予开具并向纳税人告知未办结涉税事宜。纳税人办结相关涉税事宜后，符合开具条件的，主管税务机关应当即时开具无欠税证明。

知识点梳理

本任务知识点梳理见表10-2。

表10-2 本任务知识点梳理

知识点	具体内容
1.税款征收的方式	(1) 查账征收；(2) 查定征收；(3) 查验征收；(4) 定期定额征收；(5) 委托代征；(6) 邮寄纳税；(7) 其他方式
2.不适用税收保全措施的情形	个人及其所扶养家属维持生活必需的住房和用品，不在税收保全措施的范围之内。需要注意的是，个人及其所扶养家属维持生活必需的住房和用品不包括机动车辆、金银饰品、古玩字画、豪华住宅或者一处以外的住房。个人所扶养家属，是指与纳税人共同居住生活的配偶、直系亲属以及无生活来源并由纳税人扶养的其他亲属 税务机关对单价5 000元以下的其他生活用品，不采取税收保全措施
3.适用税收强制执行措施的情形	税务机关采取强制执行措施时，对有关纳税人、扣缴义务人、纳税担保人未缴纳的滞纳金同时强制执行。个人及其所扶养家属维持生活必需的住房和用品，不在强制执行措施的范围之内。税务机关对单价5 000元以下的其他生活用品，不采取强制执行措施

案例解析

本任务“引入案例”解析如下：

税务所的行政行为不恰当。税务所采取税收保全措施不当，程序违法。应先按法定权限和程序实施税收保全措施，责令期限内仍未缴纳的，再按法定权限和程序实施税收强制措施。

根据《征管法》第38条的规定，税务所在纳税户未提供担保的情况下，报请县以上税务局（分局）局长批准后，书面通知纳税人开户银行或者其他金融机构冻结纳税人的金额相当于应纳税款的存款。如该纳税户在7月25日前，仍未缴纳税款，报请县以上税务局（分局）局长批准后，书面通知纳税人开户银行或者其他金融机构从其冻结的存款中扣缴税款。

知识翻转

沿用本任务“引入案例”的资料。若该税务所发现该公司有转移财产的行为，可决定对该公司采取税收强制执行措施。

请问：该税务所应该遵循哪些法定程序？又该对哪些物品采取税收强制执行措施？

知识考核

一、单项选择题

1.纳税人未按照规定期限缴纳税款的，扣缴义务人未按照规定期限解缴税款的，税务机关除责令限期缴纳外，从（　　）起，按日加收滞纳税款（　　）的滞纳金。

A.滞纳税款之日，2‰

B.滞纳税款之日，0.5‰

C.纳税义务发生之日，2‰

D.纳税义务发生之日，0.5‰

2.税务机关将扣押、查封的商品、货物或者其他财产变价抵缴税款时，首先应当（　　）。

A.由税务机关变价处理

B.交由依法成立的拍卖机构拍卖

C.交由当地商业企业代为销售

D.责令纳税人限期处理

3.2022年6月，某公司因财务人员调动，进行账目清理时发现有两笔收入用错了税率，多缴了税款，一笔系2018年1月的，另一笔系2020年8月的，于是马上向税务机关申请退税。下列各项关于这两笔多缴税款的表述，正确的是（　　）。

A.税务机关查实后应马上退还两笔多缴税款，并加算同期银行利息

B.只有2020年8月的多缴税款可以退还，但不能加算同期银行利息

C.只有2020年8月的多缴税款可以退还，并加算同期银行利息

D.这两笔税款都不能退还

4.税务机关依法采取税收保全措施时，（　　）不在保全措施的范围之内。

A.豪华住宅　　B.机动车辆

C.单价5 000元以下的其他生活用品　　D.金银首饰

5.下列各项属于税收保全措施的是（　　）。

A.暂扣纳税人税务登记证

B.书面通知纳税人开户银行从其存款中扣缴税款

C.查封纳税人价值相当于应纳税款的货物

D.拍卖纳税人价值相当于应纳税款的货物，以拍卖所得抵缴税款

6.因纳税人、扣缴义务人计算错误等失误，未缴或者少缴税款累计数额在10万元以上的，追征税款、滞纳金期限可以延长到（　　）年。

A.10　　B.5　　C.3　　D.1

二、多项选择题

1.根据税收征收管理法律制度的规定，纳税担保的范围包括（　　）。

A.税款　　B.滞纳金

C.罚款　　D.为实现税款变卖担保财产的费用

2.对（　　）的，税务机关追征其未缴或者少缴的税款、滞纳金，不受法定期限的限制。

A.偷税

B.抗税

C.因税务机关的责任，致使纳税人、扣缴义务人未缴或者少缴税款的

D.因纳税人、扣缴义务人计算错误等失误，未缴或者少缴税款的

3.根据税收征收管理法律制度的规定，下列各项符合规定的有（　　）。

A.个人及其所扶养的家属维持生活必需的住房和用品，不在税收保全措施的范围内

B.税收强制执行措施不仅适用于从事生产经营的纳税人，也适用于扣缴义务人

C.采取税收强制执行措施时，被执行人未缴纳的罚款必须同时执行

D.采取税收保全措施时，冻结的存款以纳税人应纳税款的数额为限

4.下列各项中，税务机关有权核定其应纳税额的有（　　）。

A.被税务机关查实偷税的

B.拒不提供纳税资料的

C.申报的计税依据明显偏低，又无正当理由的

D.发生纳税义务，未按照规定的期限办理纳税申报，经税务机关责令限期申报，逾期仍不申报的

5.下列各项中，税务机关可以采取强制执行措施的有（　　）。

A.责令缴纳　　B.强制扣款

C.责令提供纳税担保　　D.拍卖、变卖

6.纳税担保的方式包括（　　）。

A.保证　　B.抵押　　C.质押　　D.留置

三、判断题

1.税务机关有权对纳税人及其扶养的家属维持生活必需的住房和用品采取强制措施。（　　）

2.税务机关采取强制执行措施时，税款、滞纳金和罚款必须同时执行。（　　）

3.欠缴税款的企业的法定代表人在出境前未按规定结清应纳税款、滞纳金或者提供纳税担保的，税务机关可以通知出境管理机关阻止其出境。（　　）

4.税务机关不得对纳税人家庭使用的唯一的机动车采取强制执行措施。（　　）

参考答案

5.纳税人发生纳税义务，未按照规定的期限进行纳税申报的，经税务机关责令限期申报，逾期仍不申报的，税务机关有权核定其应纳税额。（　　）

6.纳税人或者扣缴义务人因计算错误等失误，未缴或少缴、未扣或者少扣、未收或者少收税款，累计数额在5万元以上的，税款追征期可以延长到10年。（　　）

任务三　税务检查

引入案例

2023年6月20日，某区税务局交通运输管理税务所为防止税款流失，在通往某铁矿的公路上进行税收检查，查堵逃税车辆，个体营运车主王某驾车路经此处，税务检查人员将其拦住，两名身着税服的人员向王某出示检查证，并讲明实施检查的意图。年初以来一直未申报纳税的王某惧怕检查，趁税务人员不备，突然启动汽车，企图逃离现场，后因路障被迫停车。随即追来的税务人员检查认定王某未按期申报纳税，向王某填发了“限期纳税通知书”和“查封扣押证”，将王某的汽车扣押，停放在税务所院内，要求王某补缴上半年税款5 400元。王某四处托人说情均被拒绝。此间王某汽车的后备轮胎被盗。

请问：该税务所在此案中的执法存在哪些问题？

工作任务

1. 了解税务检查的内容和形式
2. 了解税务机关在税务检查中的职权和职责
3. 了解被检查人的义务

电子课件

知识结构图

本任务知识结构图如图10-3所示。

税务检查
- 税务检查的内容
- 税务检查的形式
- 税务检查的方法
- 税务机关在税务检查中的职权和职责
- 被检查人的义务

图10-3　本任务知识结构图

文件法规

知识解析

税务检查，又称纳税检查，是指税务机关根据税收法律、行政法规的规定，对纳税人、扣缴义务人履行纳税义务、扣缴义务及其他有关税务事项进行审查、核实、监督活动的总称。它是税收征收管理工作的一项重要内容，是确保国家财政收入和税收法律法规贯彻落实的重要手段。

一、税务机关在税务检查中的职权和职责

（一）税务检查的范围

1. 检查纳税人的账簿、记账凭证、报表和有关资料，检查扣缴义务人代扣代缴、代收代缴税款账簿、记账凭证和有关资料。

2. 到纳税人的生产、经营场所和货物存放地检查纳税人应纳税的商品、货物或者其他财产，检查扣缴义务人与代扣代缴、代收代缴税款有关的经营情况。

3. 责成纳税人、扣缴义务人提供与纳税或者代扣代缴、代收代缴税款有关的文件、证明材料和有关资料。

4. 询问纳税人、扣缴义务人与纳税或者代扣代缴、代收代缴税款有关的问题和情况。

5. 到车站、码头、机场、邮政企业及其分支机构检查纳税人托运、邮寄应纳税商品、货物或者其他财产的有关单据、凭证和有关资料。

6. 经县以上税务局（分局）局长批准，指定专人负责，凭全国统一格式的检查存款账户许可证明，查询从事生产、经营的纳税人、扣缴义务人在银行或者其他金融机构的存款账户，并有责任为被检查人保守秘密。税务机关在调查税收违法案件时，经设区的市、自治州以上税务局（分局）局长批准，可以查询案件涉嫌人员的储蓄存款。税务机关查询所获得的资料，不得用于税收以外的用途。

（二）税务检查的措施与手段

税务机关对从事生产、经营的纳税人以前纳税期的纳税情况依法进行税务检查时，发现纳税人有逃避纳税义务行为，并有明显的转移、隐匿其应纳税的商品、货物以及其他财产或者应纳税的收入的迹象的，可以按照《征管法》规定的批准权限采取税收保全措施或者强制执行措施。

税务机关调查税务违法案件时，对与案件有关的情况和资料，可以记录、录音、录像、照相和复制。

税务机关依法进行税务检查时，有权向有关单位和个人调查纳税人、扣缴义务人和其他当事人与纳税或者代扣代缴、代收代缴税款有关的情况。

（三）税务检查中税务机关的义务

税务机关派出的人员进行税务检查时，应当出示税务检查证和税务检查通知书，并有责任为被检查人保守秘密；未出示税务检查证和税务检查通知书的，被检查人有权拒绝检查。

【做中学10-9】（多项选择题）根据税收征收管理法律制度的规定，税务机关在实施税务检查时，可以行使的职权有（　　）。

A. 检查纳税人会计资料

B. 检查纳税人货物存放地的应纳税商品

C. 检查纳税人托运、邮寄应纳税商品的单据、凭证

D. 经法定程序批准，查询纳税人在银行的储蓄存款账户

答案：ABCD。税务机关为保证税收征收管理工作的顺利进行，保障国家的税收收入，有权对纳税人会计资料以及其他对纳税有辅助说明和相互印证作用的情况进行税务检查。

二、被检查人的义务

（1）纳税人、扣缴义务人必须接受税务机关依法进行的税务检查，如实反映情况，提供有关资料，不得拒绝、隐瞒。

（2）税务机关依法进行税务检查，向有关单位和个人调查纳税人、扣缴义务人和其他当事人与纳税或者代扣代缴、代收代缴税款有关的情况时，有关单位和个人有义务向税务机关如实提供有关资料及证明材料。

三、纳税信用管理

纳税信用管理，是指税务机关对纳税人的纳税信用信息开展的采集、评价、确定、发布和应用等活动，有利于促进纳税人诚信自律，提高税法遵从度，推进社会信用体系建设。

（一）纳税信用管理的主体

国家税务总局主管全国纳税信用管理工作。省以下税务机关负责所辖地区纳税信用管理工作的组织和实施。

下列企业参与纳税信用评价：

（1）已办理税务登记，从事生产、经营并适用查账征收的独立核算企业纳税人（以下简称纳税人）。

（2）从首次在税务机关办理涉税事宜之日起时间不满一个评价年度的企业（以下简称新设立企业）。评价年度是指公历年度，即1月1日至12月31日。

（3）评价年度内无生产经营业务收入的企业。

（4）适用企业所得税核定征收办法的企业。

非独立核算分支机构可自愿参与纳税信用评价。非独立核算分支机构是指由企业纳税人设立，已在税务机关完成登记信息确认且核算方式为非独立核算的分支机构。非独立核算分支机构参评后，2019年度之前的纳税信用级别不再评价，在机构存续期间适用国家税务总局纳税信用管理相关规定。

（二）纳税信用信息采集

纳税信用信息采集是指税务机关对纳税人纳税信用信息的记录和收集。

1. 纳税信用信息的范围

纳税信用信息包括纳税人信用历史信息、税务内部信息、外部信息。

（1）纳税人信用历史信息包括基本信息和评价年度之前的纳税信用记录，以及相关部门评定的优良信用记录和不良信用记录。

（2）税务内部信息包括经常性指标信息和非经常性指标信息。经常性指标信息是指涉税申报信息、税（费）款缴纳信息、发票与税控器具信息、登记与账簿信息等纳税人在评价年度内经常产生的指标信息；非经常性指标信息是指税务检查信息等纳税人在评价年度内不经常产生的指标信息。

（3）外部信息包括外部参考信息和外部评价信息。外部参考信息包括评价年度相关部门评定的优良信用记录和不良信用记录；外部评价信息是指从相关部门取得的影响纳税人纳税信用评价的指标信息。

2.纳税信用信息采集的实施

纳税信用信息采集工作由国家税务总局和省税务机关组织实施，按月采集。

纳税人信用历史信息中的基本信息由税务机关从税务管理系统中采集，税务管理系统中暂缺的信息由税务机关通过纳税人申报采集；评价年度之前的纳税信用记录，以及相关部门评定的优良信用记录和不良信用记录，从税收管理系统、国家统一信用信息平台等渠道中采集。税务内部信息从税务管理系统中采集，采集的信息记录截止时间为评价年度12月31日（含本日）。外部信息主要通过税务管理系统、国家统一信用信息平台、相关部门官方网站、新闻媒体或者媒介等渠道采集。通过新闻媒体或者媒介采集的信息应核实后使用。

（三）纳税信用评价

1.纳税信用评价的方式

纳税信用评价采取年度评价指标得分和直接判级方式。评价指标包括税务内部信息和外部评价信息。

年度评价指标得分采取扣分方式。近三个评价年度内存在非经常性指标信息的，从100分起评；近三个评价年度内没有非经常性指标信息的，从90分起评。

直接判级适用于有严重失信行为的纳税人。

外部评价信息在年度纳税信用评价结果中记录，与纳税信用评价信息形成联动机制。

2.纳税信用评价周期

纳税信用评价周期为一个纳税年度，有下列情形之一的纳税人，不参加本期的评价：

（1）纳税人纳税信用管理时间不满一个评价年度的；

（2）因涉嫌税收违法被立案查处尚未结案的；

（3）被审计、财政部门依法查出税收违法行为，税务机关正在依法处理，尚未办结的；

（4）已申请税务行政复议、提起行政诉讼尚未结案的；

（5）其他不应参加本期评价的情形。

3.纳税信用级别

纳税信用级别设A、B、M、C、D五级。

（1）A级纳税信用为年度评价指标得分90分以上的。

有下列情形之一的纳税人，本评价年度不能评为A级：

① 实际生产经营期不满3年的；

② 上一评价年度纳税信用评价结果为D级的；

③ 非正常原因一个评价年度内增值税连续3个月或者累计6个月零申报、负申报的；

④ 不能按照国家统一的会计制度规定设置账簿，并根据合法、有效凭证核算，向税务机关提供准确税务资料的。

（2）B级纳税信用为年度评价指标得分70分以上不满90分的。

（3）M级纳税信用为评价年度未被直接判为D级的新设立企业和评价年度内无生产经营业务收入且年度评价指标得分70分以上的企业。

（4）C级纳税信用为年度评价指标得分40分以上不满70分的。

（5）D级纳税信用为年度评价指标得分不满40分或者直接判级确定的。

有下列情形之一的纳税人，本评价年度直接判为D级：

① 存在偷税（逃税）、逃避追缴欠税、骗取出口退税、虚开增值税专用发票等行为，经判决构成涉税犯罪的；

② 存在前项所列行为，未构成犯罪，但偷税（逃税）金额10万元以上且占各税种应纳税总额10%以上，或者存在逃避追缴欠税、骗取出口退税、虚开增值税专用发票等税收违法行为，已缴纳税款、滞纳金、罚款的；

③ 在规定期限内未按税务机关处理结论缴纳或者足额缴纳税款、滞纳金和罚款的；

④ 以暴力、威胁方法拒不缴纳税款或者拒绝、阻挠税务机关依法实施税务稽查执法行为的；

⑤ 存在违反增值税发票管理规定或者违反其他发票管理规定的行为，导致其他单位或者个人未缴、少缴或者骗取税款的；

⑥ 提供虚假申报材料享受税收优惠政策的；

⑦ 骗取国家出口退税款，被停止出口退（免）税资格未到期的；

⑧ 有非正常户记录或者由非正常户直接责任人员注册登记或者负责经营的；

⑨ 由D级纳税人的直接责任人员注册登记或者负责经营的；

⑩ 存在税务机关依法认定的其他严重失信情形的。

（6）纳税人有下列情形的，不影响其纳税信用评价：

① 由于税务机关原因或者不可抗力，造成纳税人未能及时履行纳税义务的；

② 非主观故意的计算公式运用错误以及明显的笔误造成未缴或者少缴税款的；

③ 国家税务总局认定的其他不影响纳税信用评价的情形。

4. 纳税信用评价结果

（1）纳税信用评价结果的确定和发布

纳税信用评价结果的确定和发布遵循谁评价、谁确定、谁发布的原则。税务机关每年4月确定上一年度纳税信用评价结果，并为纳税人提供自我查询服务。纳税人对纳税信用评价结果有异议的，可以书面向作出评价的税务机关申请复评。作出评价的税务机关应按规定进行复核。

税务机关对纳税人的纳税信用级别实行动态调整。纳税人信用评价状态变化时，税务机关可采取适当方式通知、提醒纳税人。

税务机关对纳税信用评价结果，按分级分类原则，依法有序开放：主动公开A级纳税人名单及相关信息；根据社会信用体系建设需要，以及与相关部门信用信息共建共享合作备忘录、协议等规定，逐步开放B、M、C、D级纳税人名单及相关信息；定期或者不定期公布重大税收违法案件信息。

（2）纳税信用评价结果的应用

税务机关按照守信激励、失信惩戒的原则，对不同信用级别的纳税人实施分类服务和管理。

对纳税信用评价为A级的纳税人，税务机关予以下列激励措施：①主动向社会公告年度A级纳税人名单。②一般纳税人可单次领取3个月的增值税发票用量，需要调整增值税发票用量时即时办理。③普通发票按需领用。④连续3年被评为A级信用级别（简称3连A）的纳税人，除享受以上措施外，还可以由税务机关提供绿色通道或专门人员帮助办理涉税事项。⑤税务机关与相关部门实施的联合激励措施，以及结合当地实际情况采取的其他激励措施。

对纳税信用评价为B级的纳税人，税务机关实施正常管理，适时进行税收政策和管理规定的辅导，并视信用评价状态变化趋势选择性地提供上述激励措施。

对纳税信用评价为M级的纳税人，税务机关适时进行税收政策和管理规定的辅导。

对纳税信用评价为C级的纳税人，税务机关应依法从严管理，并视信用评价状态变化趋势选择性地采取上述管理措施。

对纳税信用评价为D级的纳税人，税务机关应采取以下措施：①公开D级纳税人及其直接责任人员名单，对直接责任人员注册登记或者负责经营的其他纳税人纳税信用直接判为D级。②增值税专用发票领用按辅导期一般纳税人政策办理，普通发票的领用实行交（验）旧供新、严格限量供应。③加强出口退税审核。④加强纳税评估。严格审核其报送的各种资料。⑤列入重点监控对象，提高监督检查频次，发现税收违法违规行为的，不得适用规定处罚幅度内的最低标准。⑥将纳税信用评价结果通报相关部门，建议在经营、投融资、取得政府供应土地、进出口、出入境、注册新公司、工程招投标、政府采购、获得荣誉、安全许可、生产许可、从业任职资格、资质审核等方面予以限制或禁止。⑦对于因评价指标得分评为D级的纳税人，次年由直接保留D级评价调整为评价时加扣11分；对于因直接判级评为D级的纳税人，维持D级评价保留两年、第三年纳税信用不得评价为A级。⑧税务机关与相关部门实施的联合惩戒措施，以及结合实际情况依法采取的其他严格管理措施。

（四）纳税信用修复

1.纳税信用修复申请人

纳入纳税信用管理的企业纳税人，符合下列条件之的，可在规定期限内向主管税务机关申请纳税信用修复。

（1）纳税人发生未按法定期限办理纳税申报、税款缴纳、资料备案等事项且已补办的。

（2）未按税务机关处理结论缴纳或者足额缴纳税款、滞纳金和罚款，未构成犯罪，纳税信用级别被直接判为D级的纳税人，在税务机关处理结论明确的期限期满后60日内足额缴纳、补缴的。

（3）纳税人履行相应法律义务并由税务机关依法解除非正常户状态的。

2.纳税信用修复程序

符合前述第（1）项所列条件的，如失信行为已纳入纳税信用评价，纳税人可在失信行为被税务机关列入失信记录的次年年底前向主管税务机关提出信用修复申请，税务机关按照《纳税信用修复范围及标准》调整该项纳税信用评价指标分值，重新评价纳税人的纳税信用级别；如失信行为尚未纳入纳税信用，纳税人无须提出申请，税务机关按照《纳税信用修复范围及标准》调整纳税人该项纳税信用评价指标分值并进行纳税信用评价。

符合前述第（2）项和第（3）项所列条件的，纳税人可在纳税信用被直接判为D级的次年年底前向主管税务机关提出申请，税务机关根据纳税人失信行为纠正情况调整该项纳税信用评价指标的状态，重新评价纳税人的纳税信用级别，但不得评价为A级。非正常户失信行为纳税信用修复一个纳税年度内只能申请一次。纳税年度自公历为1月1日起至12

月31日止。

纳税信用修复后纳税信用级别不再为D级的纳税人，其直接责任人注册登记或者负责经营的其他纳税人之前被关联为D级的，可向主管税务机关申请解除纳税信用D级关联。

需向主管税务机关提出纳税信用修复申请的纳税人应填报纳税信用修复申请表，并对纠正失信行为的真实性作出承诺。税务机关发现纳税人虚假承诺的，撤销相应的纳税信用修复，并按照《纳税信用评价指标和评价方式（试行）调整表》予以扣分。

主管税务机关自受理纳税信用修复申请之日起15个工作日内完成审核，并向纳税人反馈信用修复结果。

纳税信用修复完成后，纳税人按照修复后的纳税信用级别适用相应的税收政策和管理服务措施，之前已适用的税收政策和管理服务措施不作追溯调整。

四、税收违法行为检举管理

为了保障单位、个人依法检举纳税人、扣缴义务人违反税收法律、行政法规行为的权利，规范检举秩序，根据《征管法》有关规定，国家税务总局制定了《税收违法行为检举管理办法》（以下简称《办法》）。

（一）税收违法行为检举管理原则

检举管理工作坚持依法依规、分级分类、属地管理、严格保密的原则。

市（地、州、盟）以上税务局稽查局设立税收违法案件举报中心。国家税务总局稽查局税收违法案件举报中心负责接收税收违法行为检举，督促、指导、协调处理重要检举事项；省、自治区、直辖市、计划单列市和市（地、州、盟）税务局稽查局税收违法案件举报中心负责税收违法行为检举的接收、受理、处理和管理；各级跨区域稽查局和县税务局应当指定行使税收违法案件举报中心职能的部门，负责税收违法行为检举的接收，并按规定职责处理。税务机关应当向社会公布举报中心的电话（传真）号码、通讯地址、邮政编码、网络检举途径，设立检举接待场所和检举箱。税务机关同时通过12366纳税服务热线接收税收违法行为检举。

前述所称的税收违法行为，是指涉嫌偷税（逃税），逃避追缴欠税，骗税，虚开、伪造、变造发票，以及其他与逃避缴纳税款相关的税收违法行为。

前述所称的检举是指单位、个人采用书信、电话、传真、网络、来访等形式，向税务机关提供纳税人、扣缴义务人税收违法行为线索的行为。检举税收违法行为的单位、个人称为检举人；被检举的纳税人、扣缴义务人称为被检举人。

检举税收违法行为是检举人的自愿行为，检举人因检举而产生的支出应当由其自行承担。检举人在检举过程中应当遵守法律、行政法规等规定；应当对其所提供检举材料的真实性负责，不得捏造、歪曲事实，不得诬告、陷害他人；不得损害国家、社会、集体的利益和其他公民的合法权益。

（二）检举事项的提出与受理

1.检举的提出

检举人可以实名检举，也可以匿名检举。

检举人以个人名义实名检举应当由其本人提出；以单位名义实名检举应当委托本单位工作人员提出。举报中心接收实名检举，应当准确登记实名检举人信息。以来访形式实名检举的，检举人应当提供营业执照、居民身份证等有效身份证件的原件和复印件。以来信、网络、传真形式实名检举的，检举人应当提供营业执照、居民身份证等有效身份证件的复印件。

以电话形式要求实名检举的，税务机关应当告知检举人采取前述的形式进行检举。检举人未采取前述的形式进行检举的，视同匿名检举。

检举人检举税收违法行为应当提供被检举人的名称（姓名）、地址（住所）和税收违法行为线索，尽可能提供被检举人统一社会信用代码（身份证件号码），法定代表人、实际控制人信息和其他相关证明资料。鼓励检举人提供书面检举材料。

2.税务机关应当合理设置检举接待场所

检举接待场所应当与办公区域适当分开，配备使用必要的录音、录像等监控设施，保证监控设施对接待场所全覆盖并正常运行。

3.检举的受理

举报中心对接收的检举事项，应当及时审查，有下列情形之一的，不予受理：

（1）无法确定被检举对象，或者不能提供税收违法行为线索的。

（2）检举事项已经或者依法应当通过诉讼、仲裁、行政复议以及其他法定途径解决的。

（3）对已经查结的同一检举事项再次检举，没有提供新的有效线索的。

除前述规定外，举报中心自接收检举事项之日起即为受理。

举报中心可以应实名检举人要求，视情况采取口头或者书面方式解释不予受理原因。

（三）检举事项的处理

1.分级分类处理

检举事项受理后，应当分级分类，按照以下方式处理：

（1）检举内容详细、税收违法行为线索清楚、证明资料充分的，由稽查局立案检查。

（2）检举内容与线索较明确但缺少必要证明资料，有可能存在税收违法行为的，由稽查局调查核实。发现存在税收违法行为的，立案检查；未发现的，作查结处理。

（3）检举对象明确，但其他检举事项不完整或者内容不清、线索不明的，可以暂存待查，待检举人将情况补充完整以后，再进行处理。

（4）已经受理尚未查结的检举事项，再次检举的，可以合并处理。

（5）《办法》规定以外的检举事项，转交有处理权的单位或者部门。

2.处理的时限

举报中心应当在检举事项受理之日起15个工作日内完成分级分类处理，特殊情况除外。举报中心可以税务机关或者以自己的名义向下级税务机关督办、交办检举事项。查处部门应当在收到举报中心转来的检举材料之日起3个月内办理完毕；案情复杂无法在期限内办理完毕的，可以延期。税务局稽查局对督办案件的处理结果应当认真审查。对于事实不清、处理不当的，应当通知承办机关补充调查或者重新调查，依法处理。

（四）检举人的答复和奖励

1.检举人的答复

实名检举人可以要求答复检举事项的处理情况与查处结果。实名检举人要求答复处理情况时，应当配合核对身份；要求答复查处结果时，应当出示检举时所提供的有效身份证件。举报中心可以视具体情况采取口头或者书面方式答复实名检举人。

实名检举事项的处理情况，由作出处理行为的税务机关的举报中心答复。将检举事项督办、交办、提交或者转交的，应当告知去向；暂存待查的，应当建议检举人补充资料。

实名检举事项的查处结果，由负责查处的税务机关的举报中心答复。实名检举人要求答复检举事项查处结果的，检举事项查结以后，举报中心可以将与检举线索有关的查处结果简要告知检举人，但不得告知其检举线索以外的税收违法行为的查处情况，不得提供执法文书及有关案情资料。

12366纳税服务热线接收检举事项并转交举报中心或者相关业务部门后，可以应检举人要求将举报中心或者相关业务部门反馈的受理情况告知检举人。

2. 检举人的奖励

检举事项经查证属实，为国家挽回或者减少损失的，按照财政部和国家税务总局的有关规定对实名检举人给予相应奖励。

知识点梳理

本任务知识点梳理见表10-3。

表10-3　本任务知识点梳理

知识点	具体内容
1. 税务检查的措施	（1）查账权；（2）场地检查权；（3）责成提供资料权；（4）询问权；（5）交通邮政检查权；（6）存款账户查询权
2. 被检查人的义务	（1）纳税人、扣缴义务人必须接受税务机关依法进行的税务检查，如实反映情况，提供有关资料，不得拒绝、隐瞒；（2）税务机关依法进行税务检查，向有关单位和个人调查纳税人、扣缴义务人和其他当事人与纳税或者代扣代缴、代收代缴税款有关的情况时，有关单位和个人有义务向税务机关如实提供有关资料及证明材料

案例解析

本任务“引入案例”解析如下：

（1）超越权限执法。根据《征管法》第54条的规定，税务机关上路拦车检查超越了税务机关的执法权限。行政处罚的原则规定，“法定主体行使处罚权时，必须遵守法定的职权范围，不得越权或者滥用权力”。

（2）执法程序违法。《征管法》第38条规定：如果纳税人不能提供纳税担保，经县以上税务局（分局）局长批准，税务机关可以采取下列税收保全措施……很显然，税务所未经县以上税务局（分局）局长批准而实施的税收保全措施，不符合法定程序。行政处罚的相关法律规定，“没有法定依据或者不遵守法定程序的，行政处罚无效”。

（3）扣押程序不全。《征管法》第47条规定：税务机关查封商品、货物或者其他财产时，必须开付清单。税务所扣押汽车未向纳税人开付清单，扣押程序不全。

（4）检查手续不全。《征管法》第59条规定：税务机关派出人员进行税务检查时未出示税务检查证和税务检查通知书的，被检查人有权拒绝检查。

（5）税务机关未妥善保管被扣押物品。

（6）使用文书错误。《税收征收管理法实施细则》第73条规定：税务机关规定限期缴纳或者解缴税款的最长期限不得超过15天。税务所向王某同时填发了“限期纳税通知书”和“查封扣押证”，使用文书在时间先后上有错误。

知识翻转

沿用本任务“引入案例”的资料。如果该纳税人向法院起诉，要求返还被扣押汽车并赔偿被盗部件及误工损失。

请问：法院是否会支持该纳税人的请求？

知识考核

一、单项选择题

1. 税务机关在调查税收违法案件时，可以依法查询涉案人员的储蓄存款但必须经（　　）批准。

A. 县以上税务局（分局）局长

B. 银行县、市支行以上负责人

C. 设区的市、自治州以上税务局（分局）局长

D. 开户银行负责人

2. 税务机关派出的人员在税务检查中应履行的职责是（　　）。

A. 出示税务机关的介绍信

B. 出示税务机关的组织机构代码证

C. 出示税务检查证和税务检查通知书

D. 经设区的市、自治州以上税务局局长批准

二、多项选择题

1. 税务机关有权采取（　　）的方式实施税务检查。

A. 到纳税人生产、经营场所和货物存放地检查纳税人应纳税的商品、货物或者其他财产，检查扣缴义务人的所有经营情况

B. 到车站、码头、机场检查纳税人托运的应纳税商品、货物或者其他财产

C. 到邮政企业及其分支机构检查邮寄应纳税商品、货物或者其他财产的有关单据、凭证和有关资料

D. 经有权的税务机关负责人批准，查询纳税人、扣缴义务人在银行或者其他金融机构的存款账户

2. 在调查税务违法案件时对与案件有关的情况和资料，税务机关可以（　　）。

A. 记录　　B. 录音　　C. 复制　　D. 照相

三、判断题

参考答案

1. 税务机关在对从事生产、经营的纳税人以前纳税期的纳税情况依法进行税务检查时，发现纳税人有逃避纳税义务行为，并有明显的转移、隐匿其应纳税的商品、货物以及其他财产或者应纳税的收入的迹象的，应当责成纳税人提供纳税担保。（　）

2. 税务机关派出的人员进行税务检查时，必须出示“税务检查证”和“税务检查通知书”，并有责任为被检查人保守秘密。（　）

任务四　税收法律责任

引入案例

某从事装饰设计的个体户，于2023年1月起在某装饰材料专业市场经营。由于该市场改造搬迁，于2023年5月起该个体户搬到自己的住址（××街38号）继续经营。根据群众举报，某区税务局稽查局于10月8日对该个体户的经营场所××街38号进行突击检查，发现该个体户未按规定办理变更税务登记和向税务机关按期进行纳税申报。经检查核实，该个体户于2023年1月至9月30日共取得装饰设计收入1 122 333元，其中1月1日至4月30日取得应税收入155 555元，5月1日至9月30日取得应税收入966 778元。

请问：对该个体户的税收违法行为应提出哪些处理意见？

工作任务

1. 了解纳税人违反税收征管法的法律责任
2. 了解税务机关、税务人员违反税法的法律责任
3. 掌握税务行政复议和税务行政诉讼

电子课件

知识结构图

本任务知识结构图如图10-4所示。

税收法律责任
- 纳税人违反税收征管法的法律责任
- 税务机关和税务人员违反税收法律制度的法律责任
- 税务行政复议和税务行政诉讼

图10-4　本任务知识结构图

文件法规

知识解析

一、纳税人违反税收征管法的法律责任

（一）违反税务管理基本规定的法律责任

（1）纳税人有下列行为之一的，由税务机关责令限期改正，可以处2 000元以下的罚款；情节严重的，处2 000元以上1万元以下的罚款：

① 未按照规定的期限申报办理税务登记、变更或者注销登记的。

② 未按照规定设置、保管账簿或者保管记账凭证和有关资料的。

③ 未按照规定将财务、会计制度或者财务、会计处理办法和会计核算软件报送税务机关备查的。

④ 未按照规定将其全部银行账号向税务机关报告的。

⑤ 未按照规定安装、使用税控装置，或者损毁或者擅自改动税控装置的。

⑥ 纳税人未按照规定办理税务登记证件验证或者换证手续的。

（2）纳税人不办理税务登记的，由税务机关责令限期改正；逾期不改正的，经税务机关提请，由市场监督管理机关吊销其营业执照。

（3）纳税人未按照规定使用税务登记证件，或者转借、涂改、损毁、买卖、伪造税务登记证件的，处2 000元以上1万元以下的罚款；情节严重的，处1万元以上5万元以下的罚款。

（4）扣缴义务人未按照规定设置、保管代扣代缴、代收代缴税款账簿或者未按照规定保管代扣代缴、代收代缴税款记账凭证及有关资料的，由税务机关责令限期改正，可以处2 000元以下的罚款；情节严重的，处2 000元以上5 000元以下的罚款。

（5）纳税人未按照规定的期限办理纳税申报和报送纳税资料的，或者扣缴义务人未按照规定的期限向税务机关报送代扣代缴、代收代缴税款报告表和有关资料的，由税务机关责令限期改正，可以处 2 000 元以下的罚款；情节严重的，处2 000元以上1万元以下的罚款。

【做中学10-10】（单项选择题）纳税人不办理税务登记的，由税务机关责令限期改正；逾期不改正的，税务机关可以对其采取的措施是（　　）。

A.处2 000 元以上1万元以下的罚款　　B.提请市场监督管理机关吊销其营业执照

C.没收其经营所得　　D.提请公安机关查封其财产

答案：B。根据税收征收管理法律制度的规定，纳税人不办理税务登记的，由税务机关责令限期改正；逾期不改正的，经税务机关提请，由市场监督管理机关吊销其营业执照。

（二）欠税行为的法律责任

纳税人欠缴应纳税款，采取转移或者隐匿财产的手段，妨碍税务机关追缴欠缴的税款的，由税务机关追缴欠缴的税款、滞纳金，并处欠缴税款50%以上5倍以下的罚款；构成犯罪的，依法追究刑事责任。扣缴义务人应扣未扣、应收而不收税款的，由税务机关向纳

税人追缴税款，对扣缴义务人处以罚款。

（三）逃税行为的法律责任

逃税行为，是指纳税人采取欺骗、隐瞒手段进行虚假纳税申报或者不申报，逃避缴纳税款的行为。

纳税人采取伪造、变造、隐匿、擅自销毁账簿、记账凭证，或者在账簿上多列支出或者不列、少列收入，或者经税务机关通知申报而拒不申报或者进行虚假的纳税申报的手段，不缴或者少缴应纳税款的，由税务机关追缴其不缴或者少缴的税款、滞纳金，并处不缴或者少缴的税款50%以上5倍以下的罚款。

纳税人采取欺骗、隐瞒手段进行虚假纳税申报或者不申报，逃避缴纳税款数额较大并且占应纳税额10%以上的，处3年以下有期徒刑或者拘役，并处罚金；数额巨大并且占应纳税额30%以上的，处3年以上7年以下有期徒刑，并处罚金。对多次实施前述行为，未经处理的，按照累计数额计算。

有逃税行为，经税务机关依法下达追缴通知后，补缴应纳税款，缴纳滞纳金，已受行政处罚的，不予追究刑事责任；但是，5年内因逃避缴纳税款受过刑事处罚或者被税务机关给予两次以上行政处罚的除外。

扣缴义务人采取上述手段，不缴或者少缴已扣、已收税款，由税务机关追缴其不缴或者少缴的税款、滞纳金，并处不缴或者少缴的税款50%以上5倍以下的罚款；构成犯罪的，依法追究刑事责任。

（四）抗税行为的法律责任

抗税，是指纳税人、扣缴义务人以暴力、威胁方法拒不缴纳税款的行为。对抗税行为，除由税务机关追缴其拒缴的税款、滞纳金外，还应依法追究刑事责任。情节轻微，未构成犯罪的，由税务机关追缴其拒缴的税款、滞纳金，并处抗缴税款50%以上5倍以下的罚款。

（五）骗税行为的法律责任

骗税行为，是指纳税人以假报出口或者其他欺骗手段，骗取国家出口退税款的行为。纳税人有骗税行为的，由税务机关追缴其骗取的退税款，并处骗取税款1倍以上5倍以下的罚款；构成犯罪的，依法追究刑事责任。对骗取国家出口退税款的，税务机关可以在规定期间内停止为其办理出口退税。

（六）纳税人、扣缴义务人不配合税务机关进行税务检查的法律责任

纳税人、扣缴义务人逃避、拒绝或者以其他方式阻挠税务机关检查的，由税务机关责令改正，可以处1万元以下的罚款；情节严重的，处1万元以上5万元以下的罚款。

（1）纳税人、扣缴义务人有下列情形之一的，依照上述规定处罚：

①提供虚假资料，不如实反映情况，或者拒绝提供有关资料的。

②拒绝或者阻止税务机关记录、录音、录像、照相和复制与案件有关的情况和资料的。

③在检查期间，纳税人、扣缴义务人转移、隐匿、销毁有关资料的。

④有不依法接受税务检查的其他情形的。

（2）税务机关依照《征管法》的规定，到车站、码头、机场、邮政企业及其分支机构检查纳税人有关情况，有关单位拒绝的，由税务机关责令改正，可以处1万元以下的罚

款；情节严重的，处1万元以上5万元以下的罚款。

【做中学10-11】（多项选择题）纳税人发生偷税行为时，税务机关可以行使的权力有（ ）。

A.追缴税款　　B.加收滞纳金

C.处以罚款　　D.处以罚金

答案：ABC。根据税收征收管理法律制度的规定，对于偷税行为，税务机关可以追缴税款和滞纳金，并处以罚款，但不能处以罚金，因为处以罚金是司法机关的权力。

（七）重大税收违法失信案件信息公布

税务机关依照规定，向社会公布重大税收违法失信案件的信息并将信息通报相关部门，共同实施严格监管和惩戒。

1.公布信息的案件范围

重大税收违法失信案件是指符合下列标准之一的案件：

（1）纳税人伪造、变造、隐匿、擅自销毁账簿、记账凭证，或者在账簿上多列支出或者不列、少列收入，或者经税务机关通知申报而拒不申报或者进行虚假的纳税申报，不缴或者少缴应纳税款100万元以上，且任一年度不缴或者少缴应纳税款占当年各税种应纳税总额10%以上的；

（2）纳税人欠缴应纳税款，采取转移或者隐匿财产的手段，妨碍税务机关追缴欠缴的税款，欠缴税款金额10万元以上的；

（3）骗取国家出口退税款的；

（4）以暴力、威胁方法拒不缴纳税款的；

（5）虚开增值税专用发票或者虚开用于骗取出口退税、抵扣税款的其他发票；

（6）虚开普通发票100份或者金额40万元以上的；

（7）私自印制、伪造、变造发票，非法制造发票防伪专用品，伪造发票监制章的；

（8）具有偷税、逃避追缴欠税、骗取出口退税、抗税、虚开发票等行为，经税务机关检查确认走逃（失联）的；

（9）其他违法情节严重、有较大社会影响的。

2.公布的案件信息内容

公布重大税收违法失信案件信息，应当主要包括以下内容：

（1）对法人或者其他组织，公布其名称，统一社会信用代码或者纳税人识别号，注册地址，法定代表人、负责人或者经法院裁判确定的实际责任人的姓名、性别及身份证号码（隐去出生年、月、日号码段，下同），经法院裁判确定的负有直接责任的财务人员、团伙成员的姓名、性别及身份证号码；

（2）对自然人，公布其姓名、性别、身份证号码；

（3）主要违法事实；

（4）走逃（失联）情况；

（5）适用的相关法律依据；

（6）税务处理、税务行政处罚等情况；

（7）实施检查的单位；

（8）对公布的重大税收违法失信案件负有直接责任的涉税专业服务机构及从业人员，

税务机关可以依法一并公布其名称、统一社会信用代码或者纳税人识别号、注册地址，以及直接责任人的姓名、性别、身份证号码、职业资格证书编号等。

其中，法人或者其他组织的法定代表人、负责人与违法事实发生时的法定代表人、负责人不一致的，应一并公布，并对违法事实发生时的法定代表人、负责人进行标注。经法院裁判确定的实际责任人，与法定代表人或者负责人不一致的，除有证据证明法定代表人或者负责人有涉案行为外，只公布实际责任人信息。

3. 案件信息公布的程序

认定为重大税收违法失信案件，税务局稽查局依法作出《税务处理决定书》《税务行政处罚决定书》的，当事人在法定期间内没有申请行政复议或者提起行政诉讼，或者经行政复议或者法院裁判对此案件最终确定效力后，依法向社会公布；未作出《税务处理决定书》《税务行政处罚决定书》的走逃（失联）案件，经税务机关查证处理，进行公告30日后，依法向社会公布。

符合前述标准（1）和（2）的重大税收违法失信案件当事人，在公布前能按照《税务处理决定书》《税务行政处罚决定书》缴清税款、滞纳金和罚款的，经实施检查的税务机关确认，只将案件信息录入相关税务信息管理系统，不向社会公布该案件信息；在公布后能按照《税务处理决定书》《税务行政处罚决定书》缴清税款、滞纳金和罚款的，经实施检查的税务机关确认，停止公布并从公告栏中撤出，并将缴清税款、滞纳金和罚款的情况通知实施联合惩戒和管理的部门。

4. 案件信息公布的管理

省以下税务机关应及时将符合公布标准的案件信息录入相关税务信息管理系统，通过省税务机关门户网站向社会公布，同时可以根据本地区实际情况，通过本级税务机关公告栏、报纸、广播、电视、网络媒体等途径以及新闻发布会等形式向社会公布。国家税务总局门户网站设立专栏链接省税务机关门户网站的公布内容。

案件信息一经录入相关税务信息管理系统，作为当事人的税收信用记录永久保存。重大税收违法失信案件信息自公布之日起满3年的，停止公布并从公告栏中撤出。重大税收违法失信案件信息实行动态管理，案件信息撤出或者发生变化的，税务机关应当及时向同级参与联合惩戒和管理的部门提供更新信息。

二、税务机关和税务人员违反税收法律制度的法律责任

（1）税务机关违反规定擅自改变税收征收管理范围和税款入库预算级次的，责令限期改正，对直接负责的主管人员和其他直接责任人员依法给予降级或者撤职的行政处分。

（2）税务人员徇私舞弊，对依法应当移交司法机关追究刑事责任的不移交，情节严重的，依法追究刑事责任。

（3）税务机关、税务人员查封、扣押纳税人个人及其所扶养家属维持生活必需的住房和用品的，责令退还，依法给予行政处分；构成犯罪的，依法追究刑事责任。

（4）税务人员与纳税人、扣缴义务人勾结，唆使或者协助纳税人、扣缴义务人实施税收违法行为，构成犯罪的，依法追究刑事责任；未构成犯罪的，依法给予行政处分。

（5）税务人员利用职务上的便利，收受或者索取纳税人、扣缴义务人财物或者牟取其他不正当利益，构成犯罪的，依法追究刑事责任；未构成犯罪的，依法给予行政处分。

(6) 税务人员徇私舞弊或者玩忽职守，不征或者少征应征税款，致使国家税收遭受重大损失，构成犯罪的，依法追究刑事责任；未构成犯罪的，依法给予行政处分。

(7) 税务人员滥用职权，故意刁难纳税人、扣缴义务人的，应调离税收工作岗位，并依法给予行政处分。

(8) 税务人员对控告、检举税收违法行为的纳税人、扣缴义务人以及其他检举人进行打击报复的，依法给予行政处分；构成犯罪的，依法追究刑事责任。

(9) 违反法律、行政法规的规定提前征收、延缓征收或者摊派税款的，由其上级机关或者行政监察机关责令改正，对直接负责的主管人员和其他直接责任人员依法给予行政处分。

(10) 违反法律、行政法规的规定，擅自作出税收的开征、停征或者减税、免税、退税、补税以及其他同税收法律、行政法规相抵触的决定的，除按《征管法》的规定撤销其擅自作出的决定外，补征应征未征税款，退还不应征收而征收的税款，并由上级机关追究直接负责的主管人员和其他直接责任人员的行政责任；构成犯罪的，依法追究刑事责任。

(11) 税务人员私分扣押、查封的商品、货物或者其他财产，情节严重，构成犯罪的，依法追究刑事责任；未构成犯罪的，依法给予行政处分。

(12) 税务人员在征收税款或者查处税收违法案件时，未按照《征管法》的规定进行回避的，对直接负责的主管人员和其他直接责任人员，依法给予行政处分，未按照《征管法》的规定为纳税人、扣缴义务人、检举人保密的，对直接负责的主管人员和其他直接责任人员，由所在单位或者有关单位依法给予行政处分。

三、税务行政复议和税务行政诉讼

(一) 税务行政复议

微课

税务行政复议概念范围

税务行政复议是指纳税人、扣缴义务人或者其他当事人认为税务机关及其工作人员作出的税务具体行政行为侵犯其合法权益，依法请求上一级税务机关对具体行政行为进行审查并作出决定的活动。

1.税务行政复议的受案范围

税务行政复议受案范围仅限于税务机关作出的税务具体行政行为。

(1) 税务机关作出的征税行为，包括确认纳税主体、征税对象、征税范围、减税、免税、退税、抵扣税款、适用税率、计税依据、纳税环节、纳税期限、纳税地点和税款征收方式等具体行政行为，征收税款、加收滞纳金，扣缴义务人、受税务机关委托的单位和个人作出的代扣代缴、代收代缴、代征行为等。

(2) 行政许可、行政审批行为。

(3) 发票管理行为，包括发售、收缴、代开发票等。

(4) 税收保全措施、强制执行措施。

(5) 税务机关作出的行政处罚行为：①罚款；②没收财物和违法所得；③停止出口退税权。

(6) 税务机关不依法履行下列职责的行为：①颁发税务登记证；②开具、出具完税凭证、外出经营活动税收管理证明；③行政赔偿；④行政奖励；⑤其他不依法履行职责的行为。

（7）资格认定行为。

（8）不依法确认纳税担保行为。

（9）政府信息公开工作中的具体行政行为。

（10）纳税信用等级评定行为。

（11）税务机关通知出入境管理机关阻止出境行为。

（12）税务机关作出的其他具体行政行为。

申请人认为税务机关的具体行政行为所依据的下列规定不合法，对具体行政行为申请行政复议时，可以一并向复议机关提出对该规定（不含规章）的审查申请：①国家税务总局和国务院其他部门的规定；②其他各级税务机关的规定；③地方各级人民政府的规定；④地方人民政府工作部门的规定。

申请人对具体行政行为提出行政复议申请时不知道该具体行政行为所依据的规定的，可以在行政复议机关作出行政复议决定以前提出对该规定的审查申请。

【做中学10-12】（多项选择题）纳税人对税务机关的下列行为不服时，可以申请行政复议的有（　）。

A.税务机关为其确认征税范围

B.税务机关对其作出征收税款的决定

C.税务机关关于具体贯彻落实税收法规的规定

D.税务机关责令其提供纳税担保

答案：ABD。复议机关只受理对具体行政行为不服提出的行政复议申请，对抽象行政行为（规章、规定等）不服，不属于行政复议的受理范围。

2.税务行政复议的管辖的一般规定

（1）对各级国家税务局的具体行政行为不服的，向其上一级国家税务局申请行政复议。

（2）对各级地方税务局的具体行政行为不服的，可以选择向其上一级地方税务局或者该税务局的本级人民政府申请行政复议。

（3）省、自治区、直辖市人民代表大会及其常务委员会、人民政府对地方税务局的行政复议管辖另有规定的，从其规定。

（4）对国家税务总局的具体行政行为不服的，向国家税务总局申请行政复议。对行政复议决定不服，申请人可以向人民法院提起行政诉讼，也可以向国务院申请裁决。国务院的裁决为最终裁决。

（二）税务行政诉讼

税务行政诉讼是指纳税人和其他税务当事人认为具体的税务行政行为侵犯了其合法权益，依法向人民法院提起行政诉讼，由人民法院对具体行政行为的合法性和适当性进行审理并作出裁决的司法活动。

纳税人和其他税务当事人对税务机关作出的具体行政行为不服的，可以在知道税务机关作出具体行政行为之日起3个月内，向该税务机关所在地的人民法院提起诉讼。

经过税务行政复议，复议机关未改变原具体行政行为，纳税人和其他税务当事人对复议决定仍不服的，可以在收到复议决定书之日起15日内向原具体行政行为的税务机关所在地的人民法院提起诉讼。经过税务行政诉讼，复议机关改变原具体行政行为，纳税人和其他税务当事人对税务行政复议仍不服的，可以在收到复议决定书之日起15日内向原具体行政行为的税务机关或复议机关所在地的人民法院提起诉讼。

知识点梳理

本任务知识点梳理见表10-4。

表10-4 本任务知识点梳理

知识点	具体内容
1.税务行政复议	纳税人、扣缴义务人或者其他当事人认为税务机关及其工作人员作出的税务具体行政行为侵犯其合法权益，依法请求上一级税务机关对具体行政行为进行审查并作出决定的活动
2.税务行政诉讼	纳税人和其他税务当事人认为具体的税务行政行为侵犯了其合法权益，依法向人民法院提起行政诉讼，由人民法院对具体行政行为的合法性和适当性进行审理并作出裁决的司法活动

案例解析

本任务“引入案例”解析如下：

（1）根据《征管法》第60条的规定，纳税人未按照规定的期限申报办理税务登记、变更或者注销登记的，由税务机关责令限期改正，可以处2 000元以下的罚款。该个体户未在规定的期限内办理税务变更登记，税务所除责令其改正外，可以处2 000元以下的罚款。

（2）根据《征管法》第62条的规定，纳税人未按照规定的期限办理纳税申报和报送纳税资料的，由税务机关责令限期改正，可以处2 000元以下的罚款。该个体户未在规定的期限内办理纳税申报，税务所除责令其改正外，可以处2 000元以下的罚款。

（3）根据《征管法》第64条的规定，纳税人不进行纳税申报，不缴或者少缴应纳税款的，由税务机关追缴其不缴或少缴的税款、滞纳金，并处不缴或者少缴税款50%以上5倍以下的罚款。构成犯罪的，依法追究其法律责任。

（4）本案例中，应对该个体户取得的未申报的应税收入进行税款、滞纳金的追缴及罚款的处理。滞纳金的计算比例是0.05%，罚款在50%以上5倍以下。

知识翻转

沿用本任务“引入案例”的资料，若纳税人对税务机关的处罚决定不服，该如何进行税务行政复议？

知识考核

一、单项选择题

1.纳税人对税务机关作出的（　　）不服的，可以直接向人民法院起诉。

A.补缴税款的行为　　B.加收滞纳金的行为

C.税务行政处罚决定　　D.征收税款的行为

2.税务机关依法到车站、码头、机场、邮政企业及其分支机构检查纳税人有关情况时，有关单位拒绝的，应受到的处罚是（　　）。

A.由税务机关责令改正，可以处2 000元以下罚款

B.由税务机关责令改正，可以处5 000元以下罚款

C.由税务机关责令改正，可以处10 000元以下罚款

D.情节严重的，处1万元以上3万元以下罚款

3.对未按规定设置、保管账簿的纳税人，税务机关（　　）。

A.应责令限期改正，可以处2 000元以下罚款

B.应责令限期改正，并处2 000元以下罚款

C.应责令限期改正，处2 000元以下罚款

D.应责令限期改正，处2 000元以上10 000元以下的罚款

4.纳税人发生的下列行为中，属于偷税的是（　　）。

A.以暴力手段拒不缴纳税款　　B.骗取国家出口退税

C.不按照规定期限办理纳税申报　　D.在账簿上多列支出

5.纳税人有偷税行为的，税务机关追缴其不缴或少缴的税款、滞纳金，并处不缴或者少缴的税款（　　）的罚款。

A.5倍以下　　B.50%以上5倍以下

C.1倍以上5倍以下　　D.10 000元以下

6.下列各项中，税务机关应处以50 000元以下罚款的是（　　）。

A.伪造税务登记证件，且造成严重后果的

B.编造虚假计税依据的

C.不按规定期限申报纳税，且情节严重的

D.不按规定办理税务登记，经责令改正，逾期仍不办理的

7.纳税人有骗税行为，由税务机关追缴其所骗取的税款，并处所骗税款（　　）的罚款。

A.5倍至10倍　　B.10倍

C.10倍以上15倍以下　　D.1倍至5倍

8.因税务机关责任，致使纳税人、扣缴义务人未缴少缴税款的，税务机关可以在（　　）年内要求补缴。

A.1　　B.2　　C.3　　D.5

9.某纳税人因计算错误，少缴2021年8月份税款10万元，税务机关可以在（　　）

年内追征税款和滞纳金。

A.1　　B.3　　C.5　　D.10

10.对偷税、抗税、骗税的，税务机关的税款追征期是（　　）。

A.3年　　B.5年　　C.10年　　D.无限期

二、多项选择题

1.某企业因偷税被税务机关处以20 000元罚款，该企业逾期未申请行政复议，也未向人民法院起诉，又不履行处罚决定。对此，税务机关可（　　）。

A. 每日按罚款额加收3%的罚款

B. 申请人民法院强制执行

C. 依法通知开户银行扣缴罚款

D. 查封、依法拍卖企业价值相当于罚款的财产抵缴罚款

2.某纳税人的开户银行在接到税务机关的书面冻结存款通知后帮助其转移存款，造成税款流失，税务机关应（　　）。

A. 对开户银行负责人处1 000元以上10 000元以下的罚款

B. 对直接负责的主管人员处1 000元以上10 000元以下的罚款

C. 对其他直接责任人员处1 000元以上10 000元以下的罚款

D. 对该银行处100 000元以上500 000元以下的罚款

三、判断题

1. 某税务机关2023年4月查实一起辖区内某纳税人发生在2022年的偷税案。对该偷税案的正确处理是，税务机关可以追缴纳税人不缴或少缴的税款、滞纳金，但不能再给予行政处罚。（　　）

2. 对阻挠税务机关检查的纳税人、扣缴义务人，税务机关依法可以处10 000元以下的罚款。（　　）

参考答案

参考文献

[1] 财政部会计资格评价中心. 经济法 [M]. 北京：经济科学出版社，2023.

[2] 财政部会计资格评价中心. 经济法基础 [M]. 北京：经济科学出版社，2023.

[3] 中国注册会计师协会. 税法 [M]. 北京：中国财政经济出版社，2023.

[4] 全国税务师职业资格考试教材编写组. 税法（Ⅰ）[M]. 北京：中国税务出版社，2023.

[5] 全国税务师职业资格考试教材编写组. 税法（Ⅱ）[M]. 北京：中国税务出版社，2023.

[6] 全国税务师职业资格考试教材编写组. 涉税服务实务 [M]. 北京：中国税务出版社，2023.

数字化教学资源索引

为了满足学生自主学习的需要，我们为全书39个任务均制作了电子课件、文件法规和知识考核答案的数字化教学资源，添加在书中相应任务的二维码里。此外，我们针对本书的重点和难点内容制作了下列21个微课，用手机扫一扫对应的二维码即可直接观看，括号内标注的是微课的具体页码。